Sylvie Poisson-Quinton

Reine Mimran

Michèle Mahéo-Le Coadic

grammaire expliquée du français

CLE

INTERNATIONAL

Édition : Martine Ollivier
Couverture : Laurence Durandau
Maquette intérieure : Laurence Durandau

Coordination artistique : Catherine Tasseau

© CLE International/VUEF, 2002.
ISBN : 2-09-033703-6
© CLE International/SEJER, 2007.
ISBN : 978-2-09-033703-7

Introduction

Pourquoi une nouvelle grammaire du français à l'usage des apprenants étrangers ? En quoi celle-ci se veut-elle différente des autres ? Que trouvera-t-on dans celle-ci qu'on ne puisse trouver ailleurs ? Pourquoi « grammaire expliquée » ?

Autant de questions auxquelles nous allons tenter de répondre.

Cette grammaire est née d'une longue expérience professionnelle, tant à l'université que dans des écoles ou instituts de langues, et s'est élaborée à partir des nombreuses questions que se posent et nous posent chaque jour nos étudiants. En effet, devant une difficulté, c'est tout naturellement vers leur professeur qu'ils se tournent. À défaut, c'est dans leur grammaire qu'ils chercheront une réponse à leurs interrogations.

Ces questions sont parfois difficiles. Par exemple, que répondre à un étudiant qui demande :

« Pourquoi dit-on : *Je parle à Marie* → *Je **lui** parle* mais *Je pense à Marie* → *Je pense à **elle***, alors que les verbes se construisent tous les deux avec la préposition **à** ? »

Ou encore :

« Pourquoi écrit-on : ***Elle cria** : J'arrive tout de suite !* mais *J'arrive, **cria-t-elle** ?* »

Ou enfin :

« Vous dites qu'il faut mettre un subjonctif, mais qu'est-ce que ça veut dire exactement, *subjonctif* ? »

Ces interrogations nous laissent parfois perplexes. Mais pas question de les éluder : les étudiants sont exigeants, ils veulent comprendre, ils demandent de vraies explications et refusent d'appliquer mécaniquement des règles.

Et c'est justement parce qu'elles sont difficiles que ces questions sont pour nous précieuses, car elles nous obligent continuellement à réfléchir sur le fonctionnement de notre langue maternelle et à rechercher des solutions, des réponses…

Cet ouvrage se propose de fournir de réelles explications, claires mais complètes, aux difficultés rencontrées par les apprenants de français. D'où son titre : *Grammaire expliquée*.

L'approche est en partie traditionnelle puisque nous traitons les différentes parties du discours, mais les explications s'appuient toujours sur des exemples en contexte. En effet, au-delà des formes, nous avons toujours insisté sur le **sens** de la langue.

Une nouvelle grammaire pour qui ?

Cette grammaire s'adresse à des apprenants adultes ou grands adolescents de toute origine linguistique ayant déjà étudié le français 150 heures environ et désireux d'approfondir et leurs connaissances et leurs savoir-faire. C'est pourquoi la plupart des chapitres commencent par répondre à ces deux questions : « Qu'est-ce que c'est ? » et « À quoi ça sert ? ».

Pour les étudiants plus avancés ou pour ceux qui veulent en savoir un peu plus, la rubrique **Pour aller plus loin...** aborde des points grammaticaux plus complexes.

Organisation de la *Grammaire expliquée*

La grammaire est souvent réduite à la morphosyntaxe. Nous avons pensé qu'il était très important que les apprenants puissent y trouver également des informations et des explications sur d'autres points tels que le système phonétique du français, les accents, la ponctuation…

D'autre part, les grammaires destinées aux apprenants étrangers restent la plupart du temps dans le cadre de la phrase. Or, leurs difficultés sont souvent dues à des problèmes d'organisation du discours et non de stricte morphosyntaxe. C'est pourquoi nous consacrons quelques pages à la « grammaire du texte ».

Par ailleurs bien souvent, un problème grammatical peut être traité selon plusieurs angles d'attaque ou relève de différentes catégories de discours. Par exemple, le « conditionnel » sera traité dans les temps de l'indicatif mais aussi dans les modes, dans l'expression de la condition et de l'hypothèse… Des renvois systématiques permettent à l'utilisateur de « naviguer » facilement à l'intérieur de la *Grammaire expliquée du français*.

L'ouvrage se compose de huit grandes parties, chacune subdivisée en un certain nombre de chapitres :
I - Généralités (les sons du français, la prononciation, la ponctuation, les accents)
II - La sphère du nom
III - La sphère du verbe
IV - Les mots invariables : prépositions et adverbes
V - Se situer dans l'espace et dans le temps
VI - Les différents types de phrases
VII - De la phrase simple à la phrase complexe
VIII - Les relations logico-temporelles

À la fin de la *Grammaire expliquée*, on trouvera, outre des tableaux de conjugaison, un dictionnaire des verbes les plus fréquents avec leurs différentes constructions. Nous savons en effet que c'est là l'une des principales difficultés du français.

Quel niveau de langue ?

En ce qui concerne les exemples, nous avons privilégié le français standard, la langue courante. Cependant, nous proposons dans la rubrique **À l'oral** des expressions plus familières. Dans la rubrique **Manières de dire**, nous proposons surtout des expressions idiomatiques.

En ce qui concerne les explications proprement dites, nous avons adopté la terminologie tradition-nelle (nom, adjectif, complément, etc.), à laquelle sont souvent habitués les étudiants et nous avons constamment recherché la simplicité. Néanmoins, certains termes grammaticaux absolument indispensa-bles peuvent sembler un peu plus difficiles. En cas de doute, on se reportera au **Glossaire** (au début de l'ouvrage) dans lequel nous avons défini, le plus simplement possible, les termes grammaticaux.

Nous remercions très chaleureusement l'ensemble des étudiants qui, par leurs questions et leur inlas-sable curiosité, ont nourri notre réflexion au cours de toutes ces années.

Encore une fois, c'est toujours en pensant à eux, en pensant à vous qui nous lirez, que nous avons élaboré cet ouvrage. Il vous appartient désormais. Nous aimerions que vous preniez à sa lecture autant de plaisir et d'intérêt que nous en avons eu à l'écrire.

SOMMAIRE

INTRODUCTION 3

GLOSSAIRE DES TERMES GRAMMATICAUX.9

I GÉNÉRALITÉS 19

1 Prononcer les sons du français 20
2 Les liaisons à l'oral 23
3 L'élision à l'écrit 24
4 Le découpage des mots à l'écrit 24
5 La ponctuation 25
6 Les accents et marques orthographiques 26

II LA SPHÈRE DU NOM 29

Chapitre 1 • LE NOM 30
1 • 1 Le nom commun 30
  • Le genre des noms communs
  • Le nombre des noms communs
1 • 2 Le nom propre 33
1 • 3 Les différentes fonctions du nom 34

Chapitre 2 • LES DÉTERMINANTS ET LES SUBSTITUTS DU NOM 35
2 • 1 Les articles 36
  • L'article indéfini
  • L'article défini
  • L'article partitif
  • Absence de l'article (article zéro)
2 • 2 Les pronoms personnels 45
  • Les différents pronoms personnels
  • La place des pronoms personnels compléments
2 • 3 Les adjectifs et pronoms démonstratifs 56
  • L'adjectif démonstratif
  • Le pronom démonstratif
2 • 4 Les adjectifs et pronoms possessifs 60
  • L'adjectif possessif
  • Le pronom possessif
2 • 5 Les adjectifs et pronoms indéfinis 65
  • L'adjectif indéfini
  • Le pronom indéfini

2 • 6 Les adjectifs et pronoms interrogatifs et exclamatifs 74
  • Les adjectifs interrogatifs et exclamatifs
  • Les pronoms interrogatifs et exclamatifs
2 • 7 Les pronoms relatifs 76
  • Les formes simples
  • Les formes composées

Chapitre 3 • LA QUANTIFICATION 83
3 • 1 Les nombres cardinaux 83
3 • 2 Les nombres ordinaux 85
3 • 3 Termes dérivés des nombres 86
3 • 4 Autres expressions de la quantité 88

Chapitre 4 • LA QUALIFICATION DU NOM 93
4 • 1 Le complément du nom 93
4 • 2 L'adjectif qualificatif 94
  • Le genre
  • Le nombre
  • Accord du nom et de l'adjectif
  • Préfixes et suffixes
  • Les fonctions de l'adjectif
  • La place de l'adjectif épithète
  • La construction de l'adjectif
  • Le degré d'intensité et de comparaison de l'adjectif : comparatif, superlatif
4 • 3 Les propositions relatives 101

III LA SPHÈRE DU VERBE 104

Chapitre 1 • GÉNÉRALITÉS 106
1 • 1 Les trois types de verbes 106
1 • 2 Mode, temps, aspect 107
  • Le mode
  • Le temps
  • L'aspect

Chapitre 2 • LA SYNTAXE DU VERBE 110
2 • 1 Verbes réellement intransitifs 110
2 • 2 Verbes transitifs directs 111
2 • 3 Verbes transitifs indirects 112
2 • 4 Verbes à double construction 112
2 • 5 Verbes suivis d'un attribut 113
2 • 6 Cas particuliers 114

Chapitre 3 • FORME ACTIVE / PASSIVE, FORME PRONOMINALE, FORME IMPERSONNELLE 116
  3 • 1 Les auxiliaires être et avoir 116
    • Le choix de l'auxiliaire
    • L'accord du participe passé
  3 • 2 La forme passive 120
    • Formation du passif et contraintes
    • Le complément d'agent
    • Les emplois du passif
  3 • 3 La forme pronominale 125
    • Les verbes réellement pronominaux
    • Les verbes pronominaux réfléchis
    • Les verbes pronominaux réciproques
    • Les verbes pronominaux à sens passif
  3 • 4 La forme impersonnelle 127
    • Les deux catégories de verbes impersonnels

Chapitre 4 • LE MODE INDICATIF ET SES TEMPS .129
  4 • 1 L'expression du présent 129
    • Le présent
    • Le passé composé, accompli du présent
  4 • 2 L'expression du futur 133
    • Le futur simple
    • Le futur antérieur
    • Le futur simple et le futur antérieur dans le passé
  4 • 3 L'expression du passé (1) : les différents temps du passé 138
    • L'imparfait
    • Le passé composé
    • Le plus-que-parfait
    • Le passé simple
  4 • 4 L'expression du passé (2) : les relations entre les différents temps du passé 144
    • Les relations imparfait/passé composé
    • Les relations imparfait/passé simple
    • Les relations passé composé/passé simple
  4 • 5 La concordance des temps à l'indicatif 146

Chapitre 5 • LES MODES PERSONNELS AUTRES QUE L'INDICATIF 148
  5 • 1 Le mode subjonctif 148
    • Valeurs et emplois
    • Formation
    • Concordance des temps au subjonctif

  5 • 2 Le mode conditionnel 154
    • Rappel
    • Valeurs modales
  5 • 3 Le mode impératif 155
    • Valeurs et emplois
    • Formation
    • Particularités d'orthographe et de construction
  5 • 4 Les auxiliaires modaux 158

Chapitre 6 • LES MODES IMPERSONNELS : INFINITIF ET PARTICIPE 160
  6 • 1 Le mode infinitif, la proposition infinitive 160
    • Définition
    • Valeurs et emplois
    • La proposition subordonnée infinitive
  6 • 2 Le mode participe 164
    • Le participe présent
    • Le gérondif
    • Le participe passé employé seul
    • La proposition participe

IV LES MOTS INVARIABLES 169

Chapitre 1 • LES PRÉPOSITIONS 170
  1 • 1 La préposition « à » 171
  1 • 2 La préposition « de » 172
  1 • 3 La préposition « en » 173
  1 • 4 Autres prépositions fréquentes : *dans/sur/par/pour/avec/sans/contre* 176
  1 • 5 Attention à ne pas confondre : *vers/envers – avant/devant – entre/parmi dès/depuis – à cause de/grâce à* 180
  1 • 6 Répétition ou effacement de la préposition 183

Chapitre 2 • LES ADVERBES 184
  2 • 1 Formation 184
  2 • 2 Les différents adverbes 187
    • Les adverbes de temps
    • Les adverbes de lieu
    • Les adverbes de manière
    • Les adverbes de quantité et d'intensité
    • Les adverbes d'interrogation et d'exclamation
    • Les adverbes d'affirmation et de négation
    • Les adverbes de probabilité
    • Les adverbes de liaison
  2 • 3 Les degrés d'intensité de l'adverbe .196
  2 • 4 La place de l'adverbe 196

V SE SITUER DANS L'ESPACE ET DANS LE TEMPS 199

Chapitre 1 • SE SITUER DANS L'ESPACE 200
1 • 1 Comment ? 200
1 • 2 Rappels et mises en garde 201

Chapitre 2 • SE SITUER DANS LE TEMPS ...204
2 • 1 Comment exprimer
l'idée de moment ? 204
2 • 2 Comment exprimer
l'idée de durée ? 208

VI LES DIFFÉRENTS TYPES DE PHRASES 215

Chapitre 1 • LA PHRASE INTERROGATIVE .216
1 • 1 Les trois formes de l'interrogation
totale 216
1 • 2 L'interrogation partielle 220

Chapitre 2 • LA PHRASE NÉGATIVE 224
2 • 1 La négation totale 224
2 • 2 La négation partielle ou relative 227
2 • 3 L'expression de la restriction :
ne ... que 232
2 • 4 Combinaison de termes négatifs 232

Chapitre 3 • LA PHRASE EXCLAMATIVE ...236
3 • 1 Les mots exclamatifs 236
3 • 2 Les interjections 237

Chapitre 4 • LA MISE EN RELIEF 238
4 • 1 Les reprises 238
4 • 2 Les extractions 239

VII DE LA PHRASE SIMPLE À LA PHRASE COMPLEXE 241

Chapitre 1 • GÉNÉRALITÉS ET DÉFINITIONS .242
1 • 1 La phrase simple 242
1 • 2 La phrase complexe : 243
  • Proposition juxtaposée
  • Proposition coordonnée
  • Proposition subordonnée
  • Proposition en incise

Chapitre 2 • LA PROPOSITION SUBORDONNÉE RELATIVE 245
2 • 1 La place de la relative
dans la phrase 246
2 • 2 Le sens de la relative 247
2 • 3 Le mode du verbe
dans la relative 248

Chapitre 3 • LA PROPOSITION SUBORDONNÉE COMPLÉTIVE 251
3 • 1 La place de la complétive 251
3 • 2 L'ordre des mots dans
la complétive 252
3 • 3 Le mode du verbe
dans la complétive 252
3 • 4 La transformation :
complétive ➜ infinitif 258
3 • 5 Les transformations :
complétives ➜ pronom, nom
ou adjectif 259

Chapitre 4 • LE DISCOURS RAPPORTÉ 261
4 • 1 Le discours direct 261
4 • 2 Le discours indirect lié
et les verbes du « dire » 262
4 • 3 Le discours indirect libre 268
4 • 4 L'interrogation indirecte 269

VIII LES RELATIONS LOGICO-TEMPORELLES 271

**Chapitre 1 • GÉNÉRALITÉS :
GRAMMAIRE DU TEXTE ET CONNECTEURS
LOGICO-TEMPORELS** 273
1 • 1 Qu'appelle-t-on « grammaire
du texte » ? 273
1 • 2 L'emploi des anaphores 274
1 • 3 L'emploi des connecteurs 275

Chapitre 2 • L'EXPRESSION DU TEMPS 277
2 • 1 La proposition subordonnée :
valeurs et emplois
des conjonctions de temps 277
2 • 2 Autres manières d'exprimer l'idée
de temps 285

Chapitre 3 • L'EXPRESSION DE LA CAUSE..290
   3 • 1 La proposition subordonnée :
      valeurs et emplois
      des conjonctions de cause 290
   3 • 2 Autres manières d'exprimer l'idée
      de cause 295

Chapitre 4 • L'EXPRESSION
DE LA CONSÉQUENCE ET DU BUT 303
   4 • 1 La proposition subordonnée :
      valeurs et emplois des conjonctions
      de conséquence et de but 303
   4 • 2 Autres manières d'exprimer l'idée
      de conséquence et de but 308

Chapitre 5 • L'EXPRESSION DE L'OPPOSITION
ET DE LA CONCESSION 312
   5 • 1 La proposition subordonnée :
      valeurs et emplois des conjonctions
      d'opposition et de concession 312
   5 • 2 Autres manières d'exprimer l'idée
      d'opposition et de concession 314

Chapitre 6 • L'EXPRESSION
DE LA CONDITION ET DE L'HYPOTHÈSE........319
   6 • 1 Avec des subordonnées
      introduites par « si » 319
   6 • 2 Avec des subordonnées introduites
      par d'autres conjonctions que « si » 321
   6 • 3 Autres manières d'exprimer
      la condition et l'hypothèse 322

Chapitre 7 • L'EXPRESSION DE L'INTENSITÉ
ET DE LA COMPARAISON 325
   7 • 1 L'expression de l'intensité 325
   7 • 2 L'expression de la comparaison 326

TABLEAUX DE CONJUGAISON 332

LES VERBES ET LEURS CONSTRUCTIONS ..393

INDEX 423

Glossaire

Accent .... Signe qui se met sur une voyelle (**a**, **e**, **i**, **o** et **u**). Trois accents : l'accent aigu qui se trouve seulement sur le **e** (é comme dans **été**) ; l'accent grave qui se trouve sur le **a** (comme dans **là-bas**), sur le **e** (comme dans **mère**) et sur le **u** (comme dans **où**) ; l'accent circonflexe qui se trouve sur le **a** (comme dans **gâteau**), sur le **e** (comme dans **être**) et sur le **i** (comme dans **île**), sur le **o** (comme dans **rôle**) ou sur le **u** (comme dans **brûler**).
On peut ajouter le tréma qui se place sur le **e** (**Noël**),et sur le **i** (**naïf**) pour indiquer qu'il faut prononcer séparément deux voyelles.

Accompli .... Le procès est considéré après qu'il est terminé. *Il a fini de dîner.*

Active (forme ou voix) .... Sujet + verbe + complément d'objet direct. *Max regarde un film.*

Actualisation du nom ou détermination du nom .... Elle se fait grâce à l'article (*un cheval, le cheval…*) ou à un autre déterminant (*mon cheval, ce cheval…*).

Adjectif qualificatif .... Il précise, qualifie un nom ou un pronom. *Un beau château ; une histoire bizarre ; elle est jolie.*

Adverbe .... Il précise un verbe (*il dort beaucoup*), un adjectif (*une trop longue histoire*), un autre adverbe (*il conduit beaucoup trop vite*). Il peut aussi modifier toute une proposition ou toute une phrase (« *Longtemps, je me suis couché de bonne heure* », M. Proust).

Agent (complément d') .... Dans les phrases à la forme passive, l'agent « fait l'action ». *Il a été arrêté par la police.*

Anaphorique (pronom) .... Pronom reprenant un nom déjà indiqué. *Marie est partie à 6 h. Elle arrivera vers minuit. Ses parents viendront la chercher à la gare.*

Animé (nom) .... S'utilise pour désigner des personnes ou des animaux.

Antécédent .... Nom ou groupe nominal repris ensuite par un pronom relatif. Dans la phrase : *C'est la dame qui est venue hier*, **la dame** est l'antécédent de *qui* (est venue hier).

Antériorité .... Signifie qu'une action se situe **avant** une autre action.

Apostrophe .... C'est le signe ' que l'on trouve devant les voyelles. Lettres pouvant s'apostropher : **C, D, J, L, M, N, S, T, U** : *c'est ; d'ailleurs ; j'arrive ; l'homme ; il m'écoute ; il n'y a rien ; s'il te plaît ; il t'aime ; qu'est-ce que c'est ?*

Apposition .... Deux mots renvoyant à la même réalité et placés côte à côte : *Pierre Terron, ouvrier chez Renault, nous a déclaré que… ; Le nom de famille Martin est très fréquent…*

Article .... Déterminant toujours placé devant le nom. Trois types d'articles : les définis (*le, la, l', les*) ; les indéfinis (*un, une, des*) et les partitifs (*du, de l', de la*). Les articles définis peuvent avoir une forme « contractée » : à + le = au ; à + les = aux ; de + le = du ; de + les = des.

Article zéro	Absence ou suppression de l'article dans certains cas. *Un professeur de mathématiques ; un film de guerre ; avoir peur, avoir froid...*
Aspect	C'est la manière dont le locuteur considère l'action. C'est le plus souvent le verbe qui traduit cette notion d'aspect (voir **Accompli/ Non accompli** ; **Perfectif/Imperfectif** ; **Ponctuel/Duratif**).
Atone (conjoint)	Voir **Pronom personnel**.
Attribut (adjectif)	Il est séparé du sujet par le verbe *être* (ou *sembler, paraître, rester, devenir,* etc.) : *Il est **gentil**.*
Auxiliaire (verbe)	Les deux verbes **avoir** et **être** qui servent à construire les formes composées des temps *(je suis venu, j'ai vu, j'ai vaincu)*, la forme pronominale *(ils se sont beaucoup aimés)* ou la forme passive *(il a été puni)*.
But	Idée de conséquence désirée. *Il fait des efforts **pour arrêter de fumer**.*
Cardinal (nombre)	*Un, deux, trois, quatre...*
Cause	On indique la raison d'une action ou d'un état. *Il est en retard **parce qu'il a manqué le bus**.*
Circonstancielle (proposition)	Elle indique les circonstances d'une action. *Il est arrivé **au moment où je m'en allais**. Il est arrivé **sans que personne le voie**...*
Cohérence du discours	Logique interne du discours qui lui donne un sens pour les locuteurs.
Collectif (nom)	Désigne un ensemble d'éléments. ***Un tas** de pierres ; **une foule** de gens ; **la majorité** des Français...*
Comparatif (adjectif)	*Plus grand, aussi grand, moins grand ; meilleur, pire...*
Complément d'objet direct (COD)	*Les voisins ont acheté **un bateau à voile**.*
Complément d'objet indirect (COI)	*Je pense **à mon frère Denis**. Je parle **de mon frère**.*
Complément d'objet second (COS)	*On a offert une place de théâtre **à tous les étudiants du cours**.*
Complément de nom	*Vous aimez ce roman **de Balzac** ? C'est la nouvelle voiture **de son fils Pierre**.*
Complément d'agent	Voir **Agent**.
Complétive (proposition)	Proposition subordonnée introduite par **que**. *Il affirme **qu'il ne comprend rien à cette histoire**.*
Comptable (nom) **ou dénombrable**	Nom que l'on peut compter. *Des maisons, des voitures, des pommes...*
Concession	Idée de restriction, d'opposition. ***Malgré le froid**, il sort en chemise.*
Concordance des temps	Relation entre le temps de la proposition principale et celui de la subordonnée. *Il m'**a raconté** qu'il **était arrivé** dimanche dernier et qu'il **repartirait** en octobre.*
Condition	Idée qu'une action dépend d'une autre action. ***Si tu veux**, je viens avec toi.*

Conditionnel	– Temps (= futur du passé). *Il a dit qu'**il reviendrait** bientôt.* – Mode exprimant la supposition, l'éventualité (*Le Premier ministre **aurait rencontré** secrètement un envoyé chinois…*), la possibilité (*S'il faisait beau demain, **on pourrait** aller au bois de Boulogne*), la politesse (*Vous **pourriez** fermer la fenêtre ?*).
Conjoint (atone)	Voir **Pronom personnel**.
Conjonction de coordination	Mot reliant deux mots ou deux propositions. Les plus courants : *mais, ou, et, donc, or, ni, car.*
Conjonction de subordination	Mot reliant deux propositions, une principale et une subordonnée. *Il a insisté **jusqu'à ce que** je dise oui.*
Conséquence	Idée de résultat d'une action ou d'un état. *Il a beaucoup plu depuis quinze jours **si bien que les champs sont inondés**.*
Consonne	Il y en a vingt : b, c, d, f, g, h, j, k, l, m, n, p, q, r, s, t, v, w, x, z.
Contexte	L'ensemble des circonstances qui entourent un discours : qui parle ? à qui ? pour dire quoi ? de quelle manière ? avec quelle intention ?...
Converse (verbe)	Exemples : *posséder/appartenir ; prêter/emprunter ; donner/recevoir ; vendre/acheter…*
Défini	Voir **Article**.
Degré de l'adjectif	Voir **Comparatif**, **Superlatif**. Voir aussi **Intensité**.
Démonstratif (adjectif)	Déterminant du nom servant à montrer, à désigner. *Vous voulez **ce livre-ci** ou plutôt **ces deux livres** sur l'étagère à gauche ?*
Démonstratif (pronom)	*Je vais prendre **celui-là**.*
Destinataire	Celui ou celle à qui s'adresse le discours.
Déterminant	Mot placé avant le nom et qui sert à le déterminer (à le préciser, à le qualifier). ***Ces** deux valises sont à moi, **ton** sac est là-bas. Et prends **la** valise rouge, c'est celle d'Anne. Bon, on a **tous les** bagages ?*
Discours (ou style) direct	On reproduit le discours exactement. *Madame Bonnet a expliqué au directeur du collège : « Mon fils ne pourra pas venir au cours demain, il est malade. »*
Discours (ou style) indirect lié	On rapporte, on répète ce que dit quelqu'un. Le discours est subordonné, relié à un verbe qui l'introduit. *Madame Bonnet a expliqué au directeur du collège que son fils ne pourrait pas venir au cours le lendemain parce qu'il était malade.*
Discours (ou style) indirect libre	On le trouve surtout à l'écrit. C'est un mélange des deux types de discours précédents. Il rend le récit très vivant. *Madame Bonnet alla trouver le directeur du collège. Voilà, elle était désolée mais son fils était malade et il ne pourrait pas venir au cours.*
Disjoint (tonique)	Voir **Pronom personnel**.
Duratif	Indique une idée de durée.
Élision	Suppression de la voyelle et présence de l'apostrophe. Voir **Apostrophe**.
Emphase	Voir **Mise en relief**.

Énoncé	Production verbale écrite ou orale. Il peut s'agir d'un seul mot (un mot-phrase comme *oui, non, bon…*), comme de tout un discours.
Énonciateur	Celui ou celle qui tient le discours (voir **Locuteur**)
Énonciation	C'est le fait de produire un énoncé, l'acte personnel de production d'un énoncé. Cet acte est fait par le locuteur en fonction de telle ou telle situation de communication.
Épithète (adjectif)	Il se trouve placé directement à côté du nom (avant ou après lui). *Une **belle** fille, un **gros** nuage, une histoire **passionnante**…*
Focalisation	Voir **Mise en relief**.
Genre	Il y en a deux : le masculin et le féminin.
Gérondif	C'est un mode impersonnel constitué de **la préposition *en* + participe présent**. Il a le plus souvent une valeur de temps (***En allant faire des courses**, j'ai perdu mon portefeuille*) ; mais peut aussi traduire une idée de manière ou de moyen (*Il a trouvé un travail **en cherchant sur Internet***) ; de condition (***En cherchant sur Internet**, tu aurais pu trouver un travail plus intéressant*) ; de cause (***En courant vite**, elle a réussi à attraper l'autobus*) ; et d'opposition (***Même en courant vite**, elle n'a pas pu attraper l'autobus*).
Groupe nominal	C'est l'ensemble nom + déterminants (+ éléments qualifiants). ***La jolie petite chèvre blanche de Monsieur Seguin** soupirait tout en regardant la montagne.*
« h » aspiré	Avec le « h » aspiré, on ne fait pas la liaison avec le mot précédent : *les/héros* (différent de : *les/zéros* !), *les/haricots, les/Halles, les/hauteurs, en/haut, il vit en/Hongrie…*
« h » muet	On fait la liaison avec le mot précédent : *les̮hommes* [lezom], *les̮histoires, un̮hôtel, l'hiver.*
Impératif	C'est un mode personnel qui sert à donner un ordre (***Dépêche-toi !***), un conseil (***Va** donc voir un spécialiste*), une prière (***Viens** vite, s'il te plaît !*). Il n'a pas de sujet exprimé et n'a que trois personnes : *Pars, partons, partez.*
Imperfectif (verbe)	Verbe dont le sens indique que l'action n'est pas accomplie. *Il habite à Marseille* (= il continue à habiter à Marseille).
Impersonnelle (forme)	Il peut s'agir d'un mode impersonnel (voir **Infinitif, Participe, Gérondif**) qui n'a pas de sujet exprimé ou d'un verbe impersonnel dont le sujet *il* est impersonnel. *Il faut… Il pleut, il neige,* etc.
Inanimé (nom)	Il désigne une chose. *Une table, un sac, des livres.*
Indéfini	1) Voir **Article**. 2) Déterminants (*aucun, chaque, quelques…*), pronoms (*chacun, quelqu'un*) ou adjectifs (*autre, même…*) utilisés presque toujours pour quantifier de manière imprécise.
Indicatif	Mode exprimant une action ou un état réel, actualisé dans le temps.

Infinitif	C'est comme le nom de famille du verbe. Dans le dictionnaire, on trouve le verbe à l'infinitif. C'est un mode impersonnel qui a deux formes : la forme simple *(venir)* et la forme composée *(être venu)*.
Intensité (degré d')	Trois degrés d'intensité marqués le plus souvent par un adverbe : l'intensité faible *(Il a **peu** mangé)*, l'intensité moyenne *(Il a **assez** mangé)*, l'intensité forte *(Il a **beaucoup** mangé)*. On pourrait ajouter l'intensité excessive *(Il a **trop** mangé)*.
Interlocuteur	La personne à qui l'on s'adresse.
Interrogative (forme)	Trois manières de poser une question : – par intonation : *Tu as vu Marion ?* – avec « est-ce que » : *Est-ce que tu as vu Marion ?* – par inversion du sujet (c'est plus soutenu) : *As-tu vu Marion ?*
Intransitif (verbe)	Verbe n'acceptant pas de complément d'objet. *Il part.*
Introducteur de discours (verbe)	Verbes utilisés pour introduire le discours indirect : *dire que, affirmer que, prétendre que, demander si, répondre que…*
Inversion du sujet	Dans ce cas, le sujet est placé après le verbe. C'est le cas par exemple avec l'interrogation par inversion. *Où vas-tu ? Que fais-tu ?*
Irréel du présent	*Si j'étais toi, je partirais.*
Irréel du passé	*Si j'avais vécu au XVIIIe siècle, j'aurais peut-être rencontré Voltaire.*
Juxtaposées (propositions)	Propositions présentées sans relation logique explicite. *Il se lève, déjeune, prend sa douche, s'habille* (succession d'actions). *Moi, j'ai faim, je mange* (cause/conséquence).
Liaison	Liaison dans certains cas d'une consonne finale avec la voyelle (ou le « h » muet) du mot suivant. *Les_enfants* [lezɑ̃fɑ̃]. *C'est pour_Anne* [sepuran].
Locuteur	C'est la personne qui parle ou qui écrit.
Locution adverbiale	Deux ou plusieurs mots qui fonctionnent comme un adverbe : *là-bas, peu à peu, d'ailleurs, d'autre part…*
Locution conjonctive	Deux ou plusieurs mots qui fonctionnent comme une conjonction : *de sorte que, de crainte que, afin que...*
Locution prépositionnelle	Deux ou plusieurs mots qui fonctionnent comme une préposition : *à côté de, en face de, au milieu de, à cause de…*
Locution verbale	Deux ou plusieurs mots qui fonctionnent comme un verbe : *avoir faim, avoir envie de, avoir mal, avoir peur, faire mal, faire peur, s'en aller…*
Massif (nom) **ou non comptable**	Se dit des noms de masse *(du vin, du sable)* et des noms « abstraits » non comptables *(du courage, de la force, de la patience)*. On utilise avec ces noms l'article partitif *du, de la, de l'*.
Mise en relief	On met en valeur, en évidence un élément de la phrase, c'est-à-dire qu'on focalise, qu'on met une certaine emphase sur cet élément. *C'est **elle et elle seule** qui a fait ça.*

Modalité...............................	La modalité du discours prend en compte l'attitude du locuteur par rapport à ce qu'il dit. Modalité de l'assertion (phrases affirmatives ou négatives), de l'interrogation, de l'exclamation et de l'ordre.
Modaux (verbes)	Ils expriment la modalité. Il s'agit des verbes *devoir, pouvoir, vouloir, savoir, croire* et leurs synonymes. **Tu devrais** *sortir un peu.*
Mode...................................	Il exprime l'attitude, l'intention du locuteur. On distingue les modes personnels (qui se conjuguent : indicatif, conditionnel, subjonctif, impératif) et les modes impersonnels (infinitif, participe, gérondif), qui ne se conjuguent pas.
Morphologie	Étude des formes de la langue (par exemple les variations d'un verbe selon la personne, le temps, le mode).
Mot composé	Ensemble de mots (nom + nom ; nom + adjectif, verbe + nom ; verbe + verbe ; préposition + nom…) ayant une seule unité de sens. Il y a des mots composés avec un trait d'union *(l'après-midi, le savoir-faire, les grands-parents et les petits-enfants)* et d'autres sans trait d'union *(un jeune homme, une petite fille, le chemin de fer, une machine à laver).*
Ne... (explétif).....................	Dans certains cas, en français soutenu, on utilise le **ne** sans qu'il ait un sens vraiment négatif. On peut toujours le supprimer : il est facultatif. *J'ai peur qu'il (**ne**) soit malade. Viens ce soir à moins que tu (**ne**) sois fatigué(e).*
Négation	Elle peut s'exprimer grâce au lexique *(impossible, illisible, un sans-abri, le point de non-retour)* ou par des procédés grammaticaux *(ce n'est pas possible, ce n'est pas lisible, il n'a pas de logement, on ne peut pas revenir en arrière).* On distingue la négation absolue, qui porte sur tout l'énoncé *(ne … pas)* ; la négation partielle, qui porte sur une partie, un aspect de l'énoncé *(ne … rien, ne … jamais, ne … personne)* ; la restriction *(ne … que).*
Nom commun........................	Il désigne un être animé ou inanimé qui n'est pas unique. *Une femme, un livre.*
Nom propre	Il désigne un être animé ou inanimé unique. *Alain Ragondin, la Seine, Paris, le mont Blanc…*
Nombre	Singulier *(le jardin, la clé)* ou pluriel *(les jardins, les clés).* Voir aussi **Collectif (nom).**
Nominalisation.....................	Transformation verbe → substantif. *Représenter → la représentation ; fonctionner → le fonctionnement.*
Non accompli	Le procès est considéré en train de se dérouler. *J'habite à Paris* (je continue à habiter à Paris au moment où je parle). Voir **Imperfectif.**
Opposition	On oppose deux faits parallèlement soit en utilisant par exemple : *au contraire, en revanche, au lieu de…, alors que…, tandis que… ;* soit par une simple juxtaposition *(En cuisine, les Français du Nord utilisent le beurre, ceux du Sud l'huile).*

Ordinal (nombre)	Il indique un ordre de classement. *Premier, deuxième, troisième…*
Participe	C'est un mode impersonnel. Il a trois formes : le participe présent qui se termine en *-ant (arrivant, suivant)* ; le participe passé simple *(arrivé, suivi)* et le participe passé composé *(étant arrivé, ayant suivi).*
Participe absolu (ou proposition participe) ..	C'est une proposition dont le verbe est un participe présent ou passé et qui a son propre sujet. *Son frère ne voulant pas partir seul, elle décida de l'accompagner/Le dîner terminé, ils sortirent de table.* On le rencontre surtout à l'écrit.
Partitif (article)	Voir **Article**.
Passive (forme ou voix)	C'est comme une forme active « renversée » : le sujet devient complément d'agent et le complément d'objet direct devient sujet. Le verbe passif se conjugue toujours avec *être.* *Tout le monde adore Marie → Marie **est adorée par** (ou **de**) tout le monde.*
Perfectif (verbe)	Le sens même du verbe indique que l'action est réalisée, qu'elle a eu lieu. ***Il est né** en 1900 et **il est mort** en 2000.*
Phrase	À l'écrit, elle commence par une majuscule et se termine par un point. C'est un ensemble de mots ordonnés qui présente une unité de sens. La phrase peut avoir un seul mot *(Oui.)* ou se dérouler sur plusieurs pages (comme parfois chez Marcel Proust, par exemple). On distingue la phrase simple (une seule proposition) et la phrase complexe (par exemple, une proposition principale et une ou plusieurs propositions subordonnées).
Ponctuation	À l'écrit, la ponctuation apporte des informations sur le rythme de la phrase, sur son organisation et sur son sens. Principaux signes de ponctuation : le point final (.), d'interrogation (?), d'exclamation (!), de suspension (…), la virgule (,), le point virgule (;), les deux points (:), les parenthèses ().
Ponctuel	C'est le contraire de « duratif ». Il marque un point dans le temps. *Il est arrivé à 13 h 45.*
Postériorité	Signifie qu'une action se situe après une autre action.
Préfixe	Élément placé avant un mot (verbe, nom, adjectif…) permettant d'en changer le sens. **Dé**faire, **re**venir, **contre**sens, **mini**jupe, **extra**ordinaire, **im**moral…
Préposition	Mot invariable servant à mettre en relation deux termes. Par exemple : – nom + nom : *La fille aînée **de** mon frère ; une assiette **à** soupe…* – nom + verbe : *Une machine **à** laver, la salle **à** manger…* – verbe + nom : *Il vit **à** Londres ; il rentre **chez** lui.* – verbe + verbe : *Il refuse **de** partir ; il commence **à** comprendre.* Les prépositions les plus fréquentes sont **à** et **de**.
Procès	Action, état, relation, etc., exprimés par un verbe.
Pronom	Il remplace un nom. Il peut être sujet, objet direct ou indirect, complément circonstanciel…

Pronom personnel

atone (conjoint)............................. **sujet :**   je, tu, il, elle, on, nous, vous, ils, elles.
    Il regarde la télévision.

    objet direct :   me, te, le, la, nous, vous, le, se.
    *Il **nous** invite au restaurant.*

    objet indirect : me, te, lui, nous, vous, leur, se.
    *Il **lui** parle d'amour.*

    objet second : me, te, lui, nous, vous, leur, se.
    *Il **leur** a offert un cadeau.*

tonique (disjoint)............................. moi, toi, lui, elle, nous, vous, eux, elles, soi.
***Moi**, je vais au théâtre. Pas **toi** ?/Je pense à **vous**.*

Pronom relatif .... Qui, que, quoi, dont, où.

Pronominal (verbe)............................. Il est précédé d'un pronom personnel complément qui représente la même personne que le sujet. *Je **me** lève. Nous **nous dépêchons**.*

Proposition... Ensemble de mots dont le noyau est le plus souvent un verbe. On distingue :
– la proposition indépendante, qui se confond avec la phrase. *Il est là ;*
– la proposition principale, qui en commande d'autres. ***Il insiste** pour que je vienne ;*
– la proposition subordonnée, qui dépend de la principale. *C'est la maison **où il est né**.*

Qualification .... On peut qualifier (caractériser) un nom par un adjectif *(un **beau** film)*, un complément de nom *(la fille **du voisin**)*, une relative *(la fille **qu'il a rencontrée à Moscou**)*…

Quantification .... Exprime l'idée de quantité pour des êtres nombrables (comptables) ou massifs (non comptables).

Réciproque (pronom)............................. Toujours pluriel. *Ils **se** battent. Vous **vous** disputez toujours.*

Réfléchi (pronom)............................... Le sujet et l'objet représentent la même chose. *Je **me** regarde dans la glace. **Vous vous** levez tôt.*

Registre de langue (ou niveau de langue) Manières de parler en fonction du sujet et de la situation. Ils concernent aussi bien le lexique que la grammaire.
En général, on distingue trois registres de langue :
– soutenu : *Il a dérobé une montre. Où se trouve-t-il ?*
– standard : *Il a volé une montre. Où est-il ? Où est-ce qu'il est ?*
– familier : *Il a piqué une montre. Il est où ?*
On ajoute parfois un quatrième registre : le registre vulgaire.

Relatif... Voir **Pronom**.

Semi-auxiliaires (verbes) .... Ils sont suivis de l'infinitif et apportent des informations :
– d'ordre aspectuel : *Il **commence** à pleuvoir. Elle **vient** de sortir. Ils **ont fini** de dîner ;*
– d'ordre modal : *Vous **pouvez** traduire ce texte ? Ils **doivent** aller à Nantes ce week-end.*

Semi-voyelle	Il existe trois semi-voyelles : [j] comme dans *le pied, hier* ; [w] comme dans *trois, le roi, la loi* ; et [ɥ] comme dans *huit, la nuit, le bruit*...
Simultanéité	Les deux actions se déroulent en même temps. *Il parle en dormant.*
Subjonctif	C'est un mode personnel. Il exprime le point de vue du locuteur et surtout l'ordre, le désir ou le souhait, le doute, les sentiments...
Subordonnée (proposition)	Voir **Proposition**.
Substantif	Voir **Nom commun**.
Substitut (du nom)	Voir **Pronom**.
Substitut (du verbe)	Le verbe *faire* peut remplacer un autre verbe. *Marie prend sa douche le soir mais Lucas préfère le **faire** le matin.*
Suffixe	Élément placé après un mot (verbe, nom, adjectif...). Il modifie le plus souvent la classe des mots. Par exemple : *beau* (adjectif) → *beau**té*** (nom) ; *intense* (adjectif) → *intensi**fier*** (verbe) ; *vrai* (adjectif) → *vrai**ment*** (adverbe) *accident* (nom) → *accident**el*** (adjectif) ; *question* (nom) → *question**ner*** (verbe) *manger* (verbe) → *mange**able*** (adjectif) ; *laver* (verbe) → *lav**age*** (nom)
Sujet	– Il fait l'action (***Élisa** va au cinéma*) ou la subit (***Le petit garçon** a été puni par sa mère*). – Le plus souvent, il est placé devant le verbe. – Ce peut être un nom commun (***L'enfant** rit*), un nom propre (***Stanislas** rit*), un pronom (***Il** rit, **chacun** rit, **quelqu'un** rit*), un verbe infinitif (***Rire** est bon pour la santé*), une proposition subordonnée (***Qu'elle aime tellement rire** m'amusera toujours*).
Superlatif	*Le plus beau, le moins beau ; le meilleur, le pire...*
Support (verbe)	Des verbes comme *faire, donner, mettre, porter...* peuvent perdre leur sens propre quand ils sont utilisés dans des locutions verbales. Par exemple : *Il a **fait un compliment** à sa voisine* (= complimenté). *L'armée a **donné l'assaut*** (= attaqué). *Il a **mis l'accent** sur ce point* (= insisté). *Cette action a **porté atteinte** à sa réputation* (= nui).
Surcomposée (forme)	Auxiliaire composé + participe passé. Il exprime l'antériorité par rapport au verbe de la proposition principale. *Après qu'il **a eu déjeuné**, il est retourné au bureau.*
Style direct	Voir **Discours direct**.
Style indirect libre	Voir **Discours indirect libre**.
Style indirect lié	Voir **Discours indirect lié**.
Syllabe	Voyelle ou groupe de sons comportant une voyelle. Exemples : dans le mot *Paris*, il y a deux syllabes : Pa-ris ; dans le mot *agenda*, il y a trois syllabes : a-gen-da ; dans le mot *indiscutablement*, il y en a six : in-dis-cu-ta-ble-ment.

Symétrique (verbe)	Sujet → objet. Exemples de verbes symétriques : *épouser* : *Pierre épouse Catherine = Catherine épouse Pierre*, *rencontrer* : *Richard a rencontré Sonia = Sonia a rencontré Richard*. *jouer avec* : *Léo joue avec Léa = Léa joue avec Léo*.
Synonyme	Deux termes synonymes sont deux termes de même sens (par exemple, *questionner = interroger*). Mais attention, cela dépend aussi du contexte. Par exemple, cela fonctionne dans les énoncés *Le cours* **commence** *à 9 h = Le cours* **débute** *à 9 h*, mais pas du tout avec *Il* **commence** *à pleuvoir* (**débuter de pleuvoir*, impossible).
Syntaxe	Organisation des mots dans la phrase.
Temps	Ce terme a deux sens : 1) Il exprime le concept du temps qui passe *(À la recherche du* **temps** *perdu)*. C'est une série de formes grammaticales (de tiroirs verbaux) qui expriment ce concept. 2) Il exprime la **temporalité** (antériorité, simultanéité, postériorité) et aussi l'**aspect** (accompli/inaccompli, perfectif/imperfectif, etc.). On distingue les **temps simples** (un seul mot : *il viendra, il venait*), les **temps composés** (auxiliaire + participe passé : *il a bu, il aurait bu*) et les **temps surcomposés** (auxiliaire composé + participe passé : *quand j'ai eu compris*).
Tonique (disjoint)	Voir **Pronom personnel**.
Verbe (sujets et accord du)	Le « nom de famille » du verbe est l'infinitif. C'est le seul mot qui se conjugue. Le verbe varie selon le temps, l'aspect, le mode, la forme ou la voix (voir tableaux de conjugaison). Il s'accorde avec le sujet (personne, nombre et genre). Ce sujet peut être : – un nom propre : **Mathilde** *est revenue*. – un nom commun : **Ce musée** *ne ferme pas le mardi*. – un nom collectif : **Toute la famille** *est là et tout le monde va bien*. – une expression de quantité : **Beaucoup de gens** *disent une chose et en font une autre*.
Voix (ou forme)	Elle exprime la relation existant entre le sujet et le complément d'objet direct. *Carlos aime Rosa* = voix (forme) active. → **Rosa est aimée par Carlos** = voix (forme) passive.
Voyelle	Deux types de voyelles : – les voyelles orales : a - e - i - o - u - y ; – les voyelles nasales : ɑ̃ - ɛ̃ - œ̃ - ɔ̃.

GÉNÉRALITÉS

1 • Prononcer les sons
    du français
2 • Les liaisons à l'oral
3 • L'élision à l'écrit
4 • Le découpage des mots
    à l'écrit
5 • La ponctuation
6 • Les accents et marques
    orthographiques

1 . Prononcer les sons du français

Il existe en France de nombreux accents qui peuvent être très différents du français « standard », c'est-à-dire du français parlé à la radio et à la télévision.

C'est la phonétique de ce français standard que nous présentons ici.

Les voyelles

Les voyelles simples

[a] *Elsa et Nicolas.*
[ɑ] *un paquet de pâtes.*
[œ] *les couleurs, la fleur.*
[e] *Édouard est là.*
[ɛ] *Claire et Norbert.*
[i] *Sidonie et Yves.*

[ɔ] *Paul et Charlotte.*
[o] *Aude et Baudouin.*
[ø] *Eudoxie est heureuse.*
[u] *Allez, Loulou, en route !*
[y] *Julie et Luc.*
[ə] muet : *Anne-Marie et Pierre.*

Les voyelles qui présentent des difficultés de prononciation :

✔ Les deux A

A bref et ouvert [a] : *madame, ça va, le chat s'est cassé la patte...*
A long et un peu nasalisé [ɑ] : *des pâtes, un bâtiment.*
Pour prononcer le A long, la bouche est un peu plus ouverte et le son vient de la gorge.

✔ Les deux O

O ouvert [ɔ] : *bonne année, elle est folle, le soleil, notre ami Paul.*
O fermé [o] : *c'est trop beau, à gauche, un rôle, le nôtre, le vôtre, c'est notre amie Paule...*
Pour prononcer [ɔ], la bouche est plus ouverte que pour [o].

✔ La différence entre [ø] et [œ]

▌*J'attends ma sœur depuis deux heures.*
　　　　　　　[sœr]　　　　[døzœr]
Pour prononcer le [ø], on ouvre la bouche comme pour le O fermé [o] et on prononce [e].
Pour prononcer le [œ], on ouvre la bouche comme pour le O ouvert [ɔ] et on prononce [ɛ].

✔ La différence entre le E fermé [e] et le E ouvert [ɛ]

Dans une syllabe, si le E est suivi d'une consonne prononcée, il est toujours ouvert [ɛ] : *la mer* [mɛr], *le fer* [fɛr], *le verre* [vɛr], *elle* [ɛl] *est belle* [bɛl], *la terre* [tɛr], etc.

✔ Le E muet [ə]

Phonétiquement, il se situe à peu près entre [ø] et [œ] et se prononce toujours très vite. Très souvent, on ne le prononce pas (mais on l'écrit !).

Souvent, le A long s'écrit avec un accent circonflexe.
Cette différence phonétique tend à disparaître en France.

Le E muet est prononcé pour éviter une succession de consonnes (il est assez difficile par exemple de prononcer trois consonnes à la suite). Dans ce cas-là, on le prononce la plupart du temps une fois sur deux :
▌*Tu ne le connais pas.*
➔ *Tu n(e) le connais pas* ou *Tu ne l(e) connais pas.*
▌*Je ne te reverrai jamais.*
➔ *Je n(e) te r(e)verrai jamais* ou *J(e) ne t(e) reverrai jamais* ou *J(e) ne te r(e)verrai jamais.*

✔ Le [y]

= *Lucie habite rue Gay-Lussac.*

Pour prononcer le [y], la bouche est arrondie et les lèvres avancées comme pour le [o] et on prononce [i].

■ Les voyelles nasales

[ã] *Il y a un manteau et des gants sur le banc, là, en face.*
[ɛ̃] *Je voudrais du pain et du vin.*
[œ̃] *Il est brun.*
[õ] *Il achète des bonbons.*

■ Les semi-voyelles

[w] *C'est Louis Clouet ? Mais oui !*
　　　　　[wi]　　[wɛ]　　　　　[wi]
[ɥi] *Et lui ? Lui, il est suisse. C'est Paul Huysmans.*
　　　[lɥi]　　[lɥi]　　[sɥis]　　　　　[ɥismãs]
[j] *Elle, c'est Mireille. Mireille Réveillon.*
　　　　　[mirɛj]　　[mirɛj]　　[revejõ]

Pour faire la différence entre [wi] et [ɥi], attention à la position de la langue : elle est en arrière dans le premier cas, en avant dans le second.

Les consonnes

[b] **Bonjour, Brigitte.**	[n] **Nicole** et **Annie.**
[d] *C'est difficile.*	[ɲ] **Agnès** se **baigne.**
[f] **Florence** est **pharmacienne.**	[p] **Papa** n'est **pas** là.
[g] *C'est un grand garçon.*	[r] **René** est drôle, il aime **rire.**
[ʒ] **Géraldine** est **jeune** et **jolie.**	[s] **Ce soir,** nous commençons le **spectacle.**
[ʃ] **Sacha** et **Charlotte.**	[t] **Tu** prends du **thé** ou du café ?
[k] **Quentin, Caroline** et **Karine.**	[v] Je **voudrais** du thé.
[l] **Léon** est **là** ?	[z] **Zoé** habite au **dixième** étage.
[m] **Moi,** c'est **Marc Melville.**	

■ Les consonnes qui présentent des difficultés de prononciation

✔ Le [r]

Cette consonne est difficile surtout au début d'un mot *(René et Richard)* ou en position intervocalique *(en arrière, le garage, Pierrot).*
Pour prononcer le [r], consonne vibrante, la langue se relève et bat légèrement en arrière contre le palais.

✔ La différence entre [s] et [z]

Les deux consonnes sont sifflantes mais le [s] *(un dessert sans sucre, s'il vous plaît)* est sourd et le [z] *(il est exactement deux heures douze)* est sonore : si l'on met sa main sur la gorge ou si l'on se bouche les oreilles, on sent une vibration des cordes vocales.

⚠ On ne prononce pas la terminaison -*ent* de la 3e personne du pluriel de tous les verbes.
❚ *Ils décident* [ildesid].

La distinction entre [ɛ̃] (**un brin**) et [œ̃] (**il est brun**) tend à disparaître.

⚠ Faites bien la différence entre :
inutile → *i/nutile*
inespéré → *i/nespéré*
(**i** est une syllabe)
et *impossible* → *im/possible*
intéressant → *in/téressant*
(**im** et **in** sont une syllabe)

Pour certains élèves, il est difficile de distinguer le [r] et le [l]. Pour prononcer le [l], la pointe de la langue est derrière les incisives supérieures et l'air passe des deux côtés.

✔ **La différence entre** [f] **et** [v]

La position de la bouche est la même mais le [f] est sourd et le [v] est sonore (même test de vibration des cordes vocales que pour [s] et [z]).

✔ **La différence entre** [ʃ] **et** [ʒ]

La position de la bouche est la même mais la consonne [ʃ] *(Chut ! Vous avez un chien ou un chat ?)* est sourde alors que le [ʒ] *(Nadège est jeune et jolie)* est sonore (même test de vibration des cordes vocales que pour [s] et [z]).

✔ **La différence entre** [b] **et** [v]

La consonne [b] est explosive : les lèvres sont absolument fermées puis le son sort brusquement. Pour prononcer le [v], la lèvre inférieure touche légèrement les dents du haut et la bouche n'est pas complètement fermée : l'air passe.

✔ **La différence entre** [p] **et** [b]

Dans les deux cas, les lèvres sont collées mais la consonne [p] est plus forte et plus sourde. Il n'y a pas de vibration des cordes vocales. Le son [b] est sonore et plus doux. Il y a une vibration des cordes vocales. C'est comme un bruit de baiser.

✔ **La différence entre** [k] **et** [g]

Ici encore, c'est une opposition consonne sourde/consonne sonore. La position des lèvres est la même mais le [k] est sourd (pas de vibration des cordes vocales) alors que le [g] est sonore (vibration des cordes vocales).

Attention

– à la prononciation de **ex**

  • ex + voyelle = [egz]

❚ *un examen, un exercice, exister*

  • ex + consonne = [eks]

❚ *exceptionnel, extraordinaire, expression*

– à la prononciation de **ch**

Selon l'origine et l'évolution du mot, *ch* peut se prononcer [ʃ] ou [k].

  • *ch* = [ʃ]

❚ *un architecte, des archives*

  • *ch* = [k]

❚ *archaïque, un orchestre, l'archéologie*

– aux mots qui, à l'écrit, se terminent par **ti** + voyelle : *partial, démocratie, essentiel, nation,* etc. On prononce le son [s] :

❚ *partial* → [parsial]

❚ *démocratie, aristocratie* → [demokrasi], [aristokrasi]

❚ *nation, attention* → [nasiõ], [atãsiõ]

Il y a des exceptions : *amitié* [amitje], *pitié* [pitje].

2 . Les liaisons à l'oral

Il y a trois possibilités.
Soit la liaison est obligatoire, soit elle est interdite, soit elle est facultative.

La liaison est obligatoire

– entre le déterminant et le nom : *les amis ; mon ami ; cet été.*
– entre l'adjectif et le nom qui suit : *les petits enfants ; trois hommes dans un bateau* (le « **h** » de *homme* est muet).
– entre le pronom personnel et le verbe : *ils ont mal ; vous aimez danser ? ; elle les a rencontrés.*
– entre l'adverbe et l'adjectif : *c'est très aimable.*
– dans des formules figées : *les États-Unis ; de temps en temps.*

Il peut s'agir de liaisons au sens strict (comme dans les exemples précédents) ou d'enchaînements consonne-voyelle. Par exemple :
▌*Paul est là ? — Oui, il est là, il est avec Alice. Ils sont arrivés il y a une heure. — Ils sont en avance ! Tu leur as parlé ?*

La liaison est interdite

– après la consonne qui suit le **r** : *le nord-est ; de part en part ; elle court assez vite ; bord à bord.*
– devant le **h** aspiré : *les Halles, des haricots, des héros, il avait honte. Des héros* [deero] mais *des héroïnes* [dezeroin]. Dans le cas du mot *héros*, la liaison serait dangereuse : on pourrait confondre des *héros* et des *zéros* !
– devant les mots *onze, oui, yaourt* et *yoga* : *Il est onze heures.*
– après le mot *et* : *Elsa et / Édouard ; toi et / elle.*

La liaison est facultative

Dans les autres cas, la liaison est facultative.
Il faut remarquer qu'en français soutenu on fait plus souvent les liaisons :
pas encore ➜ *pas encore.*
De plus en plus, surtout au nord de la Loire, le français courant laisse tomber les liaisons quand elles ne sont pas obligatoires.

3 . L'élision à l'écrit

Devant une voyelle ou le « **h** » muet, certains mots perdent leur voyelle finale **a, e** et **i** :

– les articles **le** et **la** : *l'arbre ; l'amour ; l'histoire ; l'homme ; l'obligation ; l'Université.*

– les pronoms **je, me, te, le, la, se** : *Amélie, je l'aime ; elle m'aime aussi ; il s'appelle Bruno.*

– le pronom **ce** : *C'est vrai, c'est bien.*

– la conjonction **que** (et ses composés) : *Dès qu'il est arrivé et qu'elle l'a vu, elle a compris qu'il y avait des problèmes ; elle n'a rien dit jusqu'à ce qu'il parte.*

– le relatif **que** : *C'est le film qu'on a vu hier ; voilà la fille qu'il aime tant.*

– la préposition **de** : *Voilà le journal d'hier ; c'est le frère d'Anna.*

– la négation **ne** : *Elle n'est pas encore arrivée ; il n'écoute rien.*

– le **si** perd son **i** final devant **il** (mais attention, pas devant **elle**) : *S'il veut l'épouser et si elle, elle ne veut pas, c'est difficile !*

> ⚠ Le mot **qui** ne s'élide jamais : *C'est lui qui a raison. Qui est venu ?*
> Vous entendrez parfois, à l'oral familier : *C'est lui [ka] raison ; c'est pas moi [ke] fait ça.*
> Mais cela ne s'écrit **jamais** !
> À l'écrit, **qui** reste toujours qui !

4 . Le découpage des mots à l'écrit

Si l'on veut couper un mot en arrivant à la fin de la ligne, il y a certaines règles à suivre.

Règle générale : Il faut tenir compte des syllabes (groupes de sons prononcés ensemble).

– On ne sépare pas deux voyelles : *la dou-ceur ; la beau-té.*

– S'il y a une consonne entre deux voyelles, on coupe avant la consonne : *le châ-teau ; un don-jon.*

– S'il y a deux consonnes à la suite, on coupe au milieu : *as-sas-siner ; es-poir,* sauf si les deux consonnes forment un seul son : *elle est mi-gnonne ; une ca-chette ; la psy-chologie.*

– S'il y a trois consonnes à la suite, on coupe après la deuxième : *comp-tabilité ; abs-tention,* sauf si les deuxième et troisième consonnes forment un seul son : *mar-chandise ; or-chestre* ou quand la dernière consonne est un **r** ou un **l** : *le mar-bre ; op-pression ; un souf-fle.*

– Si vous coupez un mot en fin de ligne, le tiret doit être **à côté** de la syllabe en fin de ligne.

– On ne peut pas finir une ligne par une apostrophe *(l' - qu' - m' - t' - s'…).*

– On évite, si possible, de commencer ou de finir une ligne par les syllabes *de - le - je - me - ce - se,* c'est-à-dire par l'ensemble : consonne + *e* muet.

5 . La ponctuation

Faites bien attention à la ponctuation, c'est la « respiration » de la phrase.
Le sens de la phrase peut en dépendre.

Les différents points

■ Le point final (.)

On l'utilise pour terminer une phrase.
■ *Elle arriva un jeudi. Le lendemain, elle était déjà repartie.*

■ Le point d'interrogation (?)

Il est utilisé après une phrase interrogative ou un mot interrogatif.
■ *Quelqu'un a-t-il téléphoné ? Qui ?*

■ Le point d'exclamation (!)

Il est utilisé après une phrase exclamative ou un mot exclamatif.
■ *Vous êtes là ! Déjà !*

⚠ Après le point final, le point d'interrogation et le point d'exclamation, la majuscule est en général obligatoire.

La virgule

La virgule (,) indique une légère pause entre deux éléments.
■ *La jeune fille, soudain inquiète, ferma la fenêtre.*
■ *L'appartement se compose de deux chambres, d'une salle à manger, d'une cuisine et d'une salle de bains.*

La virgule peut aussi servir à mettre en relief un élément de la phrase.
■ *Moi, j'aime le bleu. Lui, il préfère le noir.*

1. Ne mettez jamais de virgule entre le verbe et le complément d'objet direct s'il vient tout de suite après le verbe.
■ *Il a regardé ces tableaux avec beaucoup d'intérêt.*

2. La présence ou l'absence de la virgule peut changer le sens d'une phrase.
■ *Il comprend très bien cet enfant* (= quelqu'un comprend l'enfant).
■ *Il comprend très bien, cet enfant* (= c'est l'enfant qui comprend).

☞ proposition subordonnée relative page 245

Le point virgule

Avec le point virgule (;), la pause est plus marquée qu'avec une simple virgule mais moins marquée qu'avec un point.

▌ *Il hésitait à entrer ; elle réussit à le convaincre.*

▌ *Ils demandèrent leur chemin ; personne ne voulut les renseigner.*

Les points de suspension

Les points de suspension (...) servent à indiquer qu'une phrase ou qu'une partie de la phrase reste en suspens.

▌ *Dis-moi un peu..., je voudrais savoir... Où as-tu passé la soirée ?*

Les deux points

Les deux points (:) peuvent avoir plusieurs fonctions :
– ils introduisent le discours direct :

▌ *Il demanda : « Qui est là ? »*

– ils introduisent une énumération :

▌ *Je prendrai des légumes : tomates, haricots, poivrons, carottes...*

– ils servent à indiquer un rapport logique entre deux propositions (cause, conséquence, opposition...) ou entre un titre et son développement.

▌ *Il éclata de rire : la blague était excellente !*

Les guillemets

Les guillemets (« ... ») encadrent une citation ou des paroles au style direct.

▌ *Elle déclara : « Maintenant, ça suffit. »*

Ils peuvent aussi indiquer qu'on veut isoler, mettre en relief un mot ou une expression.

▌ *Ses idées étaient un peu étranges, « spéciales ».*

Les parenthèses

Les parenthèses (...) ou les tirets (– ... –) encadrent un élément de la phrase qui n'est pas indispensable.

▌ *Sa tante (ou plus exactement sa grand-tante) s'appelait Berthe.*

▌ *Il avait décidé – du moins c'est ce qu'il affirmait – d'aller faire fortune en Amérique.*

> Quand les points de suspension sont entre parenthèses (ou entre crochets), cela signifie qu'on supprime une partie de la citation d'un auteur.
>
> ▌ *L'auberge Barque se trouvait à l'entrée de Semoic, dans un vieux moulin. (...) On y venait le soir s'y amuser ; c'était une façon de prendre l'air et de faire une promenade le long du Dior.*
> (Marguerite Duras).

6 ● Les accents et marques orthographiques

Les accents, qui existent en français depuis le XVIe siècle, sont importants : ils indiquent comment on doit prononcer les voyelles mais ils permettent souvent aussi de distinguer deux mots. Par exemple, **a** *(il **a**, elle **a**, on **a**)* et **à** *(je vais **à** Londres)* ; **ou** et **où** *(Qui va avec lui, toi **ou** moi ? Ça dépend **où** on va !)* ; **sur** et **sûr** *(Je suis **sûr** que j'ai posé ce livre **sur** la table. Qui l'a pris ?)*, etc.

L'accent aigu

L'accent aigu (**é**) se place sur un [**e**] fermé : *C'est l'été ; il a été malade.*

L'accent grave

L'accent grave (**è**) se place le plus souvent sur un [**e**] ouvert soit à l'intérieur du mot *(la mère, le père, le frère)*, soit à la fin du mot devant un **s** *(après, le succès, l'accès, le progrès).*

Il marque l'indicatif présent de certains verbes :
▌ *acheter* → *j'achète, tu achètes…* ; *amener* → *j'amène, tu amènes…*

Il marque aussi le féminin de certains noms communs :
▌ *un boulanger* → *une boulang**è**re*
▌ *un pâtissier* → *une pâtiss**i**ère*
▌ *un charcutier* → *une charcut**i**ère*

Mais on le trouve aussi :
– sur le **a** : il permet de distinguer le verbe *(il **a**)* de la préposition *(il va **à** Paris)* ; l'article **la** de l'adverbe **là** *(la maison est **là**)* ;
– sur le **u** : il permet de distinguer la conjonction *(Qui ira à Rio ? Elle **ou** lui ?)* du relatif *(Je connais bien la région **où** tu vas).*

L'accent circonflexe

L'accent circonflexe (**^**) a deux fonctions principales.
C'est l'« accent du souvenir » : il remplace par exemple le **s** latin : *la bête, la fête, un hôpital, la forêt, une fenêtre.*
On peut aussi mentionner la disparition du **e** et son remplacement par un accent circonflexe dans les adverbes : *continûment, assidûment…*
Il évite de confondre des mots : *le m**u**r, il est très m**û**r ; je suis s**û**r, il est s**u**r la table ; la t**a**che d'encre, accomplir une t**â**che difficile.*

Le tréma

Le tréma (¨) se place sur les voyelles **e**, **i** et **u**, en deuxième position.
Il indique que l'on doit prononcer les deux voyelles : *C'est Noël (No/ël)* ; *il est naïf (na/ïf)* ; *un épi de maïs (ma/ïs).*
Il permet de distinguer un groupe de lettres ayant habituellement une autre prononciation.

Comparez :
On prononce le son [gy] :
▌ *Une douleur aiguë* [egy]
▌ *Cette question est ambiguë* [ãbigy]

avec : *une figue* [fig], *une digue* [dig], *un dogue* [dog], *une ligue* [lig], où on prononce le son [g].

LA SPHÈRE DU NOM

Chapitre 1 • LE NOM . . . .

1 • 1 Le nom commun

1 • 2 Le nom propre

1 • 3 Les différentes fonctions du nom

Chapitre 2 • LES DÉTERMINANTS ET LES SUBSTITUTS DU NOM . . . .

2 • 1 Les articles

2 • 2 Les pronoms personnels

2 • 3 Les adjectifs et pronoms démonstratifs

2 • 4 Les adjectifs et pronoms possessifs

2 • 5 Les adjectifs et pronoms indéfinis

2 • 6 Les adjectifs et pronoms interrogatifs et exclamatifs

2 • 7 Les pronoms relatifs

Chapitre 3 • LA QUANTIFICATION . . . .

3 • 1 Les nombres cardinaux

3 • 2 Les nombres ordinaux

3 • 3 Termes dérivés des nombres et autres

3 • 4 Autres expressions de la quantité

Chapitre 4 • LA QUALIFICATION DU NOM . . . .

4 • 1 Le complément du nom

4 • 2 L'adjectif qualificatif

4 • 3 Les propositions relatives

1 LE NOM

Qu'est-ce qu'un nom ? Le nom peut désigner des êtres animés (personnes ou animaux) ou des choses (objets concrets, mais aussi idées, sentiments, actions, événements, phénomènes...).

▌ *Les enfants prennent le bus tous les jours pour aller à l'école.*

▌ *Pierre et ses sœurs habitent dans une ferme en Provence.*

▌ *Monsieur Ribeyrolles a montré du courage et de la détermination dans cette affaire.*

Il existe deux types de noms : **les noms communs** (l'enfant, le bus, l'école, une ferme, du courage, de la détermination, une affaire...) et **les noms propres** (Pierre, Provence, Monsieur Ribeyrolles...).

1 . 1 Le nom commun

Le nom commun désigne tous les êtres (personnes ou choses) appartenant à la même espèce.

▌ *Il porte un manteau noir* (= un manteau appartenant à la catégorie générale des manteaux).

Remarque 1. Beaucoup de verbes et d'adjectifs peuvent être transformés en noms.

▌ *Elle a un très joli sourire.*

▌ *Tout le monde était là : les grands, les petits, les jeunes, les vieux.*

Remarque 2. On peut classer les noms communs selon trois critères distinctifs :

• **comptables** (on peut les compter, les dénombrer) ou **massifs** (il s'agit d'une substance continue ; on ne peut pas la compter) :

▌ *Pour faire un gâteau, il faut de la farine, du beurre, du lait, du sucre et du sel* (= massif), *des œufs et des fruits confits* (= comptables).

• **animés** (personnes ou animaux) ou **non animés** (objets) :

▌ *Chez lui, il y a des enfants qui courent partout, des chiens et des chats qui se battent tout le temps, des milliers de livres...*

• **abstraits** *(la bonté, la sagesse, le courage, la persévérance...)* ou **concrets** : *(la table, la chaise, les fauteuils ...).*

Le genre des noms communs

▌ Règle générale

Les noms communs sont soit féminins, soit masculins. Cela de manière arbitraire. Par exemple, on dit **le** *fleuve* mais **la** *rivière* ; **la** *chaise* mais **le** *fauteuil* ; **la** *chemise* mais **le** *chemisier*... Cependant, le fait qu'un mot soit masculin ou féminin est très important symboliquement. Par exemple, les Français imaginent et représentent toujours **la** *lune,* **la** *nation,* **la** *vérité,* **la** *république*, etc., sous une apparence féminine, **le** *soleil,* **le** *peuple,* **le** *courage*, etc., sous une apparence masculine.

✔ Généralement, pour former le féminin d'un nom animé, on ajoute un **-e** au masculin : *un ami, une amie.*

Certains féminins ont une terminaison différente de celle du masculin :
- *un chanteur, une chanteuse - un vendeur, une vendeuse*
- *un acteur, une actrice - un directeur, une directrice*
- *un boulanger, une boulangère*
- *un musicien, une musicienne*

Remarque : souvent, on peut connaître le genre du nom en regardant sa terminaison.

⚠ **La prononciation peut changer !**
- *un étudiant, une étudiante* (+ [t])
- *un Japonais, une Japonaise* (+ [z])
- *un Allemand, une Allemande* (+ [d])

✔ Sont masculins les noms qui se terminent par :
-age *(le fromage, le ménage)*
Exceptions : *la cage, la page, la plage, la rage, la nage, l'image.*
-ail *(le travail)*
-al *(l'animal, le végétal, le journal)*
-ament *(le médicament)*
-as *(le tas, le bras, l'amas)*
-eil *(le réveil, le soleil)*
-ement *(l'armement, le département)*
-euil *(le fauteuil)*
-ier *(le fermier, le pâtissier)* ou -er *(le boucher, le boulanger)*
-in *(le câlin, le matin)*
-is *(un gâchis)*
-isme *(le nationalisme, le capitalisme)*
-oir *(le parloir, le couloir)*
Et les noms de jours *(le lundi, le mardi...)*, de mois *(en juin dernier)*, de saisons *(le printemps)*, de langues *(le français, le russe)*, d'arbres *(le chêne, le pin).*

✔ Sont féminins les noms qui se terminent par :
-ade *(la glissade, la rigolade)*
-aille *(la bataille)*
-ance *(la vaillance, l'élégance)*
-ée *(la bouchée, l'arrivée, la destinée)*   Exceptions : *le lycée, le musée*
-eille *(une bouteille, une groseille)*
-ence *(la patience, la prudence)*   Exception : *le silence*
-erie *(la boulangerie, la charcuterie)*
-esse *(la paresse, la faiblesse)*
-ette *(la cigarette, la fillette)*
-euille *(la feuille)*
-ie *(la jalousie, l'envie, la philosophie)*
-ière *(la fermière, la pâtissière)* ou -ère *(la bouchère, la boulangère)*
-ise *(la gourmandise, la franchise)*
-aison *(la terminaison, la raison)*
-sion, -tion, -xion *(la passion, la nation, la réflexion)*
-té (mots abstraits : *la beauté, la bonté, la charité)*
-ude *(la solitude, l'habitude)*
-ure *(la lecture, l'écriture, l'ouverture, la fermeture)*

Beaucoup de mots terminés par **-eur** sont féminins *(la douceur, la chaleur, la pâleur, la rougeur...)* mais il existe de nombreuses exceptions *(le bonheur, le malheur, le professeur, l'ingénieur, etc.).*

Dans certains pays francophones (au Québec, par exemple), on féminise les noms de métiers : *une auteure, une professeure, une écrivaine*, etc. En France, on commence aussi à le faire. Il y a même une loi qui y incite. Pour éviter les confusions, on dit souvent : *une femme médecin, une femme architecte*, etc.

■ Les cas particuliers

✔ Certains noms sont identiques au masculin et au féminin (c'est l'article seul qui indique le genre) :

▌ *un stagiaire, une stagiaire − un fonctionnaire, une fonctionnaire − un secrétaire, une secrétaire − un élève, une élève − un automobiliste, une automobiliste − un enfant, une enfant…*

✔ Certains noms ont un féminin totalement différent du masculin :

▌ *l'homme, la femme − le père, la mère − le mari, la femme − le garçon, la fille − l'oncle, la tante*

▌ *le mâle, la femelle* (attention : seulement pour les animaux !) *− le cheval, la jument − le coq, la poule − le cochon, la truie*

✔ Certains noms existent seulement au masculin (même si beaucoup de femmes sont concernées) :

▌ *un écrivain, un médecin, un architecte, un chauffeur, un maire, un auteur, un professeur, un vainqueur, un témoin, un chef d'orchestre…*

✔ D'autres noms existent seulement au féminin (même s'il s'agit d'hommes) :

▌ *une personne, une victime, une personnalité, une vedette, une brute, une canaille…*

✔ Certains mots ont des sens différents au masculin et au féminin :

▌ *un livre intéressant/une livre de café ; il termine son mémoire de maîtrise/il a une bonne mémoire ; le mode de vie des Français/cette couleur est à la mode ; on va faire un petit tour et voir la tour Eiffel…*

Le nombre des noms communs

■ Règle générale

On ajoute un **-s** au nom singulier : *un élève, des élèves ; une femme, des femmes ; un enfant, des enfants ; un livre, des livres ; une maison, des maisons…*
On ne prononce pas ce **-s** du pluriel : *les enfants/ont déjeuné à la cantine ; les étudiants/arrivent.*

■ Les cas particuliers

✔ Quand le nom singulier se termine par **-s, -x** ou **-z**, il n'y a pas de **-s** final au pluriel : *un Français, des Français ; une voix, des voix ; un gaz, des gaz.*

✔ Quand le nom singulier se termine par **-al**, le pluriel se termine presque toujours en **-aux** : *un journal, des journaux ; un cheval, des chevaux…* Il y a quelques exceptions comme *des carnavals, des festivals.*

✔ Quand le nom singulier se termine par **-au, -eau, -eu**, le pluriel se termine presque toujours en **-aux, -eaux, eux** : *un tuyau, des tuyaux ; un gâteau, des gâteaux ; un cheveu, des cheveux…*
Exceptions : *les landaus, les pneus, les bleus…*

✔ Quand le nom singulier se termine par **-ou**, le pluriel est en **-ous** : *un clou, des clous ; un trou, des trous…*
Quelques exceptions : *des bijoux, des cailloux, des choux, des genoux…*

Un pluriel est vraiment irrégulier : *un œil, des yeux.*

▌*Laura a un œil vert et un œil bleu. C'est original : elle a **des yeux** magnifiques.*

Certains noms existent seulement au pluriel : *les frais* (masc.) ; *les fiançailles* (fém.) ; *les funérailles* (fém.) ; *les représailles* (fém.)…

Une curiosité : *amour(s), délice(s)* et *orgue(s)*, masculin au singulier et féminin au pluriel !

▌ Les noms composés

1er cas : nom + nom ; adjectif + nom ; nom + adjectif ; adjectif + adjectif → en général, les deux mots varient :
▌*un bateau-mouche, des bateaux-mouches ; un grand-père, des grands-pères ; un coffre-fort, des coffres-forts ; un sourd-muet, des sourds-muets…*

2e cas : nom + préposition + nom → le second reste invariable :
▌*des pommes de terre ; des tasses à café ; des armoires à linge ; des chefs-d'œuvre…*

3e cas : verbe + nom désignant des éléments nombrables → le nom seul varie :
▌ *un tire-bouchon, des tire-bouchons ; un essuie-glace, des essuie-glaces…*

4e cas : verbe + nom désignant quelque chose d'abstrait ou de non nombrable ou verbe + verbe → le tout est invariable :
▌*des savoir-faire ; des faire-part ; des laissez-passer…*

Les expressions figées restent invariables.
▌*des va-t-en guerre* (personnes belliqueuses)
▌*des va-et-vient*
▌*des tête-à-tête*
▌*des face-à-face*
▌*des on-dit* (rumeurs)
▌*des m'as-tu-vu* (personnes prétentieuses)…

1 ● 2 Le nom propre

Le nom propre désigne quelqu'un ou quelque chose d'unique.
Il s'écrit avec une majuscule.

Lorsqu'il désigne une personne, habituellement, il n'a pas de déterminant :
▌*Je vous présente Pierre Dupond. Pierre, c'est Marc Lorry.*

Mais on peut dire par exemple :
▌*Je connais deux Dupond, un Dupond à Lyon et un Dupond à Paris.*
▌*Vous préférez les Dupond ou les Colin ?* (= la famille Dupond, la famille Colin) (Le nom de famille reste invariable.)

Lorsqu'il désigne un lieu (sauf les noms de villes), il est précédé de l'article défini :
▌*Éric connaît bien l'Italie et la Grèce, il est allé à Rome, à Venise, à Athènes…*
▌*La Seine, la Loire, le Rhône et la Garonne sont les plus grands fleuves de la France.*
▌*On va faire du ski dans les Alpes ou dans les Pyrénées.*

⚠ Le nom de quelques villes est précédé d'un article défini :
▌*Le Havre, Le Mans, La Rochelle…*

☞ articles page 36

☞ articles page 36

■ Le cas des noms de pays : masculin ou féminin ?

Les noms de pays sont presque toujours précédés d'un article défini : **le** ou **la**.
■ *J'adore le Brésil, l'Allemagne, la Grèce et l'Italie.*

Il existe cependant quelques exceptions : *Israël, Cuba, Malte, Chypre, Madagascar…* n'ont pas d'article :
■ *Vous connaissez Cuba ? Vous aimez Madagascar ?*

✔ Sont féminins les noms de pays qui se terminent par un **-e** : *la France, la Bolivie, la Suède, la Suisse, l'Italie, l'Allemagne, la Hongrie…*
Exceptions : *le Cambodge, le Mexique, le Mozambique, le Zaïre.*

✔ Sont masculins les autres : *le Nigeria, le Ghana, le Brésil, le Portugal, le Rwanda, le Danemark, le Pérou, les États-Unis…*

1 • 3 Les différentes fonctions du nom

Le nom peut être **sujet**.
Il est alors presque toujours placé avant le verbe.
■ ***Les chiens et les chats*** *se disputent souvent.*

Il peut être complément :
        objet direct ■ *Lisa adore* **la peinture moderne.**
        ou **indirect** ■ *J'ai apporté un cadeau* **à mon fils.**
Le nom objet se place le plus souvent après le verbe.

Il peut **exprimer une circonstance** :

– liée au temps	■ *Je suis arrivé* **ce matin** *et mon amie viendra* **en mars.**
– liée au lieu	■ *Elle préfère rester* **à la maison** *quand il est* **en mer.**
– liée à la manière	■ *Travaillez* **en silence,** *s'il vous plaît !*
– liée au moyen	■ *Tu es venu* **en train** *ou* **en voiture** *?*
– liée à la cause	■ **En raison de la grève du métro,** *le trafic sera perturbé jusqu'à ce soir minuit.*
– liée à la conséquence	■ *Il a travaillé* **avec succès.**
– liée à l'opposition	■ **Malgré ses efforts,** *il a été battu.*
– liée au but	■ *Si je te dis ça, c'est* **pour ton bien** *!*
– liée à la supposition	■ **En cas de divorce,** *qui gardera les enfants ?*
– liée au prix	■ *Ça coûte* **2,55 euros.**
– liée à la mesure	■ *Son studio est très joli mais il mesure à peine* **huit mètres carrés.**

2 LES DÉTERMINANTS ET LES SUBSTITUTS DU NOM

Qu'est-ce qu'un déterminant ? Qu'est-ce qu'un substitut du **nom** ?

Le déterminant est un mot qui **précède un nom** commun avec lequel il constitue le **groupe du nom**. Donc : **le groupe du nom** ou **groupe nominal** = déterminant + nom.

❚ *Mes amis seront là.*

Un nom peut être accompagné d'un ou de plusieurs déterminants.

❚ *Mes amis, tous mes amis seront là.* →

Parmi les déterminants figurent :
– les articles

❚ *Les spectateurs sont mécontents.* →

– les adjectifs démonstratifs

❚ *Ce film est passionnant !* →

– les adjectifs possessifs

❚ *Votre fille est actrice ?* →

– les adjectifs indéfinis

❚ *As-tu vu tous les films de Woody Allen ?* →

❚ *N'y a-t-il pas une certaine ressemblance entre eux ? Il me semble que quelques films racontent la même histoire.* →

❚ *Est-ce que tous les autres metteurs en scène que tu aimes sont américains ?* →

– les adjectifs interrogatifs et exclamatifs

❚ *Quel film veux-tu voir aujourd'hui ?* →

Le substitut du nom (ou **pronom**) est un mot qui **remplace** ou qui **reprend un groupe nominal** dans toutes ses fonctions. Parfois ce **substitut** ne **reprend** pas le groupe nominal lui-même, mais **l'idée**, **le concept** évoqués par ce groupe nominal.

❚ *Les miens mais pas les vôtres.* (« les miens » remplace « mes amis », « les vôtres » désigne d'autres amis ; ce substitut renvoie au concept « ami »)

Parmi les substituts du nom figurent :
– les pronoms personnels

❚ *Il faut les calmer.*

– les pronoms démonstratifs

❚ *Celui-là aussi.*

– les pronoms possessifs

❚ *La mienne est danseuse.*

– les pronoms indéfinis

❚ *Oui, je les ai tous vus.*

❚ *Non, certains sont drôles, d'autres mélancoliques, et quelques-uns dramatiques ; ils racontent, chacun, autre chose.*

❚ *Non, les uns sont américains, les autres sont japonais, iraniens, anglais et même français.*

– les pronoms interrogatifs et exclamatifs

❚ *N'importe lequel !*

– les pronoms relatifs

❚ *Un film qui me fera rire et rêver.*

N.B. : les déterminants et substituts de la quantité seront traités dans le chapitre sur la quantification, p. 83.

2 . 1 **Les articles**

L'article est un déterminant du nom, il s'accorde en genre et en nombre avec ce nom.

C'est l'article qui marque la différence entre un nom **virtuel** dont la définition est proposée par le dictionnaire et un nom intégré dans une **réalité** donnée.

▮ *vin* (nom masculin) (on se situe dans le virtuel, c'est le mot tel qu'il apparaît dans le dictionnaire).

▮ *J'ai bu* **un** *excellent vin* (on se situe dans le réel).

C'est l'article qui fait qu'un mot de n'importe quelle catégorie grammaticale (infinitif, participe présent, participe passé, adjectif, pronom, préposition, expression…) passe dans la catégorie du nom.

▮ *le rire,* **un** *étudiant,* **des** *résumés, le rouge et* **le** *noir,* **le** *pour et* **le** *contre,* **le** *qu'en-dira-t-on…*

Il y a trois sortes d'articles :
– l'article indéfini

▮ *Ceci est* **une** *pomme.* **Une** *pomme ronde, rouge, ferme, appétissante.*
Première apparition de l'objet « pomme », première présentation ➔ article indéfini.

– l'article défini

▮ *Lave* **la** *pomme avant de la manger !*
Deuxième présentation de l'objet « pomme » ; reprise du mot **pomme** ; on sait de quelle pomme il s'agit ➔ article défini.

– l'article partitif

▮ *Qu'y a-t-il dans cette tarte ?* **De la** *pomme ou* **de la** *poire ? Mystère !*
Le mot **pomme** n'est pas considéré comme un objet ayant une forme, une couleur, mais comme un élément indénombrable, pris dans une masse, dans une matière « pomme ».

L'article indéfini

L'article indéfini **extrait** un élément d'un ensemble que l'on peut compter.
Il introduit à l'existence un être, une chose ou une notion.

■ Formes

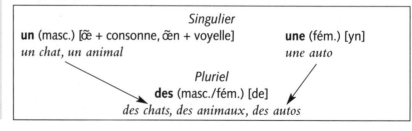

Singulier
un (masc.) [œ̃ + consonne, œ̃n + voyelle]   **une** (fém.) [yn]
un chat, un animal   *une auto*

Pluriel
des (masc./fém.) [de]
des chats, des animaux, des autos

Mais : **un, une, des** à la forme négative absolue → **de** ou **d'** + voyelle.

▌ *Pour le bœuf bourguignon, il te faut* **un** *morceau de bœuf,* **un** *gros oignon,* **une** *gousse d'ail et* **des** *carottes.*
  – Mais je n'ai **pas d'**oignon, **pas de** *gousse d'ail et* **pas de** *carottes.*
  – Alors, pas de bœuf bourguignon !

des + adjectif + nom → **de** (ou **d'** + voyelle)

Observez et comparez :
▌ *Nous avons passé* **des** *vacances bien reposantes,* **de bonnes** *vacances, oui vraiment, nous avons passé* **d'excellentes** *vacances.*
▌ *Vous avez posé* **des** *questions pleines de bons sens, vous avez* **d'autres** *questions ? – Non, je n'ai* **pas d'autres** *questions.*

Il arrive que l'adjectif forme avec le nom qui suit un nom composé. Dans ce cas, l'article pluriel **des** ne change pas. Il fonctionne comme devant un nom.
▌ *Dans la salle de cinéma, il y avait des adultes ;* **des grandes personnes, des jeunes gens, des jeunes filles**, *mais il y avait aussi des enfants :* **des petits garçons, des petites filles**.

Fonctionnent de même :
▌ **des petits pois** *(nom de légumes),* **des grands-mères, des grands-pères, des grands-parents, des petites cuillères** *(des cuillères à café)…*

⚠ **de** (préposition) + **des** → **de** ou **d'** + voyelle

L'article **des** disparaît devant le nom introduit par la préposition **de**. Il ne reste que **de**.

Observez et comparez :
▌ *J'ai* **des** *outils* **mais** *J'ai besoin* **d'**outils *plus perfectionnés pour réparer l'électricité.* Le verbe est : « avoir besoin de » ; le singulier : « avoir besoin d'un outil… » ; le pluriel : « *avoir besoin ~~de des~~ outils… », cette structure cacophonique est impossible. Donc, « avoir besoin d'outils ».

▌ *Elle portait* **des** *bottes en cuir* **mais** *Elle était chaussée* **de** *bottes en cuir.* Le complément d'agent du verbe passif est introduit par la préposition « de » ; « *être chaussé ~~de des~~ bottes » est impossible. Donc « être chaussé **de** bottes ».

▌ *Il se promène avec* **des** *amis américains* **mais** *Il se promène en compagnie* **d'**amis américains. Le nom qui suit la locution prépositive est introduit par la préposition « de » ; « *en compagnie ~~de des~~ amis est impossible ». Donc « en compagnie **d'**amis ».

▌ *Elle avait acheté* **des** *livres d'art* **mais** *Elle avait fait l'achat* **de** *livres d'art.* « Elle avait fait l'achat d'un livre d'art » (nom + de + nom) → « *elle avait fait l'achat ~~de des~~ livres… » est impossible. Donc « Elle avait fait l'achat de livres… »

Avec le verbe **être**, l'article indéfini ne change pas à la forme négative.
▌ *Ce n'est pas une affaire !*

Ou : *je n'ai ni oignon, ni gousse d'ail, ni carottes.*

☞ **négation** page 226

⚠

▌ *Voilà* **d'**autres enfants. (indéfini)
▌ *Où sont les mères des autres enfants ?* (**des** = **de + les**)

☞ **forme passive** page 120

à **L'oral**

■ Valeurs et emplois

✔ Valeur généralisante

L'article indéfini peut marquer l'appartenance à une espèce.
▪ *Un homme est un bipède* (= n'importe quel homme, tout homme).
▪ *Un chat miaule, un chien aboie* (= n'importe quel chat, chaque chien).

✔ Valeur de présentation

(≠ valeur de détermination de l'article défini)
Il désigne une personne, un objet réels mais que le locuteur (celui qui parle) introduit, présente pour la première fois à l'interlocuteur (celui à qui on parle).
▪ **Un** *jeune homme a sonné à ma porte aujourd'hui : il venait me vendre* **des** *livres,* **une** *encyclopédie…*

✔ Valeur de l'adjectif numéral

▪ *Il a* **un** *ami. Il n'a qu'* **un** *ami* (= un seul ami).

✔ Valeur « particularisante »

Le nom est souvent accompagné d'un adjectif, d'une expression à valeur d'adjectif, d'une relative qui a la valeur d'un adjectif.
▪ *Dans la vie, on rencontre* **des** *gens généreux,* **des** *gens de cœur,* **des** *gens qui pensent aux autres ;* **des** *gens égoïstes,* **des** *gens qui ne pensent qu'à eux-mêmes.*

✔ Valeur emphatique

À la valeur de réalité s'ajoute une valeur de qualité ou une valeur de quantité.
▪ *Je suis allée à la soirée donnée par mes amis. On avait l'impression d'être dans le métro à 6 heures du soir. Il y avait* **un** *monde !* (= il y avait beaucoup de monde).

L'article défini

L'article défini **dirige l'attention** sur une personne, un objet ou une notion, déjà connus, soit parce qu'ils sont présents dans le texte, soit parce qu'ils sont présents dans la pensée.

■ Formes

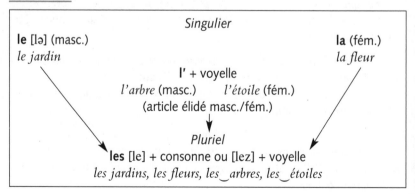

Singulier

le [lə] (masc.)   **la** (fém.)
le jardin   *la fleur*

l' + voyelle
l'arbre (masc.)   *l'étoile* (fém.)
(article élidé masc./fém.)

Pluriel

les [le] + consonne ou [lez] + voyelle
les jardins, les fleurs, les‿arbres, les‿étoiles

Attention aux articles contractés :

> Préposition   **de + le → du**
>   **de + les → des**

▪ *Dans l'entreprise, c'est la secrétaire **du (de + le)** directeur qui s'occupe **du (de + le)** courrier.*

▪ *Selon la publicité, voici le shampooing **des (de + les)** femmes pressées.*

> Préposition   **à + le → au**
>   **à + les → aux**

▪ *Il fait très chaud, ne reste pas trop longtemps **au (à + le)** soleil !*

▪ *Elle vient d'emménager et elle a déjà placé des rideaux **aux (à + les)** fenêtres.*

▪ Valeurs

✔ Valeur généralisante

L'article défini marque l'appartenance à une espèce.

▪ ***L'****homme est un bipède* (l'homme en général).

▪ ***Le*** *chien aboie,* ***le*** *chat miaule* (tous les chiens, tous les chats).

Dans ce cas, le nom accompagné de l'article défini a la même valeur que le nom accompagné de l'article indéfini à valeur généralisante. Il désigne un concept, une catégorie plus qu'une réalité *(un homme est un bipède, un chat miaule, un chien aboie).*

✔ Valeur d'unicité

L'article défini met en évidence un nom connu, parce qu'il est unique.

▪ ***Le*** *Soleil est une étoile,* ***la*** *Terre est une planète.*

▪ *Dis-moi* ***la*** *vérité !*

✔ Valeur anaphorique

L'article défini accompagne un nom qui reprend un mot déjà évoqué.

▪ *J'ai trouvé des clés dans la rue.* ***Les*** *clés se trouvaient près d'une voiture en stationnement.*

✔ Valeur de détermination

a) L'article défini se met devant un nom qui désigne quelque chose ou quelqu'un de connu, d'habituel, ou qui est déterminé, repéré par le contexte, par la situation.

▪ ***Le*** *président présentera ce soir ses vœux au pays.* (= le président du pays)

▪ *Allez,* ***les*** *enfants,* ***au*** *lit !*   (= des enfants qu'on connaît, le lit habituel)

▪ *Va chercher* ***le*** *pain, s'il te plaît !* (= le pain qu'on achète chaque jour)

▪ *Tu peux sortir* ***le*** *plat*   (= le nom est déterminé par le contexte)
qui est dans ***le*** *four ?*

b) L'article défini se place devant un nom déterminé par un autre nom.

▪ *Je te laisse* ***les*** *clés* ***de*** *la maison.*

Cette phrase peut avoir deux sens. Le mot « clé » est défini ici parce qu'il prend une valeur spécifique. Ce ne sont pas n'importe quelles clés. Ce sont **les** clés **de la maison**.

> ⚠ Ambiguïté
>
> ▪ *Le chien aboie.*
> = tous les chiens aboient.
> = le chien qui est là aboie.

Cela peut signifier aussi qu'il n'y a que ces clés-là, qu'il n'y a pas d'autres clés. Avec l'article indéfini, la phrase prendrait un autre sens. *Je te laisse des clés de la maison* (= des clés parmi d'autres, il y en a d'autres).

✔ **Valeur démonstrative**
L'article défini peut avoir la valeur d'un adjectif démonstratif :
▮ *Passe-moi **la** bouteille, s'il te plaît !* (= passe-moi cette bouteille).

✔ **Valeur possessive**
L'article défini peut prendre la valeur d'un adjectif possessif :
– quand il accompagne le nom des parties du corps ou du vêtement, d'une façon claire :
▮ *Elle a **les** cheveux longs* (= ses cheveux sont longs).

– quand ce nom des parties du corps est complément d'un verbe pronominal :
▮ *Les enfants, **brossez-vous les** dents !* (= vos dents).

– quand le complément renvoie à un pronom personnel indirect :
▮ *Avant de partir, il **m'**a cordialement serré **la** main* (= *il a serré ma main).

– quand le contexte implique la valeur de « possession » :
▮ *Après des années de lutte et de travail, je peux dire que **la** vie n'a pas toujours été facile* (= ma vie).

▮ Emplois

L'article défini s'emploie :

✔ **devant les noms de famille**
▮ *Nous sommes invités chez **les** Windsor* (= la famille Windsor).

✔ **devant les noms d'habitants de pays ou de ville**
▮ *Est-ce que **les** Français seront présents aux prochains championnats du monde de judo ?*
▮ ***Les** Parisiens ont fait match nul face **aux** Munichois.*

✔ **devant les noms de continents, de pays, de régions, de montagnes, de mers, de fleuves, de grandes îles**
▮ *La capitale de **l'**Australie est Canberra et non Sydney.*
▮ *Je ne connais pas **le** Japon.*
▮ ***Les** États-Unis forment une fédération.*
▮ ***La** Seine traverse Paris.*
▮ ***La** Nouvelle-Zélande est aux antipodes de la France.*

✔ **devant les dates, les noms de fêtes, de saisons**
▮ ***La** Toussaint tombe un lundi cette année.*
▮ ***Le** 8 mai, nous célébrons la fin de la Seconde Guerre mondiale.*
▮ ***Le** printemps est souvent pluvieux dans cette région.*

✔ **devant les adjectifs de couleur, pour former des noms de couleur**
▮ ***Le** bleu est sa couleur préférée.*

✔ **devant les superlatifs**
▮ *C'est **la** plus belle fille du monde.*
▮ *Le Danube est **le** fleuve **le** plus long d'Europe* (≠ Le Danube est un fleuve).

Pas d'article devant les prénoms ni devant **Madame, Mademoiselle, Monsieur**. Mais on utilise l'article ou l'adjectif démonstratif devant **monsieur** quand il a le sens de « homme ».
▮ *Maman, regarde **le** monsieur, il est drôle avec son grand chapeau !*
Ou devant **dame** ou **demoiselle**.
▮ *… Et cette dame avec son parapluie !*

Le nom de famille ne prend pas de « **s** ».

Les noms de villes ne prennent pas l'article, mais :
▮ *Le Havre, La Havane* (l'article fait partie du nom de la ville).

Certains noms de pays et de petites îles d'Europe, de noms masculins d'îles lointaines ne prennent pas d'article :
▮ *Noirmoutier, Israël, Cuba, Madagascar.*

☞ prépositions page **170**

Le nom du mois s'écrit sans article.
▮ *Septembre est le mois de la rentrée des classes.*

✔ dans certains cas, devant un nom de jour ou de mesure, avec une valeur distributive

▪ *J'ai mon cours de piano le mardi.* (= chaque mardi)
▪ *J'ai payé les tomates 3 euros le kilo !* (= chaque kilo)
▪ *Cette voiture consomme 7 litres au cent.* (= tous les cent kilomètres)

✔ devant des noms de nombre, il indique une approximation

▪ *Ils m'ont dit qu'ils passeraient vers les huit heures du soir* (= un peu avant ou un peu après huit heures).
▪ *Une robe de grand couturier ? Oh, ça doit bien coûter dans les 500 euros !* (= environ 500 euros).
▪ *Cette femme a bien la soixantaine !* (= elle a au moins 60 ans).

Remarque

Il faut noter un emploi assez curieux de l'article défini et de l'article indéfini. Après des verbes indiquant un mouvement, une direction comme : **aller, se rendre...** on trouvera généralement l'article défini après la préposition « **à** » et l'article indéfini après la préposition « **dans** ».
Ainsi, on dira : *je vais au cinéma, il se rend au lycée,* et non pas : *je vais à un cinéma, il se rend à un lycée,* mais : *je vais dans un cinéma du quartier latin, il se rend dans un restaurant connu.*

⚠ **le mardi** = tous les mardis.
mardi = ce mardi.

L'article partitif

Comme les autres déterminants indéfinis, l'article partitif **extrait** une partie d'un **ensemble**. Mais avec l'article partitif, cet ensemble est **indénombrable**, on ne peut le compter. Il est pris dans une masse.

▪ Formes

Singulier	
du (masc.)	**de la** (fém.)
du pain	*de la joie*
de l' + voyelle (masc./fém.)	
de l'eau (fém.)	*de l'amour* (masc.)

▪ Valeurs et emplois

Avec l'article partitif, on considère donc **une partie indéfinie extraite d'un tout, d'un ensemble, d'une masse**. L'article partitif singulier ne s'emploie que devant des noms de matière et des noms abstraits qui renvoient à des éléments que l'on ne peut pas compter.

▪ *du sucre* (m.), *de la farine* (f.), *de l'alcool* (m.), *de l'eau* (f.).
▪ *du courage, de la force, de l'espoir, de l'énergie, de la musique.*

Remarques : ces groupes nominaux sont rarement en position de sujet.
On ne dira pas : **De l'eau se trouve dans la carafe,* mais *Il y a de l'eau dans la carafe.*

Lorsque **faire** signifie « pratiquer », il est suivi de l'article partitif :
▪ *faire du tennis, de la voile, du français, de la grammaire, du piano.*
Avec un nom de musicien :
▪ *écouter, jouer du Mozart, du Chopin...*

Y a-t-il un article partitif pluriel |des| qui accompagne un nom de personnes ou de choses pris dans un ensemble ? La plupart des grammairiens classent **des** uniquement dans les indéfinis **un**, **une**, **des**, et cependant on peut se poser la question.

Observez la différence :

▮ *Tiens ! Il y a **des étudiants** qui manifestent sur le boulevard* (certains étudiants : article indéfini).

▮ *Mais ce sont **des étudiants** de mon cours !* (une partie prise dans un ensemble : article partitif).

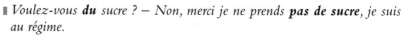

du, de la, de l' ➔ **de**, à la forme négative absolue

▮ *Voulez-vous **du** sucre ? — Non, merci je ne prends **pas de sucre**, je suis au régime.*

▮ *Elle fait **de la** gymnastique ? — Non, elle ne fait **pas de** gymnastique, elle est trop paresseuse.*

▮ ***De** l'énergie ? Non, je n'ai **pas d'**énergie, je n'ai **plus d'**énergie.*

de + du, de la, de l' ➔ **de**

Pour éviter une rencontre cacophonique, l'article partitif disparaît devant un nom introduit par la préposition **de**.

« **De** » qui fait partie d'un verbe, qui introduit le complément d'agent, qui appartient à une expression de quantité ou qui appartient à une locution prépositive :

▮ *J'ai besoin de* ~~du sel~~ — *J'ai besoin **de** sel.*
▮ *Le sol était couvert de* ~~de la neige~~ — *Le sol était couvert **de** neige.*
▮ *La carafe était pleine de* ~~de l'eau~~ — *La carafe était pleine **d'**eau.*
▮ *Faute de* ~~du temps~~ — *Faute **de** temps, je n'ai pas pu visiter tout le musée.*

RAPPEL

Ne confondez pas : **du** = article partitif

C'est du pain.

article + nom

et **du (article contracté)** = préposition **de + le**

C'est le pain du boulanger de mon quartier.

nom + article contracté + nom

des = article indéfini pluriel

Ce sont des professeurs.

article + nom

et **des (article contracté)** = préposition **de + les**

Quel est le salaire des professeurs ?

nom + article contracté + nom

Absence de l'article (article zéro)

On omet l'article dans certains cas.

☞ prépositions page 170

✔ Après la préposition **de** qui marque :
– la quantité
▌ *un verre plein **de vin** ; il y a beaucoup **de fruits** cette année ; une boîte **d'allumettes** ; un paquet **de cigarettes**…*
– la caractéristique
▌ *des chaussures **de marche** ; une table **de nuit** ; une table **de jardin** ; un soleil **d'hiver** ; une journée **d'automne** ; une tenue **de soirée**…*
– la matière
▌ *des chaussures **de cuir** ; une robe **de soie**, un manteau **de fourrure** ; un chapeau **de paille** ; un vase **de cristal** ; une feuille **de papier**…*
– l'origine avec les noms de pays ou de régions féminins
▌ *D'où venez-vous ? – Nous, nous venons **de Pologne**, et elles, **de Belgique**.*

Avec les noms de pays ou de régions masculins, on emploie l'article défini.
▌ *Yuko vient du (= de le) Japon.*

✔ Après la préposition **à** pour marquer une qualité, une caractéristique, un usage
▌ *Des bateaux **à voile** descendaient le fleuve.* (= avec une voile ou des voiles)
▌ *Il y avait sur la table des verres **à eau***   (= pour l'eau)
*et des verres **à vin**.*   (= pour le vin)
▌ *Elle portait une robe **à fleurs***   (= avec des fleurs)
*et des chaussures **à talons**.*   (= avec des talons)

✔ Après certaines prépositions pour former des locutions adverbiales
▌ *Il a agi **avec rapidité**.*   (= rapidement)
▌ *Dans une bibliothèque, on travaille **en silence**.* (= silencieusement)
Mais avec un adjectif : *Il a agi avec rapidité, **avec une rapidité remarquable**. On travaille en silence, **dans un silence total**.*

La présence de l'adjectif redonne aux mots *rapidité* et *silence* leur pleine valeur de nom, d'où l'utilisation de l'article.

✔ Après certaines prépositions pour former des compléments de manière
▌ *Il ne se déplace qu'**en avion**.*
▌ *Il roulait **à bicyclette** sur des chemins de terre.*
▌ *Ils se sont rendus à l'invitation **en tenue** de soirée.*

La présence de la relative ou de l'adjectif redonne aux mots *avion* et *tenue* leur valeur de nom, d'où l'utilisation de l'article.

☞ prépositions page **170**

☞ négation page **224**

▌*En été, elle était toujours **en minijupe** ou **en maillot** de bain.*
Mais : *Ils se sont rencontrés **dans un/l'avion qui allait à New York**.*
*Ils se sont rendus à l'invitation **dans une tenue tout à fait extravagante**.*

✔ Avec la préposition **sans** ou **avec**
▌*Par le froid le plus intense, elle sortait **sans gants, sans écharpe, sans manteau**.*
▌*C'était un homme **sans scrupules, sans courage**.*
▌*Vous voulez une chambre **avec** télévision ou **sans** télévision ?*
Mais : *Il s'est conduit avec courage, **avec un courage sans égal**. **Sans le courage qu'il a montré**, nous ne serions plus ici.*

✔ Avec des expressions coordonnées par **et** ou par **ou**
▌*Regarde le menu ! Est-ce que c'est fromage **et** dessert ?*
*– Non, c'est fromage **ou** dessert.*

✔ Avec la négation **ne... ni... ni**
On peut omettre l'article générique (article indéfini, article partitif).
▌*Je ne bois pas de vin ni de bière* ou *Je ne bois **ni** vin **ni** bière.*
▌*Je n'ai pas de stylo, pas de crayon* ou *Je n'ai **ni** stylo **ni** crayon.*

✔ Dans des locutions verbales
▌*J'ai peur, tu me fais peur, elles ont sommeil, ils ont faim, ils ont soif, elle a envie d'un gâteau, nous avons besoin de tendresse.*
Mais : *Tu m'as fait **une peur bleue**, tu m'as fait **la peur de ma vie**, j'ai **une faim de loup**…*

✔ Avec les noms attributs (généralement des noms de profession)
▌*Il était professeur, musicien, architecte, ministre, médecin…*
Mais : *Tu es **un vrai musicien**.*

✔ Dans les énumérations
▌*Tables, chaises, commodes, tapis, tableaux, tout avait été enlevé, tout avait disparu.*

✔ Dans les adresses
▌*Depuis vingt ans, il habite rue du Commerce.*

✔ Dans les apostrophes
▌*Hep taxi ! Chauffeur, à la gare, s'il vous plaît !*

✔ Dans les télégrammes, les petites annonces
▌*Bébé bien arrivé, maman se porte bien, papa aussi.*
▌*Jeune homme cherche jeune fille très douce pour affection solide.*
▌*Particulier loue appartement grand, clair, sur cour, avec ascenseur…*

✔ Sur les vitrines, façades, panneaux indicateurs
▌*Boulangerie, pâtisserie.*
▌*Liberté, égalité, fraternité.*
▌*Entrée, sortie.*
▌*Palais des expositions. Musée d'Art moderne.*

✔ À la une des journaux, dans les gros titres des journaux
▌*Inondations catastrophiques dans l'ouest du pays.*
▌*Cambriolage rue des Quatre-Voleurs.*

Comparez.

▌ *Tiens, qu'est-ce que c'est ? Mais c'est **une** bague !* (article indéfini : première apparition de l'objet « bague »)

▌ *La bague est en or. À qui est-elle ?* (article défini : reprise du mot **bague**)

▌ *La patience devrait être la qualité de tous **les** éducateurs* (article défini : valeur généralisante)

▌ *La patience **de cet éducateur** est bien connue.* (article défini : valeur déterminative, spécifique)

▌ *Il a **une grande** patience avec les enfants.* (article indéfini : le nom accompagné d'un adjectif, prend une valeur particulière)

▌ *Il a **de la** patience.* (article partitif : devant les noms abstraits qui ne sont pas nombrables)

▌ *Il n'a **pas de** patience.* (article partitif à la forme négative)

▌ *Il manque **de** patience.* (article partitif qui disparaît derrière la préposition **de** : le verbe est **manquer de**)

▌ *Le jeune homme portait **des** chaussures épaisses.* (**le**, article défini à valeur démonstrative/**des**, article indéfini devant un nom accompagné d'un adjectif)

▌ *Le jeune homme portait **d'**épaisses chaussures.* (**d'**, article indéfini + adjectif pluriel + nom)

▌ *Le jeune homme était chaussé **de** bottes de cuir.* (l'article indéfini **des** disparaît derrière la préposition **de** introduite par le verbe passif **être chaussé de**)

2 . 2 **Les pronoms personnels**

De tous les pronoms, le pronom personnel est le plus employé dans le discours écrit ou oral. Il remplace le plus souvent un nom et permet d'assurer la continuité de ce qui est exprimé et donc la cohérence du discours.

▌*Marion et Mona font du cheval ; **elles** en font depuis l'enfance et, aujourd'hui, **elles** participent à des concours. **Marion** s'est spécialisée dans le saut d'obstacles, **elle** n'a peur de rien. **Mona** a choisi le dressage, **elle** a plus de patience. Grâce à ce sport, **elles** voyagent beaucoup.*

⚠ à la clarté. Si vous ne précisez pas ce que représente le pronom, la phrase est impossible à comprendre. Observez :

▌*Marion et Mona font du cheval ; **elles** en font depuis l'enfance et, aujourd'hui, **elles** participent à des concours. **Elle** s'est spécialisée dans le saut d'obstacles, **elle** n'a peur de rien. **Elle** a choisi le dressage, **elle** a plus de patience. Grâce à ce sport, **elles** voyagent beaucoup.*
Qui est « elle » ? Marion ou Mona ?

Le pronom remplace le plus souvent un nom mais il peut remplacer aussi :
– un autre pronom : *J'ai perdu mes gants. Prête-moi **les tiens**, je te **les** rendrai demain.*

– un adjectif : *Il est encore **timide**, mais il **l'**est beaucoup moins que l'année dernière.* En ce cas, on utilise le pronom neutre **le** (ou **l'**).

– toute une proposition : *Nous savions **que vous seriez en retard** : votre secrétaire nous l'avait dit.* Dans ce dernier cas, on utilise les pronoms **le** (ou **l'**) **en**, ou **y**.

Il y a plusieurs types de pronoms personnels : certains sont liés au verbe (« conjoints »), comme par exemple les pronoms personnels sujets : **je, tu, il**… ; d'autres sont autonomes par rapport à lui (« disjoints »), comme les pronoms toniques : **moi, toi, lui**…

Ils ont différentes fonctions : sujet, objet direct, objet indirect ou, dans le cas des pronoms toniques, complément circonstanciel.

Les différents pronoms personnels

■ Le pronom personnel sujet **atone** :

« je, tu, il, elle, on, nous, vous, ils, elles »

Le pronom personnel sujet atone est toujours lié au verbe. On ne peut rien glisser entre lui et le verbe (sauf un autre pronom personnel ou la négation **ne**).

Par exemple, on peut dire : *De la bicyclette, **vous** en **faites** souvent.*
Mais il est impossible de dire : ★*Vous, très souvent, faites de la bicyclette.*

On peut dire : *Les Martin ? **Nous** leur **téléphonerons** ce soir.*
Mais il est impossible de dire : ★ *Nous ce soir téléphonerons aux Martin.*

On peut dire : ***Vous** ne **voulez** pas venir ?*
Mais il est impossible de dire : ★ *Vous avec nous ne voulez pas venir ?*

Les pronoms **il, elle, ils, elles** peuvent remplacer des personnes ou des choses.

		SINGULIER	PLURIEL
1re personne		**je**	**nous**
2e personne		**tu**	**vous**
3e personne	masculin	**il**	**ils**
	féminin	**elle**	**elles**
indéfini		**on**	

⚠ Le pronom sujet est obligatoire. Cependant, on peut le supprimer si, dans une phrase, plusieurs verbes ont le même sujet.
▮*Ils sont arrivés vers cinq heures, ont pris le thé et sont repartis deux heures plus tard.*

⚠ Parfois, le pronom personnel sujet est inversé :
– à la forme interrogative ▮ *Où allez-vous ? D'où viens-tu ?*
– après une citation (à l'écrit) ▮ *« Je vais à la pêche », dit-il.*
▮ *« J'adore le rock », affirma-t-elle.*

– après **peut-être, aussi, ainsi, sans doute**… (à l'écrit) :
▮*Il faisait très froid. Aussi ont-ils décidé de rester chez eux.*
▮*Peut-être avons-nous eu raison de ne pas sortir.*

⚠ Ne confondez pas le **il** personnel (*Hier, j'ai vu Michel, **il** allait à la pêche*) avec le **il** impersonnel qui ne remplace rien (***Il** pleut, **il** neige, **il** fait froid*…).

☞ adverbes page **184**

Orthographe

Le **je** est le seul pronom sujet qui s'élide devant une voyelle ou un **h** aspiré.
▮*J'arrive. J'habite à Lyon.*

Remarque 1 : nous = je + tu ou je + vous ou je + lui/elle ou je + ils/elles.

▌ *Toi et moi sommes d'accord.*

▌ *Pierre et moi avons les mêmes idées.*

Remarque 2 : le **vous** est ambigu puisqu'il peut représenter plusieurs personnes *(Les enfants, **vous** êtes prêts ?)* ou une seule (le **vous** de politesse) :

▌ *Vous êtes très jolie, mademoiselle.*

Remarque 3 : le pronom **tu**.

Lorsqu'on s'adresse à quelqu'un, on peut lui dire **tu** (le tutoyer) ou **vous** (le vouvoyer). Cela dépend de plusieurs facteurs : âge, position sociale, type de relations… Savoir quand il faut dire **vous** ou **tu** est souvent délicat, même pour des Français.

En résumé et en général :

– un adulte dit **tu** aux enfants, aux membres de sa famille et à ses amis proches ;

– un enfant dit **tu** aux autres enfants, aux membres de sa famille et seulement aux adultes très proches.

Deux conseils :

• Si vous avez un doute, il vaut mieux dire **vous**.

• Avant de dire **tu** à quelqu'un, attendez qu'on vous le propose.

> Il semble que le **tu** devienne de plus en plus fréquent, surtout parmi les jeunes ou entre collègues, au travail.

Remarque 4 : le pronom **on**.

On, à la fois pronom indéfini et pronom personnel, est toujours sujet. Il est extrêmement pratique car il peut remplacer :

– nous ▌ *Alice, Vincent et moi, **on** va au cinéma ce soir.*

– les gens ▌ *À Paris, **on** passe beaucoup de temps dans le métro.*

– quelqu'un ▌ *Chut, écoutez. **On** frappe à la porte.*

et aussi, plus rarement :

– tu ou vous ▌ *Alors, **on** fait ses petites courses, madame Taupin ?*

– je ▌ *Oui, patience, **on** arrive ! Une minute !!*

> Même quand il remplace un pronom pluriel comme **nous**, le **on** est toujours suivi d'un verbe au singulier.
> ▌ *Luc et moi, on **est** frères.*

Remarque 5 : le pronom **on** à l'oral.

À l'oral, c'est sans doute cette capacité de **on** à remplacer les autres pronoms qui fait son succès. Il est de plus en plus fréquent, en particulier chez les jeunes qui l'emploient systématiquement à la place de **nous**.

> ⚠ Si le **nous** est clairement sous-entendu, au passé composé, on accorde le participe passé.
> ▌ *Paul, Marie et moi, **on est allés** à la piscine.*

▌ Le pronom personnel **tonique** :

« moi, toi, lui, elle, nous, vous, eux, elles »

▌ *On va chez **moi** ou chez **toi** ? – **Moi**, ça m'est égal. Et **toi** ? – On va chez **moi**, alors.*

Ce pronom est surtout utilisé pour les personnes. Il est autonome par rapport au verbe (il est « disjoint » du verbe).

	SINGULIER	PLURIEL
1re personne	moi	nous
2e personne	toi	vous
3e personne masculin	lui	eux
3e personne féminin	elle	elles

⚠️ **Moi** et **toi** ne peuvent pas être sujets d'un verbe. Ils doivent être accompagnés de **je** ou **tu**.

▌ *Lui est belge, elle suisse* (correct).

▌ *Lui, il est belge, elle, elle est suisse* (correct).

▌ * *Moi suis belge, toi es suisse* (impossible).

▌ *Moi, je suis belge, toi, tu es suisse* (correct).

⚠️ Le verbe s'accorde avec le pronom tonique.

▌ *C'est **vous** qui **irez** chez nous.*

☞ accord sujet-verbe page 18

⚠️ Entre un nombre ou une expression de quantité et un pronom tonique, il faut ajouter **d'entre**.

▌ *Beaucoup d'**entre eux** viendront.*

⚠️ Ne confondez pas **le**, **l'**, pronom masculin singulier avec **le**, **l'**, pronom neutre.

☞ page 53

✔ Ils servent :

– à mettre en relief un autre pronom :

▌ ***Moi**, je t'adore. Et **toi**, tu m'aimes ?*

– à répondre avec un mot-phrase :

▌ *Alors, qui veut répondre ? — **Moi**, monsieur.*

– à insister :

▌ ***Lui** aimerait faire du théâtre mais ses parents, **eux**, ne veulent pas.*

✔ On les utilise aussi :

– avec des mots de coordination :

▌ *Qui met la table ? **Toi** ou **moi** ? — Ni **toi** ni **moi**, c'est le tour de Michaël.*

– après une préposition :

▌ *Il est sorti avec **nous** et il est rentré chez **lui** à l'aube.*

– après *c'est...* (ou *ce sont...*) :

▌ *Qui a cassé le vase de Chine ? — Ce n'est pas **moi**, c'est **lui** !*

▌ *C'est **moi** qui suis arrivée la première.*

– avec les comparatifs :

▌ *Ils sont plus riches que **moi**. Elle est aussi jolie que **toi**.*

Remarque 1 : les pronoms toniques sont souvent renforcés par l'adjectif **même**.

▌ *Ils ont construit **eux–mêmes** leur maison ? — Il a fait faire les plans par un architecte mais, ensuite, il a tout fait **lui–même**.*

Remarque 2 : s'il s'agit d'un être indéterminé *(on, tout le monde, personne, chacun...)*, on utilisera le pronom **soi**.

▌ *Chacun pour **soi** et Dieu pour tous !*

▌ *Allez, tout le monde rentre chez **soi** !*

■ Le pronom personnel complément d'objet direct (COD)

▌ *Vous connaissez Pierre Baron ? — Non, je ne **le** connais pas. Qui est-ce ? — Lui, vous ne **le** connaissez peut-être pas mais sa femme, vous **la** connaissez sûrement, elle est très célèbre. Béatrice Baron ! — Oui, elle, bien sûr, tout le monde **la** connaît.*

	SINGULIER	PLURIEL
1re personne	me, m'	nous
2e personne	te, t'	vous
3e personne masculin	le, l'	les
féminin	la, l' en	les en

Le pronom COD est inséparable du verbe et toujours placé avant lui.

⚠️ À l'impératif affirmatif, il est placé après le verbe. À l'impératif négatif, il est placé avant le verbe.

▌ *Maman, j'ai vu un livre génial. Je **l'**achète ? — Non, ne **l'**achète pas, il est très cher. Prends-**le** à la bibliothèque.*

Me, te, nous, vous représentent des personnes ; **le, la, les,** des personnes ou des choses.

Le, la, les peuvent remplacer :

– des noms communs définis, c'est-à-dire précédés d'un article défini, d'un adjectif possessif ou d'un adjectif démonstratif :

▌ *Tu as vu **le dernier film de Nanni Moretti** ? – Non, je ne **l'**ai pas encore vu.*

▌ *Vous prenez **vos billets** maintenant ? – Non, je **les** prendrai demain.*

▌ *Je mets **cette chemise** dans ta valise ? – Non, je **la** déteste !*

– ou encore des noms communs définis par le contexte, par la situation :

▌ *Vous avez une carte de réduction ? – Oui mais je ne **l'**ai pas sur moi. Je **l'**ai oubliée à la maison.*

– des noms propres :

▌ *Vous avez rencontré **Marie**, à Londres ? – Oui, je **l'**ai vue plusieurs fois.*

Attention au pronom en complément d'objet direct

Le pronom **en** est un pronom personnel COD un peu particulier : il est toujours invariable. Mais, comme les autres COD, il est toujours placé devant le verbe (sauf à l'impératif affirmatif).

Il peut remplacer :

– un nom précédé d'un article indéfini *(un, une, des)* :

▌ *Vous avez **des enfants** ? – Oui, j'**en** ai deux. – Non, je n'**en** ai pas.*

– un nom précédé d'un article partitif *(du, de la, des)* :

▌ *Vous voulez **du sucre** dans votre café ? – Oui, merci, j'**en** veux bien. – Alors, tenez, prenez-**en**.*

– un nom précédé d'un terme de quantité *(un, deux, trois, vingt, mille..; beaucoup de, trop de, assez de... ; quelques, plusieurs, certains, aucun(e)... ; un kilo de, un litre de, un paquet de, une bouteille de...).*

⚠ Dans ce cas, à la forme affirmative, il faut reprendre le deuxième élément. Mais on ne le fait pas à la forme négative. Observez :

▌ *Tu as une idée ? – Une idée ? J'**en** ai **mille** !* (= mille idées) – *Tu as de la chance, moi, je n'**en** ai jamais !*

▌ *Alors, qu'est-ce qu'il me faut ? Du beurre, des œufs, de la crème... Ah oui, du lait ! J'**en** voudrais **trois litres**, s'il vous plaît* (= trois litres de lait). *– Désolé, je n'**en** ai plus.*

▌ *Vous avez des amis en France ? – Oui, nous **en** avons **quelques-uns**.*

Bien différencier :

▌ *Tu as acheté **une voiture** ? – Oui, j'**en** ai acheté **une**.*

▌ *Tu as acheté <u>**la voiture de ton frère**</u> ? – Oui, je **l'**ai achetée.*

▌ *Il fait froid ? Vous voulez **un pull** ? – Oui, j'**en** veux bien **un**. Je suis gelé(e).*

▌ *Vous voulez <u>**mon pull bleu**</u> ? – Oui, je **le** veux bien, il est superbe !*

▌ *Vous mangerez <u>**ces gâteaux**</u> ? – Oui, je **les** mangerai avec plaisir.*

▌ *Vous mangerez <u>**des gâteaux**</u> ? – Oui, j'**en** mangerai avec plaisir.*

Avec **voici** ou **voilà**, on emploie toujours les pronoms personnels COD.

▌ *Où est Pierre ?*
*– **Le** voici !*

▌ *Tu as la clé ?*
*– **La** voilà !*

Orthographe

Devant une voyelle, **me, te, le** et **la** deviennent **m', t', l'**.

▌ *Tu **m'**aimes ?*
*– Mais oui, je **t'**aime!*

☞ adverbes page **184**

Avec **voici** ou **voilà**, le **en** est toujours placé avant.

▌ *Il y a du lait ? – **En** voici !*

▌ *Et du sucre ? – **En** voilà !*

Remarquez la différence d'accord :

Avec **en** → pas d'accord

▌ *Tu as acheté **une voiture** ?*
*– Oui, j'**en** <u>ai acheté</u> **une**.*

Avec **le, la, les** → accord

▌ *Tu as acheté **la voiture de ton frère** ? – Oui, je **l'**<u>ai achetée</u>.*

☞ accord du participe passé page **118**

■ Le pronom personnel complément d'objet indirect (COI)

Il existe deux COI :
– le COI conjoint : *me, te, lui, nous, vous, leur* ;
– le COI disjoint : *à moi, à toi, à lui/à elle, à nous, à vous, à eux/à elles ; de moi, de toi, de lui/d'elle, de nous, de vous, d'eux/d'elles.*

✔ Le COI conjoint

		SINGULIER	PLURIEL
1re personne		me	nous
2e personne		te	vous
3e personne	masculin	lui	leur
	féminin	lui	leur

■ *Je **lui** parle, je **lui** écris, je **lui** téléphone… – Et alors ? Si elle t'aime, pas de problème… – Le problème, c'est les parents. Je ne **leur** plais pas !*
Le pronom COI représente toujours des personnes. Il est inséparable du verbe et presque toujours placé avant lui.

⚠ À l'impératif, il est placé après le verbe. Mais à l'impératif négatif, il est placé avant le verbe.

■ *Il faut absolument que je parle avec Diane. Je **lui** téléphone ? – Oui, téléphone-**lui**. – Tout de suite ? – Non, ne **lui** téléphone pas maintenant, appelle-la plutôt ce soir.*

Vous remarquerez que **lui** et **leur** sont indifféremment masculin ou féminin.
■ *Il parle à Pierre = Il **lui** parle.*
■ *Il parle à Maria = Il **lui** parle.*
■ *Il parle à ses amis = Il **leur** parle.*
■ *Il parle à ses amies = Il **leur** parle.*

✔ Le COI disjoint
Ce pronom remplace le nom introduit par les prépositions **à** ou **de**.
Il se place après la préposition et donc après le verbe.
Il a deux formes différentes, l'une pour les animés (**à moi, à toi, à elle**…), l'autre pour les inanimés (**en** et **y**) qui, eux, se placent toujours avant le verbe, et sont donc conjoints.

	à		de	
CHOSES	PERSONNES	CHOSES	PERSONNES
y	à moi à toi à lui/à elle à nous à vous à eux/à elles à soi (sujet indéterminé)	en	de moi de toi de lui/d'elle de nous de vous d'eux/d'elles de soi (sujet indéterminé)

⚠ Ne confondez pas **lui**, pronom COI *(Je **lui** parle)*, qui peut être masculin ou féminin, avec le pronom tonique **lui/elle**.
■ *Marie ? Je **lui** écrirai. Elle répondra mais Alain, **lui**, n'écrit jamais !*

⚠ Ne confondez pas **leur**, pronom COI *(Je **leur** parle)*, avec l'adjectif possessif **leur/leurs**.
■ *À qui est ce livre ? Aux enfants ?*
*– Oui, c'est **leur** livre.*

⚠ On n'emploie **à soi** et **de soi** que si le sujet est indéterminé (= **on, personne, tout le monde, chacun**…).
■ *On pense souvent d'abord **à soi**.*

Remarque : observez la différence entre ces deux séries de constructions.

▮ *Je parle à Macha* ➜ *Je **lui** parle.* | *Je pense à Macha* ➜ *Je pense **à elle**.*
▮ *J'écris à Macha* ➜ *Je **lui** écris.* | *Je rêve à Macha* ➜ *Je rêve **à elle**.*

Cela peut sembler étonnant puisque tous ces verbes se construisent avec la préposition **à** *(parler **à** quelqu'un, écrire **à** quelqu'un, téléphoner **à** quelqu'un, penser **à** quelqu'un, rêver **à** quelqu'un, songer **à** quelqu'un).*

Mais :
– dans le premier cas, il y a l'idée d'une interaction, d'une réciprocité. Si je parle à Macha ou si je lui téléphone, elle m'écoute. Si je lui écris, elle lit ma lettre, du moins je le suppose ;
– dans le second cas, il n'y a pas cette idée d'interaction. Je peux penser à elle, rêver à elle, songer à elle, même si elle ne le sait pas.

▮ *Ma cousine Hélène adore Pierre Arditi, elle pense **à lui** tout le temps !*
(mais il ne le saura jamais, il ne sait même pas qu'elle existe !)

> ⚠ Ne confondez pas le COI *(Il parle **à son voisin**)* avec le COS (complément d'objet second).
> ▮ *Il a offert des fleurs **à la concierge**.*

POUR ALLER PLUS LOIN

Notez certaines structures formées de : sujet + COI + verbe + adjectif
▮ *Je **vous** serais reconnaissant(e) de bien vouloir accepter ma proposition…*
▮ *Pendant tout leur voyage, le sort **leur** a été contraire.*
▮ *Ce chien **nous** est très attaché, il nous suit partout.*
▮ *C'est une personne qui **m'**est très chère.*
▮ *Elle dit que le professeur de sciences **lui** est très hostile sans motif.*

Attention aux pronoms **en** et **y**, compléments d'objet indirects.
En et **y** représentent toujours quelque chose d'inanimé (précédé de la préposition **de** ou **à**). Comparez :
▮ *J'ai besoin **de mes amis** = J'ai besoin **d'eux**.*
▮ *J'ai besoin **de vacances** = J'**en** ai besoin.*

▮ *Je pense **à mes amis** = Je pense souvent **à eux**.*
▮ *Je pense **à mes dernières vacances** = J'**y** pense souvent.*

à l'oral

Les Français ne marquent pas toujours cette différence et ils utilisent souvent, à l'oral, **en** et **y** pour les personnes et les choses.

▮ Récapitulation à propos de trois pronoms particuliers :

« en », « y » et « le »

La principale difficulté des pronoms **en** et **y**, c'est qu'ils n'ont pas d'équivalent exact dans votre langue maternelle. Vous les oubliez donc souvent.

En français, ils sont obligatoires. Si l'on vous demande : *Tu prends du café ?* ou *Vous allez à l'université ?* vous ne pouvez pas répondre : ★*Oui, je prends* ou ★*Oui, je vais.*
Vous êtes obligé(e) de dire : *Oui, j'**en** prends (j'**en** prendrai volontiers)* et *Oui, j'**y** vais.*

✔ En

Rappel

Il peut remplacer un nom précédé de **un, une, des - du, de la**.

▌ *Vous avez **une cigarette** ? – Oui, j'en ai **une**.*
▌ ***Des enfants** ? – Oui, j'en ai huit !*
▌ *Il a **de la chance**, il **en** a toujours eu.*

Il peut remplacer un nom de chose précédé de la préposition **de**.
Comparez :

▌ *Il s'occupe **de sa grand-mère** = Il s'occupe **d'elle**.*
▌ *Il s'occupe **de ses dossiers** = Il **s'en** occupe.*

Il peut aussi remplacer un complément de nom (après une expression de quantité).

▌ *Tu as vu l'émission sur les sectes, hier soir ? – J'**en** ai vu une partie seulement* (= une partie **de l'émission**).

Il peut également remplacer un complément de lieu (indiquant l'origine, la provenance) :

▌ *Tu es déjà allé **chez Francine** ? – Oui, j'**en** arrive juste à l'instant* (= j'arrive de chez elle).

Il peut enfin remplacer toute une proposition ou un infinitif.

▌ *Il a enfin pris sa décision et je m'**en** rejouis.*

manières de dire ● ● ● ● ● ● ● ● ● ● ● ● ● ● ● ●

– **s'en aller** (= commencer à partir) : *Allez, les enfants, on s'en va !*
– **en avoir assez** (= ne plus supporter) ou **en avoir marre** (fam.) : *Métro, boulot, dodo, j'en ai assez, j'en ai marre de cette routine !*
– **s'en ficher** (= être indifférent à, registre familier) : *Il pleut mais tant pis, je m'en fiche, je sors quand même !*
– **ne plus en pouvoir** (= être à bout de forces ou de patience) : *Les enfants ont été odieux, la baby-sitter n'en peut plus.*
– **en vouloir à quelqu'un** (= avoir de la rancune contre quelqu'un) : *Les voisins ont signé une pétition pour protester contre son chien qui hurle toutes les nuits. Depuis, elle leur en veut énormément.*
– **ne pas s'en faire** (= ne pas s'inquiéter) : *Ne t'en fais pas, si ton fils ne répond pas au téléphone, c'est qu'il est allé se promener.*

✔ Y

Rappel

Y représente toujours quelque chose d'inanimé (précédé de la préposition **à**).

▌ *Il participera à **ce congrès** ? – Oui, il **y** participera sûrement.*
▌ *Elles s'intéressent **à la politique** ? – Elles s'**y** intéressent.*

Y peut représenter également un lieu indiquant la situation ou la destination.

▌ *Tu vas **à Paris** ? – Oui, j'**y** vais demain et j'**y** reste trois jours* (**y** = à Paris).
▌ *Patrice est **chez lui** ? – Non, il n'**y** est pas, il est sorti* (**y** = chez lui).
▌ *Vous connaissez **le Pérou** ? – Non, je n'**y** suis jamais allé* (**y** = au Pérou).

Y peut enfin remplacer toute une proposition ou un infinitif.

▌ *Vous vous attendiez **à ce que le gouvernement accepte** ? – Non, je ne m'**y** attendais pas.*

⚠ Avec le verbe **aller** au futur et au conditionnel, jamais de **y**.
▌ *Il ira à Paris ?*
– Oui, il ira.

– **ça y est** (= c'est fait) : *Alors, ça y est ? Vous avez terminé l'exercice ?*
– **vas-y, allons-y, allez-y** (= pour commencer quelque chose) : *Allez, vas-y, décide-toi !*
– **s'y faire** (= s'habituer à) : *Le changement est difficile, mais il s'y fera vite.*
– **s'y prendre bien ou mal** (= savoir ou non faire quelque chose) : *C'est une bonne infirmière, elle sait bien s'y prendre avec les malades.*
– **s'y connaître en…** (= être expert en…) : *Ce critique s'y connaît en art japonais.*

✔ Le, l' neutre

Il représente l'idée exprimée :
– soit par un adjectif ou par un nom attribut :
▌ *Il est jaloux comme un tigre mais elle, elle ne **l'**est pas* (**le** = jalouse).
▌ *Il n'est pas encore directeur mais il finira par **le** devenir un jour* (**le** = directeur).

– soit par un verbe :
▌ *J'ai envie de passer mon permis de conduire. – Mais oui, tu devrais **le** faire* (**le** = passer ton permis).

– soit par toute une proposition :
▌ *Tu sais, ça y est, Jacques et Léa divorcent ! – Non ! Je ne peux pas **le** croire !* (**le** = qu'ils divorcent).

– **l'emporter sur…** (= triompher de quelqu'un) : *Il l'a facilement emporté sur son adversaire.*
– **l'échapper belle** (= échapper à un danger imminent) : *La foudre est tombée à deux mètres de moi ! Je l'ai échappé belle !*

■ Les pronoms personnels réfléchis et réciproques :

« me, te, se, nous, vous, se »

Le **pronom réfléchi** représente la même personne que le sujet.
Il est complément d'objet direct : *Elle **s'**est levée très tôt* (= elle a levé elle-même) ou complément d'objet indirect : *Elle **se** parle toute seule* (= elle parle à elle-même).

verbes pronominaux page 125

Le **pronom réciproque**, comme son nom l'indique, exprime une idée de réciprocité. Il renvoie toujours à un pluriel et peut être COD ou COI.
▌ *Sonia et Gérard **s'**aiment passionnément* (= chacun aime l'autre).
▌ *Pourquoi vous disputez-**vous** sans arrêt ?* (= chacun se dispute avec l'autre).

	SINGULIER	PLURIEL
1re personne	me, m'	nous
2e personne	te, t'	vous
3e personne masculin	se, s'	se, s'
3e personne féminin	se, s'	se, s'

⚠ Ambiguïté

Souvent, la phrase est ambiguë. Seul le contexte peut aider à lever l'ambiguïté.
▌ *Sonia et Gérard se regardent.*
Chacun regarde soi-même ou chacun regarde l'autre ? On ne le sait pas.

La place des pronoms personnels compléments

C'est un point un peu difficile en français, surtout lorsqu'il y a deux compléments, l'un direct *(le, la, les)* et l'autre indirect *(me, te, lui, nous, vous, leur)*.

■ Premier cas : un seul pronom complément

✔ **Avec un verbe à un temps simple**
Le pronom est toujours avant le verbe.
- *Tu appelleras Anne ce soir ? – Oui, promis, je **l'**appelle.*
- *Tu veux du thé ? – Oui, j'**en** prendrai volontiers une tasse.*
- *Vous écrivez à vos parents ? – Non, on **leur** écrira demain.*
- *Elle habite à Marseille ? – Oui, elle **y** vit depuis dix mois.*

✔ **Avec un verbe à un temps composé**
Le pronom est toujours avant le verbe.
- *Tu as vu Henri ? – Non, je ne **l'**ai pas vu aujourd'hui.*
- *Vous êtes allés au cinéma ? – Oui, nous **y** sommes allés à six heures.*

✔ **Avec un verbe à l'impératif affirmatif**
Le pronom est placé après le verbe.
Il y a toujours un trait d'union entre le verbe et le pronom.
- *Tu as déjà écouté ce CD ? Écoute-**le**, il est extra !*
- *J'ai besoin de farine. Achètes-**en** un kilo.*
- *Si votre frère est malade, téléphonez-**lui** !*

⚠ À la 1re et à la 2e personne du singulier, on utilise les pronoms toniques **moi** et **toi**.
- *Écoutez-**moi** tous. Et toi, Jean-Pierre, tais-**toi**, s'il te plaît !*
- *Au revoir ! Téléphonez-**moi** quand vous serez arrivés.*

COD	COI
Écoutez-moi	Écrivez-moi
Écoutez-le, écoutez-la	Écrivez-lui *(masc. ou fém.)*
Écoutez-nous	Écrivez-nous
Écoutez-les	Écrivez-leur *(masc. ou fém.)*

✔ **Avec un verbe à l'impératif négatif**
Le pronom est placé avant le verbe.
- *Je t'appelle demain ? – Non, ne **m'**appelle pas, c'est moi qui t'appellerai.*

✔ **Avec deux verbes**
Le pronom est placé entre le verbe conjugué et l'infinitif.
- *Tu connais Gaëlle ? – Non, mais j'aimerais **la** connaître.*
- *Tu as besoin d'un manteau ? – Oui, j'ai besoin d'**en** acheter un.*
- *Il vient avec nous à Londres ? – Non, il ne veut pas **y** aller.*

■ Deuxième cas (1) : deux pronoms compléments

■ *Pierre me prête **ses clefs***	= Il	me	**les**	prête.
■ *Pierre te prête **ses clefs***	= Il	te	**les**	prête
■ *Pierre prête **ses clefs** à sa sœur*	= Il	**les**	lui	prête.
■ *Pierre nous prête **ses clefs***	= Il	nous	**les**	prête.
■ *Pierre vous prête **ses clefs***	= Il	vous	**les**	prête.
■ *Pierre prête **ses clefs** à tous ses amis*	= Il	**les**	leur	prête.

Orthographe

Devant **en** et **y**, les verbes terminés par **-er** prennent un **-s** à l'impératif afin d'éviter le hiatus entre deux voyelles.
Observez :
- *Tu veux du chocolat ? Manges-en.*
- *Tu veux aller à Rome ? Eh bien, vas-y !*

⚠ Si le premier verbe est **faire, laisser, voir, regarder, entendre, écouter, envoyer**, le pronom complément est alors placé avant les deux verbes.
- *On **l'**écoute jouer du piano.*
- *Ils **la** laissent sortir toute seule.*
- *Tu **nous** fais visiter ta maison ?*

Vous remarquerez qu'à la 3ᵉ personne du singulier et du pluriel, il faut inverser l'ordre des pronoms, **dans tous les cas**.

▌ *Il m'a prêté **ses clefs*** = *Il me **les** a prêtées.*

▌ *Il a prêté **ses clefs** à sa sœur* = *Il **les** lui a prêtées.*

▌ *Il refuse de te prêter **ses clefs*** = *Il refuse de te **les** prêter.*

▌ *Il refuse de prêter **ses clefs** à sa sœur* = *Il refuse de **les** lui prêter.*

▌ *Ne me **les** prête pas* = *Ne **les** lui prête pas.*

▌ *Ne nous **les** prête pas* = *Ne **les** leur prête pas.*

Une exception : à l'impératif affirmatif, le pronom indirect est toujours en seconde position.

▌ *Prête-**les**-moi. Prête-**les**-nous. Prête-**les**-lui. Prête-**les**-leur.*

■ Deuxième cas (2) : deux pronoms compléments

▌ *Il me raconte **des histoires*** = *Il m'*	***en***	*raconte.*
▌ *Il te raconte **des histoires*** = *Il t'*	***en***	*raconte.*
▌ *Il raconte **des histoires** à son fils* = *Il lui*	***en***	*raconte.*
▌ *Il nous raconte **des histoires*** = *Il nous*	***en***	*raconte.*
▌ *Il vous raconte **des histoires*** = *Il vous*	***en***	*raconte.*
▌ *Il raconte **des histoires** à ses enfants* = *Il leur*	***en***	*raconte.*

En est toujours en seconde position. C'est vrai **dans tous les cas**.

▌ *Il nous a raconté **des histoires*** = *Il nous*	***en***	*a raconté.*
▌ *Il a raconté **des histoires** aux enfants* = *Il leur*	***en***	*a raconté.*
▌ *Il va nous raconter **des histoires*** = *Il va nous*	***en***	*raconter.*
▌ *Il va raconter **des histoires** aux enfants* = *Il va leur*	***en***	*raconter.*

▌ *Raconte-nous **des histoires*** = *Raconte-nous-**en**.*

▌ *Raconte **des histoires** aux enfants* = *Raconte-leur-**en**.*

▌ *Ne nous raconte pas **d'histoires*** = *Ne nous*	***en***	*raconte pas.*
▌ *Ne raconte pas **d'histoires** aux enfants* = *Ne leur*	***en***	*raconte pas.*

Y est **toujours en seconde position**. (Exception : *il y en a*)

▌ *Il emmène ses enfants **au zoo*** = *Il les*	***y***	*emmène.*
▌ *N'emmène pas les enfants **au zoo*** = *Ne les*	***y***	*emmène pas.*

■ Omission du pronom personnel

Dans quel cas peut-on omettre ou supprimer le pronom personnel neutre « le » ?

Après certains verbes suivis d'un infinitif avec ou sans complément : *accepter, aimer, apprendre, commencer, continuer, essayer, finir, oser, oublier, pouvoir, réussir, vouloir,* etc.

Quelques exemples :

▌ *Acceptez-vous de prendre pour époux/épouse M./ Mlle X ?* – *Oui, j'accepte (de le/la prendre pour époux/épouse).*

▌ *Il a osé lui dire la vérité ?* – *Non, il n'a pas osé (la lui dire).*

▌ *Tu as fini d'arroser le jardin ?* – *Non, une minute, je n'ai pas fini.*

▌ *Finalement, il a pu s'inscrire ?* – *Non, il n'a pas pu, c'était trop tard.*

▌ *Tu as pensé à m'acheter le livre que je t'ai demandé ?* – *Oh zut, j'ai complètement oublié !*

▌ *Tu veux venir avec nous faire des courses ?* – *D'accord, je veux bien.*

Rappel

⚠ à la différence d'accord :
▌ *Les histoires, il nous **les** a racontées.*
▌ *Des histoires, il nous **en** a raconté.*

à L'oral

Les Français simplifient souvent et disent, à l'oral familier :

▌ *Ses clefs, il lui a prêté(es)* ou *Ses clefs, il leur a prêté(es).*

au lieu de : *Ses clefs, il les lui a prêtées* ou *Ses clefs, il les leur a prêtées.*

En effet, il est difficile de prononcer trois l à la suite : *il les lui...* ou *il les leur...*

2.3 Les adjectifs et pronoms démonstratifs

L'adjectif démonstratif désigne une personne, une chose, une notion présentes, annoncées ou reprises.

L'adjectif démonstratif, comme l'article, s'accorde en genre et en nombre avec le nom qu'il accompagne.

Le pronom démonstratif reprend un nom de chose, de personne ou de notion déjà évoqué, ou annonce un nom qui va suivre. Il prend le genre et le nombre de ce nom.

L'adjectif démonstratif

■ Formes

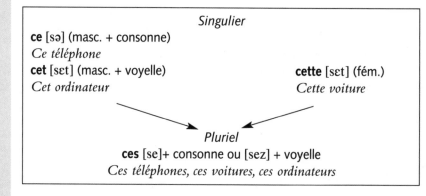

Singulier

ce [sə] (masc. + consonne)
Ce téléphone
cet [sɛt] (masc. + voyelle)   **cette** [sɛt] (fém.)
Cet ordinateur   *Cette voiture*

Pluriel
ces [se]+ consonne ou [sez] + voyelle
Ces téléphones, ces voitures, ces ordinateurs

■ Valeurs et emplois

✔ L'adjectif démonstratif a une valeur déterminative, comme l'article défini.
▐ La vendeuse : *Vous désirez ?*
▐ La cliente : *Je voudrais essayer ce pull-over, oui, c'est ça, le bleu.*
Comme son nom l'indique, il montre. Quelquefois, un geste de la main ou de la tête l'accompagne.

✔ Il indique une chose ou une personne qu'on vient de nommer ou dont on va parler.
▐ *Qui est la personne que tu viens de saluer ? – Cet homme ? Je ne sais plus.*

✔ Avec l'adverbe **-ci**, il marque la proximité dans le temps (le présent), dans l'espace.
▐ *Quel mauvais temps, ces jours-ci !* (= hier, avant-hier, un jour de cette semaine-ci).
Mais l'adverbe **-ci** n'est pas nécessaire quand le contexte montre bien cette proximité.
▐ *J'ai rendez-vous ce soir avec mes amis* (= ce ne peut être que le soir d'aujourd'hui).

✔ Avec l'adverbe **-là**, il marque l'éloignement dans le temps (le passé), dans l'espace.

▍*Ce matin-là, il avait fait une rencontre qui allait changer sa vie.*
▍*Dans **ces** régions-là, les hivers sont très froids et les étés brûlants.*

L'adverbe **-là** n'est pas nécessaire quand le contexte montre bien cet éloignement.

▍*À **cette** époque, on ne connaissait pas encore l'électricité.*

Observez la différence entre les expressions « **en ce moment** », qui se situe dans le présent, et « **à ce moment-là** », qui se situe dans le passé ou dans le futur.

▍*Non, n'allez pas dans sa chambre, il se repose **en ce moment**, il n'a pas dormi cette nuit.*
▍*Il allait sortir, **mais à ce moment-là** un de ces amis est arrivé.*
▍*Tu étudieras attentivement le contrat et, **à ce moment-là** seulement, tu pourras le signer.*

Il faut noter que « **à ce moment-là** » peut servir aussi à marquer un enchaînement logique sans valeur temporelle. Il a alors le sens de « dans ce cas-là ».

▍*Je sais que tu as été dans le plus grand embarras pour trouver une solution à tes difficultés, mais **à ce moment-là**, il fallait demander de l'aide.*

✔ Avec les adverbes **-ci** et **-là**, il sert également à opposer, à préciser.

▍*Le prestidigitateur à un spectateur : Choisissez une carte au hasard ! Décidez-vous, monsieur ! Vous choisissez **cette** carte-**ci** (= ici) ? Non ? Alors **cette** carte-**là** ?*

✔ Valeur de présentatif.

Il a alors parfois un aspect emphatique.

▍*Admirez **ces** montagnes couvertes de neige, **ce** ciel pur, **ces** arbres majestueux !*

✔ Il sert à exprimer des sentiments : la colère, le mépris, le respect, une très grande politesse.

▍*Mais regardez **ce** désordre !*
▍***Ces** messieurs-dames désirent-ils autre chose ?*

Le pronom démonstratif

■ **Formes**

Singulier	
Masculin	féminin
celui…	*celle…*
celui-ci	*celle-ci*
celui-là	*celle-là*
Pluriel	
ceux…	*celles…*
ceux-ci	*celles-ci*
ceux-là	*celles-là*
Neutre	
ce, c'+ voyelle, *ceci, cela* / *ça* (familier)	

Ne pas confondre **ça** pronom neutre démonstratif *(N'oublie pas ça !)* et **çà** adverbe de lieu *(Il allait çà et là)*.

■ Valeurs et emplois

✔ **Les formes simples :**
celui, ceux, celle, celles
Elles sont accompagnées :
– soit de la préposition **de**
« de » + nom (ces formes expriment alors la possession) :
■ *Il y avait deux parapluies dans le porte-parapluie et par erreur j'ai pris* **celui de mon amie**, *j'ai pris* **celui de Catherine**.

« de » + adverbe :
■ *Ce repas est délicieux, mais* **celui d'hier** *était tout aussi bon.*

« de » + infinitif :
■ *Avec l'âge, il avait pris certaines habitudes, notamment* **celle de faire** *la sieste.*

– soit d'un pronom relatif
■ *J'ai vu ce fameux spectacle, tu sais,* **celui que** *tu m'as conseillé,* **celui qui** *fait scandale,* **celui dont** *tout le monde parle en ce moment.*

✔ **Les formes composées :**
celui-ci, celui-là, ceux-ci, ceux-là, celle-ci, celle-là, celles-ci, celles-là
Elles s'emploient seules et elles remplacent :
– un nom déterminé par le contexte :
■ *Il bavarda pendant des heures avec ses amis ;* **ceux-ci** *rentraient d'un long voyage et avaient beaucoup de choses à raconter.*

– un nom accompagné de l'adjectif démonstratif :
■ *Ce dictionnaire est très clair, mais* **celui-là** *me semble plus complet.*

Ces formes composées peuvent s'utiliser pour opposer ou distinguer quelqu'un ou quelque chose de proche **(celui-ci)** de quelqu'un et de quelque chose d'éloigné **(celui-là)** ou pour renvoyer au premier nommé **(celui-là)** et au dernier nommé **(celui-ci)**.
■ *Hum, ces gâteaux ont l'air vraiment délicieux. Je voudrais* **celui-ci**, *non,* **celui-là**, *non, non* **celui-ci**… *oh et puis tant pis donnez-moi* **celui-ci**, **celui-là** *et puis* **celui-là**, *là-bas aussi…*

Ces formes s'utilisent aussi avec la valeur de **l'un/l'autre**.
■ *Quand on a une décision importante à prendre, on demande souvent conseil à* **celui-ci**, *à* **celui-là**, *et finalement on prend sa décision tout seul.*

✔ **Les formes neutres :**
ceci, cela, ça, ce, c'.
Elles ne remplacent jamais un nom, elles remplacent une proposition. Donc, elles ne renvoient pas à un animé.

En principe, **ceci** annonce ce qu'on va dire, ce qui est présent, **cela** renvoie à ce qui a été dit.
Les pronoms **ceci** et **cela** appartiennent à la langue écrite et à une langue orale soutenue.

Dans le français contemporain, cette opposition n'est pas toujours respectée et on utilise plutôt les formes en **-là**.

⚠ À la confusion entre :
ceux qui, que, dont… et *ce qui, que, dont…*
■ *J'ai vu ceux que je voulais voir.*
(= les gens que je voulais voir)
■ *J'ai acheté ce que je voulais.*
(= les choses que je voulais)

Dans la langue courante orale, on utilisera plutôt le pronom **ça** (sauf dans l'expression figée : **cela dit**).

▌*Écoute bien **ceci** : je ne partirai pas avec toi.*

▌*Nous avons bien rendez-vous demain soir, n'est-ce pas ?*
    *– Oui, oui, c'est bien **cela**, nous avons rendez-vous à 8 heures. Pourquoi ris-tu ?*
    *– Je trouve « **cela** » un peu snob ! **Cela** dit, tu as parfaitement le droit de parler comme tu le fais.*

Le pronom **ça** est la forme familière, orale de **cela** (et aussi de **ceci**).

▌*Je ne répondrai pas à tes reproches, **ça** (= cela) n'en vaut pas la peine.*

▌*Alors, ton entretien avec le chef du personnel, **ça** s'est bien passé, **ça** a marché ?*

▌*Qu'est-ce que c'est que **ça** ?* (utilisé pour exprimer l'étonnement, la colère…)

▌***Ça** va ? – Oui **ça** va bien, et toi ?*

Normalement le pronom **ça** renvoie à des inanimés, mais s'il renvoie à une personne, il prend une valeur péjorative.

▌*Regardez-vous dans la glace, est-ce que cette coiffure vous plaît ?*
    *– C'est moi **ça** ?*

Le pronom **ce** introduit une proposition relative neutre.

▌*Voilà **ce que** je te propose* (= voilà la chose, l'idée que je te propose).

▌*Répète **ce que** tu as dit !* (= répète les mots que tu as dits, la phrase que tu as dite).

Comme sujet des verbes **être**, **pouvoir être**, **devoir être**, il sert à présenter ou à mettre en relief.

▌*Qui est ton écrivain préféré ? – **C'est Proust**.*

▌*Qui est là ? – **C'est moi** !*

▌*Quel spectacle ! **C'était magnifique** !*

▌*J'ai raccourci la robe ; **ce** (ou **ça**) **doit être** maintenant la bonne longueur.*

▌***Ce n'est qu'en 1945** que les femmes françaises ont obtenu le droit de vote.*

Remarques
Alternance de **il est**, **c'est**.

Observez les phrases suivantes :

▌***Il est évident qu**'il a compris.*

▌***Il est dommage qu**'il soit parti.*

▌***Il serait utile de** réfléchir avant d'agir.*

Le verbe impersonnel **il est** + adjectif + **que** introduit une proposition attribut,
ou   **il est** + adjectif + la préposition **de** introduit un infinitif.

Mais on peut inverser l'ordre des propositions.
Dans ce cas, on a :

▌*Il a compris, **c'est** évident* (le pronom **ce** reprend tout à fait régulièrement ce qui vient d'être dit, ici : *il a compris*).

▌*Il est parti ? **C'est** dommage* (le pronom **ce** reprend ce qui vient d'être dit : *il est parti*).

▌*Réfléchir avant d'agir ? Oh, oui, **ce serait** vraiment utile* (le pronom **ce** reprend : *réfléchir avant d'agir*).

Parfois **cela**, **c'** renvoient à un nom générique.
▌*Un bébé, c'est si mignon !*

⚠ **C'est moi, c'est toi, c'est lui, c'est elle, c'est nous, c'est vous, ce sont eux, ce sont elles** (ou à l'oral : **c'est eux, c'est elles**).

☞ mise en relief page 238

☞ **forme impersonnelle** page **127**

Cette structure est tout à fait logique, puisque nous avons vu que le pronom démonstratif **ce** reprend normalement ce qui a été déjà évoqué.

Mais la langue orale a adopté cette forme du verbe impersonnel **c'est**..., même lorsqu'il n'y a pas d'inversion des propositions.

▌ *C'est **évident** qu'il a compris.*
▌ *C'est **dommage** qu'il soit parti.*
▌ *Ce serait **utile** de réfléchir avant d'agir.*

☞ **adjectif** page 100

⚠ à la différence de construction :

▌ *Il est **facile de** réussir ce plat* mais *Ce plat est **facile à** réussir.*
▌ *Il est **intéressant d'**étudier une langue* mais *Une langue, c'est **intéressant à** étudier.*

---

2 . 4 **Les adjectifs et pronoms possessifs**

L'adjectif possessif remplace l'article devant un nom. Il accompagne donc un nom et marque un rapport de possession *(ton livre)*, d'appartenance *(ton pays, sa famille)* ou une relation de situation *(notre voyage, leur départ)*.

L'adjectif possessif, comme l'article ou l'adjectif démonstratif, s'accorde en genre et en nombre avec le nom devant lequel il est placé. Il varie également avec la personne qui « possède ».

▌ *Je te laisse **mes** clés.*
▌ *Sophie, si **tu** en as besoin, **tu** peux **te** servir de **mon** téléphone.*
▌ ***Tu** as emprunté la voiture **de Marc** ? – Oui, j'ai emprunté **sa** voiture, comme d'habitude.*
▌ *Tu sais, Pierre, j'ai rencontré **tes** amis Michaux hier. **J'**ai visité un appartement dans **leur** immeuble.*

Le pronom possessif remplace un nom accompagné de l'adjectif possessif et, comme celui-ci, il marque la possession, l'appropriation, l'appartenance.

▌ *As-tu pensé à remplir **ta déclaration d'impôts** ? Moi, j'ai déjà envoyé **la mienne** (= ma déclaration).*

L'adjectif possessif

■ Formes

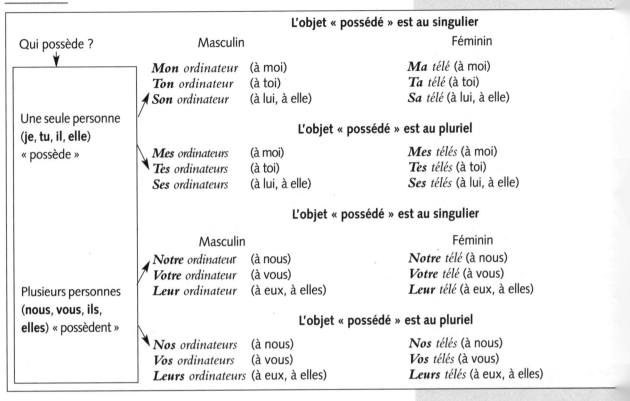

	L'objet « possédé » est au singulier	
Qui possède ?	Masculin	Féminin

Une seule personne (je, tu, il, elle) « possède »

L'objet « possédé » est au singulier

Masculin		Féminin	
Mon *ordinateur*	(à moi)	**Ma** *télé* (à moi)	
Ton *ordinateur*	(à toi)	**Ta** *télé* (à toi)	
Son *ordinateur*	(à lui, à elle)	**Sa** *télé* (à lui, à elle)	

L'objet « possédé » est au pluriel

Mes *ordinateurs*	(à moi)	**Mes** *télés* (à moi)
Tes *ordinateurs*	(à toi)	**Tes** *télés* (à toi)
Ses *ordinateurs*	(à lui, à elle)	**Ses** *télés* (à lui, à elle)

Plusieurs personnes (nous, vous, ils, elles) « possèdent »

L'objet « possédé » est au singulier

Masculin		Féminin
Notre *ordinateur*	(à nous)	**Notre** *télé* (à nous)
Votre *ordinateur*	(à vous)	**Votre** *télé* (à vous)
Leur *ordinateur*	(à eux, à elles)	**Leur** *télé* (à eux, à elles)

L'objet « possédé » est au pluriel

Nos *ordinateurs*	(à nous)	**Nos** *télés* (à nous)
Vos *ordinateurs*	(à vous)	**Vos** *télés* (à vous)
Leurs *ordinateurs*	(à eux, à elles)	**Leurs** *télés* (à eux, à elles)

Pour éviter la rencontre de deux voyelles, les adjectifs féminins : **ma, ta, sa**
➜ **mon, ton, son** + nom féminin qui commence par une voyelle ou **h** muet.
- ■ *ma maison* (f.)   mais ***mon adresse*** (f.), ***mon université*** (f.), ***mon école*** (f.).
- ■ *ta conduite* (f.)   mais ***ton attitude*** (f.), ***ton opinion*** (f.), ***ton idée*** (f.).
- ■ *sa vie* (f.)   mais ***son histoire*** (f.), ***son habitude*** (f.) ***son émotion*** (f.).

> ⚠️ Avec un **h** aspiré :
> *sa hauteur.*

Il faut bien faire la différence entre **son, sa, ses** et **leur, leurs**.
- ■ ***Le père*** (singulier) *parle à **son** fils et à **sa** fille, il parle à **ses** enfants.*
- ■ ***La mère*** (singulier) *parle à **son** fils et à **sa** fille, **elle** parle à **ses** enfants.*
- ■ ***Les parents*** (pluriel) *parlent à **leur** fils* (1 personne), *à **leur** fille* (1 personne), *à **leurs** enfants* (2 ou plusieurs personnes).

Remarque
- ■ *Les deux amies d'enfance ont passé la plus grande partie de **leur** vie dans la même ville. Elles ont partagé **leurs** soucis, **leurs** joies.*

(« Leur vie » est au singulier, parce que les deux amies n'ont qu'une vie chacune, mais « leurs soucis et leurs joies » sont au pluriel, parce qu'elles ont connu sans doute de nombreux soucis et de nombreuses joies ; cette règle n'est pas toujours respectée.)

☞ **pronoms personnels** page 45

Ne confondez pas **leur(s)**, adjectif possessif, et **leur**, pronom.

1. L'adjectif peut prendre la forme du singulier et du pluriel, le pronom n'a qu'une forme, invariable.

2. L'adjectif se place toujours devant un nom, le pronom toujours devant un verbe.

Remarque à propos du pronom ON

Si **on** représente « **ils** », « **les gens** », l'adjectif possessif est **son, sa, ses**.

▮ *Dans la vie, généralement,* **on** *aime* **son** *confort,* **sa** *maison,* **ses** *amis.*

Mais si **on** = « **nous** », l'adjectif possessif qui correspond est **notre, nos**.

▮ *Qu'est-ce que vous aimez dans la vie ? – Nous ?* **On** *aime* **notre** *confort,* **notre** *maison,* **nos** *amis* (langue plutôt orale).

■ Valeurs et emplois

L'adjectif possessif marque bien sûr la possession. Il a la valeur d'un complément du nom.

▮ *Benjamin a un chien. C'est* **le chien de Benjamin**. *C'est* **son** *chien.*

▮ *Sylvie et Jack ont une maison de campagne, c'est* **la maison de Sylvie et de Jack**, *c'est* **leur** *maison.*

L'adjectif possessif peut marquer une relation plus vague de situation, d'habitude.

▮ *Elle a passé* **ses** *examens.*   (Il n'y a pas de rapport de possession, mais un rapport de situation.)

▮ *Tu vas acheter* **ton** *pain ?*   (Le pain que tu achètes habituellement.)

▮ *Je bois* **mon** *café et au travail !* (Le café que je bois chaque jour.)

Il prend alors une valeur affective et peut exprimer :

– le respect, l'affection : *Alors* **mon** *petit Pierrot, tu vas bien ?*

– l'ironie et le mépris : *Oh, il n'est pas très malin,* **ton** *monsieur Machin !*

POUR ALLER PLUS LOIN

L'adjectif possessif a des équivalents :

– **L'article défini** remplace l'adjectif possessif quand il n'y a pas de doute sur le possesseur. Par exemple, devant les parties du corps :

▮ *J'ai mal à* **la** *tête.*

▮ *Il s'est fracturé* **la** *jambe en faisant du ski.*

– Le pronom personnel « **en** » + **article défini** + **nom** peut remplacer l'adjectif possessif.

▮ *J'habite dans cette ville depuis 20 ans et j'***en** *connais toutes* **les** *rues* (= les rues de la ville).

(Ce pronom personnel est réservé aux choses, il n'est pas utilisé pour les personnes.)

☞ **articles** page 40

Le pronom possessif

■ Formes

Relation avec la personne	Le nom représenté est masculin singulier	Le nom représenté est féminin singulier	Le nom représenté est masculin pluriel	Le nom représenté est féminin pluriel
moi	**le mien**	**la mienne**	**les miens**	**les miennes**
toi	**le tien**	**la tienne**	**les tiens**	**les tiennes**
lui *elle*	**le sien**	**la sienne**	**les siens**	**les siennes**
nous	**le nôtre**	**la nôtre**	**les nôtres**	**les nôtres**
vous	**le vôtre**	**la vôtre**	**les vôtres**	**les vôtres**
eux *elles*	**le leur**	**la leur**	**les leurs**	**les leurs**

Le pronom possessif est formé de l'article défini suivi de **mien, tien**…
Il varie en genre, en nombre et en personne.

■ *Voici ma place et voilà **la tienne*** (= ta place).
■ *Ah ! voici nos bagages, je vois nos valises, **les miennes** et puis **la vôtre**.*

Notez bien la différence entre l'adjectif possessif **notre**, **votre**, **nos**, **vos** (sans accent sur le **o**) et le pronom possessif **le nôtre**, **le vôtre**, **la nôtre**, **la vôtre**, **les nôtres**, **les vôtres** (avec l'accent circonflexe sur le **o**).

■ *C'est **votre** voiture ? – Oui, c'est **la nôtre**, et **la vôtre**, où est-elle ?*

■ Valeurs, emplois et fonctions

Le pronom possessif remplace donc un nom précédé de l'adjectif possessif pour éviter la répétition.

■ *Je posterai **ta lettre** avec **les miennes*** (= mes lettres).

Le pronom possessif a toutes les fonctions du nom.

■ *De quand date ta voiture ? **La mienne** semble plus récente* (sujet).
 *– J'ai acheté **la mienne** l'année dernière* (complément d'objet direct).

Le pronom possessif peut avoir la valeur d'un nom.

■ *On s'inquiète toujours pour **les siens*** (= sa famille).
■ *Qui a gagné ? – **Les nôtres*** (= notre équipe).

manières de dire

■ *Si vous voulez réussir, il faudra y mettre **du vôtre** !* (que vous fassiez des efforts).
■ *Cet enfant a encore fait **des siennes** à l'école, il faut convoquer ses parents* (= il a fait des bêtises, des sottises).
■ *À la nôtre, à la tienne, à la vôtre !* (= à notre santé, à ta santé, à votre santé !).

Rappel

⚠ à la contraction des prépositions **de** et **à** et des articles :

■ *J'ai des idées complète-ment différentes **des vôtres**.*
(préposition **de** + **les**)

■ *Elle ne pense pas à mes difficultés, elle ne pense **qu'aux siennes**.*
(préposition **à** + **les**)

La possession s'exprime par :

– des verbes : **avoir, être à, posséder, appartenir à** :

▌*On l'apprécie pour les qualités qu'elle **a*** (= pour ses qualités).

▌*À qui est ce sac ? Il **est à** toi, **à lui** ?* (= c'est ton sac, c'est son sac ?).

▌*Cet homme **possède** une très belle collection de tableaux du XXe siècle* (= il a à lui).

▌*Quand j'étais enfant, j'écrivais sur tous mes livres : « Ce livre **m'appartient** »* (= ce livre est à moi, c'est mon livre).

– un adjectif possessif ▌*Je n'ai plus d'encre dans **mon** stylo.*

– un pronom possessif ▌*Prends **le mien**.*

– un article défini ▌*Attention, l'encre coule, tu vas te tacher **les** doigts.*

– le pronom **en** ▌*Je te rends ton stylo. Je suis désolé(e), j'**en** ai vidé le réservoir.*

– nom + **de** + nom ▌*J'ai pris **le livre de Marie*** (= son livre) (style soutenu).

– pronom démonstratif + **de** + nom ▌*Mais non, c'est **celui de Pierre**.*

– préposition **à** + un nom ou un pronom ▌*Ah, ce livre est **à Pierre**, tu es sûr, il est **à lui** ?*

Observez bien !

Après la préposition **à**, on peut utiliser le nom ou le pronom pour marquer la possession.

▌*Ce téléphone portable est **à Jean, il est à lui**.*

▌*Cette maison est **à mes amis, elle est à eux**.*

▌*Et ça, à qui est-ce ? C'est **à Luc** ? C'est **à lui** ? – Non, **c'est à moi**.*

Mais : après la préposition **de**, on ne peut **jamais** utiliser de pronom personnel pour marquer la possession.

▌*Ce portable est **le portable de Marie**, c'est le portable **de Marie**, c'est **celui de Marie**.*

▌*Cette voiture est la voiture **de Lucas**, c'est la voiture **de Lucas**, c'est **celle de Lucas**.*

⚠ **Ne confondez pas :**

*Ce tableau est **de moi*** (je suis l'auteur du tableau ; **de** + le pronom personnel est possible), *mais il n'est plus **à moi**, je l'ai donné à mon ami, maintenant il **est à lui*** (**il est *de lui**, possessif, est impossible).

2.5 Les adjectifs et pronoms indéfinis

L'adjectif indéfini comme tous les déterminants est un compagnon du nom. Il exprime des nuances imprécises liées à la quantité : quantité nulle (= « zéro »), partielle, globale... Il peut renvoyer à des animés ou à des inanimés, ou aux deux à la fois. Il peut se présenter sous une forme variable ou invariable.

▌*Il n'a plus **aucun** souvenir de son enfance. **Toutes** les images de son passé ont disparu.*

▌*Il lui reste pourtant **plusieurs** photos qui évoquent pour lui **certains** événements, **quelques** visages.*

Le pronom indéfini remplace un nom et un adjectif indéfini. Comme l'adjectif indéfini, il peut marquer une quantité nulle, partielle ou vague, une quantité totale ou une qualité.

▌*Il a longtemps attendu mais **personne n'**est venu ; il ne s'est **rien** passé ; de tous les rêves de son adolescence, **aucun** ne s'est réalisé. Il a vu ses amis le quitter ; **quelques-uns** ont voyagé, **certains** se sont engagés dans des combats politiques, **d'autres** se sont simplement mariés, mais **tous** semblaient mener une vie plus passionnante que la sienne.*

L'adjectif indéfini

■ **Formes**

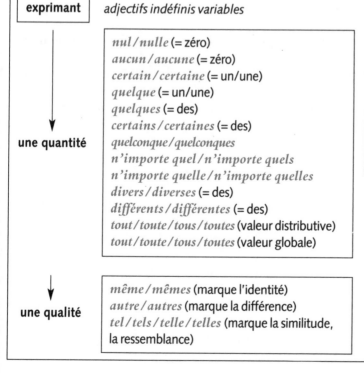

exprimant	adjectifs indéfinis variables	adjectifs indéfinis invariables
une quantité	*nul / nulle* (= zéro) *aucun / aucune* (= zéro) *certain / certaine* (= un/une) *quelque* (= un/une) *quelques* (= des) *certains / certaines* (= des) *quelconque / quelconques* *n'importe quel / n'importe quels* *n'importe quelle / n'importe quelles* *divers / diverses* (= des) *différents / différentes* (= des) *tout / toute / tous / toutes* (valeur distributive) *tout / toute / tous / toutes* (valeur globale)	*chaque* (valeur distributive) **chaque** est toujours singulier. *plusieurs* (quantité partielle) **plusieurs** est toujours pluriel.
une qualité	*même / mêmes* (marque l'identité) *autre / autres* (marque la différence) *tel / tels / telle / telles* (marque la similitude, la ressemblance)	

☞ négation page 228

Placé après le nom, ou après le verbe **être**, **nul** est adjectif qualificatif et signifie « sans aucune valeur ».
■ *Ce devoir est nul.*
■ *Elle est nulle en anglais.*

Certain placé après le nom ou après le verbe **être** est un adjectif qualificatif et signifie « sûr », « assuré ».
■ *Son succès aux élections est certain.*
(voir l'adjectif, p. 98)

Quelque placé devant un nom de nombre est un adverbe invariable et signifie « environ ».
■ *Il y a quelque vingt kilomètres entre ces deux villes*
(voir l'adverbe, p. 198)

■ Valeurs et emplois

✔ **Les adjectifs indéfinis qui marquent une quantité « zéro »**
• **Aucun(e)** = pas un, pas une
Accompagné des adverbes **ne**, **ne... plus**, **ne... jamais**, ou précédé de la préposition **sans**.
■ *Elle n'a **aucune** patience. Ils n'ont **plus aucun** espoir. Elle partira **sans aucun** doute.*

• **Nul(le)** = pas un, pas une (appartient à la langue soutenue)
S'emploie avec **ne** et **sans**.
■ *Elle a bien travaillé, elle est bien préparée, elle réussira, **sans nul** doute.*
■ *Je n'ai **nul** besoin de ces affaires, tu peux les donner !*

✔ **Les adjectifs indéfinis qui marquent une quantité partielle, positive**
• **Certain(e)**
– Au singulier, cet adjectif s'emploie accompagné de l'article **un(e)** et il peut prendre des sens différents selon le contexte.
■ ***Un certain** nombre de scientifiques affirment que la planète se réchauffe* (= un nombre imprécis, difficile à fixer).
■ *Il faut **un certain** courage pour affronter cette situation difficile* (= du courage).
■ *Une femme est venue vous voir, c'était une femme **d'un certain** âge* (= assez âgée).
– Au pluriel, s'emploie sans article (= quelques-uns parmi d'autres).
■ ***Certaines** personnes prédisent des changements importants dans les années à venir* (= des personnes).

• **Quelque**
– Au singulier, s'emploie seul et a le sens de « un » ou de « une quantité indéterminée ».
■ *J'ai passé **quelque** temps dans cette région* (= un peu de temps, un certain temps).
– Au pluriel, il peut s'employer avec un déterminant et il a le sens de « un petit nombre de », « un certain nombre de ». Il a souvent une valeur restrictive.
■ *Le café était presque vide ; seuls, **quelques** clients traînaient encore au bar.*
■ *À la fin du trajet, **les quelques** passagers qui restaient dans le wagon avaient lié connaissance et bavardaient avec animation.*
■ ***Les quelques** articles encore exposés en vitrine seront bientôt soldés.*

• **Plusieurs**
A le sens de « plus de deux » ; il exprime un pluriel imprécis, mais il n'a pas le sens restrictif de « quelques ».
Observez bien la différence entre **plusieurs** et **quelques** dans les phrases suivantes.
■ *J'avais invité **plusieurs** personnes, seules **quelques** personnes sont venues.*
■ *Après **plusieurs** jours passés à la montagne nous sommes revenus tout bronzés et bien reposés, alors que nos amis qui n'y ont passé que **quelques** jours ont gardé leur mine pâle et fatiguée.*
Rappelez-vous que « plusieurs » est invariable et qu'il ne s'utilise jamais avec un article.

- **Différents, divers**

Devant un nom au pluriel, ils deviennent adjectifs indéfinis et s'emploient sans déterminant.

Ces deux adjectifs ont le sens de « plusieurs ».

▌*J'ai visité **différents** pays. Nous avons pu rencontrer **différentes** personnes.*
▌*Les assistants ont proposé **diverses** solutions.*

Parfois, le nom associé à ces adjectifs est défini. Dans ce cas-là, on notera la présence d'un déterminant.

▌*Nous avons passé en revue **les différents** avantages et **les différents** inconvénients d'un déménagement à la campagne.*

✔ **Les adjectifs indéfinis qui marquent une totalité**

- **Chaque**

Cet adjectif montre que, dans un ensemble, les éléments sont pris un par un. **Chaque** s'emploie toujours sans déterminant et il est toujours suivi d'un nom au **singulier**. Il a la même forme au masculin et au féminin.

Il renvoie à des personnes ou à des choses.

▌***Chaque** Français peut voter s'il s'est fait inscrire sur les listes électorales.*
▌***Chaque** jour, je prends le métro pour me rendre au bureau.*
▌***Chaque** année, nous passons une semaine à la montagne.*

- **Tout**

– Montre que dans un ensemble les éléments sont pris un par un.

Tout [tu], **toute** [tut], masculin, féminin, au singulier et sans déterminant a le même sens que « chaque », mais il est moins usuel.

▌***Toute** peine mérite salaire.*
▌*Tu es insupportable, cesse de m'interrompre à **tout** instant, à **tout** propos.*

Tous [tu], **toutes** [tut], au pluriel, avec un déterminant, devant un nombre, a la même valeur distributive (n'utilisez surtout pas le mot **chaque** dans ce cas-là).

▌*Cette vieille voiture consomme beaucoup d'essence. Je dois faire le plein **tous les cent** kilomètres.*
▌***Tous les deux** jours, elle téléphone à ses parents.*
▌*Il ne peut pas se concentrer longtemps sur un travail ; il s'arrête **toutes les cinq** minutes.*

– Montre que dans un ensemble les éléments sont pris globalement.

Au singulier, **tout** [tu], **toute** [tut] désignent une totalité. Ils sont suivis d'un déterminant défini.

▌*Quand elle est nerveuse, elle mange **tout le** temps.*
▌*Je sais bien que nous sommes à la période des soldes, mais tu as vu **tout ce** monde !*
▌***Tout le monde** est parti ? Il ne reste plus personne ?* (remarquez bien : **tout le monde** + verbe au singulier).
▌*Il vient de créer son entreprise et il y consacre **tout son** temps.*

Mais comparez :

▌*J'ai passé **toute l'**année à étudier le sanskrit* (cette année-ci, l'année qui vient de s'écouler).
▌*J'ai passé **toute une** année à étudier le sanskrit* (une seule année, indéfinie, on ne précise pas laquelle).

Différent, divers, placés après le nom, sont des adjectifs qualificatifs et signifient « qui n'est pas semblable ».

▌*Au cours de la réunion, nous avons entendu des opinions différentes des nôtres.*

(voir l'adjectif, p. 99, et la quantification, p. 91)

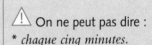 On ne peut pas dire :
* *chaque cinq minutes.*

– Au pluriel, **tous** [tu], **toutes** [tut] désignent un ensemble. Ils sont suivis d'un déterminant défini.

▌ *J'ai lu **tous les** livres au programme.*

▌ *Il a plu **tous ces** jours-ci.*

▌ ***Tous ses** parents étaient présents à son mariage, **tous ses** oncles, **toutes** ses tantes…*

Remarque : suivi d'un chiffre, généralement **deux** et **trois**, l'adjectif **tous**, **toutes** peut s'utiliser avec un déterminant ou sans déterminant.

▌ *Mon amie a deux filles : **toutes (les) deux** sont étudiantes.*

✔ **Les adjectifs indéfinis qui marquent qu'une personne ou une chose est complètement indéterminée**

• **N'importe quel, n'importe quels** (masculin singulier, pluriel)/**N'importe quelle, n'importe quelles** (féminin singulier, pluriel)

Utilisés sans déterminant.

▌ *Alors, qu'est-ce qu'on va voir ? – Oh ! **n'importe quel** film, mais un film drôle et récent.*

▌ *Il est imprudent, il sort seul à **n'importe quelle** heure de la nuit.*

▌ *Elle est vraiment naïve, elle est prête à croire **n'importe quelles** histoires.*

• **Quelconque** (masculin ou féminin) se place de préférence après le nom avec un déterminant.

▌ *Tu as une préférence pour une marque de lessive ? – Oh, non, prends une marque **quelconque** (= n'importe quelle marque).*

✔ **Les adjectifs indéfinis qui marquent l'identité ou la différence**

• **Tel, tels** (masculin singulier, pluriel)/**Telle, telles** (féminin singulier, pluriel)

Ces adjectifs, précédés ou non d'un déterminant indéfini, expriment la similitude, la comparaison.

▌ *Je la laisse passer, je lui tiens la porte, je l'aide à porter ses paquets et je n'ai même pas droit à un merci. Je n'ai jamais vu **une telle** impolitesse (= une impolitesse comme l'impolitesse de cette personne).*

La comparaison peut s'exprimer aussi par la répétition du mot **tel**.

▌ ***Tel** père, **tel** fils. **Tel** maître, **tel** chien (= un fils est comme son père, un chien comme son maître).*

Tel associé à la conjonction **que** permet d'exprimer l'idée de la qualité et l'idée de la conséquence.

▌ *Il est d'une **telle** gentillesse (ou d'une gentillesse **telle**) **qu'**il est toujours prêt à aider les gens.*

• **Même** (masculin, féminin singulier)/**Mêmes** (masculin, féminin pluriel)

Ils sont accompagnés d'un déterminant défini et, placés avant le nom, ils expriment la similitude.

▌ *Nous avons **le même** âge, nous portons **le même** nom de famille, nous avons **la même** taille, nous partageons **les mêmes** goûts, nous aimons **les mêmes** choses, nous sommes jumeaux.*

• **Autre** (masculin, féminin singulier)/**Autres** (masculin, féminin pluriel)

Placés entre le nom et son déterminant, ils distinguent une personne ou une chose d'une autre personne, d'une autre chose.

▌ *Bonjour, comment vas-tu ? Je ne te vois plus ! – Je n'habite plus ici, j'ai déménagé dans **un autre** quartier (= un quartier différent).*

▌ *C'est ton avis, mais moi j'ai **une autre** opinion (= une opinion différente).*

☞ conséquence page 306

⚠ au pluriel :

▮ *Quand il est malade, il consulte son médecin de famille, mais il consulte aussi **d'autres** médecins.*

(Rappel : l'article indéfini pluriel **des** devant l'adjectif ➜ **de** ou **d'** + voyelle : *un autre médecin* ➜ *d'autres médecins*.)

Le pronom indéfini

▮ Formes

Pronoms exprimant la quantité nulle	Pronoms exprimant la singularité	Pronoms exprimant exprimant la pluralité	Pronoms exprimant la totalité plurielle ou singulière	Pronoms exprimant l'identité ou la différence
			Tout (neutre)	*Le même* *La même*
Aucun/Aucune	*Un/Une*			
Pas un/Pas une	*Un(e) autre*	*D'autres*	*Tous* [tus] *Toutes*	*Les mêmes*
				L'un(e), l'autre
Personne/Nul	*Quelqu'un*	*Quelques-un(e)s*	*Chacun(e)*	*Les un(es), les autres*
Rien	*Quelque chose*	*Quelques autres* *Plusieurs*		*D'autres* *Autrui*
	N'importe qui *N'importe quoi* *N'importe lequel* *N'importe laquelle*	*Certain(e)s* *N'importe lesquels* *N'importe lesquelles*		*Autre chose*

☞ négation page 224

▮ Valeurs et emplois

✔ Les pronoms indéfinis de la quantité nulle

• **Aucun(e)/Pas un(e)**

S'emploient avec un verbe à la forme négative. Ils sont donc associés à **ne**. Ils renvoient à des choses ou à des personnes.

▮ *Le bureau de vote est ouvert depuis 8 heures du matin, mais où sont les électeurs ? **Aucun ne** s'est encore présenté. **Pas un** ne s'est encore manifesté.*

▮ *Les bulletins de vote sont à la disposition des électeurs, mais **aucun n'**a encore été glissé dans l'urne.*

• **Personne** (invariable)/**Nul** (rare, appartient à la langue soutenue)

Personne renvoie uniquement à une personne. Ce pronom est d'ailleurs dérivé du mot : *une personne.*

▮ *Qui est venu pendant mon absence ? **Personne n'**est venu. (ou) **Personne**.*

▮ *Est-ce que quelqu'un est venu ? Non, **personne n'**est venu. (ou) Non, **personne**.*

Nul (invariable quand il remplace **personne** dans une langue soutenue)

▮ ***Nul n'**est prophète en son pays.*

⚠ Tous ces pronoms de la quantité nulle peuvent être suivis d'un complément introduit par la préposition **de**.

▮ ***Aucun d'entre vous** n'est venu.*

▮ ***Pas un de mes camarades** n'a voulu m'accompagner.*

▮ ***Pas un d'entre eux** n'a voulu m'accompagner.*

▮ *Je ne vois **personne d'autre** à prévenir.*

▮ *Je n'ai **rien d'autre** à dire, rien de plus.*

▮ *Je n'ai croisé **personne de connu** à cette soirée (L'adjectif ou le participe passé sont au masculin.)*

▮ *Quoi de neuf aujourd'hui ? — Il n'y a **rien de neuf**.*

- **Rien** (invariable)

Renvoie à une chose.

▌*Que vois-tu ? — Je ne vois rien.*

▌*Qu'est-ce que tu as trouvé ? — Je n'ai rien trouvé.*

▌*Est-ce que tu sais quelque chose ? — Non, je ne sais rien.*

▌*Cette femme, c'est quel-qu'un !*

(= C'est une personne qui a une forte personnalité.)

✔ **Les pronoms indéfinis de la singularité**

- **Quelqu'un**

Désigne une personne, homme ou femme, dont l'identité est indéterminée.

▌*Ouh ! Ouh ! Il y a quelqu'un ?*

▌*Je dois voir quelqu'un à la mairie pour un dossier.*

⚠ **Quelqu'un de** + adjectif masculin ou adverbe.

▌*Mon amie ? Oui, c'est quelqu'un de bien. C'est quelqu'un d'intelligent.*

Quelqu'un à + infinitif.

▌*J'ai quelqu'un à voir* (= je dois voir quelqu'un).

- **Quelque chose**

Désigne une chose d'identité inconnue.

▌*J'ai faim. Je voudrais manger quelque chose.*

⚠ **Quelque chose de** + adjectif masculin.

▌*J'ai entendu à la radio quelque chose de très bien, de très intéressant.*

Quelque chose à + infinitif.

▌*Je n'irai pas avec vous au cinéma : j'ai quelque chose à faire, j'ai quelque chose d'autre à faire.*

- **N'importe qui**

Désigne une personne indéfinie.

▌*Demandez à n'importe qui, vous verrez que j'ai raison.*

▌*N'importe qui vous dira que j'ai raison.*

- **N'importe quoi**

Désigne une chose indéfinie.

▌*Vous pourrez bien faire n'importe quoi, dire n'importe quoi, vous ne le convaincrez pas.*

▌*Mais tu dis n'importe quoi !* (= tu dis des bêtises).

- **N'importe lequel/N'importe laquelle**

Renvoient à une personne ou à une chose indéfinie.

▌*Quelle robe mettras-tu pour la cérémonie ? — N'importe laquelle.*

▌*C'est une rue très connue dans le quartier. Arrêtez un passant, n'importe lequel, il saura vous montrer le chemin.*

Langue soutenue

Quiconque (= n'importe qui)

▌*Je peux le faire mieux que quiconque.*

✔ **Les pronoms indéfinis de la pluralité**

● **Quelques-uns/Quelques-unes**

S'utilisent pour des personnes ou des choses dont le nombre est indéterminé, mais restreint, limité.

▌*Attention les enfants, parmi ces bonbons au chocolat, **quelques-uns** sont à la liqueur !*

▌*Les voyageurs sont nombreux dans le métro à 8 heures du matin. **Quelques-uns** dorment encore, assis sur leur siège.*

● **Plusieurs** (toujours invariable, toujours utilisé sans déterminant)

Comme l'adjectif, le pronom indique une quantité indéterminée mais supérieure à deux.

S'utilise pour les personnes ou les choses.

▌*Avez-vous eu le temps de visiter quelques musées à Paris ? — Oh oui, et même **plusieurs**.*

● **Certain(e)s**

Ne s'emploie qu'au pluriel et sans aucun déterminant.

S'utilise pour les personnes et pour les choses. Indique une quantité ou une qualité indéterminée.

▌*Parmi les visiteurs de ce musée d'art contemporain, **certains** admirent sincèrement les tableaux, **d'autres** font semblant.*

● **N'importe lesquels/N'importe lesquelles**

Renvoient à des personnes ou à des choses indéterminées.

▌*Si vous suivez un régime amaigrissant, il faut manger des légumes verts. **N'importe lesquels**, mais des légumes verts.*

✔ **Les pronoms indéfinis de la totalité**

● **Tout** [tu]

Au singulier, ne s'emploie qu'avec une valeur neutre.

Il s'applique à un ensemble, à une totalité.

Il a toutes les fonctions du nom.

▌*Ne vous inquiétez pas, **tout** va bien* (sujet).

▌*Le poulet est au four, les légumes sont sur le feu, la tarte est cuite, la table est mise, **tout** est prêt pour le dîner* (sujet).

▌*Mon enfant n'est pas difficile, il aime **tout*** (complément d'objet direct).

▌*Cette femme est vraiment extraordinaire, elle pense toujours **à tout**, elle s'occupe **de tout*** (complément d'objet indirect).

Mais :

▌*Il faut **tout** dire, tu dois **tout** me dire* (le pronom **tout** se place avant l'infinitif présent).

▌*J'ai **tout** lu, **tout** vu* (à la forme composée, il se place entre l'auxiliaire et le participe passé).

▌*Je crois avoir **tout** fait* (à l'infinitif passé, il s'utilise comme aux autres formes composées).

Quelques-un(e)s est utilisé aussi comme reprise d'un indéfini avec le pronom **en**.

▌*As-tu lu beaucoup de poèmes ? — J'en ai lu quelques-uns.*

Voir l'adjectif **tout**, p. 67, et l'adverbe **tout**, p. 192.

☞ adverbes page 192

⚠ **Tout** peut être aussi **adverbe**, il a alors le sens de « très », « tout à fait », « complètement », « entièrement », « totalement ».
▌*L'enfant est resté **tout** seul dans un coin.*

• **Tous** [tus] (le « s » final se prononce)/**Toutes** [tut]
Au pluriel, renvoient à des personnes ou à des choses.
▌*J'ai lu les romans de cet écrivain contemporain. **Tous** sont intéressants.* (ou) *Ils sont **tous** intéressants.*
▌*J'écris régulièrement à mes amis. **Tous** me répondent.* (ou) *Ils me répondent **tous** (**tous**, sujet).*
▌*Je pense **à vous tous**.*

⚠ Lorsque le pronom **tous** est complément d'objet direct, il se place :
– après le verbe à la forme simple :
▌*Est-ce que tu utilises tous ces outils ? – Oui, je **les** utilise **tous**.*
– entre l'auxiliaire et le participe passé à la forme composée du verbe :
▌*Mes amis d'enfance ? Je **les** ai presque **tous** perdus de vue.*
▌*J'ai gardé tes lettres, je **les** ai **toutes** gardées.*
Dans les deux cas, ce pronom demande la présence d'un pronom de reprise, **les**.

• **Chacun(e)**

⚠ à la différence d'orthographe entre l'adjectif **chaque** et le pronom **chacun(e)**.
Ces pronoms sont toujours au singulier. Ils renvoient à des personnes ou à des choses.
Chacun(e) peut s'utiliser seul ou suivi des prépositions **de** ou **d'entre** + pronom qui renvoie au sujet.
▌*Les voyageurs sont parfois contrôlés dans les bus. **Chacun** doit alors présenter son billet.*
▌*Soyez sages et **chacun de vous** ou **chacun d'entre vous** aura une surprise.*

⚠ L'adjectif possessif ou le pronom personnel qui se rapportent à **chacun** est généralement à la troisième personne du singulier.
▌*Les enfants, à table ! Ne vous bousculez pas, **chacun** aura sa part du gâteau.*
▌*Dans la vie aujourd'hui, c'est souvent « **chacun** pour **soi** » et non « chacun pour tous ».*

POUR ALLER PLUS LOIN

Observez bien et comparez.
▌*Les enfants ! Dans cette grande maison, **chacun aura** sa chambre.*

Mais :
▌***Nous aurons** chacun **notre** chambre.*
▌***Vous aurez** chacun **votre** chambre.*
▌***Ils auront** chacun **leur** chambre.*

✔ Les pronoms indéfinis de l'identité ou de la différence

• **Le même, la même/Les mêmes** (m., f.)
Renvoient à des personnes ou à des choses.
❚ *Montre-moi ta nouvelle robe ! Oh, mais j'ai **la même**.*
❚ *Ah les hommes ! Tous **les mêmes** !*

Même peut être adverbe et il a alors le sens de « aussi », « y compris ».
❚ *Tout le monde était présent, **même** les enfants.*

☞ **adverbes** page 193

• **L'un(e), l'autre/Les un(e)s, les autres**
Marquent un parallélisme ou une opposition.
❚ *Ces deux frères sont très différents : **l'un** est calme, **l'autre** est agité, **l'un** aime la lecture, **l'autre** préfère le sport. Mais ils ont une grande affection **l'un pour l'autre**.*

• **Un(e) autre/D'autres**
❚ *Ce pantalon ne me plaît pas, j'aimerais en voir **un autre** ou **d'autres**.*

⚠ ❚ *Quel est le prix **des autres** ?* (des autres = de + les = des)

• **Autre chose**
S'emploie pour les choses (sans article).
❚ *Je m'ennuie, j'ai envie d'**autre chose** dans la vie* (= quelque chose d'autre).

m a n i è r e s   d e   d i r e ●

Quelques expressions avec **tout**.
❚ *Cette couleur va avec tout* (= avec n'importe quoi).
❚ *Ce sera tout ? Vous ne désirez pas un dessert ou un café ?* (= vous ne voulez rien d'autre ?)
❚ *J'ai fait des courses aujourd'hui, et ce soir il ne me reste en tout et pour tout que quelques pièces de monnaie* (= au total).
❚ *Prenez le pantalon, la jupe et le tee-shirt et je vous laisse le tout pour 30 euros* (avec l'article : **le tout** = l'ensemble).

Quelques expressions avec **rien**.
❚ *Cela ne sert à rien, il n'y a rien à faire* (= cela est inutile).
❚ *Rien que d'y penser, j'en tremble encore* (= le fait de penser à ce qui s'est passé suffit à me faire trembler).

POUR ALLER PLUS LOIN

■ « Autrui »

S'emploie pour les personnes et uniquement comme complément et sans déterminant. Est toujours singulier.
❚ *Ne fais pas à **autrui** ce que tu ne voudrais pas qu'on te fasse.*
❚ *Vivre en société, c'est penser d'abord aux autres, penser à **autrui**.*

■ « Je ne sais qui » / « je ne sais quoi »

On peut également compter parmi les indéfinis des expressions comme :
je ne sais qui, je ne sais quoi.
❚ *Elle avait un **je ne sais quoi*** (= quelque chose) *qui la rendait très séduisante.*
❚ *Elle est partie avec **je ne sais qui*** (= quelqu'un d'inconnu).

2 . 6 Les adjectifs et pronoms interrogatifs et exclamatifs

Notons tout d'abord que les adjectifs et pronoms interrogatifs et exclamatifs ont les mêmes formes.

Dans la langue orale, ils se distinguent par le ton et dans la langue écrite par la ponctuation.

☞ phrase interrogative page 120
et phrase exclamative page 236

Les adjectifs interrogatifs et exclamatifs

■ Formes

Quel(s) (masculin, singulier pluriel)/**Quelle(s)** (féminin, singulier pluriel).

■ Valeurs et emplois

Les interrogatifs interrogent sur l'identité ou la qualité d'une personne ou d'une chose.

■ *Quel âge as-tu ? Quelle est ton adresse ? Quels sont tes projets ? Quelles décisions as-tu prises ?*

■ *Finalement, quel homme est-il, généreux ou avare, altruiste ou égoïste ?*

Les exclamatifs ont toujours une valeur affective et c'est l'intonation qui exprime la sympathie, l'antipathie, l'admiration, le mépris, la satisfaction, la colère.

■ *Quel temps !* (= quel beau temps ! *ou* quel mauvais temps !)

■ *Quelle femme !* (= quelle femme admirable *ou* quelle femme méprisable !)

Dialogue entre un optimiste et un pessimiste à un arrêt d'autobus :

L'optimiste : Bonjour monsieur ! Comment allez-vous ? Bien, j'imagine avec ce soleil. **Quel** temps ! **Quelle** magnifique journée ! Et les gens, regardez-les ! **Quels** visages joyeux ! **Quelles** mines réjouies !

Le pessimiste : Ah oui, vous trouvez ! Moi je transpire. **Quelle** chaleur ! Je ne peux plus ouvrir les yeux. **Quel** soleil aveuglant ! Et l'autobus qui n'arrive pas !
Et ces gens qui nous entourent ! **Quelles** mines stupides ! Et regardez-les comme ils courent ! **Quel** monde ! **Quelle** société !

L'optimiste : Ah, voilà notre autobus ! Enfin, je crois ! Est-ce que vous pouvez me dire si c'est le 84 ou le 81 ? **Quel** numéro lisez-vous ?

Le pessimiste : **Quel** numéro ? Mais je n'en sais rien, monsieur ! Je ne vois rien à cette distance ! **Quelle** heure est-il ? Je vais sûrement arriver en retard ! **Quels** traînards ces chauffeurs d'autobus ! Mais qu'est-ce que c'est que ça ? Le ciel se couvre ! Et voilà les premières gouttes de pluie ! Ah, **quel** pays ! **Quel** temps !

Les pronoms interrogatifs et exclamatifs

Le pronom interrogatif est utilisé quand on attend une réponse qui désigne :
– une ou plusieurs personnes ;
– une ou plusieurs choses ;
– une ou plusieurs personnes/une ou plusieurs choses.

■ On attend une réponse qui désigne une ou plusieurs personnes

✔ Les pronoms sont :
• **Qui... ?** (langue soutenue)
• **Qui est-ce qui... ?** (langue courante)

✔ Ces pronoms ont toutes les fonctions du nom. Ils peuvent être :

– attribut	▌ *Qui es-tu ? – Je suis un homme... une femme... un enfant... je suis Paul... Isabelle...* **Qui** *est-ce ? Luc.*
– sujet	▌ **Qui** *est venu ?* (ou) **Qui est-ce qui** *est venu ? – Un ami, ta sœur, notre professeur...*
– COD	▌ **Qui** *connais-tu ici ?* (ou) **Qui est-ce que** *tu connais ?*
– COI	▌ **De qui** *parlez-vous ? – De Paul, d'Isabelle...*

⚠ à la différence entre :
▌ *Qui est-ce qui... ?* pour le sujet ▌ **Qui est-ce qui** *veut jouer avec moi ?*
▌ *Qui est-ce que... ?* pour le COD ▌ **Qui est-ce que** *tu choisis ?*

à L'oral

On entend : *Qui c'est qui est venu ? Tu connais qui ici ? Tu penses à qui ?*

■ On attend une réponse qui désigne une ou plusieurs choses

✔ Les pronoms sont :
• **Que... ?** (langue soutenue)
• **Qu'est-ce que... ?** (langue courante)
• **Qu'est-ce qui... ?**
• **Quoi ?**

✔ Ces pronoms ont toutes les fonctions du nom. Ils peuvent être :

– attribut	▌ **Qu'est-ce** (très rare) *?* (ou) **Qu'est-ce que** *c'est ? – Un tableau, une table, une chaise...*
– sujet	▌ **Qu'est-ce qui** *est arrivé ?* **Qu'est-ce qui** *se passe ?* (avec les verbes impersonnels).
– COD	▌ **Que** *fais-tu ?* **Que** *veux-tu ?* (ou) **Qu'est-ce que** *tu fais ?* **Qu'est-ce que** *tu veux ?*
– COI	▌ **De quoi** *as-tu besoin ?* **De quoi** *est-ce que vous parlez ?* ▌ **À quoi** *songez-vous ?* **À quoi** *est-ce que tu penses ?*

⚠ au pronom interrogatif **quoi ?**
On le trouve :
– après une préposition :
▮ *De quoi te mêles-tu ?*
▮ *Sur quoi serez-vous interrogés ?*
▮ *À quoi bon ? À quoi bon travailler ?* (= cela ne sert à rien, cela est inutile).
▮ *Pour quoi faire ?*
– devant un adjectif précédé de la préposition **de** :
▮ *Quoi de neuf aujourd'hui ?*
– devant un infinitif :
▮ *Je ne sais pas **quoi dire** ni **quoi faire*** (dans la langue soutenue, on dira : *je ne sais que dire ni que faire*).

Il sert aussi d'exclamation ou d'interrogation d'insistance pour faire répéter la personne qui parle (langue familière).
▮ *Quoi ? Qu'est-ce que tu dis ? Je ne t'entends pas, il y a trop de bruit.*
▮ *Quoi ! Cet homme si gentil, si aimable, si discret, c'est celui que toutes les polices recherchent !*

▮ On attend une réponse qui désigne une ou plusieurs personnes, une ou plusieurs choses

Les pronoms sont : **Lequel, laquelle ?/Lesquels, lesquelles ?**
▮ *Il y avait de nombreux candidats pour ce poste. **Lequel** a été choisi ?*
▮ *De tous les romans de cet écrivain, **lequel** préférez-vous ?*

⚠ Ces pronoms se combinent avec les prépositions **à** ou **de** et donnent en un seul mot : **auquel, auxquels, auxquelles ? duquel, desquels, desquelles ?**
▮ *Parmi tous ces jeunes acteurs, **auquel** pensez-vous pour le rôle de Roméo ?*

▮ « Que » « qu'est-ce que » « ce que » sont aussi exclamatifs

▮ *Que tu es beau ! Qu'est-ce qu'il est gentil ! Ce qu'il est bête !* (fam.)

2 • 7 Les pronoms relatifs

Le pronom relatif est un mot qui remplace un nom, un autre pronom ou toute une proposition. Il sert à relier deux propositions : la proposition principale et la proposition subordonnée relative.
▮ *Nous avons écrit le scénario **du film** ; elle a réalisé **ce film**.*
▮ *Nous avons écrit le scénario du **film qu'**elle a réalisé.*

Dans cette phrase le mot « film » (c'est **l'antécédent**) est repris par le pronom relatif « que ». Faites attention : généralement, le pronom relatif doit suivre immédiatement son antécédent.
▮ *Cette chanteuse a une **voix qui** plaît à un très large public.*
Le pronom relatif « qui » a pour antécédent le mot « voix ».

Mais lorsque l'antécédent est un pronom personnel complément, ou lorsque l'antécédent fait partie d'un complément du nom, le relatif est séparé de son antécédent par le verbe ou par le complément du nom.

▪ *Le voleur ? Je **l**'ai vu **qui** s'enfuyait par là.*

▪ *J'ai vu **le voleur** de bicyclette **qui** s'enfuyait par là.*

L'antécédent est généralement :

– un nom ou un groupe de nom :

▪ *Les enfants chantaient **de vieilles chansons de France** que tout le monde connaissait.*

– un pronom personnel ou démonstratif :

▪ *C'est **moi** qui ai cassé le vase, **celui** que mes amis m'ont offert pour mon anniversaire.*

– il peut être aussi un adverbe de lieu :

▪ *J'irai **là** où tu iras.*

– toute une proposition :

▪ ***Lave-toi les mains,** après quoi tu pourras te mettre à table.*

Le pronom relatif prend le genre et le nombre de son antécédent.

Il prend des formes différentes selon ses fonctions.

Il comporte deux séries de formes, des formes simples et des formes composées.

Les formes simples

■ « Qui »

C'est le pronom relatif **sujet** du verbe de la proposition qui suit.

L'antécédent peut être un animé ou un inanimé.

Il peut être masculin, féminin ou sans genre déterminé (neutre).

Il peut être singulier ou pluriel.

▪ *J'ai **une amie** ; **elle** vient du Japon.* → *J'ai **une amie qui** vient du Japon* (animé).

▪ *Ils ont adopté **un chien qui** mord tout le monde* (animé).

▪ *Il a visité **plusieurs studios qui** ne lui convenaient pas* (inanimé).

▪ *J'ai trouvé **quelque chose qui** te plaira* (neutre).

▪ *Elle a vu tout de suite **ce qui** n'allait pas* (neutre).

☞ proposition subordonnée relative page 245

« **Qui** » ne s'élide jamais.

POUR ALLER PLUS LOIN

■ « ce qui » + verbe impersonnel
→ « ce qui » ou « ce qu'il »

Les deux formes sont possibles. Mais **ce qui** est sujet, **ce qu'il** est complément d'objet direct.

▪ *Je ferai **ce qui/qu'il** vous plaira.*

▪ *Voilà **ce qui/qu'il** reste.*

▪ *Raconte-moi **ce qui/qu'il** lui est arrivé.*

■ « Que » ou « qu' » + voyelle

C'est le pronom relatif **complément d'objet direct** du verbe qui suit.

L'antécédent peut être un animé ou un inanimé.

Il peut être masculin, féminin ou neutre.

Il peut être singulier ou pluriel.

Le pronom relatif **que** s'élide devant une voyelle.

■ *Nous avons engagé un employé : nous apprécions **cet employé** (ou nous l'apprécions) pour ses grandes qualités. → Nous avons engagé **un employé** **que** nous apprécions pour ses grandes qualités.*

■ *Il a acheté **un canapé et des fauteuils que** je trouve très confortables.*

■ *Écoute **ce qu'il** a à te dire.*

■ *Elle m'a confié **quelque chose que** je ne peux pas répéter.*

■ « Dont »

Ce pronom remplace un nom ou un pronom introduits par la préposition simple **de**.

L'antécédent peut être un animé ou un inanimé.

Il peut être masculin, féminin ou neutre.

Il peut être singulier ou pluriel.

Le pronom **dont** remplace :

– un nom ou un pronom complément indirect d'un verbe :

■ *J'ai sorti les ustensiles ; **j'avais besoin de tous ces ustensiles** pour faire la fondue. → J'ai sorti tous **les ustensiles dont** j'avais besoin pour faire la fondue.*

■ *Elle achète **tout ce dont** elle a envie* (= elle a envie **de tout cela**).

– un nom complément d'un autre nom :

■ *Elle porte **une jupe dont** la couleur ne va pas avec celle de son chemisier* (= la couleur de **la jupe**).

– un nom complément d'un adjectif :

■ *Voici **la jeune fille dont** mon ami est très amoureux* (= mon ami est amoureux **de cette jeune fille**).

– un nom complément d'un nom de nombre :

■ *Il y avait **trente étudiants dont** dix étaient américains ou **dont dix** Américains* (dix **de ces trente étudiants**, dix **parmi ces trente étudiants** sont américains).

– un nom sous-entendu :

■ *C'est un écrivain **dont** on dit qu'il sera le plus grand de sa génération* (= on dit **de cet écrivain** qu'il sera…).

Remarque 1

■ *Elle écoutait une chanson ; elle **en** connaissait l'auteur* (**en** = l'auteur de la chanson).

■ *Elle écoutait une chanson **dont** elle connaissait l'auteur* (**dont** = l'auteur de la chanson).

Les deux pronoms **en** et **dont** reprennent le même groupe de mots, il est donc impossible de les utiliser ensemble dans la même phrase.

⚠ On dit : *C'est **cet homme dont** (de qui) je veux te parler*

ou :

*C'est **de cet homme que** je veux te parler*

mais non :

*★C'est de cet homme **dont** je veux te parler.*

Cette structure est fautive à cause de la redondance : on répète la préposition **de** : *de cet homme, **dont*** (= de cet homme…).

Dans l'usage moderne « duquel, de laquelle, desquel(le)s » s'utilisent de moins en moins au profit de « dont » sauf quand il est précédé d'une préposition composée.

☞ page **82**

Remarque 2

▌*Ils s'installèrent dans cette région ; ils appréciaient **son** climat* (**son** = le climat **de cette région**).

▌*Ils s'installèrent dans cette région **dont** ils appréciaient le climat* (**dont** = le climat **de cette région**).

L'adjectif possessif **son** et le pronom relatif **dont** reprennent le même groupe de mots, il est donc impossible de les utiliser ensemble dans la même phrase.

■ « Où »

C'est le pronom relatif **complément de lieu** ou **complément de temps**.
L'antécédent est toujours inanimé. Il peut être masculin ou féminin, singulier ou pluriel.
Il peut être présent sous la forme d'un nom, d'un adverbe. Il peut même être implicite après certaines prépositions.

✔ Complément de lieu

▌*Nous sommes revenus dans cette petite ville ; nous avions passé notre enfance **dans cette petite ville**.* → *Nous sommes revenus dans cette petite ville **où** nous avions passé notre enfance.*

▌*Mon frère part pour le Brésil ; il passera plusieurs années **au Brésil**.* → *Mon frère part pour le Brésil **où** il passera plusieurs années* (l'antécédent est un nom).

▌*Elle reviendra **là où** elle a vécu des moments heureux* (l'antécédent est un adverbe).

▌*Je passerai **par où** tu passeras* (l'antécédent est sous-entendu = par l'endroit où tu passeras).

✔ Complément de temps

▌*Nous nous sommes rencontrés un jour : le métro était en grève **ce jour-là**.* → *Nous nous sommes rencontrés **un jour où** le métro était en grève.*

▌*Mon petit garçon est né **l'année où** j'ai soutenu ma thèse.*

▌*Je sors de chez moi **à l'heure où** les garçons de café installent leurs tables.*

■ « D'où » (= duquel, de laquelle, desquel(le)s)

C'est le pronom relatif qui **marque l'origine**.

▌*Montez jusqu'au troisième étage de la tour Eiffel **d'où** vous pourrez avoir une vue superbe sur Paris* (à partir de ce point-là, depuis le troisième étage, vous pourrez avoir une vue…).

⚠ Ne confondez pas **d'où**, pronom relatif qui a une valeur concrète, et **d'où**, expression de la conséquence qui a une valeur abstraite.

▌*J'aime me tenir sur mon balcon **d'où** je peux voir le spectacle toujours changeant de la rue* (pronom relatif).

▌*Il a grandi dans une famille très engagée politiquement, **d'où** son rejet de toute action politique* (conséquence).

Les formes composées

■ Préposition + « qui » ou « lequel », « lesquels », « laquelle », « lesquelles » (pour les animés)

Préposition + « lequel », « lesquels », « laquelle », « lesquelles » (pour les inanimés)

Les pronoms **lequel, lesquels, laquelle, lesquelles** sont formés de l'article **le, la, les + quel(le)s**.

à + lequel/à laquelle	→ **auquel/laquelle**
à + lesquels / lesquelles	→ **auxquels/auxquelles**
de + lequel	→ **duquel**
de + lesquels /lesquelles	→ **desquels/desquelles**

■ *Je te présenterai ces personnes ; j'habite chez ces personnes.* → *Je te présenterai les personnes* **chez qui** *j'habite* (ou **chez lesquelles** *j'habite*).

■ *Les amis* **à qui** (ou **auxquels**) *je t'ai présenté habitent à l'étranger.*

■ *Le jeune homme* **avec qui** (ou **avec lequel**) *elle a fait ce long voyage est devenu plus tard son mari.*

■ *Elle parle souvent de ses grands-parents* **pour qui** (ou **pour lesquels**) *elle éprouvait une grande affection.*

■ *La compagnie* **pour laquelle** *je travaille a son siège à Amsterdam.*

■ *Le film* **dans lequel** *cette jeune actrice a joué a connu un succès international.*

■ *Attention, la chaise* **sur laquelle** *tu montes pour changer l'ampoule électrique n'est pas très solide.*

■ *Le spectacle* **auquel** *nous avons assisté était très ennuyeux.*

■ Préposition + « quoi »

L'antécédent est toujours un pronom neutre ou une proposition.

– L'antécédent est un pronom neutre : **ce, quelque chose, autre chose, rien**.

■ *Voilà* **ce pour quoi** *je me suis battu toute ma vie* (= la chose, les idées…).

■ *C'est* **quelque chose à quoi** *vous devez être attentif.*

– L'antécédent est une proposition :

■ *Achetez vos billets de train à l'avance,* **sans quoi** *vous ne pourrez choisir la date de votre départ.*

■ *N'oubliez pas de composter votre billet avant de monter dans le train,* **faute de quoi** *vous risquez de payer une amende.*

■ *Reposez-vous,* **après quoi** *nous pourrons bavarder.*

■ Attention aux pronoms relatifs neutres

Le pronom relatif neutre a pour antécédent les pronoms neutres : **ce, quelque chose, autre chose, rien.**

Il peut être :
– sujet : **ce qui, quelque chose qui, autre chose qui, rien qui** :
■ *Je sais **ce qui** te gêne.*
■ *Je n'ai **rien** trouvé **qui** lui plairait.*

– complément d'objet direct : **ce que, quelque chose que, autre chose que, rien que** :
■ *Je cherche à acheter **quelque chose que** tu aimerais.*
■ *Elle imagine **ce qu'**elle fera plus tard.*

– complément d'objet indirect avec la préposition **de** : **ce dont, quelque chose dont, autre chose dont, rien dont** :
■ *Voilà exactement **ce dont** j'ai besoin.*

Avec une autre préposition : **ce vers quoi / quelque chose pour quoi / rien à quoi / ce contre quoi**... et quelques expressions figées sans antécédent qui renvoient à toute une proposition (**sans quoi, faute de quoi, après quoi, moyennant quoi, grâce à quoi**...) :
■ *Je vais t'expliquer **ce à quoi** je pense pour notre projet.*
■ *Tu sais **ce contre quoi** je me suis toujours battu.*
■ *Partez immédiatement, **sans quoi** vous arriverez en retard.*
■ *Nous avons commencé nos révisions bien à l'avance ; **grâce à quoi** nous avons pu nous présenter à l'examen sans inquiétude.*

La présence ou l'absence du pronom **ce** avant le groupe préposition + pronom relatif **quoi** pourrait s'expliquer ainsi :
– le pronom **ce** peut être présent lorsque la préposition est simple, monosyllabique : **ce pour quoi, ce vers quoi, ce à quoi, ce contre quoi**...
– il est absent lorsque la préposition comporte plus d'une syllabe ou qu'elle est composée : **après quoi, moyennant quoi, grâce à quoi, faute de quoi**... ; ou lorsqu'elle pourrait sembler cacophonique avec ce pronom : **sans quoi (ce sans quoi).**

⚠ Ne confondez pas les pronoms relatifs et les pronoms interrogatifs :

Pronom interrogatif	Pronom relatif
■ ***Qui** est venu ?*	*Je ne connais pas la personne **qui** est venue.*
■ ***Que** veux-tu ?*	*Je devine ce **que** tu veux.*
■ ***À quoi** penses-tu ?*	*Je te dirai (ce) **à quoi** je pensais.*

LA SPHÈRE DU NOM

81

1. Distinguez bien :

▌*Admirez cette pièce ; la décoration **de cette pièce** est remarquable* (le nom est introduit par la préposition simple **de**).

➜ *Admirez cette pièce **dont** la décoration est remarquable.*

▌*Admirez cette pièce : un architecte célèbre a participé* $\boxed{à}$ *la décoration* $\boxed{de}$ *cette pièce* (le nom est introduit par le groupe prépositionnel *à la décoration de*. Un groupe prépositionnel est formé de l'ensemble : préposition + nom + préposition).

➜ *Admirez cette pièce **à la décoration de laquelle** un architecte célèbre a participé.*

▌*Devant le bouquiniste, il feuilletait un livre ; certaines pages **de ce livre** étaient encore non coupées.*

➜ *Devant le bouquiniste, il feuilletait un livre **dont** certaines pages étaient encore non coupées.*

▌*Il feuilletait un livre ;* $\boxed{entre}$ *les pages* $\boxed{de}$ *ce livre, il a découvert une lettre jaunie.*

➜ *Il feuilletait un livre **entre les pages duquel** il a découvert une lettre jaunie.*

2. Absence d'antécédent

Dans des expressions figées, on utilise le pronom relatif **qui** sans antécédent à la place de :

– celui qui, la personne qui :

▌*Qui vivra, verra* (= celui qui vivra, verra).

– celui que, la personne que :

▌*Embrassez **qui** vous voulez !* (= embrassez la personne que vous voulez).

▌*J'interroge **qui** je veux* (= j'interroge celui que je veux interroger).

– à celui à qui, à la personne à qui :

▌*Je parle **à qui** je veux* (= je parle à la personne à qui je veux parler).

3. Inversion dans la proposition relative

Après un pronom relatif complément (complément direct, indirect, de lieu, de temps, etc.), on peut faire l'inversion du verbe et du sujet.

▌*Regarde le magnifique bouquet **que** mes amis m'ont offert* (ou ***que** m'ont offert **mes amis***).

▌*Elle est arrivée sur une place **au milieu de laquelle** une statue de Balzac s'élevait (ou **au milieu de laquelle** s'élevait **une statue de Balzac**).*

On fait l'inversion pour une raison de rythme.

3 LA QUANTIFICATION

Qu'est-ce que c'est ?

La quantification est le fait de déterminer la quantité de quelque chose, d'exprimer une idée de mesure, de grandeur, de poids...

Pour exprimer l'idée de quantité, on peut utiliser le pluriel du nom *(un livre, des livres ; la table, les tables)* mais cela ne suffit pas quand on souhaite préciser de quelle quantité il s'agit.

Aussi, pour compter, classer ou mesurer, utilise-t-on des chiffres (0 à 9) ou des nombres (18, 25, 250), ou d'autres termes dérivés des nombres comme *une dizaine, un million.*

Il existe d'autres termes dérivés des nombres : *Je voudrais une douzaine d'œufs, s'il vous plaît. Il a une trentaine d'années.*

On peut également exprimer la quantité en utilisant des noms *(une foule, une masse de gens)*, des adjectifs *(nombreux)*, des adverbes *(énormément)*...

Nous commencerons par aborder la question des nombres. Ils se divisent en deux catégories :

1) les **nombres cardinaux** (déterminants ou pronoms) : ils indiquent un nombre précis et sont, généralement, invariables *(trois, dix, mille)* ;

2) les **nombres ordinaux** (adjectifs) : ils indiquent l'ordre, le rang et sont variables *(Le musée est fermé tous les deuxièmes jeudis du mois).*

3 . 1 Les nombres cardinaux *(déterminants et pronoms)*

Ils sont composés de tous les chiffres et de tous les nombres ; ils apportent des précisions chiffrées. Ce sont des mots simples ou composés.

▋ *Mon ami est très grand, il mesure* **deux mètres**, *alors que moi je ne fais qu'***un mètre soixante-huit**.

▋ *Ce panier est trop lourd pour elle : il pèse au moins* **dix kilos**.

▋ *Au* **vingt-deux**, *c'est un magasin de cycles mais en face, au* **vingt-cinq**, *vous trouverez le coiffeur que vous cherchez.*

Utilisation

Ils peuvent être utilisés **seuls comme déterminants du nom**.

▋ *Ils ont* **quatre** *enfants.*

▋ *Ce bébé a* **dix-huit** *mois dans quelques jours.*

Ils peuvent être **associés à un autre déterminant**.

▋ **Leurs deux** *fils sont musiciens.* **Les deux** *filles sont comédiennes.*

▋ **Ces quatre** *enfants sont charmants.*

Ils se placent alors toujours devant le nom, sauf quand ils expriment un ordre de succession.

▋ **Henri III** *n'est pas le père de* **Henri IV**.

▋ *Ouvrez le livre au chapitre* **trois**, *page* **cinquante-cinq**.

Lorsqu'ils sont pronoms, ils peuvent être utilisés tout seuls ou précédés de l'article défini pluriel **les**.

▎*Ils ont quatre enfants : **deux** sont chanteurs, **deux** sont guitaristes. **Les quatre** vont au conservatoire.*

▎*Paris compte beaucoup de monuments. **Deux** datent de la fin du XXe siècle : la Bibliothèque de France et l'Arche de la Défense. **Les deux** sont très controversés.*

☞ **déterminants** page 38

Orthographe et accords

Les nombres sont invariables, sauf : *un/une ; vingt et un/vingt et une ; trente et un/trente et une*, etc.

⚠ à **vingt** et à **cent**.

Ils prennent un **s** quand ils sont multipliés **(deux cents)** et redeviennent invariables quand ils sont suivis d'un autre chiffre **(deux cent dix)**.

▎*J'ai besoin de sept **cents** euros pour passer mon permis de conduire et mes parents ne m'en ont prêté que trois **cent** cinquante.*

Mille est toujours invariable.

▎*As-tu lu « Les **Mille** et Une Nuits » ? C'est passionnant !*
▎*Il a fait **sept mille** kilomètres pendant les vacances.*

En dessous de cent, tous les nombres composés s'écrivent avec un trait d'union : *vingt-cinq, trente-huit, quarante-trois*, sauf dans la forme avec **et** : *trente et un, soixante et onze*.

Prononciation

Neuf (9) se prononce [nœv] seulement devant **ans** et **heures**.

Six (6) et **dix** (10) :
– ils se prononcent [sis] et [dis] quand ils sont utilisés seuls :
▎*Combien de bananes ? – Six [sis], s'il vous plaît.*
▎*Combien serez-vous dimanche chez Laura ? – Dix [dis].*

– ils se prononcent [siz] et [diz] devant une voyelle ou un **h** muet :
▎*Il est six [siz] heures.*
▎*Son fils a dix [diz] ans.*

– ils se prononcent [si] et [di] devant une consonne :
▎*Il vit en France depuis six [si] mois.*
▎*J'arrive dans dix [di] minutes.*

Cinq (5), **sept** (7) et **huit** (8) :
– on prononce la dernière lettre de **cinq** [k], de **sept** [t] et de **huit** [t] lorsqu'ils sont seuls ou suivis d'une voyelle ou d'un **h** muet ;
– on ne la prononce pas en général lorsqu'ils sont suivis d'une consonne (même si beaucoup de Français le font).

▎*Combien valent les kiwis ? – Un euro les cinq [sɛ̃k]. – Et les pamplemousses ? – Les cinq [sɛ̃] pamplemousses, deux euros.*

⚠ On fait la liaison quand on prononce : **vingt et un**, **soixante et un**. Mais il n'y a ni **et** ni **liaison** quand on prononce : **quatre-vingt-un**, **quatre-vingt-onze**, **cent un**, **cent onze**.

Écriture

Quand on écrit les nombres en chiffres, un espace marque les milliers sauf pour les dates.

▪ *En 1987, les travaux nous avaient coûté* **13 000** *francs,* **2 000** *euros actuels.*
▪ *Dans Paris intra muros, il y a* **2 154 000** *habitants.*

La virgule marque les décimales.
▪ *Elle a eu douze et demi (12,5) sur vingt à son devoir.*

On peut prononcer les dates de deux façons :
▪ *1515 : quinze cent quinze – mille cinq cent quinze.*
▪ *1914 : dix-neuf cent quatorze – mille neuf cent quatorze.*
La première façon est un peu vieillie.

---

3 . 2 Les nombres ordinaux *(adjectifs)*

Ils sont formés en ajoutant le suffixe « ième » au chiffre ou au nombre (sauf *premier/première*).
▪ *deux* ➔ *deuxième*
▪ *cent* ➔ *centième*
▪ *mille* ➔ *millième*

On emploie la forme régulière « unième » dans : 21e *(vingt et unième)*, 31e *(trente et unième)*, 41e *(quarante et unième)*, etc.
▪ *Au concours, il a été reçu* **vingt et unième** *sur deux cents candidats.*

Utilisation

En tant qu'adjectifs, les nombres ordinaux peuvent être attributs ou épithètes. Attention au changement de sens !
▪ *L'équipe japonaise est arrivée* **première** *(attribut).*
En ce sens, **premier**, **première** signifie « en tête », à la première place.
▪ *La* **première** *équipe était japonaise (épithète).*
Ici, **premier**, **première** signifie celle qui est présentée d'abord.

Ils peuvent être précédés d'un déterminant (article, adjectif possessif ou adjectif démonstratif).
▪ *Le café est délicieux ici, j'en prendrais bien* **un deuxième**.
▪ **Mon troisième** *enfant entre au collège à la rentrée.*

Accord

Ils s'accordent au pluriel.
▪ *Ce sont* **les troisièmes** *jeux Olympiques auxquels il participe.*

Remarque
Des adverbes en -*ment* peuvent être créés à partir des nombres ordinaux.
▪ *Tu dois te faire vacciner contre la grippe :* **premièrement**, *c'est recommandé de le faire avant l'hiver et,* **deuxièmement**, *c'est gratuit à ton âge.*

⚠ Quand **premier** et **dernier** accompagnent un nombre cardinal, ils se placent après lui.
▪ *Vous ferez* **les deux premiers** *exercices et vous lirez* **les trois derniers** *chapitres du livre.*

⚠ On distingue parfois **deuxième** (dans une série de plus de deux) et **second** (s'il y a seulement deux éléments). **Second** se prononce « segond ».
▪ *Il a été classé* **deuxième** *sur trente au* **second** *semestre.*

3 . 3 Termes dérivés des nombres

Certains termes servant à exprimer la quantification sont dérivés des nombres.

Les fractions et les pourcentages

• Les fractions les plus courantes sont : **un demi** (1/2), **un tiers** (1/3), **un quart** (1/4), **un dixième** (1/10). Elles sont précédées d'un article défini ou indéfini.

▌*Les trois quarts du temps, je vis en province.*
▌*Le loyer représente souvent un tiers du budget d'une famille.*

Demi est un adjectif qui s'accorde avec le nom féminin singulier quand il est placé après celui-ci :

▌*Ils seront là dans une demi-heure mais nous, nous ne serons pas là avant une heure et demie.*

Le nom correspondant à **demi** est **la moitié**.

▌*Un demi-litre, c'est la moitié d'un litre, une demi-journée, la moitié d'une journée.*

• Les pourcentages expriment également une partie d'un tout. Comme les fractions, ils peuvent être suivis de **de** + nom.

Généralement, il n'y a pas d'article devant les pourcentages.
▌*Dans les années 1980, en France, **12 %** de la population était au chômage.*
▌*La croissance annuelle sera cette année de **2 %** environ.*

> ⚠ Si vous demandez un demi dans un café, vous n'aurez pas un demi-litre de bière, mais seulement un verre de bière qui correspond à environ un quart de litre.

Les nombres collectifs

Ils sont formés en ajoutant *-aine* à certains nombres cardinaux.
▌*douze* ➔ *une douzaine*

⚠ Tous les nombres ne peuvent pas servir à former des nombres collectifs. On ne peut pas dire, par exemple :
▌**Un enfant d'une treizaine d'années.*
▌**Il a une soixante-dizaine d'années.*

Voici la liste des nombres « transformables » :
▌*huit*   ➔ *une huitaine*
▌*dix*   ➔ *une dizaine*
▌*douze*   ➔ *une douzaine*
▌*quinze*   ➔ *une quinzaine*
▌*vingt*   ➔ *une vingtaine*
▌*trente*   ➔ *une trentaine*
▌*quarante* ➔ *une quarantaine*

> ⚠ **Dizaine** et non **dixaine*

- *cinquante* → *une cinquantaine*
- *soixante* → *une soixantaine*
- *cent* → *une centaine*
- *mille* → *un millier*

On peut dire : **une** *vingtaine*, **une** *cinquantaine*, etc., mais non *****deux** *vingtaines*, *****deux** *cinquantaines*, etc.

Avec **centaine** et **millier**, on peut dire : **une** *centaine*, **un** *millier* ; **des** *centaines*, **des** *milliers* ; **quelques** *centaines*, **quelques** *milliers* ; **plusieurs** *centaines*, **plusieurs** *milliers*, etc., mais non *****deux** *centaines*, *****cinq** *centaines*, etc.

Exception : **douzaine** :
- *Je voudrais **deux douzaines d'œufs** et **cinq douzaines d'huîtres**.*

Ils sont généralement suivis de **de** + nom.
- *Dans ce cours, il n'y a qu'une **trentaine d'inscrits** pour le moment mais on attend une **centaine d'étudiants**.*
- *Il y a quelques **centaines d'années**…*

Ils expriment généralement l'approximation.
- *C'était un enfant d'une **douzaine d'années** (= de 12 ans environ).*
- *Une **quinzaine d'étudiants** sont inscrits dans ce cours (= environ 15).*
- *Il arrivera dans **une huitaine de jours** (= environ 8 jours).*
- *Ça pèse **une centaine de kilos** (= environ 100 kilos).*

Mais si vous demandez **une douzaine d'œufs**, on vous donnera exactement 12 œufs et non 11 ou 12 ou 13 !

⚠ **Huitaine** s'emploie seulement avec *jours*.

Les noms dérivés des nombres

- **Million, milliard** prennent un « s » quand ils sont multipliés. Ils peuvent être suivis de **de** + nom.
- *La population française dépassait **soixante millions d'habitants** en 2001.*
- *La Chine compte plus de **deux milliards d'habitants**.*

- Les noms en -*aire* : **quadragénaire, quinquagénaire, sexagénaire, septuagénaire, octogénaire, nonagénaire, centenaire** concernent toujours l'âge.
- *Un **quinquagénaire** est un homme qui a environ cinquante ans.*
- *En 1989, la France a commémoré le **bicentenaire** (les 200 ans) de la Révolution.*

*****Vingtenaire** n'existe pas. On entend quelquefois **trentenaire** mais c'est rare.

Les noms collectifs

- **Un duo, un couple** (pour les personnes), **une paire** (surtout pour les objets) = deux éléments.
- *Une paire de chaussures.*

- **Un trio** = trois éléments.
- *Eva, Marine et Éléonore, quel trio d'enfer !*

- **Un quatuor** = quatre éléments.
- **Un quintette** = cinq éléments.

Ces deux derniers termes appartiennent au domaine musical (quatre ou cinq instruments ou voix).

Les termes multiplicatifs : double, triple, quadruple, etc.

❚ *Prenez une feuille double* (= deux feuilles).
❚ *J'ai payé le triple du prix prévu* (= trois fois le prix).
❚ *Avec ces vitamines, vos forces vont être décuplées* (= multipliées par 10).
❚ *Je te le rendrai au centuple* (= cent fois plus).

manières de dire

❚ *Ne partez pas, j'ai juste deux mots à vous dire !* (= je voudrais vous parler).
❚ *Attends-moi, je reviens dans cinq minutes* (= très rapidement).
❚ *J'en ai pour une seconde* (= j'ai bientôt fini ce que je suis en train de faire).
❚ *Il a gagné des mille et des cents* (= beaucoup d'argent).
❚ *Ça fait dix fois que je le répète !* (= j'en ai assez de répéter).
❚ *En heurtant la porte, j'ai vu trente-six chandelles* (= être étourdi par le choc).
❚ *Faire les quatre cents coups* (= faire de grosses bêtises).
❚ *Ça m'a coûté trois fois rien* (= très peu cher).

3 . 4 Autres expressions de la quantité

La quantité n'est pas nécessairement une notion exacte, ce peut être une approximation qui varie entre zéro et l'infini et qui peut être exprimée par des adjectifs, des noms, des adverbes ou des verbes.

La quantité zéro

☞ négation page 227

Elle se traduit par des adjectifs comme **aucun/aucune**, **nul/nulle** ; ou encore par le mot **rien**.
❚ *Qu'est-ce que tu as acheté ? – **Rien** !*
❚ *La réunion a été annulée, **aucune** conférencière n'était libre ce jour-là.*
❚ ***Pas un** bus, **pas un** taxi, comment faire pour rentrer ?*

La quantité égale à un

Chaque, chacun, tout, n'importe quel mettent en évidence une unité (la quantité *un*) en la séparant du groupe auquel elle appartient.

■ « Chaque », « chacun/chacune »

☞ déterminants page 65

- **Chaque** est un adjectif qui accompagne toujours un nom.
■ *Le facteur passe **chaque jour**, à 11 heures, dans ma rue.*
■ *Quand il bricole, il se coupe ou s'écrase un doigt à **chaque fois** !*

- **Chacun/chacune** est un pronom. Il peut s'employer seul ou suivi de **de** + nom ou **de** + pronom.
■ *En démocratie, **chacun** est libre de ses opinions.*
■ *Dans ce village, il y a trois églises. **Chacune** a son style et son charme propres.*
■ *Devant cette situation, **chacun de nous** a réagi différemment.*

Orthographe

Écrivez bien **chacun, chacune** en un seul mot.

■ « Tout(e) » (toujours au singulier dans ce cas)

☞ déterminants page 67

Tout est suivi d'un nom au singulier.
■ ***Tout être humain*** *a droit au respect de son intégrité physique et mentale.*
■ ***Toute infraction*** *à la loi sera punie.*

Remarques

1) **Tout** est équivalent à « n'importe quel(le) » et signifie « quel qu'il soit », c'est-à-dire qu'il ne différencie pas les personnes ou les objets concernés. On l'utilise pour exprimer des vérités générales.

2) **Chaque** est utilisé plus fréquemment et dans des contextes plus ordinaires. Il permet de séparer les éléments d'un groupe et d'insister sur chacun d'eux, d'où l'impossibilité d'associer *chaque* avec un nombre : **Chaque deux ans, je viens en France* (impossible).
Pour exprimer une distribution répétée, on utilise **tous/toutes** + article + nombre.
■ ***Tous les deux ans**, ils font un séjour à l'étranger.*

La quantité totale

Elle peut être exprimée :
– par un adverbe : **tout, entièrement, totalement, pleinement, absolument, définitivement, complètement**.
Ces adverbes peuvent modifier un verbe ou un adjectif.
■ *Le chien a **entièrement** vidé son assiette.*
■ *C'est un enfant **pleinement** heureux.*

– par un adjectif : **plein, vide**.
■ *Quand on part en vacances, la voiture est **pleine**.*

Ces adjectifs peuvent être suivis de **de** + nom.
■ *La vie est **pleine de** surprises !*

– par **tout/toute, tous/toutes**.

Tout adverbe signifie « très, tout à fait, totalement ».
■ *Des gens **tout** simples.*

☞ adverbes de quantité page 192

L'adjectif **plein** est souvent utilisé comme adverbe (en français un peu familier).
■ *Depuis qu'elle a ouvert sa galerie d'art, elle gagne **plein** d'argent (= beaucoup d'argent).*

Tout adjectif indéfini placé devant un nom précédé d'un déterminant signifie « tout entier », il représente la totalité du groupe concerné.
▌*Toute la ville* *était illuminée pour les fêtes.*
▌*Je vais au cinéma* *tous les jours*.

Tous/toutes pronom, employé seul, signifie « toutes les personnes, toutes les choses ». Dans ce cas, le « **s** » final du masculin s'entend à l'oral.
▌*Venez tous* [tus] *voir le feu d'artifice.*

Précédé de l'article **le**, **tout** a le sens de « l'ensemble, la totalité ».
▌*C'est combien pour* *le tout* ?

La quantité subjective ou partielle

✔ Rappel
Elle est souvent exprimée simplement par l'article partitif **du** ou **de l'**, **de la** ou **de l'** (selon que le mot suivant commence par une voyelle ou une consonne) :
– devant des noms de masse prise globalement : *du sable, de l'or, de la farine…*
– devant des noms abstraits : *du courage, de l'amour, de la gaieté…*

✔ Elle peut aussi être exprimée par des adverbes comme **beaucoup, énormément, tellement, tant, assez, peu, trop, moins, suffisamment**. Ces adverbes s'utilisent aussi bien pour des objets ou des personnes dénombrables que pour des masses.
▌*Il y a* *trop de livres* *sur cette étagère ; il faut en enlever quelques-uns.*
▌*Il y a* *trop de haine* *entre eux, ils ne s'entendront jamais.*

Employé seul, l'adverbe modifie le verbe et se place après lui à un temps simple et entre l'auxiliaire et le participe passé à un temps composé.
▌*Tu travailles* *trop*, *tu ne sors* *pas assez*, *tu as* *énormément* *maigri : tu m'inquiètes* *beaucoup* !

Employé avec **de**, il est suivi d'un nom.
▌*J'ai* *beaucoup de travail* *et* *peu de temps*. *Dès que j'aurai* *moins de travail* *et donc* *plus de temps* *pour moi, j'irai au théâtre, je verrai mes amis.*

⚠ Ne confondez pas :
(ne) … plus et **plus de** : le premier exprime une négation, le second exprime une quantité supplémentaire.
▌*Voulez-vous encore du riz ?* – *Non merci, je* *n'en veux* *plus*.
▌*Que voulez-vous ?* – *Je voudrais* *un peu plus de riz*, *s'il vous plaît.*

peu de et **un peu de** : le premier est une manière d'exprimer l'absence de quelque chose ou une quantité négligeable ; le deuxième signifie une petite quantité ou une quantité atténuée.
▌*J'ai* *peu d'intérêt* *pour ces histoires-là* (= pas beaucoup d'intérêt).
▌*Elle ne demande pas grand-chose, juste* *un peu d'attention*.

☞ article partitif page 41

⚠ On n'emploie jamais **très** ou **trop** avec des adjectifs ou des adverbes exprimant déjà une idée de superlatif : **très beaucoup ; *très terrible ; *très délicieux*

Pas mal de et **bien des** sont deux expressions de même sens mais la première s'emploie dans une langue familière et la seconde dans une langue soutenue.
▌*J'ai* *pas mal de* *boulot* (= beaucoup de travail) *en ce moment.*
▌ *Il y a* *bien des* *années* (= il y a longtemps), *j'ai habité là.*

☞ adverbes page 191

✔ La quantité subjective ou partielle peut également être exprimée par un nom indéterminé : **la plupart, une part/une partie, une majorité**…

• **La plupart** s'emploie seul ou suivi de **de** + nom ou **de** + pronom au pluriel (sauf dans l'expression **la plupart du temps**). Le verbe se met au pluriel.

▌*Les jeunes Français aiment le cinéma en général mais **la plupart** vont voir des films américains.*

▌*On dit que les Parisiens sont désagréables. En réalité, **la plupart d'entre eux** sont serviables quand on s'adresse à eux gentiment.*

• **Une part/une partie** s'emploient seuls ou suivis de **de** + nom.
On utilise **part** lorsqu'il s'agit d'un tout divisible (un gâteau, par exemple) :
▌*Il est bon ce gâteau, j'en mangerais bien **une part**,*
et le mot **partie** lorsqu'il s'agit d'un tout non divisible en morceaux :
▌*Une **partie** de la maison a été rénovée.*

• **La plus grande partie, la majeure partie** : expressions suivies le plus souvent d'un nom au singulier et d'un verbe au singulier.
▌*La **plus grande partie du livre** est consacrée à la biographie de l'auteur.*
▌*Ils ont passé la **majeure partie de leur vie** à l'étranger.*

• **La majorité des...** : expression suivie d'un verbe au pluriel ou, plus rarement, d'un verbe au singulier.
▌*La **majorité des provinciaux** préfèrent vivre en province.*
▌*La **majorité** des Parisiens vient de province.*

Rappels

• **Plusieurs** (adjectif ou pronom) exprime une quantité supérieure à deux. Il souligne l'idée de quantité.
▌*Avez-vous des amis en Suisse ? – Oui, **plusieurs**.*

• **Quelques** : toujours adjectif et toujours au pluriel quand il exprime une quantité indéterminée mais limitée.
▌*J'ai réuni **quelques amis** pour fêter la nouvelle année.*

• **Divers** ou **différents** placés devant un nom expriment la diversité en même temps que la quantité.
▌*Dans cette ville, vous rencontrerez **divers exemples** du style « art nouveau ».*

⚠ Avec **divers** et **différents** placés devant un nom, il est impossible d'employer l'article indéfini **des**.

Remarque
La quantité peut être exprimée par un nom spécifique à un domaine.
un kilo *(de farine, de sucre, de beurre)*
un litre *(d'eau, de vin, d'huile)*
un tas *(de bois, de sable)*
une boîte *(de chocolats, de biscuits)*
un morceau *(de pain, de fer)*
un bouquet *(de fleurs)*
un vol *(d'oiseaux)*
un essaim *(d'abeilles)*
un troupeau *(de moutons, de vaches)*, etc.

Ces termes peuvent être suivis de **de** + nom.

Orthographe

⚠ Dans l'expression « **la plupart** », plupart s'écrit en un seul mot et sans -s.

☞ place de l'adjectif page **99**, déterminants page **67**

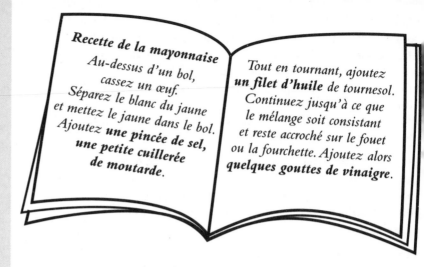

Recette de la mayonnaise

Au-dessus d'un bol, cassez un œuf.
Séparez le blanc du jaune et mettez le jaune dans le bol.
Ajoutez **une pincée de sel, une petite cuillerée de moutarde**.

Tout en tournant, ajoutez **un filet d'huile** de tournesol. Continuez jusqu'à ce que le mélange soit consistant et reste accroché sur le fouet ou la fourchette. Ajoutez alors **quelques gouttes de vinaigre**.

⚠️ Le mot **gens** est toujours au pluriel.

❚ *Les* **gens** *qui habitent à côté de chez moi sont très bruyants.*

Il est impossible de dire : *plusieurs gens* ou *quelques gens*.

Il faut dire : **plusieurs personnes, quelques personnes**.

Remarque

Certains noms collectifs comme **la famille, la foule, le monde** sont suivis d'un verbe au singulier.

❚ **Toute la famille** *est réunie pour l'anniversaire de Tommy.*

❚ **Tout le monde** *est arrivé à l'heure.*

❚ **La foule** *me fait peur.*

lexique ....

• Certains verbes expriment une idée de quantité : **remplir, combler, vider, diminuer, augmenter, décimer, décupler, croître, décroître, accumuler, amasser...**

❚ *Ils* **ont rempli** *le réfrigérateur avant de partir.*

❚ *Les gens sont contents : le gouvernement a promis de* **diminuer** *les impôts.*

❚ *Le chômage* **a** *légèrement* **augmenté** *en avril.*

⚠️ Ne confondez pas nombre et numéro.

Tous les deux s'expriment par des chiffres ou des nombres mais leur usage diffère.

• Un **numéro** indique une place dans une succession.

❚ *Tu as* **le numéro de téléphone** *de Katia ? – Oui c'est le 05 03 23 67 90.*

❚ *Quel est* **le numéro de la chambre**, *s'il vous plaît ? – Le 27, au 2e étage.*

❚ **Le numéro gagnant** *à la loterie est le 34 45 67 84 98 856.*

• Un **nombre** indique une quantité.

❚ **Le nombre de personnes** *autorisé dans cet ascenseur est 6.*

❚ *Quel est le* **nombre de places** *disponibles ? – Seulement trois.*

4 LA QUALIFICATION DU NOM

On peut qualifier quelqu'un ou quelque chose de différentes manières.
Par exemple :

Antonio a construit la maison ⟨
- **blanche, là-bas** (adjectif qualificatif).
- **de ses enfants** (complément de nom : relation de possession).
- **en pierre du pays** (complément de nom exprimant la matière).
- **qui est là, en face de vous** (proposition relative).

Nous aborderons d'abord le complément du nom, puis l'adjectif qualificatif et enfin la proposition relative.

4.1 Le complément du nom

☞ prépositions page 170

Le nom peut être suivi d'une préposition (le plus souvent *de*, mais aussi *à, en, pour...*).
+ un nom commun ou un nom propre : *une robe de cuir, la robe de Brigitte*
+ un pronom : *des amis à elle*
+ un adverbe : *le journal d'hier*
+ un infinitif : *le désir de vivre, la machine à laver*

Le complément du nom peut avoir des sens très différents. Il peut exprimer :

– **la matière**	*un sac de cuir, un sac en cuir*
– **la possession**	*la maison des voisins, le vélo de Paola*
– **l'origine**	*le thé de Chine, le train de Rome*
– **la direction**	*le train de Rome, le train pour Rome*
– **l'usage, la destination**	*une tasse à café, une machine à café*
– **le contenu**	*une tasse de café, un flacon de parfum*
– **la relation tout/partie**	*un litre de vin, un kilo de pommes, une part de gâteau*
– **la cause**	*un éclat de rire, un geste de colère*
– **les caractéristiques**	*une robe à fleurs, un homme d'affaires, une femme d'une grande beauté*
– **le temps, la saison**	*les soldes d'hiver, un temps d'été*
– **la durée**	*une minute de silence, une heure de cours, un mois de travail, dix ans de mariage*
– **le sujet, l'auteur**	*un tableau de Picasso, un roman de Flaubert*
– **l'objet d'une action**	*l'accueil des touristes, la location d'un studio*

> ▌ *C'est un sac de cuir.*
> ▌ *C'est un sac en cuir.*
> (on peut dire les deux)
> Mais :
> ▌ *Mon sac est en cuir.*
> et non
> ✶ *Mon sac est de cuir.*

⚠ La préposition **de** peut avoir des sens différents et faire naître l'ambiguïté. Par exemple :

▌*C'est le train de Rome* (= qui vient de Rome *ou* qui va à Rome ?).
▌*L'amour d'un enfant est essentiel* (= l'enfant aime-t-il *ou* est-il aimé ?).

4 ● 2 L'adjectif qualificatif

Qu'est-ce qu'un adjectif qualificatif ? C'est un mot qui qualifie (précise, caractérise) un nom commun : *un **beau** film, un livre **intéressant**, une histoire **stupide**…*
Il s'accorde avec ce nom : *un beau jardin, de beaux jardins ; une fille jeune et jolie, des filles jeunes et jolies.*

Le genre de l'adjectif

Plusieurs cas se présentent.
✔ Les adjectifs qui se terminent par un **-e** ont la même forme au masculin et au féminin.
▌*Il est sympathique, elle est sympathique ; il est drôle, elle est drôle ; il est jeune, elle est jeune…*

✔ Pour les autres adjectifs, **en général,** on forme l'adjectif féminin en ajoutant un **-e** à l'adjectif masculin.
▌*un grand jardin, une grande maison.*

Parfois, la prononciation est la même : **joli, jolie ; espagnol, espagnole ; bleu, bleue ; national, nationale ; meilleur, meilleure.**
Mais attention, souvent elle change :
– au féminin, on entend la consonne finale : **gros, grosse** (+ [s]) ; **français, française** (+ [z]) ; **grand, grande** (+[d]) ; **petit, petite** (+ [t]) ; **blanc** [blã], **blanche** [blãʃ] ;
– au masculin, il y a une voyelle nasale et, au féminin, la consonne [n] : **plein** [plɛ̃], **pleine** [plɛn] ; **marocain** [marokɛ̃], **marocaine** [marokɛn] ; **bon** [bõ], **bonne** [bɔn].

⚠ Beaucoup d'adjectifs ont la forme d'un verbe au participe présent ou passé.
▌*Cet enfant est amusant. C'est une histoire très émouvante. C'est étonnant !*
▌*Ils sont fatigués. Elles sont fâchées. Il était désespéré. Elle semblait amusée.*

✔ Beaucoup de féminins se forment autrement :
– masculin en **-f**, féminin en **-ve** : *actif, active ; positif, positive ; neuf, neuve.*
– masculin en **-c**, féminin en **-que** : *public, publique ; turc, turque ; grec, grecque.*
– masculin en **-g**, féminin en **-gue** : *long, longue.*
– masculin en **-er**, féminin en **-ère** : *premier, première ; dernier, dernière.*

– masculin en **-eur**, féminin en **-euse** : *travailleur, travailleuse ; moqueur, moqueuse.*

– masculin en **-eux**, **-oux**, féminin en **-euse**, **-ouce**, **-ousse** ou **-ouse** : *heureux, heureuse ; doux, douce ; roux, rousse ; jaloux, jalouse.*

– masculin en **-teur**, féminin en **-teuse** (si le verbe d'origine se termine en **-ter**) : *chanter* ➜ *chanteur, chanteuse.*

– masculin en **-teur**, féminin en **-trice** (autres adjectifs) : *novateur, novatrice ; conservateur, conservatrice.*

Les adjectifs suivants ont trois formes (deux masculins selon la première lettre du mot qui suit, et un féminin).

▌*un amour fou, un fol **a**mour, une folle aventure.*

▌*un beau printemps, un bel **é**té, une belle journée.*

▌*un homme très vieux, un vieil **a**mi, une vieille amie.*

▌*un nouveau film, un nouvel **é**lève, une nouvelle élève.*

Quelque chose de...
+ adjectif masculin singulier.
▌*J'ai vu **quelque chose** de beau, de grand, de cher.*

Le nombre de l'adjectif

✔ **En général**, comme pour le nom, le **-s** est la marque du pluriel.

▌*un grand garçon, de grand**s** garçon**s**.*

✔ Il y a quelques cas particuliers :

– le masculin singulier en **-s** ou **-x** ➜ masculin pluriel identique :

▌*un navire suédois, des navires suédois ; un homme heureux, des hommes heureux.*

– le masculin singulier en **-al** ➜ masculin pluriel en **-aux** :

▌*un problème général, des problèmes généraux.*

⚠ Si l'adjectif renvoie au pronom démonstratif neutre **ce** (ou **c'**), pas d'accord, même si **ce** représente un pluriel.

▌*Les vacances, **c'**est génial !*

Accord du nom et de l'adjectif

✔ En général, l'adjectif s'accorde en genre et en nombre avec le nom qu'il qualifie.

▌*un garçon intelligent, des garçons intelligents ; une fille intelligente, des filles intelligentes.*

Si l'adjectif qualifie des noms masculins et féminins, il est au masculin pluriel (on dit que « le masculin l'emporte sur le féminin »).

▌*Élena, Maria, Cristina, Julia, Sophia et Robert sont beaux et intelligents.*

✔ Avec les adjectifs de couleur, le nom et l'adjectif s'accordent en général :

▌*Elle a les yeux bleus et les cheveux noirs.*

Mais :

– s'il s'agit d'un nom « adjectivé », il peut rester invariable :

▌*des yeux marron, des yeux noisette, des jupes orange...*

Il faut dire cependant que très souvent, les Français ne font pas cette distinction et accordent dans ce cas-là aussi l'adjectif avec le nom.

– si l'adjectif est composé, l'adjectif est invariable :

▌*des yeux bleu clair, des jupes bleu marine, des draps vert bouteille, des chaussures rouge cerise...*

⚠ S'il y a une énuméra-
tion de plusieurs noms
repris par une expression
comme **tout, tout le
monde, chacun**, etc., l'adjectif est au singulier.

▌*Son père, sa mère, ses*
*sœurs, tout le monde **est***
***content** de la réussite*
de Gérard.
▌*Les mathématiques, la*
biologie, la littérature,
*les langues, tout **est***
***intéressant**.*

Orthographe

Demi
▌*Il est resté une **demi-**
heure.*
▌*Il est resté trois heures*
*et **demie**.*

☞ **adverbes** page **186**

✔ Si l'adjectif qualifie :
– deux noms reliés par **ou** ou bien par **ni**, le pluriel est toujours possible
(même si l'on rencontre parfois le singulier, ce qui serait souvent plus
logique).
▌*Elle porte toujours un pull ou une jupe noirs.*
▌*Ni Pierre ni Paul ne sont très beaux, mais ils sont sympathiques.*

Avec les noms collectifs, faites attention au sens :
▌*La foule déchaînée était enthousiaste* (la foule est considérée comme une
masse compacte).
▌*Un grand nombre de supporters étaient présents* (on considère les supporters dans leur individualité).

✔ Avec un groupe nom + **de** + nom (ou nom + **en** + nom), faites attention
au sens. Comparez :
▌*une chaîne d'**argent massif** / une **chaîne** d'argent **ravissante**.*
▌*deux robes en **soie sauvage** / deux **robes** en soie **décolletées**.*

✔ Avec des expressions telles que **une espèce de** + nom, **une sorte de** +
nom, **un genre de** + nom, etc., on accorde l'adjectif avec le deuxième nom.
▌*Cet homme était une espèce de géant **haut** de deux mètres.*

✔ Avec le mot **air**. Attention, on peut dire :
▌*Elle a l'air **heureux*** (on considère alors que c'est l'air qui est heureux).

Ou, plus souvent :
▌*Elle a l'air **heureuse*** (on considère alors que la locution verbale **avoir**
l'air est équivalente des verbes **être, sembler, paraître** = elle est heureuse,
elle semble heureuse, elle paraît heureuse).

Mais avec **un air**…, on accorde toujours l'adjectif avec **air**. Comparez :
▌*Elle a l'air fatigué/fatiguée* (on accepte les deux formes).
▌*Elle a un air fatigué* (seule forme possible).

⚠ L'adjectif peut avoir une valeur d'adverbe. En ce cas, il reste invariable,
comme tous les adverbes.
▌*Ils chantent juste ; ils parlent fort ; ils s'arrêtèrent net ; ils rient jaune*
(= en se forçant, à contrecœur) ; ils voient rouge (= ils sont furieux)…

Préfixes et suffixes des adjectifs

Remarquons d'abord que les verbes et les noms sont souvent eux aussi
construits :
– avec un préfixe :
▌***dé**peupler* → *le **dé**peuplement*
▌***re**prendre le travail* → *la **re**prise du travail*

– ou un suffixe :
▌*électri**fier*** → *l'électri**fication***
▌*idéal**iser*** → *l'idéal**isation***

– parfois, ils peuvent avoir à la fois un préfixe et un suffixe :

▌ *embellir* → *l'embellissement*
▌ *enrichir* → *l'enrichissement*

■ Préfixes des adjectifs

✔ Certains préfixes expriment une idée de négation. Ils servent à former le contraire des adjectifs.

a- *anormal, amoral*
in- *indépendant, inutile* ou **im-** *impossible, impensable*
il- *illogique, illisible* ou **ir-** *irréaliste, irréel, irrégulier*
dés- *désagréable, désordonné* ou **dis-** *discontinu, dissemblable*
mal- *malheureux, malhonnête* ou **mé-** *mécontent*
anti- *anticolonialiste, anticonstitutionnel*

✔ Autres préfixes fréquents :

archi- *Le bus est toujours archiplein* (= complètement plein).
hyper- *Il est hyperactif* (= très actif).
inter- *Les relations internationales* (= entre les nations).
sur- *Le prix a été surévalué* (= évalué trop cher) ; *une ville surpeuplée* (= trop peuplée).
sous- ou **sub-** *Il est sous-estimé* (= estimé trop peu) ; *les pays subtropicaux* (= au-dessous des tropiques…).

■ Suffixes des adjectifs

✔ À partir d'un nom :

-ique *la chimie* → *une réaction chimique* ;
la démocratie → *un vote démocratique*
-el, -al *la commune* → *une décision communale* ;
l'industrie → *une production industrielle*
-aire *un million* → *être millionnaire* ;
une banque → *une carte bancaire*
-if *une revendication* → *être revendicatif*

✔ À partir d'un verbe : les suffixes **-able** et **-ible** :
Quelque chose qu'on peut faire = quelque chose de **faisable**.
Quelque chose qu'on ne peut pas lire = quelque chose d'**illisible**.

L'employé : – *Que pensez-vous de mon projet ?*
Patron 1 : – *Oui, c'est faisable, c'est réalisable, c'est envisageable, c'est possible et même souhaitable. Je pense que votre idée est commercialisable. Vous êtes vraiment un employé incomparable ! irremplaçable !*
Patron 2 : – *Non, c'est tout à fait discutable, c'est impensable, irréalisable, c'est même un projet détestable, inadmissible ! Et d'abord, il est illisible, incompréhensible, ce projet.*

Remarque

Ces adjectifs en **-able** et **-ible** sont très utiles car ils permettent d'alléger les phrases. Observez :

▌ *Votre attitude ne peut vraiment pas être tolérée* → *Votre attitude est* **intolérable**.
▌ *Je ne vois pas très bien comment on pourrait accepter ce projet* → *Ce projet me semble* **inacceptable**.

⚠ Ne confondez pas **partiel** (≠ total) et **partial** (≠ objectif, neutre), **originel** (= initial, premier) et **original** (≠ banal).

Certains suffixes donnent à l'adjectif une valeur :
– péjorative : **-âtre** *(verdâtre, bleuâtre, noirâtre)* ;
– de diminutif : **-et, -ette** *(maigrelet, jeunette…).*

■ *Il y avait une odeur qu'on n'arrivait pas à définir* → *Une odeur indéfi-nissable*.

■ *C'est une plage à laquelle on ne peut pas accéder* → *Une plage inaccessible*.

Les fonctions de l'adjectif

L'adjectif peut être juste à côté du nom (avant ou après) : il est alors épithète.

■ *un **joli petit** bateau **blanc** ; deux **grandes** maisons **isolées***.

Lorsqu'il est séparé du nom par une virgule, il est apposé.
Il peut se trouver avant ou après le nom.

■ *Les promeneurs, **fatigués**, s'arrêtent un moment.*

■ ***Malade**, M. Hermann ne pourra pas assurer son cours.*

Il peut aussi être séparé du nom par les verbes **être, (paraître, sembler, avoir l'air, devenir, rester)** : il est alors attribut du sujet.

■ *Je suis **ravi** que tu sois là.*

■ *L'enfant paraissait **content**, il était **satisfait** et **rassuré**.*

La place de l'adjectif épithète

C'est l'une des grandes difficultés du français car l'adjectif épithète peut être placé avant, après, ou indifféremment avant ou après le nom, en fonction d'un certain nombre de critères (longueur de l'adjectif, sens abstrait ou concret, etc.). Les règles sont complexes et, avouons-le, assez souvent floues. Nous allons cependant essayer d'en dégager quelques-unes.

Remarque générale

Le plus souvent, l'adjectif épithète se place après le nom. Si l'on examine l'évolution de la langue française, on constate que cela est de plus en plus vrai.
Mais (et c'est là la difficulté) ceux qui se placent avant sont les adjectifs les plus courants.

■ Sont généralement placés après le nom :

– les adjectifs qui ont un sens « plein », littéral, qui sont en relation avec un domaine spécialisé, par exemple technique ou scientifique. Ils caractérisent le nom de manière objective :

■ *un adjectif **qualificatif**, une décision **économique**, une analyse **médicale**, une élection **municipale**, une enquête **démographique**…*

On pourrait dire que le nom et l'adjectif font corps, sont un ensemble soudé. Il est impossible de glisser entre le nom et l'adjectif un adverbe comme **un peu** ou **très** ou **trop**. Il serait absurde de dire : **une élection très municipale*, par exemple. Ces adjectifs sont généralement assez longs (plus de deux syllabes) ;
– les adjectifs de couleur :

■ *un chat **noir**, une fille **rousse**, une jupe **bleue**…*
– les adjectifs de forme :

■ *une table **ronde**, un chapeau **pointu**, un plafond **bas**…*

– les adjectifs de nationalité (ou dérivant d'un nom propre) :

■ *une ballade **irlandaise**, un chat **siamois**, une étudiante **japonaise**, une rue **parisienne**, les guerres **napoléoniennes**…*

– les participes présents ou passés à valeur d'adjectifs :

■ *une histoire **surprenante**, un air **étonné**…*

– les adjectifs suivis d'un complément :

■ *un devoir **facile à faire**.*

Remarque

La longueur de l'adjectif par rapport à celle du nom joue également un rôle. Si le nom est monosyllabique (une seule syllabe) et l'adjectif polysyllabique (plusieurs syllabes), l'adjectif sera presque toujours placé après le nom :

■ *un cas remarquable, un jeu dangereux, un lit confortable, un mot impoli, un pas hésitant, une vie impossible…*

Si nom et adjectif sont tous les deux monosyllabiques, l'adjectif vient en général après le nom :

■ *un pas lent, un lit dur, la vie chère.*

■ Sont généralement placés avant le nom :

– quelques adjectifs courts, qui peuvent avoir plusieurs sens et sont donc très fréquents. Exemple : *une **belle** histoire, un **beau** garçon, une **belle** âme, un **bel** automne, une **belle** sottise, un **beau** discours…*

Dans cette catégorie, on trouve des adjectifs comme **jeune, vieux, bon, petit, grand, gros** ;

– les adjectifs ordinaux : **premier, deuxième**…

■ Certains adjectifs peuvent se placer avant ou après le nom

Deux cas se présentent alors :

– ou bien ils ne changent pas vraiment de sens :

■ *une **superbe** voiture = une voiture **superbe**.*

Il s'agit en général d'adjectifs exprimant un jugement, une appréciation ;

– ou bien ils changent de sens selon leur place. Par exemple :

■ *un **grand** homme* (= célèbre, connu) / *un homme **grand*** (= de grande taille)

■ *un **brave** garçon* (= gentil) / *un garçon **brave*** (= courageux)

■ *un **sale** individu* (= malhonnête) / *un individu **sale*** (= pas propre)

■ *mon **ancienne** maison* (= celle où je vivais avant) / *une maison **ancienne*** (= d'une époque ancienne).

Vous remarquerez qu'en général les adjectifs sont plutôt subjectifs s'ils sont avant le nom et plutôt objectifs (avec un sens littéral) s'ils sont après le nom.

Remarque

Certains adjectifs sont presque des déterminants.

■ *J'ai vu **différentes** (ou **diverses**) personnes = j'ai vu **des** personnes.*

Mais ces adjectifs placés après le nom prennent leur sens plein.

■ *Les avis étaient très **divers*** (= variés).

■ *Paul et Louis sont très **différents*** (= ne se ressemblent pas).

⚠ Ne confondez pas :
■ *Il est parti la semaine dernière* (= il y a une semaine)
et
■ *C'est la dernière semaine de vacances* (= l'ultime).

☞ indéfinis page **67**

Lorsqu'il y a plusieurs adjectifs, les plus spécifiques, les plus étroitement liés au nom viennent en premier :

■ *une décision **ministérielle importante** ; un échec **scolaire probable** ; un conseil **municipal agité** ; une route **nationale inondée**.*

Certains adjectifs sont complètement solidaires d'un nom.

■ *Tu veux des **petits suisses** ou un yaourt ? – Un petit suisse mais je n'ai pas de **petite cuillère** pour le manger.*

Ce sont des expressions figées. On ne peut pas glisser un adverbe **(très, trop...)** entre le nom et l'adjectif.

Le plus souvent, ces adjectifs sont antéposés (placés avant le nom).

■ *une **petite** fille et sa **grand**-mère ; une **jeune** fille et un **jeune** homme ; le **petit** déjeuner...*

Mais ce n'est pas toujours le cas :

■ *une chaise **longue** ; une voiture **décapotable** ; un abri **anti-atomique**...*

Au pluriel, l'article **des** devient **de** si l'adjectif est placé avant le nom.

■ *J'ai **des** amis **charmants** / J'ai **de charmants** amis.*

☞ **articles** page 37

La construction de l'adjectif

L'adjectif peut être suivi d'un complément introduit par une préposition (le plus souvent **à** ou **de**).

– Il peut s'agir de la structure : **adjectif + préposition + nom.**

■ *Il est fier **de** sa victoire. Elle est fidèle **à** ses idées. Ils sont opposés **à** tout changement. Je suis favorable **à** ton projet.*

– ou de la structure : **adjectif + préposition + infinitif.**

■ *Il est fier **d'**avoir gagné. Je suis ravie **de** vous voir. C'est facile **à** comprendre.*

– ou encore de la structure :

adjectif + que (à ce que, de ce que, pour ce que...) **+ verbe** (indicatif ou subjonctif).

■ *Il est content **que** tu sois là. Il est indifférent **à ce qu'**on pense de lui. Je suis fier **de ce que** vous avez fait.*

⚠ à la différence entre les deux structures :

■ *C'est un problème difficile <u>à</u> comprendre*
➜ nom + adjectif + **à** + infinitif.

■ *Il est difficile <u>de</u> comprendre ce problème*
➜ adjectif + **de** + infinitif + nom.

Le degré d'intensité et de comparaison de l'adjectif

■ Le degré d'intensité de l'adjectif

L'adjectif peut exprimer :

– une intensité absolue :

■ *Ils sont **totalement** satisfaits.*

– une intensité très forte, soit avec un adverbe :

■ *Il est **très** sympathique, il est **complètement** fou, elle est **fort** riche...*

soit parce que l'adjectif lui-même exprime une idée d'intensité forte :

■ *un **excellent** repas, un bruit **terrifiant**, un **énorme** scandale, un **immense** plaisir...*

– une intensité moyenne :

■ *Elle est **assez** sympathique, il est **plutôt** gentil...*

– une intensité faible,
soit avec un adverbe :

▌*Il est **peu** aimable…*

soit parce que l'adjectif lui-même exprime une idée de faible intensité :

▌*un **léger** bruit, une note **médiocre**, un **faible** sourire…*

– l'intensité peut aussi être nulle :

▌*Je ne suis **pas du tout** satisfait. Il n'est **nullement** d'accord.*

☞ adverbes page **191**

▌ Le degré de comparaison

✔ Le comparatif

On peut comparer des personnes ou des choses entre elles ou bien comparer une même personne ou une même chose à différents moments ou dans différents lieux.

▌*Marion est **plus sérieuse que** Laura.*

▌*Le temps est **plus froid** à Lille **qu'**à Marseille.*

La comparaison peut marquer : la supériorité : **plus** + adjectif + **que**

l'égalité : **aussi** + adjectif + **que**

l'infériorité : **moins** + adjectif + **que**

⚠ aux comparatifs irréguliers

Bon → **meilleur** : *Le chocolat suisse est **meilleur** que le chocolat français.*
Mauvais → **pire** : *Tes résultats sont **pires** que ceux de Léonard.*
Petit (mais seulement dans son sens abstrait) → **moindre** : *Jeanne est **plus petite** que Chloé / À la **moindre** sottise, vous serez exclu du lycée.*

✔ Le superlatif

On établit la comparaison par rapport à l'ensemble.

▌*C'est **le plus beau** garçon du monde.*

▌*C'est l'élève **le plus intelligent** de la classe.*

▌*C'est **le plus beau** garçon du monde.*

▌*C'est le garçon **le plus beau** du monde.*

▌*C'est **le meilleur** livre de l'année.*

▌*C'est le livre **le meilleur** de l'année.*

Les structures diffèrent, mais le sens est le même.

☞ expression de la comparaison pages **327-328**

4 . 3 La proposition relative

☞ de la phrase simple à la phrase complexe page **245**

Une proposition relative permet également d'apporter des informations sur le nom (de personne ou d'objet), c'est-à-dire de le qualifier.
Comparez :

▌*Ce spectacle n'a pas eu beaucoup de succès.*

▌*Ce spectacle, **qui a coûté une fortune**, n'a pas eu beaucoup de succès.*

▌*Ce philosophe est remarquable.*

▌*Ce philosophe, **que très peu de gens connaissent**, est remarquable.*

▌*La maison est à vendre.*

▌*La maison **où j'ai passé mon enfance** est à vendre.*

▌*J'ai acheté deux livres.*

▌*J'ai acheté deux livres **dont j'avais vraiment besoin**.*

Dans les phrases précédentes, les pronoms relatifs **qui**, **que**, **où** et **dont** représentent les noms *ce spectacle, ce philosophe, la maison, deux livres…*
La proposition qui suit le pronom relatif apporte des informations supplémentaires sur la personne ou l'objet dont on parle.

☞ participe présent page 164

POUR ALLER PLUS LOIN

L'adjectif verbal

Observez et comparez :

▌ *Son discours, **intéressant** <u>tout le monde</u>, sera publié* (participe présent).
(complément d'objet)

▌ *Il a prononcé un discours **intéressant*** (adjectif verbal).

• Le participe présent peut avoir une valeur d'adjectif. En ce cas-là, il ne peut pas avoir de complément.

• L'adjectif verbal, comme tous les adjectifs :

– s'accorde en genre et en nombre avec le nom :

▌ *un discours **intéressant**, des remarques **intéressantes**.*

– peut varier en intensité, en comparaison :

▌ *un discours vraiment très **intéressant**, plus **intéressant** que celui du premier conférencier.*

– peut être épithète, apposé ou attribut :

▌ *Il a prononcé un discours **intéressant*** (épithète).

▌ ***Intéressant**, son discours a captivé l'auditoire* (apposé).

▌ *Son discours était **intéressant*** (attribut).

⚠ Quelquefois, l'orthographe du participe présent et celle de l'adjectif verbal sont différentes.

Certains participes présents en **-quant** ➔ adjectif verbal en **-cant**.

▌ *Ses paroles **provoquant** la colère du public, on l'a fait sortir de la salle. / Il a prononcé un discours très **provocant**.*

Certains participes présents en **-guant** ➔ adjectif verbal en **-gant**.

▌ *Les bruits, **intriguant** tout le monde, devenaient de plus en plus forts. / C'est un film bizarre, **intrigant**.*

▌ *Le temps était lourd, **fatiguant** tout le monde. / Arrête, tu es **fatigant**.*

Certains participe présents en **-ant** ➔ adjectif verbal en **-ent**.

▌ *Il gagne un salaire **équivalant** à celui de sa femme. / Leurs salaires sont **équivalents**.*

▌ *La voiture officielle, **précédant** le cortège, allait lentement. / Je l'avais vu le mois **précédent**.*

Certains adjectifs sont utilisés dans des expressions figées.

• Par exemple, dans les **comparaisons** entre les hommes et les animaux.

▌*être têtu comme un âne*

▌*fidèle comme un chien*

▌*muet comme une carpe*

▌*malin comme un singe*

▌*bavard comme une pie*

▌*doux comme un agneau*

• Les **couleurs** sont également souvent utilisées dans des expressions figées.

▌*avoir une peur bleue*

▌*être dans une colère noire*

▌*avoir les idées noires*

▌*passer une nuit blanche* (= sans dormir)

▌*rire jaune* (= sans en avoir vraiment envie)

☞ **expression de la comparaison** page **331**

LA SPHÈRE DU VERBE

Chapitre 1 • Généralités . . . .

1 • 1 **Les trois types de verbes**

1 • 2 **Mode, temps, aspect**

Chapitre 2 • La syntaxe du verbe . . . .

2 • 1 **Verbes réellement intransitifs**

2 • 2 **Verbes transitifs directs**

2 • 3 **Verbes transitifs indirects**

2 • 4 **Verbes à double construction**

2 • 5 **Verbes suivis d'un attribut**

2 • 6 **Cas particuliers**

Chapitre 3 • Forme active, forme passive, forme pronominale, forme impersonnelle . . . .

3 • 1 **Les auxiliaires « être » et « avoir »**

3 • 2 **La forme passive**

3 • 3 **La forme pronominale**

3 • 4 **La forme impersonnelle**

Chapitre 4 • LE MODE INDICATIF
ET SES TEMPS . . . .

4 • 1 **L'expression du présent**

4 • 2 **L'expression du futur**

4 • 3 **L'expression du passé
(1) : les différents
temps du passé**

4 • 4 **L'expression du passé
(2) : les relations entre
les différents temps
du passé**

4 • 5 **La concordance
des temps à l'indicatif**

Chapitre 5 • MODES PERSONNELS AUTRES
QUE L'INDICATIF : SUBJONCTIF,
CONDITIONNEL, IMPÉRATIF . . . .

5 • 1 **Le mode subjonctif**

5 • 2 **Le mode conditionnel**

5 • 3 **Le mode impératif**

5 • 4 **Les auxiliaires modaux**

Chapitre 6 • MODES IMPERSONNELS :
INFINITIF ET PARTICIPE . . . .

6 • 1 **Le mode infinitif,
la proposition
infinitive**

6 • 2 **Le mode participe**

1 GÉNÉRALITÉS

Qu'est-ce qu'un verbe ?

Même s'il existe en français des phrases sans verbe, celui-ci est comme le pivot, le cœur de la phrase. C'est lui qui donne véritablement son sens et sa cohérence à la phrase. Il permet d'exprimer une action, un événement ou un état (un « procès »). Le verbe varie selon :

– **la personne.** Six personnes à l'indicatif et au subjonctif *(je, tu, il/elle/on, nous, vous, ils/elles)*. Trois personnes seulement à l'impératif *(tu, nous, vous)* ;

– **le temps.** Le procès est situé par rapport à un repère temporel. Il s'inscrit dans le passé, dans le présent ou dans le futur ;

– **l'aspect.** L'aspect indique la manière dont le procès se déroule ;

– **le mode.** Il indique comment la personne qui parle envisage le procès ;

– **la voix.** Le sujet « grammatical » du verbe est-il actif ou passif ?

1 . 1 Les trois types de verbes

Il existe trois types de verbes : les verbes pleins, les verbes auxiliaires et les verbes semi auxiliaires.

Les verbes pleins

Ce sont les plus nombreux. Ils sont le plus souvent suivis d'un adverbe ou d'un ou plusieurs compléments.

▌ *Il **marche** vite, il **se dépêche**, il **tremble** de froid.*

▌ *Elle **regarde** la télévision tous les soirs **en préparant** le dîner.*

▌ *On **travaille** jusqu'à dix heures et après, on **sort** prendre un verre. D'accord ?*

Les verbes auxiliaires *être* et *avoir*

Ils sont utilisés (avec un participe passé) pour former les temps composés.

▌ *Quand nous **sommes arrivés**, il **avait** déjà **fini** son travail.*

▌ *Quand tu **auras fini** tout ton travail, tu pourras sortir.*

▌ *Si tu **étais venu** avec nous à Lyon, tu **aurais pu** voir ma sœur Hélène et son mari.*

Les verbes semi-auxiliaires

En tant que semi-auxiliaires, ils sont toujours suivis d'un infinitif et peuvent avoir différentes valeurs.

✔ Une valeur de temps (passé ou futur) : « venir de, aller »

▌ *Elle **vient** juste **de** sortir ; on **va** partir dans dix minutes.*

✔ Une valeur d'aspect (début, déroulement ou fin d'une action) :
« se mettre à, commencer à / être en train de, continuer à / finir de,
s'arrêter de »

▌ *Tu **te mets** à travailler ?*
  *– Non, je **commencerai** à réviser mon contrôle tout à l'heure.*
  *– Je suis sûr que tes amis **sont en train de** travailler, eux !*
  *– Bon, dès que **j'aurai fini** de regarder mon film, je travaillerai.*

✔ Une valeur de cause : « laisser, faire »
▌ *À la cantine, hier, Christian **a laissé** tomber son plateau et il a **fait** rire tous ses copains.*

✔ Une valeur passive : « se laisser, se faire, se voir, s'entendre, se sentir »

☞ passif page 124

▌ *Il **s'est fait** attaquer par son adversaire mais il ne **s'est** pas **laissé** faire : il a vivement réagi.*

✔ Une valeur de mode
– exprimant l'obligation : **devoir, falloir**…
▌ *Tu **dois** venir avec moi tout de suite, il **faut** absolument que tu m'accompagnes.*

– exprimant la possibilité, l'éventualité : **pouvoir, devoir**…

☞ auxiliaires modaux page 158

▌ *Quand je l'ai rencontré, il **pouvait** être environ trois heures.*
▌ *Tiens, Alex n'est pas là ! C'est rare. Il **doit** être malade.*

1 . 2 Mode, temps, aspect

Le verbe peut se caractériser de trois manières : par son mode, par son temps ou par son aspect.

Le mode

Le mode est l'une des caractéristiques du verbe.
Il permet d'exprimer l'attitude de la personne qui parle par rapport à ce qu'elle dit.

Observez :
▌ *Christophe vient* (mode indicatif : on énonce un fait, une réalité).
▌ *Je voudrais que Christophe vienne* (mode subjonctif : on énonce un souhait).
▌ *Christophe, viens !* (mode impératif : on énonce un ordre).

Mais une même attitude, une même intention de communication peut s'exprimer différemment.
Par exemple, pour l'ordre :
▌ ***Fermez** la porte !* (impératif)
▌ *Vous **fermez** la porte, s'il vous plaît ?* (indicatif)

▮ *Vous **pourriez fermer** la porte ?* (conditionnel)
▮ *Je veux que **vous fermiez** la porte.* (subjonctif)
▮ ***Fermer** la porte en sortant.* (infinitif)
▮ ***Ne pas laisser** la porte ouverte* (infinitif négatif)…

On distingue deux types de modes :
– **les modes personnels** qui ont des sujets personnels et se conjuguent : l'indicatif, le subjonctif et l'impératif ;
– **les modes impersonnels** qui n'ont pas de sujets personnels et sont invariables : l'infinitif, le participe et le gérondif.

> Le conditionnel est à la fois un mode (expression de l'hypothèse, de la condition) et un temps de l'indicatif (c'est le « futur dans le passé »).

Le temps

Le mot français « temps » est ambigu : il désigne à la fois le temps vécu (comme en anglais *time*) et le temps grammatical (comme en anglais *tense*). On doit distinguer le **temps chronologique** (le temps « vécu ») et le **temps verbal** (grammatical). Ces deux « temps » ne se recouvrent pas toujours.
Par exemple, dans la phrase : *Si tu venais l'été prochain, ce serait merveilleux*, le verbe **venir** exprime un futur mais se conjugue à un temps du passé, l'imparfait.

Autre exemple. Dans la phrase : *Tiens, Pierre n'est pas là : il aura encore oublié de se réveiller !*, le verbe **oublier** exprime une supposition, une conjecture portant sur un événement passé mais se conjugue à un temps du futur, le futur antérieur.

On peut définir le temps par rapport à deux points de repère :
– le moment où l'on parle (le « moment de l'énonciation ») ;
– le moment où se situent l'événement ou l'action dont on parle.
Soit ces deux moments coïncident *(Je suis là)*, soit ils ne coïncident pas, l'événement pouvant se situer avant le moment où l'on parle *(Hier, je suis allé le voir)* ou après *(J'irai le voir demain)*.

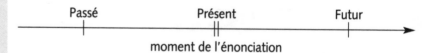

Passé — Présent — Futur

moment de l'énonciation

L'aspect

Il faut tenir compte également de l'aspect du verbe, c'est-à-dire de la manière dont se déroulent l'action, l'événement.
Plusieurs caractéristiques sont à considérer.

a) Il peut s'agir d'une action qui dure (**vivre**, par exemple) ou d'une action ponctuelle (**arriver**, **sortir**).
Parfois, un même verbe peut exprimer l'une ou l'autre valeur :
▮ *Mon frère **peint*** (= il est peintre, aspect duratif).
▮ *Mon frère peint ses volets en vert* (aspect ponctuel).

b) L'action peut également être en train de se réaliser ou déjà achevée.
▌*On **dîne** − On est en train de dîner.*
▌*Je n'ai plus faim, on a bien dîné.*

c) L'action peut se réaliser dans un avenir proche.
▌*Ce soir, on **va dîner** au restaurant.*

d) Elle peut être sur le point de se réaliser.
▌*On **se met à dîner**.*

e) Elle peut venir d'avoir lieu (passé récent).
▌*On **vient de dîner** − On vient juste de dîner.*

f) Elle peut se répéter.
▌*Tous les soirs, on **dîne à 8 h**.*

Remarques

1) L'aspect est souvent indiqué par le sens même du verbe.
Quelques exemples :
• **exploser** ou **mourir** sont ponctuels, **attendre** ou **vivre** sont duratifs ;
• **s'endormir** signifie : commencer à dormir ; **s'en aller** : se mettre à partir ;
s'envoler : se mettre à voler ;
• **sautiller** : sauter de manière répétée ;
• **grossir / vieillir**… : action de devenir plus gros, de devenir plus vieux… ;
• **agrandir, approfondir**… : action de faire devenir, de rendre plus grand,
plus profond…

2) Les temps aussi servent à exprimer l'aspect.
Par exemple, on emploie le passé simple pour signifier que le procès est
déjà accompli dans sa totalité ; on emploie l'imparfait pour exprimer l'inachèvement (le procès est en train de se dérouler : on ne lui assigne ni début
ni fin de manière précise).
▌*De 1976 à 1989, il vécut à Rome* (le procès est considéré comme un
tout terminé dans le passé ; on en connaît le début et la fin).
▌*À cette époque-là, il vivait à Rome* (on considère le procès comme en train
de se dérouler dans le passé, sans tenir compte de son début ni de sa fin).

2 LA SYNTAXE DU VERBE

Le verbe peut se construire de diverses manières. Il peut :
– être employé tout seul, (sans complément d'objet) :

▮ *Jeanne marche.*

– avoir un complément qui lui est directement rattaché (un complément d'objet direct) :

▮ *Jeanne mange un sandwich.*

– avoir un complément précédé d'une préposition (un complément d'objet indirect) :

▮ *Jeanne participera à notre réunion.*

– avoir deux compléments, l'un direct, l'autre second :

▮ *Jeanne offre un livre à son cousin.*

– avoir deux compléments, tous les deux indirects :

▮ *Jeanne a parlé de notre réunion à ses collègues de travail.*

– être suivi d'un attribut :

▮ *Jeanne est jeune et jolie.*

2 . 1 Verbes réellement intransitifs *(arriver)*

Il y a très peu de verbes réellement, totalement intransitifs, c'est-à-dire n'acceptant jamais de complément d'objet.

Il s'agit souvent de verbes de mouvement *(venir, aller, arriver…)*, ou qui expriment un changement d'état *(naître, mourir…)*.

De nombreux verbes peuvent être transitifs ou intransitifs (avec un sens un peu différent).

▮ *Il travaille / Il travaille le bois.*

▮ *Il boit* (= il est alcoolique) / *Il boit de l'eau gazeuse.*

▮ *La cheminée fume / Il fume le cigare.*

▮ *On passe te voir ce soir / On passe nos vacances à la campagne.*

Il arrive aussi que des verbes intransitifs, pris dans un sens figuré (métaphorique), acceptent un complément d'objet direct.

• **cracher** est un verbe intransitif mais on peut dire : *cracher une insulte.*

• **aboyer :** *aboyer un ordre.*

• **grimacer :** *grimacer un sourire.*

• **pleuvoir :** *Il va pleuvoir des gifles !*

m anières de dire

▮ *Il a pleuré toutes les larmes de son corps* (= beaucoup).

▮ *Elle vit sa vie* (= elle fait ce qu'il lui plaît).

▮ *Passez votre chemin !* (= allez-vous-en !).

2 • 2 **Verbes transitifs directs** *(vouloir quelque chose)*

Le verbe est suivi d'un complément d'objet direct (COD). Il répond à la question **qui ?** (personne) ou **quoi ?** (chose ou proposition).

Plusieurs possibilités :

✔ Le complément est un nom (nom commun ou nom propre).
▮ *Il écoute **la radio**. Il regarde **Laurence**.*

✔ Le complément est un pronom (pronom direct : **le, la, les** ou **en**).
▮ *Laurence ? Il **la** connaît depuis des années.*
▮ *Des pommes, s'il vous plaît. J'**en** voudrais un kilo.*

✔ Le complément est un infinitif.
▮ *J'aimerais **partir** avec vous à Cannes.*

✔ Le complément est une proposition introduite par *que*.
▮ *J'aimerais **que vous partiez avec nous à Cannes**.*
▮ *Le témoin affirme **que l'accusé était absent le jour du crime**.*
▮ *Il sait **qu'il a rendez-vous**. Il demande **qu'on le prévienne**.*

⚠ Mais après les verbes **demander** et **savoir**, la proposition subordonnée peut aussi commencer par le **si** de l'interrogation indirecte.
▮ *Ces jeunes filles veulent savoir **si** le bus passe ici.*
▮ *Les commerçants se demandent **s'**ils vont ouvrir le dimanche.*

Cette proposition répond à la question **quoi ?** et peut être remplacée par le pronom invariable **le**.
▮ *Le témoin affirme **que l'accusé était absent le jour du crime** ? – Oui, il **l'**affirme, votre honneur.*

On trouve cette construction après les verbes de déclaration (**dire, affirmer**...), d'opinion (**penser, estimer, croire**...), d'ordre affirmatif ou négatif (**ordonner, interdire**...), de crainte (**craindre, avoir peur**...), etc.

⚠ Certains verbes acceptent différentes constructions.
Monter, descendre, sortir, (r)entrer, passer peuvent être intransitifs (avec l'auxiliaire **être**) ou transitifs directs (avec l'auxiliaire **avoir**).
▮ *Elle **est montée** se coucher à dix heures.*
▮ *Elle **a monté** ses valises (= COD) dans sa chambre.*

> Seuls les verbes construits avec un COD – sauf exception ! – peuvent se mettre à la forme passive (voir p. 120).

☞ **accord du participe passé**
page **118**

2 • 3 Verbes transitifs indirects (*obéir à…, avoir besoin de…*)

Remarque

La grande majorité des verbes transitifs indirects se construisent avec **à** ou **de** mais certains se construisent avec d'autres prépositions comme **sur** (**compter sur qqn** ou **sur qqch** : *Je compte sur toi*) ou **en** (**croire en qqn** ou **en qqch** : *Il croit en l'avenir*).

Rappel

Pour savoir comment se construit un verbe, reportez-vous à la page 393.

Le complément est introduit par la préposition **à** :
▪ *Ils obéissent **à** leurs parents ; ils s'intéressent **à** Euripide.*
▪ *Elle s'habitue bien **à** son travail…*

ou par la préposition **de** :
▪ *Vous avez besoin **d'**aide ?*
▪ *Il nous a parlé **de** Julia, sa sœur aînée.*

✔ Le complément peut être un nom (nom commun ou nom propre).
▪ *Il nous a parlé **de** sa jeunesse.*
▪ *Il nous a parlé **de** Laurence.*

✔ Le complément peut être un pronom (pronoms indirects conjoints : **lui**, **en**, ou **y**, ou pronoms indirects disjoints : **à lui**, **à elle**, **de lui**, **d'elle**…).
– Préposition **à** :
▪ *Laurence, il ne **lui** parle plus* (l'objet est animé).
▪ *Il ne pense même plus **à elle*** (l'objet est animé).
▪ *Ses projets ? Il n'**y** pense plus !* (l'objet est inanimé).
– Préposition **de** :
▪ *Il ne parle plus **d'elle*** (l'objet est animé).
▪ *Ses projets ? Il n'**en** parle plus* (l'objet est inanimé).

✔ Le complément peut être un infinitif.
▪ *Les touristes ont renoncé **à se promener** sous la pluie.*
▪ *Il s'est excusé **d'être en retard**.*

✔ Le complément peut être une proposition.
▪ *Tu dois penser **à ce que tu veux faire plus tard**.*
▪ *Mes parents tiennent **à ce que j'aille au ski avec eux**.*

2 • 4 Verbes à double construction
(*donner quelque chose à quelqu'un*)

Après des verbes exprimant l'idée de **dire** ou de **donner**, par exemple, on peut avoir deux compléments d'objet : le complément d'objet direct (COD) et le complément d'objet second (COS) que l'on appelle parfois « datif » et qui est toujours animé.

Le COS, contrairement au COI qui peut être seul après un verbe (par exemple *Je parle à mon voisin*), est toujours accompagné d'un COD et il exige que le verbe soit suivi de la préposition **à** :
▪ *Ma voisine demande des conseils **à tout le monde**.*

• Voici quelques verbes acceptant la double construction COD + COS avec **à**.
– verbes du « dire » : **dire, demander, proposer, conseiller, promettre, expliquer, indiquer, raconter, répondre, reprocher**, etc., quelque chose à quelqu'un.

– verbes du « donner » : **donner, offrir, apporter, prêter, vendre, louer, rendre, envoyer, emprunter, refuser**, etc., quelque chose **à** quelqu'un.

☞ **pronoms personnels** page 45

• Voici quelques verbes acceptant la double construction avec **de**.
Accuser, excuser, avertir, prévenir, informer, féliciter, charger, récompenser, dispenser, etc., quelqu'un **de** quelque chose.

⚠ au verbe **manquer**, qui peut avoir plusieurs constructions (et plusieurs sens). Observez :

▮ *Zut ! J'ai manqué le train* (= rater).
▮ *Je manque à mes parents* (= ils sont malheureux à cause de mon absence).
▮ *Mes parents me manquent* (= je suis malheureux à cause de leur absence).
▮ *Elle manque souvent de patience* (= ne pas avoir, être privé[e] de).
▮ *Il manque cent euros dans la caisse* (= ne pas être là ; ici, **il** est impersonnel).
▮ *Cent euros manquent dans la caisse* (= ne pas être là).

⚠ au verbe **tenir**, qui peut avoir plusieurs constructions (et plusieurs sens). Observez :

▮ *Elle tient un livre à la main.*
▮ *Il se tient très droit.*
▮ *Elles tiennent à leurs affaires, elles ne les prêtent pas.*
▮ *Tu tiens vraiment à aller à cette fête ?* (= c'est important pour toi)
▮ *Elle tient de sa mère par le caractère* (= elle lui ressemble).

2 . 5 Verbes suivis d'un attribut *(être, sembler)*

Certains verbes peuvent être suivis d'un attribut (nom ou adjectif). L'attribut indique une qualité donnée ou reconnue au sujet ou au complément d'objet.

On distingue :

✔ les verbes suivis d'un attribut du sujet
L'attribut du sujet se rencontre après les verbes :
• **être** :
▮ *Elle est étudiante.*
• ou après des verbes comme : **paraître, sembler, avoir l'air, passer pour, être considéré comme**…
▮ *Il passe pour un expert mais il ne l'est pas.*
▮ *Tu sembles un peu fatigué.*
• **devenir, rester, vivre, tomber, se trouver, se faire**…
▮ *À vingt ans, elle reste encore une enfant par bien des côtés.*
▮ *Ma grand-mère se porte bien, mais elle commence à se faire vieille.*
• après certains verbes passifs ou intransitifs
▮ *Aux dernières élections, elle a été élue maire de Strasbourg.*
▮ *Mes enfants tombent malades chaque hiver.*

✔ les verbes suivis d'un attribut du complément d'objet
L'attribut du complément d'objet se rencontre après des verbes comme :
croire, estimer, juger, penser, nommer, rendre, voir, trouver, etc.
▮ *On a jugé l'homme responsable de ses actes.*
▮ *On l'a nommée directrice du journal.*

Remarque

L'attribut du sujet ou de l'objet peut être précédé d'une préposition (**pour, en, de**) ou du mot **comme** :

▌ *On le prend pour un idiot mais il est loin de l'être.*

▌ *Cet ouvrier est considéré comme un spécialiste.*

▌ *Pendant notre séjour, les gens du village nous ont traités en amis.*

Attention à l'attribut dans les structures *C'est...* et *Il est...*

• **C'est...** + **nom** ou + **adjectif** ou + **pronom tonique**

▌ *Tiens, il y a quelque chose pour toi, **c'est une surprise.** – Qu'est-ce que c'est ? Ah, **c'est une gravure.** Oh là là, **c'est superbe !** Qui l'a achetée ? **C'est toi,** papa ? – Non, **ce n'est pas moi, c'est ta mère.***

• **Il ou elle est + adjectif** seulement

▌ *Il est **grand, beau, brun,** toujours **gai.** Qui est-ce ?*

Ne confondez pas deux structures différentes.

▌ *Il s'appelle Paul Fournier, **il est médecin** à Bordeaux. – **C'est un médecin généraliste** ? – Non, **il est cardiologue.***

▌ *Je vous présente Susana. **C'est une Espagnole.** Elle vit à Barcelone. – **Elle est espagnole ou catalane ?** – Elle habite à Barcelone mais **c'est une Espagnole.***

> **C'est un(e)** + activité, profession ou nationalité.
> *C'est un Anglais, c'est un musicien.*
> **Il (elle) est** + activité, profession ou nationalité.
> *Il est anglais, il est musicien.*

Remarque

Dans la phrase : *Il est musicien*, « musicien » est considéré comme un adjectif.

▌ *Elle a rencontré l'homme de sa vie. Il est **beau,** il est **riche,** il est **intelligent** et en plus, c'est un artiste : il est **musicien.***

☞ **adjectifs** page 100

2.6 Cas particuliers : verbes supports, verbes symétriques et verbes converses

Trois types de verbes sont un peu particuliers : les verbes supports, les verbes symétriques et les verbes converses.

Les verbes supports

Certains verbes (**avoir, faire, mettre, donner**...) perdent leur sens propre lorsqu'ils forment avec un nom ou avec un adjectif une locution verbale.

Par exemple, dans la phrase :

■ *Il **a fait** un gâteau au chocolat* : le verbe **faire** a son sens plein (= fabriquer, confectionner).

Mais dans la phrase :

■ *Il **a fait** un résumé rapide de la situation* : le verbe **faire** est « vide », c'est le mot **résumé** qui est important.

On dit dans ce cas-là que le verbe **faire** n'est là que pour « supporter » le nom qui suit.

On pourrait aussi bien dire : *Il **a résumé** rapidement la situation.*

Autres exemples :

■ ***J'ai** une maison à la campagne* (**avoir** = sens « plein » : posséder).
mais

■ ***J'ai** de l'admiration pour cet écrivain* (**avoir** = sens « vide », c'est un verbe support ; on pourrait dire : ***J'admire** cet écrivain*).

■ ***Il a donné** cent euros à son fils* (**donner** = sens « plein » : offrir),
mais

■ ***Il a donné** à son fils la permission de sortir* (**donner** = sens « vide », c'est un verbe support ; on pourrait dire : ***Il a permis** à son fils de sortir*).

Les verbes symétriques (« réversibles »)

Dans ces verbes, il y a une idée de réciprocité obligatoire, de symétrie nécessaire.

Par exemple :

■ *Paul **a épousé** Nicole* suppose nécessairement : *Nicole **a épousé** Paul.*

■ ***J'ai rencontré** mon voisin au marché* suppose : *Mon voisin **m'a rencontré** au marché.*

Quelques verbes symétriques : **épouser, rencontrer, croiser, égaler, ressembler à, correspondre avec**…

Les verbes converses

Ces verbes expriment la même chose, mais considérée de deux points de vue opposés.

■ *Laurence m'a **prêté** mille euros / J'ai **emprunté** mille euros à Laurence.*

■ *Il **possède** un studio dans les Alpes / Ce studio lui **appartient** depuis dix ans.*

Quelques couples de verbes converses : **prêter/emprunter, vendre/acheter, donner/recevoir, comprendre/faire partie de** (ou **inclure**), **entraîner/être dû à, posséder/appartenir à**…

3 FORMES ACTIVE/PASSIVE, FORME PRONOMINALE, FORME IMPERSONNELLE

3.1 Les auxiliaires « être » et « avoir »

Pour toutes les formes verbales, qu'elles soient actives (à tous le
temps composés), passives, pronominales ou, dans certains cas, imper
sonnelles, vous allez rencontrer le même problème, celui de l'auxiliaire
C'est pourquoi nous avons choisi d'aborder cette question de l'auxi
liaire avant même de parler des formes verbales.

La difficulté réside dans le fait qu'en français il y a deux auxiliaire
possibles, alors que dans la plupart des autres langues il n'y en a
qu'un seul ou pas du tout.

Ces deux auxiliaires sont *être* et *avoir*. La plupart des verbes se
conjuguent avec l'auxiliaire *avoir*. Cependant, d'autres verbes, pe
nombreux mais très courants, se conjuguent avec l'auxiliaire *être.*

Attention : choisir l'auxiliaire *être* ou l'auxiliaire *avoir* est important
en particulier pour l'accord. En effet, selon l'auxiliaire utilisé, l'ortho
graphe du participe passé varie.

La première question à se poser est donc : avec tel ou tel verbe, que
auxiliaire doit-on employer ? *avoir* ou *être* ?

Par commodité, nous allons utiliser, dans tous les exemples, un temps de
l'indicatif : le passé composé.

Le choix de l'auxiliaire

■ Se conjuguent avec « être »

✔ tous les verbes pronominaux (*se…*)
▮ *Je me suis levé, elle s'est coiffée, nous nous sommes regardés, ils se sont aimés..*

✔ les verbes intransitifs indiquant un changement de lieu,
un déplacement du corps dans l'espace

• **aller**	▮ *Tu es allé au cinéma hier soir ?*
• **venir**	▮ *Elle est venue nous voir.*
• **arriver**	▮ *Vous êtes arrivés quand ?*
• **partir**	▮ *Ils sont partis à quelle heure ?*
• **entrer**	▮ *Il est entré chez Fiat en 1975.*
• **sortir**	▮ *Elle est déjà sortie ?*
• **monter**	▮ *Vous êtes montés à pied ?*
• **descendre**	▮ *Je suis descendue à la cave.*
• **passer**	▮ *Elles sont passées par la fenêtre.*
• **tomber**	▮ *Elle est tombée dans l'escalier.*

Se conjuguent aussi avec « être » les verbes formés sur **venir** comme : **revenir, intervenir, parvenir...**
Exception : **prévenir**, qui se conjugue avec « avoir ».

116

• des verbes d'état : **rester, devenir, naître** et **mourir**.

▮ *Il est né en 1802, il est devenu célèbre très jeune grâce à ses poésies, il est resté en exil une bonne partie de sa vie, il est mort en 1884.*

▮ *Qui est-ce ?*   **Réponse : oguH rotciV**

Cinq verbes peuvent se conjuguer avec **être** ou avec **avoir**. Observez :

• **monter**	▮ *Elle est montée à la tour Eiffel.*
	▮ *Elle a monté **ses bagages** au 6ᵉ étage.*
• **descendre**	▮ *Tu es descendu à la cave ?*
	▮ *Tu as descendu **la poubelle** ?*
• **sortir**	▮ *Il est sorti à six heures, ce soir.*
	▮ *Il a sorti **le chien**, comme chaque matin.*
• **(r)entrer**	▮ *À quelle heure êtes-vous rentrés ?*
	▮ *Tu as rentré **la voiture** au garage ?*
• **passer**	▮ *Elle est passée le voir mais il n'était pas là.*
	▮ *Vous avez passé **de bonnes vacances** ?*

Règle : quand ces verbes sont suivis d'un complément d'objet direct, on emploie l'auxiliaire **avoir**.

✔ les verbes à la forme passive

▮ *Il **a été licencié** sans préavis.*

▮ Se conjuguent avec « avoir »

✔ tous les autres verbes

▮ *Elle a visité Paris, elle a vu une pièce de théâtre, elle a assisté à un concert, elle a pris le bateau-mouche, elle a acheté des souvenirs…*

Participes passés des verbes les plus fréquents

• Tous les verbes en **-er** → le participe passé est en **-é** : ***allé, mangé, chanté, acheté, trouvé***, etc.

• Autres verbes (ordre alphabétique) :

admettre	admis	**finir**	fini	**promettre**	promis
apercevoir	aperçu	**mettre**	mis	**recevoir**	reçu
apprendre	appris	**mourir**	mort	**reconnaître**	reconnu
avoir	eu	**naître**	né	**rendre**	rendu
comprendre	compris	**obéir**	obéi	**répondre**	répondu
conduire	conduit	**obtenir**	obtenu	**résoudre**	résolu
connaître	connu	**offrir**	offert	**réussir**	réussi
craindre	craint	**ouvrir**	ouvert	**savoir**	su
croire	cru	**permettre**	permis	**sentir**	senti
descendre	descendu	**plaindre**	plaint	**servir**	servi
devoir	dû	**plaire**	plu	**souffrir**	souffert
dire	dit	**pleuvoir**	plu	**suffire**	suffi
écrire	écrit	**pouvoir**	pu	**suivre**	suivi
entendre	entendu	**prendre**	pris	**surprendre**	surpris
être	été	**prévenir**	prévenu	**traduire**	traduit
faire	fait	**prévoir**	prévu	**valoir**	valu

Faites bien attention aux verbes suivants :
- **voir** → *il a vu*   mais   **recevoir** → *il a reçu*

                                                        apercevoir → *il a aperçu*.
- **naître** → *il est né* ; **vivre** → *il a vécu* ; **mourir** → *il est mort*.
- **devoir** → *il a dû* ; **pouvoir** → *il a pu* ; **savoir** → *il a su*.
- **offrir** → *il a offert* ; **ouvrir** → *il a ouvert* ; **souffrir** → *il a souffert*.
- **plaire** → *il a plu* ; **pleuvoir** → *il a plu* (même participe passé).

> ⚠️ « **été** », le participe passé du verbe **être**, est toujours invariable.

L'accord du participe passé

C'est un point d'orthographe difficile aussi bien pour les Français que pour vous. Cependant, ce n'est pas aussi arbitraire qu'on le dit : il y a certaines règles à connaître.

Première question à se poser : quel est l'auxiliaire ? **avoir** ou **être** ?

■ Auxiliaire « avoir »

Avec l'auxiliaire **avoir**, c'est **la place du complément d'objet direct** qui compte :
– s'il n'y a pas de COD, pas d'accord : *Ils ont couru tout le long du chemin.*
– s'il est **après** le verbe, pas d'accord : *Elle a rencontré sa sœur au supermarché.*

                                                                        (COD)
– s'il est **avant** le verbe, on accorde le COD et le participe.

Dans quels cas est-ce possible ?
– quand le COD est un pronom personnel ;
– quand le COD est un pronom relatif ;
– dans des phrases interrogatives ;
– dans des phrases exclamatives.

■ *Ta sœur, je **l'**ai rencontrée hier* (le COD est un pronom personnel).

■ *Regarde **les photos que** j'ai prises cet été* (COD = pronom relatif **que**).

■ ***Combien de livres** as-tu lus cette semaine ?* (COD = interrogatif).

■ ***Quelle belle journée** nous avons passée !* (COD = exclamatif).

Remarques

Il existe quelques cas particuliers où le participe reste invariable.

1) Le cas des verbes impersonnels : **il y a, il faut**, etc. :

■ *Quand on compte toutes les guerres qu'il y a **eu** dans le monde depuis 1900 !*

■ *J'imagine l'énergie qu'il vous a **fallu** pour faire ce travail.*

2) Le cas des verbes suivis de l'infinitif (exprimé ou sous-entendu) :

■ *Je vois bien toute l'énergie qu'il a **dû** dépenser pour arriver à ce résultat.*

■ *Il a fait tous les efforts qu'il a **pu** (faire).*

■ *Ramasse les livres que tu **as** fait tomber.*

3) Lorsque le COD est le pronom **en** :

■ *Des difficultés, ils en ont rencontré beaucoup.*

4) Lorsqu'il s'agit d'un faux COD exprimant une idée de quantité :

■ *Les derniers kilomètres qu'ils ont couru ont été les plus durs.*

■ *Ça ne vaut pas les mille euros que ça m'a coûté.*

5) Quelques formules figées. Attention à la place du participe passé. Observez les différences :

▌ *Veuillez trouver* **ci-joint** *les photocopies de mes diplômes.* / *Veuillez trouver les photocopies de mes diplômes* **ci-jointes**.

▌ *J'ai tous les documents demandés,* **excepté** *une lettre de recommandation.* / *J'ai tous les documents demandés, une lettre de recommandation* **exceptée**.

■ Auxiliaire « être »

Avec l'auxiliaire **être**, on accorde en général le participe avec le sujet du verbe.

▌ **Elles** *sont arrivées à huit heures et elles sont repart***ies** *très vite.*
▌ **Ils** *ont été bien accueuill***is***.*

Le cas des verbes pronominaux est assez difficile.

Tous les verbes pronominaux se conjuguent avec l'auxiliaire **être**. Donc, en principe, on accordera le participe avec le sujet. C'est le cas des verbes « essentiellement pronominaux ».

▌ **Elle** *s'est évanou***ie***, elle s'est absent***ée**...

Ou des pronominaux à sens passif.

▌ *Le rouge s'est beaucoup porté cet hiver.*

⚠ Il existe deux grandes exceptions à cette règle générale.

– Le participe passé reste invariable si le verbe pronominal est suivi d'un complément d'objet direct. Comparez :

▌ *Elle s'est lav***ée** *en dix minutes (= elle a lavé elle-même).*
▌ *Elle s'est lav***é** |les cheveux| *(= elle a lavé ses cheveux).* ~COD is after so no agreement~
       COD

On obtient donc, logiquement, si le COD est placé avant le verbe :

▌ *Ses cheveux, elle se* ***les*** *est lav***és** *hier soir.* ~COD is placed before this in agreement~
       COD

ou

▌ *Elles se sont serr***ées** *pour lui faire de la place (= elles ont serré elles-mêmes).*
▌ *Elles se sont serr***é** *la main (= chacun a serré la main de l'autre).* ~No agreement~
       COD

– Le participe reste invariable si le verbe, quand il est à la forme non pronominale, se construit avec la préposition **à** comme par exemple : *téléphoner* **à** *quelqu'un, plaire* **à** *quelqu'un, parler* **à** *quelqu'un, sourire* **à** *quelqu'un, ressembler* **à** *quelqu'un, mentir* **à** *quelqu'un*... ~reciprocale actions – No agreements~

~agreement~   ~No agreement~
Comparez :

▌ *Ils se sont regard***és**.	mais	▌ *Ils se sont téléphon***é**.
▌ *Ils se sont admir***és**.	mais	▌ *Ils se sont sour***i**.
▌ *Elles se sont amus***ées**.	mais	▌ *Elles se sont pl***u**.
▌ *Ils se sont aim***és**.	mais	▌ *Ils se sont parl***é**, *ils se sont écri***t**.
▌ *Elles se sont promen***ées**.	mais	▌ *Elles se sont ment***i**.

> **Orthographe**
>
> Dans l'expression **se rendre compte de quelque chose**, le participe passé est toujours invariable : « compte » est le COD du verbe.
> ▌ *Ils* ***se sont rendu compte*** *de leur erreur.*

3 • 2 La forme passive

Observez cet exemple que l'on trouve dans toutes les grammaires depuis des siècles.
▌ *Le chat a mangé toutes les souris.*
▌ *Toutes les souris ont été mangées par le chat.*

Le sens de ces deux phrases est le même. Mais dans la première, à la forme active, on focalise sur l'« agent », sur celui qui fait l'action, et dans la seconde, à la forme passive, sur celui qui subit cette action (on l'appelle parfois « patient » – ici, on pourrait dire : la « victime »).
La forme passive permet de présenter un événement ou un fait en changeant de point de vue.

Formation du passif et contraintes

■ Formation du passif

Le passage de la forme active à la forme passive entraîne des modifications.
▌ *Le chat*   *a mangé*   *toutes les souris.*
▌ *Toutes les souris*   *ont été mangées*   *par le chat.*

L'objet (**toutes les souris**) devient le « sujet grammatical » du verbe.

Le sujet devient le complément d'agent (**par le chat**).

Le verbe passif est toujours conjugué avec l'auxiliaire **être** qui se met au même temps et au même mode que dans la forme active.

▌*Les pompiers aident les personnes en difficulté* → *Les personnes en diffi-culté **sont aidées** par les pompiers.*

▌*La tempête a arraché plusieurs toits* → *Plusieurs toits **ont été arrachés** par la tempête.*

▌*On va refaire la toiture* → *La toiture **va être refaite**.*

▌*La municipalité replantera 300 chênes* → *Trois cents chênes **seront replantés** par la municipalité.*

⚠ à l'accord : le passé composé se conjugue avec l'auxiliaire **être**. On accorde donc le participe passé avec le sujet :

▌***Les souris*** *ont été mangées par le chat.*

Il ne faut pas confondre les « vrais passifs » et les verbes perfectifs qui expriment un état, un résultat.

▌*La maison **a été démolie*** (par quelqu'un) (= on a démoli la maison).

▌*La maison **est démolie*** (on ne sait pas si quelqu'un l'a démolie, si c'est à cause d'une tempête, d'un orage… ou si elle s'est démolie toute seule).

Ici, le participe a une valeur d'adjectif attribut. On peut comparer cette phrase avec :

▌*La maison est vieille, petite*, etc.

On constate un fait, un résultat.

▉ Contraintes   ~required to~

✔ Deux verbes n'existent qu'à la forme passive :

• **être censé** (+ infinitif)   ▌*Tout le monde est censé connaître la loi.*

• **être tenu de** (+ infinitif)   ▌*Les soldats sont tenus d'obéir au capitaine.*

✔ Attention aux verbes : **contraindre, obliger, forcer**.

À la forme active, ils sont suivis de la préposition **à** :

▌*On l'a obligé **à faire** du latin.*

Mais à la forme passive, ils sont suivis de la préposition **de** :

▌*Il a été obligé **de faire** du latin.*

✔ Dans presque tous les cas, **les verbes transitifs directs** (les verbes suivis d'un complément d'objet direct) **peuvent être mis à la forme passive**.

Seuls **deux verbes transitifs indirects** sont dans ce cas : **pardonner à quelqu'un** et **obéir à quelqu'un** (en ancien français, en effet, ils se construisaient directement).

▌*J'aimerais **être obéi**.   Ils **ont** tous **été pardonnés**.*

> ⚠ **Certains verbes transitifs ne peuvent pas être mis à la forme passive :**

– les verbes **avoir, posséder** :

▌*Son oncle possède une fortune* (forme passive impossible).

– les verbes qui servent à exprimer la mesure : **faire** + mesure, **mesurer, coûter, valoir, peser, vivre, durer**… et qui sont toujours suivis d'un chiffre ou d'un nombre.

En réalité, ces verbes sont faussement transitifs ; le complément n'est pas un vrai complément d'objet. Des phrases comme :

▌ *L'appartement fait 50 m²* (**faire** + complément de mesure).
▌ *Le cours a duré une heure* (**durer** + complément de temps).
▌ *Mon grand-père a vécu cent ans* (**vivre** + complément de temps).
▌ *Ce livre coûte 22 euros* (**coûter** + complément de prix).

ne peuvent pas être mises à la forme passive.

Avec certains verbes comme **peser** ou **mesurer**, il y a deux possibilités.
▌ *La vendeuse pèse les tomates* (COD) → *Les tomates* **sont pesées** *par la vendeuse* (forme passive possible).
▌ *La vendeuse est mince, elle pèse cinquante kilos* (complément de mesure, forme passive impossible).

– les verbes **présenter** (un avantage, un inconvénient, un intérêt, une difficulté), **comporter** et **comprendre** (dans le sens de **avoir, comporter**). Des phrases comme :
▌ *Votre proposition présente un intérêt certain.*
▌ *Mon plan comportera deux parties.*
▌ *La France comprend 22 régions*
ne peuvent pas être mises à la forme passive.

– le verbe **regarder** pris dans un sens figuré (sujet non animé = concerner).
▌ *Alain regarde avec intérêt toutes les jolies femmes qui passent* → *Toutes les jolies femmes qui passent* **sont regardées** *avec intérêt par Alain* (forme passive possible).
▌ *Cette question regarde la police.* (forme passive impossible).

– des locutions verbales comme : **prendre la fuite, perdre la tête, faire la grasse matinée, faire l'idiot**…

Le complément d'agent

▋ Qu'est-ce qu'un complément d'agent ?

Le complément d'agent (ou complément du passif), comme son nom l'indique, précise en général qui est responsable de l'action. Il est le plus souvent introduit par la préposition **par**.
▌ *Le premier prix a été remporté* **par Mathieu Renard**.
▌ *La France a été visitée* **par plus de 70 millions de touristes** *en 2000.*

Cependant, on peut rencontrer aussi la préposition **de**.
▌ *Le président était accompagné* **de son épouse et de sa fille**.

Lorsque l'agent (le sujet de la phrase active) est un pronom, le passage à la forme passive est difficile, presque impossible.
▌ *Ils ont acheté une voiture* → *Une voiture a été achetée par eux.* (?) (forme passive très difficile)
▌ *Elle accompagne le président* → *Le président est accompagné par elle.* (?) (forme passive très difficile)

Excepté si l'on veut fortement insister sur l'agent véritable de l'action :
▌ *Attention, ce tableau a été peint par moi et non par elle.*

■ Quand peut-on utiliser « de » à la place de « par » ?

✔ Avec des verbes de sentiment, d'appréciation (**aimer, estimer, apprécier**…).
▌*Cette secrétaire est très appréciée **de ses collègues**.*

✔ Avec des verbes exprimant des opérations intellectuelles (**connaître, savoir, oublier**…).
▌*Les événements de 1968 en France sont connus **de tous**.*

✔ Avec des verbes permettant de se situer dans le temps ou dans l'espace (**précéder, suivre, accompagner, entourer**…).
▌*La cérémonie sera suivie **d'une réception** au palais de l'Élysée.*

Dans tous les cas, vous pouvez remplacer **de** par **par**, mais non l'inverse.
▌*La cérémonie sera suivie **d'une réception** au palais de l'Élysée.*
 *= La cérémonie sera suivie **par une réception** au palais de l'Élysée.*

■ L'absence de complément d'agent

Souvent, la phrase passive n'a pas de complément d'agent.
– soit parce qu'il est évident :
▌*Les voleurs **ont été arrêtés** (par la police).*
▌*La loi **a été votée** (par les députés, par le Parlement).*
▌*La maison **a été cambriolée** (par des cambrioleurs !).*

– soit parce qu'on ne peut pas ou qu'on ne veut pas le mentionner :
▌*Des mesures sévères **seront prises** prochainement (par qui ? on préfère ne pas le préciser).*

– soit parce que l'agent est un indéfini, **on** par exemple.
▌*On a volé ma bicyclette ➜ Ma bicyclette **a été volée** (*par on = impossible).*

Les emplois du passif

On dit souvent que le passif est lourd, peu élégant et qu'il est préférable d'employer la forme active. C'est souvent vrai à l'oral, mais le passif reste très fréquent à l'écrit.

Quand préfère-t-on utiliser la forme passive ?
a) Quand on ne souhaite pas ou qu'on ne peut pas donner d'indication précise sur le responsable d'une action, d'un événement.
▌*Un vaccin **aurait été découvert** récemment (par qui ? on ne sait pas).*

b) Quand on préfère insister sur le procès plutôt que sur l'agent (par exemple dans les textes scientifiques ou dans les textes administratifs).
▌*Diverses expériences **ont été effectuées** entre mai et octobre.*
(les expériences sont présentées comme plus importantes que les gens qui les ont faites).

c) Si le « patient » est humain, on préfère le mettre en évidence. On dira :
▌*Les agriculteurs **ont été** durement **éprouvés** par la crise*
plutôt que :
▌*La crise a durement éprouvé les agriculteurs.*

POUR ALLER PLUS LOIN

Autres manières d'exprimer le passif

Le « renversement » de la forme active à la forme passive, avec ou sans complément d'agent, n'est pas la seule façon d'exprimer la notion de passif. Il y a d'autres possibilités.

a) Les formes pronominales. Dans ce cas, l'agent est considéré comme peu important ou évident, donc très souvent absent.

⚠ Dans ces phrases, le sujet est toujours inanimé.

▌ *Ces livres **se sont** très bien **vendus*** (= ... ont été très bien vendus).
▌ *Ce vin blanc **doit se boire** assez jeune* (= ... doit être bu assez jeune).
▌ *Un bon matelas **s'achète** chez TRIM* (= ... est acheté, doit être acheté).

b) Les constructions avec **se faire, se laisser, se voir, s'entendre** + infinitif. Ces formes peuvent parfois avoir une valeur de passif.

▌ *Il **s'est fait renvoyer** du lycée* (= il a été renvoyé du lycée).
▌ *L'animal **s'est laissé capturer*** (= il a été capturé).

⚠ Dans ces phrases, le sujet est le plus souvent animé. Mais ce n'est pas toujours le cas.

▌ *Les résultats des experts **se sont fait attendre** plusieurs jours.*

Lorsqu'on utilise la construction **se faire** + infinitif, on sous-entend que le sujet porte une certaine responsabilité.

Lorsqu'on utilise la construction **se laisser** + infinitif, on sous-entend que le sujet s'est résigné. Comparez :

▌ *Il a été injurié* (ce simple passif est « neutre », on ne sait pas comment la personne injuriée a réagi).
▌ *Il s'est fait injurier* (on a l'idée qu'il s'est comporté de telle manière qu'on l'a injurié).
▌ *Il s'est laissé injurier* (il a été complètement passif, il n'a rien répondu).

Dans les constructions **se voir** + infinitif et **s'entendre** + infinitif, l'idée de voir et d'entendre est présente. Observez :

▌ *Elle s'est vu interdire l'entrée de la maison* (elle l'a réellement vu).
▌ *Soudain, il s'est entendu appeler mais il n'a vu personne* (il a réellement entendu quelqu'un l'appeler).

c) Certains verbes ou locutions verbales qui portent en eux-mêmes un sens passif : **subir, souffrir, endurer, être l'objet de, être la victime de, être la cible de**...

Dans la phrase : *Mon voisin a subi une opération des yeux*, le sujet grammatical **mon voisin** n'est pas l'agent responsable de l'action mais bien le « patient ».

d) Les adjectifs en **-able** et **-ible**.

▌ *Cette action est totalement condamnable*   (= doit être condamnée).
▌ *La maison est irréparable*   (= ne peut pas être réparée).
▌ *Ce livre est incompréhensible*   (= ne peut pas être compris).
▌ *Ces champignons ne sont pas comestibles* (= ne peuvent pas être mangés).

☞ Pour les accords,
voir **pronominaux** page **126**

☞ **adjectifs** page **97**

3.3 La forme pronominale

Qu'est-ce qu'une forme pronominale ?

C'est une forme qui a deux caractéristiques :

– le verbe est précédé d'un pronom personnel complément qui représente la même chose ou la même personne que le sujet :

▌ *Le matin, elle se lève à six heures* (*elle* et *se* renvoient à la même personne) ;

– aux temps composés, l'auxiliaire est toujours *être* :

▌ *Longtemps, je me suis couché de bonne heure* (M. Proust).

On distingue quatre catégories de verbes pronominaux.

Les verbes réellement pronominaux

☞ accord du participe passé
page 118

✔ Certains n'ont qu'une seule forme : la forme pronominale (ces verbes sont souvent appelés « essentiellement pronominaux ») :

• **s'en aller, s'enfuir, se méfier de, se souvenir de, s'absenter, se moquer de, s'écrouler, s'effondrer, s'évader**. On ne peut pas dire **en aller* ou **enfuir* ou **méfier de* ou **souvenir de*.

✔ Certains peuvent avoir deux formes (pronominale et non pronominale) mais avec un léger changement de sens. Vous remarquerez que, dans ce cas, le plus souvent la préposition change.

• **décider de / se décider à** :

▌ *Il a décidé de partir* (on ne donne aucune indication sur la manière dont la décision a été prise).

▌ *Il s'est décidé à partir* (sous-entendu : après des hésitations, après avoir bien réfléchi).

• **attendre quelque chose / s'attendre à quelque chose** ou **s'attendre à ce que** + subjonctif (dans le second cas, on insiste sur l'aspect psychologique de l'attente) :

▌ *J'attends les résultats de l'examen.*

▌ *Attends-toi à une surprise* (= prépare-toi mentalement, psychologiquement).

• **échapper à** (un danger, une menace, un attentat…) / **s'échapper de** (prison, chez lui, la cage = un lieu fermé).

• **plaindre quelqu'un** (= avoir pitié de) / **se plaindre de quelque chose** ou **de quelqu'un** (= protester contre).

✔ Enfin, certains peuvent aussi avoir les deux formes (pronominale et non pronominale), mais avec des sens tout à fait différents :

• **apercevoir quelque chose** ou **quelqu'un** (= voir de loin, difficilement) / **s'apercevoir de quelque chose** ou **s'apercevoir que** + indicatif (= remarquer, constater).

▌ *J'aperçois quelqu'un à la fenêtre. Qui est-ce ?* (= je vois).

▌ *Quand j'ai ouvert mon sac, je me suis aperçu(e) qu'on m'avait volé mon portefeuille* (= j'ai constaté).

• **douter de quelque chose** ou **de quelqu'un** (avoir des doutes) / **se douter de quelque chose** ou **se douter que** + subjonctif (= soupçonner quelque chose, ne pas être surpris de quelque chose).

▌ *Elle doute de la fidélité de son mari* (= elle a des doutes).

▌ *Il est acteur ? Je m'en doutais* (= ça ne m'étonne pas), *il a une voix si extraordinaire !*

⚠ Ces verbes s'accordent avec le sujet du verbe.

Les verbes pronominaux réfléchis

▌ *Le matin, **elle se lève** à six heures.*

L'action « revient » sur le sujet : elle « lève elle-même » à six heures (**se** est un COD).

⚠ à l'orthographe

Avec les temps composés, regardez bien si le verbe a un complément d'objet direct ou non. S'il a un COD placé après le verbe, pas d'accord sujet-participe !

▌ *La petite fille **s'est lavée** toute seule* (= elle a lavé elle-même).

▌ *La petite fille **s'est lavé** les cheveux* (= elle a lavé ses cheveux).

On ne peut pas dire **Elle se lave ses dents* ou **Il s'est cassé son bras.*

Quand le sujet fait l'action sur une partie de son corps, on n'emploie pas le possessif.

▌ *Elle se lave **les** dents. Il s'est cassé **le** bras.*

⚠ Le participe passé s'accorde avec le COD placé avant le verbe.

☞ accord du participe passé
page **118**

☞ adjectifs possessifs page **62**

☞ articles page **40**

Les verbes pronominaux réciproques

▌ *Ils **se sont rencontrés** et ils **se sont aimés** immédiatement.*

Le sujet est toujours pluriel et il y a toujours une idée de réciprocité :
A aime B et B aime A.

Parfois, un énoncé peut être ambigu. Le verbe pronominal est-il réfléchi ou réciproque ?

Par exemple, la phrase : *Pierre et Catherine se regardent* peut avoir deux sens : chacun se regarde soi-même (réfléchi), chacun regarde l'autre (réciproque).

⚠ Le participe passé s'accorde avec le COD placé avant le verbe.

Certains verbes donnent par leur sens même une idée de réciprocité :
se réunir, se rencontrer, s'épouser, s'entraider…

Les pronominaux à sens passif

Ces verbes ont été vus précédemment (p. 124). Donnons simplement à nouveau un exemple.

▌ *Cette année, le champagne **s'est** très bien **vendu**.*

(Bien entendu, le champagne ne s'est pas vendu lui-même, il a été vendu par les viticulteurs ou par les négociants en vin.)

⚠ Le participe passé s'accorde avec le sujet du verbe.

3.4 La forme impersonnelle

Dans les formes impersonnelles, le *il* sujet est une forme « vide ». C'est comme s'il n'y avait pas d'agent responsable de l'action, de l'événement, comme s'il était effacé, mis de côté.

▌ *Il est exigé des élèves de se conduire correctement en cours.*

Qui exige ? On ne le dit pas (même si l'on sait que c'est l'administration du collège).

Le verbe est toujours à la troisième personne du singulier, même si le sujet « réel » est au pluriel. Le participe passé est invariable.

▌ *Dans ce garage, il s'est vendu cette année 200 voitures.*
▌ *Il existe des gens qui détestent les chats.*

Les deux catégories de verbes impersonnels

Il existe deux sortes de phrases impersonnelles :

✔ celles dont le verbe existe seulement à la forme impersonnelle
– les verbes utilisés pour parler du temps : *il pleut, il neige, il tonne…* mais aussi : *il fait beau, il fait chaud, il fait gris, il fait sombre…*
– le verbe **être** + heure. ▌ *Il est cinq heures, Paris s'éveille.*
– **il y a** ▌ *Il y a cent ans, la télévision n'existait pas.*
– **il faut** (+ nom ou + infinitif ou + **que** + subjonctif) ▌ *Il faut de la patience ; il faut partir ; il faut qu'on parte.*
– **il vaut mieux que** + subjonctif ▌ *Si tu es pressé, il vaut mieux que tu fasses tes courses au supermarché.*
– **il s'agit de** ▌ *Dans ce livre, il s'agit de la Révolution française.*
– **il est** + adjectif + **de** + infinitif ▌ *Il est important de terminer ce travail.*
– **il est** + adjectif + **que** + indicatif ou subjonctif ▌ *Il est important que tu finisses ce travail.*

⚠ Dans ces phrases, le verbe de la subordonnée est le plus souvent au subjonctif (**il est normal que…, il est essentiel que, il est préférable que**, etc. + subjonctif). Mais si l'adjectif exprime un fait certain, on emploie alors l'indicatif :
▌ *Il est évident qu'il est venu. Il est sûr qu'il viendra demain.*
– **il semble que** + subjonctif ▌ *Il semble qu'il fasse plus froid qu'hier.*
Il semble que est le plus souvent suivi du subjonctif, mais on emploie parfois l'indicatif.

Attention à deux verbes : **sembler** et **paraître**.
Ils sont synonymes quand le sujet est personnel.
▌ *Elle semble fatiguée = Elle paraît fatiguée.*
Mais ils ont des sens différents quand le sujet est le **il** impersonnel.
▌ *Il semble que Maud soit amoureuse* (= j'ai l'impression qu'elle est amoureuse)
est différent de :
▌ *Il paraît que Maud est amoureuse* (= on m'a dit qu'elle est amoureuse, j'ai entendu dire qu'elle est amoureuse).

⚠ **Il s'agit de…**
Le seul sujet possible est **il**.

à l'oral

À la place de **il est**, on utilisera plutôt :
c'est + adjectif + **de** + infinitif
c'est + adjectif + **que** + indicatif ou subjonctif

▌ *Tu sais, c'est important d'aller voter dimanche. — Ah bon, tu crois que c'est vraiment utile que j'y aille ?*

☞ proposition subordonnée complétive page 256

✔ celles qui ont un verbe qui peut exister à la forme personnelle ou à la forme impersonnelle

– verbes servant à exprimer un événement :

▮ *Il s'est produit des faits très graves la nuit dernière.*

▮ *Il m'est arrivé une drôle d'histoire.*

▮ *Il se passe des choses bizarres dans cette maison.*

▮ *Il reste encore quelques spectateurs dans la salle.*

Tous ces verbes existent aussi à la forme personnelle. Le sens des phrases ne change pas. Observez :

▮ *Des faits très graves se sont produits la nuit dernière. Une drôle d'histoire m'est arrivée. Des choses bizarres se passent dans cette maison. Quelques spectateurs restent encore dans la salle.*

– **il suffit que** + subjonctif :

▮ *Il suffirait que tu dises oui, c'est tout ce que je demande.*
(= Ton accord me suffirait.)

POUR ALLER PLUS LOIN

Les formes impersonnelles du passif

Observez :

▮ *Hier, **il a été décidé** de reporter la réunion.*

▮ *L'été dernier, à cause de la sécheresse, **il a été interdit** d'arroser tous les jours.*

▮ *Le 18 mars, **il sera procédé** à la vente de douze tableaux de Picasso.*

Ces formes sont fréquentes dans la langue administrative mais elles sont assez lourdes et nous vous conseillons de les éviter dans vos textes.

4 LE MODE INDICATIF ET SES TEMPS

Qu'est-ce que le mode indicatif ?

C'est le seul mode qui donne une indication (« indicatif ») sur le moment où se déroule l'action. Il permet de situer le procès dans le temps.

▌ *Il est sorti. Il sortit* → temps passé
▌ *Il sort* → temps présent
▌ *Il sortira* → temps futur

Il comporte cinq formes simples et cinq formes composées correspondantes.

[annotation manuscrite : In progress ... Achieved]

FORMES SIMPLES	FORMES COMPOSÉES
présent : *il marche* *[He walks]*	passé composé : *il a marché* *[He walked]*
imparfait : *il marchait* *[He was walking]*	plus-que-parfait : *il avait marché* *[He had walked]*
passé simple : *il marcha*	passé antérieur : *il eut marché*
futur simple : *il marchera* *[will walk]*	futur antérieur : *il aura marché* *[He will have walked]*
Futur simple dans le passé : *il marcherait* *[would walk]*	futur antérieur dans le passé : *il aurait marché* *[He would have walked]*

L'opposition formes simples/formes composées est très importante puisqu'elle permet de différencier les temps exprimant une action en train de se faire (formes simples) et les temps exprimant une action déjà accomplie, achevée (formes composées).
En d'autres termes, elle donne des indications sur l'aspect du procès.

4 . 1 L'expression du présent

Qu'est-ce que le présent ? Est-ce que le présent existe ? Peut-on trouver des moyens pour exprimer cet instant fugitif, ce moment qui passe, qu'on ne peut pas retenir ?
Pour les grammairiens, le moment présent s'identifie à des formes verbales qui ont une réalité, des valeurs, des emplois.
Quelles sont ces formes verbales ?

– une forme simple : le présent
▌ *Je range ma chambre en ce moment.*
– une forme composée : le passé composé
▌ *J'ai rangé ma chambre, tout est maintenant en ordre.*
– des expressions verbales
▌ *Je suis en train de ranger ma chambre.*

Le temps présent est un temps simple, c'est-à-dire formé d'un seul mot.

Comme tous les temps simples du système verbal, la valeur principale du présent, c'est **l'action en cours d'accomplissement**. On se situe au cœur de l'action. Nous sommes dans ce que nous pouvons appeler aussi **l'inaccompli**. L'adverbe **encore** donne bien cette idée d'inachèvement.

▌ *Je marche* (= je marche encore ; je ne dis pas quand j'ai commencé à marcher ni quand je m'arrêterai).

Et ce que je dis (l'énonciation : *je marche*) correspond à ce que je fais actuellement (le procès : en ce moment je suis dans l'acte de la marche). L'action se produit au moment de la parole.

Mais on peut dépasser cette valeur et situer l'action à un moment qui déborde celui de la parole.

Nous avons ainsi diverses nuances du présent, selon le contexte.

■ Valeurs temporelles

✔ **Le présent marque l'action en cours d'accomplissement**
▌ *Il pleut.*
▌ *Elle est à son bureau et elle travaille.*

✔ **Il sert à planter un décor, à décrire et à montrer les caractéristiques d'une personne**
Et d'une certaine manière, c'est aussi un état continu.
▌ *Il fait beau aujourd'hui, le ciel est bleu et on sent le printemps.*
▌ *Rimbaud est un grand poète français.*
▌ *Elle aime la musique.*

✔ **Il montre une action dans sa continuité**
▌ *Elle travaille depuis l'âge de 16 ans.*
▌ *Il ne fume plus depuis plusieurs mois déjà.*

✔ **Il met l'accent sur les habitudes d'une personne**
▌ *Elle chante toujours sous la douche.*
▌ *Il sort de chez lui tous les matins à la même heure.*

✔ **Le présent est aussi le temps des vérités générales, des maximes**
▌ *Le Soleil est une étoile.*
▌ *Quatre et quatre font huit.*
▌ *Les hommes naissent libres et égaux en droit.*

✔ **Enfin il peut montrer l'action instantanée, ponctuelle, qui porte en elle-même ses limites**
En cela, il est différent des valeurs précédentes qui renvoient à une idée de continuité,
▌ *La porte claque.*
▌ *Je pose mon stylo.*
▌ *Il éteint l'ordinateur.*

✔ **Le présent peut exprimer d'autres temps que le présent proprement dit.**
– Il peut donner l'idée d'un futur plus ou moins proche, surtout dans la langue parlée (souvent renforcé par un adverbe de temps) :
▌ *Ne quittez pas la classe, le professeur arrive.*

■ *Je pars **demain**.*
■ *Elle se marie **dans une semaine**.*

Le présent à la place du futur donne une plus grande réalité à l'action ; le futur n'est pas toujours sûr, alors que le présent apporte une sorte de certitude.

– Il peut prendre aussi la valeur d'un passé récent (souvent renforcé par un adverbe de temps) :

■ *Mon amie ? Mais je la quitte **à l'instant*** (= je viens de la quitter).
■ *La chambre est pleine de valises, j'arrive **tout juste** de l'aéroport* (= je viens d'arriver de l'aéroport).

– Quand on rapporte des faits, des événements historiques, le présent peut remplacer le passé simple et apporter ainsi au texte toute la force de la présence immédiate de l'action. Par cet effet de style, il rend le lecteur contemporain de ces événements.

On l'appelle alors présent historique :

■ *Louis XIV **prend** le pouvoir en 1661.*
■ *Napoléon **se fait sacrer** empereur des Français en 1804.*
■ *L'année 1870 **voit** la fin du second Empire.*

On l'appelle présent de narration quand il s'agit d'un simple récit :

■ *Il était minuit, tout dormait. Soudain un cri horrible **réveille** tout le voisinage* (dramatisation renforcée).

■ Valeurs modales

✔ Dans le système conditionnel, hypothétique, le présent a en réalité la valeur d'un futur

■ *Si **tu grimpes** au sommet du mont Blanc, tu te prouveras que tu es courageuse* (mais l'action de grimper est à venir).
■ *Si **tu sors** sans manteau par ce froid, tu t'enrhumeras* (mais tu n'es pas encore sorti…).

Le présent a aussi la valeur d'un futur, plus précisément d'un futur éventuel, d'un futur hypothétique dans une structure un peu particulière : il s'agit de phrases elliptiques (= où il manque certains mots), qui donnent plus de force à l'expression.

■ *Attention, un faux mouvement et **tu tombes** de l'échelle* (= si tu fais un faux mouvement, tu tomberas de l'échelle).
■ *Encore une bêtise et **tu vas** dans ta chambre sans dessert !* (= si tu fais ou dis encore une bêtise, tu iras dans ta chambre sans dessert).

✔ Le présent peut s'employer à la place d'un impératif

■ *Je vous laisse seuls, mais **vous faites** attention à votre petit frère, n'est-ce pas ?* (= faites attention…).
■ ***Tu ne fumes pas** pendant mon absence !* (= ne fume pas…).

Là encore, le présent donne à l'action une certaine intensité, puisque l'impératif nous place généralement dans un futur plus ou moins proche et que le présent, par sa valeur d'actualité, rend l'action plus directe.

■ Formes

Contrairement à ce qu'on croit, les formes du présent sont plutôt complexes, pour ne pas dire compliquées. En cas de doute, reportez-vous à la conjugaison des verbes.

Verbes du 1er groupe Verbes en -er		Verbes du 2e groupe Verbes en -ir (-iss-) (type *finir*)		Verbes du 3e groupe Verbes en -ir (type *venir*), -oir, -re		Verbes du 3e groupe Verbes en -re (type *prendre*, *vaincre*, *rompre*)		Verbes du 3e groupe en -ir (type *offrir*)	
radical +	*e*	*radical* +	*s*	*un radical* +	*s ou x*	*un radical* +	*s*	*radical* +	*e*
	es		*s*	*qui peut*	*s ou x*	*qui peut*	*s*		*es*
	e		*t*	*changer*	*t*	*changer*	*d, t, c*		*e*
	ons		*ssons*		*ons*		*ons*		*ons*
	ez		*ssez*		*ez*		*ez*		*ez*
	ent		*ssent*		*ent*		*ent*		*ent*

☞ passé composé
dans l'expression du passé
page 140

Le passé composé, accompli du présent

Le passé composé, qui est un temps composé (formé d'un auxiliaire **au présent** et du participe passé du verbe), appartient à la sphère du présent lorsqu'il exprime l'accompli du présent (ou présent terminé).
Vous le trouverez également dans le chapitre consacré au passé.

■ Valeurs

Il ne montre pas l'action comme le présent, mais il marque :

✔ le résultat d'une action terminée dans le présent

▌ *J'ai faim, je mange ce que j'ai dans mon assiette* (le présent montre l'action dans son accomplissement)./***J'ai mangé**, je n'ai plus faim* (il n'y a pas d'action, il n'y a qu'un résultat, l'assiette est vide, l'estomac est plein).

▌ *J'ai froid, je ferme la fenêtre* (l'action de fermer est en cours)./ *Voilà*, ***j'ai fermé** la fenêtre* (il n'y a plus que le résultat, une fenêtre qui est fermée).

✔ l'antériorité d'une action par rapport à une autre action au présent

▌ *Je mange le gâteau que **j'ai préparé*** (ici, le passé composé marque bien une action achevée, mais c'est une action antérieure à un présent).

Comme le présent, il peut avoir :

✔ valeur de futur (mais d'un futur accompli, c'est-à-dire d'un futur antérieur)

▌ *Attendez, **j'ai fini** dans une minute* (= j'aurai fini dans une minute).

On fait croire à la personne qui attend que l'action de « finir » est déjà achevée, alors qu'elle est située dans le futur et on espère ainsi que cette personne voudra bien attendre encore un peu plus longtemps, en tout cas bien plus d'une minute.

✔ valeur d'accompli dans les phrases hypothétiques

▌ *Si **vous avez bu** pendant le dîner, demandez à quelqu'un de vous raccompagner.*

Ainsi toutes les valeurs, tous les emplois du passé composé que nous venons de passer en revue nous montrent bien que ce passé composé n'est pas réellement un temps du passé ; il est donc différent du passé simple, et par conséquent différent du passé composé lorsqu'il remplace le passé simple dans la langue orale ou écrite. C'est un tout autre temps.

lexique du présent

Les expressions verbales

Il existe une série d'expressions verbales qui expriment l'action en cours d'accomplissement :

• **être en train de** + infinitif ▌ *Où est Marie ? — Elle est en train de lire.*

• **continuer à/de** + infinitif ; **ne pas cesser de** + infinitif ; **ne pas arrêter de** + infinitif ▌ *Malgré le bruit, il continue à travailler. / Ils ne cessent pas de rire. Que faire ? Ce bébé n'arrête pas de pleurer.*

• **être en voie de** + nom ; **être en cours de** + nom ▌ *Ces espèces végétales sont en voie de disparition. / Le conflit est en cours de règlement.*

• **ne pas/plus en finir de** + infinitif ▌ *Tout le monde bâille, ce discours est trop long, il n'en finit plus.*

Les expressions de temps

Il existe une série d'adverbes qui nous situent dans le présent : **actuellement, maintenant, à présent, en ce moment, en cet instant, aujourd'hui, ce jour-ci, cet après-midi, ce soir.**

▌ *Il est maintenant exactement 10 heures 32.*

▌ *À présent, les enfants sont partis et ce couple se retrouve face à lui-même.*

▌ *Autrefois, les gens prenaient le temps de vivre, aujourd'hui tout va très vite.*

▌ *Ce soir, nous dînons sur la terrasse.*

▌ *Cette nuit est une nuit de pleine lune et on y voit comme en plein jour.*

▌ *Où est le médecin ? — En ce moment, en cet instant, il opère.*

4 . 2 L'expression du futur

À quoi sert le futur ? Un verbe au futur exprime un fait situé dans un avenir plus ou moins proche par rapport au moment de l'énonciation. Ce « moment futur » n'est pas précisé sauf par des adverbes *(demain, bientôt...)* ou par une proposition circonstancielle de temps.

Il existe plusieurs formes verbales pour exprimer cette idée de futur :

– une forme simple : le futur

▌ *Bientôt, tu seras grand.*

– une forme composée : le futur antérieur

▌ *Ils déjeuneront à une heure et, à deux heures, ils seront sortis de table.*

– des formes verbales autres : le futur proche, le présent...

▌ *Le train va partir dans cinq minutes.*

▌ *Le train part dans cinq minutes.*

■ Valeurs temporelles

✔ Il exprime un fait ou une action postérieurs par rapport au moment de l'énonciation.

Il peut s'agir :
– d'un fait précis, ponctuel :
■ *Ils se marieront le 24 septembre prochain, juste une semaine après nous.*

– ou d'un fait supposant une certaine durée :
■ *L'année prochaine, nous passerons quelques semaines à Madrid.*

– ou d'une action future qui se répète :
■ *Tous les matins, vous ferez une heure de gymnastique, puis vous irez courir vingt minutes. Ensuite, vous pourrez déjeuner mais légèrement !*

Il est souvent renforcé ou précisé à l'aide d'un adverbe ou d'un complément circonstanciel.
■ *Je reviendrai demain.*
■ *Ils se marieront en octobre prochain.*
■ *Quand nous reverrons-nous ? Dans un mois, dans un an ?*

✔ Lorsqu'il s'agit d'un événement proche et presque certain, il est très souvent en concurrence avec le présent ou avec le futur proche (construction **aller** au présent + infinitif) qui, surtout à l'oral, tend à le remplacer.
■ *Attends-moi, je **descends** dans dix minutes.* (présent)
■ *Cet après-midi, on **va aller** se baigner. Tu viens avec nous ?* (futur proche)

⚠ Les deux formes (futur simple et futur proche) ne sont pas totalement équivalentes.
– Elles diffèrent par le sens.
Le futur proche reste lié au moment de l'énonciation immédiate. Il exprime un fait qui va se réaliser.
■ *Ma sœur Louise **va avoir** un bébé* (c'est une réalité : elle est enceinte).

Il exprime souvent un résultat, une conséquence.
■ *Regarde, le ciel est presque noir : il **va certainement pleuvoir**.*

Cette notion de proximité a parfois une valeur plus impérative.
■ *Maintenant, **vous allez m'écouter*** (= écoutez-moi).

– Elles diffèrent par l'emploi.
Il n'est pas toujours possible de remplacer un futur proche par un futur simple.
On peut dire : *Ma sœur Louise **va avoir** un bébé.*
Mais on peut difficilement dire : *Ma sœur Louise **aura** un bébé.*

Pour pouvoir utiliser le futur simple dans ce cas, il faudrait compléter la phrase par une précision d'ordre temporel :
■ *Ma sœur Louise aura un bébé en mai prochain.*
ou avec une proposition en **si** :
■ *Si le test de grossesse est positif, ma sœur Louise aura enfin le bébé qu'elle désire tant.*

À l'écrit (dans un texte historique, par exemple), on rencontre parfois un futur « narratif » qui anticipe sur ce qui va se passer.
■ *En 1890, Van Gogh s'installa à Auvers-sur-Oise, où il **mourra** le 27 juillet.*

Remarque

Autres manières d'exprimer un futur proche :
– **être sur le point de** + infinitif :
■ *Je ne peux pas recevoir ce client maintenant, je suis sur le point de partir.*
– **être près de** + infinitif.
■ *J'ai eu très peur : nous avons été près d'avoir un accident !*

⚠ Ne confondez pas :
■ *Il est près de partir* (= sur le point de…)
et :
■ *Il est prêt à partir* (= préparé à…).

⚠ Ne confondez pas :
– le **si** de condition, après lequel on n'utilise jamais de verbe au futur ou au conditionnel :
▌ *Si ce voyage te plaît, on le fera en mai.*

– et le **si** de l'interrogation indirecte, qui accepte un verbe au futur ou au conditionnel :
▌ *Je me demande si ce voyage te plaira.*
▌ *Je me demandais si ce voyage te plairait.*

■ Valeurs modales

Puisque le futur exprime quelque chose qui n'est pas encore réalisé, il comporte souvent une part d'incertitude : selon le contexte, la probabilité que ce fait se réalise est plus ou moins grande. Comparez :
▌ *J'arriverai mardi à Orly par le vol de 16 h 45.*
▌ *Dans cent ans, on ira en vacances sur Mars.*

✔ Le futur peut exprimer une certitude
– le futur exprime une certitude assez grande :
▌ *Dimanche, on ira au zoo avec les enfants.*

– il peut exprimer un ordre, une obligation, une règle :
▌ *Tu feras la vaisselle et ensuite tu rangeras ta chambre.*
▌ *Tu honoreras ton père et ta mère.*

– futur « éternel » : on ne croit pas à un changement possible :
▌ *Tu ne changeras jamais !*
▌ *Il y aura toujours des pauvres et des riches !*

✔ Le futur peut exprimer une incertitude
– il peut exprimer l'éventualité, la probabilité (presque toujours avec les auxiliaires **être** ou **avoir**) :
▌ *Elle n'est pas venue travailler ? Elle aura encore sa migraine et elle sera restée au lit* (= elle a probablement une migraine, comme d'habitude…).
▌ *Paul n'a pas pris son petit déjeuner ? Il dormira encore* (= probablement, il dort encore).

– ou anticiper un fait, une réaction (dans une argumentation) :
▌ *Vous m'objecterez peut-être que…* (mais…).

– il peut exprimer une émotion (colère, par exemple) :
▌ *Hein ? Elle me mentira encore et je ne dirai rien ! Tu plaisantes !*

– ou exprimer la politesse (surtout à l'oral) :
▌ (au marché) *Ça sera tout, ma petite dame ? Alors, ça vous fera 10,20 euros.*

Le futur antérieur

Il exprime un fait qui sera accompli dans le futur.
Comparez : *we will have*
- *Demain, on finira de repeindre la cuisine.*
- *Demain soir, on aura fini de repeindre la cuisine* (= ce sera terminé, accompli).

Comme le futur simple, le futur antérieur peut avoir :

✔ une valeur temporelle : il exprime l'antériorité par rapport au futur
- *Quand tu auras fini de travailler, tu pourras sortir* (= d'abord tu finis de travailler, et tu sors ensuite).

✔ une valeur modale *will have forgotten*
Comme le futur simple, le futur antérieur employé seul (sans adverbe de temps) exprime une éventualité, une supposition, une probabilité.
Il a la valeur d'un passé composé : *will have stayed*
- *Il revient : il aura oublié quelque chose.*
- *Les enfants sont en retard : ils seront restés plus longtemps que prévu chez leurs amis. Ou bien ils auront oublié l'heure.*

Le futur simple et le futur antérieur dans le passé

■ Le futur dans le passé

Ce temps a la forme du conditionnel présent. Il correspond à un futur simple dans un contexte de présent.
Observez : *will come* *knew* *would come* *had promised*
- *Je sais qu'il viendra. / Je savais qu'il viendrait.*
Il donne au procès une valeur non encore accomplie dans l'avenir.
- *Déjà une heure ! Hier, au téléphone, le livreur m'avait promis qu'il passerait avant midi.*

■ Le futur proche dans le passé

Au futur proche correspond un futur proche du passé. L'auxiliaire est à l'imparfait. *was going to leave*
- *On annonce que le train va partir dans cinq minutes*
→ *On a annoncé que le train allait partir dans cinq minutes.*

■ Le futur antérieur dans le passé

Ce temps a la forme du conditionnel passé (auxiliaire **avoir** ou **être** au conditionnel présent + participe passé). Comme les autres temps composés, il marque un procès accompli, avec très souvent une valeur de résultat.
- *Le professeur nous a assuré qu'il aurait fini de corriger les copies avant le prochain cours.*

☞ concordance des temps
page **147**

Formation des différentes formes du futur

Les futurs sont des formes en « r ».
S'il s'agit des verbes du premier et du deuxième groupe :
– **Futur simple** → vous ajoutez à l'infinitif : -ai, -as, -a, -ons, -ez, -ont.
• **travailler** : *je travailler-ai, tu travailler-as,* etc. ; *je finir-ai, tu finir-as,* etc.

– **Futur dans le passé** → vous ajoutez à l'infinitif : -ais, -ais, -ait, -ions, -iez, -aient.
je travailler-ais, tu travailler-ais, etc. ; *je finir-ais, tu finir-ais,* etc.

Pour les verbes du troisième groupe, en général, vous partez du radical du verbe et vous ajoutez les terminaisons : -rai, -ras, -ra, -rons, -rez, -ront.
je prend-rai ; tu boi-ras ; elle li-ra ; nous descend-rons ; vous attend-rez.

⚠ • **mourir** : *ils mourront*   • **courir** : *il courra*

Mais quelques verbes ont une base différente même si le « r » est toujours présent :
• **aller** : *j'irai / j'irais*   • **vouloir** : *je voudrai / je voudrais*
• **avoir** : *j'aurai / j'aurais*   • **savoir** : *je saurai / je saurais*
• **tenir** : *je tiendrai / je tiendrais*   • **faire** : *je ferai / je ferais*
• **valoir** : *je vaudrai / je vaudrais*   • **pouvoir** : *je pourrai / je pourrais*
• **envoyer** : *j'enverrai / j'enverrais*   • **venir** : *je viendrai / je viendrais*
• **être** : *je serai / je serais*   • **voir** : *je verrai / je verrais*
• **falloir** : *il faudra / il faudrait*

⚠ aux verbes terminés en **-ier, -uer, -éer, -ouer**.
Le « i », le « u », le « é » et le « ou » se prononcent seuls. En effet, le « e » de la terminaison est muet.
• **remercier** : *je remercie̶rai / je remercie̶rais*
• **continuer** : *je continue̶rai / je continue̶rais*
• **créer** : *je crée̶rai / je crée̶rais*
• **avouer** : *j'avoue̶rai / j'avoue̶rais*

– Le **futur antérieur** (comme le futur antérieur dans le passé) est un temps composé (auxiliaire **être** ou **avoir** au futur simple ou au conditionnel présent + participe passé).
• **manger** ▌ *Dès que j'aurai mangé, nous sortirons.*
▌*Je vous ai promis que, dès que j'aurais mangé, nous sortirions.*

• **arriver** ▌ *Aussitôt que je serai arrivé à Nice, je t'appellerai pour te rassurer.*
▌ *Il n'a pas appelé et pourtant, il avait bien dit que, dès qu'il serait arrivé à Nice, il téléphonerait.*

▌**lexique** •

• Du plus proche au plus lointain
Tout de suite, immédiatement, tout à l'heure, dans un moment, dans quelque temps (minutes, heures, jours, années), d'ici peu, demain, après-demain, bientôt, un de ces jours, plus tard, à l'avenir…
▌ *Milo est fou de joie : il passe à la télé après-demain dans une pub et il a rendez-vous tout à l'heure avec un producteur pour signer le contrat.*

Bientôt, il sera riche et célèbre ! Il veut voir immédiatement son amie Olivia pour lui raconter ça. Il part à l'instant même chez elle. Hélas, Olivia est absente. Un mot sur sa porte dit :

« Je reviens tout de suite. »

Tout de suite ! D'accord, mais quand a-t-elle mis ce mot ?

Milo ne peut pas attendre, il reviendra plus tard. À l'avenir, il téléphonera avant de se précipiter chez les gens sans prévenir.

m anières de dire

....

- *Quand est-ce que tu me rends mon argent ? **À la Saint-Glinglin ?*** (= probablement jamais, saint Glinglin n'ayant jamais existé ! ; familier).
- *Je te croirai **quand les poules auront des dents*** (= jamais ; familier).
- *Alors, finalement, cette réunion ? Elle aura lieu quand ? – Encore une fois, elle a été renvoyée **aux calendes grecques*** (= dans un avenir très vague).

• Les proverbes, les sentences utilisent volontiers le futur simple.

- *Rira bien qui rira le dernier* (= il faut se méfier, celui qui croyait gagner pourrait bien perdre, à la fin).
- *Qui rit vendredi dimanche pleurera* (= rien n'est jamais assuré définitivement).
- *Qui vivra verra* (= l'avenir est incertain).
- *Tu ne tueras point* (c'est l'un des dix commandements).
- *Un « Tiens ! » vaut mieux que deux « Tu l'auras ! ».*

4 . 3 L'expression du passé (1) : les différents temps du passé

Il existe six temps du passé : deux formes simples (l'imparfait et le passé simple) et quatre formes composées, avec l'auxiliaire *être* ou avec l'auxiliaire *avoir* (le passé composé, le plus-que-parfait, le passé antérieur et le passé surcomposé).

L'imparfait

■ Valeurs temporelles

L'imparfait exprime un temps continu, de durée indéfinie, sans que soient indiqués, sauf par le contexte, un début ou une fin de manière précise.

Il a quatre valeurs essentielles.

✔ Il sert à décrire le « présent » d'une époque antérieure

- *Au Moyen Âge, les femmes qui **travaillaient avaient** plus de liberté qu'on ne le pense : elles **parlaient** haut et fort, **aimaient** les plaisanteries même très « osées » et se **faisaient** respecter, voire craindre, chez elles.*

✔ Il sert à planter le décor sur lequel vont se détacher des actions, des événements (au passé composé ou au passé simple)

▌ *Le bar **était** plein, tout le monde **fumait, buvait, riait**. Tout à coup, la porte s'ouvrit brusquement et trois hommes, revolver au poing, firent irruption.*

ou à les commenter (souvent avec une valeur causale)

▌ *Le voyage a été épouvantable : il y **avait** des embouteillages, il **neigeait** et les enfants **étaient** insupportables.*

✔ Il peut exprimer la répétition dans le passé ou l'habitude

▌ *Chaque matin, il **allait** faire son marché à Saint-Ouen où, selon lui, tout était beaucoup moins cher.*

✔ L'imparfait de « rupture » ou imparfait « pittoresque » ou imparfait « stylistique » sert à dramatiser un fait précis, ponctuel, à le mettre en relief

▌ *Miracle! À la 88ᵉ minute, le milieu de terrain **marquait** un but magnifique, donnant ainsi la victoire aux Tricolores.*

▌ *Le roi s'adressa une dernière fois à la foule qui était là. Une minute plus tard, sa tête **tombait** dans le panier.*

Remarque

Lorsque l'on rencontre cet imparfait de « rupture », il y a toujours une indication temporelle précise, ce qui montre bien qu'il est utilisé à la place d'un passé composé ou d'un passé simple.

▌ Valeurs modales

✔ L'hypothèse possible

▌ *S'il **faisait** beau demain, on irait pique-niquer dans la forêt (= il est possible qu'il fasse beau demain).*

☞ expression de l'hypothèse et de la condition page 319

✔ L'irréel du présent

▌ *Si j'**étais** toi (si j'**étais** à ta place), j'accepterais sa proposition (= ni maintenant ni plus tard ; je ne suis pas à ta place).*

✔ L'imparfait modal peut également traduire l'expression

– du souhait   ▌ *Ah, si tu m'**aimais** !*
– du regret   ▌ *Si j'**étais** plus jeune !*
– de la suggestion   ▌ *Bon, et si on **se mettait** au travail ?*
– de l'éventualité   ▌ *Et si cette histoire **était** vraie ?*

✔ L'imparfait de politesse

On fait une demande de manière détournée, atténuée. Par discrétion, la personne qui fait une demande prend comme une distance avec sa question. Cet imparfait s'utilise avec des verbes de désir ou avec le verbe **venir**.

▌ *Pardon, monsieur. Je **voulais** vous demander un tout petit renseignement.*
▌ *Bonjour, madame, je **venais** pour l'appartement. Il est toujours libre ?*
(Dans ces deux phrases, le locuteur, par discrétion, formule sa demande au passé au lieu de le faire au présent, ce qui semblerait trop brutal.)

✔ L'imparfait « dramatique »

On évoque un fait qui ne s'est pas produit mais qui a failli se produire.

▋*Je suis arrivé à la gare juste à l'heure. J'ai couru, couru… Une minute de plus et je **manquais** mon train.*

▋*Sans la rapidité des pompiers, la maison **flambait** complètement. Heureusement, ils sont arrivés très vite et on a évité la catastrophe (on présente le fait de manière dramatique, comme s'il s'était réellement passé).*

Cet imparfait « dramatique » correspond à un conditionnel passé.
C'est un « irréel du passé ».

▋*Si je n'avais pas couru, j'**aurais manqué** mon train.*

▋*Si les pompiers n'étaient pas arrivés si vite, la maison **aurait flambé**.*

▮ Formation

L'imparfait est un verbe dont la forme est très régulière. On prend le radical de la 1re personne du pluriel du présent de l'indicatif et on ajoute les terminaisons : *-ais, -ais, -ait, -ions, -iez, -aient.*

Exemple : **vouloir** → *nous voul-**ons***

je voulais	*nous voulions*
tu voulais	*vous vouliez*
il voulait	*ils voulaient*

Un seul verbe est irrégulier : **être**

*j'**étais***	*nous **étions***
*tu **étais***	*vous **étiez***
*il **était***	*ils **étaient***

⚠ Imparfait des verbes qui se terminent en **-ier** et **-yer**, à la 1re et à la 2e personne du pluriel : il peut sembler étrange, mais il est tout a fait régulier

- étud**ier**   ▋*Avant, en France, nous étudi**ions** le latin.*
  ▋*Vous aussi, vous l'étudi**iez** ?*
- pa**yer**   ▋*Avant, nous pa**yions** en francs. Et vous, les Italiens, vous pa**yiez** en lires. Maintenant, nous payons tous en euros.*

Le passé composé

▮ Valeurs

✔ Il exprime une action achevée au moment où l'on parle, un résultat
C'est l'accompli du présent.

☞ **le présent** page 132

▋*Ça y est ? Tu **as dîné** ?*

Ce résultat peut être présenté comme déjà réalisé alors qu'il ne l'est pas encore.

▋*Attends-moi, j'arrive, j'**ai fini** dans cinq minutes.*

✔ Il exprime aussi une action terminée dans le passé
Il peut exprimer :
– un fait, un événement récent :

▋*Ce matin, je **me suis réveillé** très tôt.*

– un fait ou un événement dont les conséquences se font sentir dans le présent :

▋*Pendant vingt ans, il **a été** un maire attentif et efficace.*

– un fait ou un événement encore présent psychologiquement ou affectivement dans l'esprit de celui qui parle :

▋*Cette femme, dans sa jeunesse, il l'**a aimée** à la folie.*

– un fait ou un événement coupé du présent. En ce cas, il a la même valeur que le passé simple :

❚ *Louis XIV **est mort** en 1715* (= mourut).

■ Formation

Il s'agit d'un temps composé :
auxiliaire **être** ou **avoir** au présent + participe passé.

☞ **quel auxiliaire choisir ?**
page 116

POUR ALLER PLUS LOIN

Le passé surcomposé

C'est le temps que l'on utilise pour parler d'une action antérieure à une autre action, elle-même achevée dans le passé et exprimée au passé composé. C'est surtout à l'oral, et **toujours dans les subordonnées de temps**, que l'on rencontre cette forme surcomposée.

❚ *Dès que j'**ai eu fini** de manger, je suis sorti.*
❚ *Quand il **a été parti**, elle s'est mise à pleurer.*

☞ **l'expression du temps**
page 283

Le plus-que-parfait

■ Valeurs temporelles

C'est l'accompli de l'imparfait, le « passé du passé ».

❚ *Il était deux heures. Nous avions fini de déjeuner.*

Il sert à exprimer un fait, un événement, une action antérieurs à un(e) autre déjà situé(e) au passé (dont le verbe est au passé composé, au passé simple ou à l'imparfait).

```
                                     moment où l'on parle
———————— | ———————— | ———————— | ————————
   plus-que-parfait    passé composé      présent
                       passé simple
                       imparfait
```

❚ *Enfin ! Il m'**a rendu** hier les livres que je lui **avais prêtés** l'année dernière.*
ou
❚ *Il **racontait** souvent qu'il **avait** beaucoup **souffert** dans son enfance.*

■ Valeurs modales

✔ L'irréel du passé : le fait n'a pas eu lieu, ne s'est pas produit

❚ *Si tu **étais venu** à mon anniversaire, tu aurais rencontré mon ami Peter* (sous-entendu : mais tu n'es pas venu).

✔ Le plus-que-parfait peut également exprimer :
– le regret   ❚ *Ah si j'**avais su** !*
– le reproche   ❚ *Si tu **avais suivi** son conseil !*

✔ Il peut exprimer la demande détournée, très polie (encore plus polie qu'avec un imparfait)

■ *Pardon, monsieur, excusez-moi de vous déranger. J'**étais** juste **venu(e)** vous demander si vous pouviez m'aider.*

■ Formation

C'est un temps composé : auxiliaire **avoir** ou **être** à l'imparfait + participe passé.

■ *Avant, dès qu'il **avait dîné**, il allait se coucher.*

Le passé simple

■ Valeurs : le temps du récit

C'est un temps que l'on réserve à l'écrit. Il n'existe plus guère à l'oral, sauf dans l'écrit oralisé (les contes de fées par exemple ou à la radio).

Mais attention : le passé simple ne tend pas à disparaître (comme on l'entend parfois), il reste très fréquent à l'écrit (dans la littérature, dans les journaux, etc.).

Comme le passé composé, le passé simple présente un fait, un événement ou une action comme terminés dans le passé. Mais dans le cas du passé simple, le fait est totalement coupé du moment de l'énonciation.

Le locuteur s'efface devant son récit et considère les événements qu'il raconte comme vus du dehors.

Il est donc normal qu'avec le passé simple, on rencontre surtout les 3e personnes du singulier et du pluriel.

■ *Le 14 juillet 1789, le peuple de Paris s'**empara** de la Bastille. Les quelques prisonniers qui y étaient enfermés **sortirent** sous les applaudissements de la foule.*

On l'emploie le plus souvent pour présenter une série d'actions qui constituent une « histoire ». On emploiera donc le passé simple essentiellement dans les récits (historiques, par exemple) ou dans les contes.

■ Formation

Les formes du passé simple sont assez complexes. (En cas de doute, vérifiez dans vos tableaux de conjugaison p. 332.)
Il existe quatre types de terminaisons.

1.

-ai	-âmes	Tous les verbes du premier groupe (en **-er**)
-as	-âtes	
-a	-èrent	**marcher** → *il marcha*

■ *Ils march**èrent** longtemps puis arriv**èrent** dans un château.*
■ *Le roi les salu**a**, leur donn**a** à dîner, puis leur deman**da** ce qu'ils voulaient.*

2.

-is	-îmes
-is	-îtes
-it	-irent

Presque tous les verbes en **-ir**
+ d'autres verbes avec participe passé en **-i**
(comme **rire** ou **suivre**)
finir → **fini** → *il finit*
+ **prendre, attendre, entendre, craindre, répondre, faire, mettre, dire, voir**…

❚ *Il enten**dit** un bruit, ouv**rit** la porte mais ne **vit** rien.*
❚ *Il fin**it** par rentrer.*

⚠ à un verbe très irrégulier : **naître**

je naquis	*nous naquîmes*
tu naquis	*vous naquîtes*
il naquit	*ils naquirent*

3.

-us	-ûmes
-us	-ûtes
-ut	-urent

La plupart des verbes en **-oir** ou **-oire**
+ d'autres verbes avec participe passé en **-u**
(comme **paraître** ou **lire**)

❚ *Dès que les journaux pa**rurent**, il ne **put** contenir son impatience : il cou**rut** les acheter et les **lut** en chemin.*

⚠ à un verbe très irrégulier : **vivre**

je vécus	*nous vécûmes*
tu vécus	*vous vécûtes*
il vécut	*ils vécurent*

4.

-ins	-inmes
-ins	-intes
-int	-inrent

Deux verbes seulement (et leurs composés) dans cette catégorie : **venir** et **tenir**

❚ *Ils **vinrent** tous vers dix heures et **tinrent** conseil toute la nuit.*

POUR ALLER PLUS LOIN

Le passé antérieur

C'est l'accompli du passé simple, le « passé du passé simple ». Comme lui, c'est un temps utilisé seulement à l'écrit, en français soutenu.
Il est utilisé uniquement dans les subordonnées de temps et exprime une action antérieure à une autre action qui, elle, est exprimée au passé simple.
Il se construit avec l'auxiliaire **être** ou **avoir** au passé simple + participe passé.

❚ *Dès qu'il **eut compris** le danger, il frissonna de peur.*
❚ *Quand ses parents **furent partis**, Fabrice alluma la télévision.*

4.4 L'expression du passé (2) : les relations entre les différents temps du pass

Nous venons de passer en revue les valeurs propres aux temps du passé mais il est difficile, voire impossible, de les considérer en dehors des relations qu'ils entretiennent les uns avec les autres.

Les relations imparfait/passé composé

On entend souvent dire : « On utilise le passé composé pour une action ponctuelle et l'imparfait pour une action qui dure longtemps. » Ce n'est pas aussi simple !

Observez :
■ *J'ai rencontré Paul le 21 mars 1997.*
■ *J'ai vécu à Lyon pendant vingt-cinq ans.*
Dans la première phrase, le passé composé exprime une action ponctuelle, datée.
Dans la seconde phrase, en revanche, l'action se déroule pendant une durée longue mais **précisée**, dont on indique, même implicitement, le début et la fin.
Point commun : dans les deux cas, l'action ou l'événement sont vus comme terminés dans le passé.

Observez :
■ *Jadis, beaucoup d'enfants **travaillaient** aussi dur que les adultes.*
■ *J'**ouvrais** la porte quand le téléphone **a sonné**.*
Dans la première phrase, l'imparfait indique bien que l'action se situe dans un passé indéterminé, dont on ne précise pas les bornes, les limites.
Dans la seconde phrase, en revanche, l'imparfait indique un point de repère dans le temps. Il marque la quasi-simultanéité entre deux actions (= j'étais en train d'ouvrir la porte quand le téléphone a sonné).

En général, lorsqu'il y a dans une même phrase imparfait et passé composé, l'imparfait sert d'**arrière-plan** (il indique les circonstances, le décor ou un commentaire), le passé composé introduit le **premier plan** (il introduit l'action, l'événement, ce qui survient).
■ *Hier, après le travail, quand je **suis rentré** chez moi, je **suis resté** stupéfait : tous mes amis **étaient** là, le salon **était** décoré, il y **avait** un buffet, des fleurs, des cadeaux… C'**était** une surprise de ma femme pour mon anniversaire.*
■ *Nous **sommes sortis** vers sept heures. Le jour **se levait** à peine, il y **avait** peu de monde dans les rues, seules les boulangeries **étaient** ouvertes. Le brouillard **était** épais et il **faisait** très froid. Soudain, j'**ai aperçu** une ombre.*

Les relations imparfait/passé simple

Les relations entre passé simple et imparfait sont à peu près les mêmes que celles qui existent entre passé composé et imparfait.

Le passé simple, temps du récit, sert à exprimer des actions complètement terminées dans le passé, qui se détachent au premier plan.

Les imparfaits qui l'accompagnent servent d'arrière-plan, dressent le décor, décrivent les circonstances, introduisent des commentaires, des détails, des précisions.

Comparez ces deux textes.

> (A) *Clovis apparut dans l'histoire vers 481 lorsqu'il devint roi des Francs saliens, après la mort de son père Childéric. Peu à peu, il élimina tous ses concurrents : en 486, il annexa le royaume de Syagrius et choisit Paris comme capitale. Cinq ans plus tard, il arracha Blois aux Armoricains. En 493, il épousa Clotilde, la nièce — catholique — du roi des Burgondes.*
>
> (B) *Clovis, **alors qu'il était âgé d'une quinzaine d'années**, apparut dans l'histoire vers 481 lorsqu'il devint roi des Francs saliens, après la mort de son père Childéric, **un roitelet franc qui tenait la région située entre l'Escaut et la Somme**. Peu à peu, il élimina tous ses concurrents : en 486, il annexa le royaume de Syagrius **qui était le chef du dernier État gallo-romain** et choisit Paris comme capitale **parce que la position de cette ville était très avantageuse militairement**. Cinq ans plus tard, il arracha Blois aux Armoricains. En 493, il épousa Clotilde, la nièce — catholique — du roi des Burgondes. **Il entrait ainsi dans le cercle des grands qui se partageaient les restes de l'Empire romain d'Occident**.*

Vous remarquez que le premier texte est parfaitement compréhensible mais beaucoup plus « sec » que le second puisqu'il se contente d'énoncer les faits.

Les relations passé composé/passé simple

Une première remarque : les deux temps ne sont pas absolument interchangeables.

Quand vous écrivez un texte au passé, il vous est toujours possible d'utiliser un passé composé à la place d'un passé simple. En effet, le passé composé a de nombreux emplois et on l'utilise souvent pour raconter des événements passés.

*Napoléon **mourut** à Saint-Hélène = Napoléon **est mort** à Sainte-Hélène.*

Mais, à l'inverse, vous ne pouvez pas toujours remplacer un passé composé par un passé simple parce que celui-ci a un emploi beaucoup plus restreint (c'est uniquement le temps du récit).

*Ça y est, ils **ont fini** de travailler/*Ça y est, ils **finirent** de travailler* (impossible).

S'il est rare de rencontrer dans un même texte passé composé et passé simple
ce n'est cependant pas impossible quand on veut produire **un effet de style**
Dans ce cas, les énoncés au passé composé indiquent la relation avec l
présent du locuteur, ses commentaires par exemple.

■ *Alors, la porte **se mit** à grincer : Henri **devint** vert de terreur et **failli***
*s'évanouir. Il se **cramponna** à moi et je **dus** le retenir. Lorsqu'il **vit** qu*
*ce n'était que le vent, il **eut** l'air si honteux que je **fis** semblant de croi*
*qu'il avait trébuché. Je l'**ai** souvent **revu** par la suite mais nous n'**avon***
*jamais **parlé** de cet épisode. Je n'**ai** pas **oublié** la figure qu'il **fit** ce jour*
*là. Et je suis sûr qu'il ne l'**a** pas **oublié** non plus.*

4 . 5 La concordance des temps à l'indicatif

Qu'est-ce que la concordance des temps ? C'est un accord, une har
monie entre les différents temps des verbes d'une phrase.

Cette concordance des temps s'établit principalement dans des phra
ses complexes, c'est-à-dire des phrases qui comportent plusieurs pro
positions, au moins une proposition principale et une proposition
subordonnée : *Je sais* (proposition principale) *que tu as raison* (proposi
tion subordonnée).

L'emploi des temps

L'emploi des temps dépend :

✔ **de la chronologie des faits que l'on rapporte** : *Je me demande* (pro
position principale au présent) *s'il partira bientôt* (proposition subordonné
au futur, l'action est située dans l'avenir par rapport au verbe principal).

✔ **du rapport entre le temps de la proposition principale et le temps**
de la proposition subordonnée.

Comparez et observez :

■ ***Je prends*** *un parapluie parce qu'**il pleut*** (nous sommes dans le présent)
(Simultanéité entre une action ponctuelle au présent et une action en cour
d'accomplissement au présent.)

■ ***Hier, j'ai pris*** *mon parapluie parce qu'**il pleuvait*** (nous sommes dan
le passé).

(Simultanéité entre une action ponctuelle au passé composé et une actio
en cours d'accomplissement à l'imparfait.)

Donc, il faut envisager ces deux cas :

– le verbe principal est dans un contexte de présent, c'est-à-dire qu'il peu
être au présent, au futur ou à l'impératif ;

– le verbe principal est dans un contexte de passé, c'est-à-dire qu'il peu
être à l'imparfait, au passé composé, au passé simple ou au plus-que-parfait.

Le verbe principal est au présent, au futur ou à l'impératif	Le verbe subordonné peut être :

	au présent : *qui a tout pour nous plaire.*
	au futur proche : *que je vais sans doute acheter…*
	au futur : *que j'achèterai bientôt.*
▪ *Nous visitons / nous visiterons / visitons cette maison*	futur de probabilité : *qui doit être très ancienne.*
	futur antérieur : *que j'aurai fait d'abord estimer.*
	au passé récent : *que je viens d'acheter.*
	au passé composé : *que j'ai achetée pour elle.*

Le verbe principal est au passé composé, au passé simple, à l'imparfait, au plus-que-parfait	Le verbe subordonné peut être :

	à l'imparfait : *je partais.*
	au futur proche dans le passé : *j'allais partir.*
▪ *Elle a cru, elle crut, elle croyait, elle avait cru que*	au futur dans le passé : *je partirais bientôt.*
	au futur de probabilité : *je devais partir.*
	au futur antérieur dans le passé : *j'aurais renoncé à partir.*
	au passé récent dans le passé : *je venais de partir.*
	au plus-que-parfait : *j'étais déjà parti.*

Remarques

On peut dire aussi :

▪ ***J'ai toujours su*** *que la Terre* ***n'est*** *pas tout à fait ronde* (à la place de l'imparfait, le présent exprime une vérité générale).

▪ ***J'ai appris*** *récemment que* ***tu vis à présent*** *à la campagne et que tu* ***vas mettre*** *en vente, ou que tu* ***as déjà mis*** *en vente ton appartement parisien* (**tu vis, tu vas mettre, tu as déjà mis** sont des verbes qui situent l'action dans le présent de celui qui parle).

Toutefois, les Français ont tendance à faire malgré tout la concordance des temps et à l'oral, ils diront :

▪ *J'ai appris récemment que tu vivais à présent à la campagne et que tu allais mettre en vente ou que tu avais déjà mis en vente ton appartement parisien.*

ou au contraire :

▪ ***Je sais maintenant*** *qu'à* ***cette époque-là****, il* ***vivait*** *à l'étranger* (l'imparfait montre une action continue dans le passé).

5 LES MODES PERSONNELS AUTRES QUE L'INDICATIF

Qu'est-ce qu'un mode ?

Le mode sert à exprimer l'attitude, l'état d'esprit, la prise de position du locuteur par rapport à ce qu'il dit.

Rappelons que seul le mode indicatif donne des précisions sur la temporalité. Les autres modes ne permettent pas, en eux-mêmes, de situer un événement dans le temps.

Utiliser tel ou tel mode permet au locuteur de choisir entre plusieurs attitudes :

• la certitude (affirmative ou négative) devant un événement :

❚ *Je suis sûr qu'elle m'aime / Je suis sûr qu'elle ne m'aime pas.*

ou l'interrogation :

❚ *Est-ce qu'elle m'aime ?*

• évaluer le degré de probabilité de quelque chose :

❚ *Il est fort possible qu'elle m'aime / Ça m'étonnerait bien qu'elle m'aime.*

• apporter un jugement sur un événement :

❚ *Je trouve merveilleux qu'elle m'aime / Je suis désespéré qu'elle ne m'aime pas.*

• exercer une pression sur l'interlocuteur :

❚ *Je veux que tu m'aimes ! Il faut que tu m'aimes ! Aime-moi !*

☞ **modes, temps, aspect**
page **107**

Les modes personnels

Outre le mode indicatif, traité dans le chapitre précédent, les modes personnels (c'est-à-dire conjugués) comprennent le subjonctif, le conditionnel et l'impératif.

5 . 1 Le mode subjonctif

Qu'est-ce que le subjonctif ?

C'est un mode.

À quoi sert-il ?

Et comment l'utiliser ?

Pour le découvrir, il convient d'établir une comparaison entre l'indicatif et le subjonctif.

Quand on utilise l'indicatif, **on actualise** l'action, **on indique**, **on montre** les faits dans un moment donné. C'est le locuteur, celui qui parle, qui place ces faits dans le monde de la réalité, de la réalisation. ▮ *Je pense qu'il **viendra*** (mon opinion est assurée). C'est pourquoi l'indicatif, mode de l'actualisation, **parcourt tous les moments de l'axe du temps :** le présent, le passé (passé composé, passé simple, imparfait, plus-que-parfait, passé récent…), le futur (futur proche, futur antérieur…). ▮ *Je suis sûr que cet élève **est** intelligent et qu'il **va** comprendre* ou *qu'il **comprendra** un jour.*	Quand on utilise le subjonctif, **on interprète, on apprécie** la réalité. C'est donc le mode de la **subjectivité.** Le locuteur laisse aux autres la possibilité de penser ou de ne pas penser comme lui. ▮ *Je veux qu'il **vienne*** (mais lui, voudra-t-il venir ?). C'est pourquoi le subjonctif, mode de la subjectivité, **n'a pas besoin de tous les temps que l'on trouve à l'indicatif.** Il montre l'action en train de s'accomplir ou accomplie et c'est le contexte qui lui donne sa valeur temporelle. ▮ *Je doute que cet élève **soit** intelligent et qu'il **comprenne** un jour.*

■ Valeurs et emplois

Le subjonctif s'utilise essentiellement dans la proposition subordonnée.
On le trouve, mais très rarement, en proposition indépendante, souvent dans des phrases exclamatives exprimant un souhait, un ordre, un désir…
▮ *Que le meilleur gagne !* (= nous souhaitons que le meilleur gagne).
▮ *Qu'il vienne !* (= je veux, je désire qu'il vienne).
▮ *Pourvu qu'il fasse beau !*

☞ **impératif** page 155

En proposition subordonnée, on le trouve :

✔ dans la proposition subordonnée complétive
– après **les verbes personnels ou impersonnels qui insistent sur l'idée du doute** : c'est-à-dire après tous les verbes d'opinion, de croyance, de déclaration qui, utilisés à la forme négative ou interrogative, introduisent l'idée d'un doute.
▮ *Je **ne pense pas qu'on puisse** répondre à toutes les questions.*
▮ *Il **est douteux qu'on apprenne** un jour la vérité sur ces événements.*
– après **les verbes personnels ou impersonnels qui expriment la volonté, le désir, l'ordre, le souhait ou le sentiment** :
▮ *Le jeune homme **était mécontent qu'on l'ait critiqué** devant son amie.*
▮ *Il **est préférable que tu prennes** tes propres clés.*

✔ dans la proposition subordonnée relative
– quand l'antécédent est **indéterminé** ou précédé d'un **indéfini** :
▮ *Je cherche **quelqu'un, un employé qui veuille** bien me renseigner.*

– quand la proposition principale est **à la forme négative, interrogative ou hypothétique** :
▮ *Y **a-t-il** quelqu'un **qui sache** réciter par cœur « Le Bateau ivre » de Rimbaud ?* (on en doute…).
▮ *Je **ne** connais **personne qui puisse** réciter ce poème par cœur* (mais peut-être qu'il existe quelqu'un…).
▮ *Si tu **connais** quelqu'un **qui puisse** réciter ce poème par cœur, montre-le-moi* (j'en doute).

☞ **proposition subordonnée complétive** page 254

L'usage ne respecte pas toujours cette règle.

☞ **proposition subordonnée relative** page 245

Dans la subordonnée relative également, l'usage peut préférer l'indicatif au subjonctif, si l'accent est mis sur la plus ou moins grande réalité d'un fait.

– quand la proposition principale introduit **l'idée d'une restriction** avec des expressions comme : **le seul, l'unique, le premier, le dernier, ne... que,** ou **des superlatifs relatifs.**

▌ *C'est* **le seul** *ami* **qui me comprenne** (j'envisage malgré tout, la possibilité d'en trouver d'autres un jour).

▌ *Il* **n'y a que** *toi* **qui me comprennes** (le subjonctif relativise, il y a « toi » parmi d'autres peut-être...).

▌ *C'est* **le meilleur film que j'aie vu** *depuis longtemps* (tout jugement n'est pas définitif, c'est ce que dit le subjonctif).

☞ **propositions subordonnées circonstancielles** page 277

✔ **dans les propositions subordonnées circonstancielles**

• **de temps** : après les conjonctions qui montrent que l'action se situe dans un futur indéterminé et donc qu'il y a peut-être un doute sur la réalisation de cette action.

Ces conjonctions sont : **avant que, jusqu'à ce que, en attendant que, d'ici (à ce) que.**

▌ *Je travaille* **jusqu'à ce qu'il revienne** (oui, mais reviendra-t-il ?).

▌ *D'ici (à ce)* **que je comprenne** *un problème de mathématiques, même très facile, il pourra se passer des semaines, des mois, des années* (= je suis nul(le) en mathématiques et donc, il est douteux que je comprenne).

• **de cause** : après les conjonctions qui montrent que la cause est niée, rejetée ou que la cause est supposée donc qu'elle est incertaine.

Ces conjonctions sont : **non (pas) que, ce n'est pas que** et **soit que... soit que...**

▌ *Le bébé pleure,* **ce n'est pas qu'il ait faim,** *mais il veut qu'on lui parle, qu'on s'occupe de lui.*

▌ *Il n'entend plus rien aujourd'hui,* **soit qu'il ait assisté** *hier à un concert de musique techno,* **soit qu'il ait gardé** *trop longtemps le casque de son baladeur sur les oreilles.*

• **de but**

– après les conjonctions qui montrent le but à atteindre (mais est-ce qu'on l'atteindra ?) : **de sorte que, de manière que, de façon que, pour que, afin que.**

▌ *Cette personne qui se croit très intéressante parle toujours à voix haute* **pour que** *tout le monde l'***entende** *!*

– après les conjonctions qui montrent le but à éviter (mais est-ce qu'on l'évitera ?) : **de peur que (ne), de crainte que (ne).**

▌ *Son amie qui est très timide parle au contraire à voix basse* **de peur que** *quelqu'un* **(ne) l'entende.**

De sorte que, de manière que, de façon que, conjonctions de conséquence, sont suivies de l'indicatif.

• **d'opposition, de concession**

– après les conjonctions qui montrent qu'un fait entraîne une conséquence inattendue : **bien que, quoique, sans que, encore que, si... que, pour... que, quelque... que.**

▌ *Bien* **qu'il pleuve à verse,** *nous ne renoncerons pas à notre pique-nique* (on peut s'en étonner !).

▌ *Si brillant* **qu'il ait été** *au cours du match, il n'a marqué aucun but* (conséquence tout à fait inattendue !).

– après les conjonctions qui montrent qu'une action est considérée dans sa possibilité indéfinie : **qui que, quel(le)(s) que, quoi que, où que, d'où que.**

▌ *Qui que tu sois, quoi que tu fasses, où que tu ailles,* je te suivrai (= tu peux être n'importe qui, tu peux faire n'importe quoi, tu peux aller n'importe où…).

• **de condition, d'hypothèse**
– après les conjonctions qui montrent que la réalisation d'un fait dépend de la réalisation d'un autre : **à condition que, pourvu que, à moins que, pour peu que.**

▌ *Nous reviendrons* **à condition que vous nous invitiez** *!* (= notre retour dépend de votre invitation ; mais y aura-t-il une invitation ?).

– après les conjonctions qui montrent qu'un fait est envisagé comme imaginaire, comme hypothétique, donc qu'il est éventuel et non pas réel : **à supposer que, en supposant que, en admettant que.**

▌ *En supposant qu'il ait* la réponse à la question posée (mais on n'en est pas sûr), *est-ce qu'il pourra la donner ?*

▌ *En admettant qu'il ait raison* (mais a-t-il vraiment raison ?), *il ne doit pas imposer son point de vue avec tant de violence.*

> ⚠ Cette présentation est synthétique, donc limitée. Pour en savoir plus, vous êtes invité(e) à vous reporter aux chapitres traitant des relations logico-temporelles.

▦ Formation

Comme nous l'avons vu plus haut, le subjonctif ne possède pas la richesse temporelle de l'indicatif.
Il n'a ni futur, ni futur proche, ni passé récent, ni futur du passé, etc.
Il n'a que quatre temps :
– **le présent et le passé** (une forme simple et une forme composée qui appartiennent à la sphère du présent) ;
– **l'imparfait et le plus-que-parfait** (une forme simple et une forme composée qui appartiennent à la sphère du passé). L'imparfait et le plus-que-parfait sont complètement abandonnés dans la langue orale et ne trouvent leur emploi que dans une langue écrite littéraire. Ils sont remplacés par le présent et le passé.

Comment se forme le subjonctif ?

✔ **Au présent**
On part du radical de la troisième personne du pluriel de l'indicatif présent.
Par exemple : **doiv-** ent.
On ajoute à ce radical **doiv-** les terminaisons : -e, -es, -e, -ions, -iez, -ent.
Deux remarques
a) Les 3ᵉ personnes du pluriel de l'indicatif et du subjonctif sont identiques.
b) Les 1ʳᵉ et 2ᵉ personnes du pluriel du subjonctif présent sont identiques à celles de l'imparfait de l'indicatif.
Ce qui donne pour le verbe **devoir** : *que je doive, que tu doives, qu'il/elle doive, que nous devions, que vous deviez, qu'ils/elles doivent.*
Cependant, neuf verbes ont un subjonctif présent irrégulier :
• **aller** : *que j'aille, que tu ailles, qu'il/elle aille, que nous allions, que vous alliez, qu'ils/elles aillent.*
• **être** : *que je sois, que tu sois, qu'il/elle soit, que nous soyons, que vous soyez, qu'ils/elles soient.*

⚠️ Pour **aller**, **valoir**,
vouloir, les 1re et 2e personnes du subjonctif
présent sont identiques
à celles de l'imparfait de
l'indicatif.

• **avoir** : *que j'aie, que tu aies, qu'il/elle ait, que nous ayons, que vous ayez, qu'ils/elles aient.*
• **faire** : *que je fasse, que tu fasses, qu'il/elle fasse, que nous fassions, que vous fassiez, qu'ils/elles fassent.*
• **savoir** : *que je sache, que tu saches, qu'il/elle sache, que nous sachions, que vous sachiez, qu'ils/elles sachent.*
• **pouvoir** : *que je puisse, que tu puisses, qu'il/elle puisse, que nous puissions, que vous puissiez, qu'ils/elles puissent.*
• **vouloir** : *que je veuille, que tu veuilles, qu'il/elle veuille, que nous voulions, que vous vouliez, qu'ils/elles veuillent.*
• **valoir** : *que je vaille, que tu vailles, qu'il/elle vaille, que nous valions, que vous valiez, qu'ils/elles vaillent.*
• **falloir** : *qu'il faille* (verbe impersonnel).

✔ Au passé

On utilise l'auxiliaire **être** ou **avoir** au subjonctif présent + le participe passé du verbe.

Ce qui donne pour le même verbe **devoir** : *que j'aie dû, que tu aies dû, qu'il/elle ait dû, que nous ayons dû, que vous ayez dû, qu'ils/elles aient dû.*

POUR ALLER PLUS LOIN

■ À l'imparfait

Il faut partir du passé simple.
Ainsi, le passé simple de **devoir** est : *je dus, tu dus, il dut*, etc.
À ce radical « **du** », on ajoutera les désinences suivantes : *-sse, -sses, -^t, -ssions, -ssiez, -ssent.*
Ce qui donne pour ce verbe : *que je dusse, que tu dusses, qu'il/elle dût, que nous dussions, que vous dussiez, qu'ils/elles dussent.*

■ Au plus-que-parfait

L'auxiliaire **être** ou **avoir** au subjonctif imparfait + le participe passé du verbe.

Ce qui donne pour ce verbe *devoir* qui se conjugue avec l'auxiliaire **avoir** : *que j'eusse dû, que tu eusses dû, qu'il/elle eût dû, que nous eussions dû, que vous eussiez dû, qu'ils/elles eussent dû.*

Quand on lit à haute voix ces formes, on peut comprendre pourquoi elles ont disparu de la langue orale et même de la langue écrite courante.
Imaginez une phrase de ce genre :

▌*Avant que les premiers accords (ne) résonnassent dans la salle de concert, il aurait fallu, pour que nous écoutassions véritablement cette sublime musique, que les auditeurs cessassent de tousser, de se moucher et de se racler la gorge* (à éviter bien sûr).

■ Concordance des temps au subjonctif

Tout comme la concordance des temps à l'indicatif, la concordance des temps au subjonctif est une recherche d'accord, d'harmonie entre les différents temps des verbes d'une phrase.

Cette concordance s'établit dans la phrase complexe, c'est-à-dire dans une phrase qui comporte plusieurs propositions, au moins une proposition principale et une proposition subordonnée.

Le subjonctif est introduit soit par une conjonction de subordination, soit par un verbe principal (par exemple dans les subordonnées complétives) qui demandent le subjonctif.

■ *Je partirai **avant qu'**il ne **revienne**.*
■ ***J'exige que** tu **sois** là demain.*

Le temps du verbe de la proposition subordonnée dépend du temps du verbe de la proposition principale.

Mais il faut rappeler que le subjonctif n'a que quatre formes verbales pour rendre toutes les nuances chronologiques des temps de l'indicatif (il n'a ni futur, ni futur proche, ni passé récent).

Nous avons donc un temps simple : le présent
et un temps composé qui lui correspond : le passé

Puis un autre temps simple : l'imparfait
et un temps composé qui lui correspond : le plus-que-parfait.
qui sont peu utilisés parce que ces formes sont jugées trop littéraires.

Observez et comparez :

Le verbe principal est dans un contexte de présent.

■ *Je suis sûr*
- *qu'il **fait** de son mieux* → *Je doute qu'il **fasse** de son mieux.*
- *qu'il **fera** de son mieux à l'avenir.* → *Je doute qu'il **fasse** de son mieux **à l'avenir**.*
- *qu'il m'a bien **écouté hier*** → *Je doute qu'il m'**ait** bien **écouté hier**.*
- *qu'il m'a bien **écouté aujourd'hui*** → *Je doute qu'il m'**ait** bien **écouté aujourd'hui**.*
- *qu'il **aura compris avant** la fin du cours* → *Je doute qu'il **ait compris avant** la fin du cour.*

(Ainsi vous remarquerez que le subjonctif présent correspond à un présent ou à un futur de l'indicatif et que le subjonctif passé correspond à un passé composé ou à un futur antérieur de l'indicatif.)

Le verbe principal est dans un contexte de passé.

■ *J'étais sûr*
- *qu'il **faisait** de son mieux* → *Je doutais qu'il **fît** (litt.)/**fasse** (cour.) de son mieux.*
- *qu'il **ferait** de son mieux un jour* → *Je doutais qu'il **fît** (litt.)/**fasse** (cour.) de son mieux un jour.*
- *qu'il m'**avait** bien **écouté la veille*** → *Je doutais qu'il m'**eût** (litt.)/**m'ait bien écouté** (cour.) **la veille**.*
- *qu'il m'**avait** bien **écouté ce jour-là*** → *Je doutais qu'il m'**eût** (litt.)/m'ait bien **écouté** (cour.) **ce jour-là**.*
- *qu'il **aurait compris avant la fin du cours*** → *Je doutais qu'il **eût** (litt.)/**ait compris** (cour.) **avant la fin du cours**.*

(Vous noterez que le subjonctif imparfait ou présent correspondent à un imparfait ou à un futur du passé de l'indicatif, et que le subjonctif passé ou plus-que-parfait correspondent à un plus-que-parfait ou à un futur antérieur du passé de l'indicatif.)

5.2 Le mode conditionnel

Le conditionnel est très souvent considéré comme un temps de l'indicatif, à rapprocher du futur. En effet, dans la concordance des temps, c'est un « futur dans le passé ».

▌ *Il m'avait dit qu'il **viendrait** me voir mais je ne l'ai pas vu.*
▌ *Il disait toujours qu'il **rentrerait** à Amiens dès qu'il **aurait fini** ses études.*

Cependant, le conditionnel est aussi – traditionnellement – considéré comme un mode parce qu'il exprime très souvent l'irréel, l'imaginaire et qu'on le trouve, bien souvent, en concurrence avec le subjonctif.

■ Rappels

C'est une forme en « r » comme le futur, mais il a les mêmes terminaisons que l'imparfait.

*je voudr**ais***	*nous voudr**ions***
*tu voudr**ais***	*vous voudr**iez***
*il/elle voudr**ait***	*ils/elles voudr**aient***

Il a deux temps : le conditionnel présent   ▌ *Je **voudrais** venir avec vous.*
                                              ▌ *Je **viendrais** si je pouvais.*

                  et le conditionnel passé   ▌ *J'**aurais voulu** venir avec vous.*
                                              ▌ *Je **serais venu** avec vous si j'avais pu.*

■ Valeurs modales

☞ expression de l'hypothèse et de la condition page 319

Le conditionnel permet d'exprimer :
• **un fait envisageable, réalisable dans le futur** :
▌ *S'il pleuvait demain, j'**irais** volontiers au cinéma. Pas toi ?*
▌ *En mars, on **pourrait** faire un petit voyage.*

• **un fait non réalisé (et non réalisable)** – un « irréel » :
Dans le présent :   ▌ *Si j'étais à ta place, je **refuserais** cette proposition.*
ou dans le passé : ▌ *Si j'avais été à ta place, j'**aurais refusé** cette proposition.*

• **une nouvelle non confirmée** (l'information est donnée avec prudence, sous réserve) :
▌ *Selon certaines sources, l'actrice **se trouverait** actuellement en Argentine.*
▌ *D'après certaines rumeurs non encore confirmées, le couple princier **aurait décidé** de se séparer.*

• **une demande polie** :
▌ ***Pourriez-vous** m'aider ? Tu **pourrais** fermer la fenêtre ?*

• **un fait imaginaire** (dans le jeu, par exemple) :
▌ *Moi, je **serais** le chef et toi, tu m'**obéirais**. On **serait** des bandits, on se **cacherait** dans la forêt et on **attaquerait** les voyageurs.*

Mais il permet d'exprimer aussi :

• **la surprise** (positive ou négative). C'est un peu comme si l'on demandait une confirmation :

▌*Il **aurait eu** son permis de conduire du premier coup ? Génial !*
▌*Hein ? il **serait** à Paris et il ne m'**aurait** pas **prévenu**(e)!*

• **le conseil, la suggestion** :
▌*Vous **devriez** vous reposer un peu.*

• **le regret** (toujours au conditionnel passé) :
▌*J'**aurais** bien **aimé** vivre au Moyen Âge.*

• **l'éventualité, la possibilité** :
▌*On **dirait** qu'il va pleuvoir.* (contexte de présent)
▌*Il était très pâle. On **aurait dit** qu'il était malade.* (contexte de passé)

5 • 3 Le mode impératif

L'impératif est un mode. Mais contrairement aux autres modes personnels comme l'indicatif ou le subjonctif, il n'est pas complet.
Il s'emploie sans pronom sujet et ne comporte que trois personnes :
– **la 2ᵉ du singulier (toi)** lorsqu'on s'adresse à une personne à qui on dit
« tu » :
▌***Prends** le temps de visiter la ville, elle en vaut la peine.*

– **la 2ᵉ du pluriel (vous)** lorsqu'on s'adresse à une personne à qui on dit
« vous » ou à plusieurs personnes :
▌***Prenez** le temps de visiter la ville, elle en vaut la peine.*

– et, plus rarement, la **1ʳᵉ du pluriel (nous)** si on s'inclut dans le groupe concerné :
▌***Prenons** le temps de visiter la ville, elle en vaut la peine.*

Remarque
Comment exprimer l'impératif lorsqu'il s'agit des autres personnes ?
Pour la 1ʳᵉ personne du singulier (**je**) et les 3ᵉ personnes du singulier
(**il/elle**) et du pluriel (**ils/elles**), le subjonctif présent remplace l'impératif.
▌*Que je sois changée en pierre si je mens !* (= je veux bien qu'on me
  change en pierre si je mens).
▌*Qu'il aille visiter la ville, elle en vaut la peine* (= il faut qu'il prenne le
  temps de visiter la ville).

Le mode impératif comporte deux temps : un présent (fréquent) et un
passé (moins utilisé) formé de l'auxiliaire **être** ou **avoir** à l'impératif + participe passé du verbe.

✔ **L'impératif présent**
– On donne un ordre, on exprime une prière ou on situe l'action dans un
futur immédiat :
▌*Sers-moi à boire, s'il te plaît.*
▌*Passez-moi ce livre, s'il vous plaît.*

– On situe l'action dans un avenir plus ou moins lointain, postérieur au moment de l'énonciation :

■ *Revenez à 18 heures, ce sera fait.*
■ *N'oublie pas d'aller chercher les enfants à l'école ce soir !*

✔ **L'impératif passé** (auxiliaire **être** ou **avoir** à l'impératif + participe passé du verbe)

Le procès doit être achevé dans l'avenir, à un moment souvent exprimé par un complément ou une subordonnée circonstancielle de temps :

■ *Soyez rentrés avant minuit.*
■ *Tu peux aller à cette fête mais surtout sois revenu avant que ton père (ne) rentre .*

■ Valeurs et emplois

L'impératif sert à exprimer une **injonction** qui peut aller de l'ordre plus ou moins brutal *(Descendez de là immédiatement !)* à la prière *(Écoute-moi, je t'en prie).*

Le sens le plus habituel est celui de **l'ordre** ou son contraire, **la défense.**
■ *Apprenez cette leçon mais ne faites pas les exercices.*

Il peut exprimer aussi :
- **le conseil**   ■ *Sachez attendre, soyez patient, tout va s'arranger.*
- **le souhait**   ■ *Passez un bon week-end. Soyez en forme lundi.*
- **la prière**   ■ *Faites qu'il réussisse. Ayez pitié de nous !*
- **la politesse formelle**, à l'écrit surtout, avec **veuillez** :

■ *Veuillez trouver ci-joint le document que vous nous avez demandé.*
■ *Veuillez agréer, Madame / Monsieur, l'expression de mes salutations distinguées.*

- **la condition** :

■ *Finis ton travail et tu pourras rejoindre tes copains* (= si tu finis ton travail, tu pourras rejoindre tes copains).

- **l'opposition/concession** :

■ *Criez, menacez, suppliez, nous ne reviendrons pas sur notre décision* (= même si vous criez, menacez, suppliez, nous ne reviendrons pas sur notre décision).

- **une vérité intemporelle**, souvent sous la forme de proverbes :

■ *Travaillez, prenez de la peine, c'est le fonds qui manque le moins.*
■ *Ne jouez pas avec le feu.*
■ *Ne mettez pas tous vos œufs dans le même panier.*
■ *Ne vendez pas la peau de l'ours avant de l'avoir tué.*
■ *En avril, ne te découvre pas d'un fil, en mai, fais ce qu'il te plaît.*

■ Formation

L'impératif n'a pas de sujet exprimé, c'est donc la terminaison du verbe ou de l'auxiliaire qui indique la personne à qui s'adresse le locuteur.
■ *Approchez, regardez, choisissez ce qui vous plaît.*
■ *Sois sage, reste tranquille !*

L'impératif au style direct se transforme en infinitif ou en subjonctif dans le discours indirect.
■ *Ferme la fenêtre, s'il te plaît* (= je te demande de fermer la fenêtre / je demande que tu fermes la fenêtre).
■ *Soyez poli !* (= je vous prie d'être poli / je voudrais que vous soyez poli).

(Voir discours indirect page 265.)

Un groupe nominal, mis en apostrophe, avant ou après le verbe, précise parfois à qui on parle.

▮ *Les enfants, ne restez pas dehors sous la pluie, rentrez dans la maison !*
▮ *Mathias, éteins la télé !*

Les trois formes qui existent à l'impératif présent viennent presque toutes du présent de l'indicatif.

▮ *Finis ton assiette avant de quitter la table.*
▮ *Prenons le temps de réfléchir, ne décidons pas les choses à la légère.*

Remarques

1) **être** et **avoir** utilisent la forme du subjonctif.

▮ *Sois courageuse. Soyez heureux. Soyons prudents !*
▮ *Aie un peu d'ambition ! Ayez confiance en moi. Ayons une politique commune.*

2) Le verbe **savoir** a un impératif formé sur le radical du subjonctif. Les terminaisons sont : -e, -ons, -ez.

▮ *Sache bien que c'est la dernière fois que je t'aide !*
▮ *Sachons rester courtois en toutes circonstances.*
▮ *Sachez garder votre calme, s'il vous plaît !*

3) Le verbe **vouloir** est particulier : la 2e personne du singulier : **veuille**, est formée sur le radical du subjonctif (**que je veuille**).
Mais attention, les 1re et 2e personnes du pluriel : **veuillons, veuillez**, sont différentes de celles du subjonctif (rappel : **que nous voulions, que vous vouliez**).
Veuille, veuillons, veuillez : de ces trois formes, seule la forme **veuillez** est utilisée. Les autres sont extrêmement rares.

▮ Particularités d'orthographe et de construction de l'impératif

1) Verbes en **-er** + 5 verbes du 3e groupe : couvrir, cueillir, offrir, ouvrir, souffrir : la 2e personne du singulier ne prend pas de « **s** », contrairement à la forme du présent de l'indicatif.

▮ *Tu chantes bien* ➔ *Chante pour nous, s'il te plaît.*
▮ *Tu ouvres la porte* ➔ *Ouvre la porte à ton frère.*

Mais pour faciliter la prononciation, on ajoute un « **s** » quand l'impératif est suivi de **y** ou de **en** rattachés au verbe par un trait d'union.

▮ *Tu es toujours décidé à sortir ce soir ? Eh bien, **vas-y** sans moi, je suis fatiguée.*
▮ *Tu as des difficultés à comprendre ? **Parles-en** au professeur.*

2) Le verbe à l'impératif peut avoir des compléments d'objet direct ou indirect. Lorsque ces COD ou COI sont des pronoms, ils se placent toujours après le verbe à la forme affirmative.

▮ *Raconte à ton père ce que tu as fait* ➔ *Raconte-**le-lui**.*
▮ *Souvenez-vous des bons moments passés ensemble* ➔ *Souvenez-**vous-en**.*

Mais à la forme négative, ils se placent avant le verbe.

▮ *Ne dis pas à ton père ce que tu as fait* ➔ *Ne **le lui** dis pas.*
▮ *N'offrez jamais de fleurs aux personnes allergiques* ➔ *Ne **leur en** offrez jamais.*
▮ *Ne **te** regarde pas dans la glace sans arrêt.*

Orthographe

L'impératif **aie** ne prend pas de « **s** ».

à L'oral

▮ *Veuillez attendre un moment, s'il vous plaît. Veuillez patienter.*
▮ *Veuillez attacher vos ceintures.*

À l'écrit, on la trouve dans des lettres officielles essentiellement.

▮ *Veuillez trouver ci-joint mon curriculum vitae.*
▮ *Avec mes remerciements, veuillez agréer, Madame, l'expression de mes salutations distinguées.*

☞ place des pronoms personnels page 125

Le verbe **aller** à l'impératif est souvent utilisé à l'oral, aux 1re et 2e personne du pluriel, sans signification précise. Il accompagne une demande et marque parfois une forme d'insistance ou d'encouragement.

▌*Allez, dépêche-toi un peu, on va être en retard !*
▌*Allez, courage ! Tu as presque fini l'exercice !*
▌*Allez, vous pouvez bien faire ça pour moi !*
▌*Allons, les enfants, soyez sages !*

D'autres impératifs comme **voyons**, **dis** ou **dites**, sont utilisés à l'oral san signification précise, pour interpeller l'interlocuteur, ponctuer le discours.

▌*Voyons ! Vous ne ferez pas cela !*
▌*Mais voyons, monsieur, calmez-vous !*
▌*Dis, tu sais où est ton frère ?*
▌*C'est joli ce truc, dis donc !* (familier)
▌*Non mais dis, tu te crois où ?* (= tiens-toi mieux que ça, comporte-to mieux ; familier).

5 ● *4* **Les auxiliaires modaux :**
devoir, pouvoir, savoir, vouloir...

En tant qu'auxiliaires, ces verbes sont toujours suivis de l'infinitif. Ils don nent au verbe une « couleur » modale. Ils nous renseignent sur l'attitude l'état d'esprit, l'intention de communication du locuteur.

Comparez par exemple : ▌*Il est midi* (c'est une affirmation)

et ▌*Il **doit** être midi* (je crois qu'il est à peu prè midi).

■ « Devoir »

L'auxiliaire modal **devoir** peut exprimer :

• l'obligation :

▌*Ils **ont dû** déménager à cause des voisins* (= il a fallu qu'ils déménagent)
▌*Tous les élèves **doivent** avoir un dictionnaire* (= il faut qu'ils aient un dic tionnaire).
▌*Lundi prochain, vous **devrez** arriver un peu en avance* (= il faudra que vous arriviez...).

Le verbe **devoir** dans ce sens peut être au passé, au présent et au futur.

• une forte probabilité :

▌*Éric n'est pas venu, il **doit** être malade* (= il est probablement malade)
▌*Éric n'est pas venu, il **a dû** rater son train* (= il a probablement raté son train)

Ce sens de **devoir** n'accepte que le passé ou le présent. Si l'on veut expri mer une probabilité dans le futur, on utilise le conditionnel :

▌*Regarde, le ciel est tout noir. Il **devrait** pleuvoir avant ce soir* (= il pleuvr probablement).

Remarquez ces deux constructions :
▌*Il a dû rater son train.*
▌*Il doit avoir raté son train.*
Toutes deux sont possi bles et elles ont à peu près le même sens. La première est la plus fré quente.

■ « Pouvoir »

L'auxiliaire modal **pouvoir** peut exprimer :

- la possibilité
  - ▌ *Vous **pouvez** prendre le train de 16 h 25 ou celui de 17 h 03* (= il vous est possible de prendre...).
- la capacité physique ou intellectuelle
  - ▌ *Il **peut** nager 2 000 mètres sans s'arrêter* (= il est résistant, il est capable de nager...).
  - ▌ *Tu **peux** très bien faire cet exercice tout seul* (= tu es tout à fait capable de faire...).
- l'autorisation
  - ▌ *Ton travail est fini ? Bon, alors, tu **peux** sortir* (= je te permets de sortir).
- la concession
  - ▌ *Vous **pouvez** bien me répéter cent fois vos explications, je n'y comprends rien !* (= même si vous me répétez...).

■ « Savoir »

L'auxiliaire modal **savoir** peut exprimer :

- la capacité personnelle
  - ▌ *Elle **sait** être aimable quand c'est nécessaire* (= elle est tout à fait capable d'être aimable...).
- la compétence
  - ▌ *Vous **savez** coudre ?* (= vous avez appris à coudre ?).

Observez la différence entre des énoncés tels que :
▌ *Tu **sais** nager ? Elle **sait** jouer aux échecs. Vous **savez** danser ?*
qui impliquent une connaissance des règles, une compétence ;
et
▌ *Vous **pouvez** jouer aux échecs avec nous ? Vous **pouvez** nager jusqu'au plongeoir ?*
qui expriment soit une demande polie (= vous voulez bien jouer...) soit une capacité physique (= est-ce que vous êtes capable de nager...).

■ « Vouloir »

L'auxiliaire modal **vouloir** peut exprimer :

- la volonté (ou le refus)
  - ▌ *Elle **veut** absolument rester à la maison.*
- une idée de futur
  - ▌ *Avec ce temps, le linge ne **veut** pas sécher !* (même si, bien sûr, le linge en lui-même est privé de volonté).

On pourrait également mentionner des verbes comme : **penser, imaginer, croire**...
▌ *Elle **pensait** être en retard mais elle est arrivée à l'heure.*
▌ *Je **crois** bien avoir laissé mon parapluie chez toi.*

ou encore : **sembler, paraître**...
▌ *Elle **a semblé** comprendre les explications du professeur.*

6 LES MODES IMPERSONNELS

Le mode impersonnel, comme son nom l'indique, ne porte aucun marque de personne : il ne se conjugue pas. Il ne donne aucune indication par lui-même sur la temporalité. C'est le verbe de la proposition principale qui indique à quel moment se situe le procès
- Il a deux formes, une forme simple (par exemple : *comprendre, comprenant*) et une forme composée (par exemple : *avoir compris, ayant compris*).
- Il existe deux modes impersonnels : **l'infinitif** (présent et passé) et **le participe** (présent et passé).

Nous allons les passer en revue en commençant par l'infinitif.

6 . 1 Le mode infinitif, la proposition infinitive

■ Définition

Qu'est-ce que l'infinitif ?
L'infinitif est comme la carte d'identité du verbe, c'est la forme sous laquelle vous le trouverez classé par ordre alphabétique dans un dictionnaire. Cette forme indique à quel groupe il appartient :
– le 1er, celui des verbes réguliers finissant par **-er**, type **chanter** (sauf **aller** qui est irrégulier) ;
– le 2e, celui des verbes réguliers finissant par **-ir**, comme **finir/finissant** ou **rougir/rougissant** ;
– le 3e, qui regroupe tous les verbes irréguliers, comme par exemple **voir, croire, faire, prendre, partir**, etc.

Il existe deux temps de l'infinitif : un présent, forme simple *(téléphoner, sortir, peindre)*, et un passé : *être* ou *avoir* + participe passé *(avoir téléphoné, être sorti, avoir peint)*.

Ces deux temps s'opposent sur le plan aspectuel :
– l'infinitif présent exprime une action non accomplie, en cours de réalisation. Elle peut être simultanée ou postérieure à l'action de la principale :
■ *Je pense **comprendre** ce que tu veux dire / Je suis content de te **voir** demain.*

– l'infinitif passé exprime une action accomplie, antérieure à celle de la principale :
■ *Je pense **avoir compris** ce que tu veux dire / Je suis content de t'**avoir vu** (hier).*

L'infinitif peut se mettre au passif (présent ou passé).
■ *Ces jeunes sportifs sont fiers d'**être reçus** à l'Élysée par le président de la République.*
■ *Ces jeunes sportifs sont fiers d'**avoir été reçus** hier à l'Élysée par le président de la République.*

Remarques

1) Après une préposition, le verbe est toujours à l'infinitif présent ou passé.

▌*Elle est passée **sans me voir**.*

▌*Il a couru **pour attraper** le bus.*

▌***Après être allés** en cours, nous irons à la bibliothèque* (attention : **après** est toujours suivi d'un infinitif passé).

2) Quand deux verbes se suivent, le second est toujours à l'infinitif.

▌*Passez **prendre** un café à la maison.*

▌*Tu peux **aller** faire les courses ? Moi, je vais **chercher** les enfants à l'école.*

▌*Il va **skier** en Autriche à Noël et nous, nous allons **visiter** la Tunisie.*

▉ Valeurs et emplois

L'infinitif peut jouer le rôle d'un verbe ou celui d'un nom.

Quand c'est un verbe

✔ **Soit il est au cœur de la phrase indépendante et prend différentes valeurs**

– dans une phrase interrogative, il exprime l'incertitude :

▌*Que **choisir** ?*

▌***Être** ou **ne pas être** ?*

▌*À quoi bon te **tourmenter** ?*

– dans une phrase exclamative, il remplace un indicatif et exprime la surprise, la colère, le souhait :

▌*Ma fille, **abandonner** ses études, **quitter** ses amis !* (= je ne peux pas croire que ma fille abandonne ses études, quitte ses amis).

▌*Toi, mon meilleur ami, m'**avoir laissé tomber** dans un moment aussi pénible ! Je suis déçu, vraiment !*

▌*Ah ! **Partir** au soleil, **nager**, se **balader** sans souci !* (= j'aimerais, je voudrais, je partirais bien au soleil…).

– il peut aussi remplacer un impératif et exprime un ordre ou une défense, un conseil. Vous le trouverez dans les recettes de cuisine, les modes d'emploi, les consignes :

Au Lavomatic : ▌***Mettre** la lessive dans le bac à droite, **sélectionner** votre programme, **appuyer** sur le bouton « marche ».*

Dans le métro : ▌***Ne pas jouer** avec les portes. **Ne pas gêner** la fermeture des portes. **Ne pas fumer**.*

En classe : ▌***Mettre** le verbe à la forme passive. **Souligner** les pronoms relatifs.*

– il forme une périphrase verbale avec certains verbes semi-auxiliaires :

▌*Elle **est sur le point de partir** en voyage.*

▌*Il **a commencé à écrire** ses Mémoires.*

✔ **Soit il est introduit par un verbe, souvent avec la valeur d'une proposition subordonnée**

▌*John pense **venir** en France* (= John pense qu'il viendra en France).

▌*Il ne connaît personne à qui **s'adresser*** (= à qui il pourrait s'adresser).

▌*Il ne sait même pas où **loger*** (= où il pourrait loger).

▌*Mais il est certain de **se débrouiller*** (= il est certain qu'il se débrouillera).

⚠ La préposition **en** est suivie d'un participe présent et jamais d'un infinitif (voir gérondif page 166).

Une préposition peut changer selon qu'elle est suivie d'un infinitif ou d'un nom.

▌*Reposez-vous **avant de partir** / Reposez-vous **avant** le départ.*

⚠ Jamais d'infinitif après les auxiliaires **être** et **avoir**.

▌* *Il a manger* (impossible).

☞ semi-auxiliaires et expression du présent page 133

La distinction entre ces deux possibilités est une question de style. On considère généralement la subordonnée comme plus lourde que l'infinitif mais plus précise.

Rappel

Dans la complétive ou dans certaines circonstancielles au subjonctif, la transformation à l'infinitif est obligatoire si le sujet est le même que dans la principale.

☞ subordonnée complétive
page **258**

❚ **Je veux que je vienne en France* (impossible) ➜ *Je veux **venir** en France.*
❚ **Nous sommes heureux que nous ayons réussi l'examen* (impossible)
   ➜ *Nous sommes heureux d'**avoir réussi** l'examen.*

Quand c'est un nom

✔ **il peut être sujet**
❚ ***Rire** est indispensable.*
❚ *« **Visiter** quelqu'un » ne se dit pas, sauf pour les malades.*

✔ **attribut**
❚ *Son rêve, c'est de **faire** l'ascension de l'Everest.*
❚ *Tu sembles **avoir** faim.*

✔ **complément (de nom, d'adjectif)**
❚ *Son désir de **voyager** est plus fort que sa peur de **prendre** l'avion.*
❚ *Il est fier d'**avoir obtenu** le premier prix et très content de **gagner** 1 000 euros.*

✔ **complément direct ou indirect de verbe**
❚ *Nous voudrions **parler à** Mme Daodezi.*
❚ *Tu as parlé **d'acheter** une maison, c'est sérieux ?*

✔ **complément circonstanciel de but**
❚ *Ses parents ne savent que faire **pour l'aider.***

✔ **complément circonstanciel de manière**
❚ *Elle m'annonça la nouvelle **sans prendre** de précaution.*

✔ **complément circonstanciel de cause**
❚ ***Pour avoir trop attendu,** elle n'a pas eu de place au théâtre.*

✔ **complément circonstanciel de temps**
❚ *Elle se recoiffe **avant de sortir**.*

✔ **complément circonstanciel d'opposition**
❚ *Il a été puni **sans avoir** rien **fait** de mal.*

Certains verbes sont devenus des noms à part entière :
❚ *le rire, le souvenir, le devoir, le dîner, le déjeuner, le lever, le coucher…*
(voir la sphère du nom page 30)

manières de dire

Le verbe à l'infinitif est souvent utilisé pour exprimer des maximes, des vérités générales. On le trouve dans de nombreux proverbes.
❚ *Promettre est facile, tenir est difficile.*
❚ *Donner c'est donner ; reprendre c'est voler.*
❚ *Vouloir, c'est pouvoir.*
❚ *Partir, c'est mourir un peu.*

■ La proposition subordonnée infinitive

Observez cette phrase :

■ *Dans le square, **les personnes âgées regardent les enfants jouer** à la balançoire.*
Qui regarde ? → les personnes âgées. Qui joue ? → les enfants.
Les enfants est COD de *regardent* et sujet de *jouer*.

Remarquez bien que la proposition infinitive n'est pas introduite par une conjonction : elle dépend d'un verbe de perception comme **voir, regarder, entendre, sentir** (ici, le verbe *regarder*) ou d'un verbe comme **laisser, faire** ou encore comme **emmener, envoyer**.

Remarque

Observez :

■ *Je laisse sortir le chien = Je laisse le chien sortir.*
→ L'infinitif sans complément d'objet direct peut se placer avant ou après son sujet.

Mais attention : cette inversion est impossible avec le verbe **faire** qui n'accepte pas de sujet entre lui et son infinitif complément. **Faire tomber** est considéré comme un seul verbe.

■ *Elle a fait tomber le vase* (* *Elle a fait le vase tomber* ; impossible).

Observez :

■ *Il a laissé le chien manger **tout le rôti**.*
Cet ordre est obligatoire. On ne peut pas dire :
★*Il a laissé manger tout le rôti le chien* (impossible).
★*Il a laissé manger le chien tout le rôti* (impossible).
→ Quand l'infinitif (*manger*) est suivi d'un complément d'objet direct (*le rôti*), il se place après son sujet (*le chien*).

POUR ALLER PLUS LOIN

Quelques particularités de construction et d'accord

• Si le sujet de l'infinitif est un pronom, il se met toujours avant le verbe principal.
■ *Le chien a entendu **le chat** entrer dans la maison*
→ *Le chien **l'**a entendu entrer dans la maison.*
■ *Nous avons vu **le chauffard** prendre la fuite*
→ *Nous **l'**avons vu prendre la fuite.*

• Si l'infinitif a un COD pronom, celui-ci se place devant l'infinitif et non devant le verbe conjugué. C'est le cas du verbe **envoyer**.
Observez la différence :
■ *J'ai envoyé chercher **l'infirmière*** → *Je **l'**ai envoyé chercher.*
■ *J'ai envoyé **mon mari** chercher **l'infirmière*** → *Je **l'**ai envoyé **la** chercher*
(**l'** = mon mari ; **la** = l'infirmière).

☞ **pronoms personnels page 48**

6.2 Le mode participe

Le participe a deux valeurs : une valeur de verbe et une valeur d'adjectif. Dans ce dernier cas, on parlera d'adjectif verbal.
Nous ne parlerons ici que de la valeur de verbe du **participe présent**

☞ pour l'adjectif verbal, **la qualification du nom** page **102**

Le participe présent : formation, valeurs et emplois

C'est une forme verbale que l'on rencontre surtout à l'écrit. Contrairement à l'**adjectif verbal**, qui a toutes les caractéristiques d'un adjectif, le **participe présent** a toutes les caractéristiques d'un verbe : il peut avoir un sujet (un nom ou un pronom), un complément (complément d'objet ou complément circonstanciel), être mis à la forme négative, etc.

Comparez :
- *C'était un hôtel très accueillant.*
- *C'était un hôtel accueillant **les hôtes** à la semaine ou au mois.*

Dans la première phrase, **accueillant** est un adjectif (on peut le faire précéder de *très, trop, assez...* ; on pourrait le remplacer par un autre adjectif un hôtel *sympathique, confortable, discret,* etc.).
Dans la seconde, c'est un participe présent : il accepte un complément **(les hôtes)** ; on pourrait le remplacer par une proposition relative *(un hôtel qui acceptait les hôtes à la semaine...)* ; on peut le mettre à la forme négative *(un hôtel n'accueillant pas les personnes accompagnées d'un animal...)*

■ Formation

On ajoute la terminaison **-ant** au radical de la 1re personne du pluriel.

- nous voulons   → **voul-**   → *voulant*
- nous pouvons   → **pouv-**   → *pouvant*
- nous finissons   → **finiss-** → *finissant*
- nous écoutons   → **écout-** → *écoutant*

etc.

> ⚠ Il y a trois exceptions : *être* → **étant** ; *avoir* → **ayant** ; *savoir* → **sachant**.

■ Valeurs et emplois

Le participe présent envisage l'action (le procès) en train de se dérouler. Il est invariable et n'a pas de temporalité propre : c'est le verbe principal qui indique sa valeur temporelle. Dans la phrase suivante, par exemple, c'est **partit** qui donne la valeur temporelle.
- *Cherchant fortune, il **partit** pour l'Amérique.*

On distingue :

– les participes présents **conjoints**, rattachés directement à un nom (et donc tout à fait comparables à des adjectifs épithètes) :
- *Il rencontra un pauvre homme mourant de faim.*

164

– et les participes présents **disjoints**, séparés du nom par une virgule. Ils peuvent se trouver avant ou après le nom.
Lorsqu'il est disjoint, le participe peut exprimer :

✔ la cause
▌*Mourant de faim, le pauvre homme se décida à demander la charité.*
▌*Le pauvre homme, **mourant** de faim, se décida à demander la charité* (= parce qu'il mourait de faim…).

✔ la simultanéité
▌*Se précipitant sur son maître, le chien se mit à aboyer joyeusement.*
▌*Le chien, **se précipitant** sur son maître, se mit à aboyer joyeusement* (= idée de simultanéité).

✔ la condition
▌*Travaillant un peu plus régulièrement, Andréa réussirait mieux* (= si elle travaillait…).
(Attention, dans ce cas, le participe est toujours placé avant la principale.)

✔ l'opposition
▌*Bien qu'**étudiant** la grammaire russe depuis dix ans, il continue à faire des erreurs.*
▌*Il continue à faire des erreurs en grammaire russe, bien que l'**étudiant** depuis dix ans.*

Attention à la cohérence de votre phrase. Le sujet doit rester le maître !
Observez :
▌* *Désirant rencontrer les nouveaux salariés, une réunion est organisée dans le bureau du directeur ce mardi à 16 h.*

La phrase est incorrecte : quel est le sujet du participe présent **désirant** ? Ce ne peut pas être **la réunion**, comme semble l'indiquer la phrase mais, très vraisemblablement, le directeur. Il faudrait donc dire :
▌*Désirant rencontrer les nouveaux salariés, le directeur organise une réunion dans son bureau ce mardi à 16 h.*

Il existe une forme composée du participe :
auxiliaire **être** ou **avoir** au participe présent + participe passé.
Ce « participe composé » exprime une action antérieure à l'action exprimée par le verbe principal ou une action achevée.
Comparez :
▌*Ne **voulant** pas répondre, elle **restait** silencieuse* (simultanéité).
▌*Ayant beaucoup travaillé toute la semaine, il **est parti** ce week-end* (antériorité d'une action : « travailler » sur l'autre : « partir »).
▌*Ayant beaucoup travaillé toute la semaine, il **se repose**.*

■ Formation : « en » + participe présent

■ *Elle travaille toujours **en écoutant** de la musique.*

Le gérondif est un peu comparable à un adverbe. Observez :
■ *Elle travaille **en écoutant** de la musique*
                beaucoup, silencieusement, tranquillement…
Il a toujours le même sujet que le verbe principal.
Il peut aussi avoir un complément.
■ ***En lisant ce livre,*** *j'ai eu envie d'aller en Chine.*

■ Valeurs et emplois

✔ Par rapport au verbe principal, le gérondif indique la simultanéité.
Tout + gérondif insiste sur l'idée de durée.
■ *Le matin, il chante **tout en se rasant*** (les deux actions sont simultanées).

✔ Le gérondif peut également exprimer :

– la cause :
■ ***En révisant bien ses cours,*** *il a réussi son examen* (= parce qu'il a bien révisé…).

– le moyen, la manière :
■ *Il a trouvé un studio **en mettant une annonce dans le journal*** (réponse à la question : comment… ?).

– la condition :
■ ***En lisant les petites annonces,*** *tu trouverais un travail* (= si tu lisais…).
■ ***En suivant mes conseils,*** *tu aurais pu réussir.*

Ici encore, pensez la cohérence de la phrase. Le sujet doit rester le maître !
Sinon, la phrase sera ambiguë.
Observez :
■ ***En sortant de chez lui,*** *un cycliste l'a renversé.*

Qui est **lui** ? Le cycliste ou la personne accidentée ? On ne le sait pas. Selon la syntaxe, c'est le cycliste qui, alors qu'il sortait de chez lui, a renversé le piéton.
Mais est-ce logique ?

Ne confondez pas ces deux structures :
■ *Il a vu Sophie **arrivant à l'université*** (= qui arrivait à l'université).
■ *Il a vu Sophie **en arrivant à l'université*** (= au moment où il arrivait à l'université).

Le participe passé employé seul

Nous avons déjà rencontré le participe passé dans le chapitre consacré aux temps composés : passé composé, plus-que-parfait, futur antérieur, etc. (p. 140, p. 141, p. 136), et dans le chapitre consacré au passif (p. 120).

> **Tout** + gérondif peut aussi exprimer l'opposition.
> ■ *Tout en restant hostile à ses idées, j'ai fini par faire ce qu'il voulait.*

Le participe passé peut aussi être employé seul. Il a alors une valeur très proche de celle d'un adjectif. On peut dire que, dans ce cas, l'auxiliaire **être** est implicite, sous-entendu.

Observez :
- *Moins fatigué, je vous aurais accompagné* (= si j'avais été moins fatigué…).
- *Partis dès l'aube, ils ont pu arriver à Marseille pour le déjeuner* (= comme ils sont partis…).

La proposition participe

Le « noyau » de cette proposition peut être :

✔ **un participe présent**
- *La tempête se calmant peu à peu, le bateau réussit à regagner le port.*
- *Le directeur désirant rencontrer les nouveaux salariés, une réunion aura lieu ce mardi à 16 h dans son bureau.*
- *Monsieur Désiré ayant dû s'absenter la semaine dernière, la réunion n'a pu avoir lieu.*

Ici, le verbe au participe présent a son propre sujet : c'est bien la tempête qui se calme, le directeur qui désire rencontrer les nouveaux salariés, monsieur Désiré qui s'est absenté.

On rencontre presque toujours la proposition participe **avant** la proposition principale. Les valeurs sont les mêmes que celles vues précédemment (la simultanéité, la condition et surtout la cause).

✔ **ou un participe passé**
- *Les accords de paix conclus, chacun retourna chez soi* (= quand les accords de paix furent conclus…).
- *Ton travail terminé, tu pourras aller jouer chez tes amis* (= dès que ton travail sera terminé…).

☞ **les relations logico-temporelles** page 277

En général, on rencontre cette proposition participe **avant** la proposition principale, dont elle est toujours séparée par une virgule. Elle marque le plus souvent une idée d'antériorité par rapport à l'action exprimée par le verbe principal.

⚠ Ne confondez pas l'adjectif verbal et le participe passé.
Observez :
- *Il est fatigué* n'a pas du tout le même sens que *Il est fatigant*.
→ *Tu es fatigué ? Eh bien, repose-toi cinq minutes.*
→ *Arrête de parler sans arrêt, tu es fatigant, à la fin !* (= tu me fatigues).

- *Il a été tout à fait convaincu* n'a pas du tout le même sens que *Il a été tout à fait convaincant*.
→ *Elle a si bien argumenté qu'elle a réussi à me persuader : j'ai été tout à fait convaincu(e).*
→ *Il a su présenter ses arguments avec beaucoup d'habileté : il a été très convaincant* (= il nous a convaincus).

LES MOTS INVARIABLES

IV

Chapitre 1 • LES PRÉPOSITIONS . . . .

1 • 1 La préposition « à »

1 • 2 La préposition « de »

1 • 3 La préposition « en »

1 • 4 Autres prépositions fréquentes

1 • 5 Attention à ne pas confondre...

1 • 6 Répétition ou effacement de la préposition

Chapitre 2 • LES ADVERBES . . . .

2 • 1 Formation

2 • 2 Les différents adverbes

2 • 3 Les degrés d'intensité de l'adverbe

2 • 4 La place de l'adverbe

1 LES PRÉPOSITIONS

• Qu'est-ce qu'une préposition ?

C'est un mot *(à, de, dans, avec)* ou un groupe de mots *(à la fin de, grâce à, au lieu de)* invariable.

La préposition n'a pas d'existence indépendante mais elle établit à la fois un rapport syntaxique (elle relie deux éléments dans la phrase) et un rapport sémantique (elle introduit du sens) entre deux mots.

Elle ne peut être suivie que :
– d'un nom ❙ *C'est un cadeau **pour Marine**.*
– d'un pronom ❙ *Cette lettre, c'est **pour toi ou pour moi** ?*
– d'un verbe infinitif (présent ou passé) ❙ *Je suis ravie **de vous voir**. Elle était ravie **d'avoir reçu ce cadeau**.*

• À quoi sert la préposition ?

Elle peut servir à exprimer diverses relations. Par exemple :
– relation de possession ❙ *le ballon **de la petite fille*** (= qui appartient à la petite fille) ;
– relation d'utilisation, d'emploi ❙ *une tasse **à café*** (= qui sert à mettre du café) ;
– relation de temps ❙ *Je ferai les vendanges **à la fin de l'été*** (= quand ce sera la fin de l'été).

• Formes

Les prépositions peuvent être :
– des mots simples : *de, à, sur, dans, chez, par, pour,* etc.
❙ *Je travaille **à** Paris mais j'habite **en** banlieue. Je vais **au** bureau chaque matin **en** voiture.*

– des mots composés : *à cause de, afin de, à travers, jusqu'à, auprès de, au-dessus de, loin de,* etc.
❙ ***À cause de** l'orage, nous avons été obligés de nous abriter **loin des** arbres.*

– d'anciens participes présents comme : *suivant, durant.*
❙ *Les conteurs peuvent parler **durant** des heures sans se fatiguer.*
❙ *Découpez ce dessin **suivant** le pointillé.*

– ou d'anciens participes passés comme : *vu, excepté, passé.*
❙ ***Vu** le temps qu'il fait, nous ne sortirons pas nous promener.*
❙ *Tous mes amis sont mariés, **excepté** Sacha.*
❙ ***Passé** un certain temps, je n'attendrai plus votre visite.*

– certains adjectifs comme : *sauf, plein.*
❙ *Le départ aura lieu le 14 mars, **sauf** contrordre.*
❙ *L'avion se dirige **plein** sud.*

• Emplois et valeurs

Nous allons tout d'abord passer en revue les emplois et valeurs des trois prépositions les plus fréquentes (et les plus abstraites, les plus « vides ») : *à, de* et *en.*

Nous verrons ensuite les emplois et valeurs d'autres prépositions très courantes telles que : *dans, par, pour, sur, avec...*

⚠ Après la préposition **en**, le verbe est au participe présent. C'est la forme du gérondif (voir p. 166).
❙ ***En voyant** le chat entrer dans le jardin, l'oiseau s'est envolé.*

1.1 La préposition « à »

✔ **Elle sert à construire :**
– le complément d'objet indirect du verbe :
▌*À l'école primaire, on apprend **à lire et à écrire**.*

– le complément de l'adverbe : adverbe + **à** + infinitif :
▌*Le témoin a **beaucoup à dire**.*

– le complément de l'adjectif :
▌*Le chinois n'est pas **facile à apprendre**.*
(Mais attention : *Il n'est pas **facile d'apprendre** le chinois*.)

✔ **Lorsqu'elle forme un complément de nom, elle exprime :**
– une idée d'emploi, d'usage, de destination d'un objet :
▌*un verre **à** whisky, une tasse **à** café, une assiette **à** soupe* (qui servent pour boire du whisky, pour boire du café, pour servir la soupe) et qu'il ne faut pas confondre avec : *un verre* (plein) ***de*** *whisky, une tasse* (pleine) ***de*** *café, une assiette* (pleine) ***de*** *soupe* ;

– une idée de caractérisation :
▌*la fille **aux yeux verts**, le garçon **à la casquette**…*

✔ **Lorsqu'elle introduit un complément circonstanciel, elle exprime :**
– une idée de lieu (situation présente ou direction) ▌*Je vais **à Paris**, j'habite **à Lyon**. Tu travailles **à la bibliothèque** ?*

– ou une idée de distance ▌*Ce n'est qu'**à deux kilomètres**.*

– une idée de temps ▌*On se verra **à cinq heures**. Il est arrivé **à minuit**. On se reverra **au printemps**. **À bientôt ! À demain !***

– une idée de distance dans l'espace/temps ▌*Il habite **à deux heures** de Paris.*

– une idée de mesure ▌*Vous vendez les fruits **au poids** ou **à la pièce** ?*

– une idée de manière ▌*être **à la mode**, **filer à l'anglaise**, parler **à voix basse**, pleurer **à chaudes larmes**, un pull fait **à la main**.*

– une idée d'accompagnement ▌*une choucroute **au vin blanc**, un gâteau **à la crème**.*

– une idée de moyen de fonctionnement ▌*le moteur **à essence**, une cuisinière **à gaz**, un moulin **à vent**…*

– une idée d'appartenance (avec le verbe **être**) ▌*C'est **à vous**, cette voiture ?*

☞ les verbes
et leurs constructions
page 393

☞ construction de l'adjectif
page 100

⚠ Ne confondez pas **à** et **chez**. Avec les personnes, on utilise chez (et non à !).
▌*Je vais **chez le boulanger** / Je vais **à la boulangerie**.*

⚠ **Au printemps** mais **en été, en hiver**. On préfère éviter le hiatus entre deux voyelles.
Mais, curieusement, on peut dire indifféremment : **à l'automne** ou **en automne**.

Devant les noms de pays masculins, **au** *(à + le)* indique le lieu où l'on est ou le lieu où l'on va.
▌*Je vais **au Brésil**. Ils vivent **au Viêt-nam**.*
(Pour le genre des noms de pays, voir nom propre page 33.)

- ■ *À moi, au secours, à l'aide !*
- ■ *À table, les enfants ! C'est prêt !*
- ■ *À votre santé ! À la vôtre ! À la tienne !* (quand on trinque).
- ■ *À vos souhaits !* (quand quelqu'un éternue).
- ■ *Ce **fils à papa** (= enfant gâté) a vraiment **une tête à claques** !* (= est exaspérant).
- ■ *Il dort **à poings fermés*** (= profondément).
- ■ *Je ferai ce travail demain, **à tête reposée*** (= tranquillement).
- ■ *Voter **à gauche**, voter **à droite**.*

---

1 ● 2 La préposition « de »

☞ **les verbes et leurs constructions** page **393** et **la syntaxe du verbe** page **112**

☞ **la forme passive** page **123**

✔ Elle sert à construire :
– le complément d'objet indirect du verbe :
■ *Le père et la mère doivent tous deux **s'occuper des enfants**.*

– le complément d'agent d'un verbe à la forme passive :
■ *Il est très **apprécié de ses collègues**.*

– le complément de l'adverbe : adverbe + **de** + nom : ■ *Vous voulez **combien de baguettes** aujourd'hui ?*

– le complément de l'adjectif :
■ *Il est très **content de son travail**. Elle est **fière de lui**. On est **tristes de partir**.*

✔ Lorsqu'elle forme un complément de nom, la préposition indique alors :
– ce que contient un objet :
■ *J'ai bu **une tasse de thé** avant d'aller travailler.*
■ *Prendrez-vous **un verre de vin** avec le fromage ?*

– la possession, l'appartenance :
■ ***La moto de Manuel** est une Harley Davidson.*
■ *Quel est le **sens de cette phrase** ?*

– une quantité, une mesure :
■ *Achète **un kilo de tomates** et **deux paquets de spaghetti**. Prends aussi **une bouteille de vin**.*

– un prix, un poids, une valeur :
■ *un **billet de dix euros**, un **melon d'un kilo**, un **appartement de grand standing**…*

– une caractéristique abstraite :
■ *C'est un **garçon d'une grande gentillesse**, un **homme de talent**, une **femme de génie**.*

– une matière :
■ *L'actrice portait une **veste de cuir rose** et un **pantalon de soie noire**.*
■ *Il a obtenu la **médaille d'or**.*

✔ Lorsqu'elle introduit un complément circonstanciel, la préposition **de** exprime :

– l'origine, le point de départ, l'éloignement dans le temps ou dans l'espace :
▮ *Il est **de Marseille**, il vient **de Cuba**, j'arrive **de chez moi**…*

– la cause :
▮ *Plusieurs SDF (sans domicile fixe) sont morts **de froid** pendant l'hiver.*
▮ *Depuis son accident, il tremble **de peur** en voiture.*

– l'instrument, le moyen :
▮ *Montrer **du doigt**. Vivre **de ses rentes**.*

– la manière :
▮ *À 80 ans, il marche encore **d'un bon pas** (= rapidement).*
▮ *Ce professeur s'exprime **d'une voix claire** (= distinctement).*

– la mesure (marquant une différence) :
▮ *Avant l'été, on veut tous **maigrir de quelques kilos**.*
▮ *Il a grandi **de vingt centimètres** en deux ans.*

– la quantité, avec des adverbes ou des expressions de quantité :
▮ *Les touristes achètent toujours **beaucoup de souvenirs** et prennent **trop de photos**. Ils n'ont pas **assez de temps** pour tout découvrir.*

> La combinaison de **à** et **de** exprime des limites entre deux éléments :
> – de temps   ▮ *Cette université ouvre ses portes **de 7 h 30 à 21 h, du lundi au samedi** inclus.*
> – de distance   ▮ *Il y a deux cents mètres **de chez moi au métro**.*
> – de quantité   ▮ *La classe peut contenir **de 25 à 30 élèves**.*
> – de prix   ▮ *Au marché aux puces, ça vous coûtera **de 10 à 15 euros**.*

> Généralement, on utilise **de** + nom sans article lorsqu'il s'agit de notions abstraites :
> ▮ *Mourir d'amour, mourir d'ennui.*
> ▮ *Vivre d'amour et d'eau fraîche.*

 quantification pages **88-89**

> ⚠
> ▮ *D'une certaine manière, d'une certaine façon, d'une façon étrange…*
> (et jamais *dans une manière, *dans une façon…).

m anières de dire

▮ ***De mon temps**, jeune homme, les enfants étaient mieux élevés qu'aujourd'hui !*
▮ *Elle était **rouge de colère** et moi, j'étais **mort de rire** !*
▮ *Il **dort du sommeil du juste**.*
▮ *Il craint les voleurs, **il ne dort que d'un œil**.*
▮ *Elle m'a regardé **d'un drôle d'air, d'un air moqueur**…*
▮ ***De toute évidence**, tu nous caches quelque chose.*
▮ *Être **de gauche**, être **de droite**.*

1 . 3 La préposition « en »

Rappel
C'est la seule préposition qui est suivie d'un participe, avec lequel elle forme le gérondif.
▮ *Quand elle est seule, elle déjeune **en écoutant** la radio.*

gérondif page **166**

Quand elle introduit un complément de nom ou un complément circons
tanciel, elle est utilisée, en général sans article, pour exprimer :
– le lieu où l'on est ou le lieu où l'on va (devant les noms de pays féminins) :
▪ *J'habite **en France** mais je vais en vacances chez ma grand-mère, **en Tunisie***

▪ *Les enfants sont **en classe**. Vous allez **en cours** ?*
mais aussi : *voyager **en voiture, en train, en avion.***

– le rapport temporel (mois, saisons, années) :
▪ *Mes filles sont nées **en avril, en mai** et **en juin**.*
▪ *En France, la peine de mort a été abolie **en 1981**.*

– la durée d'une action :
▪ *Les ouvriers ont repeint la maison **en trois jours**.*
▪ *Ils pensent faire le tour du monde à la voile **en six mois**.*

– la matière d'un objet :
▪ *Cet hiver, c'est la mode des pulls **en grosse laine**.*
▪ *Maintenant, beaucoup d'objets sont **en plastique**.*

– la manière d'agir ou la manière d'être :
▪ *Être **en uniforme**, être **en robe de chambre** et **en chaussons**.*
▪ *Coupez le poulet **en quatre morceaux**.*
▪ *À la recherche du temps perdu, une œuvre **en quatorze volumes**.*

– un état physique ou moral (souvent avec le verbe **être**) :
▪ *Les employés de l'usine sont très **en colère** depuis sa fermeture.*
▪ *Chaque fois que je regarde ce film, je suis **en larmes**.*

> La combinaison de **de** et **en** peut marquer les étapes d'une succession.
> ▪ *Ils allaient **de ville en ville**, mendiant leur pain…*
> ▪ *Sa santé s'améliore **de jour en jour**. Il va **de mieux en mieux**.*
> ▪ *Je vois mes cousins **de temps en temps**.*

m anières de dire

▪ *Il a fait ça **en un clin d'œil*** (= très vite).
▪ *Arrête de **couper les cheveux en quatre*** (= de compliquer inutilemen
les choses).
▪ *Il ne sait pas quoi faire, il **tourne en rond** depuis ce matin* (=
s'ennuie).
▪ *Il s'est comporté **en héros*** (= comme un héros).
▪ *Il s'est déguisé **en** Zorro.*
▪ *Il est **en plein délire** ; il a fait un scandale **en pleine rue** ; il est sort
en pleine nuit. Ne reste pas là, **en plein soleil**. Il a pris un coup en
pleine figure.*
▪ *Prendre quelqu'un **en grippe*** (= se mettre à le détester).
▪ *Faire tourner quelqu'un **en bourrique*** (= l'exaspérer, le rendre fou).

⚠ Comparez :
▪ *Je vais à l'université **à pied, à bicyclette, à moto, à cheval**…*
(espace ouvert ou animal, objet sur lequel on monte).
et : ▪ *Moi, j'y vais **en voiture, en bus, en métro, en taxi, en tram**…* (espace fermé).
Les Français ne respectent pas toujours cette règle. Ils disent souvent « en vélo », « en moto ».

On peut dire *un pull **en** laine* ou *un pull **de** laine* mais avec le pronom sujet, il y a une seule possibilité :
▪ *Regarde ce joli pull. Il est **en** laine, non ?*

▪ *Un cœur **d'or**, des cheveux **d'or*** (sens figuré)
mais :
▪ *Une montre **en** or* (sens concret).

⚠

▪ *Il est en paix, il est **en** colère, **en** larmes…*
mais :
▪ *Il est **de** bonne humeur, **de** mauvaise humeur.*

Prépositions et noms de lieux

■ **Les noms de ville.** Ils n'ont pas d'article :

▮ *Rome, Paris, Berlin, New York…*

➔ endroit où l'on est, endroit où l'on va : **à**.

▮ *Je vais à Paris. J'habite à Athènes…*

➔ endroit d'où l'on vient : **de** (ou **d'**).

▮ *Je viens de Paris, de Lyon, d'Athènes.*

Cependant, si le nom de la ville comporte déjà un article, on le garde.

▮ *Je suis né(e) à La Nouvelle Orléans. Il va à La Havane.*

▮ *Tu connais Le Havre ? Tu viens de La Rochelle ou du (= de le) Havre ?*

⚠ L'adresse d'une personne s'écrit sans article et sans préposition :

▮ *Mon amie habite 25, rue Monge et moi, place de la Contrescarpe à Paris.*

■ **Les noms de pays.** Rappelons qu'ils sont presque toujours précédés d'un article :

▮ *la France, le Guatemala, l'Irlande, les États-Unis…*

Font exception quelques noms d'îles qui sont aussi des États :

▮ *Cuba, Chypre, Taiwan, Singapour, Madagascar…*

● **Quelle préposition utiliser avec les noms de pays ?**

✔ Noms de pays masculins commençant par une consonne (le Canada, le Brésil, le Cameroun…)

➔ endroit où l'on est, endroit où l'on va : **au**.

▮ *Ce groupe industriel est installé au Canada mais lui, il travaille au Brésil.*

➔ endroit d'où l'on vient : **du**.

▮ *Paulo vient du Brésil, Helen du Canada et Elisa du Cameroun.*

✔ Noms de pays féminins ou commençant par une voyelle (la Bolivie, la Chine, l'Italie, l'Allemagne, l'Iran…), exception : le Yémen

➔ endroit où l'on est, endroit où l'on va : **en**.

▮ *Cet été, la famille est aux quatre coins de l'Europe : moi, je vais en Espagne, ma sœur Marion va en Grèce et ma sœur Marthe en Écosse ! Et Pierre reste en France.*

➔ endroit d'où l'on vient : **de** (ou **d'**).

▮ *Elle est arrivée d'Italie hier soir. Vous venez de Bolivie ou de Colombie ?*

✔ Noms de pays au pluriel (les États-Unis, les Pays-Bas…)

☞ articles page 39

➔ endroit où l'on est, endroit où l'on va : **aux**.

▮ *Je vais aux États-Unis ; elle est étudiante aux Pays-Bas.*

➔ endroit d'où l'on vient : **des**.

▮ *Je vais chercher Dennis à l'aéroport, il arrive des États-Unis.*

✔ Noms d'îles, sans article (Cuba, Chypre, Taiwan, Madagascar, Madère, Porto-Rico…)

➔ endroit où l'on est, endroit où l'on va : **à**.

▮ *J'ai appris à danser à Cuba. Il vit à Madagascar six mois par an.*

➔ endroit d'où l'on vient : **de**.

▮ *C'est une fille de Porto-Rico et son copain vient de Cuba.*

1.4 Autres prépositions fréquentes

La préposition « dans »

Elle exprime :
– tout d'abord, de manière très concrète, un rapport de lieu, une idée d'intériorité :
*Elle est **dans sa chambre**. Les élèves sont **dans la classe**. J'ai oublié mon parapluie **dans le métro**. Le chien joue **dans le jardin**...*

– mais ce rapport peut être plus abstrait :
*Ils sont **dans la misère**. **Dans ma jeunesse**, j'allais au cinéma tous les jours. Il travaille **dans l'informatique**. Il ne veut pas diriger lui-même, il préfère rester **dans l'ombre**...*

– une idée de temps (à venir) :
*Il travaille beaucoup, les examens ont lieu **dans huit jours**.*

– **Dans** peut aussi avoir le sens de « environ », « à peu près » (surtout à l'oral) :
*Il a **dans les vingt ans**. Ça coûte **dans les trente euros**.*

⚠ Ne confondez pas **en** et **dans**.
• Dans l'expression de la spatialité :
*Il part **en avion** ou **en TGV** (en... = moyen de transport fermé).*
*Demain, à cette heure-ci, je serai **dans l'avion** ! (**dans**... = « à l'intérieur de... » ; il s'agit d'un avion réel, concret).*

• Dans l'expression de la temporalité :
– **en** exprime la durée d'une action :
*Les étudiants ont fait l'exposé **en une demi-heure**.*
*Le TGV fait le trajet Paris-Lyon **en deux heures**.*

– **dans** exprime une durée dans le futur :
*Je reviens **dans une heure**.*
*Il est presque neuf heures, les magasins vont ouvrir **dans quelques minutes**.*

La préposition « sur »

Cette préposition a de multiples emplois, surtout lorsqu'elle introduit des compléments circonstanciels :
– le plus souvent, complément de lieu (on suppose qu'il y a un contact) :
*Le livre est **sur la table**. Ils habitent **sur la colline**.*

⚠ Observez la différence entre :

espace ouvert	espace limité (par des bâtiments, des murs...)
sur la route	*dans la rue*
sur la place	*dans l'impasse*
sur le chemin	*dans l'allée*
sur l'autoroute	*dans la cour*
sur le quai...	*dans l'escalier...*

⚠
Rester à l'ombre / rester au soleil
mais :
rester dans l'ombre / être en public.

☞ se situer dans l'espace
page 200

☞ se situer dans le temps
pages 208-209

L'usage hésite pour : *dans/sur l'avenue - dans/sur le boulevard*. C'est sans doute parce que, à l'origine, les avenues et les boulevards étaient des lieux « ouverts », non limités par des bâtiments.

– complément de cause :
▌ *Elle a renoncé à ses projets, **sur mon conseil**.*

– le rapport d'un nombre à un autre :
▌ ***Sur trente candidats**, douze ont été reçus.*
▌ *Elle a obtenu **15 sur 20** à son devoir.*
▌ *La pièce mesure **six mètres sur trois**.*

– **sur** peut avoir le sens de « à propos de », « concernant » :
▌ *Je vais vous dire tout ce que je sais **sur cet homme**.*
▌ *Ils sont en désaccord **sur bien des points**.*

⚠ à la différence entre :
- **sur**　　　　▌ *Elle est **sur la plage** (contact).*
- **au-dessus de**　▌ *Le cerf-volant tourbillonne **au-dessus de la plage*** (position supérieure, sans contact).
- **par-dessus**　▌ *Le ballon est passé **par-dessus la grille du jardin*** (implique le passage d'un lieu à un autre).

Il y a un peu la même différence avec :
- **sous**　　　　▌ *Le bébé se traîne **sous la table** à quatre pattes.*
- **au-dessous de**　▌ *La ville se trouve **au-dessous du niveau de la mer**.*
- **par-dessous**　▌ *Si tu ne peux pas sauter, passe **par-dessous la barrière**.*

⚠ **Une préposition devient un adverbe** quand elle a un sens complet par elle-même et n'a pas besoin d'être complétée par un autre mot ou un groupe de mots.
▌ *La viande est dans le réfrigérateur ? – Oui, elle est **dedans*** (*dedans le réfrigérateur = impossible).
▌ *Le vélo est hors de la maison. Il est **dehors*** (* dehors de la maison = impossible).
▌ *Cette photo est sur le buffet, elle est **dessus** depuis vingt ans* (* dessus le buffet = impossible).

▌ La préposition « par »

À la forme passive, elle introduit le complément d'agent.
▌ *Le chêne a été frappé **par la foudre**.*
▌ *L'actrice était habillée **par Christian Lacroix** et coiffée **par Alexandre**.*

Elle exprime également :
– une idée d'espace, l'endroit par lequel on passe :
▌ *Les cambrioleurs sont entrés **par la porte** ou **par la fenêtre** ?*
▌ *Il passera **par la gare** avant de rentrer.*
▌ *Pour aller de Lyon à Marseille, on passe **par Avignon**.*

▌ peut s'agir d'un « passage » figuré :
▌ *Ils sont passés **par des moments très difficiles**.*

▌ plus rarement, une idée de temps :
▌ *En 1815, **par une belle matinée d'hiver**…*

▌ *L'appartement **donne sur la rue**.*
(= les fenêtres sont du côté de la rue.)

☞ forme passive page 120

– une idée de manière, de moyen :
- *Il est venu **par le train**.*
- *J'ai expédié votre colis **par la poste**.*
- *Ce professeur appelle toujours les élèves **par leur prénom**.*
- *Lors de la tempête de 1999, les arbres ont été arrachés **par millions**.*

– ou encore une idée de distribution :
- *Les smicards gagnent moins de 1 000 euros **par mois**.*
- *Prenez ce sirop trois fois **par jour**.*
- *Entrez **un par un**.*

– la cause (attention, en ce cas, pas d'article !) :
- *Il a fait ça **par amour** ou **par intérêt** ? – Ni l'un ni l'autre, **par simpl**
  curiosité.*

☞ l'expression de la cause
page **298**

manières de dire

- *Elle est toujours **par monts et par vaux*** (= toujours en train de voyager
- *Il apprend à marcher, il tombe **par terre** à chaque pas.*
- *Je l'ai rencontré **par hasard**, hier, à la gare.*
- *Pardon, monsieur, vous avez pris mon manteau **par erreur*** (= en vou
  trompant sans le faire exprès), ***par mégarde*** (= par distraction, involor
  tairement).
- ***Par bonheur, par chance*** (= heureusement) ; ***par malheur*** (= ma
  heureusement).
- *Elle sait sa leçon **par cœur*** (= sur le bout du doigt, parfaitement).

■ La préposition « pour »

Cette préposition a de très nombreux emplois. Elle exprime :
– le lieu de destination (souvent avec les verbes **partir, s'en aller**) :
- *Ma sœur est partie **pour Marseille** ce matin.*

– la durée après des verbes comme **partir, s'en aller, venir**… :
- *Elle est venue seulement **pour la journée**.*
- *Ses enfants sont partis **pour longtemps**.*

– le but :
- *Il faut manger **pour vivre** et non pas vivre **pour manger*** (Molière).

– la cause :
- *On apprécie Danièle **pour sa gentillesse**.*

– le sentiment (**pour** = « envers », « à l'égard de… ») :
- *J'ai beaucoup d'affection **pour lui*** (= envers lui, à son égard).
- *Il a toujours été très bon **pour nous*** (= envers nous, à notre égard).

– la destination (**pour** = « en faveur de », « au bénéfice de… ») :
- *On pourrait organiser un concert **pour les réfugiés**.*

– la manière (souvent, l'article est omis) :
- ***Pour tout bagage**, il n'avait qu'une petite valise.*
- *Vous pouvez avoir ce livre extraordinaire **pour la modique somme d**
  30 euros.*

▌*Œil pour œil, dent pour dent* (la loi du talion).
▌*Je n'y suis pour rien* (= ce n'est pas ma faute, je ne suis pas responsable).
▌*Se plaindre pour un oui, pour un non* (= pour très peu de choses, sans raison).
▌*On la prend souvent pour sa sœur* (= on la confond souvent avec sa sœur).

⚠ **Par** et **pour** peuvent toutes deux introduire un complément de cause en réponse à la question « pourquoi ? ».

▌*Pourquoi l'avez-vous tué ? – **Par amour**, monsieur le juge* (= parce que je l'aimais).

▌*Pourquoi avez-vous été condamné ? – **Pour un vol** de voiture, monsieur le juge* (= parce que j'ai volé une voiture).

Dans le premier cas, la raison est abstraite. Dans le second, il s'agit d'un motif plus circonstancié, plus précis.

☞ **l'expression de la cause** pages **298-299**

▮ La préposition « avec »

Elle exprime :
– l'accompagnement :
▌*Nous sortons **avec des amis**.*
▌*Tu viens au cinéma **avec nous** ?*

– le moyen :
▌*Nous avons réussi à ouvrir le bocal de cornichons **avec une pince**.*

– la manière :
▌*Il conduit **avec prudence**.*

– la condition, l'hypothèse :
▌***Avec une ceinture**, cette robe serait plus jolie.*

▌***Avec des si**, on mettrait Paris en bouteille.*
▌*Il est parti **avec armes et bagages*** (= avec toutes ses affaires).

▮ La préposition « sans »

Elle exprime :
– la privation, le manque :
▌*Il est parti **sans argent, sans papiers d'identité, sans montre** : quel étourdi !*

– la manière :
▌*L'acrobate a réussi un saut périlleux **sans filet**.*

– la caractéristique :
▌*Bayard était un chevalier **sans peur et sans reproche**.*

– la condition, l'hypothèse. Si le nom qui suit est abstrait ou non précisé, il n'y a pas de déterminant (article, adjectif possessif ou démonstratif) :
▌***Sans aide**, je n'aurais jamais réussi.*

Si le nom est précisé (ici, il ne s'agit pas d'une aide en général mais d'une aide bien particulière), il est précédé d'un déterminant.
▌***Sans votre aide**, je n'aurais jamais réussi.*

▌ *C'est un homme **sans foi ni loi*** (= sans moralité).
▌ *Il est parti **sans tambours ni trompettes*** (= discrètement).
▌ ***Sans blague !*** (familier ; pour marquer la surprise, l'incrédulité).

▪ La préposition « contre »

Elle exprime :
– l'opposition :
▌ *Tout le monde a protesté **contre cette nouvelle loi***.

– la concession :
▌ *Elle a entrepris ce voyage **contre l'avis de ses parents***.

– le contact, la proximité :
▌ *Il restait là, **blotti contre sa mère***.
Ce contact peut être parfois violent :
▌ *La voiture s'est écrasée **contre le poteau électrique***.

– l'échange.
▌ *Qu'est-ce que vous me donnez **contre ma veste** ?*

▌ *Faire **contre mauvaise fortune bon cœur*** (= se résigner, accepter l[a]
malchance).
▌ *Faire quelque chose **à contrecœur, contre son gré*** (= de manièr[e]
contrainte).
▌ *Faire quelque chose **à contretemps*** (= au mauvais moment).
▌ *Prendre **le contre-pied** de quelque chose ou de quelqu'un* (= s'oppose[r]
à...).

1 ● 5 Attention à ne pas confondre...

▪ « Vers » et « envers »

• **Vers** indique la direction physique.
▌ *Il se dirige **vers le Luxembourg***.
Mais aussi un moment approximatif.
▌ *Le facteur est passé **vers midi** aujourd'hui.*

• **Envers** (= « à l'égard de », « vis-à-vis de ») sert à exprimer une attitude[,]
un sentiment.
▌ *Cette infirmière a fait preuve d'un grand dévouement **envers se[s]
patients.***
▌ *Il est toujours très gentil **envers nous***.

▮ *Il a fait cela **envers et contre tous*** (= malgré l'opposition générale).

▮ « Avant » et « devant »

• **Avant** (contraire : « après ») s'utilise surtout pour exprimer la temporalité :
▮ *J'étais là **avant vous**.*
▮ *Il a promis de revenir **avant demain**.*

• **Devant** (contraire : « derrière ») s'utilise pour l'expression de l'espace, du lieu :
▮ *Elle est passée **devant chez moi**.*
▮ *Ne reste pas au fond de la classe, **mets-toi devant**.*

> ⚠ Avec **derrière** et **devant**, on n'utilise pas **de**. Observez :
> ▮ *L'enfant apprend à faire du vélo : il doit rester entre ses parents, **derrière son père** et **devant sa mère**.*

▮ ***En avant toute !*** (= pour donner le départ).
▮ *Sa politique, c'est **un pas en avant, deux pas en arrière**.*
▮ *Elle adore **se mettre en avant*** (= se faire remarquer, être distinguée).
▮ ***Prendre les devants*** (= prévoir, anticiper un événement).

▮ « Entre » et « parmi »

• On emploie **parmi** devant un nom pluriel désignant plus de deux éléments (personnes ou objets), ou devant un nom collectif.
▮ *Cet inconnu pouvait facilement passer inaperçu **parmi tous les invités**.*
▮ *Elle l'a reconnu(e) **parmi la foule**.*

• On emploie **entre** en général quand il n'y a que deux personnes ou deux objets ou deux groupes d'éléments.
▮ *Ton parapluie ? Il est tombé **entre le piano et le fauteuil**.*
▮ *L'enfant est sagement assis **entre son père et sa mère**.*

Mais notez que l'on peut dire également, puisqu'il s'agit de deux parties :
▮ ***Entre voisins**, on s'entraide souvent* (= de voisin à voisin).
▮ *Ils m'ont promis que cette histoire resterait **entre nous*** (= entre eux et moi).

Entre peut également exprimer une durée comprise entre deux indications de temps.
▮ *Le magasin est fermé **entre midi et deux heures** : c'est l'heure du déjeuner.*
▮ *Le plombier a promis de faire les travaux **entre mardi et vendredi**.*

> Rappel
>
> Avec un pronom disjoint, on utilise **d'entre**.
> ▮ *Tous les enfants ne sont pas rentrés à la maison, trois **d'entre eux** sont restés à l'étude.*

▮ « Dès » et « depuis »

• Tous deux marquent le point de départ dans le temps, mais **dès** suppose que l'action ou l'événement s'est produit immédiatement.
▮ ***Dès six heures**, il est debout !*
▮ *Je vous préviendrai **dès réception du colis*** (= immédiatement après...)

• **Depuis** marque aussi le commencement mais insiste, de plus, sur l'idée de durée d'une action ou d'un événement qui continue.
▮ *Ils habitent à Montréal **depuis dix ans*** (= ils y habitent encore).
▮ *Il travaille **depuis huit heures du matin*** (= il a commencé à 8 h et il continue).

☞ se situer dans le temps
pages **211-212**

☞ l'expression du temps
pages **287-288**

☞ l'expression de la cause
page 297

Remarques

Depuis peut marquer également le lieu à partir duquel on se situe.
❚ *Depuis l'Arche de la Défense*, on voit très bien l'Arc de Triomphe.

Depuis (point de départ) est souvent associé à **jusqu'à** (point d'arrivée).
❚ *Depuis Lyon jusqu'à Marseille*, nous avons eu des embouteillages.

■ « À cause de » et « grâce à »

Ces deux termes expriment une idée de cause, mais **grâce à** exprime une idée positive, **à cause de** une idée négative.
❚ *Il a réussi son examen grâce à son excellente mémoire.*
❚ *Elle a perdu ses clés à cause de son désordre.*

En raison de… s'emploie surtout dans un contexte administratif. Cette expression est neutre.
❚ *En raison d'un arrêt de travail, le trafic est interrompu sur certaines lignes de métro.*

■ Pour finir, quelques locutions prépositionnelles

✔ **de lieu**
près de, loin de, à côté de, le long de, à gauche de, à droite de, en face de, au fond de, en haut de, en bas de, au-dessus de, au-dessous de, à l'intérieur de, à l'extérieur de, hors de…
❚ *Ma chambre est en face de l'escalier, au fond du couloir.*
❚ *Celle de ma sœur est juste au-dessous de la mienne.*
❚ *Toi, tu prendras la chambre verte, près de celle de mes parents.*

☞ se situer dans l'espace
page 200

✔ **de temps**
à partir de (marque le point de départ), jusqu'à (marque le point d'arrivée).
❚ *Les inscriptions sont ouvertes à partir du 1er juillet. On peut s'inscrire jusqu'au 15 septembre.*

☞ se situer dans le temps
pages 212-213

✔ **de manière**
à force de, au lieu de, à l'aide de, à la place de
❚ *À force de patience, il a fini par résoudre cet exercice de mathématiques.*
❚ *Nous partirons mardi au lieu de lundi.*
❚ *Comme cadeau, à la place d'un livre, je préférerais un stylo.*
❚ *On a tiré l'alpiniste de la crevasse à l'aide d'une corde.*

2.6 Répétition ou effacement de la préposition

✔ En général, les prépositions **à, de** et **en** sont répétées devant chaque complément.

▌ *Nous avons voyagé aussi bien **en Orient** qu'en Occident.*

▌ *Le programme prévoit des arrêts **à Florence, à Sienne, à Rome** et **à Naples.***

Excepté :
– dans les expressions figées :

▌ *Vous jugerez **en votre âme et conscience**.*

– dans une énumération qui forme un tout :

▌ *L'immeuble est composé de **deux lofts, dix appartements et vingt studios**.*

– lorsque des adjectifs numéraux sont coordonnés par **ou** :

▌ *La tour Montparnasse s'élève **à 200 ou 300 mètres**, je ne sais plus.*

✔ La répétition des prépositions n'est pas obligatoire lorsque les compléments sont identiques.
Vous pouvez dire aussi bien :

▌ *Il est connu **pour** son humour et sa courtoisie/Il est connu **pour** son humour et **pour** sa courtoisie.*

▌ *Il s'est arrêté **à** la boucherie, la boulangerie et la librairie avant de rentrer/Il s'est arrêté **à** la boucherie, **à** la boulangerie et **à** la librairie avant de rentrer.*

Mais vous répéterez obligatoirement la préposition lorsqu'elle introduit des compléments ayant des genres différents.

▌ *Il s'est arrêté **à** la boucherie, la boulangerie, la librairie et **au** bureau de tabac avant de rentrer.*

✔ La répétition de la préposition est parfois une forme d'insistance permettant de mettre en évidence chaque complément.

▌ *Le directeur s'est entretenu **avec** tout le monde : **avec** les délégués syndicaux, **avec** le médecin du travail, **avec** les représentants des actionnaires. Il a vraiment fait le tour de l'entreprise.*

à l'oral

De plus en plus, il y a effacement de la préposition à l'oral et création d'expressions figées comme :

➔ **Parler politique** à la place de « parler de politique » :

▌ *Les Français aiment bien parler politique entre eux.*

➔ **Voter communiste** à la place de « voter pour les candidats communistes » :

▌ *Depuis une trentaine d'années, de moins en moins de gens votent communiste.*

2 LES ADVERBES

Qu'est-ce qu'un adverbe ?

C'est un mot facultatif et invariable qui se place auprès d'un adjectif ou d'un verbe ou d'un autre adverbe et qui, sans en changer le sens, sert à modifier ces mots en ajoutant une précision, une nuance particulière.

▌ *Elle est **très gentille*** (modifie l'adjectif).
▌ *Elle **travaille beaucoup*** (modifie le verbe).
▌ *Vous mangez **beaucoup trop*** (modifie un autre adverbe).

Comparez :

▌ *Tu chantes ; tu chantes **bien** ; tu chantes **merveilleusement bien**.*

L'action de *chanter* est toujours la même, mais l'adverbe a ajouté une appréciation.

L'adverbe fonctionne souvent comme complément circonstanciel de temps, de lieu, de manière.

▌ *On le voit **partout*** (= dans tous les endroits).
▌ *Il a répondu **méchamment*** (= avec méchanceté).

Il peut servir aussi de mot de liaison.

▌ *Il s'est lavé les mains et **après** il s'est mis à table.*

Un adverbe peut être formé d'un seul mot *(silencieusement)* ou d'un groupe de mots, dans ce cas ; on l'appelle locution adverbiale *(en silence)*.

2 • 1 Formation

Les adverbes sont d'origines et de formations très diverses.
Ainsi on peut trouver des :

✔ Formes simples

Bien, mal, hier, là, loin, mieux, moins, plus, puis, tant, tard, tôt, très.

✔ Formes soudées ou non

Bientôt (adverbe *bien* + adverbe *tôt*), **longtemps** (adjectif *long* + nom *temps*), **dedans** (préposition + préposition), **au-dessous** (préposition + adverbe), **autrefois, toujours** (déterminant + nom), **naguère** (verbe *il n'y a* + adverbe *guère*), **de bonne heure, tout à fait** (locutions adverbiales).

✔ Formes dérivées

Le suffixe **-ment** est ajouté à l'adjectif au féminin. C'est la catégorie la plus nombreuse.

• général → générale → **généralement** ▌ *Généralement, on dit « vous » à un inconnu.*

• certain → certaine → **certainement** ▌ *Mais on tutoie certainement un vieil ami d'enfance.*

• naturel → naturelle → **naturellement** ▌ *Naturellement, vous êtes invités à notre mariage.*

• vif → vive → **vivement** ▌ *Nous regretterons vivement votre absence.*

mais

on trouve le suffixe **-ment** ajouté à un adjectif féminin sous la forme
-ément :

- profond → profonde → **profondément**
- intense → intense → **intensément** ▌*Jean a regardé Alice intensément et lui a dit :*
- énorme → énorme → **énormément** ▌*Tu as énormément changé !*
- précis → précise → **précisément** ▌*Je me faisais précisément la même remarque à ton sujet.*

mais

le suffixe **-ment** s'ajoute à l'adjectif masculin terminé par une voyelle
accentuée :

- poli → **poliment** ▌*Cet enfant répond toujours très poliment.*
- vrai → **vraiment** ▌*Vraiment ?*
- modéré → **modérément** ▌*Du vin ? Il faut en consommer modérément.*
- assuré → **assurément** ▌*Assurément.*

mais (exception de l'exception)

l'adverbe est formé sur un adjectif féminin terminé par une voyelle et,
contrairement à la règle, il garde le « e » du féminin :

- gai → gaie → **gaiement**

▌*À la fin du repas, tout le monde discutait gaiement*

ou il rappelle la présence du « e » final sous la forme d'un accent circonflexe :

- assidu → assidue → **assidûment**

▌*Elle suit ce cours assidûment.*

Attention aux adverbes suivants !

Quelquefois, la dérivation se fait sur une forme plus ancienne de l'adjectif,
une forme qui n'existe plus. Ainsi :

1. Sur l'adjectif *grave*, on a : **gravement**.

▌*Elle est gravement malade.*

▌*Dans le cortège, les gens avançaient gravement, silencieusement.*

Mais on a aussi un autre adverbe formé sur un adjectif, **grief*, qui n'existe
plus → **grièvement**.

Ces deux formes coexistent, mais **grièvement** ne concerne que les blessures
corporelles.

▌*Elle est grièvement blessée.*

2. L'adjectif *bref* donne un adverbe irrégulier, formé en réalité sur un ancien
adjectif * *brief* → **brièvement** (* brèvement n'existe pas).

▌*Il a fait brièvement l'exposé de la situation.*

3. L'adjectif *gentil /gentille* donne un adverbe irrégulier → **gentiment**.

▌*Elle a gentiment proposé de m'aider.*

4. À l'expression adverbiale *chaque jour* correspondent deux adverbes plus
rares : **quotidiennement** et **journellement**.

Observez ces particularités :

– l'adverbe en **-ment** formé sur des adjectifs qui se terminent par le suffixe
-ent ou **-ant** se modifie et donne :

-ent → **-emment** (exception *lent* qui donne régulièrement **lentement**)
-ant → **-amment**

⚠ **Les deux suffixes -emment** et **-amment** se prononcent de la même façon : [amã]. Notez bien que, dès que vous entendez [amã], vous devez écrire **2 « m »**.

- prud**ent** → **prudemment**   ▮ *Ne vous inquiétez pas ; il agit toujour prudemment.*

- évid**ent** → **évidemment**   ▮ *Est-ce que tu partiras en vacances cet été . – Évidemment !*

- const**ant** → **constamment**   ▮ *Ils écoutent constamment de la musique rap.*
- cour**ant** → **couramment**   ▮ *Elle parle couramment plusieurs langue étrangères.*

⚠ Tous les adjectifs ne forment pas automatiquement un adverbe er **-ment**. Dans ce cas-là, on utilise une expression adverbiale formée de la préposi tion **avec** + nom, **en** + nom ou adjectif ; ou on utilise : **d'une (de) façon** + adjec tif, **d'une (de) manière** + adjectif (et non *dans une façon, * dans une manière)*

- optimiste → **d'une façon, d'une manière optimiste, avec optimisme**
▮ *Il pense à l'avenir avec optimisme.*
- charmant → **d'une façon, d'une manière charmante**
▮ *Il nous a reçus d'une (de) façon charmante.*
- silencieux → **silencieusement** ; mais on peut dire aussi → **en silence**
▮ *Ils avançaient en silence.*
- vain → **vainement**, mais on peut dire aussi → **en vain**
▮ *Ils ont cherché en vain la clé de l'énigme.*

✔ **Adjectifs à valeur d'adverbe**

Quelques adjectifs courts, souvent monosyllabiques, peuvent accompagne un verbe et devenir adverbes, donc invariables. Ils constituent avec ce verbe des sortes de locutions : **avoir chaud, avoir froid**, etc.

☞ **adjectifs** page 96

Comparez :
▮ *La tarte est bonne, elle est délicieuse.*   *Cette tarte sent **bon** !*
▮ *Cette robe est trop chère,*   *Cette robe coûte trop **cher**, je ne l je ne la prends pas.*   *prends pas.*
▮ *L'eau est claire, on voit le fond.*   *Je vois **clair** maintenant, tu te moque de moi.*

À ces adverbes dérivés d'adjectifs correspondent des adverbes en **-ment** mais qui sont utilisés avec un sens différent.

Comparez :
▮ *Elle chante **faux**.* (= elle ne chante pas la note juste, la bonne note)
▮ *Ils ont accusé **faussement** cet homme.* (= l'accusation est contraire à la vérité)

▮ *Tu as vu **juste**.* (= avoir raison)
▮ *Il chante **juste**.* (≠ faux)
▮ *Pierre ? **Justement** le voilà !* (= précisément le voilà)

▮ *Elle parle **bas**.* (= on ne l'entend pas)
▮ *Elle s'est conduite **bassement** dans cette affaire.* (= d'une façon déshonorante)

▮ *Parle plus **fort**, je n'entends rien.* (= parler fort ≠ parler bas)
▮ *Il a affirmé **fortement** qu'il était innocent.* (= avec force, avec assurance)

▮ *Au cours d'un pique-nique, on mange souvent **froid**.* (= le repas n'est pas chaud)
▮ *Ils nous ont reçus très **froidement**.* (= d'une manière peu aimable)

▮ *Elle s'est arrêtée **net**.* (= brusquement)
▮ *Je vais **nettement** mieux.* (= d'une manière évidente, visible)

Ne confondez pas **vite** et **rapide**.
Vite est un adverbe et non un adjectif.
▮ *Elle parle vite, il court vite* (= rapidement). *Fais vite…*

Inversement, quelques adverbes très courants s'utilisent parfois comme adjectifs tout en restant invariables.

■ *Les professeurs sont souvent **debout** devant leurs élèves.*
■ *Les amis sont restés **ensemble** toute la soirée.*
■ *Ce n'est pas la peine de courir, les voleurs sont **loin** maintenant.*
■ *C'est très **bien*** (= c'est très satisfaisant).
■ *Ce n'est pas **bien** d'agir ainsi* (= ce n'est pas moral...).
■ *Cet homme est encore **bien** pour son âge* (= encore beau).
■ *C'est une fille **bien** !* (= qui a des qualités morales).
■ *Cette chanson n'est pas **mal*** (= est assez bonne).

✔ Formes dérivées d'une autre langue

• Du latin : **ex æquo** (à égalité), **a priori** (au premier abord, sans avoir vérifié), **a posteriori** (après avoir fait l'expérience), **a fortiori** (a plus forte raison), **vice versa** (réciproquement).

■ *Les deux élèves sont à égalité, ils ont été classés ex æquo.*
■ *A priori, ce n'est pas une mauvaise idée* (remarquez : il n'y a pas d'accent sur le a de *a priori*).
■ *Nous avons tout quitté sur un coup de tête ; a posteriori, je pense que nous avons eu raison.*
■ *Elle ne te fera pas confiance ; a fortiori si tu lui mens.*
■ *Toi et moi, nous nous arrangerons pour les deux mois à venir, je ferai le travail ce mois-ci et vice versa.*

• De l'italien : toutes les expressions musicales : **allegro, moderato, piano, crescendo**.

■ *Il faut jouer ce mouvement **moderato cantabile**.*

2 • 2 Les différents adverbes

Les adverbes jouent généralement le rôle d'un complément circonstanciel et, comme celui-ci, ils peuvent exprimer le temps, le lieu et la manière.

Les adverbes de temps

Ils jouent le rôle des compléments circonstanciels ; ils sont l'équivalent d'un nom ou d'un groupe de nom.

■ *Nous déménagerons **bientôt*** (= dans un avenir proche).
Ils sont mobiles : ***Bientôt** nous déménagerons.*
Ils répondent à la question introduite par l'adverbe interrogatif « quand ? ».
Ils peuvent évoquer :
– une date : **avant-hier, hier, aujourd'hui, demain, après-demain, un jour.**
– un moment : **auparavant, autrefois, jadis, naguère, actuellement, maintenant, en ce moment, à ce moment(-là), en même temps, au même moment, alors, aussitôt, tout de suite, tout à l'heure, plus tard, ensuite, désormais, dorénavant, tôt, tard, n'importe quand.**

☞ se situer dans le temps
page **205**

⚠ Toujours.
Voir négation, p. 230

– la durée ou la fréquence d'une action :

encore, longtemps, quelquefois, parfois, souvent, de temps en temps, toujours, rarement, jamais.

Remarque

• **Un jour** et **tout à l'heure** marquent aussi bien le passé que le futur. Il sont mobiles dans la phrase.

▌ *Il partit **un jour**, mais **un jour** il reviendra.*

▌ *Il est parti **tout à l'heure**, mais il va revenir **tout à l'heure**.*

• **Auparavant** marque l'antériorité, **dorénavant** la postériorité.

   Dorénavant (= à partir de maintenant, à l'avenir) = **désormais.** Ces deux adverbes sont le contraire de **autrefois**. Ils sont mobiles.

▌ ***Désormais,** les magasins resteront ouverts jusqu'à 20 heures.*

• **En ce moment** renvoie au moment présent (= maintenant).

   À ce moment(-là) renvoie à un moment passé (= alors) ou futur.

Ces adverbes sont mobiles.

▌ ***En ce moment**, nous étudions les adverbes de temps.*

▌ *J'ai vécu dans mon enfance au Brésil, **à ce moment(-là)** je parlais cou ramment le portugais (j'ai vécu dans mon enfance au Brésil, je parlai alors couramment le portugais.)*

▌ *Tu réussiras au bac, j'espère ; et **à ce moment-là**, il faudra bien que ti décides de ton avenir.*

• **En même temps** (et non pas *au même temps) marque la simultanéité.

   Au même moment, au même instant (= à cet instant précis).

▌ *Ils sont arrivés à la fête les uns après les autres, mais ils sont partis tou **en même temps**.*

▌ *Il a poussé la porte de l'immeuble pour entrer, **au même moment**, elle l'a tirée pour sortir, et c'est ainsi qu'ils se sont rencontrés.*

Les adverbes de lieu

Ce sont aussi des équivalents du nom.

▌ *Je m'en vais **ailleurs** (= dans un autre endroit).*

Ils répondent à l'adverbe interrogatif « **où ?** ».

– Ils servent à localiser par rapport à un point de l'espace : **ici, là, là-bas ailleurs, autre part, quelque part, nulle part, près, loin, n'importe où**…

☞ se situer dans l'espace
page **200**

Remarque

On a l'habitude d'opposer **ici** et **là**.

Ici = le point où le locuteur se situe, un lieu proche.

Là ou **là-bas** = un point éloigné.

▌ *Ici, c'est un monde gris, où l'on se bat. Je rêve d'aller **là-bas, ailleurs, loin, bien loin**.*

▌ *Viens **ici**, j'ai à te parler ! Sors d'**ici** !*

Mais cette opposition n'est pas toujours respectée et on utilise souvent **là** pour **ici**.

▌ *Sors de **là** !*

▌ *Il y a quelqu'un **ici** ? Oui, je suis **là**.*

▌ *Qui est **là** ? – C'est moi, ouvre-moi !*

– Les adverbes de lieu servent aussi à localiser par rapport à un repère : **autour, dedans, dehors, dessus, au-dessus, dessous, au-dessous, par-dessus, par-dessous, devant, derrière, en haut, en bas.**

Remarque

Ces adverbes correspondent à des prépositions.

■ *Est-ce que Jean est **dans la maison** ? – Oui, il est **dedans**.*

■ *Toute la famille s'est précipitée **hors de la maison**. Ils sont maintenant tous **dehors**.*

■ ***Au-dessus des toits**, on voit des arbres, et **au-dessus**, il y a la lune.*

■ *Le chat s'est sauvé malgré le grillage ; il a dû passer **par-dessus** ou **par-dessous**.*

■ *Tous les jours, je passe **devant Notre-Dame**. De nombreux touristes passent aussi **devant**.*

■ ***Derrière mon immeuble** il y a un autre immeuble et **derrière**, il y en a encore un autre.*

Les adverbes de manière

Ce sont les adverbes les plus nombreux. Parmi ces adverbes on compte :
– la plupart des adverbes formés sur le suffixe **-ment** ;
– des adverbes courts : **ainsi, bien, debout, ensemble, exprès, mal, mieux, plutôt, vite, volontiers** ;
– des locutions adverbiales : **au fur et à mesure, au hasard, en vain, n'importe comment**…

Ils répondent à l'adverbe interrogatif « **comment ?** ». Ils caractérisent :

– un état, une manière d'être	■ *Il parle **vite**.*
– une situation	■ *Elle travaille **debout**.*
– une manière d'agir, une manière de faire	■ *Elle a répondu **au hasard**.*

Ils peuvent souvent prendre des sens variés selon les mots qu'ils accompagnent, selon leur place, selon l'intonation.

Prenons l'exemple de l'adverbe **bien**.

✔ Adverbe de manière, il s'oppose à **mal**.

■ *Nous avons **bien** mangé, nous avons **mal** mangé.*

■ *Tu t'es **bien** conduit, tu t'es **mal** conduit.*

✔ Parfois, cet adverbe se comporte comme l'accompagnateur obligatoire d'un verbe, dans des expressions figées.

■ *Comment vas-tu ? – Je vais **bien**, je me porte **bien**.*

■ *Cette coiffure te va très **bien**.*

✔ Il peut prendre le sens de **très** ; il n'est plus adverbe de manière, mais adverbe d'intensité.

■ *Il est **bien** malade.*

■ *Elle a pris l'avion hier pour l'Australie ; elle est **bien** loin maintenant.*

✔ Il peut avoir le sens de **beaucoup**.
– avec un verbe :

■ *J'aime **bien** ce pull-over.*

– avec un comparatif ou un superlatif :

■ *Cette robe te va **bien mieux** que l'autre* (= beaucoup mieux).

■ *Il est **bien plus intelligent** que la plupart de ses amis* (= beaucoup plus

▮ *Votre nouveau roman est **bien meilleur que** le précédent* (= beaucoup, mais ici on ne pourrait pas dire : * beaucoup meilleur).

✔ Il a également le sens de **longtemps**, avec une préposition ou une conjonction.

▮ *Je suis arrivé dans ce pays **bien après** vous* (= longtemps).

▮ *Je l'ai connu **bien avant qu'**il (ne) vienne s'installer ici* (= longtemps).

✔ Il peut marquer l'insistance.

▮ *Oui, c'est **bien** mon voleur, c'est **bien** lui, je le reconnais.*

▮ *C'est **bien** ce que je pense* (= c'est tout à fait, c'est exactement ce que je pense).

✔ Comme nous l'avons déjà vu, il peut prendre la fonction d'un adjectif.

▮ *C'est une femme très **bien**.*

Les adverbes de quantité et d'intensité

☞ **quantification** page 88

Les adverbes de quantité évoquent une quantité indéterminée, une quantité évaluée globalement.

Les adverbes d'intensité évoquent le degré plus ou moins haut d'une qualité, d'un état, d'un sentiment.

Ils se présentent sous la forme d'adverbes simples : **assez, aussi, autant, autrement, beaucoup, bien, combien, davantage, environ, fort, guère, même, moins, pas mal, peu, plus, presque, que, quelque, si, tant, tellement, tout, très, trop.**

▮ *Il est **assez** intelligent. J'aime **beaucoup** le théâtre. Nous nous sommes connus il y a **environ** dix ans.*

Ou de locutions adverbiales : **à demi, à peine, à moitié, peu à peu, à peu près, pas du tout, tout à fait.**

▮ *La bouteille est encore **à moitié** pleine. Je n'aime **pas du tout** ce romancier.*

Ces adverbes sont des équivalents du nom ou du groupe du nom.

▮ *Il mange **peu*** (= en faible quantité), ***assez*** (= en quantité suffisante), ***beaucoup*** (= en grande quantité), ***trop*** (= en quantité excessive).

✔ Certains modifient le verbe : **beaucoup, tant, autant, davantage.**

▮ *Il est bien fatigué, il travaille **beaucoup**, il **travaille tant** ! Voyons, il ne faut pas **travailler autant** !*

▮ *Je veux **travailler davantage*** (= plus).

✔ D'autres modifient l'adjectif, le participe ou l'adverbe : **si, très, tout.**

▮ *Elle est **très ponctuelle**, elle est arrivée **très tôt**. C'est une personne **si agréable** ! Il est **si estimé** de tous !*

▮ *Il parle **tellement bien** ! Il est **tout simplement** merveilleux. Mais quand on lui parle, il devient **tout rouge**.*

✔ D'autres encore modifient l'adjectif, le participe, le verbe ou l'adverbe : **assez, tellement, moins, plus.**

▮ *Il est **assez intelligent** ; il **travaille assez** ; il comprend **assez bien**. Il a réussi ? Je suis **assez surprise*** (« assez » marque l'intensité nécessaire minimum).

■ *Il est **tellement intelligent** ! Le pauvre, il travaille **tellement** ! Il travaille **tellement bien**. Il a réussi ? Je suis **tellement surprise** !* (= à un degré élevé).

✔ **Assez, autant, beaucoup, combien, moins, pas mal, peu, un peu, plus, tant, tellement, trop** peuvent être associés à la préposition **de** et être suivis d'un nom indéfini, donc sans article (*J'ai beaucoup de du mal à comprendre est impossible → J'ai beaucoup de mal à comprendre*).

■ *Dans une vie, on peut avoir **beaucoup de** copains, mais **peu de** véritables amis.*

■ *À cause du mauvais temps, il y a **moins de** touristes cette année.*

■ *Elle a **tant de** soucis !*

⚠ Seule exception : **bien** sans préposition + l'article.

Comparez :

■ *J'ai **beaucoup de** mal à comprendre ces règles / J'ai **bien du** mal à comprendre ces règles.*

■ *Nous avons rencontré **beaucoup de** difficultés dans nos démarches / Nous avons rencontré **bien des** difficultés dans nos démarches.*

✔ Observez et remarquez la différence entre : **peu, peu de** et **un peu, un peu de**.

– **un peu** implique une **petite quantité positive**,
– **peu** implique une **petite quantité négative**.

Comparez :

■ *Il a **peu de** patience, il est **peu** sociable, il parle **peu**, donc il a **peu d'**amis* (= il n'a pas beaucoup de patience, il n'est pas très sociable, il ne parle pas beaucoup, donc il n'a pas beaucoup d'amis).

et :

■ *Ne l'interrogez pas, elle est **un peu** timide* (= assez timide).

■ *Elle montre **un peu d'**inquiétude* (= une légère inquiétude), *elle tremble **un peu**.*

✔ Certains de ces adverbes associés à **que** servent à former les comparatifs et, associés à **l'article défini**, servent à former les superlatifs.

aussi, plus, moins   (+ adjectif + **que**)
autant, plus, moins   (+ verbe + **que**)
autant de, moins de, plus de   (+ nom + **que**)

■ *Ce roman est **aussi / moins / plus** intéressant **que** le précédent*

■ *J'aime **autant** Schubert **que** Schumann.*

■ *Il a **plus de** patience **que** toi.*

■ *C'est l'artiste **le plus** doué de sa génération.*

☞ **expression de la comparaison** page **325**, de la conséquence page **303**, de l'opposition page **312**

✔ D'autres, associés à **que**, ont valeur de :
– conjonction de conséquence : **si, tant, tellement**
– conjonction d'opposition : **si**

■ *Elle parle **tant / tellement qu'**elle n'écoute jamais les autres* (conséquence).

■ *Elle parle **si** vite **qu'**on a du mal à la suivre* (conséquence).

■ ***Si** bavarde **qu'**elle soit, elle a pris le temps de m'écouter* (opposition).

☞ **adjectifs et pronoms indéfinis**
page **71**

Aujourd'hui, on admet aussi : *elles sont tout(es) émues.*

Observez ces deux adverbes particuliers : **tout** et **plus**.

■ « Tout »

Tout, qui a la valeur d'un adjectif ou d'un pronom, peut aussi prendre l valeur d'un adverbe. Il a alors le sens de : « complètement » « totalement », « entièrement », « tout à fait » ou de « très ».

Il accompagne un adverbe ou un adjectif. Si l'adjectif est masculin singulie ou pluriel, l'adverbe est normalement invariable comme tous les adverbes.

■ *Le ciel est **tout bleu*** (= entièrement bleu, très bleu).

■ *Les enfants étaient **tout souriants, tout heureux*** (= très souriants, trè heureux).

Mais observez bien cette particularité orthographique.

Contrairement aux autres adverbes, l'adverbe **tout** s'accorde avec l'adjecti féminin singulier ou pluriel, qui commence par une consonne ou la lettr « h » aspiré. La raison en est purement euphonique et visuelle. Pour le Français, il peut sembler bizarre d'associer une forme qu'ils sentent comm une forme de masculin, **tout**, et un mot qui est visiblement au féminin : pa exemple **petite**. C'est donc pour l'oreille et pour l'œil qu'ils accordent ains le mot *tout* adverbe. En voilà la preuve : devant une voyelle, on ne juge pa nécessaire de faire l'accord puisque la liaison fait entendre la voyelle.

■ *Elle est tout **émue**. Elles sont tout **émues**.*

Mais devant une consonne, on aura :

■ *Cette femme est **toute petite**, elle s'habille au rayon enfants* (= très petite)

■ *Après le naufrage du pétrolier, les plages étaient **toutes polluées*** (= tota lement polluées).

■ *La patineuse qui avait fait une chute s'est relevée **toute honteuse toute confuse**.*

NB. Au féminin pluriel, il est difficile de distinguer entre l'adverbe et le pro nom. C'est l'intonation qui peut faire la différence.

■ *Les jeunes filles étaient toutes joyeuses* (= toutes les jeunes filles étaien joyeuses *ou* les jeunes filles étaient très joyeuses ?)

POUR ALLER PLUS LOIN

Tout adverbe sert à former la conjonction de concession, d'opposition **tout... que** + indicatif.

■ *Tout intelligents qu'ils sont, ils n'ont pas compris* (= ils sont intelli gents et pourtant ils n'ont pas compris)

■ *Toute malade qu'elle était, elle a voulu sortir.*

■ « Plus »

Normalement, on ne prononce pas la consonne finale « **s** ».

■ *Il a **plus*** ([ply]) *de connaissances que ses camarades.*

Mais on la prononce quand le mot **plus** termine la phrase.

■ *J'en veux **plus**.* ([plys])

■ *Il est aussi malin que toi et peut-être même **plus**.*

Ou quand il y a une pause entre **plus** et le mot qui suit.

▌*Il a mangé un peu **plus**, ce soir.*

Attention à ne pas confondre...

▉ « Aussi » et « aussi »

Attention, deux adverbes **aussi** coexistent avec des sens totalement différents. L'un est un simple additif qui se place toujours à l'intérieur de la phrase après le verbe, le nom ou le pronom.

▌*Marie mange du poisson, mais elle mange **aussi** de la viande.*
▌*Moi, je suis végétarienne, vous **aussi** ?*

L'autre est un adverbe qui marque la conséquence et se place de préférence en tête de la phrase. Dans une langue soutenue, il demande l'inversion du verbe et du pronom sujet.

▌*Il aime le chant ; **aussi passe-t-il** de nombreuses soirées à l'Opéra.*

▉ « Aussi » et « même »

• **Aussi** (= également).
▌*J'aime le cinéma, mais j'aime **aussi** le théâtre.*
▌*Je pars ! – Toi **aussi** ?*

• **Même** ajoute une idée de renforcement.
▌*Elle parle l'anglais, l'espagnol, le russe, l'italien et **même** le chinois* (le chinois aussi + idée d'insistance).
▌*Tout le monde est invité, **même toi*** (= on ne s'y attendait pas, mais toi aussi tu es invité).
▌*En 1910, la Seine était si haute que les berges, les quais et **même** les rues et les places ont été inondés.*

▉ « Aussi » et « si »

• **Si** marque l'intensité, **aussi** marque l'égalité.
▌*C'est une femme **si** intelligente !*
▌*Ses camarades sont **aussi** intelligents que lui.*

• **Si** peut s'utiliser pour **aussi** dans les phrases interrogatives et négatives.
▌*Il n'est pas **(aus)si** intelligent que je le croyais.*

▉ « Aussi » et « autant »

Ce sont des adverbes d'égalité.
• **Aussi** + adjectif ou + adverbe
▌*Elle est **aussi jolie** que sa sœur et elle travaille **aussi bien** qu'elle.*

☞ expression de l'intensité et de la comparaison page **325**

- **Autant de** + nom
■ *Elle a **autant de vêtements** qu'une star de Hollywood.*

- verbe + **autant**
■ *Elle **aime autant** le cinéma que le théâtre.*

■ « Plus tôt » et « plutôt »

- **Plus tôt** est le contraire de « plus tard ».
■ *Le dîner aura lieu à 8 heures. Vous devrez arriver **plus tôt** pour tou préparer.*

- **Plutôt** est synonyme de « de préférence ».
■ *Vous voyagez en avion ? Moi, je voyage **plutôt** en TGV (train à grand vitesse).*

■ « Bien tôt » et « bientôt »

- **Bien tôt** est le contraire de « bien tard ».
■ *La séance est à 8 h ; il n'est que 6 h. Vous arrivez **bien tôt**.*

- **Bientôt** est synonyme de « dans quelque temps ».
■ *Nous quitterons **bientôt** le quartier, nous déménageons la semaine prochaine*

■ « Très » et « trop »

- **Très** accompagne un adjectif ou un adverbe. Il implique l'idée d'une intensité.
■ *Je suis **très heureuse** de vous connaître.*
■ *Voulez-vous une tasse de thé ? – Oui, merci, **très volontiers**.*
■ *Il est **très fatigué**, mais moi je suis bien plus fatigué que lui.*

- **Trop** accompagne un adjectif, un adverbe ou un verbe. Il implique l'idée d'un excès, d'une quantité excessive.
■ *Vous êtes **trop sévère**. Il **boit trop**. Il est **trop tôt**. Ça ne va **pas trop bien** (= ça va mal).*

Il peut être renforcé par l'adverbe **beaucoup** ou **bien**.
■ *Il est **beaucoup** (ou **bien**) **trop** sévère.*
⚠ **beaucoup trop** : dans cet ordre et non dans l'ordre inverse.

Comparez :
■ *Hum, ça fait du bien, quand il fait froid, de boire une soupe chaude, **très** chaude.*
■ *Tu ne manges pas ta soupe ? – J'attends un peu, elle est **trop** chaude !*

Les adverbes d'interrogation et d'exclamation

☞ phrase interrogative page 221

✔ Les adverbes interrogatifs introduisent des nuances :
– de manière : **comment ?**   ■ *Comment vas-tu ?*

– de lieu : **où ? d'où ? par où ?** ❙ *Où allez-vous ? D'où venez-vous ? Par où passerez-vous ?*

– de temps : **quand ?** ❙ *Quand reviendras-tu ?*

– de cause : **pourquoi ?** ❙ *Pourquoi pleures-tu ?*

☞ **phrase exclamative** page 236

✔ Les adverbes exclamatifs sont : **que ! comme !**

❙ *Que je t'aime, que je t'aime ! !*

❙ *Comme il fait beau !*

Les adverbes d'affirmation et de négation

✔ Les adverbes et les locutions adverbiales d'affirmation sont : **oui, si, bien, certes, certainement, assurément, évidemment, en vérité, bien sûr, parfaitement, effectivement.**

✔ Les adverbes de négation sont : **non, ne, pas.**

☞ **phrase négative** page 224

❙ *Tu as compris ?* **Oui.**

❙ *Tu n'as pas compris ? Mais* **si** *j'ai compris* (**si** = adverbe d'affirmation répondant à une question négative).

❙ *Tu nous accompagnes ?* **Bien sûr, évidemment.**

❙ *C'est* **assurément** *le meilleur écrivain de ce siècle.*

Les adverbes de probabilité

On comptera parmi ces adverbes : **peut-être, sans doute, probablement, apparemment.**

⚠ aux différentes constructions :

❙ *Il fera beau demain* **peut-être.**

❙ *Peut-être qu'il fera beau demain* (**peut-être** + **que**).

❙ *Peut-être fera-t-il beau demain* (tournure soutenue : **peut-être** en tête entraîne l'inversion du verbe et du pronom sujet).

❙ *Il est rentré* **sans doute.**

❙ *Sans doute est-il rentré.*

On observera que cette inversion du verbe et du pronom sujet est aussi possible avec d'autres adverbes ou connecteurs logiques : **à peine, au moins, du moins…**

❙ *Il fut* **à peine arrivé** *au refuge que l'orage éclata/* **À peine fut-il arrivé** *au refuge que l'orage éclata.*

❙ *Tu n'as pas l'air convaincu, mais* **au moins tu pourrais** *faire semblant/Tu n'as pas l'air convaincu, mais* **au moins pourrais-tu** *faire semblant.*

⚠ **Sans doute** = probablement, peut-être
≠ **sans aucun doute** = certainement
❙ *Oui, c'est bien elle, sans aucun doute.*

Les adverbes de liaison

Certains grammairiens classent ces adverbes parmi les conjonctions de coordination. Ils servent à établir une liaison entre des propositions.

Ils peuvent exprimer la cause (**en effet, tant, tellement**), la conséquence (**aussi, ainsi, par conséquent**) l'opposition (**au contraire, en revanche, pourtant, cependant**), la restriction (**du moins**), l'hypothèse (**sinon**).

☞ **connecteurs logiques** page 275

IV LES MOTS INVARIABLES

2.3 Les degrés d'intensité de l'adverbe

Certains adverbes admettent, comme les adjectifs, des degrés d'intensité.

✔ les adverbes *loin, longtemps, près, souvent, tôt, tard*
▌*Il est allé **plus loin que** moi dans ce domaine.*
▌*Je suis resté **moins longtemps que** toi dans cette ville.*
▌*Viens **plus près** ! Nous sommes arrivés **plus tôt**.*

✔ les adjectifs employés adverbialement
▌*Ton manteau a coûté **plus cher que** le mien.*
▌*Parle **plus bas**, tu parles **plus fort que** tous les autres et on n'entend que toi.*

✔ la plupart des adverbes en *-ment*
▌*Il a agi **plus stupidement que** je (ne) le pensais.*
▌*Marche **le plus silencieusement** possible, sinon tu vas réveiller tout le monde.*

✔ les adverbes *beaucoup, bien, mal, peu*
▌*C'est très étonnant, ce jeune Français parle l'anglais **aussi bien qu'**un Anglais.*

⚠ Le comparatif et le superlatif de **bien** sont **mieux** et **le mieux**.
▌*Elle chante **mieux que** moi.*

2.4 La place de l'adverbe

✔ Les adverbes qui déterminent l'ensemble d'une phrase se placent en général en tête de la phrase.
▌*Hier, je suis sorti très tôt.*

ou à la fin de la phrase.
▌*Je suis sorti très tôt, **hier**.*
Ces adverbes sont séparés du reste de la phrase par une virgule.

✔ Les adverbes qui déterminent un verbe se placent après le verbe à la forme simple.
▌*Elle parle **lentement**. Elle chante **faux**. Nous défilerons **silencieusement**.*

À la forme composée, cela dépend des adverbes :
les adverbes de temps et de lieu se placent généralement après le groupe auxiliaire + participe passé.
▌*Je l'ai rencontré **aujourd'hui**. Je l'ai vu **hier**. Elle sera partie **demain**.*

Les adverbes **bien** et **mieux** se placent avant ou après le verbe à l'infinitif.

les adverbes de manière, d'intensité, de quantité et quelques adverbes de temps, comme **longtemps, souvent, toujours**, se placent de préférence entre l'auxiliaire et le participe passé *(J'ai **toujours** aimé les vacances au bord de la mer)*, mais on peut également les trouver après le participe passé.

▌*J'ai **longtemps** habité dans cette ville* (ou) *j'ai habité **longtemps** dans cette ville.*

▌*Nous avons **facilement** trouvé notre chemin grâce à vos indications* (ou) *nous avons trouvé **facilement**…*

✔ Un adverbe qui détermine un adjectif ou un autre adverbe se place devant l'adjectif ou l'adverbe.

▌*Il est **très** poli. Elle est **bien** jolie. Nous sommes **vraiment** désolés. Ce manteau est **beaucoup trop** cher pour moi.*

▌*Elle parle **beaucoup plus vite** que tout le monde.*

lexique ●

▌*On ne s'entendait plus parce que l'enfant chantait **à tue-tête*** (= très fort).

▌*Anna a reçu un télégramme qui lui demandait de partir **sur-le-champ*** (= immédiatement).

▌*Le peloton roulait **à toute allure*** (= très rapidement).

▌*J'étais en retard, j'ai descendu l'escalier **à toute vitesse**.*

▌*Allons, dis-moi tout, tu sais que tu peux me parler **à cœur ouvert*** (= franchement).

▌*Je suis **de tout cœur** avec vous* (= complètement, totalement).

▌*Ma grand-mère à un âge très avancé pouvait encore réciter **par cœur** des centaines de vers* (= de mémoire).

▌*Il y a quelques années, il nous arrivait de partir pour des randonnées de plusieurs jours, et parfois nous dormions **à la belle étoile*** (= dehors).

▌*L'enfant, puni, pleurait **à chaudes larmes*** (= abondamment).

▌*La pièce était très drôle. Dans la salle, tous les spectateurs riaient **aux éclats*** (= très fort).

à L'oral

La langue populaire, familière, crée de temps en temps (c'est souvent une affaire de mode) des expressions pour renforcer une impression, un sentiment.

Par exemple, à la place du mot **très** qui peut sembler banal, elle en utilise d'autres, plus expressifs.

▌*C'était **drôlement** bon !*

▌*C'est **super** intéressant !*

▌*Elle est **hyper** intelligente.*

■ « Quelque »

Quelque, qui est un adjectif indéfini, peut être aussi adverbe. Il est alors invariable, synonyme de « environ » (= à peu près), et il se place devant un nombre. Le contraire serait « exactement ».
Quelque appartient à la langue soutenue.

▌*Versailles est à **environ vingt** kilomètres de Paris* (**environ** se place avant ou après le nombre).
▌*Il y a **quelque vingt** kilomètres entre Paris et Versailles* (**quelque** se place toujours avant le nombre).

■ « Voire »

Cet adverbe, qu'il ne faut pas confondre avec l'infinitif « voir », est synonyme de « et même ». Il marque un renforcement.

▌*Attention ! Ce produit est dangereux, **voire** mortel !*

■ « Fort »

Cet adjectif qui peut servir d'adverbe prend le sens de « beaucoup » et de « très » dans certaines expressions. Dans cet emploi, il est d'un style recherché.

▌*Tout cela est **fort bien**.*
▌*Il était **fort impatient** de revoir sa maison d'enfance.*
▌*Nous **aurons fort à faire** pour convaincre cet homme entêté.*

■ Certains adverbes de manière peuvent avoir un complément introduit par « à » ou par « de »

▌*Il a agi **contrairement à** la règle.*
▌*Vivre en société, c'est vivre **conformément aux** lois.*
▌***Préalablement à** tout accord, il faut établir un contrat.*
▌*Ces faits ont eu lieu **antérieurement à** ma naissance.*
▌*Ce document a été signé **postérieurement à** la date convenue.*
▌*Il se comporte **différemment de** tout le monde.*
▌*Ces événements se sont produits **indépendamment de** notre volonté.*

SE SITUER
DANS L'ESPACE
ET DANS LE TEMPS

Chapitre 1 • SE SITUER DANS L'ESPACE ....

1 • 1 Comment ?

1 • 2 Rappels
et mises en garde

Chapitre 2 • SE SITUER DANS LE TEMPS ....

2 • 1 Comment exprimer
l'idée de moment ?

2 • 2 Comment exprimer
l'idée de durée ?

1 SE SITUER DANS L'ESPACE

Lorsque l'on situe quelque chose dans l'espace, on peut le faire par rapport à soi-même. Par exemple, si je dis :

❚ *Vous avez vu ce drôle de bus, là-bas ?*

là-bas est situé par rapport à ma position dans l'espace.

On peut le faire aussi en choisissant un autre point de référence, dont on a déjà parlé. Par exemple, si je dis :

❚ *Elle voudrait bien vivre au Brésil mais son mari n'a pas très envie de vivre là-bas, il préfère rester à Paris.*

là-bas n'est plus situé par rapport à ma position dans l'espace mais par rapport à ce qui précède dans la phrase (le Brésil).

1 . 1 Comment ?

Pour exprimer une idée de lieu, vous pouvez utiliser :
– des adverbes : **ici, là, là-bas, à droite, à gauche, en face, à côté, tout droit, en haut, en bas, au-dessus, au-dessous, au fond**…

❚ *Voilà le plan de l'appartement : **ici**, vous avez l'entrée et le couloir. **Là, à gauche**, la cuisine et, **à côté**, une petite chambre. **Au fond**, un bureau. **À droite** une salle de séjour et une grande chambre. L'appartement est tranquille **au-dessus**, il y a un couple sans enfant et, **au-dessous**, une vieille dame.*

au milieu, au centre, par terre, dedans, dehors, derrière, devant…

❚ *Ma chambre est assez petite mais je l'aime bien. **Au fond à droite**, il y a un grand lit avec une table de nuit **à côté**. **Au centre**, une petite table basse et, **devant**, un petit fauteuil. Dans le coin, **à gauche**, un bureau et **au-dessus**, une bibliothèque avec, **dedans**, tous les livres dont j'ai besoin. **Par terre**, j'ai mis une jolie moquette bleue.*

☞ **adverbes** pages **188-189**

– des noms précédés d'une préposition : **à, chez, en, dans, sur, sous, devant, derrière, par, pour, entre**… ; et **jusqu'à, vers, près de, loin de, côté de, en face de, au-dessus de, au-dessous de, au milieu de, parmi, au pied de, hors de, en dehors de, le long de**…

❚ *On va se promener **le long de** la Seine, **sur** la rive droite ? On pourra regarder les bouquinistes **sur** les quais. Souvent, **parmi** les livres, on peut trouver des choses intéressantes et pas chères.*

❚ *Si tu veux, on part **de** Notre-Dame et on va **jusqu'au** pont Mirabeau en passant **par** le Pont-Neuf, le Louvre, la tour Eiffel, la Maison de la Radio…*

❚ *Mes amis de Strasbourg, les Lambert, ont acheté une maison de campagne **près d'**Avignon, exactement **entre** Avignon **et** Forcalquier. C'est un peu **en dehors du** village, juste **au pied d'**une colline. Bien sûr, c'est un peu **loin de** Strasbourg mais ce coin de Provence est très joli.*

☞ **prépositions** page **170**

1 . 2 **Rappels et mises en garde**

■ Quelques rappels

✔ Les points cardinaux : le nord, le sud, l'est, l'ouest

▌ *Toulouse est une ville très bien située :* **au nord**, *les vergers du Lot-et-Garonne ;* **au sud**, *les Pyrénées ;* **à l'ouest**, *l'océan Atlantique ;* **à l'est**, *la vallée de la Garonne, les châteaux, les vignobles…*

✔ Prépositions et noms de lieux
Projets de vacances :
• aller faire du ski **dans les Alpes** ou **dans les Pyrénées**
(noms de montagne ➔ **dans**)

• camper **en Suisse, en Provence, en Bourgogne** ou **en Équateur**
(noms de pays, de province, féminins ou masculins, commençant par une voyelle ➔ **en**)

• louer une maison **dans le Cantal** ou **dans le Berry**
(noms de province ou de département masculins ➔ **dans**)
• faire une randonnée **au Portugal** ou **au Maroc**
(noms de pays masculins ➔ **au**)

• passer une semaine **chez l'oncle François, chez la sœur du copain de la voisine** ou rester **chez soi** (noms de personnes ➔ **chez**)

Et au retour…
▌ *Tu es tout bronzé. Tu arrives* **du Maroc** *ou* **du Pays basque** *?* (noms de pays, de province masculins ➔ **du**)
▌ *Tu arrives* **de Provence** *ou* **de Grèce** *?* (noms de pays, de province ou de département féminins ou masculins commençant par une voyelle ➔ **de** ou **d'**)

■ Attention à certains verbes que vous confondez souvent

✔ *Aller* et *venir*
▌ *Tu viens chez moi ou on va chez toi ?*
▌ *Tu préfères venir à la campagne avec nous ou aller chez tes amis ?*

• **Venir** suppose que l'on parle de l'espace du locuteur (chez moi, avec nous…). On ne peut pas dire par exemple :
*On vient chez toi *ou* *Tu viens chez tes amis.

Donc :
▌ *Il m'a demandé : « À quelle heure tu viendras chez moi ? »*
C'est le point de vue de la personne qui parle de son espace ➔ venir.
▌ *Il m'a demandé à quelle heure j'irais chez lui.*
C'est le point de vue de la personne qui parle de l'espace de l'autre ➔ aller.

Parfois, les deux formes sont possibles, avec une légère différence de sens.
▌ *Vous venez au cours demain ?* (on parle « à partir » du lieu du cours).
▌ *Vous allez au cours demain ?* (on parle à partir d'un lieu extérieur à celui du cours).

Orthographe

Lorsqu'on parle de la région, on met une majuscule :
▌ *Il vit dans le* **Sud.**
Lorsqu'on parle d'un point cardinal, d'une direction, on ne met pas de majuscule :
▌ *Il se dirige vers le* **sud.**

☞ **prépositions page 175
articles page 43**

✔ **Arriver** et *venir*

• **Arriver** exprime un résultat, l'aboutissement d'un déplacement.
Ce verbe fonctionne avec un complément de temps ou de lieu.

▌ *J'arriverai demain à Roissy-Charles de Gaulle à 16 h 15* (résultat d'u|
déplacement : je serai là).

▌ *Enfin, ouf ! Ça y est, j'arrive enfin chez moi !* (résultat d'un déplacement|
je suis arrivé).

▌ *Le patron est là, il est arrivé depuis cinq minutes* (résultat d'un déplace|
ment : il est là).

• **Venir** n'exprime pas une idée de résultat. C'est simplement un verbe d|
déplacement comme aller, courir, etc.

▌ *Je suis venu chez vous deux fois mais vous n'étiez pas là* (idée d|
déplacement).

▌ *Je suis déjà venu une fois chez vous, il y a deux ans* (idée de déplacement)|

▌ *Je viendrai te chercher vers sept heures* (idée de déplacement).

✔ **Revenir**, *rentrer* et *retourner*

• **Revenir**, comme **venir**, suppose que l'on parle du lieu où l'on se trouv|
actuellement.

▌ Le médecin à son client : *Revenez me voir la semaine prochaine* (ici, dan|
mon cabinet).

▌ *Tu me promets que tu reviendras ?* (sous-entendu : *ici, chez moi, près d|
moi*). – *Mais oui, je reviens dans un mois !* (sous-entendu : *ici, à l'endroi|
où l'on est*).

• **Retourner** suppose que l'on parle d'un « ailleurs », d'un lieu différent de|
celui où l'on se trouve actuellement.

▌ *Tu retournes chez toi à Noël ?* (chez toi = dans ton pays, dans t|
région…).

▌ *J'adore l'Italie, j'y retourne chaque année* (l'Italie = un « ailleurs »).

• **Rentrer** suppose un retour vers un lieu d'origine, un lieu qu|
« appartient » à la personne dont on parle (« à la maison », « chez lui »|
« dans son pays », etc.).

Le sens de **rentrer** est proche de celui de **retourner** mais il suggère qu'i|
s'agit de quelque chose de plus définitif.

▌ *Il est rentré chez lui à minuit* (sous-entendu : *et il n'est pas ressorti*).

▌ *Il ne supporte plus de vivre loin de ses parents, il a décidé de rentrer dans|
son pays* (sous-entendu : *sans idée de retour*).

✔ **Se trouver**, *se situer* et *être situé*

• Pour parler d'un lieu : **se trouver, se situer** ou **être situé**.

▌ *Cet appartement se trouve boulevard de Clichy.*
= *Cet appartement est situé (se situe) boulevard de Clichy.*

• Pour parler d'une personne, une seule possibilité : **se trouver**.

▌ *Je me trouve actuellement à l'angle du boulevard Saint-Michel et de la|
rue Cujas.*

Entrer signifie simplement passer de l'extérieur à l'intérieur d'un lieu.

▌ *Je vous dérange ?*
– *Non, je vous en prie, entrez !*
– *Bon, alors, j'entre mais je ne reste que deux minutes.*

Exception

Vous entendrez parfois dire :

▌ *Politiquement, vous vous situez plutôt à gauche, plutôt au centre ou plutôt à droite ?*

▮ *Être désorienté* (familièrement : *être déboussolé*)

▮ *Perdre le nord* (= perdre la tête).

▮ *Le Proche-Orient, le Moyen-Orient, l'Extrême-Orient.*

▮ *Les pays occidentaux, les pays du tiers-monde.*

▮ *Le dialogue Nord-Sud.*

▮ *Passer ses vacances dans le Midi* (= dans le sud-est de la France).

manières de dire

▮ *Excusez-moi, je suis un peu perdu. Vous êtes du coin ? Vous habitez dans le coin ?* (= dans ce quartier).

▮ *Si tu veux, on se retrouve à six heures au café du coin ?* (= juste à côté).

▮ *C'est tout près, là, juste au coin.*

▮ *C'est un petit coin bien tranquille.*

▮ *Je vous laisse mes coordonnées* (mon nom, mon adresse, mon téléphone…).

▮ *Avoir les pieds sur terre* (= être réaliste).

▮ *Être dans la lune* (= inattentif, distrait).

▮ *Avoir la tête ailleurs* (= penser à autre chose que ce dont il est question).

▮ *Ne pas perdre le nord* (= garder la tête froide, savoir où l'on va, ce que l'on fait, avoir le sens de ses intérêts).

▮ *Ne pas y aller par quatre chemins* (= aller droit au but, très directement).

▮ *Tomber de haut* (= être stupéfait par quelque chose de complètement inattendu).

▮ *Loin des yeux, loin du cœur.*

▮ *Dire du mal derrière le dos de quelqu'un.*

▮ *Regarder quelqu'un de haut* (= avec mépris).

▮ *Se prendre pour le centre du monde.*

▮ *Grimper les échelons* (= s'élever dans l'échelle sociale).

Parler, s'exprimer, c'est se situer par rapport à soi-même, par rapport aux autres, par rapport à un lieu, par rapport au temps.

Et que signifie se situer par rapport au temps ? Cela veut dire qu'on entre dans la chronologie, dans la temporalité, qu'on entre, en somme, dans le courant de la vie.

Et cette temporalité est marquée, précisée, renforcée par de nombreux adverbes, prépositions, expressions de temps.

☞ **l'expression du temps**
page **277**

2 . 1 Comment exprimer l'idée de moment

Le moment dépend de la situation du locuteur par rapport à son énoncé.

Dans le présent du locuteur

☞ **adverbes** page **187**,
prépositions page **176**

Nous sommes *le 30 mai*. Il est midi, *ce mardi*, et *en ce moment*, j'attends !
Je suis arrivé *il y a une heure*, à onze heures, l'heure de mon rendez-vous avec la jolie employée de l'agence immobilière qui doit me faire visiter des studios.

Nous sommes au XXIᵉ siècle et, de nos jours, les gens sont rarement ponctuels.

Est-ce qu'ils étaient plus ponctuels *autrefois* ? Ah ! je crois bien que *dans quelques années* on aura oublié le sens du mot « ponctualité ».

Comme il fait beau *aujourd'hui* ! Nous sommes *en mai* ! Comme les gens ont l'air heureux *ce matin* ! Moi aussi j'étais heureux *hier matin*. La jolie employée m'avait dit : « Rendez-vous *demain matin*, à onze heures dans un café place Edmond-Rostand. Nous irons visiter ensuite quelques appartements. »

Maintenant, il est *4 heures de l'après-midi*. Je suis retourné au café, *cet après-midi.* Elle n'était pas là.

Sept heures sonnent, cette soirée n'en finit pas. Je la passerai seul devant ma télé.

Il est déjà minuit mais je ne dors pas !

Quelle semaine ! Je passe mes derniers examens. Je cherche un appartement et… cette jeune employée de l'agence est vraiment jolie !

C'est *ce mois-ci* que tout a commencé à changer. Je vais passer dans un autre monde, dans une autre vie.

Il y a deux mois, j'avais l'impression d'être encore un petit garçon, à la charge de ses parents ; *dans un mois,* je gagnerai ma vie, je serai indépendant.

L'année dernière, je ne connaissais que mon quartier, que ma petite chambre d'étudiant, mais l'*année prochaine,* je voyagerai et je découvrirai le monde.

→

→ *Mercredi matin. Il est onze heures,* je passe devant le café de la place Edmond-Rostand. Et qui est là ? La jolie employée de l'agence. Elle me fait de grands signes.

– Enfin, vous voilà ! Je suis arrivée *à 10 heures* et vous n'étiez pas là !

– Mais le rendez-vous était *hier* !

– Pas du tout, je vous avais dit *après-demain* ! Alors, on y va ?

Faisons le point

	Les indicateurs de temps dans le présent du locuteur	
Expression du présent	**Expression du passé par rapport à ce présent**	**Expression du futur par rapport à ce présent**
Maintenant *En ce moment, en cet instant* *À notre époque, actuellement* *De nos jours, à l'heure actuelle*	*À ce moment-là, à cet instant-là* *Autrefois, à cette époque*	*Dans un moment, dans un instant.* *Bientôt, à l'avenir*
Aujourd'hui *Ce jour-ci*	*Hier*	*Demain*
	Avant-hier ***Il y a** deux, trois, jours…*	*Après-demain* ***Dans** deux, trois jours…*
Cette semaine	*La semaine **dernière** (ou)* ***Il y a** une, deux semaines…*	*La **semaine prochaine** (ou)* ***Dans** une, deux semaines…*
Ce mois-ci	*Le mois **dernier** (ou)* *Il y a un, deux mois…*	*Le mois **prochain** (ou)* ***Dans** un, deux mois…*
Cette année-ci	*L'année **dernière** (ou)* ***Il y a** un, deux ans…*	*L'année **prochaine** (ou)* ***Dans** un, deux ans…*

V ▸ SE SITUER DANS L'ESPACE ET DANS LE TEMPS

☞ le discours rapporté page 265

Il y a cinq ans, un beau jour (= un certain jour), mon ami changea de vie. *Ce jour-là,* cet homme tranquille, discret, sans histoire, quitta sa famille sans prévenir personne.

À ce moment-là, il vivait à Paris. C'était quelqu'un de solitaire qui ne pensait qu'à son travail. Je ne le voyais pas souvent à cette époque. Nous nous téléphonions de temps en temps et nous nous voyions lors de certaines occasions particulières mais nous ne nous rencontrions que *de loin en loin* (= de temps en temps).

Donc, *ce matin-là*, de bon matin (= tôt), il se leva et sortit de chez lui, comme d'habitude. Mais il ne se rendit pas à son bureau. Il vagabonda toute la journée dans sa ville, comme s'il y était déjà un étranger, et la nuit venue, il alla à la gare.

La veille au soir, il avait préparé ses affaires, puis il avait dîné en famille. Il avait parlé de choses et d'autres, de la pluie et du beau temps, de ses collègues de travail, mais il n'avait rien dit de la démission qu'il avait donnée à son patron *quelques semaines plus tôt*.

À 11 heures précises du soir, le train où il avait pris place démarra et *le lendemain,* au petit matin, il arriva à Rome ; le soleil se levait, c'était un autre décor, un autre climat.

Le *surlendemain* était un dimanche et il passa sa journée à prendre contact avec ce nouveau paysage.

Quelques jours après, il allait commencer une nouvelle vie, une vie très différente de celle qu'il menait encore *un mois avant, la semaine précédente*, ou même *quelques jours avant*.

Il ne se posait pas de questions, il était sûr que *les jours, les semaines, les années à venir* seraient merveilleuses.

En effet, *cette année-là* avait été l'année la plus secrète mais la plus passionnante de sa vie... parce que *l'année précédente*, il avait rencontré la personne qui allait faire de lui un homme nouveau. Il était donc heureux et confiant. Or... *un an plus tard,* il devait constater amèrement qu'il avait retrouvé la même vie ennuyeuse, monotone, mais dans une autre ville.

Les indicateurs de temps dans le passé du locuteur

Un moment dans le passé	Un moment antérieur à ce passé	Un moment postérieur à ce passé
Ce jour-là, ce matin-là *Cet après-midi-là* *Ce soir-là, cette nuit-là*	*La veille* *L'avant-veille* *Le jour **précédent*** *Deux jours **auparavant, avant,*** ***plus tôt***	*Le lendemain* *Le surlendemain* *Le jour **suivant*** *Deux, trois jours **plus tard, après**.*
Cette semaine-là	*La semaine **précédente*** *Deux, trois semaines **auparavant, avant, plus tôt***	*La semaine **suivante*** *Deux, trois semaines **plus tard, après***
Ce mois-là	*Le mois **précédent*** *Deux, trois mois **auparavant, avant, plus tôt***	*Le mois **suivant*** *Deux, trois mois **plus tard, après***
Cette année-là	*L'année **précédente*** *Deux, trois ans **auparavant, avant, plus tôt***	*L'année **suivante*** *Deux, trois ans **plus tard, après***

Les indicateurs de l'heure, de la date, du mois, de la saison, de l'année, du siècle

☞ prépositions page **176**

L'heure	Le jour et la date	Le mois, la saison	L'année, le siècle
Il est huit heures du matin.	*C'est lundi.* *Nous sommes lundi.* *(ou) On est lundi.* *Nous sommes **le** 4 juillet.* *(ou) On est **le** 4 juillet.*	*Nous sommes **en** été.* *Nous sommes **en** juillet.* *(ou) Nous sommes **au mois de** juillet.*	*Nous sommes **en** 2000.* *Nous sommes **au** XXIe siècle.*
Il n'est pas midi, il est déjà une heure et quart de l'après-midi. (ou) Il est exactement treize heures quinze minutes dix secondes.	*Nous sommes **(le)** lundi 4 juillet.* *Nous sommes mardi.* *Nous sommes **le** 4 octobre.* *Nous sommes **(le)** mardi 4 octobre.*	*Nous sommes **en** automne.* *Nous sommes **en** octobre.* *Nous sommes **au mois** d'octobre.*	*L'action se situe **dans les** années soixante.*
Il est sept heures et demie du soir. (ou) Il est dix-neuf heures trente.	*Nous sommes mercredi.* *Nous sommes **le** 4 janvier.* *Nous sommes **(le)** mercredi 4 janvier.*	*Nous sommes **en** hiver.* *Nous sommes **en** janvier.* *Nous sommes **au mois de** janvier.*	
Il est dix heures moins le quart. (ou) Il est vingt et une heures quarante-cinq.	*Nous sommes jeudi.* *Nous sommes **le** 4 mai.* *Nous sommes **(le)** jeudi 4 mai.*	*Nous sommes **au** printemps.* *Nous sommes **en** mai.* *Nous sommes **au mois de** mai.*	

2 . 2 Comment exprimer l'idée de durée ?

La durée peut être limitée dans le temps ou ouverte, c'est-à-dire non achevée

Durée limitée

☞ **prépositions** page **176**
l'expression du temps
page **287**

En ce cas, elle a un début et une fin. Elle est indiquée par un complément précédé ou non d'une préposition : **pendant, pour, en, dans**.

■ « Pendant »

Peut être suivi d'un nom, représentant une durée.
▌*Je ferai un stage à la banque **pendant les vacances*** (entre le début et la fin des vacances).
▌***Pendant ce stage**, je pense apprendre beaucoup.*

⚠ **La préposition est facultative :**
– si le complément est un chiffre :
▌*J'ai travaillé **pendant deux heures** ou J'ai travaillé **deux heures**.*
▌*J'ai vécu **pendant dix ans** dans cette ville ou J'ai vécu **dix ans** dans cette ville.*

– si le complément est une expression de temps, l'adjectif **tout(e)** renforce alors sa valeur de durée continue :
▌*Pour une fois, le bébé a dormi **(pendant) toute la nuit** sans se réveiller.*
▌*Nous avons dansé **(pendant) toute la soirée**.*
▌*Elles ont bavardé **(pendant) tout l'après-midi**.*

■ « Pour »

C'est une préposition qui projette le locuteur vers un moment à venir.
Elle marque le point de départ de l'action et son terme.
▌*Je suis à Paris **pour trois jours*** (= à partir de maintenant, je vais passer trois jours à Paris).
▌*Il doit partir **pour un an** au Japon* (il va passer un an au Japon).
▌*Vous voulez aller au Sacré-Cœur à pied ? Vous en avez au moins **pour une heure** !*
▌*Ils ont loué une voiture **pour toute la durée** de leur séjour dans ce pays.*

⚠ Ne confondez pas **pendant** et **pour**.
Comparez :
▌*Je suis resté à Athènes **pendant deux mois*** (= j'ai passé deux mois à Athènes et c'est fini). / *Je suis à Athènes **pour deux mois*** (à partir d'aujourd'hui, je passerai deux mois à Athènes).
▌*Il a travaillé **pendant dix ans** dans cette entreprise. / On l'a engagé **pour une période d'essai de trois mois**.*

■ « En »

Cette préposition est suivie d'un complément de temps (toujours chiffré) qui montre le temps nécessaire pour réaliser une action. Le verbe qui accompagne cette préposition exprime toujours l'accompli.

■ *Elle s'est douchée **en dix minutes*** (= il lui a fallu dix minutes pour se doucher).

■ *Stendhal a écrit son roman* La Chartreuse de Parme ***en 53 jours*** (= il a mis 53 jours pour écrire son roman).

⚠ à la différence entre **en, pendant**.

■ *Le bébé s'en endormi **en cinq minutes***.

■ *Elle a dormi **pendant dix heures***.

■ « Dans »

Cette préposition peut exprimer :

– un moment précis dans le futur (**dans** + une durée chiffrée) :

■ *Je vous recevrai **dans cinq minutes*** (= il est dix heures et quart, je vous recevrai à dix heures vingt).

■ *Nous partons* (présent à valeur de futur) ***dans trois jours*** (= nous sommes dimanche, nous partirons mercredi).

– un moment plus vague dans le futur (**dans** + adverbe de temps) :

■ *Je vous appellerai **dans quelques jours***.

– un moment indéterminé du futur dans une durée prise globalement (**dans** + certaines expressions de temps) :

■ *Je vous verrai demain **dans la matinée*** (= à un moment indéterminé de la matinée ; à 9 heures, à 10 heures…).

■ *Le feu d'artifice sera tiré **dans la soirée*** (= à un moment non précisé de la soirée).

■ *Nous prendrons rendez-vous **dans la semaine*** (= un jour quelconque de la semaine).

– un moment dans le passé ; dans ce cas-là, elle a le sens de **pendant** :

■ ***Dans sa jeunesse**, elle était très coquette.* (Ici, il y a une légère différence de sens : on n'a pas l'idée du moment mais de la durée, et **dans** est presque synonyme de **pendant**.)

■ ***Dans son enfance**, il a vécu loin de ses parents* (= pendant).

■ *C'est **dans son âge mûr** qu'il voyagea, qu'il connut toutes les aventures dont il avait rêvé **dans son adolescence***.

Durée ouverte

✔ La durée est ouverte : elle a commencé et elle n'est pas encore achevée.

Cette durée est marquée par des indicateurs temporels qui montrent un état ou une action continue :

■ « Depuis », « il y a… que », « ça fait… que », « voilà… que »

• **depuis** + expression de temps (durée chiffrée, adverbe de temps, date, événement) :

■ *Il habite à cette adresse **depuis six mois/depuis peu de temps/depuis le 2 mai/depuis le départ de sa femme***.

• **il y a** + expression de temps (durée chiffrée ou adverbe de temps) + **que** :

■ *Il y a six mois/peu de temps/qu'il habite à cette adresse*.

⚠ La durée est ouverte et fermée lorsque **depuis** est associé à **jusqu'à**.

■ *Il travaille **depuis** le matin **jusqu'au** soir.*

■ *Il a travaillé **depuis** huit heures du matin **jusqu'à** huit heures du soir.*

Ou avec les prépositions **de** et **à** :

■ *Il est à son bureau **de** huit heures **à** midi.*

• **ça fait** + expression de temps (durée chiffrée ou adverbe de temps) + **qu**
(plus familier) :

▌ *Ça fait six mois/peu de temps/qu'il habite à cette adresse.*

• **voilà** + expression de temps (durée chiffrée ou adverbe de temps) + **que**
▌ *Voilà six mois/peu de temps/qu'il habite à cette adresse.*
(Remarquez la place de ces expressions dans la phrase.)

Quel temps faut-il utiliser avec ces expressions ?

Tout dépend du verbe. En principe, on trouvera le présent si le contexte es
au présent, l'imparfait si le contexte est au passé.
Ces deux temps indiquent un état continu, une action continue.
▌ *Ils <u>vivent</u> dans ce quartier **depuis longtemps/depuis vingt ans**.*
▌ *<u>Il y a</u> longtemps/**il y a** vingt ans **qu'ils** <u>vivent</u> dans ce quartier.*
▌ *<u>Ça fait</u> longtemps/**ça fait** vingt ans **qu'ils** <u>vivent</u> dans ce quartier.*
▌ *<u>Voilà</u> longtemps/**voilà** vingt ans **qu'ils** vivent dans ce quartier.*
(Le verbe **vivre** marque un état continu dans le présent.)

▌ *Ils <u>étaient</u> mariés **depuis plusieurs années** lorsqu'ils ont eu leur pre
    mier enfant.*
▌ *<u>Il y avait</u> plusieurs années **qu'ils** <u>étaient</u> mariés lorsqu'ils ont eu leu
    premier enfant.*
▌ *<u>Ça faisait</u> plusieurs années **qu'ils** <u>étaient</u> mariés lorsqu'ils ont eu leu
    premier enfant.*
(Le verbe **être** marque un état continu dans le passé.)

Mais lorsque le verbe est accompagné de la négation **ne... pas**, il peut s
mettre au passé composé avec **depuis** et les expressions synonymes : **il
a... que** ; **ça fait... que.**

Avec **il y a... que** et **ça fait... que**, on peut envisager aussi l'action dans le futur.
▌ *Demain, **il y aura trois ans**, jour pour jour, **que** leur premier enfant est né.*
▌ *Demain, **ça fera trois ans**, jour pour jour, **que** leur premier enfant est né.*

Comparez :
▌ *Je fume **depuis plusieurs années**.*
et, à la forme négative :
▌ *Je **n'ai pas** fumé **depuis plusieurs années** ou*
▌ *Ça fait plusieurs années que je **n'ai pas** fumé ou*
▌ *Il y a plusieurs années que je **n'ai pas** fumé*
▌ *Voilà plusieurs années que je **n'ai pas** fumé*
(La négation donne au verbe une valeur d'aspect, de résultat.)

Quand on utilise malgré tout le présent à la forme négative, c'est en géné
ral accompagné de **plus.**
▌ *Je **ne** fume **plus depuis plusieurs années** (**ne... plus** est la négation d
    encore qui marque la continuité).*

Certains grammairiens font remarquer que le présent apporte une valeu
continue, plus générale, alors que le passé composé exprime une valeu
plus précise, plus contextuelle.

Observez et comparez :
▌ *Je **ne joue plus** du violon depuis dix ans (= j'ai abandonné le violon).*
▌ *Je **n'ai pas joué** « Tzigane » de Ravel **depuis au moins dix ans** (= j
    joue encore du violon mais pas « Tzigane »).*
▌ *Il y a au moins **dix ans** que je **n'ai pas joué** « Tzigane » de Ravel.*
▌ *Ça fait au moins **dix ans** que je **n'ai pas joué** « Tzigane » de Ravel.*

210

POUR ALLER PLUS LOIN

⚠ **Le verbe, au lieu de marquer un état continu, peut marquer l'aspect accompli, un résultat.**
Dans ce cas, ces expressions s'emploient avec le passé composé ou le plus-que-parfait.

▌ *Ils ont abandonné ce projet* **depuis longtemps/depuis cinq ans** (ont abandonné ne peut exprimer une action continue. Il marque un résultat qui se poursuit ; le projet reste toujours *abandonné*).

▌ *Il y a longtemps/il y a cinq ans qu'ils ont abandonné ce projet.*

▌ *Ça fait longtemps/ça fait cinq ans, qu'ils ont abandonné ce projet.*

▌ *Ils avaient abandonné ce projet* **depuis longtemps, depuis cinq ans déjà** *lorsqu'ils ont décidé de le reprendre.*

▌ *Il y avait longtemps/il y avait cinq ans qu'ils avaient abandonné ce projet lorsqu'ils ont décidé de le reprendre.*

▌ *Ça faisait longtemps/ça faisait cinq ans qu'ils avaient abandonné ce projet lorsqu'ils ont décidé de le reprendre.*

Liste de quelques verbes qui peuvent prendre cette valeur d'accompli : **abandonner, (s')aggraver, (s')améliorer, arriver, augmenter, baisser, changer, diminuer, grossir, maigrir, partir, progresser, quitter, rajeunir, vieillir.**
Mais attention, ces verbes n'ont pas tous exactement la même valeur au passé composé.

• Certains font référence à une action qui s'est produite à un moment donné et dont les conséquences se font encore sentir : **abandonner, achever, arriver, commencer, disparaître, finir, partir, quitter...** rejeunir

▌ *Il est parti* **depuis 10 heures du matin/depuis six mois/depuis longtemps, depuis le 30 juin.**

▌ *Il y a six mois/il y a longtemps qu'il est parti.*

▌ *Ça fait six mois/ça fait longtemps qu'il est parti.*

▌ *Voilà six mois/voilà longtemps qu'il est parti.*

▌ *Il est arrivé* **depuis une semaine/depuis 10 heures ce matin/depuis peu de temps.**

▌ *Il y a une semaine/ça fait une semaine/voilà une semaine qu'il est arrivé.*

▌ *Il y a peu de temps/ça fait peu de temps/voilà peu de temps qu'il est arrivé.*

▌ *Il a quitté la ville* **depuis deux ans/depuis le 3 mai/depuis son divorce.**

▌ *Il y a deux ans/ça fait deux ans, voilà deux ans qu'il a quitté la ville.*

▌ *Quand je suis revenu, j'étais devenu vieux et ceux que j'avais aimés* **avaient disparu depuis longtemps** (Jean Tardieu).

• Les autres font référence à une action qui a commencé à se produire à un moment donné et qui est en évolution : **s'aggraver, s'améliorer, augmenter, baisser, changer, diminuer, grossir, maigrir, progresser, rajeunir, vieillir...** (ces derniers verbes ne s'emploient qu'avec la préposition **depuis**).

▮ *Il a beaucoup changé **depuis un an**.*
▮ *Tu as grossi **depuis quelque temps**, ça te va bien.*
▮ *Elle a maigri **depuis les vacances**.*
▮ *Nous avons progressé dans l'enquête **depuis la découverte** de l'arme du crime.*
▮ *Vous avez rajeuni **depuis votre traitement**.*
▮ *Ils ont bien vieilli **depuis quelque temps**, je crois que c'est **depuis le départ de leur enfant**.*

⚠ Observez bien la différence entre :

• **depuis...**
• **il y a... que**	et	**il y a**
• **ça fait... que**

▮ *Il parle **depuis deux heures**.*
▮ *Il y a **deux heures** qu'il parle.*
▮ *Ça fait **deux heures** qu'il parle.*
(Dans ces trois phrases, le discours n'est pas encore terminé ; le verbe est au présent, il y a continuité.)
Comparez :
▮ *Il y a **deux heures**, notre directeur a fait un discours qui a été assez bien accueilli.* (Le discours est terminé depuis deux heures ; le verbe est au passé composé.)

✔ La durée est ouverte : mais on marque uniquement le point de départ de l'action, le moment précis où elle commence.

Voici les principaux marqueurs temporels.

■ « Dès »

Dès indique un point de départ immédiat. Le locuteur veut donner l'impression d'une certaine urgence.
Dès peut être suivi d'une date chiffrée, d'un nom indiquant un événement, une époque.
▮ ***Dès demain**, je cesse de fumer.*
▮ *Je vous rembourserai sans faute **dès la réception de mon salaire**.*
▮ ***Dès le 1er janvier**, je me mets au régime.*
▮ ***Dès son arrivée** dans cette ville, il s'est fait de nombreux amis.*

■ « À partir de »

À partir de montre aussi un point de départ de l'action. Mais cette expression est plus neutre que **dès**. Il n'y a pas le même sentiment d'urgence.

Elle peut être suivie, comme **dès**, d'une date chiffrée, d'un nom indiquant un événement, une époque.

▍*À partir de demain, je cesse de fumer.*

▍*À partir des premiers froids, elle ne quitte plus son vieux manteau en fourrure.*

▍*Les États européens se sont véritablement constitués en tant qu'Europe à partir de l'adoption de la monnaie unique, c'est-à-dire à partir de janvier 2002.*

⚠ à la différence entre **dès** et **depuis**. Observez et comparez :

▍*Dès 6 heures du matin, il est à sa table de travail* (on envisage seulement le point de départ de l'action. Combien de temps reste-t-il à sa table, on ne le sait pas, on ne le dit pas).

▍*Depuis 6 heures du matin, il est à sa table de travail* (l'action est considérée dans sa continuité. On insiste sur le temps qu'il a passé à sa table. Il est peut-être midi, 6 heures du soir… mais il y est encore).

▍*Dès son arrivée dans cette ville, il a commencé à chercher un appartement* (le verbe est au passé composé, il a une valeur d'aspect, de résultat, il ne peut marquer une continuité).

▍*Depuis son arrivée, il cherche un appartement* (le verbe est au présent ; il ne l'a toujours pas trouvé).

Observez bien les temps des verbes, on ne pourrait pas les inverser : *a commencé* marque le début de l'action, *cherche* montre la continuité.

✔ On marque le point d'arrivée de l'action dans le temps.
• **au bout de** est suivi d'une expression de durée généralement chiffrée :
▍*Au bout de deux heures, fatigué d'attendre, je suis parti.*

lexique ~~Excersise 8,9 page 135~~

Les étudiants se posent toujours la question de savoir quand et comment utiliser les mots : **jour** (m.) ou **journée** (f.) ; **matin** (m.) ou **matinée** (f.) ; **soir** (m.) ou **soirée** (f.) ; **an** (m.) ou **année** (f.).

Observez et comparez.

*J'ai rendez-vous **ce soir** avec mes amis.*	*Nous passerons **la soirée** ensemble.*
*Nous nous voyons presque **tous les soirs**.*	*Nous avons discuté **toute la soirée**.*
*Il fait beau **ce matin**.*	*Cette **matinée** restera dans mon souvenir.*
*Quel **beau matin d'été** !*	*Quelle **matinée printanière** !*
*Elle fait le ménage **tous les matins**.*	*Elle a travaillé **toute la matinée**.*
Chaque jour, il court dans le parc.	*Il ne court pas **toute la journée**.*
*Ce jour est **le plus beau jour** de ma vie.*	*C'est **la journée la plus chaude** de l'été.*
L'an dernier, j'ai étudié en Espagne.	*L'année dernière, j'ai étudié en Espagne.*
L'an prochain, je serai en Italie.	*L'année prochaine, je serai en Italie.*
Tous les ans, il passe les fêtes de Noël à la mer.	*Chaque année, je vais à la mer.*
Le nouvel an se fête dans le monde entier.	*La nouvelle année se fête dans le monde entier.*
	Bonne année !
	*Oui, ce sera une **merveilleuse année** !*
Bonjour ! Bonsoir !	*Bonne journée ! Bonne soirée !*

Remarques

1) Les mots **soir, matin, jour, an** au masculin marquent un moment limité. Le pluriel, **tous les soirs**, etc., marque une succession de moments, comme le distributif **chaque soir**.

2) Les mots **soirée, matinée, journée, année** au féminin expriment une idée de durée, une continuité. Cela signifie : toutes les heures du jour, du soir, du matin, de l'année. C'est un temps « vécu ».

3) Pour les mots **an, année**, il faut observer ces quelques particularités.
On dira **chaque année**, et non *****chaque an**.
Et on utilisera indifféremment **an** ou **année** accompagnés des adjectifs : **prochain, dernier, nouveau**. Mais avec tous les autres adjectifs, une seule possibilité : **année**.

4) Bonjour ! Bonsoir ! sont des salutations. On se rencontre dans la journée ou dans la soirée, et on se dit **bonjour** ou **bonsoir**. Mais au moment de se quitter, on dira **bonne journée, bonne soirée**, en faisant référence à toute la journée, à toute la soirée à venir.

manières de dire

- *Il y a belle lurette que je ne vous ai pas vu* (= il y a longtemps que je ne vous ai pas vu ; familier).
- *Ça fait un bail que vous vous êtes quittés* (= il y a longtemps que… ; familier).
- *Il y a un bon bout de temps que nous ne nous sommes pas rencontrés* (= il y a longtemps que… ; familier).
- *Il y a des siècles que nous ne nous sommes pas vus.*

- *Je ne vous ai pas vu depuis une éternité.*
- *En vacances, elle fait la grasse matinée tous les jours* (= se lever tard).
- *Nous partirons de bon matin* (= très tôt).
- *Au revoir, à bientôt, à un de ces quatre (matins)* ! (= un jour indéfini ; familier).

- *Je ne vois mon ami que tous les trente-six du mois* ! (= rarement ; familier).
- *De mon temps, à mon époque, dit le vieillard, on n'aurait pas osé parler de cette façon à ses parents* (= quand j'étais jeune).
- *Ces événements remontent à la nuit des temps* (= ces événements sont très anciens).
- *Les gens qui n'ont pas de projet, vivent souvent au jour le jour* (= sans penser au lendemain).
- *En avril, ne te découvre pas d'un fil* (= il peut faire encore froid en avril).
  En mai, fais ce qu'il te plaît (proverbe).
- *À chaque jour suffit sa peine.*

214

LES DIFFÉRENTS TYPES DE PHRASES

VI

Chapitre 1 • LA PHRASE INTERROGATIVE . . . .

1 • 1 **Les trois formes de l'interrogation totale**

1 • 2 **L'interrogation partielle**

Chapitre 2 • LA PHRASE NÉGATIVE . . . .

2 • 1 **La négation totale**

2 • 2 **La négation partielle ou relative**

2 • 3 **L'expression de la restriction**

2 • 4 **Combinaison de termes négatifs**

Chapitre 3 • LA PHRASE EXCLAMATIVE . . . .

3 • 1 **Les mots exclamatifs**

3 • 2 **Les interjections**

Chapitre 4 • LA MISE EN RELIEF . . . .

4 • 1 **Les reprises**

4 • 2 **Les extractions**

1 LA PHRASE INTERROGATIVE

Qu'est-ce qu'une phrase interrogative et à quoi sert-elle ?
C'est une question qui normalement appelle une réponse. On questionne pour savoir, pour connaître, pour s'informer.

▌*Est-ce que le monde est fini ou infini ?*
▌*Combien y a-t-il de galaxies dans l'univers ?*
▌*À quelle heure part la fusée ?*

À cette valeur purement informative, on en ajoutera d'autres. Ainsi, on interroge aussi pour :
– vérifier une information :
▌*C'est bien ce soir que nous avons rendez-vous ?*
– demander un service, une explication :
▌*Pouvez-vous fermer la porte, s'il vous plaît ?*
▌*Savez-vous comment fonctionne un ordinateur ?*
– atténuer un ordre, une critique :
▌*Est-ce que tu peux te taire pendant quelques secondes ?*
▌*Tu veux bien recommencer ce travail ?*
– atténuer une opinion trop catégorique :
▌*L'homme n'est-il pas en train de détruire la nature ?*
(= l'homme est en train de détruire la nature. L'atténuation en réalité se fait à partir de la forme interro-négative).
– entrer simplement en contact avec l'autre :
▌*Ah ! tu t'es fait couper les cheveux ?* (C'est une évidence).

Ce questionnement utilise des moyens variés :
intonation, tournure interrogative, inversion, mots interrogatifs, dont l'élément constant et commun est le point d'interrogation ⟨?⟩ et qui dépendent du registre de langue : langue soutenue, langue courante, langue familière.

(Nous n'aborderons dans ce chapitre que la phrase interrogative simple. La phrase interrogative complexe, c'est-à-dire l'interrogation indirecte, sera traitée page 269.)

On distingue deux sortes d'interrogation :
l'interrogation totale et l'interrogation partielle.

2 . 1 Les trois formes de l'interrogation totale

L'interrogation totale porte sur l'ensemble de la phrase et elle appelle une réponse globale affirmative : *Oui* ; négative : *Non* ; ou hésitante : *Peut-être/Je ne sais pas.*
▌*Est-ce que ce film est de Fellini ? – Oui/ Non / Peut-être / Je ne sais pas.*

Elle peut prendre trois formes.

L'interrogation marquée par la seule intonation

C'est la plus simple. Elle garde l'ordre de la phrase affirmative et c'est le ton ascendant (la voix monte à la fin de la phrase) qui marque l'interrogation. À l'écrit, on la différencie de la phrase affirmative par le point d'interrogation. Elle est très fréquente à l'oral.

▌ *Tu viens ? Julie habite toujours à la même adresse ? Vous avez compris ?*

La phrase interrogative introduite par le terme : *est-ce que... ?*

Le terme complexe **est-ce que...** est très simple à utiliser : il se place en tête et il est suivi de la forme affirmative de la phrase.

Phrase affirmative :   ▌ *Pierre a téléphoné.*
Phrase interrogative :   ▌ ***Est-ce que*** *Pierre a téléphoné ?*
▌ *C'est bon ! / **Est-ce que** c'est bon ?*
▌ *Il fera beau demain. / **Est-ce qu'**il fera beau demain ?*

Ce tour est très fréquent en français moderne et il s'emploie aussi bien à l'oral qu'à l'écrit.
Il est facile à utiliser puisqu'il permet de garder l'ordre « normal » de la phrase.

L'inversion

Le sujet se place après le verbe. C'est une tournure assez soutenue.

▌ L'inversion simple

L'inversion est dite simple quand le sujet est :
– un pronom personnel :
▌ ***Vous*** *aimez Brahms.*

▌ *Aimez-**vous** Brahms ?*
▌ ***Il*** *faut partir.*

▌ *Faut-**il** partir ?*

– le pronom indéfini **on** :
▌ ***On*** *lit couramment à sept ans.*

▌ *Lit-**on** couramment à sept ans ?*

– ou le pronom démonstratif neutre **ce** :
▌ ***C'***est un roman d'amour.*

▌ *Est-**ce** un roman d'amour ?*

Il suffit donc de déplacer le pronom sujet et de le placer derrière le verbe.

⚠ Observez ces quelques particularités.

• **À la première personne du présent,** pour de nombreux verbes, on évite l'inversion et on la remplace par la tournure **est-ce que** ou par l'intonation. On n'entend jamais de formes comme : *Rentré-je ?* *Viens-je ?*
Mais on peut admettre, notamment à l'écrit, des formes comme :

▪ *Suis-je… ? Ai-je… ? Vais-je… ? Dois-je… ? Puis-je… ?* (qui remplace *peux-je* pour une raison euphonique, deux syllabes muettes qui se suivent n'étant pas acceptables en français).

• **À la troisième personne du singulier,** pour éviter la rencontre de deux voyelles, on ajoutera un « **t** » euphonique.

▪ *A-**t**-il raison d'agir ainsi ?* (au présent).
▪ *Va-**t**-il pleuvoir ?*
▪ *C'est Jean. Il est traducteur à l'Unesco. — Parle-**t**-il plusieurs langues ?*

▪ *A-**t**-elle compris l'importance de cette décision ?* (au passé composé avec l'auxiliaire **avoir**).
▪ *Le livre est paru. Aura-**t**-il des lecteurs ? Pourra-**t**-il toucher un large public ?* (au futur).
▪ *Cendrillon alla au bal. Rencontra-t-elle le prince charmant ?* (au passé simple).

• **Aux formes composées du verbe,** il faut être attentif à bien faire l'inversion avec l'auxiliaire.

▪ *Sommes-**nous** arrivés ?*
▪ *Avez-**vous** bien dormi pendant le voyage ?*

• **Aux formes pronominales et non pronominales du verbe,** le ou les pronoms compléments restent toujours en tête de la phrase.

▪ *Vous vous absentez souvent.* → *Vous absentez-**vous** souvent ?*
▪ *Il s'est aperçu de son erreur.* → *S'est-**il** aperçu de son erreur ?*
▪ *Tu nous écriras.* → *Nous écriras-**tu** ?*
▪ *Elle y est allée.* → *Y est-**elle** allée ?*
▪ *Tu le lui as dit.* → *Le lui as-**tu** dit ?*
▪ *Vous lui en avez parlé.* → *Lui en avez-**vous** parlé ?*

■ L'inversion complexe

L'inversion est dite complexe quand le sujet est un groupe nominal ou un pronom autre que le pronom personnel, les pronoms **on** ou **ce**.
Dans ce cas-là, le nom ou le pronom restent à leur place, mais ils sont repris après le verbe par **il(s)** ou **elle(s)**.

▪ *L'émission vous a plu.* → *L'émission vous a-**t**-elle plu ?*
▪ *Jean et Jeanne sont mari et femme.* → *Jean et Jeanne sont-**ils** mari et femme ?*
▪ *Quelqu'un veut ajouter quelque chose.* → *Quelqu'un veut-**il** ajouter quelque chose ?*
▪ *Mes photos sont réussies. Les tiennes le sont aussi.* → *Mes photos sont réussies. Les tiennes le sont-**elles** aussi ?*

D'autres formes de l'interrogation totale

▊ La forme interro-négative

L'interrogation peut se faire aussi à la forme négative.
C'est souvent une façon d'appeler une réponse affirmative, de demander une confirmation : dans ce cas, la phrase de réponse commence par l'adverbe affirmatif **si**.

▊ *Vous **n'avez pas** entendu sonner ?*
▊ ***Est-ce que** vous **n'avez pas** entendu sonner ?*
▊ ***N'avez-vous pas** entendu sonner ?*
– **Si**, *j'ai entendu, je vais répondre.*

▊ *Alors les enfants, ce **n'est pas** l'heure d'aller au lit ?*
▊ ***Est-ce que** ce **n'est pas** l'heure d'aller au lit ?*
▊ ***N'est-ce pas** l'heure d'aller au lit ?*
– **Si**, *c'est l'heure, mais est-ce qu'on ne peut pas jouer encore un peu ?*
– **Non**, *allez au lit.*

▊ Une forme insistante de l'interrogation

On ajoute à la phrase affirmative des expressions comme : **n'est-ce pas ? dis, dites ? j'espère ? non ?**

▊ *Tu m'aimes, **dis** ?*
▊ *Tu as compris, **n'est-ce pas** ?*
▊ *Tu as compris, **j'espère** ?*
▊ *C'est bien en 1999 que nous nous sommes connus, **non** ?*

▊ L'interrogation alternative

C'est une double interrogation reliée par le mot **ou**.
Elle ressemble à l'interrogation totale parce qu'elle s'exprime avec les mêmes moyens : l'intonation, la tournure **est-ce que** et l'inversion.
Mais elle n'appelle pas les mêmes réponses. On ne peut pas y répondre par **oui, non** ou **peut-être**.
Elle peut prendre deux formes.

▊ ***Est-ce que** la tomate est un fruit **ou** un légume ?*
▊ ***Dit-on** Madame le ministre **ou** Madame la ministre ?*

▊ *C'est vrai **ou** ce **n'est pas** vrai ?*
▊ *C'est vrai **ou non** ?*
▊ *C'est vrai **ou pas** ?*

▊ *Est-ce que tu viens **ou non** ?*
▊ *Est-ce que tu viens **ou pas** ?*

1 . 2 L'interrogation partielle

L'interrogation partielle porte, non pas sur toute la phrase, mais sur un des éléments de la phrase.

Elle appelle une autre réponse que *oui, si, non, peut-être*. La réponse dépend du terme sur lequel porte l'interrogation. Ce terme est un mot interrogatif qui est placé en tête de phrase et qui est accentué.

L'intonation est différente de celle de l'interrogation totale. La voix descend à la fin de la phrase.

> **Qui**, pronom interrogatif, représente toujours un animé et ne s'élide jamais.
> **Que** ou **qu'** + voyelle représente un inanimé.
> *Qui est-ce qui arrive ? -* Jean
> *Qu'est-ce qui arrive ? - L'orage.*

☞ **adjectifs et pronoms interrogatifs** page 74

✔ L'interrogation peut porter sur :
– le sujet :
▌ *Qui parle ? Quel train à grande vitesse relie Londres et Paris ?*
– l'attribut du sujet :
▌ *Qui es-tu ? Quel est ton nom ? Quelle est ta profession ?*
– le complément d'objet direct :
▌ *Qui (animé) cherches-tu ? ou Que (inanimé) cherches-tu ?*
▌ *Laquelle de ces voitures préfères-tu ?*
– le complément introduit par une préposition :
▌ *De qui (animé) ou de quoi (inanimé) parlez-vous ?*
▌ *À qui (animé) ou à quoi (inanimé) penses-tu ?*
– le complément circonstanciel :
▌ *Où vas-tu ?*
▌ *Comment vas-tu ?*

✔ Les mots qui introduisent l'interrogation partielle sont :
– des pronoms :
• **qui, que :** ces deux termes interrogent sur l'identité et sur la qualité.
• **lequel, lesquels, laquelle, lesquelles :** ce pronom interroge sur la qualité et implique un choix parmi plusieurs éléments.
– des déterminants :
• **quel, quels, quelles, quelles :** cet adjectif interroge sur la qualité.
– des adverbes :
• **quand ? pourquoi ? comment ? combien ? où ? d'où ? par où ?...**

• On distingue :
– les formes simples avec l'inversion du verbe et du sujet (langue soutenue) ;
– les formes composées avec **est-ce que** (tournure qui appartient à la langue courante, mais qui peut sembler parfois assez lourde).

Des formes simples aux formes composées avec « est-ce que »

L'interrogation porte sur le sujet	▌ *Qui parle ?* ▌ *Qui est venu ?* ▌ *Lequel d'entre vous reste avec moi ?* ▌ *Quel film passe ce soir à la télé ?*	▌ *Qui est-ce qui parle ?* ▌ *Qui est-ce qui est venu ?* Ø ▌ *Qu'est-ce qui passe ce soir à la télé ?*
L'attribut	▌ *Qui est-ce ?* ▌ *Qui est le professeur ?* ▌ *Que devient votre ami ?* ▌ *Lequel de ces deux hommes est votre professeur ?* ▌ *Quelle est votre nationalité ?*	Ø ▌ *Qui est-ce qui est le professeur ?* ▌ *Qu'est-ce que devient votre ami ?* (ou) ▌ *Qu'est-ce que votre ami devient ?* Ø Ø
Le complément d'objet direct	▌ *Qui attends-tu ?* (animé) ▌ *Qui as-tu vu ?* ▌ *Que fais-tu ?* (inanimé) ▌ *Que fait Jean ?* ▌ *Que dire, que faire ?* (inanimé) ▌ *Quoi de neuf ?* (inanimé) ▌ *Lequel de ces deux livres avez-vous choisi ?*	▌ *Qui est-ce que tu attends ?* ▌ *Qui est-ce que tu as vu ?* ▌ *Qu'est-ce que tu fais ?* ▌ *Qu'est-ce que fait Jean ?* ▌ *Qu'est-ce qu'il y a à dire, à faire ?* ▌ *Qu'est-ce qu'il y a de neuf ?* ▌ *Lequel de ces deux livres est-ce que vous avez choisi ?*
Le complément introduit par une préposition	▌ *À qui pensais-tu ?* (animé) ▌ *Avec qui parle Pierre ?* ▌ *Avec qui Pierre parle-t-il ?* ▌ *De quoi parliez-vous ?* (inanimé) ▌ *Pour quelle équipe es-tu ?* ▌ *À quelle heure part l'avion ?* ▌ *Elle a deux amies d'enfance : à laquelle est-elle le plus attachée ?*	▌ *À qui est-ce que tu pensais ?* ▌ *Avec qui est-ce que Pierre parle ?* ▌ *De quoi est-ce que vous parliez ?* ▌ *Pour quelle équipe est-ce que tu es ?* ▌ *À quelle heure est-ce que part l'avion ?* ▌ *Elle a deux amies d'enfance : à laquelle est-ce qu'elle est le plus attachée ?*
Le complément circonstanciel	▌ *Quand reviendras-tu ?* ▌ *Quand décolle l'avion ?* ou ▌ *Quand l'avion décolle-t-il ?* ▌ *Combien coûte ce pull ?* ▌ *Comment s'appelle votre fils ?* ou ▌ *Comment votre fils s'appelle-t-il ?* ▌ *Pourquoi as-tu changé d'avis ?* ▌ *Pourquoi Jim a-t-il changé d'avis ?* ▌ *Où va Jim ?* ou *Où Jim va-t-il ?* ▌ *D'où viens-tu ?* ▌ *Par où passeras-tu ?*	▌ *Quand est-ce que tu reviendras ?* ▌ *Quand est-ce que l'avion décolle ?* ▌ *Combien est-ce que ce pull coûte ?* (cette forme est particulièrement lourde) ▌ *Comment est-ce que votre fils s'appelle ?* ▌ *Pourquoi est-ce que tu as changé d'avis ?* ▌ *Pourquoi est-ce que Jim a changé d'avis ?* ▌ *Où est-ce que va Jim ?* ▌ *D'où est-ce que tu viens ?* ▌ *Par où est-ce que tu passeras ?*

▌ **Remarquez bien**

On ne fait jamais l'inversion du nom sujet et du verbe avec **pourquoi**.

Pourquoi Jean a-t-il ri ? ou *Pourquoi Jean a ri ?* (mais jamais : *Pourquoi a ri Jean ?*).

Alors qu'on peut dire :

Comment va Jean ? Quand part le train ? Où vont vos amis cet été ?

Langue soutenue	Langue courante	Langue familière
▌*Qui* est venu ?	▌*Qui est-ce qui* est venu ?	▌*Qui c'est qui* est venu ?
▌*Qui est-ce ?* ▌*Qu'est-ce* (rare) ▌*Lequel est* votre professeur ?	▌*Qu'est-ce que* c'est ? ▌*Qu'est-ce que* c'est que ça ?	▌*Qui c'est ? C'est qui ?* ▌*C'est quoi ?* ▌*C'est quoi ça ?* ▌*C'est lequel* votre professeur ?
▌*Qui* attends-tu ? ▌*Que* voulez-vous ?	▌*Qui est-ce que* tu attends ? ▌*Qu'est-ce que* vous voulez ?	▌*Qui tu* attends ? *Tu attends qui ?* ▌*Vous voulez quoi ?*
▌*À qui* pensais-tu ? ▌*Avec qui* est-il ? ▌*De quoi* s'agit-il ? ▌*À quoi* sert cet outil ? ▌*À quoi* cela sert-il ?	▌*À qui est-ce que* tu pensais ? ▌*Avec qui est-ce qu'*il est ? ▌*De quoi est-ce qu'*il s'agit ? ▌*À quoi est-ce que* sert cet outil ? ▌*À quoi est-ce que* cela sert ?	▌*À qui tu* pensais ? *Tu pensais à qui ?* ▌*Avec qui il* est ? *Il est avec qui ?* ▌*De quoi il* s'agit ? *Il s'agit de quoi ?* ▌*Cet outil sert à quoi ?* ▌*À quoi ça sert ? Ça sert à quoi ?*
▌*Quand* reviendras-tu ? ▌*Comment* t'appelles-tu ? ▌*Où* vas-tu ?	▌*Quand est-ce que* tu reviendras ? ▌*Comment est-ce que* tu t'appelles ? ▌*Où est-ce que* tu vas ?	▌*Quand tu* reviendras ? ▌*Tu reviendras quand ?* ▌*Comment tu* t'appelles ? ▌*Tu t'appelles comment ?* ▌*Où tu* vas ? *Tu vas où ?*

Faisons le point

■ Notez bien la différence entre :
- **Qui est-ce qui...** (sujet pour les animés) ➔ *Qui est-ce qui crie ?*   *C'est toi ?*
- **Qu'est-ce qui...** (sujet pour les inanimés) ➔ *Qu'est-ce qui est arrivé ? Une panne d'électricité ?*
- **Qui est-ce que** (complément d'objet direct pour les animés) ➔ *Qui est-ce que tu cherches ? Jim ?*
- **Qu'est-ce que** (complément d'objet direct pour les inanimés) ➔ *Qu'est-ce que tu dis ? Tu peux répéter ?*

■ Remarquez :
Si le pronom interrogatif **lequel** est introduit par la préposition **à** ou **de**, on n'oubliera pas de faire la contraction, comme pour l'article et le pronom relatif :
- à + lequel ➔ auquel
- à + lesquel(le)s ➔ auxquel(le)s
- de + lequel ➔ duquel
- de + lesquel(le)s ➔ desquel(le)s

▌*Parmi tous les candidats pour le rôle principal de la pièce, auquel vas-tu donner le rôle ?*
▌*De tous ces livres, desquels as-tu besoin en priorité ?*

■ **Attention à la structure** | pronom ou adjectif interrogatif + **de** + adjectif |

- **Qui + de + adjectif**
▌*Qui d'autre était à la soirée ?*
▌*Qui avez-vous vu d'autre ?*   ou *Qui est-ce que vous avez vu d'autre ?*
▌*Qui as-tu vu d'intéressant*   ou *Qui est-ce que tu as vu d'intéressant ?* ou *Qui tu as vu d'intéressant ?*
- **Que/qu'/quoi + de + adjectif**
▌*Qu'as-tu fait de beau aujourd'hui ?* ou *Qu'est-ce que tu as fait de beau... ?*
▌*Que s'est-il passé d'autre ?* ou *Qu'est-ce qu'il (qui) s'est passé d'autre ? Quoi d'autre ?*
▌*Tu as traversé des pays, visité des musées, rencontré des gens, et quoi d'autre ?*

- **À qui / à quoi + de +** adjectif
- **De qui / de quoi + de +** adjectif

▌ *À qui d'autre as-tu pensé ?* ou *À qui d'autre est-ce que tu as pensé ?* ou *À qui d'autre tu as pensé ?* *Tu as pensé à qui d'autre ?*

▌ *De quoi d'autre avez-vous parlé ?* ou *De quoi d'autre est-ce que vous avez parlé ?* ou *De quoi d'autre vous avez parlé ? Vous avez parlé de quoi d'autre ?*

▌ *Avec qui d'autre étais-tu à la soirée ?* ou *Avec qui d'autre est-ce que tu étais à la soirée ?* ou *Avec qui d'autre tu étais à la soirée ? Tu étais avec qui d'autre ?*

■ Aux adverbes interrogatifs **où ? comment ? quand ? pourquoi ?** correspondent des expressions comme **à quel endroit, de quelle manière, à quel moment, pour quelle raison**…

▌ *Où êtes-vous allé ?* = *Dans quel endroit êtes-vous allé ?*

▌ *Quand êtes-vous revenu ?* = *À quel moment êtes-vous revenu ?*

▌ *Comment avez-vous voyagé ?* = *De quelle manière, par quel moyen avez-vous voyagé ?*

▌ *Pourquoi n'êtes-vous pas resté là-bas ?* = *Pour quelle raison n'êtes-vous pas resté là-bas ?*

Remarques

1) Il y a une façon impersonnelle d'exprimer l'interrogation

On utilise le pronom interrogatif complément ou un adverbe interrogatif suivi de l'infinitif.

▌ *Que dire ? Que faire ? Que penser de tout cela ?* (= que peut-on dire, faire, penser… ou que faut-il dire, faire, penser ?). C'est une tournure assez soutenue.

▌ *Où aller ? Où ne pas aller ? Comment faire ? Pour quoi faire ? Pour faire quoi ? De quel côté chercher ?*

▌ *Comment travailler ? Comment réussir ?*

▌ *Travailler, oui mais comment ?*

2) « Quoi ? »

Ce pronom interrogatif s'utilise de plusieurs manières.

On le trouve dans l'expression : *Quoi de neuf ?*

C'est une expression très utilisée dans la langue courante. Elle a un sens assez large. Elle peut signifier :

▌ *Qu'est-ce qu'il y a de nouveau dans votre vie ? Qu'est-ce qu'il y a de nouveau dans le monde ? Quelles sont les nouvelles du jour ?*

On le retrouve également dans toutes sortes d'expressions familières.

▌ *Quoi ? Qu'est-ce que tu as dit ?* (ici, **quoi** = « comment ? »).

▌ *Tu sais quoi ? J'ai vu Mathilde et…* − *Oui ? Où était-elle, avec qui et qu'est-ce qu'elle faisait ? Alors, tu réponds ou quoi ? Allez, quoi, dis-moi ?* − *Oh, elle était avec des amis, elle mangeait, bavardait, riait, buvait, elle vivait, quoi !*

2 LA PHRASE NÉGATIVE

Qu'est-ce qu'une phrase négative ?

C'est une phrase qui dit le contraire d'une phrase affirmative.

■ *Le spectacle aura lieu demain* ≠ *Le spectacle **n'**aura **pas** lieu demain.*

Elle sert à nier, à refuser, à s'opposer, à marquer un doute, une incertitude, une ignorance.

La négation peut s'exprimer par un mot-phrase : *non,* ou par une phrase négative qui contient deux termes : *ne,* qui est placé devant le verbe et ne peut être séparé de lui que par le pronom, et un deuxième terme : *pas, plus, jamais…*

2.1 La négation totale

La négation porte sur toute la phrase.

Cette phrase peut se réduire au seul mot : *non.*

non

Non est le contraire de **oui** et de **si.**

Non remplace toute une proposition négative.

Non est la réponse négative à une question totale.

L'interrogation est marquée par l'inversion, par **est-ce que** ou par le ton.

■ *Viendrez-vous à la soirée ? − **Non** (= nous ne viendrons pas).*

■ *Ne viendrez-vous pas à la soirée ? − Moi, **si**, mais lui **non** (= moi je viendrai, lui, ne viendra pas).*

À la phrase interro-négative, la réponse négative est **non** et la réponse affirmative est **si.**

■ *Est-ce que tu es malade ? − **J'espère que non** ! (= j'espère que tu n'es pas malade).*

■ *Je peux sortir ce soir avec mes amis ? − On verra. − C'est oui ou **c'est non** ? (= je peux ou je ne peux pas ?).*

■ « Non » ou « pas » ?

Dans une opposition, on peut utiliser **non** ou **pas.**

On utilise de préférence **pas** devant un adjectif, un adverbe, un pronom.

■ *Prêt **ou pas prêt**, en forme **ou non**, tu dois prendre le départ de la course.*

■ *Le mot « médecin » est un nom et **non** un adjectif. / Le mot « médecin » est un nom et **pas** un adjectif.*

■ *Mes amis ont beaucoup aimé cette pièce, mais moi, **non**. / Mes amis ont aimé ce film, moi **pas** (ou **pas moi**).*

■ *Tu veux manger ? − **Non, pas maintenant,** je n'ai pas faim, tout à l'heure.*

■ *Nous avons bien rendez-vous lundi ? − **Non, pas lundi**, mardi.*

on utilisé comme préfixe sert aussi à former des noms composés.
*Il a été condamné pour **non-assistance** à personne en danger.*

on est obligatoire devant un nom.
*Aujourd'hui, on ne dit pas un « aveugle », mais un **non-voyant**.*

on peut être renforcé par **pas du tout** ou par **vraiment pas** :
*Est-ce que je vous dérange ? – **Non, pas du tout.**/**Non, vraiment pas.***

« Non plus »

'est la négation de **aussi**. **Non plus** reprend une négation et s'utilise
oujours dans une phrase négative

Tu aimes ce musicien ? Moi aussi.	(= moi aussi je l'aime).
*Tu **n**'aimes **pas** ce musicien ? Moi **non plus**.*	(= je **ne** l'aime **pas non plus**).

---

ne ... pas

e est historiquement la marque essentielle de la négation ;
as est le terme le plus fréquemment associé à **ne**.
*Je parle hollandais, mais je **ne** parle **pas** anglais.*
*Paul est là ? – Non, il **n**'est **pas** là.*
*C'est vrai ou ce **n**'est **pas** vrai ?*

ette négation peut être renforcée :
*Est-ce que vous avez de la monnaie ? – Non, désolée, je **n**'en ai **pas du tout**.*

La place de la négation « ne ... pas »

présent :	▌ *Une cigarette ? – Non, merci, je **ne** fume **pas**.*
futur :	▌ *On **n**'ira **pas** au cinéma ce soir, mais demain.*
participe présent :	▌ ***Ne** voulant **pas** répondre, elle a quitté la salle.*
impératif :	▌ ***N**'oubliez **pas** de signer votre chèque.*

↓

NE + verbe à toutes les formes simples + **PAS**

passé composé :	▌ *J'ai faim, je **n**'ai **pas** mangé à midi.*
plus-que-parfait :	▌ *Elle **n**'était **pas** sortie depuis plusieurs jours.*

↓

NE + auxiliaire + **PAS** + participe passé du verbe aux formes composées

▌ *Tu ferais bien de **ne pas** sortir seule le soir.*
▌ *Je regrette de **ne pas** vous avoir connu plus tôt.*

↓

NE PAS + infinitif présent ou passé

■ La négation et les pronoms personnels

Ne se place toujours avant les pronoms compléments.
- *Est-ce que tu connais cet écrivain ? – Non,* **je ne le** *connais pas.*
- *Êtes-vous inscrit à la faculté ? – Non,* **je n'y** *suis pas inscrit.*

■ La négation et les articles indéfinis et partitifs

☞ articles page 36

- **un, une, des**   à la forme négative totale → **pas de** ou **pas d'**
- **du, de la, de l'**   à la forme négative totale → **pas de** ou **pas d'**

- *Est-ce que vous avez* **des** *nouvelles de vos amis ?*
  – Non, je **n'ai pas de** *nouvelles.*
- *Il y a* **un** *bon restaurant dans cette rue ?*
  – Mais il **n'y a pas de** *restaurant ici !*
- *Prendrez-vous* **du** *vin ? – Non merci, je* **ne** *prendrai* **pas de** *vin.*

■ La négation « ne ... ni ... ni »

La négation coordonnée par **et** ou par **ou** se transforme en **ne ... ni ... ni.**

✔ **avec des adjectifs**
- *Est-ce que ton amie est blonde* **ou** *brune ?*
  – Elle **n'est ni** *blonde* **ni** *brune, elle est châtain.*
- *Quelle est la bonne température de l'eau du bain pour un bébé ?*
  – 37° environ. L'eau **ne** *doit être* **ni** *chaude* **ni** *froide, elle doit être tiède.*

✔ **avec des adverbes**
- *Je suis arrivé(e) juste à l'heure,* **ni** *trop tôt,* **ni** *trop tard.*

✔ **avec des noms**
- *Notre voisine est végétarienne :*
  – elle **ne** *mange* **pas de** *viande,* **pas de** *poisson...*
  – elle **ne** *mange* **pas de** *viande* **ni de** *poisson...*
  – elle **ne** *mange* **ni** *viande,* **ni** *poisson...*

✔ **avec des verbes**
- *Désirez-vous un verre de vin ? Voulez-vous une cigarette ?*
  – Non merci, je **ne** *bois* **pas** *et je* **ne** *fume* **pas.**
  – Je **ne** *bois* **ni ne** *fume* (langue très soutenue).

L'article indéfini ou partitif peut être omis avec **ni ... ni.**
- *Tu as un stylo ou un crayon ? – Je n'ai* **ni** *stylo* **ni** *crayon.*
- *Tu veux du vin ou de la bière ? – Je ne veux* **ni** *vin* **ni** *bière.*
Mais l'article **défini** ne disparaît pas :
- *Il n'aime* **ni la** *mer* **ni la** *montagne.*

2.2 **La négation partielle ou relative**

La négation ne porte que sur un élément de la phrase.
Elle implique alors une limite ou une restriction.
Avec toutes les expressions de la négation partielle (exception : *ne ...
pas encore*), le mot *pas* disparaît.

▌*Je **ne** vois **rien**, je **ne** vois **personne**, je **n'**ai lu **aucun** livre de cet écrivain,
je **ne** trouve **nulle part** ce livre, tu **ne** te tais **jamais**, il **ne** pleure **plus**.*

ne ... rien ou rien ne ...

Ne ... **rien** est formé de l'adverbe négatif **ne,** associé à un pronom négatif **rien.**
Rien renvoie toujours à une chose.
C'est la négation des pronoms indéfinis :

☞ indéfinis page 70

* **quelque chose**   ▌*Tu vois **quelque chose** ? – Non, je ne vois **rien**.*
* **tout**   ▌*Il sait **tout**. – Il ne sait **rien**.*

C'est la réponse négative à la question :

* **que ?**   ▌***Que** dis-tu, **qu'est-ce que** tu dis ? – Je ne dis **rien**.*
* **quoi ?**   ▌***De quoi** as-tu besoin ? – Je n'ai besoin de **rien**.*

Observez la différence :

▌*Il sait tout.*   ➜ *Il **ne** sait **rien**.* (= il ignore tout)
   ➜ *Il **ne** sait **pas** tout.* (= il sait quelque chose mais pas tout)

Rien est aussi un mot-phrase :
▌*Que faites-vous ? – **Rien**.*

▉ Fonction et place de « rien »

Rien peut être :

✔ **sujet**
Les deux termes négatifs se placent devant le verbe.
▌***Rien ne** vaut une bonne douche après une longue journée de travail.*
▌***Rien n'**a changé depuis mon départ.*

✔ **complément d'objet direct**
Les deux termes négatifs encadrent le verbe à la forme simple.
▌***Que** savez-vous ? – Nous **ne** savons **rien**.*
▌*Veux-tu **quelque chose** ? – Non, je **ne** veux **rien**.*
À la forme composée, les deux termes négatifs encadrent l'auxiliaire.
▌*Alors, vous avez **tout** vu, **tout** entendu ?*
– *Nous ? Mais non, nous **n'**avons **rien** vu, (nous **n'**avons) **rien** entendu.*

✔ **complément d'objet indirect**
À / de + **rien** se placent après le verbe simple ou composé.
▌*À quoi penses-tu ? – Je **ne** pense **à rien**.*
▌*À quoi avez-vous pensé ?   – Nous **n'**avons pensé **à rien**.*

⚠ Construction

* **quelque chose de**
+ adjectif invariable
➜ **ne ... rien de** + adjectif
invariable ou **rien de**
+ adjectif invariable
▌*Avez-vous lu **quelque
chose d'**intéressant ?*
– *Non, je **n'**ai **rien** lu
d'intéressant.*
– *Non, **rien d'**intéressant.*

* **quelque chose à**
+ infinitif
➜ **ne ... rien à** + infinitif
▌*Avez-vous **quelque chose
à** dire ?*
– *Non, je **n'**ai **rien** à dire,
je **n'**ai **pas grand-chose
à** dire.*

VI **LES DIFFÉRENTS TYPES DE PHRASES**

☞ **indéfinis** page 69

ne ... personne ou personne ne ...

Ne … **personne** est formé de l'adverbe négatif **ne**, associé à un pronom négatif, **personne**.

Personne renvoie toujours à une personne. C'est la négation des pronoms indéfinis :
- **quelqu'un**   ▌ *Il y a **quelqu'un** ? – Non, il **n'**y a **personne**.*
- **tous**   ▌ *Ils sont **tous** là ? – Non, **personne** n'est là.*

C'est la négation de l'expression indéfinie :
- **tout le monde**   ▌ *Tout le monde a compris ? – **Personne** n'a compris.*

C'est la réponse négative à la question :
- **qui ?**   ▌ *Qui vient avec moi ? Comment ? **Personne** ne vient ?*

Observez la différence :
▌ *Tout le monde lit dans le métro.*
→ ***Personne** ne lit dans le métro* (= pas une seule personne).
→ ***Tout le monde** ne lit **pas** dans le métro* (= quelques personnes lisent mais pas toutes).

Personne est aussi un mot-phrase :
▌ *Qui vient avec moi ? **Personne ?***

▌ Fonction et place de « personne »

Personne peut être :

✔ **sujet**
Les deux termes négatifs se placent devant le verbe.
▌ ***Qui** est là ? – **Personne** (n'est là.)*

✔ **complément d'objet direct**
Les deux termes négatifs encadrent le verbe à la forme simple.
▌ *Connaissez-vous **quelqu'un** dans cette ville ? – Non, je **ne** connais **personne**.*

⚠ À la forme composée, les deux termes négatifs encadrent le verbe.
▌ ***Qui** avez-vous rencontré ce matin ? – Je **n'**ai vu **personne**.*

✔ **complément d'objet indirect**
À / de + personne se placent après le verbe à la forme simple ou composée.
▌ *Parlerez-vous **à quelqu'un** de ce projet ? – Non, je **n'**en parlerai **à personne**.*

ne ... aucune ou aucun(e) ... ne ...

Ne … **aucun(e)** ou **aucun(e)** … **ne** est formé de l'adverbe **ne** associé à **aucun(e)**.

Aucun(e) est **adjectif** indéfini (il accompagne un nom) ou pronom indéfini (à la place d'un nom).

Aucun(e), masculin ou féminin, est toujours singulier (= pas un(e) seul(e), zéro).

▌ *Une personne est venue* est une affirmation.
≠
▌ *Personne n'est venu* est une négation.

⚠ Construction

- **quelqu'un de** + adjectif invariable
  → **personne de** + adjectif invariable + **ne**
  ou **ne ... personne de** + adjectif invariable
  ▌ *Y avait-il **quelqu'un d'important** à la réunion ?*
  *– Non, il **n'**y avait **personne** d'important.*
  *– **Personne d'important n'**était là.*

quelqu'un à + infinitif
→ **personne à** + infinitif
▌ *As-tu **quelqu'un à** voir ?*
*– Non, je **n'**ai **personne à** voir.*

Dans la langue soutenue

Nul peut remplacer **personne** quand il est sujet.

Aucun(e) renvoie à une personne ou à une chose. C'est la négation d'une quantité :

▌*Combien de cinémas y a-t-il dans ce quartier ? Un ? deux ? trois ?*
– Non, il n'y a aucun cinéma. Il n'y en a aucun (= pas un seul).
▌*Tu as **beaucoup** d'amis ici ? – Non, je n'ai **aucun** ami, je viens d'arriver dans cette ville.*
▌*J'ai reçu **plusieurs** lettres aujourd'hui, et même **quelques** cartes postales !*
*– Et moi, je n'ai **aucune** lettre, **aucune** carte.*

Aucun(e) est aussi un mot-phrase :

▌*Combien de cigarettes avez-vous fumé aujourd'hui ? – **Aucune**.*

☞ indéfinis et quantification
page **70**

■ Fonction et place de « aucun(e) »

Aucun(e), adjectif ou pronom, peut être :

✔ sujet
Les deux termes négatifs se placent avant le verbe à la forme simple ou composée.
▌*La grève continue ; **aucun** accord n'a été signé entre les deux parties.*
▌*La jeune fille a attendu en vain ses amis : **aucun** n'est venu.*

Dans la langue soutenue

Nul(le) peut remplacer **aucune**.

✔ complément d'objet direct
Les deux termes négatifs encadrent le verbe à la forme simple.
▌*Vous n'avez **aucune** raison d'avoir peur, non vraiment **aucune**.*

⚠ À la forme composée, les deux termes négatifs encadrent le verbe.
▌*Les supporters sifflaient l'équipe qui n'avait marqué **aucun** but.*

✔ complément d'objet indirect
À / de + aucun(e) se placent après le verbe à la forme simple ou composée.
▌*Non, je ne te dirai rien, tu n'auras droit **à aucun** détail.*

ne ... nulle part ou nulle part ... ne ...

Ne ... nulle part est formé de l'adverbe négatif **ne**, de l'adjectif indéfini **nul(le)** et du nom **part**.
Nulle part, expression adverbiale, est la négation de :
• **quelque part**   ▌*Tu vas **quelque part** ? – Je **ne** vais **nulle part**.*
• **partout**   ▌*Il la voit **partout**. Il **ne** la voit **nulle part**.*

☞ indéfinis page **70**

C'est la réponse négative à la question :
• **où ?**   ▌*Où vas-tu ? – Je **ne** vais **nulle part**.*

Nulle part peut être aussi un mot-phrase :
▌*Où tout cela nous mènera-t-il ? **Nulle part**.*

■ Place de « nulle part »

Les deux termes négatifs encadrent le verbe à la forme simple.
▌*Chérie, **où** sont mes lunettes ? Je les cherche **partout** et je **ne** les vois **nulle part**.*
*– Cherche bien, elles sont sûrement **quelque part** dans la maison.*
*– Mais non, j'ai regardé **partout**, elles **ne** sont **nulle part**.*

⚠ À la forme composée, les deux termes négatifs encadrent le verbe.
▌*La jeune femme se plaignait : « Je **ne** suis allée **nulle part** cet été ! »*

> ▌ *Si jamais tu le vois,*
> *dis-lui que je l'attends.*
> (= si par hasard tu le vois.)

Ne, adverbe négatif, est associé à l'adverbe de temps **jamais**.

Utilisé seul, **jamais** a une valeur positive = en un temps quelconque, indéfini, un jour.

Ne ... **jamais** = pas une seule fois.

C'est la forme négative de :

• **parfois, quelquefois, souvent.**

▌ *Il va **souvent** au cinéma, moi je **n'y** vais **jamais**.*

• **déjà**

▌ *Tu as **déjà** lu Joyce ? — Non, je **n'ai jamais** lu Joyce.*

• **toujours**

▌ *Il sort **toujours** à la même heure ? — Non, il **ne** sort **jamais** à la même heure.*

Observez la différence :

▌ *Tu es **déja** allé en Chine ? — Non je **n'y** suis **jamais** allé*
(dans le passé) ou *— Non, je **n'y** suis **pas encore** allé, mais j'irai bientôt.*

▌ *Où est votre ami ? — Il **n'est toujours pas** rentré* (= il n'est pas encore rentré).
*— Oh, il **n'est pas toujours** là à cette heure* (= il est souvent là à cette heure, mais pas régulièrement).

▊ Place de « jamais »

Les deux termes négatifs encadrent le verbe à la forme simple.
▌ *Peut-on lui faire confiance ? — Oui, elle **ne** ment **jamais**.*

À la forme composée, les deux termes négatifs encadrent l'auxiliaire.
▌ *Je **n'ai jamais** rencontré quelqu'un d'aussi intéressant.*
On peut aussi placer **jamais** en tête de phrase, pour insister.
▌ ***Jamais** je **n'ai** rencontré quelqu'un d'aussi intéressant.*

☞ **adverbes** page **187**

Ne ... **pas encore** est formé de la négation **ne** ... **pas**, associée à l'adverbe de temps **encore**.

Cette expression montre qu'une action se produira bientôt.

Ne ... **pas encore** est la négation de **déjà** (explicite ou implicite) :
▌ *Il est **déjà** midi ? — Non, il **n'est pas encore** midi, il est midi moins le quart.*
C'est aussi une expression-phrase :
▌ *Tu as déjeuné ? — **Non, pas encore**.*

■ Place de « pas encore »

Les deux termes négatifs encadrent le verbe à la forme simple.
■ *Votre enfant marche-t-il (déjà) ? – Non, il **ne** marche **pas encore**, il a six mois.* ou *– **Non, pas encore**.*

À la forme composée, les deux termes négatifs encadrent l'auxiliaire.
■ *As-tu reçu ma lettre ? – Non je **ne** l'ai **pas encore** reçue ; demain peut-être…*

---

ne ... plus

Cette négation est formée de l'adverbe négatif **ne** et de l'adverbe **plus**.
Ne … **plus** montre qu'un fait qui a eu lieu dans le passé a cessé de se produire.
Ne … **plus** est la négation de :

• **encore**　■ *Tu as **encore** faim ?*
　　　　　　　*– Non, je **n'**ai **plus** faim.*

• **toujours** (= encore, à partir de maintenant)
　　　　　　　■ *Tu joues **toujours** du piano ?*
　　　　　　　*– **Non**, je **n'en** joue **plus.***

■ Place de « ne ... plus »

Les deux termes négatifs encadrent le verbe à la forme simple.
■ *Un verre de vin ? – Non merci, je **ne** bois **plus*** (= autrefois je buvais, mais j'ai cessé de boire)
■ *Est-ce que tu vois **toujours*** (= est-ce que tu vois **encore**) *tes amis d'enfance ? – Non, je **ne** les vois **plus**.*

À la forme composée, les deux termes négatifs encadrent l'auxiliaire.
■ *Que devient ton ami d'enfance ? – Je **n'**ai **plus** entendu parler de lui depuis des années.*

---

ne ... guère

Cette négation est formée de l'adverbe négatif **ne** et de l'adverbe **guère**.
C'est une négation assez soutenue. Elle signifie :

• **pas beaucoup, pas souvent**, et elle accompagne un verbe :
■ *Je **n'**aime **guère** parler des autres.*

• **pas très**, et elle accompagne un adjectif :
■ *Elle **n'**est **guère** accueillante.*

• **pas beaucoup de**, et elle accompagne un nom :
■ *Je **n'**ai **guère** de temps à vous consacrer.*

■ Place de « ne ... guère »

Les deux termes négatifs encadrent le verbe à la forme simple.
■ *Un cigare ? – Non, merci, je **n'en** fume **guère**.*
À la forme composée, les deux termes négatifs encadrent l'auxiliaire.
■ *Je **n'**ai **guère** aimé son attitude.*

à L'oral

Dans la langue orale, le **ne** disparaît et on entend :

■ *Je veux pas, je peux pas, j'aime pas, j'ai pas envie, j'en ai pas besoin, je le donne pas, tu ferais bien de pas sortir, j'ai rien vu, il boit jamais, j'ai pas encore fini, j'en peux plus…*

⚠ **à des confusions possibles :**
■ *Je vois plus clair* (négation) et *je vois plus clair* (forme comparative de « je vois clair »).

2 . 3 L'expression de la restriction : « ne ... que »

Ne ... que est une expression adverbiale synonyme de « seulement »

■ Place de « ne ... que »

Les deux termes encadrent le verbe à la forme simple.
- *Je **n'**aime **que** toi* (= je n'aime personne d'autre que toi).
- *Puis-je vous aider ? demande la vendeuse. – Oh, je **ne** fais **que** regarder, répon... la cliente* (= je ne fais rien d'autre que regarder, je regarde et c'est tout).

⚠ À la forme composée, les deux termes encadrent le verbe.
- *Tu l'as acheté finalement, ton livre sur Picasso ? – Non, je **n'**ai fait qu... le regarder, il était trop cher.*

⚠ à la structure : **n'avoir qu'à, il n'y a qu'à...**
- *Si tu n'es pas content, **tu n'as qu'à partir**.*
- *Tu as froid ? **Il n'y a qu'à** fermer la fenêtre.*
- *Vous avez peur d'échouer ? **Vous n'aviez qu'à** travailler davantage !*
- *Vous n'avez pas de clé ? **Vous n'aurez qu'à** tirer la porte en partant.*
(Selon le contexte, l'expression peut avoir valeur de conseil, de suggestion... d'avertissement, de reproche.)

2 . 4 Combinaison de termes négatifs

Il est impossible de combiner *pas* avec une autre négation.
Mais on peut associer plusieurs autres termes négatifs. Ainsi :

- *Je **ne** me rappelle **plus rien**, je **ne** me souviens **plus de rien**.*
- *Je **n'**ai **jamais rien** lu **d'**aussi drôle.*
- *Je **ne** te dirai **plus jamais rien**, tu ne sais pas garder un secret.*
- *Moi, je **n'**ai **rien** vu, et toi ? – Je **n'**ai **rien** vu **non plus**.*

- *Personne **ne** m'a **jamais** traité ainsi.*
- ***Plus personne n'**utilise le passé simple **ni** le subjonctif imparfait dans l... langue parlée.*
- *Je **n'**attends **plus rien ni personne**, je **n'**attends **plus rien de personne**.*

- *Depuis son départ, **aucun** de nous **n'**a **plus jamais** entendu parler de lui.*

- *Depuis son départ, **aucun** de nous **n'**a **jamais plus** entendu parler de lui.*

- *Ils **ne** vont **plus jamais nulle part**.*

- *Ils **ne** vont **jamais plus nulle part**.*

⚠ Attention à la place des termes négatifs :
plus et **jamais** peuvent s'inverser.
Rien, personne et **nulle part** sont toujours en dernière position.

Comparez.

Je	**n'ai**	**pas**	*compris et toi ?*
Moi, je	**n'ai**	**rien**	*compris et toi ?*
Oh, moi je	**n'ai**	**jamais**	*compris ses explications et toi ?*
Je	**n'ai**	**pas encore**	*compris ce qu'elle voulait dire.*
Moi, je	**n'ai**	**plus**	*suivi à partir du premier quart d'heure.*
Je	**n'ai**		*compris **que** quelques mots par-ci, par-là.*
Je	**n'ai**		*vu **personne** d'important dans la salle.*
Je	**n'ai**		*vu **aucune** personnalité.*
Je	**n'ai**		*vu **nulle part** quelqu'un d'aussi ennuyeux.*

lexique

Les verbes

■ *Ils **ont contesté** le résultat des élections.* (contester = ne pas être d'accord)

■ *Nous **démentons** cette nouvelle.* (démentir = dire qu'un fait n'est pas vrai, qu'il est faux)

■ *Elle **désapprouve** ma conduite.* (désapprouver = ne pas approuver)

■ *Nous **doutons** de ta sincérité.* (douter = ne pas être sûr)

■ *À ta place, **j'éviterais** de répondre.* (éviter = ne pas faire)

■ *Éteins la radio, tu **m'empêches** de dormir.* (empêcher = ne pas laisser, ne pas permettre)

■ *J'**ignore** où elle est.* (ignorer = ne pas savoir)

■ *Quelques élèves **manquent** aujourd'hui.* (manquer = ne pas être là)

■ *Il me **manque** dix euros.* (manquer = avoir besoin de)

■ *Tu **manques** de patience.* (manquer de = ne pas avoir)

■ *Elle **se méfie** de tout le monde.* (se méfier = ne pas avoir confiance)

■ *Il a **nié** tous les faits qu'on lui reproche.* (nier = dire qu'un fait n'est pas)

■ *J'**ai oublié** que nous avions rendez-vous ce jour-là.* (oublier = ne pas se rappeler)

■ *Je **refuse** de vous écouter.* (refuser = ne pas accepter)

Et les noms formés sur ces verbes : la contestation, le démenti, la désapprobation, le doute, l'empêchement, l'ignorance, le manque, la méfiance, la dénégation, l'oubli, le refus.

Les adjectifs

■ *Tu seras **privé(e) de** sortie, de télé, de dessert.* (= tu n'auras pas de télé…)

■ *Ce fait est **in**contestable, **in**discutable.* (= un fait qu'on ne peut contester)

■ *Ce texte est **il**lisible (in + l = ill).* (= qu'on ne peut lire)

■ *C'est un verbe **ir**régulier (in + r = irr).* (= qui n'est pas régulier)

■ *Il a eu une attitude **im**polie (in + p/b/m = im).* (= qui n'est pas polie)

■ *C'est une personne très **dés**agréable.* (= qui n'est pas agréable)

■ *Il a un visage **a**symétrique.* (= qui n'est pas symétrique)

☞ adjectifs page 97

Les conjonctions

▌ *Il a quitté la salle **sans qu'**on le voie.*

▌ *La vieille dame fera quelques pas dehors **à moins qu'**il (ne) fasse tro[p] froid.*

▌ *Elle fera quelques pas dehors **sauf s'**il fait trop froid.*

▌ *Je répète mes explications **de peur qu'**il (n')y ait un malentendu.*

Les prépositions

☞ prépositions page 179

▌ *Elle portait une robe **sans** manches.* (≠ avec)

▌ *Je ne pourrais pas vivre **sans** toi.* (= ... si tu n'étais pas là)

▌ *Il se sent fatigué, nous partirons **sans** lui.* (≠ avec)

▌ *Il a quitté la salle **sans** être vu.* (= et on ne l'a pas vu)

▌ *Elle lit toujours **en** prenant des notes, lui, lit **sans** prendre de notes* (≠ en prenant...)

▌ ***Faute de** crédits, ce théâtre pourrait fermer.* (= si on ne lui accordait pa[s] de crédit...)

▌ ***Faute d'**avoir écouté les avis de la météo, ils ont pique-niqué sous l[a] pluie.* (= parce qu'ils n'ont pas écouté...)

▌ ***À moins d'**un empêchement, elle viendra ce soir.* (= si elle n'a aucu[n] empêchement)

▌ ***Sauf** empêchement, elle viendra ce soir.*

▌ *Elle répétera ses explications, **de peur d'**un malentendu.* (= pour évite[r] tout malentendu)

Les adverbes

▌ *Dépêche-toi, **sinon** nous arriverons en retard.* (**Sinon** dit le contraire d[e] ce qui précède = si tu ne te dépêches pas, ... autrement.)

▌ *Ne ralentis pas ton allure, **sinon** nous arriverons en retard.* (= si t[u] ralentis, ... autrement nous arriverons...)

manières de dire
. . . .

▌ *Ce livre **n'est pas mal du tout**, n'est-ce pas ? – Oui, c'est vrai, il est bon.*

▌ *Comment est ton steak ? – **Pas mauvais !***

▌ *À ton âge, tu veux courir le marathon ? – **Pourquoi pas ?***

▌ *Veux-tu m'épouser ? – **Ça non, alors ! Certainement pas, jamais d[e] la vie ! Il n'en est pas question ! C'est hors de question !** – Pour l[a] seconde fois, veux-tu m'épouser ? – **Non, non et non, non, non, mill[e] fois non.***

▌ *Moi, jalouse ? **Bien sûr que non ! Ah non, vraiment pas !*** (= non pa[s] du tout) ***Non pas vraiment...*** (= non pas tellement, pas véritablement).

POUR ALLER PLUS LOIN

« ne » employé seul

■ Avec « pouvoir, cesser de, oser, savoir » + infinitif

▌ *Je **ne** peux (pas) vous renseigner.*
▌ *Je **n'**ose (pas) penser à ce qui aurait pu arriver !*
▌ *Il **ne** cesse (pas) de se plaindre.*
▌ *Ils **ne** savent (pas) où aller.*
(Ici « savoir » marque l'incertitude dans une proposition interrogative indirecte : *je **ne** sais **comment** faire, je **ne** sais **que** dire…* et il est suivi ou non d'un infinitif.)
Ces phrases sont pleinement négatives ; on peut toujours rajouter **pas**.
La forme sans **pas** appartient à la langue soutenue.

■ Le « ne » explétif

C'est un adverbe qui est introduit par certains verbes et par certaines conjonctions.
• Les verbes : **craindre, avoir peur, redouter, éviter, empêcher…**
• Les conjonctions : **avant que, de peur que, de crainte que, à moins que.**
Il apparaît également dans la proposition comparative d'inégalité.

L'emploi de **ne** explétif est facultatif. On peut toujours le supprimer. On dit habituellement que ce n'est pas une négation, mais en fait, **ne** explétif renvoie à une idée négative implicite.
▌ *Je crains qu'il **(ne)** parte* (= je ne veux pas qu'il parte).
▌ *Elle a peur que tu **(ne)** lui mentes* (= elle ne veut pas que tu lui mentes).
▌ *Évite qu'on **(ne)** te voie* (= fais en sorte qu'on ne te voie pas).
▌ *J'ai empêché qu'il **(ne)** fasse une erreur* (= grâce à moi, il n'a pas fait cette erreur).
▌ *Sors **avant que** je **(ne)** me mette en colère* (= mais je ne suis pas encore en colère).
▌ *Elle avance à pas de loup **de crainte/de peur** qu'on **(ne)** l'entende.* (= pour qu'on ne l'entende pas).
▌ *Ils pique-niqueront **à moins** qu'il **(ne)** pleuve* (= à condition qu'il ne pleuve pas).
▌ *Il est **plus** tard (ou) **moins** tard qu'on **(ne)** le croyait* (= on croyait qu'il était plus ou moins tard, mais ce n'est pas le cas).

Observez la différence

▌ *J'ai peur qu'il (ne) mente* (**ne** explétif).
▌ *J'ai peur qu'il ne dise pas la vérité* (vraie négation).
▌ *J'ai peur qu'il (ne) vienne pendant mon absence* (**ne** explétif).
▌ *J'ai peur qu'il ne vienne pas ce soir* (vraie négation).

☞ **expression de la comparaison** page **326**

3 LA PHRASE EXCLAMATIVE

Qu'est-ce qu'une phrase exclamative ?

C'est une phrase qui sert à exprimer une réaction affective (étonn‹ ment, admiration, joie, indignation, colère…) de la part du locuteu Elle a souvent les mêmes marques que la phrase interrogative (p‹ exemple l'adjectif *quel*).

À l'écrit, la phrase se termine par un point d'exclamation (!).

▮ *Ce film est vraiment stupide ! C'est extraordinaire !*

À l'oral, en général, l'intonation suffit pour exprimer cette réaction. Mais la phrase exclamative peut également comporter un mot excl‹ matif : *comme, quel, combien…*

▮ *Quelle histoire incroyable ! Comme tu es intelligent !*

3 . 1 Les mots exclamatifs

▮ Les adjectifs exclamatifs

Il peut s'agir d'un adjectif exclamatif : **quel, quelle, quels, quelles**. Vou remarquerez qu'il s'agit du même adjectif que dans la phrase interrogative Le verbe est souvent sous-entendu.

▮ *Quelles belles roses vous avez ! /* ▮ *Quelles belles roses !*

Dans l'exclamation indirecte (que l'on rencontre assez rarement), la form de l'adjectif est la même et il n'y a pas d'inversion.

▮ *Vous avez vu **quelle** belle petite fille ils ont !*

▮ Les adverbes

☞ adverbes page **189**

Il peut s'agir d'un adverbe : **que** (ou **ce que**), **comme**.

▮ *Que tu es belle avec les cheveux courts !*
▮ *Ce que tu es belle avec les cheveux courts !* (un peu plus familier).
▮ *Comme tu es belle avec les cheveux courts !*

L'adverbe exclamatif **combien**, plus rare, est d'un registre beaucoup plus soutenu

▮ *Combien je regrette de ne pas être allé chez vous hier soir !*

☞ expression de la conséquence page **305**

Les adverbes **si** (+ adjectif ou adverbe), **tellement** (+ adjectif, adverbe o verbe), **tant** (+ verbe)… s'emploient également dans les phrases exclamatives

▮ *Il est si gentil ! Il travaille si bien !*
▮ *J'ai eu **tellement** froid ! On a **tellement** ri !*
▮ *Ils se sont **tant** aimés !*

Les interjections

Par exemple : **Ah ! Oh ! Tiens, tiens ! Oh là là ! Chut ! Pardon ! Zut ! Au secours ! Tant mieux ! Tant pis ! Ça alors ! Aïe aïe aïe !** ...

Parfois, l'interjection n'a pas de sens en elle-même. C'est alors l'intonation et le contexte qui aident à en comprendre le sens. Par exemple : **Ah !** peut exprimer l'approbation *(Ah ! ça y est, tu as réussi ?)* ; la satisfaction *(Ah, super, te voilà !)* ; le reproche *(Ah, tu es vraiment pénible aujourd'hui !)* ; la surprise *(Ah bon ?)*, etc.

Les Français utilisent de très nombreuses interjections. La plupart d'entre elles sont familières ou même très familières. Certaines sont de simples cris *(Oh ! Eh ! Aïe !)*, d'autres un mot : un nom *(Silence ! Pitié ! Attention !)*, un adjectif *(Bon ! Génial !)*, un pronom *(Quoi !)*, un verbe *(Allez ! Écoute ! Arrête !)*, d'autres encore (les onomatopées) imitent un bruit *(Chut ! Crac ! Boum ! Brrr ! Bing ! Cocorico ! Youpiii !)*. Parfois, ces interjections sont des locutions : *Dis donc ! Tu parles ! Mon œil ! Allez, du balai ! (= va-t'en !)*.

Elles peuvent exprimer :

• **l'dmiration**	▮ *Oh, que c'est beau ! Super ! Chapeau !* (familier)
• **l'approbation et la satisfaction**	▮ *Ça va ! Bon ! Bravo ! Génial ! Parfait ! Extra ! Très bien ! Chouette !* (familier)
• **l'indifférence**	▮ *Bof !*
• **l'exaspération**	▮ *Oh, ça va ! Encore ! Non mais ! Non mais dis donc !*
• **l'incrédulité**	▮ *Mon œil ! Tu parles !*
• **la douleur**	▮ *Aïe ! Ouille !*
• **le dégoût**	▮ *Pouah ! Beurk !*
• **la résignation**	▮ *Bon, ben, tant pis ! Ça ne fait rien !*
• **le soulagement**	▮ *Ouf ! Enfin !*
• **l'arrêt**	▮ *Stop ! Halte ! Minute ! Pouce !*

On peut également mentionner les onomatopées qui traduisent :

• **un bruit d'appel**	▮ *Ohé ! Psst ! Hé !*
• **un bruit de choc, de chute**	▮ *Vlan ! Boum ! Bing ! Floc !*
• **un bruit de déchirement**	▮ *Crac !*
• **un bruit d'explosion**	▮ *Boum ! Bang !*

etc.

Certaines de ces interjections (par exemple : *Pouce ! Bof ! Mon œil !...*) ne peuvent pas se concevoir sans le geste ou la mimique qui les accompagnent.

4 LA MISE EN RELIEF

C'est souvent par le terme d'« emphase » ou d'« insistance » que l'on décrit les procédés de mise en relief de tel ou tel élément dans un texte. En effet, dans certains cas, on veut insister sur l'un des éléments de la phrase. Nous verrons cependant que ces procédés sont devenus si courants, si banals, à l'oral surtout, qu'ils ont perdu une grande partie de ce caractère « emphatique ».

Ces procédés peuvent se traduire de diverses façons.

À l'oral, on fera porter l'accent sur un mot ou un groupe de mots que l'on veut mettre en évidence. Par exemple, ici, pour manifester son étonnement, son incrédulité :

▌ *Frédéric Jeannet a été **élu** ?*
▌ *Frédéric Jeannet a **vraiment** été élu ?*
▌ *Il a été élu **dès le premier tour** ?*
▌ *Il a réussi à **battre** l'ancien maire qui était là depuis **trente ans** !*

À l'écrit et plus encore à l'oral, deux procédés sont très couramment employés :

– les reprises (on détache un élément de la phrase et on le reprend par un pronom : *Ma sœur, je l'adore !*). On appelle parfois ce procédé une dislocation. Elle peut se faire à gauche : *Ma sœur, je l'adore*, ou à droite : *Je l'adore, ma sœur.*

– les extractions (on utilise alors la structure *C'est...* + pronom relatif : *C'est toi qui as dit ça ?* ou *C'est...* + conjonction *que* : *C'est demain qu'il va à la pêche*).

Toutes les subordonnées peuvent être mises en relief.
▌ ***C'est** pour que tu comprennes que j'insiste.*
▌ ***C'est** quand je l'ai vu sourire que j'ai compris qu'il m'avait pardonné.*

4.1 Les reprises

■ **Reprise d'un pronom (sujet ou objet) par un pronom tonique** (avant ou après le pronom personnel correspondant).

▌ ***Moi**, j'aime bien l'opéra.*
▌ *J'aime bien l'opéra, **moi**.*

▌ *Et **eux**, tu les connais ?*
▌ *Tu les connais, **eux** ?*

■ Reprise d'un nom commun ou d'un nom propre par un pronom personnel (avant ou après le nom correspondant)

■ *Alexandre, tu **l'**as vu aujourd'hui ?*
■ *Tu **l'**as vu, Alexandre, aujourd'hui ?*
■ *Tu **l'**as vu aujourd'hui, Alexandre ?*

■ *Mes parents, je **leur** ai téléphoné hier.*
■ *Je **leur** ai téléphoné hier, à mes parents.*

■ *De la bière, vous **en** buvez ?*
■ *Vous **en** buvez, de la bière ?*

■ Reprise d'un nom par le pronom démonstratif neutre « ça » (avant ou après le nom correspondant)

■ *Le chocolat, vous aimez **ça** ?*
■ *Vous aimez **ça**, le chocolat ?*

4 . 2   Les extractions

■ La structure « C'est » + ... + pronom relatif

■ *Qui doit appeler Pierre ? C'est toi ? – **Ce n'est pas** moi **qui** dois l'appeler, **c'est** lui **qui** doit téléphoner.*
■ *Dis donc, **c'est moi qui** commande ici et pas toi !*

■ La structure « C'est » + ... + proposition introduite par la conjonction « que »

■ ***C'est** à Paris ou à Lille **que vous avez fait vos études** ?*
■ ***Ce n'est pas** pour moi **que je fais ça**, c'est pour toi !*
■ ***C'est** avec plaisir **que j'ai appris votre arrivée**.*
■ *Bravo ! **C'est** seulement maintenant **que tu arrives** !*

Mentionnons la structure :
Si..., c'est parce que... ou Si..., c'est que...
■ *S'il a fait cette erreur, c'est parce qu'il a voulu aller trop vite.*
■ *S'il n'a pas téléphoné, c'est que tout va bien.*

DE LA PHRASE SIMPLE À LA PHRASE COMPLEXE

Chapitre 1 • GÉNÉRALITÉS ET DÉFINITIONS . . . .

    1 • *1*   La phrase simple

    1 • *2*   La phrase complexe

Chapitre 2 • LA PROPOSITION SUBORDONNÉE RELATIVE . . . .

    2 • *1*   La place de la relative

    2 • *2*   Le sens de la relative

    2 • *3*   Le mode du verbe dans la relative

Chapitre 3 • LA PROPOSITION SUBORDONNÉE COMPLÉTIVE . . . .

    3 • *1*   La place de la complétive

    3 • *2*   L'ordre des mots dans la complétive

    3 • *3*   Le mode du verbe dans la complétive

    3 • *4*   La transformation : complétive ➜ infinitif

    3 • *5*   Les transformations : complétive ➜ nom, pronom ou adjectif

Chapitre 4 • LE DISCOURS RAPPORTÉ . . . .

    4 • *1*   Le discours direct

    4 • *2*   Le discours indirect lié et les verbes du « dire »

    4 • *3*   Le discours indirect libre

    4 • *4*   L'interrogation indirecte

1 GÉNÉRALITÉS ET DÉFINITIONS

Qu'est-ce qu'une phrase ?

On peut d'abord dire qu'une phrase commence toujours par une lettre majuscule et se termine par un point (point final, point d'interrogation, point d'exclamation, points de suspension).

▌ *La maison est là-haut sur la colline.*

▌ *Où allez-vous ?*

▌ *Mais vous êtes complètement fou !*

▌ *Il y avait des fruits en quantité : des pommes, des pêches, des poires, des fraises, des cerises…*

Mais on peut dire aussi que c'est une suite de mots ordonnés entretenant des relations entre eux et que cette suite de mots a un sens, une cohérence.

▌ *Le livre est sur la table* est une phrase.

▌ *★Table est livre le la sur* n'est pas une phrase : l'assemblage de ces mots n'a pas de sens.

1 . 1 La phrase simple

⚠ Évitez les phrases trop longues, vous risquez de faire des erreurs de syntaxe.

Il est très difficile de parler de « phrase française type ». En effet, il existe une très grande variété de phrases, des plus brèves aux plus longues.

▌ *Au secours ! / Venez ! / Ça va ?*

▌ *Je ne suis pas là. Le petit garçon sort de chez lui.*

▌ *C'est en rentrant chez moi que, soudain, je me suis aperçue de mon erreur.*

▌ *Jamais de ma vie je n'ai rien vu d'aussi drôle que cette dame encombrée de paquets et qui courait derrière le bus en suppliant le conducteur, qui l'avait très bien vue mais faisait la sourde oreille, de bien vouloir s'arrêter, même si ce n'était pas l'arrêt réglementaire.*

On peut cependant déterminer ce qu'on appelle la phrase française de base : c'est une phrase « minimale », simple, neutre, qui n'a pas plus d'un verbe conjugué et dont l'ordre est :

> sujet + verbe + complément (ou attribut)

Ce complément peut être un COD (complément d'objet direct), un COI (complément d'objet indirect), un complément circonstanciel… (CC)

▌ *Elle est belle.*   (S + V + attribut)

▌ *Je lis un livre.*   (S + V + COD)

▌ *Je m'adresse à vous tous.*   (S + V + COI)

▌ *Les enfants vont à la piscine.* (S + V + CC de lieu)

▌ *Je viendrai avec plaisir.*   (S + V + CC de manière)

■ Cas particuliers des phrases simples

1) Certaines phrases ont comme « noyau » un nom ou un pronom. On parle alors de phrase nominale (ou pronominale). Elle peut être :

- assertive
  - *Demain, promenade et vendredi, piscine.*
  - *Attention à la fermeture des portes.*
- exclamative
  - *Ah, te voilà enfin !*
- impérative
  - *Silence ! Stop ! Défense de fumer.*
- interrogative
  - *Vous ici ?*

2) D'autres phrases ont comme « noyau » unique un verbe. C'est le cas des propositions :

- impératives
  - *Sortons ! Viens vite !*
- infinitives (à valeur d'impératif)
  - *Ne pas stationner. Laisser cuire deux heures à feu doux.*
- infinitives (à valeur d'exclamatif)
  - *Quoi ! Renoncer à tout ? Jamais !*

3) Il existe aussi des « mots-phrases » tels que :
– des affirmations ou des négations :
Oui, bien sûr, certainement, tout à fait, non, jamais de la vie !…
– des salutations, remerciements, excuses, regrets, onomatopées, etc. :
Salut, bonsoir, adieu, à demain, merci, pardon, hélas !, aïe !, oh là là !, boum…

4) Parfois, la proposition est incomplète.
Alors, à quand les vacances ?   *Quoi de neuf ?*
Pourquoi cet air triste ?   *Vite, une ambulance !*

1 . 2 La phrase complexe

C'est la réunion, l'assemblage de plusieurs propositions qui ont chacune comme « noyau » un verbe conjugué.
*Ils **sont venus**, ils **ont discuté** un moment puis ils **ont conclu** le marché.*
*Quand j'**ai compris** ses intentions, j'**ai fait** attention à mes paroles.*
*La personne qui **va venir** de ma part **convient** tout à fait pour le poste que vous **proposez**.*

Les différents types de phrases complexes

Proposition juxtaposée

Il y a des phrases dont les propositions sont simplement **juxtaposées**. Elles sont très fréquentes à l'oral.

À l'oral, les différentes propositions sont séparées par une pause, un petit temps d'arrêt. À l'écrit, elles sont séparées par des virgules.
César est venu, il a vu, il a vaincu.
Elle a vingt-deux ans, elle est diplômée d'économie, elle parle français, anglais, allemand et russe, elle a déjà une expérience professionnelle.

> ⚠ Attention à ne pas confondre une phrase, qui peut être sans verbe :
> *Pourquoi ce sourire ?* (= une phrase)
> et une proposition dont le « noyau » est toujours un verbe. Il y a autant de propositions que de verbes :
> *Regarde le garçon qui est là* (= une phrase mais deux propositions).

Souvent, comme dans les deux phrases précédentes, il s'agit simplement d'une succession de faits, d'actions. Mais les différentes propositions juxtaposées peuvent avoir entre elles des rapports plus complexes, rapports de cause, de conséquence, d'opposition, de but…

C'est le contexte et, à l'oral, l'intonation qui permettent de deviner ce rapport logique.

▌ *Son chien aboyait toutes les nuits, elle est condamnée à 500 euros d'amende.* (cause/conséquence)

▌ *En France, les adultes fument de moins en moins, les jeunes de plus en plus* (comparaison/opposition)

▌ *Tu pourras le supplier, ça ne changera rien !* (hypothèse/opposition)

■ Proposition coordonnée

D'autres phrases ont des propositions **coordonnées**, c'est-à-dire reliées entre elles par un mot.

Entre deux propositions ou, s'il y en a plusieurs, entre les deux dernières propositions, on utilise :

– un terme de coordination (une conjonction de coordination) : **mais, ou, et, donc, or, ni, car**, ce que tous les écoliers français mémorisent sous forme : *Mais où est donc Ornicar ?*

– ou bien un adverbe de liaison, un « connecteur », pouvant indiquer la cause, la conséquence, l'opposition, etc. :

▌ *Elles sont allées au théâtre **et puis** elles ont dîné au restaurant.*

▌ *Il a bien travaillé toute l'année, il devrait **par conséquent** réussir l'examen facilement.*

■ Proposition subordonnée

Ce sont des phrases qui ont **une proposition principale** (qui commande les autres propositions) et d'autres secondaires, dépendantes, **subordonnées**. Il peut s'agir de subordonnées relatives, complétives, interrogatives, circonstancielles.

▌ *J'aimerais savoir **si M. Perrin s'occupe de mon dossier**.*

▌ *Je voudrais bien **qu'il fasse beau dimanche**.*

▌ *Tu peux me dire **où j'ai rangé ces maudits papiers** ?*

■ Proposition en incise

Mentionnons un dernier type de phrases complexes, celles qui comportent une ou plusieurs propositions **en incise**, mises entre virgules (au milieu ou à la fin de la phrase).

▌ *Vous avez raison, **je le sais bien**, mais je ne peux rien faire pour vous.*

▌ *Il est parti ce matin pour un voyage d'affaires, **je pense**.*

▌ *Il ne reviendra que lundi à dix heures, **a-t-il dit à sa secrétaire**.*

Cette liste **mais, ou, et, donc, or, ni, car** est discutable car ces mots sont très différents les uns des autres (la liste n'est pas du tout homogène) et il faudrait inclure d'autres termes également « coordonnants ».

☞ **grammaire du texte** page 275

2 LA PROPOSITION SUBORDONNÉE RELATIVE

Qu'appelle-t-on une proposition relative ?

C'est une proposition subordonnée reliée à une proposition principale par un pronom relatif simple (*qui, que, dont, où, quoi*) ou composé (préposition + *lequel* : *duquel, auquel*).

☞ **pronoms relatifs** page 76

▌ *C'est un écrivain **qui a beaucoup de talent** et **dont les romans ont beaucoup de succès**.*

▌ *Vous voyez la dame en noir, **qui est là**, devant la banque ? C'est la femme **que mon oncle a aimée toute sa vie**.*

> Si le pronom relatif est le même, on n'est pas obligé de le répéter.
> ▌ *L'Europe est un continent **qui est en pleine évolution** et **(qui) attire de nombreux immigrants**.*

À quoi sert-elle ?

On l'utilise lorsqu'on souhaite apporter un complément d'information sur un mot ou une idée déjà exprimés dans la proposition principale. Comparez :

▌ *J'ai une sœur* et *J'ai une sœur **qui a cinq ans de plus que moi**.*

▌ *Je ne parle pas aux gens* et *Je ne parle pas aux gens **que je ne connais pas**.*

La subordonnée relative sert à décrire, à définir, à illustrer, à compléter, à approfondir.

Elle est très fréquemment utilisée à l'oral comme à l'écrit.

Le pronom relatif remplace un mot que l'on appelle un **antécédent** (il est placé **avant** le pronom relatif). Cet antécédent peut être :

– un nom :

▌ *Les étudiants ont acheté **le livre** que le professeur leur a recommandé.*

– un pronom personnel ou démonstratif :

▌ *Vous cherchez votre chien ? Je **l**'ai vu qui courait après un chat.*

▌ *Mon mari ? C'est **celui** qui a des moustaches.*

La proposition relative fonctionne essentiellement comme un adjectif ou un complément de nom.

▌ *Je me suis acheté une robe qui est rouge et noire* (= une robe rouge et noire.)

▌ *Je me suis acheté une robe dont l'encolure est en V* (= une robe à l'encolure en V).

☞ **qualification du nom** pages **94-95**

Cependant, la proposition relative peut aussi reprendre et développer toute une idée exprimée dans la principale. Dans ce cas, on parle de proposition antécédente et le pronom relatif est *ce qui, ce que, ce dont*, etc.

▌ *Ils ont réussi leur examen, **ce qui** m'a fait très plaisir.*

▌ *Il est arrivé avec une heure de retard, **ce que** je déteste par-dessus tout.*

▌ *Elle a fait trente kilomètres à pied, **ce dont** elle était très fière.*

Remarque sur la place des mots à l'intérieur de la proposition subordonnée relative.

L'inversion est possible (et même fréquente) après tous les relatifs sauf *qui*.

▌ *Il regarde les feuilles **que le vent fait tourbillonner***/*Il regarde les feuilles **que fait tourbillonner le vent***.

▌ *Allez voir l'exposition **dont ma sœur s'occupe***/*Allez voir l'exposition **dont s'occupe ma sœur***.

Mais elle est impossible quand le verbe subordonné est suivi d'un complément.

▌ *Allez voir l'exposition **pour laquelle ma sœur a fait des photos***.
(* pour laquelle a fait ma sœur des photos, impossible).

2 • 1 La place de la relative dans la phrase

a) La subordonnée relative peut suivre la proposition principale.

▌ *C'est un très joli marché **qui attire beaucoup de monde***.
▌ *Je suis allé voir un film **dont tu as certainement entendu parler***.
▌ *La peinture abstraite n'est pas celle **que je préfère***.

b) La subordonnée relative peut être en incise à l'intérieur de la proposition principale.

▌ *Les plantes **qui ne reçoivent ni eau ni lumière** dépérissent rapidement*.
▌ *Les maisons **dont les façades sont recouvertes de lierre** ont beaucoup de charme*.
▌ *La bibliothèque **dans laquelle vous travaillez** date du siècle dernier*.

c) La subordonnée relative peut être en tête de phrase. Elle est alors reprise par le présentatif **c'est que** + indicatif ou subjonctif ou **c'est de** + infinitif. Il y a alors un effet d'emphase, de mise en relief de ce qui est exprimé dans cette relative.

▌ ***Ce qui fatigue les professeurs de collège,*** *c'est que les élèves ne soient pas attentifs* (= avoir des élèves inattentifs, c'est fatigant pour les professeurs de collège).
▌ ***Ce qui est bien*** *avec le TGV, c'est de faire Paris-Marseille en trois heures* (= faire Paris-Marseille en trois heures, c'est bien).

⚠ Ce qui détermine la place de la relative dans la phrase, c'est l'obligation de rapprocher le pronom relatif de son antécédent.

Si la littérature se permet souvent de ne pas suivre cette règle, le français courant la respecte toujours, sauf :

– avec une relative introduite par le pronom **qui**, si l'antécédent est un pronom personnel :

▌ *Je l'ai rencontrée **qui faisait ses courses au supermarché***.

– si l'antécédent est accompagné d'un ou de plusieurs qualificatifs (il est alors considéré comme un tout) :

▌ *Elle portait **la veste** à rayures bleues et blanches **que nous avions achetée ensemble***.

Remarque

Une proposition principale peut être suivie de plusieurs subordonnées relatives, juxtaposées ou coordonnées, introduites par des pronoms relatifs différents ou non.

▌ *La France est un pays* **qui a une grande variété de paysages, dont la cuisine est très appréciée et que de nombreux touristes visitent chaque année***.

▌ Madame Bovary, *œuvre* **que Flaubert a écrite en 1857 et qui est sans doute son livre le plus connu,** *a été adapté au cinéma*.

2 . 2 Le sens de la relative

⚠ Le lien logique établi entre la proposition principale et sa subordonnée relative n'est pas toujours de même nature. Il peut s'agir d'une explication ou d'une restriction.

■ La relative « explicative »

Lorsque la subordonnée relative peut être supprimée sans que le sens de la proposition principale change, on dit qu'elle est explicative. Cette relative est mise entre virgules. Les virgules jouent le rôle de parenthèses encadrant une information secondaire.

▌ *Attirée par le feu d'artifice, la foule,* **qui arrivait des quatre coins de la place***, commençait à se rassembler sous la tour Eiffel.*

Si on supprime *qui arrivait des quatre coins de la place*, on ne change pas vraiment le sens général de la phrase.

Autre exemple :

▌ *Madame Taupin,* **qui approchait des cent ans***, vivait dans une maisonnette au bout du village.*

On peut supprimer la proposition relative sans que le sens de la phrase change vraiment.

■ La relative « restrictive » (ou « déterminative »)

▌ *Tous les lycéens* **qui ont le baccalauréat** *peuvent s'inscrire à l'université* (= seulement ceux qui ont le baccalauréat).

Si on supprime la relative, la proposition principale a un sens différent. L'absence de virgule entre l'antécédent et le relatif renforce le lien qui les unit.

Autre exemple :

▌ *Les candidats* **à qui nous avons envoyé un courrier** *peuvent se présenter dans nos bureaux pour un entretien à partir du 4 mai* (= les autres candidats peuvent rester chez eux, ils ne sont pas convoqués).

Comparez :

▌(1) *Les touristes,* **qui s'étaient avancés,** *ont pu entendre les explications du guide.*

Ici, la relative explicative donne la raison pour laquelle les touristes (**tous** les touristes) ont pu entendre le guide. Elle pourrait être remplacée par une subordonnée de cause.

▌**Comme les touristes s'étaient avancés,** *ils ont pu entendre les explications du guide.*

Si on supprime la proposition relative, la phrase conserve son sens général : les touristes ont entendu les explications du guide.

La relative explicative peut apporter différentes nuances circonstancielles (cause, condition, concession), elle ne modifie pas le sens de l'antécédent.

▌(2) *Les touristes* **qui s'étaient avancés** *ont pu entendre les explications du guide.*

La relative restrictive « colle » à l'antécédent : il n'y a pas de virgule entre eux. Ici, **seuls** les touristes qui se sont avancés ont pu entendre les explications. Les autres n'ont pas pu entendre.

Il n'est pas toujours facile de distinguer ces deux types de subordonnées relatives mais, en général, le contexte vous aide.

> On rencontre, assez rarement, une relative à valeur de concession.
> ▌*Ma grand-mère, qui ne lit jamais les journaux, est toujours au courant de tout* (= même si elle ne lit aucun journal).

2 ● 3 Le mode du verbe dans la relative

▇ L'indicatif

C'est le mode le plus utilisé. Il permet de situer chronologiquement l'action ou l'état qui sont exprimés.

▌*Le livre* **que je lis en ce moment** *me passionne.*
▌*Le livre* **que j'ai fini hier** *était passionnant.*
▌*Le livre* **dont je t'avais parlé il y a quelques mois** *a obtenu le prix Goncourt.*

▇ Le conditionnel

Si la subordonnée relative contient un sens hypothétique, elle peut être au conditionnel. Comparez :

▌*Je connais une jeune fille* **qui peut faire du baby-sitting** (l'information est sûre, sans condition).
▌*Je connais une jeune fille* **qui pourrait faire du baby-sitting** (éventuellement, si vous avez besoin d'elle, si les horaires lui conviennent...).
▌*Celui* **qui la verrait** *parler toute seule, comme ça, la prendrait pour une folle.*

■ Le subjonctif

On peut rencontrer également un verbe au subjonctif.
Ce mode introduit dans la relative une part d'incertitude ou de subjectivité.
On privilégie le subjonctif lorsque cette subjectivité est soulignée dans la proposition principale. Elle peut l'être de différentes manières :

– par des antécédents indéfinis (**un, une, des**…) :
■ *J'aimerais acheter une maison **qui soit entourée d'un grand parc***
  (il y a un doute sur l'existence même de cette maison).

– par une tournure interrogative, négative, restrictive ou hypothétique :
■ *Il n'y a personne ici **qui puisse me renseigner** ?*
■ *Il n'y a que vous **qui puissiez m'aider**.*
■ *Y a-t-il un étudiant **qui sache répondre à cette question** ?*

– l'antécédent est restreint par un superlatif ou les adjectifs **le seul, le premier, le dernier** :
■ *Ce livre est le dernier exemplaire **que nous ayons en librairie**.*
■ *Cette femme est la seule **qui veuille bien l'écouter**.*
■ *Prague est la plus belle ville **que je connaisse**.*

⚠ **Récapitulons.** Avec la proposition relative, quel mode choisir : indicatif ou subjonctif ? Quelle différence de sens y a-t-il ?
Comparez ces couples de phrases :
■ (1) *Je cherche le bus **qui va à l'université**.*
■ (2) *Je cherche un bus **qui aille à l'université**.*
Dans la première phrase, on sait que le bus existe ; dans la seconde, on ne le sait pas.

■ (1) *Je cherche un roman **qui est paru le mois dernier et dont l'auteur est hongrois**.*
■ (2) *Je cherche un roman **qui me fasse rêver un peu**.*
Dans la première phrase, on sait que le roman existe (même si on a oublié son titre et le nom de l'auteur) ; dans la seconde, on ne sait pas si un tel roman existe.

■ Autre mode possible : l'infinitif

On rencontre l'infinitif dans les relatives introduites par **quoi, où** ; ou bien par **lequel** précédé d'une préposition. Attention, le sujet de la principale et celui de la subordonnée relative doivent être les mêmes. Dans ce cas, l'infinitif remplace les verbes **pouvoir, falloir** ou **devoir**.
■ *Nous avons cherché un camping **où passer la nuit*** (= où nous pouvions passer la nuit).
■ *Il y a plusieurs guichets mais je ne sais pas **auquel m'adresser*** (= auquel je dois m'adresser, auquel il faut s'adresser).
■ *J'ai trouvé la personne **avec laquelle** partir en voyage.*

POUR ALLER PLUS LOIN

Les relatives sans antécédent

Certaines relatives indéfinies sont introduites par le pronom **qui** précédé ou non d'une préposition. Ce pronom est sujet, il représente une personne non déterminée et l'accord du verbe se fait toujours au singulier.

▪ *Elle racontait son histoire **à qui voulait bien l'écouter*** (= à tous ceux qui voulaient…).

▪ *La couronne serait **pour qui saurait retirer l'épée du rocher*** (= pour celui qui saurait…).

Certaines relatives indéfinies représentent des objets ou des abstractions. Dans ce cas, on utilise le pronom **quoi** obligatoirement précédé de la préposition **à** ou *de*.

▪ *Il n'a pas **de quoi payer son loyer ce mois-ci.***

▪ *Achète **de quoi déjeuner !***

▪ *Je ne sais pas **de quoi il s'agit**.*

Enfin, certaines relatives indéfinies, au subjonctif, ont une valeur de concession « n'importe qui/quoi/où).

▪ ***Qui que vous soyez**, vous êtes le bienvenu.*
   (vous pouvez être n'importe qui, X ou Y, vous êtes le bienvenu)

▪ ***Quoi que vous fassiez**, il vous approuve.*
   (vous pouvez faire n'importe quoi, il vous approuve)

▪ ***Où que tu ailles,** il te suivra !*
   (tu peux aller n'importe où, il te suivra).

☞ **expression de l'opposition/ concession** page 313

manières de dire

Le caractère indéfini de ces relatives sans antécédent les rend propres à former des proverbes ou maximes.

▪ *Qui dort dîne. Qui vivra verra. Qui a bu boira. Qui veut voyager loin ménage sa monture. Qui vole un œuf vole un bœuf.*

▪ *Tel qui rit vendredi dimanche pleurera.*

Ou des expressions figées comme :

▪ *Vous devez vous adresser à qui de droit* (= à la personne officiellement concernée).

▪ *Ils se mirent à hurler à qui mieux mieux* (= avec émulation, chacun plus que l'autre).

Attention au style. À chaque fois que vous pouvez remplacer une proposition relative par un infinitif, un nom ou un adjectif, faites-le ! Cela vous permettra d'alléger vos phrases.

▪ *J'ai vu deux hommes **qui quittaient l'immeuble précipitamment**.*
   ➔ *J'ai vu deux hommes **quitter l'immeuble précipitamment**.*

▪ *M. Blin est un antiquaire **qui s'y connaît très bien en art précolombien**.*
   ➔ *Cet antiquaire est **un expert en art précolombien**.*

▪ *C'est une fille **qui hésite toujours, qui n'arrive jamais à se décider**.*
   ➔ *C'est une fille **indécise**.*

▪ *C'est un acte **qui n'a aucun sens et que personne n'arrive à comprendre**.*
   ➔ *C'est un acte **absurde et incompréhensible**.*

3 LA PROPOSITON SUBORDONNÉE COMPLÉTIVE

Qu'appelle-t-on une proposition complétive ?
Comme son nom l'indique, elle complète la proposition principale et dépend d'elle. Elle est essentiellement introduite par la conjonction *que* (parfois *à ce que*) qui n'a pas de sens réel. C'est seulement un mot de liaison.

■ *Je pense **que votre voyage sera agréable**.*
■ *Je souhaite **que vous réussissiez ce concours***.

On classe également dans la catégorie des complétives les propositions subordonnées interrogatives introduites par d'autres mots, par exemple *si, où, quand,* etc.
■ *Je me demande **s'il viendra**.*
■ *Je ne sais pas **où il habite**.*

À quoi sert-elle ?
Elle complète la proposition principale en répondant à la question *quoi ?* posée par le verbe principal. De ce fait, elle est essentielle au sens de la phrase et ne peut pas être sous-entendue ni supprimée. Le lien très étroit qu'elle a avec la proposition principale la rend peu mobile dans la phrase.

Ne confondez pas **que** conjonction avec **que** pronom relatif.
Le **que** conjonction est amené par un verbe.
■ *Je crois qu'il est malade*
Le **que** relatif est amené par un nom
■ *C'est le film que je préfère.*

☞ pronoms relatifs page **76**

☞ l'interrogation indirecte pages **269-270**

3 . 1 La place de la complétive

Elle se place le plus souvent après la principale.
■ *J'aimerais* (quoi ?) *que le monde soit plus juste.*
   que la télévision passe plus de films italiens.
   que tu me fasses une tarte aux pommes.
■ *Elle affirme* (quoi ?) *qu'elle ne reviendra plus jamais ici.*
   que la démocratie est la meilleure forme de gouvernement.

Elle peut se placer avant la principale et le verbe est alors au subjonctif.
La complétive est souvent reprise par un pronom neutre (**y, en, le, ce, cela, ça**). Il s'agit d'un effet de style : on met l'accent sur la subordonnée.
■ *Qu'il parte, je ne m'**y** oppose pas* (s'opposer à quelque chose → **y**).
■ *Qu'il soit un peu fou, tout le monde **l'**a constaté* (constater quelque chose → **l', le**).
■ *Qu'il soit un peu fou, tout le monde s'**en** est bien rendu compte* (se rendre compte de quelque chose → **en**).
■ *Qu'elle guérisse bientôt, c'est **ce** que nous souhaitons tous* (qu'elle guérisse = **ce**).

Apposée, elle se place après la principale :
■ *Elle faisait toujours le même rêve : qu'elle était invisible*
(= elle rêvait qu'elle était invisible).
■ *Il avait une obsession : que son fils réussisse son bac*
(= il voulait que son fils réussisse son bac).

Remarque

Plusieurs complétives peuvent être reliées à la même principale, par juxta-position ou coordination. Dans ce cas, la répétition de la conjonction **que** est obligatoire.

❚ *Ma grand-mère dit toujours **qu'**il faut s'alimenter normalement, **qu'**il ne faut jamais sauter un repas et **qu'**un bon dîner bien arrosé console de bien des maux.*

3 . 2 L'ordre des mots dans la complétive

C'est l'ordre habituel des mots dans une phrase française :

> sujet + verbe + complément(s)

Cet ordre est obligatoire lorsque le sujet du verbe est un pronom :
❚ *J'ai appris **que tu serais à Paris tout l'été**.*
Ou lorsque le verbe a un complément :
❚ *Je voudrais **que tu ailles voir ce film**.*
❚ *Nous souhaitons **que ce livre plaise à un large public**.*
Mais observez :
❚ *Il attendait impatiemment que reviennent les vacances* (= il attendait impatiemment que les vacances reviennent).
❚ *Les organisateurs du festival craignent que surviennent des imprévus de dernière minute* (= les organisateurs du festival craignent que des imprévus de dernière minute surviennent).
→ **Seul un verbe intransitif (sans COD ni COI) permet l'inversion sujet-verbe.**

3 . 3 Le mode du verbe dans la complétive

Le mode de la complétive dépend directement du sens du verbe principal. C'est donc le choix du verbe principal qui va déterminer le mode (indicatif ou subjonctif) de la subordonnée.
On distingue :
– les verbes suivis d'une subordonnée complétive à l'indicatif ou au conditionnel ;
– les verbes suivis d'une subordonnée complétive au subjonctif ;
– les verbes qui, pour diverses raisons, acceptent les deux.

Sont suivis de *que* + indicatif ou conditionnel

Les verbes ou expressions verbales qui entraînent obligatoirement l'indicatif dans la subordonnée sont des verbes qui expriment la certitude (objective ou intime).

■ « Que » + indicatif

✔ **Principaux verbes suivis de** *que* **+ indicatif**

• **Dire, affirmer, déclarer, ajouter, expliquer, préciser, raconter, répéter…**
■ *Il expliqua à sa mère* **qu'il voulait faire du cinéma.**

• **Répondre, répliquer, crier, hurler…**
■ *Elle répliqua* **qu'il devait d'abord finir ses études de droit.**

• **Assurer, soutenir, garantir, certifier, montrer, prouver…**
■ *Il assura* **qu'il avait un vrai talent d'acteur.**

• **Noter, remarquer, faire remarquer, objecter…**
■ *Elle lui fit remarquer* **que des milliers de gens avaient du talent.**

• **Admettre, convenir, avouer, confirmer, reconnaître…**
■ *Il dut admettre* **que c'était vrai.**

• **Croire, espérer, s'imaginer, penser, estimer, juger, trouver, supposer, se douter…**
■ *Mais il estimait* **que lui, il pouvait réussir.**

• **(Se) rappeler, se souvenir…**
■ *Il lui rappela* **que sa cousine Julie faisait du théâtre et réussissait.**

• **Entendre, entendre dire, savoir…**
■ *Il avait même entendu dire* **qu'elle allait avoir un rôle important.**

• **Annoncer, avertir, informer, prévenir…**
■ *Il avertit sa mère* **que si elle ne cédait pas, il quitterait la maison.**

• **Décider que**
■ *Il avait décidé* **qu'il avait la vocation : il serait acteur coûte que coûte !**

• **S'apercevoir, comprendre, constater, remarquer, se rendre compte, sentir, voir…**
■ *Elle s'aperçut* **que c'était inutile de poursuivre la discussion.**

• **Jurer, promettre, parier..**
■ *Elle lui fit promettre* **qu'il finirait au moins sa licence de droit.**

✔ **Principales expressions verbales suivies de** *que* **+ l'indicatif**

• **Avoir la certitude, la conviction, l'impression, l'intuition, la preuve, l'idée, etc.**
■ *La police a la conviction* **que l'assassin recommencera bientôt.**
■ *J'ai l'impression* **que tu me caches quelque chose.**

• **Être certain, convaincu, persuadé, sûr, etc.**
■ *Nous sommes persuadés* **que tu as fait de ton mieux.**

✔ **Principales expressions impersonnelles suivies de** *que* **+ indicatif**

• **Il est certain, clair, convenu, évident, exact, incontestable, probable, sûr, vrai, visible, vraisemblable… On dirait, il paraît, il me semble…**
■ *Sept heures et il n'est toujours pas là ! Il est probable* **qu'il a raté son train.**

☞ construction des verbes
page **393**

Construction

J'espère que + indicatif
■ *J'espère que vous allez bien.*
■ *J'espère que tu viendras demain.*
mais
Espérons que + ind. ou subj.
Je n'espère pas que + ind. ou subj.

Construction

Il me semble que + indicatif
■ *Il me semble que j'ai oublié quelque chose.*
Il semble que + subjonctif
■ *Il semble qu'il fasse plus froid qu'hier.*

☞ forme impersonnelle
page **127**

25

■ « Que » + conditionnel

On utilisera un conditionnel dans une complétive :
– pour ajouter une nuance hypothétique :
▌*Je pense **que j'aimerais bien vivre au bord de la mer*** (si j'en avais possibilité).
▌*Nous savons **qu'il pourrait réussir*** (sous-entendu : s'il le voulait, si o l'aidait).

– pour respecter la concordance des temps :
▌*Elle a promis **qu'elle arrêterait de fumer la semaine prochaine**.*
▌*J'étais sûr **que la voiture ne serait pas réparée pour jeudi**.*

☞ concordance des temps
page **146**

Sont suivis de *que* + subjonctif

Les verbes qui sont suivis du subjonctif ont en commun d'exprimer une ce taine subjectivité.

✔ **Des verbes de volonté**
• **Demander, dire, proposer, conseiller, souhaiter, suggérer, vouloir, ex ger, ordonner, permettre, accepter, attendre, préférer.**
• **Refuser, défendre, empêcher, interdire**…
• **Il faut, il est obligatoire, indispensable, préférable, il vaut mieux, vaudrait mieux**…
▌*Il a exigé **que la séance soit repoussée d'une demi-heure**.*
▌*Il vaut mieux **que tu partes avant la nuit**.*

• Verbes de volonté construits avec **à ce que** (équivalent de **que**) : **conser tir à ce que, s'attendre à ce que, veiller à ce que, tenir à ce que, fai attention à ce que, s'opposer à ce que**…
Ils sont toujours suivis d'une subordonnée complétive au subjonctif.
▌*Elles tiennent **à ce que nous prenions un thé avant de partir**.*
▌*Le concierge veille **à ce que l'immeuble soit bien tenu**.*
▌*On s'attend **à ce que le président fasse une déclaration d'une minu à l'autre**.*
▌*C'est un client difficile, habitué **à ce que tout le monde lui obéisse**.*

✔ **Des verbes exprimant un sentiment**
• **Apprécier, détester, s'inquiéter, craindre, redouter, mériter, regrette supporter**…
▌*Ce monsieur déteste **qu'on le fasse attendre**.*
▌*Elle aime bien **qu'on lui fasse des compliments**.*

✔ **Ou les verbes *être, trouver, estimer, juger*, etc. + un adjectif** exprimant le sentiment
• **Être heureux, malheureux, triste, surpris, étonné, stupéfait, ém content, mécontent, désolé, ravi**…
▌*Je suis ravi **que tu viennes avec moi à ce concert de rock**. J'aurais é désolé **que tu ne puisses pas venir**.*

• **Trouver (estimer, juger) normal, anormal, drôle, bizarre, étonnant, étrange, désolant, navrant, stupide, ridicule, utile, inutile, honteux**…
▌*Je trouve anormal **que tu n'aies pas encore terminé ce travail**.*

✔ **Le verbe *avoir* + un nom comme besoin, envie, peur, honte, le désir, la surprise, (de) la chance**…
▌*Les inculpés se cachaient le visage : ils avaient honte **qu'on les voie à la télévision**.*
▌*Tu as de la chance **que ton père n'ait rien vu** !*

✔ **Des verbes exprimant une idée de négation**
• **Nier, contester, démentir, douter**…
▌*Je doute **qu'il puisse faire ce travail avant dimanche**.*

⚠ À la forme négative, l'indicatif et le subjonctif sont tous deux possibles, le subjonctif marquant un léger doute. (On attend alors un mais.)
▌*Je ne doute pas **qu'il est** très bon bricoleur (= j'en suis sûr, je le sais).*
▌*Je ne doute pas **qu'il soit bon bricoleur mais** je préfère réparer ça moi-même !*

✔ **Des verbes impersonnels suivis du subjonctif**
Les verbes impersonnels exprimant la possibilité, la nécessité, le désir, le doute, les sentiments, etc., sont suivis du subjonctif.
• **Il est possible que, il est nécessaire que, il faut que, il est souhaitable que, il est étrange que, il est (a)normal que, il est triste que, il est amusant que, il est intéressant que, il est important que, peu importe que, il (me, te...) semble important, navrant que**…
▌*Ne m'attendez pas pour dîner, il est possible **que je sois un peu en retard**.*

Indicatif ou subjonctif ?

Parfois, un verbe peut accepter l'indicatif ou le subjonctif, selon les cas.

✔ **Dans les constructions interrogatives ou négatives**
Certains verbes d'opinion comme **croire, penser, imaginer, estimer, juger**… sont à l'indicatif à la forme affirmative, mais ils peuvent être suivis du subjonctif lorsqu'ils sont à la forme interrogative (avec inversion du sujet) ou à la forme négative.

*Je crois **qu'il sera là ce soir**.* → *Crois-tu **qu'il soit là ce soir** ?*
→ *Je ne crois pas **qu'il soit là ce soir**.*

*On est sûr **que son sac a disparu**.* → *Est-on sûr **que le sac ait disparu** ?*
→ *On n'est pas sûr **que son sac ait disparu**.*

Remarque
Avec l'interrogation par simple intonation ou avec **est-ce que**, on utilise l'indicatif.
*Est-ce qu'on est sûr **que son sac a disparu** ?*
*On est sûr **que son sac a disparu** ?*

Ne confondez pas **se douter que** + indicatif
▌*Je me suis toujours douté(e) qu'il était malhonnête.*
(= j'ai toujours pensé, soupçonné que…)
et **douter que** + subjonctif
▌*Certains doutent que l'accusé soit coupable.*
(= ils ont des doutes sur sa culpabilité, ils ne le croient pas vraiment coupable).

à l'oral

Les Français remplacent presque toujours **il est**… par **c'est**…
▌*C'est possible que…, c'est bizarre que…, c'est important que…*
▌*C'est vraiment étonnant qu'ils ne soient pas encore arrivés.*
La forme **il est** + adjectif + **que** se rencontre surtout à l'écrit.

☞ mode subjonctif page 149

⚠ Attention à la différence entre :
▌*Cette mère ne croit pas que son fils ait volé.*
(Il y a doute sur la réalité du vol).
▌*Cette mère ne croit pas que son fils a volé.*
(Il n'y a pas de doute sur la réalité du vol).

✔ Selon le plus ou moins grand degré de certitude

| Il est certain que
Il est très vraisemblable que
Il est vraisemblable que
Il est très probable, fort probable que
Il est probable que
Il est assez probable que | I N D I C A T I F |
| Il est **assez peu** vraisemblable que
Il est **peu** vraisemblable que
Il est **assez peu** probable que
Il **n**'est **pas** certain que
Il est **im**probable que
Il est **in**vraisemblable que | S U B J O N C T I F |

Certains verbes sont un peu particuliers. Selon qu'ils sont suivis de l'indicatif ou du subjonctif, ils ont deux sens différents.
C'est le cas de :

• **Admettre**

▮ *J'admets volontiers **que j'ai eu tort*** (= c'est vrai, j'ai eu tort).

▮ *J'admets **que vous arriviez en retard de temps en temps mais pa tous les jours !*** (= je peux comprendre que…).

• **Comprendre**

▮ *En le voyant si pâle, j'ai compris **qu'il était malade*** (= j'ai vu, je me suis rendu compte).

▮ *Je comprends **que tu sois furieux**, à ta place, je le serais aussi* (= ça ne m'étonne pas).

• **Dire, crier, écrire, téléphoner**

▮ *J'ai écrit à mon amie **que j'avais enfin trouvé un studio*** (c'est une information) *et **qu'elle me rejoigne vite*** (c'est une demande).

▮ *Dites à ce client **que je ne serai pas là demain*** (c'est une information) *et **qu'il veuille bien rappeler jeudi*** (c'est une demande).

▮ *Sois gentil, téléphone à ta sœur **que nous l'invitons au restaurant*** (c'est une information) *et **qu'elle y soit vers huit heures*** (c'est une demande).

• **Entendre**

▮ *J'entends **que les voisins du dessus sont rentrés*** (c'est un fait).

▮ *J'entends **que vous fassiez exactement** ce que je vous ai demandé* (c'est un ordre).

• **Supposer**

▮ *Je suppose **que vous partirez cet été*** (= je pense).

▮ *Supposez **que vous gagniez au Loto**, que feriez-vous de cet argent* (= imaginons que…)

Observez ces deux phrases, toutes deux possibles :

▌(1) *Je ne pense pas **qu'il soit tard.***

▌(2) *Je ne pensais pas **qu'il était si tard** !*

Les deux phrases n'expriment pas la même chose. Dans la première, on énonce un doute sur l'heure (mais on ne sait pas exactement quelle heure il est). On fait état d'une impression, d'un sentiment. Dans la seconde, on constate qu'il est tard, c'est un fait réel (on vient de regarder l'heure).

⚠ Certains verbes n'acceptent pas de subordonnée complétive.

Par exemple : **parler, connaître**.

* Je parle que… (impossible)   * Nous connaissons que… (impossible)

  Je dis que… (possible)   Nous savons que… (possible)

⚠ aux verbes **savoir** et **connaître**

Ne les confondez pas ! Leur sens est à peu près identique mais leur construction est différente.

*connaître que… n'est jamais possible.

Vous pouvez dire   ▌*Je sais que Paris a vingt arrondissements,*

mais pas   ▌**Je connais que Paris a vingt arrondissements.*

Vous pouvez dire   ▌*Je connais les vingt arrondissements de Paris,*

mais pas   ▌** Je sais les vingt arrondissements de Paris.*

Remarque

Savoir + nom existe. Il signifie alors « avoir appris quelque chose ».

▌*Il sait la nouvelle ? Tu sais ta leçon ?*

Si le nom est abstrait, il a alors le même sens que « connaître ».

▌*Elle sait la vérité* (= elle connaît la vérité).

Mais si le nom est animé et/ou concret, un seul verbe est possible : **connaître**.

▌*Vous connaissez le dernier roman de Modiano ?* (*savoir, impossible).

▌*Tu connais mon chien Pipo ?* (*savoir, impossible).

▌*Elle connaît Patrice depuis des années* (*savoir, impossible).

3 . 4 La transformation : complétive → infinitif

C'est un point de syntaxe assez délicat en français.

Deux cas peuvent se présenter : la complétive est soit **au subjonctif** soit à **l'indicatif**.

Complétive au subjonctif → transformation obligatoire

Si la complétive est au subjonctif (avec **que** ou **à ce que**), la transformation est obligatoire.

✔ Quand le sujet du verbe principal et le sujet du verbe subordonné sont les mêmes :

* *Les comédiens* **craignent** *qu'ils n'aient pas de succès* (impossible).

▌→ *Les comédiens craignent* **de ne pas avoir de succès.**

✔ Quand le complément du verbe principal et le sujet du verbe subordonné sont les mêmes, dans des expressions comme :

*Ça **m'**agace que **je** sois obligée d'attendre* (impossible).

▌→ *Ça m'agace* **d'être obligée d'attendre.**

✔ Quand le sujet du verbe subordonné devient le complément indirect du verbe principal (la transformation n'est pas obligatoire mais elle est préférable)

▌*Je lui ai demandé* **qu'il fasse cette traduction pour moi**

→ *Je* **lui** *ai demandé* **de faire cette traduction pour moi.**

⚠ Observez ces deux verbes particuliers, **souhaiter** et **demander** :

▌*Je souhaite réussir mon examen.* (même sujet)

▌*Je lui souhaite* **de** *réussir son examen.* (deux sujets différents)

▌*Il a demandé* **à** *partir plus tôt vendredi.* (même sujet)

▌*Il a demandé à son patron* **de** *l'augmenter.* (deux sujets différents)

Remarquez bien la différence de préposition : **demander à/demander de.**

Complétive à l'indicatif → transformation possible

Si la complétive est à l'indicatif, la transformation est possible.

▌*Nous sommes sûrs* **que nous avons fermé la porte à clé.** *Nous sommes sûrs* **d'avoir fermé la porte à clé.**

▌*Elle nous a promis* **qu'elle nous écrirait souvent.** *Elle nous a promis* **d'écrire souvent.**

Mais certains verbes n'acceptent pas de complément à l'infinitif. C'est le cas de : **se rendre compte, s'apercevoir, avertir, prévenir, trouver, constater, expliquer, se douter, informer**...

▌*J'ai appris* **que je reviendrai à l'automne** → * *J'ai appris revenir à l'automne* (impossible).

▌*Je trouve* **que j'ai eu raison** → **Je trouve avoir eu raison* (impossible).

⚠ Avec les 3e personnes du singulier et du pluriel, il peut y avoir une ambiguïté.

▌*Elle a peur qu'elle prenne l'avion seule.*

Si le sujet représente la même personne, la transformation est obligatoire.

▌→ *Elle a peur de prendre l'avion seule.*

Si les deux **elle** sont différents, pas de transformation.

▌→ *Elle* (la fille) *a peur qu'elle* (sa mère) *prenne l'avion seule.*

☞ En cas de doute, reportez-vous à la page **393**

Remarque

Quand on transforme une expression verbale **être** + adjectif + **que** en un infinitif, celui-ci est toujours précédé de la préposition **de**.
▌*Il est tard. Vous êtes certain **que vous ne voulez pas prendre un taxi ?***
➔ *Il est tard. Vous êtes certain **de ne pas vouloir prendre un taxi ?.***

Les verbes de sentiment sont suivis de l'infinitif + **de**.
▌*Il **regrette de** partir si tôt.*
▌*Je **crains d'**être en retard.*

⚠ La plupart des verbes de déclaration, de croyance, de volonté sont **directement suivis d'un infinitif** (sans **de**) si le sujet est le même : **espérer, penser, croire, estimer, désirer, préférer, détester, dire, prétendre, affirmer, vouloir, savoir,** etc.

▌*J'espère **que je pourrai** skier cet hiver. / J'espère **pouvoir** skier cet hiver.*
▌*Je pense **que j'irai** vous voir dimanche = Je pense **aller** vous voir dimanche.*
▌*J'estime **que j'ai raison** = J'estime **avoir raison.***
▌*Il dit **qu'il n'a jamais rencontré la victime** ➔ Il dit **n'avoir jamais rencontré la victime.***

> ⚠ Attention :
> **aimer, adorer** se construisent avec l'infinitif sans **de**
> ▌*J'aime rester chez moi.*

3.5 Les transformations : complétive → nom, pronom ou adjectif

La complétive peut se transformer en nom, en pronom ou en adjectif.

Transformation : complétive → pronom ou nom

La subordonnée complétive joue le rôle d'un complément du verbe et elle peut donc être remplacée par :
– le pronom neutre **le** (ou **en** pour **il est question que**) :
▌*Il faut **que j'apprenne toute la poésie ?** – Oui, il **le** faut.*
▌*Il est question **que le gouvernement augmente le congé parental.*** ➔ *Il **en est question.***
– ou par un nom quand celui-ci existe :
▌*J'attends avec impatience **que tu reviennes.*** ➔ *J'attends avec impatience **ton retour.***
▌*L'avocat était convaincu **que cet homme était coupable.*** ➔ *Il était convaincu **de sa culpabilité.***
▌*On s'attend **à ce que les négociations reprennent rapidement.*** ➔ *On s'attend **à une reprise rapide des négociations.***

Le nom ne correspond pas toujours strictement au verbe. Par exemple, observez les phrases suivantes.
▌*Les Marseillais se réjouissent **que leur équipe ait gagné.*** ➔ *Les Marseillais se réjouissent **de la victoire** de leur équipe.*

■ *Tout le monde s'attendait* **à ce que le gouvernement tombe**.
→ *Tout le monde s'attendait* **à la chute** *du gouvernement.*

■ *Le chef de service s'est opposé* **à ce que les employés partent avant l'heure habituelle**.
→ *Le chef de service s'est opposé* **au départ** *des employés avant l'heure habituelle.*

■ *Je suis heureux* **qu'ils soient rentrés**.
→ *Je suis heureux* **de leur retour**.

Transformation : complétive → adjectif

Avec les verbes de croyance **(penser, croire, trouver, estimer, juger...)**, la complétive avec le verbe **être** peut être remplacée par l'adjectif.

■ *Vous croyez* **que vous êtes malins**, *les enfants ?*
→ **Vous vous croyez malins**, *les enfants ?*

■ *Tu trouves* **que tu es belle**, *comme ça ?*
→ **Tu te trouves belle**, *comme ça ?*

■ *Ils croient toujours* **qu'ils sont malades**.
→ **Ils se croient** *toujours* **malades**.

■ *Elle a estimé* **qu'elle était trahie**.
→ **Elle s'est estimée trahie**.

■ *On dit* **qu'il est riche**.
→ **On le dit riche**.

4 LE DISCOURS RAPPORTÉ

Il existe trois types de discours rapporté.

1) Le discours rapporté directement dans lequel l'énonciateur répète simplement le discours qu'il reprend (discours direct). Il est indiqué par deux points et des guillemets. *Quotation marks*

Il m'a dit : « Je t'aimerai toujours. »

2) Le discours rapporté indirectement qui est lié à un verbe introducteur et a la forme d'une complétive. On l'appelle généralement discours indirect lié. *phrase complet*

Il m'a dit qu'il m'aimerait toujours.

3) Le discours rapporté indirectement mais de manière plus libre, sans verbe introducteur, en l'interprétant (discours indirect libre).

Il me faisait de grands serments : il m'aimerait toujours, ne me quitterait jamais, j'étais la lumière de sa vie…

Nous allons développer ces trois types de discours rapporté.

Le discours rapporté provient de deux situations de communication :
- quelqu'un « rapporte » quelque chose à quelqu'un d'autre ;
- le contenu, les paroles dites et rapportées.

Dans notre exemple,
1) Une femme, ici et maintenant, explique quelque chose à un(e) ami(e).
2) Son amoureux avait promis de l'aimer toujours.

Il relève donc de **deux systèmes de repérage.**

Il y a **deux énoncés, deux énonciateurs** (ici, une femme et son amoureux), **des circonstances** (temps/espace) différentes et **un destinataire que l'on informe** (ici, la personne à qui cette femme raconte ses malheurs).

"Here is the information"

4.1 Le discours direct

details, information

Soit cet énoncé (c'est une mère qui parle à une amie) :
*Imagine-toi qu'hier, dans le jardin, ma fille Anne-Laure m'a dit, textuellement : « **Rien à faire, je ne veux pas aller en Italie avec vous cet été.** »*

Il y a ici deux actes d'énonciation : (1) et (2).

Qui énonce en (1) ? Quelqu'un qui dit **je** (« … m'a dit… ») et qui parle à une personne qu'elle tutoie (« imagine-**toi**… »).

Quand ? Aujourd'hui. Où ? On ne sait pas.

Qui énonce en (2) ? Une jeune fille, Anne-Laure, qui parle à sa mère (« n‗
fille Anne-Laure ») à partir d'un autre lieu (le jardin) et en un autre tem‗
(hier).

Pour compliquer les choses, l'objet de son discours concerne un troisiè‗
lieu (l'Italie) et un troisième temps (cet été).

Remarque

On a souvent l'impression qu'un discours repris en style direct est pl‗
« fidèle » (souligné ici par l'adverbe *textuellement*). On pourrait croire que l'‗
« entend » réellement la personne dont on rapporte les paroles.

C'est bien sûr une illusion : il s'agit d'un discours rapporté comme les autre‗
c'est la personne qui rapporte l'énoncé qui l'assume (dans notre exemple pr‗
cédent, la mère porte un jugement sur le caractère de sa fille qu'elle présen‗
comme rebelle, voire hostile ; elle prend son interlocutrice à témoin, etc.).

⚠ Le verbe qui introduit le discours rapporté directement peut se trouv‗
avant, à l'intérieur de la phrase citée ou après.

S'il est placé avant, l'ordre reste « normal » : sujet-verbe. En effet, la phra‗
citée est complément d'objet du verbe **dire**. (Elle m'a dit quoi ? Elle m'a di‗
« ... »).

❚ *Elle m'a dit :* « *Rien à faire, je ne veux pas aller en Italie avec vous cet été.*

Mais s'il est placé à l'intérieur ou après, l'inversion est obligatoire. La phra‗
citée n'est plus complément d'objet du verbe **dire**.

❚ « *Rien à faire,* **m'a-t-elle dit**, *je ne veux pas aller en Italie avec vou‗
cet été.* »

❚ « *Rien à faire, je ne veux pas aller en Italie avec vous cet été* », **m'a‗
t-elle dit**.

4 ● 2 Le discours indirect lié et les verbes du « dire »

Soit l'énoncé (c'est toujours la mère qui parle à son amie) :

❚ *Hier, dans le jardin, Anne-Laure m'a dit* **qu'elle ne voulait pas aller e‗
Italie avec nous cet été**.

Il n'y a plus qu'un seul acte d'énonciation, l'énoncé « rapporté » est inté‗
gré, englobé, repris dans l'énoncé « rapportant » ; il n'a plus un stat‗
d'énoncé autonome mais devient une simple proposition « complétive ».

⚠ Le passage du discours direct au discours indirect est souvent assez di‗
ficile. Nous allons voir en quoi il pose problème.

Notons tout d'abord que ce passage n'est pas toujours réalisable, sauf si o‗
l'interprète. Observez :

❚ 1) *Elle a murmuré :* « *Ciel, mon mari ! Bof ! Tant pis !* »
❚ 2) *Il a supplié le professeur :* « *S'il vous plaît, monsieur, encore u‗
minute !* »
❚ 3) *Très énervé, il lui a crié :* « *Ah, ça va ! Stop ! Basta !* »

On peut voir à travers ces exemples que le passage discours direct → discours indirect ne va pas toujours de soi. En effet :
* *Elle a murmuré que ciel son mari* (impossible).
* *Il a supplié le professeur que, s'il lui plaisait, encore une minute* (impossible).
* *Il lui a crié que ça allait, stop, basta* (impossible).

Que peut-on en conclure ?
Le discours direct permet une plus grande liberté : il peut contenir des exclamations, des mots ou des phrases étrangers, des injonctions, etc.

■ Les verbes du « dire »

Quels sont les verbes qui permettent d'introduire le discours indirect ? On les appelle souvent les verbes du « dire ». En effet, **dire** est le verbe le plus fréquent. Mais il en existe beaucoup d'autres qui permettent de nuancer, de préciser, de « colorer » ce que l'on veut exprimer.
Soit l'énoncé : *« C'est de ma faute, et je le regrette. »*
Selon le contexte, on pourrait par exemple « traduire » cette phrase ainsi (la liste n'est pas close) :
■ *Il a dit (affirmé, déclaré, annoncé, assuré, expliqué, précisé, répondu, reconnu, admis, avoué, etc.)* **que** *c'était de sa faute,* **et qu'***il le regrettait.*

⚠ **Le passage du discours direct au discours indirect entraîne certaines modifications.**

✔ En ce qui concerne **les personnes**. Il faut transformer les pronoms personnels, les adjectifs et les pronoms possessifs.
■ *« Ne prenez pas* **votre** *camescope, je prendrai le* **mien** *», nous a dit notre ami Lebrun.*
➜ *Notre ami Lebrun nous a dit de ne pas prendre* **notre** *camescope, qu'***il** *prendrait* **le sien***.*

✔ En ce qui concerne **les temps des verbes à l'indicatif**. Il faut faire attention au temps du verbe principal (celui qui introduit le discours rapporté).
Si ce verbe est au présent, au futur ou au conditionnel, pas de problème : les temps ne changent pas.
« Je **viendrai** *vous voir dès que je* **serai arrivée** *», promet Marianne.*
➜ *Elle promet qu'elle* **viendra** *nous voir dès qu'elle* **sera arrivée***.*
« Je **viendrai** *vous voir », promettra-t-il sans doute.*
➜ *Il promettra sans doute qu'il* **viendra** *nous voir.*

Mais si le verbe introducteur de discours rapporté est à l'un des temps du passé, il faut effectuer des changements dans les temps du discours rapporté.

présent → imparfait :
*« J'***arrive** *tout de suite », a-t-il crié* ➜ *Il a crié qu'il* **arrivait** *tout de suite.*

passé composé → plus-que-parfait :
« Je **suis** *déjà* **venu** *deux fois », a-t-il dit* ➜ *Il a dit qu'il* **était** *déjà* **venu** *deux fois.*

⚠ Attention.
Certains verbes ne peuvent pas introduire un discours indirect :
* *Il s'est excusé qu'il avait du travail.*
Il est nécessaire de les compléter par un verbe du **dire**.
■ *Il s'est excusé* **en disant** *qu'il avait du travail.*

– futur → conditionnel présent (« futur du passé ») :

■ « Je **passerai** vous voir », promettait toujours Mario → Mario promettait toujours qu'il **passerait** nous voir. *will not have finished*

– futur antérieur → conditionnel passé (« futur antérieur du passé ») :

■ « Tu ne **sortiras** pas tant que tu n'**auras** pas **fini** ton travail », lui a dit sa mère → Sa mère lui a dit qu'il ne **sortirait** pas tant qu'il n'**aura** pas **fini** son travail.

⚠ S'il s'agit d'une vérité générale, on peut garder le même temps.

■ Le maître explique aux enfants : « **La terre est ronde.** » → Maman, à l'école, le maître nous a expliqué que la terre **est** ronde.

✔ En ce qui concerne **les modes autres que l'indicatif.**

☞ subjonctif page 148

– **subjonctif** : actuellement, en français courant, on ne respecte pas les règles de concordance et l'on n'utilise que deux formes subjonctives.

Il n'y a pas de changement lorsqu'on passe au discours rapporté.

■ « Il faut que tu **fasses** la vaisselle. » → Elle m'a dit qu'il fallait que je **fasse** la vaisselle.

■ « Je ne crois pas qu'elle **soit venue**. » → Il a dit qu'il ne croyait pas qu'elle **soit venue**.

– **conditionnel** : pas de changement non plus.

■ « **Je voudrais** bien aller avec vous au cinéma. » → Il nous a dit qu'il **voudrait** bien aller avec nous.

■ « **J'aurais aimé** vivre au XVIIIᵉ siècle. » → Elle a toujours dit et répété qu'elle **aurait aimé** vivre au XVIIIᵉ siècle.

– **impératif** : dans le discours rapporté, le verbe introducteur (à tous les temps) est suivi de **de** + infinitif.

■ « Partez vite, mes enfants, il va pleuvoir. » → Elle leur dit **de partir**.

■ « Sortez de là tout de suite ! » → Je leur ai ordonné **de sortir**.

✔ En ce qui concerne **les mots exprimant le temps** (adjectifs, adverbes, locutions), si le verbe introducteur de discours rapporté est à l'un des temps du passé et si ce que l'on rapporte n'a pas de lien avec le présent, attention aux changements.

Anne (vendredi) : ■ « On va à la piscine demain ? «

– Je rapporte les paroles d'Anne samedi.

■ → **Hier**, j'ai vu Anne, elle a proposé qu'on aille à la piscine **aujourd'hui**.

– Je rapporte les paroles d'Anne une semaine plus tard.

■ → **Vendredi dernier**, j'ai rencontré Anne, elle a proposé qu'on aille à la piscine **le lendemain**.

	Le passage du discours direct	au discours rapporté
MODES	**IMPÉRATIF** *Il m'a ordonné : « Sors d'ici. »*	→ **SUBJONCTIF** *Il a ordonné **que je sorte** de là.* (ou) **INFINITIF** *Il m'a ordonné **de sortir** de là.*
TEMPS	**Le verbe introducteur est au passé.** **Présent** *Il a dit : « Je suis satisfait. »*	→ **Imparfait** *Il a dit qu'il **était** satisfait.*
	Passé composé *Il a ajouté : « J'ai terminé. »*	→ **Plus-que-parfait** *Il a ajouté qu'il **avait terminé**.*
	Passé récent **= *venir de* au présent + infinitif du verbe** *Il a précisé : « Je viens de terminer. »*	→ **Passé récent dans le passé** **= *venir de* à l'imparfait + infinitif du verbe** *Il a précisé qu'il **venait de terminer**.*
	Futur simple *Il annonça : « Je partirai bientôt. »*	→ **Futur simple dans le passé** **= formes du conditionnel présent** *Il annonça qu'**il partirait** bientôt.*
	Futur antérieur *Il certifia : « Je partirai quand j'aurai fini. »*	→ **Futur antérieur dans le passé** **= formes du conditionnel passé.** *Il certifia qu'**il partirait** quand **il aurait fini**.*
	Futur proche **= *aller* au présent + infinitif du verbe** *Il affirmait : « Je vais me remettre au travail. »*	→ **Futur proche dans le passé** **= *aller* à l'imparfait + infinitif du verbe** *Il affirmait qu'**il allait se remettre** au travail.*
	Futur de probabilité **= *devoir* au présent + infinitif du verbe** *Il a annoncé : « Je dois prendre le train ce soir. »*	→ **Futur de probabilité dans le passé** **= *devoir* à l'imparfait + infinitif du verbe** *Il a annoncé qu'il **devait prendre** le train ce soir-là.*
PERSONNES des pronoms personnels, des adjectifs et pronoms possessifs	**Les 1re et 2e personnes du singulier et du pluriel** *Il a dit à son amie : « **Je t'**aime. »* *Il a assuré à ses électeurs : « **Vos** impôts baisseront. »* **Mais :** *Il **m'**a dit : « **Tu** as tort. »* *Il **t'**a dit : « **Tu** as tort. »*	→ **La 3e personne du singulier et du pluriel** *Il a dit à son amie qu'**il l'**aimait.* *Il a assuré à ses électeurs que **leurs** impôts baisseraient.* **Mais :** → *Il a dit que **j'**avais tort.* *Il a dit que **tu** avais tort.*

Le passage du discours direct...		au discours rapporté...
LES TERMES INTRODUC-TEURS	**Les deux points** *Un homme entra dans le café et dit :* *« J'ai faim, je veux manger. »*	→ **que** *Un homme entra dans le café et dit* **qu'***il avait faim,* **qu'***il voulait manger.*
EXPRESSIONS DU TEMPS ET DE LIEU	**Si le contexte est passé** *hier* *avant-hier* *la semaine dernière* *le mois dernier* *l'année dernière* *aujourd'hui* *demain* *après-demain* *la semaine prochaine* *le mois prochain* *l'année prochaine* *ici*	→ *la veille* *l'avant-veille* *la semaine précédente* *le mois précédent* *l'année précédente* *ce jour-là* *le lendemain* *le surlendemain* *la semaine suivante* *le mois suivant* *l'année suivante* *là*
EXCLAMATION	**Comme ! Que ! Quel !** *Il dit : «* **Comme/Que** *c'est dom-mage que tu ne viennes pas ! »* *Il dit : «* **Quel** *dommage que tu ne viennes pas ! »*	→ **combien** *Il dit* **combien** *c'était dommage qu'il ne vienne pas.*

Il y a 10 ans → 10 ans auparavant
plus tôt
avant

Dans 10 jours → 10 jours plus tard

POUR ALLER PLUS LOIN

■ Si l'on rapporte les paroles de quelqu'un **le jour même**, il n'est pas nécessaire de modifier les modes et les temps (mais la plupart du temps, les Français effectuent quand même ces modifications).

Par exemple :

14 février 2002, 10 heures du matin, au bureau. Marianne parle à sa collègue Nicole :

▌ *« Tu sais, le patron m'a encore convoquée ce matin pour m'engueuler (familier). J'en ai par-dessus la tête. Je vais donner ma démission demain ».*

Le soir même, quand Nicole rentre chez elle, elle raconte à son mari, comme d'habitude, les petites histoires du bureau.

Elle peut dire, au choix :

▌ *« Tu sais, Marianne m'a dit que le patron l'a encore **engueulée** ce matin et que demain, elle **va donner** sa démission ».*

ou

▌ *« Tu sais, Marianne m'a dit que le patron l'**avait** encore **engueulée** ce matin et que demain, elle **allait donner** sa démission ».*

Mais si elle évoque cette histoire **un mois plus tard**, elle fera nécessairement certaines modifications de temps :

▌ *« Tu te rappelles ma collègue Marianne, **le mois dernier**, le patron l'avait engueulée et elle avait dit qu'elle **donnerait** sa démission **le lendemain**. Eh bien, elle est toujours là, tu sais. Et il l'engueule toujours autant ! »*

■ Souvent, on ne peut « traduire » en discours indirect faute d'indications de temps et de lieu spécifiques.

▌ *« Asseyez-vous là »,* lui indiqua le garçon.
▌ *« Vous habitez en face ? »* lui demanda-t-il.
▌ *« Je reviens fin juin »,* nous avais-tu dit, à l'époque.

Comment « traduire » cela en discours rapporté ? Il faut avoir recours au contexte.

Par exemple, ce pourrait être :

▌ *Le garçon lui indiqua une table à la terrasse.*
▌ *Il lui demanda si elle habitait en face de chez lui.*
▌ *Il nous avait dit qu'il reviendrait deux mois plus tard (l'été suivant, dès qu'il aurait terminé son travail, pour les vacances…).*

4.3 Le discours indirect libre

C'est un discours que l'on rencontre surtout dans la littérature et, plus précisément, dans les romans (par exemple, Zola et Maupassant l'emploie[nt] très fréquemment).

Il est très pratique. En effet, il fait corps avec le texte même mais l'aute[ur] peut garder certains aspects du discours direct. Le lecteur a donc l'impressi[on] d'être en face du personnage, de l'écouter parler et même penser tout hau[t].

Anne-Laure protesta énergiquement. Ah non, fini ! Pas question po[ur] elle d'aller en Italie avec les parents, elle en avait par-dessus la tête d[es] voyages culturels et en plus elle avait passé l'âge. On la prenait pour [un] bébé ou quoi ? Elle préférait mille fois partir avec ses copines faire [du] camping, il ne fallait pas qu'ils comptent l'emmener avec eux.

Comme vous le constatez, certains aspects rapprochent le discours indire[ct] libre du discours indirect lié :

– les pronoms personnels et les pronoms ou adjectifs possessifs so[nt] transposés :

*« **Je** préfère partir avec **mes** copines »* → ***Elle** préférait partir avec s[es] copines.*

– les temps sont également transposés :

*« **J'ai passé** l'âge »* → *Elle **avait passé** l'âge.*

D'autres aspects évoquent plutôt le discours direct :

– il n'y a pas de verbe introducteur de discours **(dire que…)**, même si, le pl[us] souvent, on trouve dans le contexte quelque indice de parole. Dans not[re] exemple : *elle protesta énergiquement* est presque un verbe du « dire » ;

– il peut y avoir des formes exclamatives, interrogatives, des indices subje[c]tifs, une adresse à un interlocuteur… bref, des sentiments, des émotions.

POUR ALLER PLUS LOIN

De même que l'on a indiqué certaines difficultés de « traduction » du discours direct vers le discours indirect lié, ici aussi on rencontre certaines impossibilités.

« Les Français ont perdu le sens du partage », a-t-il déploré.

→ *Il a déploré que les Français aient perdu le sens du partage.*

Cette phrase rapportée en discours indirect lié est possible.

En revanche : **Il a déploré. Les Français avaient perdu tout sens du partage.*

Cette phrase rapportée en discours indirect libre est impossible.

On ne peut utiliser, dans le discours indirect libre, que des verbes intransitifs : **protester, s'emporter, s'énerver, s'impatienter, s'insurger, se fâcher, s'émerveiller, se réjouir.**

4.4 L'interrogation indirecte

Rappel

Il existe trois manières de poser une question.

▮ *Élise parle à sa cousine Léa.*

▮ *« Tu as pensé à appeler ton père pour son anniversaire, hier ? »*

▮ *« Est-ce que tu as pensé à appeler ton père pour son anniversaire, hier ? »*

▮ *« As-tu pensé à appeler ton père pour son anniversaire, hier ? »*

Mais il y a une seule manière de reprendre cette question en discours rapporté.

▮ *Léa raconte à des amis :*

▮ *J'ai vu ma cousine Élise vendredi dernier. Elle pense toujours à tout ! Elle m'a demandé **si** j'avais pensé à appeler mon père pour son anniversaire, **la veille**. Et moi, sa propre fille, j'avais complètement oublié ! Mais elle, bien sûr, non !*

Quelles sont les modifications lorsque l'on passe de l'interrogation directe à l'interrogation indirecte ?

✔ Comme dans le passage discours direct → discours indirect :
– les pronoms personnels, les pronoms et les adjectifs possessifs changent ;
– les temps de l'indicatif et les termes exprimant le temps changent si le verbe introducteur est à un temps du passé.

✔ Le verbe qui introduit l'interrogation indirecte : **demander, savoir, vouloir savoir, s'informer...**, est suivi de **si** lorsque l'interrogation porte sur l'ensemble de la phrase.

▮ *« Est-ce que tu m'aimes ? »* → *Elle veut toujours savoir **si** je l'aime.*

▮ *« Tu viens ? » Alors ? Je t'ai demandé **si** tu venais. Réponds !*

✔ Si l'interrogation est partielle, si elle porte sur un aspect plus précis (lieu, temps, etc.), le mot interrogatif (**où, quand, comment...**) ne change pas. Mais attention, l'ordre des mots redevient « normal ».
Observez :

▮ *« Où vas-tu ? Avec qui sors-tu ? Quand rentres-tu ? Comment vas-tu rentrer ? Qui va te raccompagner ? »*

→ *Mes parents sont vraiment terribles. Ils ont peur de tout ! Ils veulent toujours savoir **où je vais, avec qui je sors, quand et comment je vais rentrer, qui va me raccompagner**...*

> ⚠ Vous ne pouvez pas dire : **On se pose la question si l'auteur a voulu...* (impossible).
> Il faut dire : ▮ *On se pose la question **de savoir si** l'auteur a voulu...*
> De même, la formulation : **On s'interroge si les gouvernements vont réagir...* n'est pas correcte.
> Il faut dire : ▮ *On s'interroge **pour savoir si** les gouvernements vont réagir...* (ou : *on **se demande si**...*).

Rappel

• **Qu'est-ce que... ?**   devient   ...**ce que**...
• **Qu'est-ce qui... ?**   devient   ... **ce qui**...

▮ ***Qu'est-ce que** tu fais ? Hé, réponds-moi, je te demande **ce que** tu fais !*

▮ *Je ne sais pas **ce qu'**ils ont décidé.*

▮ *– **Qu'est-ce qui** est arrivé ?*
*Le policier a interrogé les témoins. Il voulait savoir **ce qui** était arrivé.*

▮ *Je ne sais pas **ce qui** se passe dans cette maison.*

		Le passage de l'interrogation directe...	...à l'interrogation indirecte
PERSONNES pronoms personnels, adjectifs et pronoms possessifs		**Les 1re et 2e personnes du singulier et du pluriel** *Il a demandé à son amie : « M'aimes-tu ? »* *Il a demandé à ses amis : « Où irez-vous cet été ? »* **Mais :** *Il m'a demandé : « Est-ce que tu vas bien ? »* *Il t'a demandé : « Veux-tu venir avec moi ? »*	**→ La 3e personne du singulier et du pluriel** *Il a demandé à son amie si elle l'aimait.* *Il a demandé à ses amis où ils iraient cet été.* **Mais :** → *Il m'a demandé si j'allais bien.* *Il t'a demandé si tu voulais aller avec lui...*
LES TERMES INTRODUCTEURS		**Est-ce que ?** *Il demanda à sa femme : « Est-ce que tu es prête ? »* **Inversion** *Il demanda à sa femme : « Es-tu prête ? »* **Intonation** *Il demanda à sa femme : « Tu es prête ? »*	**→ si** *Il demanda à sa femme si elle était prête.*
		Que ? ou qu'est-ce que ? *Il lui demanda : « Que fais-tu ? »* *« Qu'est-ce que tu fais ? »* **Qu'est-ce qui/qu'il dit (+ verbe impersonnel)** *Il m'a demandé : « Qu'est-ce qui/qu'il se passe ? »*	**→ ce que** *Il lui demanda ce qu'il/elle faisait.* **→ ce qui/ce qu'il** *Il m'a demandé ce qui/qu'il se passait.*
		Comment ? Pourquoi ? Quand ? Où ? Combien ? À quelle heure ? Qui ? (+ inversion du sujet) *Il demanda à son ami :* *« Où vas-tu ? »* (présent) *« À quelle heure dois-tu partir ? »* *« Quand reviendras-tu ? »* (futur) *« Pourquoi as-tu changé ? »* (passé composé)	**→ Comment ? Pourquoi ? Quand ? Où ? Combien ? À quelle heure ? Qui ? (sans inversion du sujet)** *Il demanda à son ami où il allait* (imparfait), *à quelle heure il devait partir,* *quand il reviendrait* (futur dans le passé), *pourquoi il avait changé* (plus-que-parfait).
EXPRESSIONS DE TEMPS ET DE LIEU		**Si le contexte est passé** *hier* *avant-hier* *la semaine dernière* *le mois dernier* *l'année dernière* *aujourd'hui* *demain* *après-demain* *la semaine prochaine* *le mois prochain* *l'année prochaine* *ici*	→ *la veille* *l'avant-veille* *la semaine précédente* *le mois précédent* *l'année précédente* *ce jour-là* *le lendemain* *le surlendemain* *la semaine suivante* *le mois suivant* *l'année suivante...* *là*

LES RELATIONS LOGICO-TEMPORELLES

Chapitre 1 • GÉNÉRALITÉS :
GRAMMAIRE DU TEXTE
ET CONNECTEURS
LOGICO-TEMPORELS . . . .

1 • 1 Qu'appelle-t-on
« grammaire
du texte » ?

1 • 2 L'emploi
des anaphores

1 • 3 L'emploi
des connecteurs

Chapitre 2 • L'EXPRESSION DU TEMPS . . . .

2 • 1 La proposition
subordonnée :
valeurs et emplois
des conjonctions
de temps

2 • 2 Autres manières
d'exprimer l'idée
de temps

Chapitre 3 • L'EXPRESSION DE LA CAUSE . . . .

3 • 1 La proposition
subordonnée :
valeurs et emplois
des conjonctions
de cause

3 • 2 Autres manières
d'exprimer l'idée
de cause

Chapitre 4 • L'EXPRESSION
DE LA CONSÉQUENCE ET DU BUT

4 • 1 **La proposition
subordonnée :
valeurs et emplois
des conjonctions
de conséquence
et de but**

4 • 2 **Autres manières
d'exprimer l'idée
de conséquence
et de but**

Chapitre 5 • L'EXPRESSION DE L'OPPOSITION
ET DE CONCESSION

5 • 1 **La proposition
subordonnée : valeurs
et emplois
des conjonctions
d'opposition
et de concession**

5 • 2 **Autres manières
d'exprimer l'idée
d'opposition
et de concession**

Chapitre 6 • L'EXPRESSION DE LA CONDITION
ET DE L'HYPOTHÈSE

6 • 1 **Avec des
subordonnées
introduites par « si »**

6 • 2 **Avec des
subordonnées
introduites par
d'autres conjonctions
que « si »**

6 • 3 **Autres manières
d'exprimer
la condition
et l'hypothèse**

Chapitre 7 • L'EXPRESSION DE L'INTENSITÉ
ET DE LA COMPARAISON

7 • 1 **L'expression
de l'intensité**

7 • 2 **L'expression
de la comparaison**

1 GRAMMAIRE DU TEXTE ET CONNECTEURS LOGICO-TEMPORELS

1 . 1 Qu'appelle-t-on « grammaire du texte » ?

Lorsque vous étudiez la grammaire, vous le faites souvent dans le cadre de la phrase. Or, certains aspects de la grammaire concernent le texte entier et débordent le simple cadre de la phrase.

Souvent, et cela vous étonne, vos textes sont considérés par vos professeurs comme peu corrects alors qu'il n'y a pas de « fautes de grammaire » (morphologie, syntaxe) ni d'orthographe.

Pourquoi ? Parce que souvent, les phrases sont correctes mais mal (ou pas du tout) reliées les unes aux autres et que donc votre texte est mal construit.

Un texte est toujours organisé, « articulé », il a un sens, une cohérence. Il faut que le lecteur puisse suivre, de phrase en phrase, le « fil du texte », son sens. Il faut aussi que ce texte avance, que chaque paragraphe apporte une information nouvelle.

L'objet de la grammaire du texte est de comprendre comment les différentes phrases s'organisent entre elles pour former un tout cohérent.

Lorsqu'on écrit un texte, outre les relations temporelles qui sont très importantes pour la compréhension, il existe deux manières de renforcer cette cohérence :

- utiliser certains termes reprenant un élément qui se trouve plus haut dans le texte (on appelle ces termes de reprise des anaphores). Ces termes permettent de reconnaître, de phrase en phrase, de qui et de quoi on parle ;

- l'emploi des connecteurs qui assurent un lien logique entre les différentes idées et structurent donc le texte.

1 . 2 L'emploi des anaphores

Observez. Dans les textes suivants, comment reprend-on un élément de phrase précédente pour faire « avancer » le texte ?

Texte 1

*Il était une fois **un roi** très puissant qui avait **une fille** belle comme jour. **Elle** s'appelait **Rosette** et avait tout juste seize ans.*
*Un jour, **le roi** décida que **la jeune fille** devait **se** marier. **Celle-le** supplia : **elle** n'avait pas envie de **le** quitter mais **il** avait l'habitue d'être obéi et **il** ne céda pas. Aussi envoya-t-**il** des serviteurs dans tou les pays voisins. Ils emportaient avec eux le portrait de la **princesse**.*

Texte 2

*Dans le pays voisin régnait un roi très bon et fort respecté de ses sujet Hélas, **son fils** unique était atteint de mélancolie. **Ce prince**, que l'o appelait **Aimé**, restait des heures à **sa fenêtre** sans manger et sans boir Aucun des médecins de la cour n'avait réussi à guérir **le jeune homm Celui-ci** maigrissait à vue d'œil et tous craignaient pour **sa vie**. La rei **le** suppliait à genoux de révéler les raisons de **sa mélancolie** mais il s contentait de soupirer en silence.*

Texte 1

un roi → le roi → le (supplia) → le (quitter) → il → il → il
une fille → elle → Rosette → la jeune fille → se → celle-ci → elle → la princess

Texte 2

son fils → ce prince → Aimé → sa fenêtre → le jeune homme → celui-ci
sa vie → le (suppliait) → sa mélancolie → il → se

Ces anaphores sont essentiellement :
– des pronoms : pronoms personnels sujets ou compléments **(il, elle, se, le** démonstratifs **(celui-ci)** ;
– des noms précédés d'un article défini **(le, la, les)** ou d'un adject démonstratif **(ce, cet, cette, ces)** ou possessif **(son, sa, ses, leur, leurs)**.

On peut reprendre exactement le même nom.
▌ *Il y avait une belle princesse. **Cette princesse** s'appelait Rosette.*

Ou utiliser un autre mot, un synonyme, par exemple :
▌ *Il y avait une belle princesse. **La jeune fille** avait seize ans.*

On peut enfin reprendre par un mot tout un passage, toute une idée.
*Dans le pays voisin régnait un roi très bon et fort respecté de ses sujet Hélas, son fils unique était atteint de mélancolie. Ce prince, que l'o appelait Aimé, restait des heures à sa fenêtre sans manger et sans boir Aucun des médecins de la cour n'avait réussi à guérir le jeune homm Celui-ci maigrissait à vue d'œil et tous craignaient pour sa vie. La rein le suppliait à genoux de révéler les raisons de sa mélancolie mais il s contentait de soupirer en silence. **Cette triste situation** remplissait tou les habitants du royaume de douleur et d'inquiétude.*

Remarque

Observez le sens anaphorique d'un verbe particulier : **faire**.

Le verbe **faire** (+ pronom complément, le plus souvent le pronom **le** neutre) peut remplacer un verbe ou un groupe verbal exprimé précédemment et qu'on ne veut pas répéter.

C'est souvent dans l'expression de la comparaison que vous rencontrez cet emploi anaphorique du verbe **faire**.

■ *Il travaille la terre comme le **faisaient** son père et son grand-père.* — as did

Mais vous pouvez le trouver aussi dans d'autres types de phrases.

■ *Va poster cette lettre. Si tu ne le **fais** pas tout de suite, tu oublieras.*
■ *Tu peux m'aider à fermer les volets ? Je n'arrive pas à le **faire**.*

1 ● 3 L'emploi des connecteurs   get your bearings

Vous avez certainement remarqué en lisant des textes en français qu'ils sont la plupart du temps très fortement structurés. C'est particulièrement vrai lorsqu'il s'agit de textes où l'on cherche à démontrer quelque chose.

Le lecteur français veut, quand il lit, toujours **pouvoir se repérer** : dans l'enchaînement même du texte, mais aussi dans les différentes étapes du raisonnement. S'il n'a pas ces points de repère, il se sentira perdu et arrivera très difficilement à « entrer » dans le texte.

La plupart des textes français (surtout les textes argumentatifs, bien sûr) suivent donc un plan strict et utilisent beaucoup de termes qui permettent justement au lecteur de se repérer.

On pourrait dire que ce sont comme des « jalons » sur sa route.   shows you the route / like a stake

Les connecteurs servent à exprimer les relations temporelles ou logiques entre les différentes parties d'un texte. Il peut s'agir d'adverbes (**d'un côté..., de l'autre... ; d'une part..., d'autre part... ; d'abord, ensuite, de plus, enfin...**) ou de conjonctions (**mais, or, donc**).

Le plus souvent, on distingue :

✓ **les connecteurs temporels**   put in order

s qui servent à l'énumération ou aident à établir la chronologie dans un texte.

D'abord - en premier lieu - d'une part - premièrement - primo (à l'oral)...
Ensuite - en second lieu - d'autre part - deuxièmement - secundo (à l'oral)...
De plus - puis - et puis - en outre - par ailleurs - troisièmement - tertio (à l'oral)...
Enfin - finalement - en dernier lieu...   besides / besides, moreover, other side

à la fin / en dernier lieu : finally

✓ **les connecteurs logiques (ou argumentatifs)**

s marquent les différentes étapes d'un raisonnement :   it is true

pour présenter l'argument de l'adversaire (avant de le rejeter) : **certes, il est vrai que, on dit parfois que, on m'objectera que...**

pour exprimer la concession, l'opposition ou la restriction : **mais, pourtant, cependant, néanmoins, toutefois, quand même, tout de même, malgré tout, du moins, au moins...**   yet / however / after all

> ⚠ **Dernièrement** ne signifie pas « en dernier lieu » mais « récemment », « il y a peu de temps ».
> ■ *Tu as vu Michel depuis son retour ?*
> *— Oui, je l'ai rencontré dernièrement.*   lately, recently

27

• pour ajouter un nouvel argument destiné à finir de convaincre l'adversair[e] or, d'ailleurs, non seulement… mais encore, en plus, de plus, en outre…

• pour préciser sa pensée : autrement dit, en d'autres termes, en d'autr[es] mots, c'est-à-dire, si je puis dire, comment dirais-je ?

• pour expliquer : en effet, c'est pourquoi…

• pour donner un exemple : par exemple, citons l'exemple de, je prend[s] un exemple, un simple exemple suffira…

• pour introduire la conclusion : ainsi, aussi, donc, bref, en tout cas, [en] conclusion, en somme, finalement, en définitive, en un mot, en résumé[…]

⚠ Ne confondez pas ailleurs/par ailleurs/d'ailleurs.
• ailleurs = « autre part ».
▌ *Ce restaurant est un peu cher. On va dîner **ailleurs** ?*

• par ailleurs = « d'autre part » (on introduit un nouveau point dans le ra[i]sonnement).
▌ *Nous rappelons que pour des raisons de sécurité, les salles 233, 2[34] et 235 sont provisoirement interdites d'accès. **Par ailleurs**, vous êtes priés [de] respecter strictement dans les autres salles les consignes affichées dans le grand ha[ll].*

• d'ailleurs : on introduit une raison supplémentaire pour étayer, renforc[er] son opinion.
▌ *Paola est très gaie. **D'ailleurs**, presque toutes les Italiennes aiment ri[re].*
▌ *Ça m'est égal de ne pas être invité à ce cocktail. **D'ailleurs**, je su[is] fatigué(e) et en plus, je déteste me coucher tard.*

Exemple de texte structuré

On entend souvent dire que vivre en banlieue est une malédiction. **Certes[,] on ne saurait nier** qu'il existe certains inconvénients, **comme par exemple** la longueur des trajets ou le manque de théâtres, de cinémas, de biblio-thèques… **Il est vrai aussi** que l'architecture de certaines banlieues (je pense aux grands ensembles) manque bien souvent de charme. **Cela étant[,]** tout n'est pas aussi noir. Vivre loin du centre-ville, c'est échapper à la pollu-tion, retrouver le plaisir de se promener à pied ou à bicyclette. **Ou encore** – pourquoi pas ? – de jardiner pour peu que l'on ait un petit bout de terrain. Quel plaisir, lorsque l'on rentre du travail, de retrouver un peu de calme [!] **Par ailleurs**, habiter en banlieue facilite les relations de voisinage : on se connaît, on s'entraide, on s'invite. Rien de tout cela en ville où règne l'anonymat.
Autre avantage et non des moindres, se loger en banlieue est beaucoup plus économique. Pour le prix d'un studio à Paris, on peut trouver un trois pièces dans bien des banlieues agréables.
Lorsqu'on a plusieurs enfants, c'est certainement la solution la meilleure[.] **D'ailleurs**, si vous interrogez les enfants, ils vous diront tous qu'ils préfèrent vivre loin des villes.
Bref, il n'est pas surprenant que, depuis quelques années, tant de citadin[s] redécouvrent les charmes de la banlieue, **ou plus exactement** de certaines banlieues. **En effet**, il faut bien constater que dans beaucoup d'autres, le « mal-être » et la violence sont tels que ceux qui y vivent souhaiteraient cer-tainement habiter ailleurs.

2 L'EXPRESSION DU TEMPS

Que signifie exprimer le temps ?

C'est se situer dans tous les moments de la vie, c'est se donner des repères temporels, dater les événements, les introduire dans le présent, dans le passé, dans le futur, les **situer dans une chronologie**, chronologie qui peut d'ailleurs être mise en évidence par le temps même du verbe : *je lis* (présent), *je lisais, j'ai lu* (passé), *je lirai* (futur).

Mais, c'est aussi **se situer dans le temps par rapport à un contexte**.

Celui qui parle peut évoquer des faits qui se déroulent :

– **au moment de** la parole, et il y a **simultanéité** ;
– **avant** l'acte de parole, et nous nous plaçons dans **l'antériorité** ;
– **après** l'acte de parole, et nous sommes alors dans **la postériorité**.

Pour traduire, pour éclairer cette chronologie, cette mise en contexte, la langue dispose de toutes sortes de moyens grammaticaux, syntaxiques, lexicaux…

2 . 1 La proposition subordonnée : valeurs et emplois des conjonctions de temps

Toutes les propositions subordonnées se distinguent par la présence d'une conjonction de subordination.

Étudier une proposition subordonnée, c'est étudier d'abord la conjonction de subordination, ce mot de liaison qui met en valeur l'idée exprimée, ici l'idée de **temps**.

(C'est à partir de la proposition subordonnée que nous établirons les rapports d'antériorité et de postériorité.)

☞ de la phrase simple à la phrase complexe page **241**
☞ se situer dans le temps page **204**

Rapport de simultanéité

> Conjonctions ou locutions conjonctives qui établissent un rapport de simultanéité entre la proposition subordonnée et la proposition principale. Ces conjonctions sont suivies du mode indicatif.

> Pour simplifier, nous appelons, dans la suite de cette partie VIII, « conjonction » ce qui est parfois « locution conjonctive » (formée de deux mots ou plus).

⚠ La simultanéité ne signifie pas que les verbes des deux propositions sont au même temps verbal. Cela veut dire que les actions se situent dans le même moment du temps mais qu'elles peuvent avoir des valeurs différentes. Par exemple, on peut associer une action en cours d'accomplissement et une action accomplie, ponctuelle, ou le contraire.

■ *Je me promenais* (j'étais en train de me promener) *lorsque la pluie s'est mise à tomber* (action ponctuelle).

■ *Elle quitta la maison* (action ponctuelle, achevée) *tandis que huit heures sonnaient* (action en train de se faire).

On peut associer deux actions en cours d'accomplissement ou deux actions accomplies, ponctuelles.

■ *À mesure que les années passaient, il voyait le monde changer autour de lui* (les années étaient en train de passer, et en même temps il voyait le monde changer).

■ *Au moment où le train entra en gare* (action ponctuelle), *les voyageurs se levèrent et se dirigèrent vers les portières* (action ponctuelle).

■ « Quand, lorsque »

• **Quand** : c'est la conjonction la plus utilisée ; elle appartient à une langue courante.

• **Lorsque** : cette conjonction est synonyme de « quand » mais elle appartient à une langue plus soutenue.

■ *Quand Georges sort de chez lui, il salue toujours le gardien de l'immeuble et les voisins qu'il rencontre.*

■ *Lorsque Catherine rentre le soir, la table est mise et le dîner est prêt.*

■ *Rien ne pouvait la troubler lorsqu'elle lisait.*

Nous pouvons faire quelques remarques à partir de ces phrases :

1) La proposition subordonnée de temps est mobile dans la phrase. Elle peut se placer après ou avant la proposition principale.

2) Quand elle est placée en tête, elle est séparée de la proposition principale par une virgule.

3) Suivies du présent ou de l'imparfait, ces conjonctions de temps indiquent une habitude, une répétition.

Voyons maintenant d'autres phrases et examinons-les de la même façon.

■ *Quand j'ai entendu ces bruits étranges dans la nuit, je me suis glissé courageusement sous mes couvertures.*

■ *Il traversait le jardin du Luxembourg lorsqu'il a rencontré (ou lorsqu'il rencontra) un ami d'enfance.*

■ *Quand tu reviendras de ce long voyage, tu trouveras les enfants bien changés.*

■ *Lorsque tu comprendras l'importance de cette affaire, il sera sans doute trop tard.*

4) Les deux conjonctions **quand** et **lorsque** peuvent être également suivies du passé composé ou du passé simple qui marquent une action ponctuelle dans le passé.

5) Après ces deux conjonctions, on trouve aussi le futur, qui indique une action située dans un moment à venir.

■ **« Quand/lorsque »**

+ présent ou imparfait. → une répétition, une habitude.

+ passé composé ou passé simple → une action ponctuelle, momentanée, limitée dans le temps.

+ futur → une action à venir.

Ces deux conjonctions **montrent rarement l'action dans son accomplissement**.

Exception : avec les deux auxiliaires **être** et **avoir**, elles peuvent être suivies de l'imparfait avec valeur d'état, de continuité.

❙ *Quand elle était enfant, elle voulait être danseuse étoile.*

❙ *Lorsqu'elle avait vingt ans, elle avait une énergie sans pareille.*

■ « Dès que, aussitôt que »

Ces conjonctions fonctionnent comme **quand** et **lorsque**. S'y ajoute une nuance d'immédiateté qui se retrouve dans la préposition **dès** et l'adverbe **aussitôt**.

❙ *Dès qu'il voit un rayon de soleil, il se sent heureux.*

❙ *Aussitôt que le réveil sonnait, il sautait hors de son lit, prêt à commencer sa journée.*

❙ *Aussitôt qu'elle s'est mise (ou se mit) au lit, elle s'est endormie (ou s'endormit).*

❙ *Dès que j'aurai des nouvelles, je vous les communiquerai.*

■ « Chaque fois que, toutes les fois que »

Ces conjonctions marquent toujours et uniquement la répétition, l'habitude ou l'action reprise une ou plusieurs fois.

❙ *Chaque fois qu'elle s'adresse à des inconnus, elle rougit jusqu'aux yeux.*

❙ *Toutes les fois que cet homme politique prenait la parole, il intéressait ou surprenait ses auditeurs.*

❙ *Chaque fois qu'il a entrepris une affaire, il l'a réussie* (= il a entrepris une action une première fois, il l'a réussie, il l'a entreprise une deuxième fois, il l'a réussie…).

❙ *Tu sais, toutes les fois que tu auras besoin de moi, je serai là.*

Ces conjonctions sont suivies :

– du présent : répétition, habitude au présent ;

– de l'imparfait : répétition, habitude au passé ;

– du passé composé : dans ce cas-là, le passé composé montre une action achevée qui est reprise plusieurs fois ;

– du futur : répétition, habitude au futur.

POUR ALLER PLUS LOIN

Il existe une conjonction très proche de **chaque fois que, toutes les fois que**. C'est la conjonction : **si + deux présents**

ou + **deux imparfaits** (dans les deux propositions).

Cette conjonction exprime l'habitude.

❙ *S'il regarde la télé, il s'endort.*

❙ *Si elle se sentait fatiguée, elle prenait un bain chaud puis elle se préparait une tisane au tilleul et elle se mettait au lit.*

if she felt tired   she took a bath

■ « À mesure que, au fur et à mesure que »

Ces conjonctions montrent que deux actions progressent en même temps.
- ▌*Au fur et à mesure que j'avance dans mon travail, je découvre de nouvelles difficultés* (= j'avance dans mon travail **et, en même temps**, je découvre de nouvelles difficultés. **Plus** j'avance et **plus** je découvre…).
- ▌*À mesure que le soleil montait dans le ciel, la chaleur se faisait plus intense* (= **plus** le soleil montait, **plus** la chaleur se faisait intense).

■ « Pendant que, tandis que, alors que » = while

Ce sont les conjonctions de l'action en train de se dérouler, de l'action en cours d'accomplissement dans le présent, dans le passé ou dans le futur.
- ▌*Il écoute toujours de la musique **pendant qu'il travaille**.*
- ▌*Sortons, et **tandis que nous marcherons**, nous parlerons de nos projets.*
- ▌***Alors que je préparais** mon dîner, un voisin a frappé à ma porte.*

■ « Au moment où »

Cette conjonction peut marquer aussi bien l'action ponctuelle, comme la conjonction **quand**, que l'action en cours d'accomplissement, comme la conjonction **alors que**.
- ▌***Au moment où elle est sortie*** (ou ***sortait***) *de chez elle, mon amie est tombée et elle s'est fait une entorse.*
- ▌***Au moment où elle glissait*** (ou ***elle a glissé***) *la lettre dans la boîte aux lettres, elle s'est rendu compte qu'elle avait oublié de la timbrer.*

■ « Tant que, aussi longtemps que » "As long as"

Ces deux conjonctions synonymes montrent que deux actions se déroulent exactement dans le même moment du temps, que ces deux actions ont exactement la même durée ; cela signifie que le temps dans les deux propositions est le même.
On aura donc : deux présents
  ou deux passés composés
  ou deux passés simples
  ou deux imparfaits
  ou deux futurs…

Observez :
- ▌***Tant qu'il travaille**, mon ami **se sent** heureux* (= et quand il ne travaille plus, il n'est plus heureux).
- ▌***Tant que l'entreprise est** bénéficiaire, les actionnaires **dorment** tranquilles.*
- ▌***J'ai écouté** vos arguments **aussi longtemps qu'ils m'ont semblé** raisonnables.*
- ▌***Aussi longtemps que nous le pourrons**, nous vous **aiderons**.*

À la forme négative
– quand le verbe de la proposition subordonnée exprime une action continue, un état qui se prolonge, on garde les mêmes temps verbaux dans les deux propositions :
- ▌*Tant que tu **ne parles pas**, tant que tu **ne fais pas** de bruit, tu **peux** rester là.*
- ▌*Aussi longtemps qu'elle **ne gagnera pas** sa vie, la jeune fille **continuera** à vivre dans sa petite chambre de bonne.*

> ⚠ **Alors que, tandis que** peuvent marquer aussi l'opposition/comparaison.
> ▌*Jean est un passionné de lecture alors que sa sœur préfère le sport.*

– quand le verbe exprime une action accomplie à un moment donné, un résultat, on constate une différence de temps dans les deux propositions :

■ *Aussi longtemps que vous n'* aurez *pas compris, je poursuivrai mes explications* (= je poursuivrai mes explications jusqu'à ce que vous ayez compris).

■ *Tant qu'il n'* a *pas mis le point final à son article, le journaliste reste à sa table de travail* (= le journaliste reste à sa table de travail jusqu'à ce qu'il ait mis le point final à son article).   *plus q. pp. → imparfait*

■ *Tant qu'elle n'* était *pas entrée en scène, l'actrice était morte de trac* (= l'actrice était morte de trac jusqu'à ce qu'elle soit entrée en scène).

Remarquez : l'auxiliaire du verbe subordonné se met au même temps que le verbe principal (futur antérieur/futur ; passé composé/présent ; plus-que-parfait/imparfait ; etc.).

■ « Depuis que »   "Since"

Cette conjonction montre que deux actions ont commencé en même temps dans le passé et se poursuivent ensemble dans une continuité. Le temps dépend souvent du sens, de l'aspect du verbe.
Il faut envisager deux cas de figure : un contexte de présent et un contexte de passé.

CONTEXTE DE PRÉSENT		CONTEXTE DE PASSÉ	
Proposition principale	Proposition subordonnée	Proposition principale	Proposition subordonnée
Présent → action continue dans le présent ■ *Depuis qu'il **étudie** le chant,*	**Présent** action continue dans le présent *il **se prend** pour Pavarotti.*	**Imparfait** → action continue dans le passé ■ *Depuis qu'il **étudiait** le chant,*	**Imparfait** action continue dans le passé *il **se prenait** pour Pavarotti.*
Présent → action continue dans le présent ■ *Depuis qu'il **étudie** le chant,*	**Passé composé** action accomplie dans le présent *il **a changé** de vie.*	**Imparfait** → action continue dans le passé ■ *Depuis qu'il **étudiait** le chant,*	**Plus-que-parfait** action accomplie dans le passé *il **avait changé** de vie.*
Passé composé → action accomplie dans le présent ■ *Depuis qu'il **a réussi**,*	**Présent** action continue dans le présent *il **se sent** plus sûr de lui.*	**Plus-que-parfait** → action accomplie dans le passé ■ *Depuis qu'il **avait réussi**,*	**Imparfait** action continue dans le passé *il **se sentait** plus sûr de lui.*
Passé composé → action accomplie dans le présent ■ *Depuis qu'il **a réussi**,*	**Passé composé** action accomplie dans le présent *il **a changé**.*	**Plus-que-parfait** → action accomplie dans le passé ■ *Depuis qu'il **avait réussi**,*	**Plus-que-parfait** action accomplie dans le passé *il **avait changé**.*

2

■ « Comme »

Cette conjonction dans sa valeur temporelle est un peu particulière.
Elle est toujours suivie de l'imparfait (ou plus rarement du plus-que-parfait à valeur d'accompli).
Elle introduit une proposition subordonnée qui se présente comme le décor d'une action. Cette action se retrouve dans la proposition principale et, en général, elle est au passé composé ou au passé simple.
Elle appartient à la langue soutenue et a le sens de « alors que ».

Observez cette phrase :

■ *Je suis rentrée* (ou *je rentrai*) *chez moi* **comme six heures sonnaient** (ou **avaient déjà sonné**).

⚠ La conjonction **comme** peut marquer aussi la cause ou la comparaison.

■ **Comme** *il faisait très froid, la vieille dame a préféré rester chez elle.*
■ *Elle est jolie* **comme** *sa mère.*

☞ **expression de la cause**
page **292**
et **expression de la comparaison**
pages **327-328**

Rapport d'antériorité

Conjonctions qui établissent un rapport d'antériorité de la proposition subordonnée par rapport à la proposition principale.
Ces conjonctions sont suivies du mode indicatif.

Observez bien ces phrases et comparez :

L c'est sure

■ *Le médecin interroge son patient, puis il l'ausculte.*

Cette phrase comporte deux propositions indépendantes juxtaposées qui montrent des actions.

prescated

Once he ■ *Une fois que le médecin a interrogé son patient, il l'ausculte.*

Nous avons ici une proposition subordonnée *(une fois que le médecin a interrogé son patient)* et une proposition principale *(il l'ausculte).*

Une action *(a interrogé)* se passe avant l'autre *(ausculte).* Il y a un rapport d'antériorité entre les deux actions.

Remarque

Quand il y a antériorité de la proposition subordonnée, le verbe est à une forme composée. En effet, seules les formes composées sont aptes à marquer l'antériorité. Cette forme composée est facile à trouver. S'il y a une forme composée, il y a forcément un auxiliaire et un participe passé. Et dans la proposition subordonnée de temps, l'auxiliaire prend toujours le temps du verbe de la proposition principale.

■ « Une fois que »

■ **Une fois que** *le médecin* **a** *interrogé son patient* (passé composé, auxiliaire au présent), *il l'ausculte* (présent).

■ **Une fois que** *le médecin* $\boxed{aura}$ *interrogé son patient* (futur antérieur, auxiliaire au futur), *il l'auscultera* (futur).

■ **Une fois que** *le médecin* $\boxed{avait}$ *interrogé son patient* (plus-que-parfait, auxiliaire à l'imparfait), *il l'auscultait* (imparfait).

■ **Une fois que** *le médecin* $\boxed{eut}$ **interrogé son patient** (passé antérieur, auxiliaire au passé simple), *il l'ausculta* (passé simple).

■ **Une fois que** *le médecin* $\boxed{a\ eu}$ *interrogé son patient* (passé surcomposé, auxiliaire au passé composé), *il l'a ausculté* (passé composé).

■ « Après que »

Cette conjonction demande normalement et logiquement l'indicatif ; mais la langue orale et même la langue écrite la font suivre souvent non pas de l'indicatif mais du subjonctif, pour des raisons de fausse symétrie entre **avant que** et **après que**.

⚠ **aux deux conjonctions suivantes :**

■ « À peine que » *No sooner than — to be published*

Observez bien cette phrase :
verbe de la proposition subordonnée   verbe de la proposition principale

■ *À peine le livre [eut-**il** paru] **qu'**il [connut] un immense succès.*

Quelques remarques.

1) La locution conjonctive est formée de l'adverbe **à peine** et du mot **que**.

2) Lorsque **à peine** est en tête de la phrase, il y a inversion du verbe et du pronom personnel sujet.

3) Le verbe de la proposition principale suit le mot **que**.

4) Cette sorte de phrase appartient à la langue soutenue, et on ne la trouve qu'à l'écrit.

5) Mais à l'oral ou à l'écrit, dans une langue moins soutenue, on peut dire :

■ *J'étais **à peine** arrivée sur le quai de la gare **que** j'ai vu le train démarrer.*

■ « Ne pas (plus tôt)... que » *No sooner than*

Observez cette phrase :

verbe de la proposition subordonnée

■ *Elle est très agaçante : elle [**n'**est **pas** (**plus tôt**) arrivée] à la maison*
verbe de la proposition principale

qu'elle [s'installe] devant la télé
(= elle arrive à la maison et aussitôt elle s'installe devant la télé).

Remarques

Pour cette locution aussi, le verbe principal suit le mot **que**.

On peut avoir soit la forme complète de l'expression **ne pas plus tôt... que**, soit la forme réduite **ne pas... que**. Le sens reste le même.

■ *Elle **n'**avait **pas plus tôt** mangé une ou deux fraises **qu'**elle devenait toute rouge ; elle y était allergique.*

■ *Elle **n'**avait **pas** mangé une ou deux fraises **qu'**elle devenait toute rouge ; elle y était allergique.*

Rapport de postériorité

> Conjonctions qui établissent un rapport de postériorité
> de la proposition subordonnée par rapport à la proposition principale.
> Ces conjonctions sont toujours suivies du mode subjonctif.

L'action de la proposition subordonnée est à venir ; on peut imaginer que cette action est incertaine, donc douteuse, et que le subjonctif s'utilise pour cette raison.

■ « Avant que »

☞ phrase négative page 235

Cette conjonction peut être accompagnée du **ne** explétif.
▌ *Le voleur s'est perdu dans la foule **avant qu'on (n') ait pu l'arrêter**.*

■ « En attendant que »

▌ *Les étudiants font les cent pas dans les couloirs de l'université **en attendant que les résultats des examens soient affichés**.*

⚠ Avec ces deux conjonctions **avant que** et **en attendant que**, on ne doit pas utiliser le même sujet pour les deux propositions : **Je lis quelques pages avant que / en attendant que **je** m'endorme* est impossible.

■ « Jusqu'à ce que »

Cette conjonction montre qu'une action se poursuit sans discontinuer jusqu'à un point limite.
▌ *Les savants poursuivront sans répit leurs recherches **jusqu'à ce qu'ils aient découvert** un vaccin pour cette terrible maladie.*
Ainsi, on ne peut pas dire : **Je sors* (action ponctuelle) *jusqu'à ce qu'il revienne*. Mais, on dira
▌ *Je reste dehors* (continuité) *jusqu'à ce qu'il revienne*.

⚠ Ces trois conjonctions peuvent être interchangeables ou non selon le contexte.
▌ *L'enfant lit dans son lit **avant que** sa mère ne vienne éteindre la lumière.*
▌ *L'enfant lit dans son lit **en attendant que** sa mère vienne éteindre la lumière.*
▌ *L'enfant lit dans son lit **jusqu'à ce que** sa mère vienne éteindre la lumière.*
Il y a bien sûr des nuances entre ces phrases, mais elles sont possibles toutes les trois.
Mais dans la phrase : *Je rentre chez moi avant qu'il ne se mette à pleuvoir*, seule la conjonction **avant que** est acceptable.

■ « D'ici (à ce) que »

(= à partir du moment où nous sommes jusqu'à un moment à venir et sans doute lointain)
▌ ***D'ici à ce que tu aies compris cette règle**, le cours sera déjà terminé.*

■ « Le temps que »

Cette expression demande le subjonctif, mais son sens varie selon le contexte.

■ *Le temps que je prenne* mon manteau pour le rejoindre, mon ami, qui était pressé, était déjà parti (= avant que j'aie le temps de prendre mon manteau, mon ami était déjà parti).

■ *Le temps que je finisse d'écrire cette lettre* et je suis à vous (= quand j'aurai fini d'écrire ma lettre, je serai à vous).

■ *Le temps que je me maquille,* prends donc un livre et lis (= pendant que je me maquille, prends un livre et lis).

⚠ **Une dernière remarque sur les conjonctions.**

Lorsque la phrase comporte deux propositions subordonnées de temps coordonnées, on ne répète pas la conjonction, on la remplace par le mot **que**.

■ *Quand il fait beau et que j'en ai le temps, je vais faire une petite marche en forêt.*

■ *Il est sorti avant que l'orage n'éclate et qu'il ne soit obligé de rester à la maison.*

2 . 2 Autres manières d'exprimer l'idée de temps

Nous allons passer en revue les différentes manières d'exprimer l'idée de temps autres que la proposition subordonnée.

Préposition + infinitif

☞ infinitif page 160

Deux conditions sont nécessaires :
- le même sujet pour le verbe principal et l'infinitif ;
- une préposition qui exprime l'idée du temps.

■ Préposition de la simultanéité : « au moment de »

■ *Au moment où il sortait de chez lui, il entendit le téléphone sonner.*
➔ *Au moment de sortir de chez lui, il entendit le téléphone sonner.*

> ⚠ au moment de = « sur le point de ».

■ Préposition de l'antériorité : « après »

Notez bien : l'antériorité se traduit par une forme composée. Donc, l'infinitif qui suit la préposition **après** doit également prendre une forme composée : **après + infinitif passé**.

*Tu reprendras ton travail **une fois que tu te seras reposé.***
➔ *Tu reprendras ton travail **après t'être reposé.***

Quand il se fut éclairci la voix, le député commença à parler.
➔ *Après s'être éclairci la voix, le député commença à parler* (ou *Le député commença... après s'être éclairci...*).

Dès qu'il avait écouté les informations, il éteignait la radio.
➔ *Après avoir écouté les informations, il éteignait la radio* (ou *Il éteignait la radio après avoir écouté...*).

■ **Prépositions de la postériorité :**
« avant de, en attendant de, le temps de »

• **Avant de**

▮ *Avant qu'on ne le renvoie pour faute professionnelle, le jeune employ*
a préféré donner sa démission.

➜ *Avant d'être renvoyé pour faute professionnelle, le jeune employé*
préféré donner sa démission.

Remarquez : pour avoir le même sujet, il faut passer de la forme active *(o*
ne le renvoie) à la forme passive *(être renvoyé).*

• **En attendant de**

▮ *Les touristes se sont abrités sous les arbres du parc **en attendant qu***
***l'orage cesse**.*

➜ *Les touristes se sont abrités sous les arbres du parc **en attendant ***
***voir cesser l'orage**.*

• **Le temps de**

▮ *Le temps que je finisse d'écrire cette lettre et je suis à vous.*
▮ *Le temps de finir d'écrire cette lettre et je suis à vous.*

Le gérondif

Le gérondif doit avoir le même sujet que le verbe principal.
Il met en évidence deux **actions** simultanées (celle du gérondif et celle d
verbe principal).

▮ *L'étudiant sauta de joie **quand il vit** son nom sur la liste des reçus.*
➜ *L'étudiant sauta de joie **en voyant** son nom sur la liste des reçus.*

▮ ***Comme il feuilletait** un livre ancien, il découvrit entre les pages ur*
lettre encore imprégnée d'un léger parfum.

➜ ***En feuilletant** un livre ancien, il découvrit entre les pages une lett*
encore imprégnée d'un léger parfum.

Remarquez : pour traduire l'action en cours d'accomplissement, on peu
renforcer le gérondif par l'adverbe **tout**.

▮ *Le musicien a esquissé quelques pas de danse **tandis qu'il jouait** de so*
bandonéon.

➜ *Le musicien a esquissé quelques pas de danse **tout en jouant** de son bandonéo*

▮ *Pendant que je marchais, je repensais aux événements de la veille.*
➜ *Tout en marchant, je repensais aux événements de la veille.*

Le participe présent

Le participe présent peut montrer une action ou un état.
Il peut avoir le même sujet que le verbe principal ou il peut renvoyer a
nom ou au pronom complément.

▮ ***Quand il pensa** que le moment était venu, il me raconta ce qu'il savait.*
➜ ***Pensant** le moment venu, il me raconta ce qu'il savait.*

▮ *J'ai croisé mon amie **alors qu'elle courait** vers un rendez-vous mystérieux*
➜ *J'ai croisé mon amie **courant** vers un rendez-vous mystérieux (« cou*
rant » renvoie à « mon amie » et non pas au sujet).

Le participe passé ou l'adjectif

Ces deux formes doivent avoir le même sujet que le verbe principal.
Elles sont apposées au sujet, c'est-à-dire qu'elles sont placées en général à côté du sujet et séparées de lui par une virgule.

■ *Lorsqu'il était lycéen, il rêvait de changer le monde.*
➜ *Lycéen, il rêvait de changer le monde.*

■ *Un fois qu'il s'est installé à son bureau, le directeur commence à signer son courrier.*
➜ *Le directeur, une fois installé à son bureau, commence à signer son courrier.*

■ *Aussitôt que Marie se fut endormie, elle retrouva le rêve qu'elle faisait chaque nuit.*
➜ *Aussitôt endormie, Marie retrouva le rêve qu'elle faisait chaque nuit.*

Le participe absolu ou la proposition participe

Cette structure exige un sujet différent de celui du verbe principal.
Elle est formée de :
un sujet exprimé + participe présent si l'action est continue
        ➜ forme simple du participe.
        + participe passé si l'action est antérieure ou achevée
        ➜ forme composée du participe.
Le participe absolu se place de préférence en tête de phrase.

■ *Les promeneurs ont quitté leurs abris comme l'orage se calmait.*
➜ *L'orage se calmant, les promeneurs ont quitté leurs abris* (deux sujets différents).
Cette structure avec un participe présent est plutôt rare et appartient à la langue écrite.

■ *Quand le professeur aura corrigé les copies de ses élèves, il pourra se coucher.*
➜ *Les copies de ses élèves corrigées, le professeur pourra se coucher*
(= quand les copies de ses élèves auront été corrigées, le professeur...).
Cette structure avec un participe passé s'entend dans la langue orale.

Préposition + nom

■ Prépositions qui marquent la simultanéité

À, au moment de, dès, lors de, au cours de, pendant, durant, de, par, depuis, au fur et à mesure de...

Quand il a vu le médecin, l'enfant s'est mis à hurler.
➜ *À la vue du médecin, l'enfant s'est mis à hurler.*

Pendant que la cérémonie se déroulait, quelques pickpockets ont volé des portefeuilles, des bijoux...
➜ *Pendant la cérémonie, quelques pickpockets ont volé des portefeuilles, des bijoux...* (ou *au cours de la cérémonie, durant la cérémonie...*).

☞ se situer dans le temps
pages **204-205**

| *Quand le temps est beau,* on peut voir toute la vallée.
→ *Par beau temps*, on peut voir toute la vallée.

| *Nous voyons moins souvent nos amis* **depuis qu'ils ont déménagé.**
→ **Depuis leur déménagement,** *nous voyons moins souvent nos amis.*

■ Prépositions qui marquent l'antériorité

• Après, dès...

| ***Dès que ses amis furent partis,*** *elle reprit sa lecture.*
→ ***Dès (*** ou ***après) le départ de ses amis***, *elle reprit sa lecture.*

| ***Quand la manifestation sera passée,*** *les voitures balais se mettro*
au travail pour ramasser tous les tracts restés au sol.
→ ***Après le passage de la manifestation,*** *les voitures balais se mettro*
au travail pour ramasser tous les tracts restés au sol.

■ Prépositions qui marquent la postériorité

• Avant, en attendant, jusqu'à, d'ici (à)...

| ***D'ici que mon ami revienne,*** *j'aurai sans doute terminé mes études.*
→ ***D'ici le retour de mon ami,*** *j'aurai sans doute terminé mes études.*

| *Dépêchons-nous d'entrer* ***avant que le film ne commence***.
→ *Dépêchons-nous d'entrer* ***avant le début du film***.

| ***En attendant que le temps s'améliore,*** *faisons donc une partie de carte*
→ ***En attendant une amélioration du temps,*** *faisons donc une part*
de cartes.

| *Le directeur adjoint traitera les affaires en cours* ***jusqu'à ce que le direc***
teur revienne de voyage.
→ *Le directeur adjoint traitera les affaires en cours* ***jusqu'au retour d***
directeur.

⚠ La plupart de ces prépositions peuvent être aussi adverbes et, dans c
cas, elles se placent entre les deux propositions.

• En attendant
| *Les amis bavardent dans le hall de l'aéroport* ***en attendant le départ***
l'avion.
→ *L'avion va partir ;* ***en attendant***, *les amis bavardent dans le hall*
l'aéroport.

• Depuis
| ***Depuis le départ*** *de mon ami, j'attends une lettre de lui.*
→ *Mon ami est parti et,* ***depuis***, *j'attends une lettre de lui.*

Parfois, prépositions et adverbes ont une forme légèrement différente.

• Jusqu'à → Jusque-là
| *Reste assis sans bouger* ***jusqu'à la fin*** *du spectacle !*
→ *Le spectacle va bientôt finir ;* ***jusque-là***, *reste assis sans bouger.*

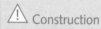

⚠ Construction

avant de + infinitif présent ou passé
avant + nom
en attendant de + infinitif présent ou passé
en attendant + nom
mais
après + infinitif passé
après + nom

- **D'ici → D'ici là**

▌ *D'ici sa retraite,* ce professeur aura le temps de changer, d'évoluer.

→ *Ce professeur prendra un jour sa retraite, **d'ici là,** il aura le temps de changer, d'évoluer.*

Remarque

Après et **avant**, adverbes, peuvent se placer aussi entre deux propositions :

▌ *On s'est rencontrés, on s'est aimés **et après** on s'est séparés.*

▌ *Tous les matins elle se rend à son travail, **mais avant** elle dépose ses enfants à l'école.*

Ils peuvent se placer également derrière une expression de la durée (durée en heures, en jours, en semaines, en mois, en années...) mais, dans ce cas-là, ils changent de sens.

Observez et comparez :

▌ *J'avais rendez-vous avec Jean à onze heures du matin. Il est arrivé **deux heures après**.*

(= plus tard ; il est arrivé au bout de deux heures, il est arrivé à une heure de l'après-midi).

▌ *Il est arrivé après 2 heures* (préposition ; après quatorze heures, indication horaire ; il est arrivé à 2 heures 5 ou 2 heures 10...).

▌ *Il est aujourd'hui à Rio : **deux jours avant**, il était encore à Tokyo* (= plus tôt, auparavant).

▌ *Il faut remettre sa déclaration d'impôt avant le 15 de ce mois* (= avant une date précise).

lexique du temps

Il était une fois un jeune homme qui étudiait la paléontologie en l'an 198... Ce jeune homme, c'était moi. Je vivais **alors** (= à ce moment-là) dans le sud-ouest de la France ; c'est une région où on trouve **encore** de nombreux vestiges de ces êtres qui **autrefois** peuplaient nos terres ; ces hommes préhistoriques ont laissé sur les murs des cavernes les dessins des animaux qu'ils chassaient **il y a bien longtemps**.

Plus tard, j'ai quitté ma province et je suis parti pour l'Afrique.

J'y **ai passé de nombreuses années**, et **j'ai eu le temps** de découvrir les éléments d'un squelette féminin qu'on **a daté**s approximativement. Ces ossements **remontaient** à des milliers d'années. Puis je suis revenu en France et **désormais** (= à partir de maintenant), je vis à Paris. Je **ne** parcours **plus** l'Afrique. **D'ores et déjà** (= dès maintenant), j'ai la conviction que je n'y retournerai plus. Je travaille au Muséum d'histoire naturelle.

Dorénavant (= à partir de maintenant), je sais que j'aurai plus **rarement** l'occasion de voyager. Et **parfois (quelquefois)**, je regrette le soleil brûlant, les couleurs violentes de l'Afrique ; je repense **souvent** à cette excitation de la recherche ; je retrouve **sans cesse** en moi la joie de tenir entre les mains ces morceaux d'os, je ressens **constamment** le plaisir d'imaginer les êtres vivants qu'ils avaient été **jadis (autrefois)** et, **de temps en temps**, je me dis qu'**un jour** peut-être, **dans un avenir très lointain**, quelqu'un trouvera mes ossements, essaiera de les **dater** et de découvrir à son tour qui j'étais. Et c'est ainsi que le monde va, c'est ainsi qu'il y aura **toujours** des chercheurs poussés par cette curiosité qui mène à la connaissance.

3 L'EXPRESSION DE LA CAUSE

Que signifie exprimer la cause ?
C'est donner la raison, l'explication, d'un événement, d'un fait, d'une attitude, d'un comportement.
Mais c'est aussi justifier ses actes, apporter des preuves, c'est donc aussi argumenter pour convaincre.

3 . 1 La proposition subordonnée : valeurs et emplois des conjonctions de cause

Elle est introduite par une conjonction de subordination :
▌ *Je ne sors pas **parce qu'il fait très froid**.*
Il faut noter que toute phrase causale implique une conséquence et vice versa. En voici un exemple :
▌ *Il fait très froid, je ne sors pas.*
▌ *Je ne sors pas **parce qu'il fait très froid*** (cause).
▌ *Il fait **si** froid **que** je ne sors pas* (conséquence).

> La plupart des conjonctions qui introduisent l'idée de la cause demandent le mode indicatif.

Conjonction + indicatif

■ « Parce que »

C'est la conjonction la plus courante, la plus neutre.
Elle apporte une explication, qui souvent est la réponse à la question « pourquoi ? ».
▌ ***Pourquoi** n'étais-tu pas au rendez-vous ? − **Parce que** j'avais oublié.*
▌ ***Pourquoi** tu n'as pas dormi cette nuit ? − **Parce que** je voulais finir mon travail.*
▌ ***Pourquoi** est-ce qu'il ne dit rien ? − **Parce qu'il** est timide.*

Mais elle peut aussi donner simplement une explication, une information sans répondre à une question.
▌ *Pierre ne sera pas avec nous ce soir **parce qu'il** a la grippe.*
▌ *Nous éviterons cette plage **parce qu'elle** est trop polluée.*
▌ ***Parce que** nous t'aimons beaucoup, nous ne te ferons pas de reproches.*

Cette conjonction se place de préférence à l'intérieur de la phrase, mais on peut la trouver en tête, notamment quand elle apporte une réponse à une question posée.

Vous remarquerez que lorsque la proposition subordonnée est en tête, elle est séparée de la proposition principale par une virgule.

Parce que peut constituer aussi un mot-phrase.

❙ *Pourquoi ne viens-tu pas avec moi ? – **Parce que***.

Dans ce cas-là, cela signifie que l'on refuse de donner une explication.

⚠ On peut mettre en valeur l'idée de la cause. Observez :

❙ *Elle n'a pas épousé son ami **parce qu**'elle ne l'aimait pas d'amour.*

Nous avons une phrase causale sans emphase.

☞ mise en relief page 238

Comparez :

❙ $\boxed{Si}$ *elle n'a pas épousé son fiancé,* $\boxed{c'est\ parce\ qu'}$*elle ne l'aimait pas assez.*

On peut dire également :

❙ $\boxed{Si}$ *elle n'a pas épousé son fiancé,* $\boxed{c'est\ qu'}$ *elle ne l'aimait pas assez.*

ou :

❙ $\boxed{C'est\ parce\ qu'}$ *elle ne l'aimait pas assez,* $\boxed{qu'}$*elle n'a pas épousé son fiancé.*

Ces trois phrases sont emphatiques. Elles mettent en valeur l'idée de cause.

■ « Puisque »

On dit habituellement, pour faire la différence entre **parce que** et **puisque**, que la conjonction **parce que** introduit une cause qui n'est pas connue de celui à qui on parle, qu'elle lui apporte une information nouvelle.

❙ *On m'a dit que Pierre serait absent **parce qu**'il était malade* (ce que je ne savais pas).

Alors que **puisque** introduit une cause qui est connue, ou qui est supposée connue de celui à qui on parle.

❙ *Appelle le médecin **puisque** tu te sens malade* (tu sais bien que tu es malade, et je le sais aussi, c'est une évidence).

Notez bien.

Puisque ne donne pas une explication comme **parce que** mais il exprime la connaissance partagée. C'est aussi la conjonction de l'argumentation.

Parce que explique, **puisque** prouve, démontre, argumente.

Le ton de la phrase est d'ailleurs différent. Avec **puisque**, on veut convaincre la personne à qui l'on parle. Donc la phrase commence souvent par la proposition subordonnée avec sa conjonction, c'est sur elle que porte l'accent. De plus, souvent avec **puisque**, la proposition principale est :

– à la forme négative :

❙ *Je **n'**ai **pas** pu voir l'accusé **puisque** j'étais à l'étranger ce jour-là, dit le témoin.*

– à la forme interrogative :

❙ ***Comment aurais-je pu** voir l'accusé **puisque** j'étais à l'étranger ce jour-là dit le témoin.*

– à l'impératif :

❙ ***Donne-moi** une idée **puisque** tu te dis si intelligent !*

– ou bien elle contient un terme argumentatif :

❙ *Il sera **sûrement** condamné **puisque** tout l'accuse.*

■ « Étant donné que »

Cette conjonction se place en général en tête de la phrase.
Elle est plus proche de **puisque** que de **parce que**.

■ *Étant donné que tu as compris, je te laisse continuer seul.*

■ *Étant donné que le gouvernement vous accorde une bourse d'études, vous devriez en profiter pour finir votre thèse.*

■ « Vu que », « du fait que »

Ces conjonctions ont le même sens que **étant donné que**, mais à la diffé-rence de celle-ci, **vu que** peut se placer aussi bien en tête qu'à l'intérieur de la phrase.

■ *Tom n'arrive à rien **vu qu**'il est très timide*

■ ***Vu qu**'il est très timide, il n'arrive à rien.*

■ ***Du fait que** les avions ont souvent du retard, je préfère maintenant voyager en TGV* (= train à grande vitesse).

■ « Comme »

Cette conjonction se place toujours en tête de phrase.
Pour le sens, elle est assez proche de **parce que** et on pourrait dans les exemples suivants utiliser l'une à la place de l'autre. Mais, à cause de la place qu'elle occupe dans la phrase, elle a une valeur emphatique comme **étant donné que** et elle met en évidence la proposition subordonnée.

■ ***Comme** il fait très froid aujourd'hui, la vieille dame n'a pas fait sa pro-menade quotidienne.*

■ ***Comme** elle n'avait pas faim, elle a préféré faire des courses pendant sa pause déjeuner plutôt que d'aller au restaurant.*

⚠ Ne confondez pas les différentes valeurs de la conjonction **comme**.
Comme peut être conjonction de cause, conjonction de temps, conjonction de comparaison

Rappel.

✔ **Comme** temporel, qui est assez rare, est suivi de l'imparfait (ou plus rarement du plus-que-parfait). Il est mobile dans la phrase.

■ ***Comme** le jour se levait, il arriva dans la petite ville où il allait passer ses vacances.*

■ *Il arriva dans la petite ville **comme** le jour se levait (ou **s'était déjà levé**)*

✔ **Comme** causal n'est pas mobile. Il est toujours en tête de la phrase.
Il peut être suivi de n'importe quel temps de l'indicatif.

■ ***Comme il est sorti,** je peux écouter la musique que j'aime et qu'il n'aime pas.*

■ ***Comme nous serons absents** ces jours-ci, le gardien prendra notre courrier.*

✔ **Comme** comparatif s'utilise dans des propositions elliptiques, sans verbe.
■ *Nous travaillons **comme des fous**.*
On pourrait d'ailleurs développer cette phrase en :
■ *Nous travaillons **comme si nous étions des fous**.*

■ « D'autant que »

Cette conjonction n'est jamais en tête de phrase. Elle se place à l'intérieur de la phrase.

Elle ajoute une autre cause à une cause première qui peut être exprimée ou sous-entendue.

Elle est souvent associée à des termes comparatifs :
– positifs : **d'autant (plus) que** (le mot **plus** n'est pas obligatoire lorsque la conjonction relie simplement les deux propositions, la proposition principale et la proposition subordonnée). Cette expression signifie « encore plus parce que ».

• **d'autant plus** + adjectif + **que**
▮ *L'alpiniste était **d'autant plus fatigué** qu'il n'avait pas dormi la nuit précédente* (cause première à la fatigue : l'alpiniste grimpe en montagne ; cause seconde : il n'a pas dormi).

• **d'autant plus de** + nom + **que**
▮ *J'ai **d'autant plus de reconnaissance** envers vous **que** vous m'avez aidé à un moment où j'en avais vraiment besoin* (cause première à la reconnaissance : vous m'avez aidé ; cause seconde : au bon moment).

– négatifs : **d'autant moins que** (le terme **moins** est obligatoire). Cette expression signifie « encore moins parce que ».

• **d'autant moins** + adjectif + **que**
▮ *Il était **d'autant moins confiant** devant cet examen difficile **qu'il** ne s'y était pas bien préparé* (il n'était pas très confiant parce que l'examen était difficile et il l'était encore moins parce qu'il ne s'y était pas bien préparé).

• **d'autant moins de** + nom + **que**
▮ *Elle avait **d'autant moins de scrupules** à demander de l'aide à ses amis **qu'**elle les avait déjà souvent aidés elle-même* (= elle n'avait pas de scrupules à demander de l'aide parce que c'étaient des amis et elle avait encore moins de scrupules parce qu'elle les avait souvent aidés).

■ « Du moment que », « dès lors que », « dès l'instant que »

Ces trois conjonctions sont proches les unes des autres. Elles sont formées à partir d'expressions de temps *(moment, lors, instant)*.
Elles se placent en général en tête de la phrase.
La cause est supposée connue, comme pour **puisque**.

▮ ***Du moment que** tu connaissais la nouvelle, pourquoi ne m'as-tu rien dit ?*
▮ ***Dès lors que** tu savais qu'il avait mauvais caractère, tu aurais dû te méfier* (langue plus soutenue).
▮ ***Dès l'instant qu'**on le prend dans les bras, le bébé est tout heureux et il cesse de pleurer.*

■ « Sous prétexte que »

Cette conjonction est synonyme de **parce que**, mais s'y ajoute l'idée que l'interlocuteur ne croit pas à l'explication donnée.

▮ *Elle a refusé de nous recevoir **sous prétexte qu'**elle avait d'autres rendez-vous* (nous ne croyons pas qu'elle ait des rendez-vous).
▮ *Cet élève n'est pas venu au cours hier **sous prétexte que** sa mère était malade* (personne ne croit à la maladie de la mère).

⚠ Ne confondez pas **du moment que**, conjonction de cause, et **au moment où**, conjonction de temps.

■ « Ce n'est pas que », « non (pas) que »

Ces deux conjonctions sont les conjonctions de la cause niée, contestée, rejetée. Ce qui explique le mode du verbe : **subjonctif**.
Elles apparaissent dans un type de phrase assez particulier.
La phrase est construite sur trois propositions :
1) la proposition principale
2) la proposition subordonnée de la cause niée (au subjonctif)
3) la proposition de la vraie cause (à l'indicatif).

①   ②   ③

■ *Il a déménagé / **non que** son appartement lui déplaise, / **mais** il trouve le quartier trop bruyant*
(= il a déménagé, son appartement ne lui déplaît pas comme on pourrait le croire, mais il trouve le quartier trop bruyant).

La première proposition, qui est la proposition principale, nous donne la conséquence, le résultat.
La deuxième, introduite par **ce n'est pas que** ou **non (pas) que**, est celle de la proposition subordonnée qui présente la cause qui vient la première à l'esprit mais que l'on rejette.
La troisième proposition, introduite par **mais** ou **mais parce que** ou **mais c'est que** (jamais par * *mais que*), apporte la vraie raison.

⚠ **Ce n'est pas parce que** + indicatif ≠ **Ce n'est pas que** + subjonctif.
■ *Il reste chez lui, **ce n'est pas parce qu'il pleut**, mais (c'est parce qu') il se sent épuisé aujourd'hui !* (= il pleut réellement, mais ce n'est pas la raison pour laquelle, il ne sort pas ; il est épuisé).
et
■ *Il reste chez lui, **ce n'est pas qu'il pleuve,** mais (c'est qu') il se sent épuisé aujourd'hui* (= il ne pleut pas comme on pourrait le croire et cela expliquerait le fait qu'il reste chez lui, mais il est épuisé).

P O U R   A L L E R   P L U S   L O I N

■ « Soit que... soit que » + subjonctif

C'est la conjonction de la cause supposée. On ne connaît pas la vraie raison, donc on envisage des raisons possibles qui peuvent être vraies ou non, ce qui explique le mode de cette subordonnée : le subjonctif montre bien qu'il y a un doute.
Elle signifie « ou bien parce que... ou bien parce que ».
■ *La vieille dame est tombée **soit qu'**elle ait trébuché sur un pavé, **soit que** quelqu'un l'ait bousculée.*

Attention à cette dernière remarque sur les conjonctions.

Lorsque deux propositions subordonnées sont coordonnées par les conjonctions **et**, **ou**, on peut remplacer la conjonction de subordination par le mot **que**.

▋ *Comme il faisait beau **et que** je n'avais plus rien à faire, je suis allé me promener dans le parc.*

3 ● 2 Autres manières d'exprimer l'idée de cause

Nous allons passer en revue les différentes manières d'exprimer l'idée de cause, autres que la proposition subordonnée.

Préposition + infinitif

Deux conditions sont nécessaires pour utiliser l'infinitif :
– l'infinitif doit avoir le même sujet que le verbe de la proposition principale ;
– il doit être précédé d'une préposition qui exprime l'idée de la cause.
Par exemple :

■ « Pour »

Cette préposition a le même sens que **parce que**. Elle appartient plutôt à la langue écrite.
Elle est toujours suivie d'un infinitif passé (= auxiliaire à l'infinitif + participe passé du verbe).
Elle introduit l'idée d'une responsabilité du sujet.

▋ *Le voyageur a dû payer une amende parce qu'il avait fraudé dans le métro.*
➔ *Le voyageur a dû payer une amende **pour avoir fraudé** dans le métro.*

■ « De »

C'est une préposition qui apparaît généralement après un verbe de sentiment.

▋ *Je suis triste parce que je dois quitter mes amis, mais je me réjouis parce que je pars.*
➔ *Je suis triste **de devoir quitter** mes amis, mais je me réjouis **de partir**.*
▋ *Nous étions furieux parce que nous avions attendu pendant des heures.*
➔ *Nous étions furieux **d'avoir attendu** pendant des heures.*

■ « À force de »

C'est une locution qui comporte une idée d'intensité et de répétition.

▋ *J'ai fini par apprendre par cœur ce long poème parce que je le lis et le relis sans cesse.*
➔ *J'ai fini par apprendre par cœur ce long poème **à force de le lire et de le relire**.*

■ « Faute de »

Cette locution est une négation. Elle signifie « **parce que… ne pas** ».

■ *J'ai manqué deux appels importants parce que je **n'**avais **pas** branché mon répondeur.*

→ *J'ai manqué deux appels importants **faute d'avoir branché mon répondeur**.*

■ « Sous prétexte de »

Cette locution prépositionnelle remplace **sous prétexte que**.

■ *Le jeune homme se rendait souvent chez sa jeune et jolie voisine sous prétexte qu'il l'aidait dans ses aménagements.*

→ *Le jeune homme se rendait souvent chez sa jeune et jolie voisine **sous prétexte de l'aider** dans ses aménagements.*

☞ gérondif, participe présent
page **166**

Le gérondif

Le gérondif doit avoir le même sujet que le verbe principal.

Le gérondif montre une action qui se déroule en même temps que celle du verbe principal.

■ *Parce qu'il a couru très vite, il a réussi à attraper le train qui démarrait.*

→ ***En courant** très vite, il a réussi à attraper le train qui démarrait.*

(Notez que le verbe *a couru* exprime ici une action qui a eu lieu une fois, ce jour-là, à ce moment-là.)

■ *Comme elle a mangé très peu pendant quelques mois, elle a perdu dix kilos* (il y a là une action limitée).

→ ***En mangeant très peu** pendant quelques mois, elle a perdu dix kilos.*

Le participe présent

Le participe présent ne montre pas nécessairement une action.

■ *Comme il court très vite, il a réussi à attraper le train qui démarrait.*

→ ***Courant très vite,** il a réussi à attraper le train qui démarrait.*

(Ici, le verbe exprime plutôt un état qu'une action : *il court très vite* est une caractéristique. Cela signifie que cette personne est un bon coureur.)

■ *Étant donné qu'elle mange peu, elle réussit à se maintenir au même poids* (= elle est sobre ; c'est un état).

→ ***Mangeant peu,** elle réussit à se maintenir au même poids.*

Le participe passé ou l'adjectif

Ces deux formes doivent avoir aussi le même sujet que le verbe principal. Elles sont apposées au sujet, c'est-à-dire qu'elles sont placées à côté de lui et en sont séparées par une virgule.

■ *Philippe a quitté la réunion parce qu'il était agacé par le comportement de ses amis.*

→ **(Étant) agacé** *par le comportement de ses amis, Philippe a quitté la réunion plus tôt que prévu* (l'auxiliaire **être** de la forme passive n'est pas obligatoire).

▪ *Étant donné qu'il a beaucoup étudié, il a beaucoup appris.*
→ **Ayant beaucoup étudié,** *il a beaucoup appris.*

Le participe absolu ou la proposition participe

Cette structure grammaticale demande un sujet différent de celui du verbe principal.
Elle se compose de la manière suivante :
un sujet exprimé + participe présent pour marquer l'action continue.
                 + participe passé ou composé pour marquer une action antérieure ou achevée.
Le participe absolu se place en général en début de phrase.
▪ *Comme la discussion se prolongeait, j'ai décidé de rentrer chez moi.*
→ **La discussion se prolongeant,** *j'ai décidé de rentrer chez moi.*
Avec le participe présent, cette structure appartient plutôt à la langue soutenue.

▪ *Étant donné que les invités sont enfin partis, nous pouvons aller nous coucher.*
→ **Les invités enfin partis,** *nous pouvons aller nous coucher.*

Préposition + nom

■ « À cause de »

Cette préposition a souvent une connotation négative et subjective.
▪ *J'ai glissé sur le trottoir parce qu'il y avait du verglas.*
→ *J'ai glissé sur le trottoir **à cause du verglas.***

▪ *Des milliers d'arbres ont été déracinés parce qu'il y avait eu une tempête.*
→ *Des milliers d'arbres ont été déracinés **à cause de la tempête.***

▪ *Je me suis trompé **à cause de toi.***

⚠ **à cause de** n'est jamais suivi de l'infinitif.

■ « Grâce à »

Cette locution a une valeur favorable, positive, mais subjective aussi.
▪ *Parce que vous m'avez aidé, j'ai pu vaincre toutes les difficultés.*
→ **Grâce à votre aide,** *j'ai pu vaincre toutes les difficultés.*

⚠ **grâce à** n'est jamais suivi de l'infinitif.

■ « En raison de »

Cette locution s'utilise plutôt dans une langue officielle, administrative.
C'est la locution des annonces officielles.
▪ *Le match de tennis a été annulé parce qu'il faisait très mauvais.*
→ *Le match de tennis a été annulé **en raison du mauvais temps.***
▪ *Comme les employés de la SNCF s'étaient mis en grève sans prévenir, il a dû renoncer à son voyage.*
→ *Il a dû renoncer à son voyage **en raison d'une grève surprise** de la SNCF.*

⚠ **en raison de** n'est jamais suivi de l'infinitif.

■ « À la suite de », « par suite de »

Ces locutions introduisent l'idée d'une succession immédiate.
Elles appartiennent aussi bien à la langue administrative qu'à la langue quotidienne.

▌ *Notre programme est interrompu parce qu'un incident technique est survenu sur notre émetteur.*

➔ *Notre programme est interrompu **à la suite (**ou **par suite) d'un incident technique**.*

▌ *Cette route de montagne est coupée parce qu'il y a eu une chute de pierres.*

➔ *Cette route de montagne est coupée **à la suite d'une chute de pierres**.*

■ « De »

Cette préposition s'utilise généralement après un verbe qui traduit un état physique particulier.
Elle est suivie d'un nom sans article.

▌ *Elle tremble parce qu'elle a peur.*

➔ *Elle tremble **de peur**.*

▌ *Il pleurait parce qu'il était heureux.*

➔ *Il pleurait **de bonheur**.*

▌ *Nous grelottions parce que nous avions froid.*

➔ *Nous grelottions **de froid**.*

▌ *Tu frissonnes parce que tu as de la fièvre.*

➔ *Tu frissonnes **de fièvre**.*

■ « Pour »

Cette préposition peut s'utiliser sans article, généralement dans des textes administratifs et juridiques.

▌ *On l'a jugé parce qu'il avait frappé et blessé quelqu'un.*

➔ *On l'a jugé **pour coups et blessures**.*

▌ *Il a été condamné **pour vol, pour un vol de voiture**.*

Accompagnée d'un déterminant, elle peut s'employer dans un autre contexte.

▌ *On l'aime parce qu'il est très gentil.*

➔ *On l'aime **pour sa grande gentillesse**.*

■ « À force de »

Cette locution suivie du nom garde la même valeur d'intensité, d'effort et de répétition.

▌ *Étant donné qu'il a beaucoup travaillé, il a réussi.*

➔ ***À force de travail,** il a réussi.*

▌ *Parce qu'il avait longtemps patienté, il a obtenu ce qu'il désirait.*

➔ ***À force de patience**, il a obtenu ce qu'il désirait.*

■ « Faute de »

Cette locution est une négation.

▌ *Comme il n'avait plus de temps, il n'a pas pu visiter tous les musées londoniens.*

→ *Faute de temps*, *il n'a pas pu visiter tous les musées londoniens.*

▌ *Cette école risque de fermer ses portes parce qu'elle manque de moyens financiers.*

→ *Faute de moyens financiers*, *cette école risque de fermer ses portes.*

■ « Sous prétexte de »

Cette locution correspond à la conjonction **sous prétexte que**.

▌ *Il nous a quittés précipitamment sous prétexte qu'il avait un rendez-vous urgent.*

→ *Il nous a quittés précipitamment **sous prétexte d'un rendez-vous urgent**.*

■ « Étant donné, vu »

▌ *Étant donné la situation*, *je démissionne.*

■ « À », « par », « devant », « sous »...

▌ *Julien a été muté dans une petite ville de province parce qu'il l'avait demandé.*

→ *À sa demande*, *Julien a été muté dans une petite ville de province.*

▌ *C'est parce qu'il est très méchant qu'il a agi comme il l'a fait.*

→ *C'est **par pure méchanceté** qu'il a agi comme il l'a fait.*

▌ *L'adolescente a dû renoncer à sa randonnée dans l'Himalaya parce que ses parents s'y opposaient.*

→ *Devant l'opposition de ses parents*, *l'adolescente a dû renoncer à sa randonnée dans l'Himalaya.*

▌ *L'étagère s'est brisée parce que j'y avais déposé de gros dictionnaires.*

→ *L'étagère s'est brisée **sous le poids** des gros dictionnaires que j'y avais déposés.*

Les adverbes et la conjonction de coordination

On en compte quatre : **car**, **en effet**, **tellement** et **tant**.

■ « Car »

Cette conjonction de coordination, qui appartient plutôt à la langue écrite, est à la fois proche de **parce que** et de **puisque**.

Elle introduit une cause qui est vue comme une information nouvelle, comme **parce que**.

Mais elle n'est pas mobile. Elle n'est jamais en tête de phrase.

Elle ne peut jamais répondre à une question posée.

⚠ Attention à la diffé-rence entre **faute de** et **à défaut de** :

▌ *Faute de passeport je n'ai pas pu partir.*

▌ *À défaut de passeport vous pouvez présenter une carte d'identité.*

⚠ Attention

▌ *Il a agi ainsi parce qu'il est très méchant.*

→ même sujet actif

→ par pure méchanceté

☞ pages **178**, **298**

On peut dire :	▌ *Elle a pris son parapluie **parce qu**'il pleuvait.*
ou	▌ *Elle a pris son parapluie **car** il pleuvait* (on ajoute une justification).

Mais si on peut dire :	▌ *Parce qu'il pleuvait, elle a pris son parapluie.*
on ne pourra jamais dire :	*Car il pleuvait, elle a pris son parapluie* (impossible).

Et si à la question :	▌ *Pourquoi a-t-elle pris son parapluie ?*
on peut répondre :	▌ ***Parce qu**'il pleuvait.*

on ne pourra jamais répondre à la même question : *Car il pleuvait* (impossible).

▮ « En effet »

Cet adverbe de cause confirme l'information qui précède, en introduisant souvent :

– une explication détaillée :

▌ *Nous devons changer d'itinéraire ; **en effet,** les employés des péages de l'autoroute ont décidé de se mettre en grève et d'empêcher les automobilistes de passer.* (Ici on explique la raison du changement d'itinéraire.)

– ou une preuve qui renforce cette information :

▌ *La ville est responsable et victime de la pollution ; **en effet**, ce sont les habitants des villes, usagers de l'automobile, qui polluent, et ces mêmes automobilistes devenus piétons subissent les inconvénients provoqués par les gaz des voitures.* (Dans cette phrase, on apporte des preuves à l'affirmation de la première proposition.)

Comme vous le remarquez, **en effet** se place souvent après un point virgule ou un point, et il est suivi d'une virgule.

▌ *La ville est responsable et victime de la pollution. **En effet,** ce sont...*

Dans un dialogue, cet adverbe peut s'employer seul comme synonyme de « Oui, c'est vrai ».

▌ *Vous êtes bien M. Proust ? – **En effet,** répondit-il modestement.*

⚠ Ne confondez surtout pas :

• **en effet**, qui a une valeur causale, et **en fait** qui signifie « en réalité » :

▌ *Cet homme est un écrivain de génie ; **en effet**, il a révolutionné le style, la pensée, la langue de son temps et il a influencé toute la génération d'écrivains qui lui a succédé.*

▌ *On me disait que c'était un bon écrivain ; mais après avoir lu deux ou trois de ses livres, j'ai découvert qu'il était **en fait** vraiment médiocre.*

• **en effet**, et **au fait** qui apparaît surtout dans la langue parlée, comme un rappel d'un fait qu'il ne faut pas oublier. Cette expression signifie « à ce sujet », « à ce propos ». Elle se place toujours en tête de la phrase.

▌ ***Au fait,** j'espère que tu n'as pas oublié que je me mariais dans quelques jours et que tu étais mon témoin ?*

■ « Tellement » et « tant »

Ces deux autres adverbes marquent l'intensité ou la répétition, **tant** étant plus soutenu.

▌*Tout le monde la regardait parce qu'elle était très belle.*
→ *Tout le monde la regardait, **tant** elle était belle.*

▌*Personne ne le croyait plus parce qu'il mentait sans cesse.*
→ *Personne ne le croyait plus, **tellement** il mentait.*

⚠ Ces adverbes ne se mettent jamais en tête de la phrase.

lexique ·

Les syndicats de la RATP **ont déclenché** (= mettre en marche, faire partir) cette semaine une grève surprise ; cela **a provoqué** (= être la cause de ; causer) la colère des usagers du métro ; **en effet,** ceux-ci voulaient bien comprendre **les raisons, les motivations** des grévistes, mais ils n'admettaient pas **le principe** de la grève surprise. Ils ont protesté et on a même assisté à des bagarres entre usagers et employés de la RATP. Cet état de chose **a suscité** (= faire naître ; provoquer) une grande inquiétude au sein du gouvernement. Craignant qu'une telle situation n'**engendre** (= faire naître, produire) des troubles et n'**entraîne** des difficultés pour tout le monde, le ministre des Transports a décidé de réunir les différentes parties.

Les syndicats ont expliqué qu'il y avait plusieurs **motifs** à leur mécontentement ; on ne faisait rien pour faire disparaître les **causes** de l'insécurité dans les transports en commun. Ensuite, **à l'origine** de la grève de ce jour-là, il y avait l'annonce d'une baisse des effectifs des agents du métro. Ils affirmaient qu'**il** en **résulterait** une plus grande fatigue pour ceux qui restaient et ils ont ajouté que le sentiment d'insécurité **était dû** précisément à l'absence d'agents du métro dans les différentes stations.

De son côté, la direction de la RATP a promis qu'elle ferait tout pour donner satisfaction aux grévistes. **Grâce à quoi**, le lendemain, le mouvement de grève était suspendu. Les voyageurs et les employés du métro se sont retrouvés comme d'habitude dans la plus grande indifférence. Les musiciens ont retrouvé leurs instruments, **parce qu'**ils voulaient gagner leur vie. Les lecteurs de journaux ont repris leur lecture **parce qu'**ils voulaient connaître les nouvelles du jour. Les dormeurs, leur sommeil, **parce qu'**ils n'avaient pas assez dormi, les observateurs, l'examen minutieux du visage de leurs voisins, **parce qu'**ils se prenaient pour des psychologues, mais personne ne se posait la question essentielle : **pourquoi** sommes-nous ici ?

▪ *Les syndicats de la* RATP **ont obtenu gain de cause** *dans le confli* *qui les opposait à la direction* (= ils ont obtenu ce qu'ils voulaient).

▪ *Un bon professeur doit toujours* **se remettre en cause**. *Un médecin, un* *architecte, un dentiste, un juge… aussi* (= se remettre en question, mettre en doute ses connaissances, ses actes).

▪ *Une erreur énorme a été commise dans l'entreprise. Mais ne t'inquiète* *pas, ton travail* **n'est pas en cause** (= cela ne concerne pas ton travail).

▪ *Vous n'avez rien à vous reprocher. Vous avez prévenu votre ami des difficultés de l'entreprise et donc, s'il a tenté l'aventure, il l'a fait* **en** **connaissance de cause** (= en connaissant toutes les difficultés).

4 L'EXPRESSION DE LA CONSÉQUENCE ET DU BUT

Pourquoi traiter dans un même chapitre l'expression de la conséquence et l'expression du but ?

Les exemples suivants pourraient apporter une réponse.

▌ *Il travaille beaucoup, de sorte qu'on est content de lui.* (Il s'agit d'un fait et de la conséquence *réelle* du fait.)

▌ *Il travaille beaucoup, de sorte qu'on soit content de lui.* (Il s'agit d'un fait et de la conséquence *souhaitée* du fait.)

Ces deux phrases utilisent la même conjonction ; elles montrent toutes les deux les conséquences d'un fait, mais selon un point de vue différent. Ainsi :

• **exprimer la conséquence**, c'est mettre en évidence le résultat, les suites, les effets d'une action, d'un fait, d'un événement. C'est les montrer dans leur réalisation, dans leur réalité. Et c'est pourquoi nous utilisons l'indicatif dans la proposition subordonnée ;

• **exprimer le but**, c'est montrer que ces résultats, ces effets sont voulus, désirés. Et cela explique la présence du subjonctif dans la proposition subordonnée.

Voilà pourquoi nous étudierons en même temps la conséquence et le but, d'autant que nous retrouverons des termes, des expressions, des tournures communes aux deux.

Comment exprimer la conséquence et le but ?

4.1 La proposition subordonnée : valeurs et emplois des conjonctions de conséquence et de but

La proposition subordonnée est introduite par des conjonctions de subordination.

L'action du verbe de la proposition subordonnée montre un fait qui découle directement du fait principal.

La conséquence et la cause sont toujours liées.

▌ *Il fait très froid, je préfère ne pas sortir.*

▌ *Il fait **si** froid **que** je préfère ne pas sortir* (conséquence).

▌ *Je préfère ne pas sortir **parce qu'**il fait très froid* (cause).

Pour mieux comprendre les valeurs et emplois des conjonctions de cette proposition, nous les répartirons de la manière suivante.

■ « De (telle) façon que, de (telle) manière que, de (telle) sorte que »

Ces trois conjonctions synonymes marquent la conséquence pure et simple et expriment la manière.

Elles se construisent avec **l'indicatif**.

Elles ne sont pas mobiles. Elles sont toujours placées à l'intérieur de la phrase et sont précédées d'une virgule.

■ *Il avançait avec précaution, **de telle façon que** rien ni personne ne pouvait le surprendre.*

■ *J'ai lu et relu toute son œuvre, j'ai fait des recherches approfondies, j'ai interrogé des témoins, **de telle manière que** maintenant je peux commencer à écrire ma thèse sur Camus.*

■ *Il a travaillé intelligemment, **de sorte qu'**il réussira.*

■ « Si bien que »

■ *Il a lancé sa balle très haut, très loin, **si bien qu'**aucun joueur n'a réussi à la rattraper.*

⚠ Ne confondez pas :
si bien que + indicatif (conséquence)
bien que + subjonctif (opposition).

■ « De (telle) façon que, de (telle) manière que, de (telle) sorte que »

Ces conjonctions peuvent marquer une conséquence souhaitée, désirée, c'est-à-dire un but.

Dans ce cas-là, elles sont suivies du **subjonctif**, la proposition principale et la proposition subordonnée ont un sujet différent.

■ *Elle élève la voix **de (telle) façon qu'on l'entende** même du fond de la salle.*

■ *Cette actrice très connue porte une perruque et des lunettes de soleil **de manière qu'on ne la reconnaisse pas** dans la rue.*

■ *Cet employé modèle travaille avec ardeur et conscience, **de sorte que son employeur n'ait** rien à lui reprocher.*

■ « Pour que, afin que »

Pour que est la conjonction la plus courante pour marquer le but.
Afin que a le même sens mais elle appartient à une langue plus soutenue.

■ *Cette actrice très connue porte une perruque et des lunettes de soleil **afin qu'on ne la reconnaisse pas** dans la rue.*

■ *Je vous appelle **pour que** vous me donniez plus de renseignements au sujet de l'appartement.*

à L'oral

On remplace **pour que** par **que** après un verbe principal à l'impératif.

■ *Viens que je t'apprenne la nouvelle ! Approche que je te voie mieux !*

Ces structures appartiennent à la langue orale.

■ « De peur que (ne), de crainte que (ne) »

☞ ne explétif page 235

Ces deux conjonctions sont synonymes. Elles marquent le but à éviter.
De peur que appartient à la langue courante.
De crainte que à la langue soutenue.
Elles sont toutes les deux accompagnées du **ne** explétif qui n'est pas obligatoire et qui traduit la valeur négative contenue dans ces conjonctions.

Observez :
■ *Le détective privé se cache derrière un journal grand ouvert **pour qu'on ne** le voie **pas**.*
Et comparez :
■ *Le détective privé se cache derrière un journal grand ouvert **de peur qu'on (ne)** le voie.*

Remarque
• **Pour que ne… pas/afin que ne… pas = de peur que (ne)/ de crainte que (ne)…**
■ *On a taillé les branches de l'arbre **afin que** celui-ci **ne** fasse **pas** trop d'ombre aux autres plantes.*
■ *On a taillé les branches de l'arbre **de crainte que** celui-ci **ne** fasse trop d'ombre aux autres plantes.*
■ Il est certain que les conjonctions **de peur que**, **de crainte que** apportent une nuance de plus, par leur sens même (l'idée de la peur), mais en général, elles correspondent à **pour que ne… pas, afin que ne… pas.**

La conséquence + l'intensité

Les conjonctions de conséquence qui expriment l'intensité ne se mettent pas en tête mais à l'intérieur de la phrase.
Elles sont généralement formées d'un adverbe qui a une valeur intensive et qui peut porter sur un adjectif, un adverbe ou un verbe + **que**.
Elles sont toutes suivies de l'**indicatif**.

■ *Il est très discret ; on peut lui faire confiance.*
➜ *Il est **si** discret **qu'**on peut lui faire confiance.*

■ « Si… que »

Si + adjectif ou adverbe + **que**

*Il est **si** intelligent **qu'**il est capable de tout comprendre.*
*Il peint **si** bien **qu'**on peut le comparer aux plus grands peintres.*

■ « Tant… que »

Verbe à la forme simple + **tant** + **que**
Auxiliaire + **tant** + participe passé + **que**

*Il crie **tant** pendant les matchs de football **qu'**il en sort la voix cassée.*
*Il a **tant** parlé **qu'**il a la gorge toute sèche.*

■ « Tellement… que »

Tellement + adjectif ou adverbe	+ **que**
Verbe + **tellement**	+ **que**
Auxiliaire + **tellement** + participe passé	+ **que**

■ *Il est **tellement** intelligent **qu**'il est capable de tout comprendre.*
■ *Il peint **tellement** bien **qu**'on peut le comparer aux plus grands peintre*
■ *Il crie **tellement** pendant les matchs de football **qu**'il en sort la voix cassé*
■ *Il a **tellement** menti dans sa vie **que** plus personne ne le croit.*

■ « Tant de… que / tellement de… que »

Tant de + nom + **que**
Tellement de + nom + **que**

Ces conjonctions donnent l'idée d'une grande quantité.
■ *Elle a **tant de** qualités **que** tout le monde l'admire.*
■ *Elle a **tellement de** force et **d**'enthousiasme **que** ses amis l'appellent l'ouraga*

■ « Tel(le)(s)… que »

Tel(le)(s) + nom + **que**
Nom + **tel(le)(s)** + **que**

Le mot **tel** est un adjectif. Il s'accorde avec le nom qu'il accompagne.
Il peut se placer avant ou après le nom. Il donne l'idée de la qualité.
■ *Il a une énergie **telle qu**'il fatigue tous ses amis autour de lui.*
■ *Il a une **telle** énergie **qu**'il fatigue tous ses amis autour de lui.*

⚠ au pluriel.
■ *La presse a adressé au jeune musicien des critiques **telles qu**'il com- mence à douter de son talent.*
■ *Il a subi de **telles** critiques **qu**'il commence à douter de son talent.*
(Rappel : lorsque l'adjectif pluriel est placé avant le nom, l'article indéfi **des → de**.)

■ « Au point que, à tel point que »

Ces conjonctions relient les deux propositions.
■ *Il avait neigé **à tel point que** de nombreux automobilistes se so retrouvés bloqués sur les routes.*

POUR ALLER PLUS LOIN

On pourrait ajouter deux locutions de liaison qui marquent aussi l'intensité.
Tant et tant que ⎫
Tant et si bien que ⎬ + indicatif.

■ *L'enfant a pleuré, crié, hurlé **tant et tant qu**'il a fini par obtenir ce qu'il voulait.*
■ *Elle a sonné, frappé, appelé **tant et si bien qu**'on a fini par lui ouvrir.*

• Il convient également de préciser que lorsque la proposition principale est à la forme interrogative ou négative, la proposition subordonnée est au subjonctif.

▌ *Il est **si** naïf **qu'**il croit n'importe quoi.*

➔ ***Est-il si** naïf **qu'**on lui **fasse** croire n'importe quoi ?*

➔ ***Il n'est pas si** naïf **qu'**on lui **fasse** croire n'importe quoi.*

Le but + l'intensité

Les conjonctions qui associent l'idée de l'intensité et l'idée du but se construisent avec le **subjonctif**.

La proposition principale et la proposition subordonnée ont un sujet différent.

▌ « Trop... pour que / trop peu... pour que »

Trop + verbe ou adjectif ou adverbe + **pour que**
Trop peu + verbe ou adjectif ou adverbe + **pour que**

▌ *Il est **trop** jeune **pour qu'**on lui permette de voyager seul en train* (= on ne lui permettra pas de voyager).

▌ *Elle parle **trop** vite **pour qu'**on la comprenne* (= on ne la comprend pas).

▌ *Elle parle **trop peu pour qu'**on sache vraiment qui elle est* (= on ne sait pas qui elle est).

(Attention : **trop... pour que** implique toujours une conséquence négative.)

▌ « Assez... pour que / suffisamment... pour que »

Assez + verbe ou adjectif ou adverbe + **pour que**
Suffisamment + verbe ou adjectif ou adverbe + **pour que**

*Il est **assez** fort **pour que** je lui demande de porter ma valise.*

*Il **ne fait pas suffisamment** chaud **pour qu'**on se mette en maillot et qu'on se baigne.*

▌ « Trop de... pour que / assez de... pour que / suffisamment de... pour que »

Trop de + nom + **pour que**
Assez de + nom + **pour que**
Suffisamment de + nom + **pour que**

*Il y a **trop de** monde à cette exposition **pour qu'**on voie vraiment les tableaux.*

*Est-ce qu'il te reste **assez d'argent pour que** je puisse acheter encore quelques souvenirs ?*

*Il y a **suffisamment de** place sur le canapé **pour que** nous nous asseyions à trois.*

4.2 Autres manières d'exprimer l'idée de conséquence et de but

Nous allons passer en revue les différentes manières d'exprimer l'idée de conséquence et de but, autres que la proposition subordonnée.

Préposition + infinitif

Deux conditions pour utiliser l'infinitif :
– le verbe à l'infinitif et le verbe principal doivent avoir le même sujet ;
– une préposition qui comportera l'idée de la conséquence ou du but.

■ Les prépositions qui marquent le but

✔ De manière à, de façon à, en sorte de
✔ Pour, afin de
✔ De peur de, de crainte de

▌*J'ai ouvert la fenêtre de façon qu'un peu d'air frais entre dans la pièce.*
➜ *J'ai ouvert la fenêtre **de façon (de manière) à faire entrer** un p* *d'air frais dans la pièce.*

▌*Fais en sorte que je te trouve prêt quand je viendrai te chercher.*
➜ *Fais **en sorte d'être prêt** quand je viendrai te chercher.*

▌*Il fait de nombreuses démarches afin qu'on lui donne un visa pour le Canad*
➜ *Il fait de nombreuses démarches **afin d'obtenir** un visa pour le Canad*

▌*Elle a décroché le téléphone pour qu'on ne la dérange pas.*
➜ *Elle a décroché le téléphone **pour ne pas être dérangée**.*

▌*Elle a décroché le téléphone de peur qu'on ne la dérange.*
➜ *Elle a décroché le téléphone **de peur d'être dérangée**.*

■ Les prépositions qui marquent la conséquence et l'intensité

✔ Au point de
✔ Jusqu'à
✔ À

▌*Il était si timide qu'il rougissait à la moindre question.*
➜ *Il était timide **au point de rougir** à la moindre question.*

▌*L'enfant a mangé tant de gâteaux qu'il en a été écœuré.*
➜ *L'enfant a mangé des gâteaux **jusqu'à en être écœuré**.*

▌*Elle a tellement couru qu'elle en a perdu le souffle.*
➜ *Elle a couru **à en perdre le souffle**.*

■ Les prépositions qui marquent l'intensité et le but

✔ Trop… pour, trop de… pour
✔ Trop peu… pour

■ *Il est trop intelligent pour qu'on le trompe.*
→ *Il est **trop** intelligent **pour se laisser tromper**.*

■ *Nous sommes trop peu informés de la situation pour que notre jugement soit clair.*
→ *Nous sommes **trop peu** informés de la situation **pour avoir** un jugement clair.*

✔ Assez… pour, assez de… pour
✔ Suffisamment… pour, suffisamment de… pour

■ *Il est assez naïf pour qu'on lui fasse croire n'importe quoi.*
→ *Il est **assez** naïf **pour croire** n'importe quoi.*

■ *Il y a suffisamment de place dans l'appartement pour qu'on y héberge toute la famille.*
→ *Il y a **suffisamment de** place dans l'appartement **pour y héberger** toute la famille.*

Préposition + nom

Le nom est accompagné d'une préposition qui marque le but ou d'une expression qui marque la conséquence.

■ Le but

✔ Pour, en vue de
✔ De peur de, de crainte de

Pour que l'exposé soit clair, je n'exposerai que les faits essentiels.
***Pour la clarté** de l'exposé, je n'exposerai que les faits essentiels.*

Les habitants de la petite ville ont manifesté pour qu'on améliore le réseau routier.
→ *Les habitants de la petite ville ont manifesté **en vue d'une amélioration** du réseau routier.*

Je répète mes explications (de peur que) de crainte qu'il n'y ait un malentendu.
→ *Je répète mes explications **(de peur de) de crainte d'un malentendu**.*

■ La conséquence

✔ D'où (= « de là vient… »)
*Il y a plusieurs nuits qu'elle ne dort pas ; **d'où** sa fatigue et son énervement.*

☞ grammaire du texte
et connecteurs logiques
page **273**

Ces adverbes et conjonctions marquent la conséquence et non le but.

✔ Donc
(Le « c » final se prononce.)
C'est un élément mobile qui marque la conclusion d'un raisonnement, d'un fa
Il est généralement en tête dans les démonstrations logiques.
▋ *Socrate est un homme. Or les hommes sont mortels. **Donc** Socrate est mort*
▋ *Ah, elle sourit. **Donc** elle n'est pas fâchée !*
▋ *Ah, elle sourit. **C'est donc qu'**elle n'est pas fâchée.*

à **l'oral**

Donc est souvent remplacé par
alors.
▋ *Tu es fatigué ? Repose-toi donc !*
▋ *Tu es très fatigué ? Alors repose-toi !*

Il peut se placer aussi à l'intérieur de la phrase.
▋ *J'ai commandé un téléphone mobile. Or le commerçant vient de m'anno
cer que ses stocks étaient épuisés et que son fournisseur était en vacanc
Il est **donc** fort probable que je n'aurai pas mon téléphone cette semair*

Donc peut marquer aussi une reprise.
▋ *Je disais **donc**, quand vous m'avez interrompu, qu'on peut considé
Flaubert comme…*

Donc peut prendre une valeur affective et introduire l'idée de la surprise,
la colère, de la satisfaction, de l'ordre.
▋ *Ah ! Tu étais **donc** là ?*
▋ *Réponds **donc**, puisqu'on t'interroge !*
▋ *Ne reste **donc** pas là à ne rien faire !*
▋ *Ah voilà **donc** ce merveilleux Jean-Claude dont tu nous parles sans cess*

✔ Par conséquent (= « par suite de cela »)
Comme **donc**, il apporte une conclusion à un raisonnement.
▋ *Des copies de l'examen final de médecine ont été perdues. **Par conse
quent**, les étudiants seront appelés à repasser leur examen.*
(Attention : *par conséquence n'existe pas.)

✔ En conséquence
A les mêmes valeurs que **par conséquent**, mais cette expression appartie
à la langue administrative.
▋ *À l'occasion du 14 Juillet, un défilé aura lieu sur l'avenue des Champ
Élysées. **En conséquence**, la circulation sera interdite sur l'avenue
jour-là.*

✔ C'est pourquoi (= « à cause de cela », « c'est pour cela que » – à l'ora
« c'est pour ça que » –, « c'est la raison pour laquelle »)
Introduit une conséquence qui apporte une explication. Cette expression
place toujours en tête.
▋ *Jean n'a pas compris ce qu'on lui demandait ; **c'est pourquoi** il a fa
cette erreur.*
▋ *Ces chaussures sont des chaussures de marque ; **c'est pourquoi** ell
coûtent si cher.*

✔ **Aussi**

Cet adverbe est en tête de phrase et apporte une conclusion. Il demande l'inversion du pronom sujet et du verbe.

▌*Sous l'effet de la chaleur un pic de pollution a été atteint ;* **aussi le maire a-t-il décidé** *d'imposer une circulation automobile réduite.*

✔ **Ainsi** (= « de cette manière »)

Est utilisé pour introduire un exemple et une conclusion. L'inversion du pronom sujet et du verbe est possible.

▌*On a abattu les animaux malades, on a isolé les fermes.* **Ainsi** *toutes les précautions ont été prises* (ou *ont-elles été prises*) *pour que l'épidémie ne s'étende pas.*

▌*La salle de cours est construite en gradins ;* **ainsi** *tous les étudiants pourront* (ou *pourront-ils*) *voir le professeur.*

⚠ Ne confondez pas **aussi**, qui marque la conséquence et qui se place en tête de la phrase, et **aussi**, adverbe qui ajoute un élément à un autre, une information à une autre, et qui ne se place jamais en tête de phrase.

▌*Il parle l'anglais, mais il parle* **aussi** *l'allemand, l'italien, le japonais…*

▌*J'aime beaucoup Fellini. Toi* **aussi** *?*

lexique

Quels sont **les buts** des savants lorsqu'ils mènent leurs recherches ? Ces recherches sont-elles **le fruit** de l'ambition ou de la curiosité scientifique ? (= le résultat). On peut s'interroger sur **les effets** de leurs découvertes et sur **leurs conséquences** en ce qui concerne la vie des hommes.

Vont-elles **déclencher** un mécanisme infernal que rien ne pourra arrêter ? Vont-elles **entraîner** un changement radical dans les manières de vivre ? **Susciteront-elles** des inquiétudes, **éveilleront-elles** des espoirs ? Quels **risques** peuvent-elles faire courir aux hommes ?

Voilà les graves questions que l'homme peut **soulever** face à ce qu'il ne comprend pas.

manières de dire

Il existe toute une série d'expressions formées autour de la préposition **à** avec une valeur de conséquence.

Ainsi :

Il fait un froid **à ne pas mettre un chien dehors** (= il fait si froid qu'on ne mettrait pas un chien dehors).

Il a couru **à perdre haleine** (= il a couru tellement vite qu'il a perdu le souffle).

Elle bâille **à s'en décrocher la mâchoire** (elle s'ennuie ; elle bâille tellement qu'elle risque de se décrocher la mâchoire).

Il gèle **à pierre fendre** (= il fait très froid).

Elle était pâle **à faire peur** (= elle est très pâle ; sa pâleur est telle qu'elle fait peur).

Ce film est bête **à pleurer** (= ce film est si bête qu'on en pleurerait).

• **On parle d'opposition/comparaison** quand on compare deux faits réels ou envisagés qui coexistent sans conséquence l'un sur l'autre. Il y a une idée de comparaison, de contraste.

▌ *Tu travailles dur tandis que ton frère ne pense qu'à s'amuser.*
▌ *À Séville, on dîne à dix ou onze heures du soir alors qu'à Paris, on se met à table à huit heures.*

• **On parle d'opposition hypothétique** lorsque l'on suppose un événement qui n'aura pas le résultat espéré (attention, le conditionnel s'impose).

▌ *Quand bien même tu me supplierais, je n'accepterais jamais !*
▌ *Même si tu me suppliais, je n'accepterais pas.*

• **On parle d'opposition/concession** lorsqu'un événement devrait agir sur un autre mais que le résultat n'est pas ce qu'il devrait être.

▌ *Il est très gentil # Il n'a pas d'amis.*
　➜ *Bien qu'il soit très gentil, il n'a pas d'amis.*
▌ *Il a travaillé comme un fou # Il a échoué à son examen*
　➜ *Il a eu beau travailler comme un fou, il a échoué à son examen.*

On rencontre cette relation opposition/concession dans les textes argumentatifs les plus élaborés aussi bien que dans les discussions les plus spontanées.

On remarquera cependant qu'**à l'oral**, on a de plus en plus tendance à supprimer les termes d'opposition et à simplement juxtaposer (ou coordonner) les phrases.

▌ *Il travaille dur ; son frère, lui, ne pense qu'à s'amuser.*
▌ *Il neige et tu sors en pull !*

Il existe différents moyens d'exprimer l'opposition et la concession. Nous allons les passer en revue.

5 ● 1 La proposition subordonnée : valeurs et emplois des conjonctions d'opposition et de concession

Les conjonctions exprimant l'opposition ou la concession sont suivies d'un verbe qui peut être à **l'indicatif, au conditionnel** ou au **subjonctif**.

L'opposition/comparaison + indicatif

■ « Alors que, tandis que, quand, si » (idée d'opposition/contraste)

■ *Ma fille adore le sucré, **alors que** mon fils n'aime que le salé.*
■ *Bernard part en train, **tandis que** nous, nous prendrons la voiture.*
■ *Nous vivons dans l'opulence **quand** bien des pays vivent dans la misère.*
■ *Si ce film est drôle, il est également profond.*

☞ l'expression du temps
page 280

L'opposition/hypothèse

■ « Quand bien même » (concession + idée d'hypothèse + conditionnel)

Cette conjonction est synonyme de **même si** + indicatif.
■ *Je ne te pardonnerai jamais **quand bien même** tu te jetterais à mes pieds* (= même si tu te jetais…).

■ « Même si » (concession + idée d'hypothèse + indicatif)

■ *Même si tu insistes, c'est non !*

L'opposition/concession + subjonctif

■ « Bien que, quoique, sans que, encore que »
(opposition/concession)

Bien qu'il soit déjà en retard, il ne se dépêche pas.
*Il continue à faire du vélo **quoique** le médecin l'ait défendu.*
*Je pense que nous serons à l'heure, **encore que** ce ne soit pas sûr avec tous ces embouteillages.*

■ « Si, aussi, pour » + adjectif ou adverbe + « que »

*Si intéressant **que** soit ce qu'il raconte, personne ne l'écoute* (français soutenu).

■ « Qui que, quoi que, où que » (opposition/concession)

Qui que tu sois, quoi que tu fasses, où que tu ailles, dis-toi toujours que ta vie t'appartient.

⚠ Ne confondez pas **quoique** et **quoi que**.
Tous deux sont suivis du subjonctif mais ils sont différents.

Quoique en un seul mot est synonyme de **bien que** (et plus rare que lui).
Il y a obligatoirement un complément ou un adverbe après le verbe.
Quoiqu'il ne connaisse aucune langue étrangère, il aime rencontrer des étrangers.
Quoiqu'il soit venu régulièrement au cours, il n'a pas beaucoup progressé.

Dans **quoi que** en deux mots, **quoi** joue le rôle de complément.
Quoi que tu saches au sujet de cette affaire, ne dis rien (= quelles que soient les informations que tu as, ne dis rien).

⚠ **Pendant que** n'exprime jamais la concession ou l'opposition.

Il y a trois **si** différents.
1) ■ *Si Flaubert est célèbre pour la précision de son style, Balzac l'est par son imagination.*
(**si** = alors que, tandis que)
2) ■ *Si ce film est drôle, il est également profond.*
(**si** = bien que)
3) ■ *S'il me le demande, je refuserai.*
(**si** = même si)

Malgré que (+ subjonctif) se dit quelquefois mais il est considéré comme assez peu correct.

■ « Quel(le)(s) que » + verbe **être** (opposition/concession)

Un point d'orthographe : **quel que + être, pouvoir être, devoir être**
- **Quel que soit** (masc. sing.) / **quelle que soit** (fém. sing.).
- **Quels que soient** (masc. plur.) / **quelles que soient** (fém. plur.).
- ■ *Quelles que soient vos intentions*, *je suis sûr(e) qu'elles sont honorable*
- ■ *Quel que soit* *le temps, il sort !* (= peu importe le temps).
- ■ *Tu peux m'appeler,* *quelle que soit* *l'heure* (= à n'importe quelle heure).
- ■ *Quels que soient* *tes problèmes, ce n'est pas une raison d'être aus* *agressif* (= malgré tes problèmes).
- ■ *Quelles que puissent être* *vos raisons, je suppose qu'elles sont bonnes.*

■ Place de ces propositions dans la phrase

Comme les autres propositions subordonnées circonstancielles, la plupa des subordonnées d'opposition et de concession peuvent précéder ou suiv la proposition principale ou une autre proposition subordonnée.
Elles peuvent aussi être en incise (entre virgules), à l'intérieur de la phrase.
- ■ *Bien qu'il pleuve, il avait décidé qu'il sortirait le chien.*
- ■ *Il avait décidé qu'il sortirait le chien bien qu'il pleuve.*
- ■ *Il avait décidé que, bien qu'il pleuve, il sortirait le chien.*

5 . 2 Autres manières d'exprimer l'idée d'opposition et de concession

Nous allons passer en revue les différentes manières d'exprimer l'opp sition et la concession, autres que la proposition subordonnée.

Préposition + infinitif

■ « Sans »

- ■ *Il a réussi tous ses examens sans avoir travaillé.*

■ « Loin de »

- ■ *Elle avait peur de demander de l'argent à ses parents mais, loin de ref ser, ils lui ont donné plus que ce qu'elle désirait.*

■ « Au lieu de »

- ■ *J'aimerais mieux être à la plage au lieu d'être enfermée dans ce bureau*

■ « À défaut de »

- ■ *À défaut d'aller au cinéma, il regarde beaucoup les films à la télévision*

> **Sans que** + subjonctif suppose que les deux sujets sont différents.
> ■ *Il est parti sans qu'on l'ait vu.*
> **Sans** + infinitif : un seul sujet.
> ■ *Il est parti sans se retourner.*
> (Même remarque pour : **à moins que** + subjonctif/**à moins de** + infinitif.)

■ « Quitte à »

■ *J'arrête mon travail à 16 h,* **quitte à** *rester plus longtemps demain* (= même si je dois rester plus longtemps…).

■ *Il la supplia de lui accorder un rendez-vous une fois encore,* **quitte à** *ne jamais plus la revoir ensuite* (= même s'il devait ne jamais plus la revoir…).

■ « Au risque de »

■ *Élisabeth a réparé elle-même sa cheminée,* **au risque de** *tomber du toit.*

Adverbe + gérondif

■ « Tout » + gérondif

Tout en étant *d'accord sur le fond, j'aimerais que l'on discute de certains détails.*

■ « Même » + gérondif

Même en travaillant *toute la nuit, je n'arriverai jamais à finir ce devoir.*

Conjonction + adjectif ou + participe présent ou passé

Même malade, *il continue à travailler douze heures par jour.*
Bien que très jolie, *elle n'a aucune confiance en elle.*
Le film était bien, **quoique un peu long.**
Bien qu'ayant échoué *trois fois au permis de conduire, elle ne se décourage pas.*

Préposition + nom ou groupe nominal

Malgré son jeune âge, *il gagne tous les concours d'échecs.*
Elle est très gaie **en dépit de tous ses soucis.**
Il fait tout **à l'inverse des autres.**
Voulez-vous du poulet **à la place du foie d'agneau** *?*
Il a obtenu le prix Goncourt, **contre toute attente** (toujours associé à des termes abstraits).
À défaut de véritable talent, *ce musicien a une certaine virtuosité.*

■ « Et, or, puis, en tout cas, pourtant, cependant, tout de même, néanmoins, toutefois, quand même
(souvent en fin de phrase) »

▌*Elle dit toujours qu'elle veut être infirmière **et** dès qu'elle voit u*
goutte de sang, elle s'évanouit !
▌*Cet acteur est un peu petit **mais** il est très beau.*
▌*Cet acteur est un peu petit, il est **cependant (néanmoins, toutefo***
très beau.
▌*Cet acteur est un peu petit, il est très beau **quand même**.*

Remarque
La conjonction **or** est utilisée dans le raisonnement pour introduire un no
vel élément (= « il se trouve que »).
▌*J'avais une bicyclette neuve à laquelle je tenais beaucoup ; **or,** on me l*
volée dans la nuit du 2 au 3 mars.
Mais **or** a souvent également une valeur d'opposition et laisse supposer u
conséquence.
▌*J'avais réservé un billet pour le vol AF 324 du 12 mai. **Or,** je n'ai p*
pu embarquer pour des raisons de santé.

■ « Au contraire, à l'opposé, par opposition, inversement, à l'inverse, en revanche, par contre »

▌*Jérôme adore nager ; **à l'inverse de** sa sœur qui déteste ça.*
▌*Ça ne nous ennuie pas du tout que tu viennes avec nous. **Au contrair***
nous en sommes ravis.

Remarque
Par contre est d'un registre un peu plus familier que **en revanche**.
Certaines grammaires le déconseillent même, le considérant comme inco
rect. Cependant, les Français l'emploient beaucoup plus souvent que e
revanche, qui implique une idée de compensation.
▌*Je ne peux pas venir ce soir. **En revanche**, demain, c'est possible.*

L'expression *avoir beau* + infinitif

Cette tournure, que vous trouvez souvent difficile à employer et « bizarre
est très fréquente en français, surtout à l'oral.

Le verbe **avoir beau** est toujours en tête de phrase. Il se construit direct
ment (sans préposition) et se conjugue comme n'importe quel verbe.
Il exprime très exactement une idée de concession : on fait une action av
intensité pour obtenir quelque chose mais cet objectif ne se réalise pas.
▌***Vous avez beau** protester, il faudra obéir.*
▌***Il a eu beau** insister, elle n'a pas voulu sortir hier soir.*
▌*L'enfant **aura beau** pleurer, sa mère ne cédera pas à ses caprices.*

Deux propositions au conditionnel

■ *J'aurais des millions, je ne **saurais** pas quoi en faire* (= même si j'avais des millions, je saurais pas quoi en faire).

Ou

■ *J'aurais des millions que je ne **saurais** pas quoi en faire* (= même si j'avais des millions, je saurais pas quoi en faire).

■ *Tu **serais venu** chez moi hier, tu ne m'**aurais** pas **trouvé**, j'ai passé la journée dehors.*

POUR ALLER PLUS LOIN

■ « Quelque… que », « pour… que », « tout… que »

On les utilise dans un registre soutenu et surtout à l'écrit.
* **quelque** + adjectif, nom ou adverbe + **que** + subjonctif
* **tout** + adjectif + **que** + indicatif
■ *Quelque (pour) fragile **qu'**il paraisse, il a une santé de fer.*
■ = *Tout fragile **qu'**il paraît, il a une santé de fer.*

⚠️ **Tout… que** + indicatif.
Tout + adjectif ou substantif/adjectif (noms de métier) :
■ *Tout médecin **qu'**il est, il ne soigne pas sa famille.*

lexique

· ·

✓ Des termes introducteurs

* **Quant_à** + nom ou pronom (= « en ce qui concerne »)
■ *Il adore l'Italie du Sud. **Quant à moi,** je préfère le Nord.*
■ *Tu peux partir si tu veux. **En ce qui me concerne**, je reste.*

* **Pour ma** (ta, sa, notre, votre, leur) **part/de mon** (ton, son, notre, votre, leur) côté
■ *Allez à la plage si vous voulez. **Pour ma part**, je préfère rester à la maison et lire.*
■ *Toi, tu vas faire des recherches à la bibliothèque. **De mon côté,** je m'occupe des interviews.*

✓ Des locutions

Il n'en reste pas moins que, il n'empêche que (+ indicatif)
■ *On dit toujours qu'il ne fait rien. **Il n'empêche qu'**il a obtenu tous ses examens.*

À l'oral, les Français disent le plus souvent **n'empêche que…**
■ *Elle dit qu'il n'y a que des émissions stupides à la télévision. **N'empêche qu'**elle la regarde tous les soirs.*

Quoi qu'il en soit
Quoi qu'il en soit, nous partirons demain (= de toute manière, en tout cas).

✔ **Des verbes**

• **S'opposer à, être opposé à, s'élever contre, s'insurger contre** (français soutenu), **se dresser contre** (+ nom)

❚ *Les syndicats se sont vigoureusement élevés contre les décisions du ministre.*

• **Désapprouver, blâmer, fustiger** (écrit, français soutenu), **incriminer** (+ nom)

❚ *Tu fais ce que tu veux, mais tu sais que je désapprouve ta décision de partir seule si loin.*

• **Concéder, admettre, reconnaître** (+ nom ou + **que** + indicatif).

❚ *Il a bien été obligé de reconnaître son erreur / qu'il s'était trompé.*

✔ **Des noms**

❚ *Manifester **une opposition, de la désapprobation**.*
❚ *Donner **un blâme** à quelqu'un.*
❚ *Faire **des concessions**.*

manières de dire

❚ *Faire quelque chose contre son gré, bon gré mal gré, à contrecœur, à son corps défendant* (= contre sa volonté).

❚ *Faire quelque chose à l'insu de quelqu'un* (= en cachette de).

❚ Aller à l'encontre de… : *Cette décision **va à l'encontre** du bon sens* (= est contraire au bon sens).

❚ Tenir tête à quelqu'un : *Son fils a des problèmes avec ses professeurs : il est insolent, leur **tient tête*** (= se rebelle contre ses professeurs), *s'oppose à tout ce qu'ils disent…*

6 L'EXPRESSION DE LA CONDITION ET DE L'HYPOTHÈSE

Quelle est la différence entre condition et hypothèse ?

▌*Je t'achèterai une glace* ⟨ *à condition que tu sois sage.*
si tu es sage.

➔ Il s'agit d'une condition : « être sage » est la **condition nécessaire** pour avoir une glace.

▌*Si tu ne te sens pas bien, rentre chez toi.*
➔ Il s'agit d'une supposition/hypothèse.

Il existe différentes façons d'exprimer la condition et l'hypothèse. Nous allons les passer en revue.

6 . 1 Avec des subordonnées introduites par « si »

Le *si* de l'hypothèse et de la condition peut être suivi :
– d'un présent ;
– d'un imparfait ;
– d'un plus-que-parfait.

▌ **« Si » + présent ou passé composé**
 ➔ présent, futur ou impératif

▌*Si tu **as** le temps, tu **peux** venir.*
▌*Si tu **as** le temps, tu **viendras** (tu **vas venir**) nous voir ?*
▌*Si tu **as** le temps, **viens** nous voir !*
▌*Si tu **as fini**, tu **peux** sortir.*

La condition ou la supposition est probable. On pense qu'elle peut être réalisée.

▌ **« Si » + imparfait ➔ conditionnel présent**

⚠ Observez bien la différence entre ces deux phrases :
*S'il **faisait** beau demain, on **pourrait** aller pique-niquer.*
*Si j'**étais** toi, j'**accepterais** sa proposition.*

Ces deux phrases se ressemblent. En effet, leur structure est la même :

si + imparfait ➔ conditionnel présent

Mais vous voyez bien que dans la première phrase, il s'agit de quelque chose de possible dans le futur : il se peut qu'il fasse beau demain (c'est une éventualité) ; dans la seconde phrase, la condition n'est pas réalisable : je ne suis pas *toi* et je ne le serai jamais (c'est un irréel du présent).

> ⚠ **Jamais** de futur, de conditionnel ou de subjonctif après **si** d'hypothèse et de condition.

> **Si** + présent a parfois le sens de **à chaque fois que**.
> ▌*S'il pleut, elle prend toujours son grand parapluie noir.*

Remarque

On rencontre parfois la structure :

si + imparfait → conditionnel passé

*Si tu **étais** moins maladroit, tu n'**aurais** pas **cassé** ce vase.*

En ce cas, l'imparfait exprime quelque chose de général, d'habituel, d'intemporel : si tu **étais** moins maladroit en général… (mais tu es maladroit !)

■ « Si » + plus-que-parfait → conditionnel passé

*Si tu **étais venu** chez moi hier soir, tu **aurais pu** rencontrer Mario.*

Mais c'est trop tard, tu n'es pas venu (condition non réalisée) et donc tu ne l'as pas rencontré. C'est un irréel du passé. Vous remarquerez que les deux actions *(venir/voir Mario)* se passent en même temps, toutes les deux dans le passé.

Remarque 1

On rencontre parfois la structure :

si + plus-que-parfait → conditionnel présent

*S'il n'**avait** pas **dansé** toute la nuit, il **serait** plus en forme ce matin.*

Dans cette phrase, les deux faits *(danser/être en forme)* ne se situent pas au même moment. Le second *(= ne pas être en forme)* est la conséquence du premier *(= avoir dansé toute la nuit)*.

Remarque 2

Ces règles ne sont pas aussi strictes que nous les avons présentées. L'intention du locuteur, le registre de langue utilisé, la situation de communication, tout cela compte beaucoup. Vous entendrez très souvent dire :

Si tu veux, on pourrait sortir ce soir.

Si vous venez dimanche, nous irions voir la cousine Adèle.

En ce cas, le conditionnel exprime une proposition, une suggestion.

Remarque 3

On rencontre souvent une proposition indépendante exclamative avec **si**. Elle peut exprimer alors :

– le souhait :

*Si j'**étais** à ta place ! Si je **gagnais** !*

– ou le regret :

*Si j'**avais su** ! Si j'**avais** dix ans de moins !*

⚠ à la conjonction **comme si**, toujours suivie de l'imparfait ou du plus-que-parfait :

*Cet élève n'écoute rien. C'est vraiment **comme s'il n'était pas là**.*
(= on dirait qu'il n'est pas là).

*Le ciel est tout noir. C'est **comme si c'était la fin du monde**.*
(= on dirait que c'est la fin du monde).

*Elle a l'air fatigué, **comme si elle n'avait pas dormi de la nuit**.*
(= on dirait qu'elle n'a pas dormi).

Quand la phrase est exclamative, **comme si** exprime le doute ou le refus.

Comme si je te croyais ! (= je ne te crois pas).

Comme si j'avais le temps de t'écouter ! (= je n'ai pas le temps).

Pour **même si,** voir le chapitre sur l'opposition/concession, page 313.
Pour **comme si,** voir le chapitre sur la comparaison, pages 329-330.

6 ● 2 Avec des subordonnées introduites par d'autres conjonctions que « si »

Certaines de ces conjonctions entraînent le conditionnel ; d'autres, plus fréquentes, entraînent le subjonctif.

■ « Au cas où » + conditionnel (idée d'éventualité)

▌*Au cas où tu aurais perdu mon adresse, je te redonne mes coordonnées* (= si par hasard, tu avais perdu…).

■ « À condition que, pourvu que » + subjonctif

▌*Je veux bien te prêter ma voiture **à condition que tu sois prudent**.*

■ « À moins que » + subjonctif

À moins que est l'équivalent de **sauf si, excepté si** + indicatif

▌*On mange un sandwich ? **À moins que tu (ne) veuilles** faire un vrai repas, bien sûr* (= sauf si tu veux faire un vrai repas).

Vous remarquerez qu'avec **à moins que**, on utilise, surtout à l'écrit, le **ne** explétif.

> **Pourvu que** peut aussi exprimer le souhait :
> ▌*Pourvu qu'on ne soit pas en retard !*

☞ chapitre sur la négation, page 235

■ « À supposer que, en supposant que, en admettant que » + subjonctif (idée de condition peu probable)

■ *Je lui donnerai son cadeau quand je la verrai.* **À supposer qu'elle vienne !** *Avec elle, on ne sait jamais !*

■ « Que... ou que... » + subjonctif
(idée de deux hypothèses)

Vous remarquerez que la situation est la même, quelle que soit l'hypothèse envisagée.
■ **Qu'il pleuve ou qu'il neige,** *elle s'en moque, elle sort par tous les temps* (= même s'il pleut, même s'il neige, de toute façon, elle sort).

■ **Que tu aies raison ou (que tu aies) tort,** *peu importe, tu aurais dû garder ton calme* (= peu importe si tu avais raison ou tort...).

■ « Selon que... ou que... » + indicatif

Quelquefois, on rencontre aussi le subjonctif.
■ *La forme physique est différente* **selon qu'on fait du sport ou qu'on n'en fait pas** (il y a une idée d'opposition entre les deux hypothèses).

POUR ALLER PLUS LOIN

■ « Si tant est que » + subjonctif
(idée de condition + idée de doute)

■ *J'ai bien envie d'aller chez lui quelques jours,* **si tant est qu'il puisse me recevoir** (mais ce n'est pas sûr).

■ « Pour peu que » + subjonctif (= il suffit de presque rien pour que..., idée de condition minimale)

■ **Pour peu qu'on la fasse attendre,** *elle explose de colère* (= il suffit qu'on la fasse attendre pour que...).

6 ● 3 Autres manières d'exprimer la condition et l'hypothèse

Nous allons passer en revue les différentes manières d'exprimer la condition et l'hypothèse, autres que la proposition subordonnée.

Préposition + infinitif

■ « À condition de »

■ *Il fera ce travail **à condition d'**avoir le temps.*
■ *Je pense être là vendredi **à condition de** trouver un billet d'avion.*

■ « À moins de »

■ *Je suis dans l'impossibilité de venir maintenant, **à moins de** trouver une solution de dernière minute* (= sauf si je trouve).

Le sujet de l'infinitif doit être le même que celui du verbe principal.

Participe présent ou, plus souvent, gérondif

■ ***Insistant** un peu plus, il obtiendrait des indemnités plus importantes* (= s'il insistait un peu plus).

■ ***En cherchant bien**, tu la retrouverais, cette bague !* (= si tu cherchais bien…, à condition de chercher…).

■ ***En faisant une demi-heure de sport tous les jours**, tu te sentirais mieux* (= si tu faisais…, à condition de faire…).

☞ gérondif page 166

Participe passé ou adjectif

■ ***Teinte en noir,** cette jupe serait comme neuve* (= si tu la teignais).
■ ***Heureuse,** elle serait très jolie. Mais elle a toujours un air si triste !* (= si elle était heureuse…).

Phrase interrogative ou impérative

■ ***Vous souffrez de la solitude ? Vous avez besoin d'en parler ?** Appelez vite SOS-Amitié au 01 04 34 35 36, 24 heures sur 24 et 7 jours sur 7* (= si vous souffrez…, si vous avez besoin…).

■ ***Travaille et tu réussiras !*** (= si tu travaillais, tu réussirais).

Préposition + nom

■ « Avec, sans »

■ ***Avec mille euros par mois,** il serait heureux comme un roi !* (= s'il avait mille euros par mois…).

■ ***Avec un peu de chance,** j'aurais pu gagner le super gros lot de 40 000 euros* (= si j'avais eu un peu de chance…).

■ ***Sans moi,** tu étais perdu* (= si je n'avais pas été là…).

Sans ces embouteillages, *on serait arrivés deux heures plus tôt* (= s'i
n'y avait pas eu ces embouteillages…).

■ « En cas de » (idée d'éventualité)

■ *En cas d'absence, veuillez vous adresser au 13 boulevard Ney* (= si je
ne suis pas là, au cas où je ne serais pas là…).

■ « À moins de »

■ *À moins d'un changement de dernière minute, nous arrivons le 1(
au soir* (= sauf changement imprévu…).

Deux propositions au conditionnel

On entend souvent des phrases sans **si**. Il y a alors deux propositions au
conditionnel, juxtaposées. Par exemple :
■ *Tu serais moins paresseux, tu réussirais mieux.*
■ *Tu serais venu hier, tu l'aurais vu.*
■ *Tu me l'aurais dit, j'aurais compris. Mais tu n'as rien dit !*
■ *Il m'aurait demandé, je l'aurais volontiers aidé* (= s'il me l'avait
demandé, je l'aurais aidé).
En ce cas, l'hypothèse ou la condition sont sous-entendues.

Conjonction *sinon*

Un cas particulier : **sinon**
■ *Termine ton travail.* **Sinon**, *pas de télé !* (= si tu ne le termines pas…).
■ *Il faut prévenir ta mère qu'on sera en retard.* **Sinon,** *elle va nous attendre*
(= si on ne la prévient pas).
■ *Fais ce qu'on t'a dit de faire.* **Sinon,** *attention !* (= si tu ne le fais pas).
■ *Ne traîne pas, **sinon** on sera en retard* (= si tu traînes).

à l'oral

On dit très souvent : **sans ça** ou **autrement**.

■ *Tiens-toi tranquille. Sans ça, tu seras puni.*
■ *Range ta chambre et vite ! Autrement, gare à toi !*

⚠️ En français, **sinon** n'a pas le sens de « mais » (comme c'est le cas en espagnol, par exemple).

lexique

■ *C'est une condition **sine qua non*** (= indispensable, indiscutable, impé-
rative).
■ *Accepter quelque chose **sous condition*** (ou ***sous réserve***).
■ *Tous se sont rendus à l'ennemi **sans conditions**.*

manières de dire

■ *À **en juger par ta mine**, je devine que tu n'as pas beaucoup dormi*
(= si j'en juge…).
■ *À l'écouter, on le prendrait pour un expert* (= si on l'écoutait…).
■ *Avec des « si », on mettrait Paris en bouteille*
■ *Si jeunesse savait, si vieillesse pouvait !*
■ *Emporter un petit **en-cas*** (= un sandwich, une petite chose à manger au
cas où l'on aurait faim brusquement).

7

L'EXPRESSION DE L'INTENSITÉ ET DE LA COMPARAISON

faut distinguer tout d'abord deux notions différentes, celle d'**inten-
té** et celle de **comparaison**, chacune pouvant concerner un adjectif,
n adverbe, un nom ou un verbe.

intensité n'est pas toujours indiquée par rapport à quelque chose
autre. On l'appelle quelquefois « superlatif absolu » :
Elle est très jolie.
ertains adverbes ou certains préfixes marquent le degré de cette
tensité.

n revanche, dans la **comparaison**, on considère toujours un élément
ar rapport à un autre. On fait état des ressemblances et des différen-
es entre deux personnes, deux choses, deux qualités, deux actions…
n les confronte.
Elle est plus jolie que sa sœur.

7 . 1 L'expression de l'intensité

existe trois degrés possibles d'intensité : forte, moyenne et faible.

Exprimer une intensité forte

Avec des adverbes

Très, énormément, extrêmement, parfaitement… + adjectif ou
dverbe

Beaucoup de, énormément de… + nom

Verbes + beaucoup, extrêmement, énormément…
*Il est **très intelligent** et **parfaitement bien élevé**.*
*Elle court **très vite**, elle nage **extrêmement bien**.*
*Il **s'ennuie beaucoup**, il ne sait pas quoi faire.*

Avec des préfixes

Sur-, extra-, super-, archi-, hyper-… + adjectif ou (plus rarement)
dverbe
es préfixes s'emploient surtout à l'oral familier.
*J'étais **super-content** de voir mes copains. C'était **hyper-bien**.*
*L'examen était **archi-difficile**.*

Trop marque une intensité excessive.
▪ *L'exercice est trop difficile, je ne peux pas le faire.*
▪ *Il y a trop de vent, je rentre.*

Souvent, on ne met pas le tiret : **hyper bien, archi difficile**.

3

On utilise souvent, surtout à l'oral, **pas mal**.

▮ *Alors, il est bien, ce film ? — Oui, pas mal (= assez bien).*

Exprimer une intensité moyenne

▮ Avec des adverbes

✔ Assez, moyennement, plutôt, presque, plus ou moins... + adjectif o adverbe

▮ *J'étais **assez content** de le voir et toi ? — Oui, moi aussi, j'étais **plut content**, mais sans plus. Je l'apprécie moyennement, tu sais !*

Exprimer une intensité faible

▮ Avec des adverbes

✔ Peu, pas très... + adjectif ou adverbe

▮ *Il est **peu satisfait** de ce qu'il a fait le jour de l'examen.*

Remarque

Il n'est pas rare de rencontrer plusieurs adverbes à la suite.

▮ *Il a **vraiment beaucoup trop** travaillé, il est épuisé.*

▮ *Elle a fait **relativement peu** d'efforts ce trimestre, son frère en a f nettement plus. Elle, elle s'est **beaucoup plus** amusée que lui.*

7 . 2 L'expression de la comparaison

On cherche à exprimer soit un rapport d'égalité ou de ressemblanc soit un rapport d'inégalité ou de différence (en plus ou en moins).

Les comparatifs

L'un des deux termes est le point de référence, on évalue l'autre par rapp à lui. Pour le faire, on utilisera les comparatifs.

Mais que compare-t-on exactement ?

▮ On compare deux caractéristiques, deux qualités

✔ Pour marquer **la supériorité**, on utilisera le comparatif :

plus + adj. ou adv. + que + nom ou pronom

▮ *Tom est un peu **plus** âgé et un peu **plus** raisonnable **que** sa sœur.*

✔ Pour marquer **l'égalité** :

aussi + adj. ou adv. + que + nom ou pronom

▮ *Il est **aussi** amusant **qu'**elle. Ils sont drôles, tous les deux !*

✔ Pour marquer **l'infériorité** :

moins + adj. ou adv. + que + nom ou pronom

▮ *Nana est **moins** sage **que** lui, elle fait beaucoup de bêtises.*

⚠ Attention :

on répète toujours le 1er terme du comparatif (**plus, aussi, moins**) devant l'adjectif.

⚠ **aux comparatifs irréguliers**

✔ l'adjectif **bon** ➔ meilleur　　　　et l'adjectif **mauvais** ➔ pire

▮ *Pauline est bien **meilleure** en grammaire **qu'**en calcul.*

▮ *En calcul, ses notes sont bien **pires que** ce qu'on imaginait. C'est une catastrophe !*

✔ l'adverbe **bien** ➔ mieux　　　　et l'adverbe **mal** ➔ pis

▮ *Il travaille beaucoup **mieux** et elle, malheureusement, c'est **de mal en pis** !*

✔ l'adjectif **petit** (dans un sens abstrait) ➔ moindre

▮ *On m'a volé une montre ancienne et quelques objets de **moindre valeur**.*

Dans le sens habituel, concret, on dira : plus petit.

▮ *Il est **plus petit que** moi. Sa nouvelle maison est **plus petite que** l'autre.*

> Remarquez que l'on dit toujours **bien meilleur(e)** et **bien pire** et jamais :
> **beaucoup meilleur, *beaucoup pire.*

> **Pis** est vieilli.
> On ne l'utilise plus guère.

▮ On compare deux quantités

✔ Pour marquer **la supériorité**, on utilisera le comparatif :

plus de + nom + que

▮ *Elle a **plus de** patience **que** moi.*

✔ Pour marquer **l'égalité** :

autant de + nom + que

▮ *Mon fils a **autant d'**amis **que** l'année dernière.*

✔ Pour marquer **l'infériorité** :

moins de + nom + que

▮ *Il gagne un peu **moins d'**argent **que** sa femme mais c'est sans importance.*

> ⚠ Attention :
> ▮ *Il a **trois ans de** plus que moi.*
> (n'oubliez pas **de** après un nombre).

▮ On compare deux actions ou deux états

✔ Pour marquer **la supériorité**, on utilisera le comparatif :

verbe + plus + que

▮ *Mon fils m'écoute un peu **plus qu'**avant. Il devient raisonnable.*

✔ Pour marquer **l'égalité** :

verbe + autant + que

▮ *Ce livre m'a plu **autant que** le précédent : il m'a **autant** plu **que** le précédent. Il est vraiment drôle.*

✔ Pour marquer **l'infériorité** :

verbe + moins + que

▮ *Alexandra parle **moins qu'**Ivan. Elle est un peu timide.*

Remarque

Souvent, le second terme de la comparaison est sous-entendu.

*Jeanne a encore eu une mauvaise note en français ! Et deux en maths ! — Ah bon ! Et sa sœur, ça va ? — Oui, elle, c'est **mieux**. Ses notes sont **meilleures**. Tu as vu le dernier film de Woody Allen ? Il est aussi bien que le dernier ? — Non, il ne m'a pas fait rire **autant**.*

⚠ à l'adverbe comparatif : **davantage**.

) Il s'écrit en un seul mot.

) Il équivaut à « plus » mais il est plus fort (surtout dans l'expression **bien davantage**).

3) On l'utilise surtout avec le verbe.
4) Il est souvent placé après lui.

▌ *Il faut insister pour que le malade sorte **davantage**.*
▌ *La géographie m'intéresse (bien) **davantage** que les sciences.*
▌ *Si tu veux grossir, il faut manger **davantage**.*

Les superlatifs

On peut aussi comparer un élément à l'ensemble de tous les autres éléments ou une qualité à son degré maximum possible. On utilisera alors le
superlatifs.

✔ Le (la, les) plus…, le (la, les) moins… + adjectif
▌ *À ton avis, quel est **le plus beau pays** du monde ? − Pour moi, le
deux plus beaux, c'est le mien et le tien.*
▌ *C'est **la plus rapide** et **la plus gracieuse** de toutes les skieuses.*

✔ Verbe + le plus, verbe + le moins + adverbe
▌ *On s'est tous bien amusés mais c'est Nora qui a ri **le plus** (ou : **qui
le plus ri**).*
▌ *C'est elle qui skie **le plus vite** et **le plus gracieusement**.*

⚠ Observez :
On peut dire :
    ▌ *Bordeaux et Toulouse sont **les plus grandes villes** du Sud-Ouest,*
ou ▌ *Bordeaux et Toulouse sont **les villes les plus grandes** du Sud-Ouest*

    ▌ *C'est **le meilleur restaurant** qui existe dans cette ville.*
ou ▌ *C'est **le restaurant le meilleur** qui existe dans cette ville.*

Deux remarques importantes à ce sujet.
La première solution n'est pas toujours possible, tout dépend de l'adject
utilisé. Il doit pouvoir être placé avant le nom, c'est-à-dire « antéposé »
(voir la place de l'adjectif, page 98).
La seconde solution *(la ville la plus belle, le restaurant le meilleur)* est toujours possible, avec tous les adjectifs.

⚠ Remarquez bien qu'on ne peut jamais dire :
*Bordeaux et Toulouse sont **les villes plus grandes** du Sud-Ouest.
*C'est **le restaurant meilleur** qui existe dans cette ville.
N'oubliez pas de répéter l'article, c'est obligatoire :
▌ *Ce sont les villes **les** plus grandes.*
▌ *C'est le restaurant **le** meilleur.…*

Les superlatifs irréguliers correspondent aux comparatifs irréguliers.
▌ *Ce gâteau est **meilleur que** les autres = C'est vraiment **le meilleur** de
tous.*
▌ *Rester là sans rien faire, c'est vraiment **la pire** des solutions.*

▌ *C'est un maniaque de la propreté, il s'obsède sur **le moindre** grain de
poussière.*
Mais :
▌ *Paul est **le plus petit** de sa classe mais c'est **le meilleur** élève.*

⚠ Attention : ici **le** est
invariable comme **le plus**,
le moins + nom :
▌ *Ce sont ces élèves qui
posent **le** plus de questions.*

Exprimer l'idée de « comparaison progressive »

Pour exprimer l'idée de progression dans la comparaison, vous pouvez utiliser :

✔ De plus en plus + adj. ou adv., de moins en moins + adj. ou adv.
*Il fait **de plus en plus froid**. Il faut allumer le chauffage.*
*Quand on vieillit, on résiste **de moins en moins bien** à la fatigue.*

✔ De plus en plus de + nom, de moins en moins de + nom
***De plus en plus de** gens communiquent par courrier électronique.*
*Avec l'automne qui arrive, il y a **de moins en moins de touristes**.*

✔ Verbe + de plus en plus, verbe + de moins en moins
*Il **travaille de mieux en mieux** chaque année.*
*Il **joue** encore un peu au golf mais **de moins en moins**.*

Exprimer l'idée de « comparaison parallèle »

Pour exprimer l'idée de comparaison parallèle, vous pouvez utiliser :

✔ Plus..., plus... ; moins..., moins...
***Plus** je le connais, **plus** je l'apprécie.*

✔ Plus..., moins... ; moins..., plus...
*Et moi, **moins** je le vois, **plus** je suis contente et mieux je me sens !*
*Je le plains beaucoup : **plus** il travaille et **moins** il réussit !*

✔ Autant..., autant... (il y a comparaison/opposition
entre les deux propositions)
***Autant** sa sœur est adorable, **autant** lui, il est insupportable.*

Exprimer la ressemblance ou la différence

Autres manières d'exprimer la ressemblance ou la différence :

✔ Comme + nom ou pronom ou comme + verbe
*Tu es bien **comme ton père** !*
*Je suis **comme vous** : j'ai horreur de la pluie !*
*Il travaille la terre, **comme** le **faisaient** son père et son grand-père.*

✔ Comme si + verbe (à l'imparfait ou au plus-que-parfait)
*Elle s'habille **comme si** elle **avait** quinze ans.*

✔ Ainsi que, de même que
*Il déteste les menteurs **de même que** les hypocrites.*

✔ Pareil à, semblable à, identique à, similaire à, tel que, le (la, les)
même(s) que, différent de...
*Mes désirs sont **pareils aux** vôtres = mes désirs sont les mêmes que les vôtres.*

Remarque
Pour renforcer un argument, vous pouvez utiliser :

✔ D'autant plus que, d'autant moins que... (= « surtout que..., surtout
parce que... »)
*Ça m'est égal de rester seul(e) ce week-end, **d'autant plus que** j'ai beau-coup de travail.*

> Pour cette utilisation du verbe **faire**, voir Grammaire du texte, page 273.

Ou :

▌ *Ça m'est **d'autant plus** égal de rester seul(e) ce week-end **que** j'[...] beaucoup de travail.*

⚠ Observez :

▌ *Je suis **d'autant moins** content de ton attitude **que** tu avais promis [...] faire des efforts.*

▌ *Je suis mécontent de ton attitude, **d'autant plus que** tu avais promis [...] faire des efforts.*

Faisons le point

■ Les différents emplois de **comme** (avec une valeur de comparaison)
▌ 1) *Elle est **comme** moi, elle adore le jazz* (= nous avons les mêmes goûts en musique).
▌ 2) *C'est **comme** ça* (= ainsi) *et pas autrement. Pas de discussion !*
▌ 3) *Tout s'est passé exactement **comme** nous l'avions pensé* (= de la façon prévue).
▌ 4) *Je vous envoie mon devoir, **comme** convenu* (ou ***comme** promis*) (= selon ce qui était convenu entre nous, selon ce que je vous avais promis).
▌ 5) *Tout le monde la considère* (= juge) ***comme** quelqu'un de très bien.*
▌ 6) *Le ciel est gris, c'est **comme** s'il allait pleuvoir* (= on dirait qu'il va pleuvoir).
▌ 7) *Quand j'ai entendu ça, je suis resté(e) **comme** pétrifié(e)* (= comme si j'étais pétrifié[e]).

EN BREF...

Quand on veut comparer deux personnes ou deux choses qui sont égale[...] ou qui se ressemblent... Que peut-on dire ?

Mon amie Marta et moi, nous **nous ressemblons** beaucoup. On croit sou[...]vent que nous sommes sœurs. Quelquefois même, les gens nous **confon**[...]**dent**. Au téléphone, par exemple, **on nous prend** souvent l'une pour l'autr[...] et c'est vrai que nos voix sont presque **identiques**.

Nous avons à peu près **le même âge**, 21 et 22 ans. Notre signe astrolo[...]gique est le même : Gémeaux. Et puis, nous avons **la même taille** : elle e[...] aussi **grande que moi**. **Toutes les deux**, nous sommes brunes, avec les che[...]veux longs. On s'habille **pareil**, plutôt sport. Et nous partageons **les même**[...] **goûts** : toutes les deux, nous aimons danser, nous amuser mais aussi lire[...] Elle est **comme moi**, elle adore la nature et nous partons souvent faire d[...] grandes balades à vélo.

Quand on veut comparer deux personnes ou deux choses qui sont diffé[...]rentes... Que peut-on dire ?

Paul et Léo, eux, sont vraiment des jumeaux mais de faux jumeaux e[...] étrangement, ils **ne se ressemblent pas du tout**. On peut même dire qu[...] **c'est le jour et la nuit**.

D'abord, Léo est petit et mince, **alors que** Paul est bien **plus costaud**. Lé[...] est blond, il est **plus fragile** que son frère, il a **beaucoup moins de résistance**[...] Mais c'est **le plus gentil des deux**, il est **plus serviable** et **plus affectueu**[...] Cela dit, Paul a aussi de nombreuses qualités : c'est **le meilleur élève** de s[...] classe et, en sport, il **dépasse** tous ses camarades et de loin. Il a **davantag**[...] d'amis **que** son frère, qui est **bien plus** timide et sort **beaucoup moins**.

N'oubliez pas que vous pouvez utiliser aussi : **être supérieur à**, **égal à** ou **équivalent à**, **inférieur à**…

■ *Les résultats de l'entreprise sont légèrement **supérieurs à** ceux de l'année dernière.*

■ *La prime d'indemnité des personnes licenciées sera **équivalente à** dix mois de salaire.*

■ *Ce vin n'est pas mauvais mais je le trouve un peu **inférieur au** bordeaux que nous avons bu hier.*

lexique

■ *Mon fils **aîné** est **majeur**, il a dix-neuf ans ; le **cadet** est encore **mineur**, il a quinze ans. La **majorité** en France est à 18 ans.*

■ *Aimer mieux, préférer*

■ *S'opposer à, être opposé à*

■ *Être l'opposé de, être tout l'opposé de, être tout le contraire de*

■ *Être identique à, égal à ; ressembler à ; différer de*

■ *Une ressemblance, une similitude ; une différence, une divergence (d'opinion, de goût), une préférence*

■ *Avoir l'air de*

■ *Faire semblant de*

■ *Dépasser, surpasser, surclasser*

■ *S'améliorer (une amélioration)*

■ *Empirer*

■ *Faire de son mieux*

■ *Faire le possible et l'impossible*

■ *Faire le maximum*

■ *En faire le minimum*

manières de dire

■ *C'est du pareil au même* (≠ c'est le jour et la nuit).

■ *C'est blanc bonnet et bonnet blanc.*

■ *Ces deux frères se ressemblent comme deux gouttes d'eau.*

■ *Tel père, tel fils.*

■ *C'est bête comme chou.*

■ *Fort comme un Turc.*

■ *Propre comme un sou neuf.*

■ *Qui peut le plus peut le moins.*

■ *La situation va de mal en pis* (= de plus en plus mal).

■ *J'aime les mathématiques par-dessus tout.*

■ *Plutôt la mort que l'esclavage.*

■ *Plutôt souffrir que mourir, telle est la devise des hommes* (La Fontaine).

■ *Mieux vaut tard que jamais.*

■ *Le mieux est l'ennemi du bien.*

La conjugaison

Dans la conjugaison française on compte deux auxiliaires : **être** et **avoir**, et **trois groupes de verbes**.
- **Le 1er groupe :** l'infinitif est en **-er** (le participe présent en **-ant**) ➜ chant-**er** ; march-**er** ; entr-**er**... La conjugaison est régulière (exception : *aller*).

- **Le 2e groupe :** l'infinitif est en **-ir** (le participe présent en **-issant**) ➜ fin-**ir** ; chois-**ir** ; ag-**ir**... La conjugaison est régulière.

- **Le 3e groupe :** l'infinitif est en **-re** (le participe présent en **-ant**) ➜ prend-**re** ; coud-**re**
  -oir (le participe présent en **-ant**) ➜ voul-**oir** ; dev-**oir**
  -ir (le participe présent en **-ant**) ➜ dorm-**ir** ; ten-**ir**

C'est un groupe de verbes irréguliers.

Avant d'aborder la conjugaison, il faut préciser certains termes. **Le radical** est le cœur du verbe, **la terminaison** est la marque verbale. Ainsi, prenons le verbe *parler* à l'infinitif. La marque de l'infinitif est la syllabe finale : **-er**. C'est **la terminaison** de l'infinitif. Ce qui reste quand on a retiré la terminaison c'est **le radical**, c'est-à-dire : **parl-**.

Le système des verbes en français semble compliqué. Mais, quelques « règles » simples peuvent guider l'étudiant. Ainsi, assez souvent on peut reconstituer toutes les formes de la conjugaison à partir : du présent, de l'infinitif et du participe passé. Pour les verbes du 1er groupe et du 2e groupe qui sont réguliers, les « règles » vous seront données au fur et à mesure de la conjugaison.

Pour les verbes du 3e groupe, nous vous donnons quelques exemples de ces « règles ».

Pour le présent de l'indicatif du verbe **boire** ➜ *je bois, tu bois, il/elle boit,* $\boxed{nous\ buvons}$ *, vous buvez,* $\boxed{ils\ boivent}$.

- Sur le radical de la 1re personne du pluriel de l'indicatif présent : nous **buv**-ons, on formera :
- L'imparfait de l'indicatif : je $\boxed{buv}$ + **-ais, -ais, -ait, -ions, -iez, -aient** (terminaisons d'imparfait)
➜ *je buvais, tu buvais, il/elle buvait, nous buvions, vous buviez, ils/elles buvaient,* et
- Le participe présent : ➜ $\boxed{buv}$ + **-ant** (terminaison de participe présent) ➜ *buvant*.

- Sur le radical de la 3e personne du pluriel de l'indicatif présent : ils/elles **boiv**-ent, on formera :
- Le subjonctif présent (les trois personnes du singulier et la 3e personne du pluriel : que je $\boxed{boiv-}$ + **e, -es, -e, -ent**
(terminaisons de subjonctif présent) ➜ *que je boive, que tu boives, qu'il/elle boive, qu'ils/elles boivent.*

- Pour les 1re et 2e personnes du pluriel, le subjonctif a les mêmes formes que l'imparfait : *que nous buvions, que vous buviez.*

- Sur le radical d'infinitif : **boi-**|re, on formera :

– Le futur de l'indicatif : je **boi** + **r** (lettre caractéristique du futur) + **-ai, -as, -a, -ons, -ez, -ont** (terminaisons de futur)

→ *je boirai, tu boiras, il/elle boira, nous boirons, vous boirez, ils/elles boiront.*

- Sur le participe passé : **bu** on formera :

– Le passé simple **bu** + **-s, -s, -t, -^mes, -^tes, -rent** (terminaisons de passé simple) → *je bus, tu bus, il/elle but, nous bûmes, vous bûtes, ils/elles burent.*

- Sur la voyelle du passé simple : je **bu** -s, on formera le subjonctif imparfait : → je **bu-** + **-sse, -sses, -^t, -ssions, -ssiez, -ssent.** (terminaisons de subjonctif imparfait) → *que je busse, que tu busses, qu'il/elle bût, que nous bussions, que vous bussiez, qu'ils/elles bussent.*

La plupart des verbes du 3ᵉ groupe suivent ces quelques « règles », mais il y a évidemment des exceptions que nous signalons au fur et à mesure.

Remarques préliminaires :

Dans la conjugaison, nous distinguerons deux formes du participe passé :
- le participe passé simple utilisé sans auxiliaire, qui exprime un état ou qui peut prendre la valeur d'un adjectif, **bu, parti, couvert** et qui sert à former tous les temps composés,
et
- le participe passé composé avec l'auxiliaire **être** ou **avoir** qui marque l'aspect accompli ou l'antériorité : **ayant bu, étant parti.**

ÊTRE

INDICATIF

Présent	Futur	Imparfait	Passé simple
Je suis	Je serai	J'étais	Je fus
Tu es	Tu seras	Tu étais	Tu fus
Il/elle est	Il/elle sera	Il/elle était	Il/elle fut
Nous sommes	Nous serons	Nous étions	Nous fûmes
Vous êtes	Vous serez	Vous étiez	Vous fûtes
Ils/elles sont	Ils/elles seront	Ils/elles étaient	Ils/elles furent

Passé composé	Futur antérieur	Plus-que-parfait	Passé antérieur
J'ai été	J'aurai été	J'avais été	J'eus été
Tu as été	Tu auras été	Tu avais été	Tu eus été
Il/elle a été	Il/elle aura été	Il/elle avait été	Il/elle eut été
Nous avons été	Nous aurons été	Nous avions été	Nous eûmes été
Vous avez été	Vous aurez été	Vous aviez été	Vous eûtes été
Ils/elles ont été	Ils/elles auront été	Ils/elles avaient été	Ils/elles eurent été

SUBJONCTIF

Présent	Passé	Imparfait	Plus-que-parfait
Que je sois	Que j'aie été	Que je fusse	Que j'eusse été
Que tu sois	Que tu aies été	Que tu fusses	Que tu eusses été
Qu'il/elle soit	Qu'il/elle ait été	Qu'il/elle fût	Qu'il/elle eût été
Que nous soyons	Que nous ayons été	Que nous fussions	Que nous eussions été
Que vous soyez	Que vous ayez été	Que vous fussiez	Que vous eussiez été
Qu'ils/elles soient	Qu'ils/elles aient été	Qu'ils/elles fussent	Qu'ils/elles eussent été

CONDITIONNEL

Conditionnel présent	Conditionnel passé
Je serais	J'aurais été
Tu serais	Tu aurais été
Il/elle serait	Il/elle aurait été
Nous serions	Nous aurions été
Vous seriez	Vous auriez été
Ils/elles seraient	Ils/elles auraient été

INFINITIF présent	PARTICIPE présent	IMPÉRATIF
Être	Étant	Sois, soyons, soyez
INFINITIF passé	**PARTICIPE passé**	
Avoir été	Été, ayant été	

AVOIR

INDICATIF

Présent	Futur	Imparfait	Passé simple
J'ai	J'aurai	J'avais	J'eus
Tu as	Tu auras	Tu avais	Tu eus
Il/elle a	Il/elle aura	Il/elle avait	Il/elle eut
Nous avons	Nous aurons	Nous avions	Nous eûmes
Vous avez	Vous aurez	Vous aviez	Vous eûtes
Ils/elles ont	Ils/elles auront	Ils/elles avaient	Ils/elles eurent
Passé composé	**Futur antérieur**	**Plus-que-parfait**	**Passé antérieur**
J'ai eu	J'aurai eu	J'avais eu	J'eus eu
Tu as eu	Tu auras eu	Tu avais eu	Tu eus eu
Il/elle a eu	Il/elle aura eu	Il/elle avait eu	Il/elle eut eu
Nous avons eu	Nous aurons eu	Nous avions eu	Nous eûmes eu
Vous avez eu	Vous aurez eu	Vous aviez eu	Vous eûtes eu
Ils/elles ont eu	Ils/elles auront eu	Ils/elles avaient eu	Ils/elles eurent eu

SUBJONCTIF

Présent	Passé	Imparfait	Plus-que-parfait
Que j'aie	Que j'aie eu	Que j'eusse	Que j'eusse eu
Que tu aies	Que tu aies eu	Que tu eusses	Que tu eusses eu
Qu'il/elle ait	Qu'il/elle ait eu	Qu'il/elle eût	Qu'il/elle eût eu
Que nous ayons	Que nous ayons eu	Que nous eussions	Que nous eussions eu
Que vous ayez	Que vous ayez eu	Que vous eussiez	Que vous eussiez eu
Qu'ils/elles aient	Qu'ils/elles aient eu	Qu'ils/elles eussent	Qu'ils/elles eussent eu

CONDITIONNEL

Présent	Passé
J'aurais	J'aurais eu
Tu aurais	Tu aurais eu
Il/elle aurait	Il/elle aurait eu
Nous aurions	Nous aurions eu
Vous auriez	Vous auriez eu
Ils/elles auraient	Ils/elles auraient eu

INFINITIF présent	PARTICIPE présent	IMPÉRATIF
Avoir	Ayant	Aie, ayons, ayez
INFINITIF passé	**PARTICIPE passé**	
Avoir eu	Eu, ayant eu	

ALLER

INDICATIF

Présent	Futur	Imparfait	Passé simple
Je vais	J'irai	J'allais	J'allai
Tu vas	Tu iras	Tu allais	Tu allas
Il/elle va	Il/elle ira	Il/elle allait	Il/elle alla
Nous allons	Nous irons	Nous allions	Nous allâmes
Vous allez	Vous irez	Vous alliez	Vous allâtes
Ils/elles vont	Ils/elles iront	Ils/elles allaient	Ils/elles allèrent

Passé composé	Futur antérieur	Plus-que-parfait	Passé antérieur
Je suis allé(e)	Je serai allé(e)	J'étais allé(e)	Je fus allé(e)
Tu es allé(e)	Tu seras allé(e)	Tu étais allé(e)	Tu fus allé(e)
Il/elle est allé(e)	Il/elle sera allé(e)	Il/elle était allé(e)	Il/elle fut allé(e)
Nous sommes allé(e)s	Nous serons allé(e)s	Nous étions allé(e)s	Nous fûmes allé(e)s
Vous êtes allé(e)(s)	Vous serez allé(e)(s)	Vous étiez allé(e)(s)	Vous fûtes allé(e)(s)
Ils/elles sont allé(e)s	Ils/elles seront allé(e)s	Ils/elles étaient allé(e)s	Ils/elles furent allé(e)s

SUBJONCTIF

Présent	Passé	Imparfait	Plus-que-parfait
Que j'aille	Que je sois allé(e)	Que j'allasse	Que je fusse allé(e)
Que tu ailles	Que tu sois allé(e)	Que tu allasses	Que tu fusses allé(e)
Qu'il/elle aille	Qu'il/elle soit allé(e)	Qu'il/elle allât	Qu'il/elle fût allé(e)
Que nous allions	Que nous soyons allé(e)s	Que nous allassions	Que nous fussions allé(e)s
Que vous alliez	Que vous soyez allé(e)(s)	Que vous allassiez	Que vous fussiez allé(e)(s)
Qu'ils/elles aillent	Qu'ils/elles soient allé(e)s	Qu'ils/elles allassent	Qu'ils/elles fussent allé(e)s

CONDITIONNEL

Présent		Passé	
J'irais	Nous irions	Je serais allé(e)	Nous serions allé(e)s
Tu irais	Vous iriez	Tu serais allé(e)	Vous seriez allé(e)(s)
Il/elle irait	Ils/elles iraient	Il/elle serait allé(e)	Ils/elles seraient allé(e)s

INFINITIF présent	PARTICIPE présent	IMPÉRATIF
Aller	Allant	Va, allons, allez

INFINITIF passé	PARTICIPE passé	
Être allé(e)(s)	Allé(e)(s), étant allé(e)(s)	

Remarques
- Verbe en **-ER**, il appartient au 1er groupe, mais c'est un verbe irrégulier, construit sur trois radicaux : **all-** ; **va-** ; **i-**.
- Verbe de mouvement (déplacement du corps d'un point à un autre), il utilise aux formes composées l'auxiliaire : *être*. Le participe passé (qui est en « **é** ») s'accorde avec le sujet.

FAIRE

INDICATIF

Présent	Futur	Imparfait	Passé simple
Je fais	Je ferai	Je [fai]sais [fə]	Je fis
Tu fais	Tu feras	Tu [fai]sais [fə]	Tu fis
Il/elle fait	Il/elle fera	Il/elle [fai]sait [fə]	Il/elle fit
Nous [fai]sons [fə]	Nous ferons	Nous [fai]sions [fə]	Nous fîmes
Vous faites	Vous ferez	Vous [fai]siez [fə]	Vous fîtes
Ils/elles font	Ils/elles feront	Ils/elles [fai]saient [fə]	Ils/elles firent

Passé composé	Futur antérieur	Plus-que-parfait	Passé antérieur
J'ai fait	J'aurai fait	J'avais fait	J'eus fait
Tu as fait	Tu auras fait	Tu avais fait	Tu eus fait
Il/elle a fait	Il/elle aura fait	Il/elle avait fait	Il/elle eut fait
Nous avons fait	Nous aurons fait	Nous avions fait	Nous eûmes fait
Vous avez fait	Vous aurez fait	Vous aviez fait	Vous eûtes fait
Ils/elles ont fait	Ils/elles auront fait	Ils/elles avaient fait	Ils/elles eurent fait

SUBJONCTIF

Présent	Passé	Imparfait	Plus-que-parfait
Que je fasse	Que j'aie fait	Que je fisse	Que j'eusse fait
Que tu fasses	Que tu aies fait	Que tu fisses	Que tu eusses fait
Qu'il/elle fasse	Qu'il/elle ait fait	Qu'il/elle fît	Qu'il/elle eût fait
Que nous fassions	Que nous ayons fait	Que nous fissions	Que nous eussions fait
Que vous fassiez	Que vous ayez fait	Que vous fissiez	Que vous eussiez fait
Qu'ils/elles fassent	Qu'ils/elles aient fait	Qu'ils/elles fissent	Qu'ils/elles eussent fait

CONDITIONNEL

Présent		Passé	
Je ferais	Nous ferions	J'aurais fait	Nous aurions fait
Tu ferais	Vous feriez	Tu aurais fait	Vous auriez fait
Il/elle ferait	Ils/elles feraient	Il/elle aurait fait	Ils/elles auraient fait

INFINITIF présent	PARTICIPE présent	IMPÉRATIF
Faire	[Fai]sant [fə]	Fais, [fai]sons [fə], faites

INFINITIF passé	PARTICIPE passé	
Avoir fait	Fait, ayant fait	

Remarques

Verbe irrégulier du 3e groupe. Se conjuguent comme *faire* : *défaire, refaire, satisfaire.*
- Attention à la forme de la 2e personne du pluriel : **vous faites**.
- Le participe passé a la même forme que la 3e personne du singulier du présent de l'indicatif : il **fait** ; j'ai **fait**.

Attention : ne confondez pas le passé simple de *faire*, **je fis**, et le passé simple de *être*, **je fus**.

VERBES DU 1er GROUPE : PARL-ER

INDICATIF

Présent	Futur	Imparfait	Passé simple
Je parle	Je parlerai	Je parlais	Je parlai
Tu parles	Tu parleras	Tu parlais	Tu parlas
Il/elle parle	Il/elle parlera	Il/elle parlait	Il/elle parla
Nous parlons	Nous parlerons	Nous parlions	Nous parlâmes
Vous parlez	Vous parlerez	Vous parliez	Vous parlâtes
Ils/elles parlent	Ils/elles parleront	Ils/elles parlaient	Ils/elles parlèrent

Passé composé	Futur antérieur	Plus-que-parfait	Passé antérieur
J'ai parlé	J'aurai parlé	J'avais parlé	J'eus parlé

SUBJONCTIF

Présent	Passé	Imparfait	Plus-que-parfait
Que je parle	Que j'aie parlé	Que je parlasse	Que j'eusse parlé
Que tu parles	Que tu aies parlé	Que tu parlasses	Que tu eusses parlé
Qu'il/elle parle	Qu'il/elle ait parlé	Qu'il/elle parlât	Qu'il/elle eût parlé
Que nous parlions	Que nous ayons parlé	Que nous parlassions	Que nous eussions parlé
Que vous parliez	Que vous ayez parlé	Que vous parlassiez	Que vous eussiez parlé
Qu'ils/elles parlent	Qu'ils/elles aient parlé	Qu'ils/elles parlassent	Qu'ils/elles eussent parlé

CONDITIONNEL

Présent	Passé
Je parlerais	J'aurais parlé
Tu parlerais	Tu aurais parlé
Il/elle parlerait	Il/elle aurait parlé
Nous parlerions	Nous aurions parlé
Vous parleriez	Vous auriez parlé
Ils/elles parleraient	Ils/elles auraient parlé

INFINITIF présent	PARTICIPE présent	IMPÉRATIF
Parler	Parlant	Parle, parlons, parlez
INFINITIF passé	**PARTICIPE passé**	
Avoir parlé	Parlé, ayant parlé	

Quelques remarques sur les verbes du 1ᵉʳ groupe :

• Comme pour tous les verbes, l'imparfait de l'indicatif se forme sur le radical de la 1ʳᵉ personne du pluriel du présent : nous **parl**-ons. À ce radical « **parl**- » on ajoute les terminaisons : *ais, ais, ait, ions, iez, aient*.

• Sur le radical de nous **parl**-ons, on forme aussi le participe présent : **parl**- + *ant*.

• Le futur des verbes du 1ᵉʳ groupe se forme sur l'infinitif : **parle**r- auquel on ajoute les terminaisons : *-ai, -as, -a, -ons, -ez, -ont*.

• Le subjonctif présent se forme sur la 3ᵉ personne du pluriel du présent : ils **parl**-ent. À ce radical, « **parl**- » on ajoute : *-e, -es, -e ,-ions, -iez, -ent*.

• Le subjonctif imparfait se construit comme pour tous les verbes français sur la **voyelle du passé simple**. Ici, il s'agit de la voyelle « **a** » : je parlai, tu parlas, il parla…

On ajoute à cette voyelle « **a** », les terminaisons : *-sse, -sses, -^t, -ssions, -ssiez, -ssent*.

Attention : l'impératif normalement reprend exactement les formes de l'indicatif présent. Mais au 1ᵉʳ groupe, la deuxième personne de l'impératif, s'écrit sans **-s** : *tu parles*, mais : **parle** ; **tu marches**, mais : **marche**.

Certains verbes du 1ᵉʳ groupe présentent quelques particularités

• Les **verbes en -CER**, comme *avancer, commencer, effacer, menacer, **placer**, tracer*… Pour uniformiser la prononciation dans toute la conjugaison, on écrira le « **c** » devant « **o** » et « **a** » avec une cédille : **ç**

Nous plaçons [plasõ]

Je plaçais, tu plaçais, il plaçait, ils plaçaient

Je plaçai, tu plaças, il plaça, nous plaçâmes, vous plaçâtes

plaçant.

• Les **verbes en -GER**, comme *aménager, arranger, déménager, déranger, bouger, engager, **manger**, nager, ranger*… Pour les mêmes raisons de prononciation on fera suivre le « g » de la lettre « e »

➜ « -ge- » devant « o » et « a ».

Nous man**ge**ons [mãʒõ]

Je man**ge**ais, tu man**ge**ais, il man**ge**ait, ils man**ge**aient

Je man**ge**ai, tu man**ge**as, il man**ge**a, nous man**ge**âmes, vous man**ge**âtes

man**ge**ant [mãʒã]

• Les **verbes en -OYER, -UYER**, comme : *aboyer, appuyer, employer, ennuyer, essuyer, **nettoyer**, noyer, tournoyer, tutoyer, vouvoyer*…

Ces verbes changent la lettre « **y** » + « **e** » muet en « **i** ».

Cela ne concerne que certaines formes du présent de l'indicatif et du subjonctif, le futur et le conditionnel.

Je nett**oie**, tu nett**oies**, il **nettoie**, ils nett**oient**.

Que je nett**oie**, que tu nett**oies**, qu'il nett**oie**, qu'ils nett**oient**

Je nett**oie**rai, tu nett**oie**ras, il nett**oie**ra, elle nett**oie**ra, nous nett**oie**rons, vous nett**oie**rez, ils nett**oie**ront

Je nett**oie**rais…

Attention à la forme irrégulière du futur et du conditionnel présent du verbe : **envoyer**.

> j'en**verrai**, tu en**verras**, il en**verra**…
> j'en**verrais**, tu en**verrais**, il en**verrait**…

Vous remarquez que ce verbe se construit sur le futur de *voir*.

• Les **verbes en -AYER**, comme *bégayer, effrayer, **essayer**, payer, rayer*… changent ou non la lettre « **y** » + e muet en « **i** ». La forme en « **i** » est plus fréquente.

Cela concerne les mêmes formes verbales que pour les verbes en **-oyer**, ou **-uyer**.

J'ess**aye** *ou* j'ess**aie**…

Que j'ess**aye** *ou* que j'ess**aie**…

J'ess**aye**rai *ou* j'ess**aie**rai…, j'ess**aye**rais *ou* j'ess**aie**rais

• Les **verbes en -ELER**, comme *amonceler*, **appeler**, *épeler*, *étinceler*, *ficeler*, *renouveler*, *ressemeler*, *ruisseler*… et en **-ETER**, comme *épousseter*, *étiqueter*, *feuilleter*, **jeter**, **doublent la consonne L, ou T devant un « e » muet.** On évite ainsi la succession de deux consonnes muettes. Cela concerne certaines formes du présent de l'indicatif et du subjonctif, le futur et le conditionnel présent.

J'app**elle**, tu app**elles**, il app**elle**, nous appelons, vous appelez, ils app**ellent**.
Que j'app**elle**, que tu app**elles**, qu'il app**elle**, que nous appelions, que vous appeliez, qu'ils app**ellent**.
J'app**elle**rai, tu app**elle**ras, il app**elle**ra, nous app**elle**rons, vous app**elle**rez, ils app**elle**ront.
J'app**elle**rais, tu app**elle**rais…

Je j**ette**, tu j**ettes**, il j**ette**, nous jetons, vous jetez, ils j**ettent**.
Que je j**ette**, que tu j**ettes**, qu'il j**ette**, que nous jetions, que vous jetiez, qu'ils j**ette**nt.
Je j**ette**rai, tu j**ette**ras, il j**ette**ra….
Je j**ette**rais, tu j**ette**rais, il j**ette**rait…

Quelques verbes ne suivent pas cette règle : au lieu de doubler la consonne, ils **changent le « e » muet en « è » ouvert.** Ainsi :
Déceler, receler, démanteler, geler et ses composés, *congeler, dégeler…, harceler, marteler, modeler*, **peler**…
Je p**è**le, tu p**è**les…
et **acheter**, *racheter, haleter*.
J'ach**è**te, tu ach**è**tes…

• Les verbes dont la dernière syllabe du radical contient un « e » muet **changent le « e » muet suivi d'un autre « e » muet en « è » ouvert.** Se conjuguent ainsi : *achever, amener, se démener,* **lever**, *mener, peser, ramener, relever, semer, soulever*…
Je l**è**ve, tu l**è**ves, il l**è**ve, nous levons, vous levez, ils l**è**vent.
Que je l**è**ve, que tu l**è**ves, qu'il l**è**ve, que nous levions, que vous leviez, qu'ils l**è**vent.
Je l**è**verai, tu l**è**veras, il l**è**vera, nous l**è**verons….
Je l**è**verais, tu l**è**verais, il l**è**verait, nous l**è**verions…

• Les verbes dont la dernière syllabe contient un « é » fermé changent le **« é » fermé + « e » muet final en « è » ouvert.** Ainsi : **espérer**, *compléter, préférer, répéter*…
J'esp**è**re, tu esp**è**res, il esp**è**re…
mais : j'esp**é**rerai, tu esp**é**reras, il esp**é**rera…(le « e » muet n'est pas final)

• Attention aux verbes du type : **appréci-er**, **étudi-er**, **oubli-er**, **pri-er** **remerci-er**, etc. (La dernière lettre du radical est une voyelle.)
À l'imparfait et au subjonctif présent, on a les formes de pluriel : nous étudi-ions, vous étudi-iez

• Remarquez les formes du verbe : **cré-er**.
– au présent : je cr**ée**, nous cr**éons**…
– à l'imparfait : je cr**éais**, nous cr**éions**.
– au futur et au conditionnel : je cr**éerai**, nous cr**éerons** ; je cr**éerais**, nous cr**éerions**…
– au participe passé : cr**éé**(s), cr**éée**(s).

• Les verbes en **-guer** gardent le **-u-** même quand cela peut ne pas sembler nécessaire.
Suivent cette règle des verbes comme : *distinguer, fatiguer, naviguer,*
Je distin**gue**, **je** distin**gue**rai, mais aussi, nous distin**guons**, je distin**guais**, je distin**guai**, distin**guant**…

VERBES DU 2e GROUPE : BÂTIR

INDICATIF

Présent	Futur	Imparfait	Passé simple
Je bâtis	Je bâtirai	Je bâtissais	Je bâtis
Tu bâtis	Tu bâtiras	Tu bâtissais	Tu bâtis
Il/elle bâtit	Il/elle bâtira	Il/elle bâtissait	Il/elle bâtit
Nous bâtissons	Nous bâtirons	Nous bâtissions	Nous bâtîmes
Vous bâtissez	Vous bâtirez	Vous bâtissiez	Vous bâtîtes
Ils/elles bâtissent	Ils/elles bâtiront	Ils/elles bâtissaient	Ils/elles bâtirent

Passé composé	Futur antérieur	Plus-que-parfait	Passé antérieur
J'ai bâti	J'aurai bâti	J'avais bâti	J'eus bâti

SUBJONCTIF

Présent	Passé	Imparfait	Plus-que-parfait
Que je bâtisse	Que j'aie bâti	Que je bâtisse	Que j'eusse bâti
Que tu bâtisses	Que tu aies bâti	Que tu bâtisses	Que tu eusses bâti
Qu'il/elle bâtisse	Qu'il/elle ait bâti	Qu'il/elle bâtît	Qu'il/elle eût bâti
Que nous bâtissions	Que nous ayons bâti	Que nous bâtissions	Que nous eussions bâti
Que vous bâtissiez	Que vous ayez bâti	Que vous bâtissiez	Que vous eussiez bâti
Qu'ils/elles bâtissent	Qu'ils/elles aient bâti	Qu'ils/elles bâtissent	Qu'ils/elles eussent bâti

CONDITIONNEL

Présent	Passé
Je bâtirais	J'aurais bâti
Tu bâtirais	Tu aurais bâti
Il/elle bâtirait	Il/elle aurait bâti
Nous bâtirions	Nous aurions bâti
Vous bâtiriez	Vous auriez bâti
Ils/elles bâtiraient	Ils/elles auraient bâti

INFINITIF présent	PARTICIPE présent	IMPÉRATIF
Bâtir	Bâtissant	Bâtis, bâtissons, bâtissez
INFINITIF passé	**PARTICIPE passé**	
Avoir bâti	Bâti, ayant bâti	

Remarques

• Notez la présence des deux **-ss-** dans le radical du présent (indicatif, subjonctif), de l'imparfait (indicatif, subjonctif) et du participe présent (bâti-**ss**-ant).

• Le futur de ce verbe se construit sur l'infinitif : **bâtir** + *ai, as, a, ons, ez, ont*.

• Le participe passé est en « **-i** », et le passé simple se forme sur cette voyelle.
Je bâti-s, tu bâti-s, il/elle bâti-t, nous bâtî-mes, vous bâtî-tes, ils bâti-rent.

• Vous remarquerez que plusieurs formes de ce verbe sont semblables. Ainsi, le présent et le passé simple au singulier ont les mêmes formes : *je bâtis, tu bâtis, il bâtit.*

• Le subjonctif présent et le subjonctif imparfait ont exactement les mêmes formes, sauf à la 3e personne du singulier : *qu'il bâtisse, qu'il bâtît.*

On trouvera dans cette catégorie de nombreux verbes qui montrent un changement d'état, un passage d'un état à un autre et qui se forment à partir d' un adjectif :
adoucir (rendre doux), affaiblir (rendre faible), (r)affermir (rendre ferme), agrandir (rendre grand), alourdir, aplanir, aplatir, appauvrir, approfondir, arrondir, assainir, assombrir, assourdir, attendrir, blanchir, blêmir, brunir, durcir, éclaircir, élargir, embellir, endurcir, engourdir, enlaidir, enrichir, épaissir, faiblir, fraîchir, grandir, grossir, jaunir, maigrir, mincir, mûrir, noircir, obscurcir, pâlir, raccourcir, rafraîchir, raidir, rajeunir, ralentir, refroidir, rétrécir, rougir, roussir, salir, verdir, vernir...

Certains verbes peuvent s'utiliser à la forme pronominale et dans ce cas ils prennent un sens légèrement différent : *s'adoucir (devenir doux), s'affaiblir (devenir faible)*

À cette catégorie s'ajoutent d'autres verbes différents comme :
agir, applaudir, avertir, bâtir, bondir, choisir, définir, démolir, désobéir, éblouir, enfouir, envahir, épanouir, établir, s'évanouir, finir, fleurir, fournir, franchir, frémir, garantir, garnir, gémir, guérir, jaillir, nourrir, obéir, punir, réfléchir, réjouir, remplir, resplendir, rétablir, retentir, réunir, réussir, saisir, subir, surgir, trahir, unir, vomir...

VERBES DU 3ᵉ GROUPE en -RE : verbes du type PRENDRE

INDICATIF

Présent	Futur	Imparfait	Passé simple
Je prends	Je prendrai	Je prenais	Je pris
Tu prends	Tu prendras	Tu prenais	Tu pris
Il/elle prend	Il/elle prendra	Il/elle prenait	Il/elle prit
Nous prenons	Nous prendrons	Nous prenions	Nous prîmes
Vous prenez	Vous prendrez	Vous preniez	Vous prîtes
Ils/elles prennent	Ils/elles prendront	Ils/elles prenaient	Ils/elles prirent
Passé composé	*Futur antérieur*	*Plus-que-parfait*	*Passé antérieur*
J'ai pris	J'aurai pris	J'avais pris	J'eus pris

SUBJONCTIF

Présent	Passé	Imparfait	Plus-que-parfait
Que je prenne	Que j'aie pris	Que je prisse	Que j'eusse pris
Que tu prennes	Que tu aies pris	Que tu prisses	Que tu eusses pris
Qu'il/elle prenne	Qu'il/elle ait pris	Qu'il/elle prît	Qu'il/elle eût pris
Que nous prenions	Que nous ayons pris	Que nous prissions	Que nous eussions pris
Que vous preniez	Que vous ayez pris	Que vous prissiez	Que vous eussiez pris
Qu'ils/elles prennent	Qu'ils/elles aient pris	Qu'ils/elles prissent	Qu'ils/elles eussent pris

CONDITIONNEL

Présent		Passé	
Je prendrais	Nous prendrions	J'aurais pris	Nous aurions pris
Tu prendrais	Vous prendriez	Tu aurais pris	Vous auriez pris
Il/elle prendrait	Ils/elles prendraient	Il/elle aurait pris	Ils/elles auraient pris

INFINITIF présent	*PARTICIPE présent*	*IMPÉRATIF*
Prendre	Prenant	Prends, prenons, prenez
INFINITIF passé	*PARTICIPE passé*	
Avoir pris	Pris, ayant pris	

Remarques

Se conjuguent de même : *apprendre, comprendre, entreprendre, s'éprendre, se méprendre, reprendre, surprendre…*

Ce verbe perd la lettre « **d** » du radical à toutes les formes, sauf aux trois 1ʳᵉˢ personnes du singulier du présent, au futur et au conditionnel présent.

- Le futur est formé sur le radical de l'infinitif : **prend-** + $\boxed{r}$ + **ai, as, a, ons, ez, ont.**
- Le subjonctif présent se forme sur le radical de « ils **prenn**-ent (3ᵉ personne du pluriel de l'indicatif présent) auquel on ajoute **-e, -es, -e, -ent.**

Il faut noter que les 1ʳᵉ et 2ᵉ personnes du pluriel du subjonctif se forment à partir du radical de l'imparfait de l'indicatif : *que nous **pren-ions**, que vous **pren-iez**.*

- Le subjonctif imparfait *que je **prisse*** se forme sur la voyelle du passé simple : *je pri**s**.*

VERBES DU 3ᵉ GROUPE en -RE : verbes du type RENDRE

INDICATIF

Présent	Futur	Imparfait	Passé simple
Je rends	Je rendrai	Je rendais	Je rendis
Tu rends	Tu rendras	Tu rendais	Tu rendis
Il/elle rend	Il/elle rendra	Il/elle rendait	Il/elle rendit
Nous rendons	Nous rendrons	Nous rendions	Nous rendîmes
Vous rendez	Vous rendrez	Vous rendiez	Vous rendîtes
Ils/elles rendent	Ils/elles rendront	Ils/elles rendaient	Ils/elles rendirent

Passé composé	Futur antérieur	Plus-que-parfait	Passé antérieur
J'ai rendu	J'aurai rendu	J'avais rendu	J'eus rendu

SUBJONCTIF

Présent	Passé	Imparfait	Plus-que-parfait
Que je rende	Que j'aie rendu	Que je rendisse	Que j'eusse rendu
Que tu rendes	Que tu aies rendu	Que tu rendisses	Que tu eusses rendu
Qu'il/elle rende	Qu'il/elle ait rendu	Qu'il/elle rendît	Qu'il/elle eût rendu
Que nous rendions	Que nous ayons rendu	Que nous rendissions	Que nous eussions rendu
Que vous rendiez	Que vous ayez rendu	Que vous rendissiez	Que vous eussiez rendu
Qu'ils/elles rendent	Qu'ils/elles aient rendu	Qu'ils/elles rendissent	Qu'ils/elles eussent rendu

CONDITIONNEL

Présent		Passé	
Je rendrais	Nous rendrions	J'aurais rendu	Nous aurions rendu
Tu rendrais	Vous rendriez	Tu aurais rendu	Vous auriez rendu
Il/elle rendrait	Ils/elles rendraient	Il/elle aurait rendu	Ils/elles auraient rendu

INFINITIF présent	PARTICIPE présent	IMPÉRATIF
Rendre	Rendant	Rends, rendons, rendez
INFINITIF passé	**PARTICIPE passé**	
Avoir rendu	Rendu, ayant rendu	

Remarques

Se conjuguent comme *rendre* :

– *attendre, défendre, dépendre, descendre, détendre, distendre, entendre, étendre, fendre, pendre, prétendre, sous-entendre, suspendre, tendre, vendre, perdre, confondre, correspondre, fondre, pondre, répondre, mordre, tordre, répandre.*

– *Rompre, corrompre, interrompre* se conjuguent sur ce modèle, mais à la 3ᵉ personne du singulier de l'indicatif présent : *il rompt.*

Le futur se forme sur le radical d'infinitif : **rend + r + ai, as**…
Le participe passé est en « *-u* », *rendu*, mais le passé simple se forme sur la voyelle « *-i-* » : *je rendis.*

VERBES DU 3ᵉ GROUPE en -RE : verbes du type PEINDRE

INDICATIF

Présent	Futur	Imparfait	Passé simple
Je peins	Je peindrai	Je peignais	Je peignis
Tu peins	Tu peindras	Tu peignais	Tu peignis
Il/elle peint	Il/elle peindra	Il/elle peignait	Il/elle peignit
Nous peignons	Nous peindrons	Nous peignions	Nous peignîmes
Vous peignez	Vous peindrez	Vous peigniez	Vous peignîtes
Ils/elles peignent	Ils/elles peindront	Ils/elles peignaient	Ils/elles peignirent
Passé composé	Futur antérieur	Plus-que-parfait	Passé antérieur
J'ai peint	J'aurai peint	J'avais peint	J'eus peint

SUBJONCTIF

Présent	Passé	Imparfait	Plus-que-parfait
Que je peigne	Que j'aie peint	Que je peignisse	Que j'eusse peint
Que tu peignes	Que tu aies peint	Que tu peignisses	Que tu eusses peint
Qu'il/elle peigne	Qu'il/elle ait peint	Qu'il/elle peignît	Qu'il/elle eût peint
Que nous peignions	Que nous ayons peint	Que nous peignissions	Que nous eussions peint
Que vous peigniez	Que vous ayez peint	Que vous peignissiez	Que nous eussiez peint
Qu'ils/elles peignent	Qu'ils/elles aient peint	Qu'ils/elles peignissent	Qu'ils/elles eussent peint

CONDITIONNEL

Présent		Passé	
Je peindrais	Nous peindrions	J'aurais peint	Nous aurions peint
Tu peindrais	Vous peindriez	Tu aurais peint	Vous auriez peint
Il/elle peindrait	Ils/elles peindraient	Il/elle aurait peint	Ils/elles auraient peint

INFINITIF présent	PARTICIPE présent	IMPÉRATIF
Peindre	Peignant	Peins, peignons, peignez
INFINITIF passé	**PARTICIPE passé**	
Avoir peint	Peint, ayant peint	

Remarques

Se conjuguent sur ce modèle : astre*indre*, atte*indre*, ce*indre*, déte*indre*, enfre*indre*, éte*indre*, étre*indre*, fe*indre*, ge*indre*, restre*indre*, te*indre*, cra*indre*, contra*indre*, pla*indre*, jo*indre*, adjo*indre*, disjo*indre*, rejo*indre*... Exemples : *Je crains, nous craignons ; je joins, nous joignons.*

Ces verbes perdent la lettre « d » à toutes les formes, sauf au futur et au conditionnel puisque le futur et le conditionnel se forment sur le radical d'infinitif. Et le « n » entre deux syllabes vocaliques s'est transformé en « gn » : *nous * pei-n-ons* ➜ *nous peignons.*

Le participe passé *« peint »* est semblable à la 3ᵉ personne du singulier de l'indicatif présent *« il peint ».*
Le passé simple se forme sur la voyelle « -i- » : *je peignis...*

VERBES DU 3ᵉ GROUPE en -RE : verbes du type RÉSOUDRE

INDICATIF

Présent	Futur	Imparfait	Passé simple
Je résous	Je résoudrai	Je résolvais	Je résolus
Tu résous	Tu résoudras	Tu résolvais	Tu résolus
Il/elle résout	Il/elle résoudra	Il/elle résolvait	Il/elle résolut
Nous résolvons	Nous résoudrons	Nous résolvions	Nous résolûmes
Vous résolvez	Vous résoudrez	Vous résolviez	Vous résolûtes
Ils/elles résolvent	Ils/elles résoudront	Ils/elles résolvaient	Ils/elles résolurent

Passé composé	Futur antérieur	Plus-que-parfait	Passé antérieur
J'ai résolu	J'aurai résolu	J'avais résolu	J'eus résolu

SUBJONCTIF

Présent	Passé	Imparfait	Plus-que-parfait
Que je résolve	Que j'aie résolu	Que je résolusse	Que j'eusse résolu
Que tu résolves	Que tu aies résolu	Que tu résolusses	Que tu eusses résolu
Qu'il/elle résolve	Qu'il/elle ait résolu	Qu'il/elle résolût	Qu'il/elle eût résolu
Que nous résolvions	Que nous ayons résolu	Que nous résolussions	Que nous eussions résolu
Que vous résolviez	Que vous ayez résolu	Que vous résolussiez	Que vous eussiez résolu
Qu'ils/elles résolvent	Qu'ils/elles aient résolu	Qu'ils/elles résolussent	Qu'ils/elles eussent résolu

CONDITIONNEL

Présent		Passé	
Je résoudrais	Nous résoudrions	J'aurais résolu	Nous aurions résolu
Tu résoudrais	Vous résoudriez	Tu aurais résolu	Vous auriez résolu
Il/elle résoudrait	Ils/elles résoudraient	Il/elle aurait résolu	Ils/elles auraient résolu

INFINITIF présent	PARTICIPE présent	IMPÉRATIF
Résoudre	Résolvant	Résous, résolvons, résolvez

INFINITIF passé	PARTICIPE passé	
Avoir résolu	Résolu, ayant résolu	

Remarques

Se conjugue comme ce verbe : *dissoudre* (mais participe passé : **dissous, dissoute(s)**).

Ce verbe perd la lettre « d » à toutes les formes de la conjugaison, sauf au futur et au conditionnel.

Il forme le futur sur le radical d'infinitif **résoud-** auquel on ajoute la lettre caractéristique du futur : **-r- + -ai, -as, -a, -ons, -ez, -ont**.

L'imparfait et le participe présent se forment normalement sur le radical de la 1ʳᵉ personne du pluriel de l'indicatif présent : nous *résolv-ons* ➔ je *résolv-ais*…, *résolv-ant*.

Le passé simple se forme sur le participe passé *résolu* ➔ *je résolus*…

VERBES DU 3e GROUPE en -RE : verbes du type COUDRE

INDICATIF

Présent	Futur	Imparfait	Passé simple
Je cou**ds**	Je coudrai	Je cousais	Je cousis
Tu cou**ds**	Tu coudras	Tu cousais	Tu cousis
Il/elle cou**d**	Il/elle coudra	Il/elle cousait	Il/elle cousit
Nous cou**sons**	Nous coudrons	Nous cousions	Nous cousîmes
Vous cou**sez**	Vous coudrez	Vous cousiez	Vous cousîtes
Ils/elles cou**sent**	Ils/elles coudront	Ils/elles cousaient	Ils/elles cousirent

Passé composé	Futur antérieur	Plus-que-parfait	Passé antérieur
J'ai cousu	J'aurai cousu	J'avais cousu	J'eus cousu

SUBJONCTIF

Présent	Passé	Imparfait	Plus-que-parfait
Que je couse	Que j'aie cousu	Que je cousisse	Que j'eusse cousu
Que tu couses	Que tu aies cousu	Que tu cousisses	Que tu eusses cousu
Qu'il/elle couse	Qu'il/elle ait cousu	Qu'il/elle cousît	Qu'il/elle eût cousu
Que nous cousions	Que nous ayons cousu	Que nous cousissions	Que nous eussions cousu
Que vous cousiez	Que vous ayez cousu	Que vous cousissiez	Que vous eussiez cousu
Qu'ils/elles cousent	Qu'ils/elles aient cousu	Qu'ils/elles cousissent	Qu'ils/elles eussent cousu

CONDITIONNEL

Présent		Passé	
Je coudrais	Nous coudrions	J'aurais cousu	Nous aurions cousu
Tu coudrais	Vous coudriez	Tu aurais cousu	Vous auriez cousu
Il/elle coudrait	Ils/elles coudraient	Il/elle aurait cousu	Ils/elles auraient cousu

INFINITIF présent	PARTICIPE présent	IMPÉRATIF
Coudre	Cousant	Couds, cousons, cousez
INFINITIF passé	**PARTICIPE passé**	
Avoir cousu	Cousu, ayant cousu	

Remarque

Le participe passé de ce verbe est en « -u » (*cousu*) mais la voyelle de passé simple est en « -i » (*je cousis*).

VERBES DU 3e GROUPE en -RE : verbes du type MOUDRE

INDICATIF

Présent	Futur	Imparfait	Passé simple
e mouds	Je moudrai	Je moulais	Je moulus
Tu mouds	Tu moudras	Tu moulais	Tu moulus
Il/elle moud	Il/elle moudra	Il/elle moulait	Il/elle moulut
Nous moulons	Nous moudrons	Nous moulions	Nous moulûmes
Vous moulez	Vous moudrez	Vous mouliez	Vous moulûtes
Ils/elles moulent	Ils/elles moudront	Ils/elles moulaient	Ils/elles moulurent

Passé composé	Futur antérieur	Plus-que-parfait	Passé antérieur
'ai moulu	J'aurai moulu	J'avais moulu	J'eus moulu

SUBJONCTIF

Présent	Passé	Imparfait	Plus-que-parfait
Que je moule	Que j'aie moulu	Que je moulusse	Que j'eusse moulu
Que tu moules	Que tu aies moulu	Que tu moulusses	Que tu eusses moulu
Qu'il/elle moule	Qu'il/elle ait moulu	Qu'il/elle moulût	Qu'il/elle eût moulu
Que nous moulions	Que nous ayons moulu	Que nous moulussions	Que nous eussions moulu
Que vous mouliez	Que vous ayez moulu	Que vous moulussiez	Que vous eussiez moulu
Qu'ils/elles moulent	Qu'ils/elles aient moulu	Qu'ils/elles moulussent	Qu'ils/elles eussent moulu

CONDITIONNEL

Présent		Passé	
e moudrais	Nous moudrions	J'aurais moulu	Nous aurions moulu
Tu moudrais	Vous moudriez	Tu aurais moulu	Vous auriez moulu
Il/elle moudrait	Ils/elles moudraient	Il/elle aurait moulu	Ils/elles auraient moulu

INFINITIF présent	PARTICIPE présent	IMPÉRATIF
Moudre	Moulant	Mouds, moulons, moulez

INFINITIF passé	PARTICIPE passé	
Avoir moulu	Moulu, ayant moulu	

Remarque

Le passé simple se forme régulièrement sur la voyelle de participe passé « *u* » (*moulu) : je moulus*.

VERBES DU 3ᵉ GROUPE en -RE : verbes du type CONNAÎTRE

INDICATIF

Présent	Futur	Imparfait	Passé simple
Je connais	Je connaîtrai	Je connaissais	Je connus
Tu connais	Tu connaîtras	Tu connaissais	Tu connus
Il/elle conn**aît**	Il/elle connaîtra	Il/elle connaissait	Il/elle connut
Nous connai**ss**ons	Nous connaîtrons	Nous connaissions	Nous connûmes
Vous connai**ss**ez	Vous connaîtrez	Vous connaissiez	Vous connûtes
Ils/elles connai**ss**ent	Ils/elles connaîtront	Ils/elles connaissaient	Ils/elles connurent

Passé composé	Futur antérieur	Plus-que-parfait	Passé antérieur
J'ai connu	J'aurai connu	J'avais connu	J'eus connu

SUBJONCTIF

Présent	Passé	Imparfait	Plus-que-parfait
Que je connaisse	Que j'aie connu	Que je connusse	Que j'eusse connu
Que tu connaisses	Que tu aies connu	Que tu connusses	Que tu eusses connu
Qu'il/elle connaisse	Qu'il/elle ait connu	Qu'il/elle connût	Qu'il/elle eût connu
Que nous connaissions	Que nous ayons connu	Que nous connussions	Que nous eussions conn·
Que vous connaissiez	Que vous ayez connu	Que vous connussiez	Que vous eussiez connu
Qu'ils/elles connaissent	Qu'ils/elles aient connu	Qu'ils/elles connussent	Qu'ils/elles eussent conn·

CONDITIONNEL

Présent		Passé	
Je connaîtrais	Nous connaîtrions	J'aurais connu	Nous aurions connu
Tu connaîtrais	Vous connaîtriez	Tu aurais connu	Vous auriez connu
Il/elle connaîtrait	Ils/elles connaîtraient	Il/elle aurait connu	Ils/elles auraient connu

INFINITIF présent	PARTICIPE présent	IMPÉRATIF
Connaître	Connaissant	Connais, connaissons, connaisse
INFINITIF passé	**PARTICIPE passé**	
Avoir connu	Connu, ayant connu	

Remarques

Se conjuguent comme *connaître* : *apparaître, comparaître, disparaître, paraître, reconnaître.*
Remarquez que « i » devant « t » prend un accent circonflexe : **paraître, il paraît, je paraîtrai(s)**…
Se conjuguent également comme *paraître*, mais avec quelques particularités : *naître* et *croître.*
Le participe passé de *naître* est **né**. Le passé simple est : **je naquis, tu naquis, il naquit**… Le subjonctif
imparfait : **que je naquisse, que tu naquisses, qu'il naquît**…
Croître : **je croîs, tu croîs, il croît, crû, je crûs**…
Mais : **accroître** et **décroître** ont des formes sans accent : **accru, décru, j'accrus, je décrus**…

VERBES DU 3ᵉ GROUPE EN -RE : verbes du type METTRE

INDICATIF

Présent	Futur	Imparfait	Passé simple
Je mets	Je mettrai	Je mettais	Je mis
Tu mets	Tu mettras	Tu mettais	Tu mis
Il/elle met	Il/elle mettra	Il/elle mettait	Il/elle mit
Nous mettons	Nous mettrons	Nous mettions	Nous mîmes
Vous mettez	Vous mettrez	Vous mettiez	Vous mîtes
Ils/elles mettent	Ils/elles mettront	Ils/elles mettaient	Ils/elles mirent

Passé composé	Futur antérieur	Plus-que-parfait	Passé antérieur
J'ai mis	J'aurai mis	J'avais mis	J'eus mis

SUBJONCTIF

Présent	Passé	Imparfait	Plus-que-parfait
Que je mette	Que j'aie mis	Que je misse	Que j'eusse mis
Que tu mettes	Que tu aies mis	Que tu misses	Que tu eusses mis
Qu'il/elle mette	Qu'il/elle ait mis	Qu'il/elle mît	Qu'il/elle eût mis
Que nous mettions	Que nous ayons mis	Que nous missions	Que nous eussions mis
Que vous mettiez	Que vous ayez mis	Que vous missiez	Que vous eussiez mis
Qu'ils/elles mettent	Qu'ils/elles aient mis	Qu'ils/elles missent	Qu'ils/elles eussent mis

CONDITIONNEL

Présent		Passé	
Je mettrais	Nous mettrions	J'aurais mis	Nous aurions mis
Tu mettrais	Vous mettriez	Tu aurais mis	Vous auriez mis
Il/elle mettrait	Ils/elles mettraient	Il/elle aurait mis	Ils/elles auraient mis

INFINITIF présent	PARTICIPE présent	IMPÉRATIF
Mettre	Mettant	Mets, mettons, mettez
INFINITIF passé	**PARTICIPE passé**	
Avoir mis	Mis, ayant mis	

Remarques

Se conjuguent comme *mettre*, ses composés : *admettre, commettre, émettre, omettre, permettre, promettre, remettre, soumettre, transmettre.*
Le futur se forme sur le radical d'infinitif : **je mett-r-ai, as, a…**
Le passé simple se forme sur la voyelle de participe passé « **i** » **(mis) : je mis…**

VERBES DU 3e GROUPE EN -RE : verbes du type BATTRE

INDICATIF

Présent	Futur	Imparfait	Passé simple
Je bats	Je battrai	Je battais	Je battis
Tu bats	Tu battras	Tu battais	Tu battis
Il/elle bat	Il/elle battra	Il/elle battait	Il/elle battit
Nous battons	Nous battrons	Nous battions	Nous battîmes
Vous battez	Vous battrez	Vous battiez	Vous battîtes
Ils/elles battent	Ils/elles battront	Ils/elles battaient	Ils/elles battirent
Passé composé	**Futur antérieur**	**Plus-que-parfait**	**Passé antérieur**
J'ai battu	J'aurai battu	J'avais battu	J'eus battu

SUBJONCTIF

Présent	Passé	Imparfait	Plus-que-parfait
Que je batte	Que j'aie battu	Que je battisse	Que j'eusse battu
Que tu battes	Que tu aies battu	Que tu battisses	Que tu eusses battu
Qu'il/elle batte	Qu'il/elle ait battu	Qu'il/elle battît	Qu'il/elle eût battu
Que nous battions	Que nous ayons battu	Que nous battissions	Que nous eussions battu
Que vous battiez	Que vous ayez battu	Que vous battissiez	Que vous eussiez battu
Qu'ils/elles battent	Qu'ils/elles aient battu	Qu'ils/elles battissent	Qu'ils/elles eussent battu

CONDITIONNEL

Présent		Passé	
Je battrais	Nous battrions	J'aurais battu	Nous aurions battu
Tu battrais	Vous battriez	Tu aurais battu	Vous auriez battu
Il/elle battrait	Il/elles battraient	Il/elle aurait battu	Ils/elles auraient battu

INFINITIF présent	PARTICIPE présent	IMPÉRATIF
Battre	Battant	Bats, battons, battez
INFINITIF passé	**PARTICIPE passé**	
Avoir battu	Battu, ayant battu	

Remarques

Se conjuguent comme *battre* : *abattre, combattre.*

Attention à la différence entre la voyelle du participe passé **battu-** et celle du passé simple : **je battis**.

VERBES DU 3ᵉ GROUPE EN -RE : verbes du type RIRE

INDICATIF

Présent	Futur	Imparfait	Passé simple
Je ris	Je rirai	Je riais	Je ris
Tu ris	Tu riras	Tu riais	Tu ris
Il/elle rit	Il/elle rira	Il/elle riait	Il/elle rit
Nous rions	Nous rirons	Nous riions	Nous rîmes
Vous riez	Vous rirez	Vous riiez	Vous rîtes
Ils/elles rient	Ils/elles riront	Ils/elles riaient	Ils/elles rirent

Passé composé	Futur antérieur	Plus-que-parfait	Passé antérieur
J'ai ri	J'aurai ri	J'avais ri	J'eus ri

SUBJONCTIF

Présent	Passé	Imparfait	Plus-que-parfait
Que je rie	Que j'aie ri	Que je risse	Que j'eusse ri
Que tu ries	Que tu aies ri	Que tu risses	Que tu eusses ri
Qu'il/elle rie	Qu'il/elle ait ri	Qu'il/elle rît	Qu'il/elle eût ri
Que nous riions	Que nous ayons ri	Que nous rissions	Que nous eussions ri
Que vous riiez	Que vous ayez ri	Que vous rissiez	Que vous eussiez ri
Qu'ils/elles rient	Qu'ils/elles aient ri	Qu'ils/elles rissent	Qu'ils/elles eussent ri

CONDITIONNEL

Présent		Passé	
Je rirais	Nous ririons	J'aurais ri	Nous aurions ri
Tu rirais	Vous ririez	Tu aurais ri	Vous auriez ri
Il/elle rirait	Ils/elles riraient	Il/elle aurait ri	Ils/elles auraient ri

INFINITIF présent	PARTICIPE présent	IMPÉRATIF
Rire	Riant	Ris, rions, riez

INFINITIF passé	PARTICIPE passé	
Avoir ri	Ri *(invariable)*, ayant ri	

Remarques

Se conjugue comme *rire* : *sourire*. Ce verbe est très facile à conjuguer : sur le radical d'infinitif **ri-**, on ajoute le **-r-** du futur et les désinences du futur, **-ai, -as,- a**… et du conditionnel, **-ais,- ais ,-ait**…
Sur ce même radical on ajoute les désinences de l'imparfait : **-ais,- ais,- ait**…, du participe présent **-ant**… Ce radical sert de participe passé et le passé simple se forme sur la voyelle « i » **(ris) : je ris**.

VERBES DU 3ᵉ GROUPE EN -RE : verbes du type DIRE

INDICATIF

Présent	Futur	Imparfait	Passé simple
Je dis	Je dirai	Je disais	Je dis
Tu dis	Tu diras	Tu disais	Tu dis
Il/elle dit	Il/elle dira	Il/elle disait	Il/elle dit
Nous disons	Nous dirons	Nous disions	Nous dîmes
Vous dites	Vous direz	Vous disiez	Vous dîtes
Ils/elles disent	Ils/elles diront	Ils/elles disaient	Ils/elles dirent

Passé composé	Futur antérieur	Plus-que-parfait	Passé antérieur
J'ai dit	J'aurai dit	J'avais dit	J'eus dit

SUBJONCTIF

Présent	Passé	Imparfait	Plus-que-parfait
Que je dise	Que j'aie dit	Que je disse	Que j'eusse dit
Que tu dises	Que tu aies dit	Que tu disses	Que tu eusses dit
Qu'il/elle dise	Qu'il/elle ait dit	Qu'il/elle dît	Qu'il/elle eût dit
Que nous disions	Que nous ayons dit	Que nous dissions	Que nous eussions dit
Que vous disiez	Que vous ayez dit	Que vous dissiez	Que vous eussiez dit
Qu'ils/elles disent	Qu'ils/elles aient dit	Qu'ils/elles dissent	Qu'ils/elles eussent dit

CONDITIONNEL

Présent		Passé	
Je dirais	Nous dirions	J'aurais dit	Nous aurions dit
Tu dirais	Vous diriez	Tu aurais dit	Vous auriez dit
Il/elle dirait	Ils/elles diraient	Il/elle aurait dit	Ils/elles auraient dit

INFINITIF présent	PARTICIPE présent	IMPÉRATIF
Dire	Disant	Dis, disons, dites
INFINITIF passé	**PARTICIPE passé**	
Avoir dit	Dit, ayant dit	

Remarques

Se conjuguent comme *dire* les verbes suivants : *contredire, interdire, médire, prédire*.
Mais si la 2ᵉ personne du pluriel de l'indicatif présent de *dire* et redire est : **vous (re)dites,**
les autres verbes présentent tous la forme : **vous contredisez, vous interdisez, vous médisez, vous prédisez.** Vous noterez que : **je dis, tu dis, il dit** sont des formes communes à l'indicatif présent et au passé simple.
Attention : *maudire* se conjugue comme un verbe du 2ᵉ groupe : **je maudis, nous maudissons.**
Exception : le participe passé : **maudit(e).**

VERBES DU 3ᵉ GROUPE EN -RE : verbes du type LIRE

INDICATIF

Présent	Futur	Imparfait	Passé simple
Je lis	Je lirai	Je lisais	Je lus
Tu lis	Tu liras	Tu lisais	Tu lus
Il/elle lit	Il/elle lira	Il/elle lisait	Il/elle lut
Nous lisons	Nous lirons	Nous lisions	Nous lûmes
Vous lisez	Vous lirez	Vous lisiez	Vous lûtes
Ils/elles lisent	Ils/elles liront	Ils/elles lisaient	Ils/elles lurent

Passé composé	Futur antérieur	Plus-que-parfait	Passé antérieur
J'ai lu	J'aurai lu	J'avais lu	J'eus lu

SUBJONCTIF

Présent	Passé	Imparfait	Plus-que-parfait
Que je lise	Que j'aie lu	Que je lusse	Que j'eusse lu
Que tu lises	Que tu aies lu	Que tu lusses	Que tu eusses lu
Qu'il/elle lise	Qu'il/elle ait lu	Qu'il/elle lût	Qu'il/elle eût lu
Que nous lisions	Que nous ayons lu	Que nous lussions	Que nous eussions lu
Que vous lisiez	Que vous ayez lu	Que vous lussiez	Que vous eussiez lu
Qu'ils/elles lisent	Qu'ils/elles aient lu	Qu'ils/elles lussent	Qu'ils/elles eussent lu

CONDITIONNEL

Présent		Passé simple	
Je lirais	Nous lirions	J'aurais lu	Nous aurions lu
Tu lirais	Vous liriez	Tu aurais lu	Vous auriez lu
Il/elle lirait	Ils/elles liraient	Il/elle aurait lu	Ils/elles auraient lu

INFINITIF présent	PARTICIPE présent	IMPÉRATIF
Lire	Lisant	Lis, lisons, lisez
INFINITIF passé	**PARTICIPE passé**	
Avoir lu	Lu, ayant lu	

Remarque

Se conjuguent comme *lire* : *relire* et *élire*.

VERBES DU 3ᵉ GROUPE EN -RE : verbes du type SUFFIRE

INDICATIF

Présent	Futur	Imparfait	Passé simple
Je suffis	Je suffirai	Je suffisais	Je suffis
Tu suffis	Tu suffiras	Tu suffisais	Tu suffis
Il/elle suffit	Il/elle suffira	Il/elle suffisait	Il/elle suffit
Nous suffisons	Nous suffirons	Nous suffisions	Nous suffîmes
Vous suffisez	Vous suffirez	Vous suffisiez	Vous suffîtes
Ils/elles suffisent	Ils/elles suffiront	Ils/elles suffisaient	Ils/elles suffirent

Passé composé	Futur antérieur	Plus-que-parfait	Passé antérieur
J'ai suffi	J'aurai suffi	J'avais suffi	J'eus suffi

SUBJONCTIF

Présent	Passé	Imparfait	Plus-que-parfait
Que je suffise	Que j'aie suffi	Que je suffisse	Que j'eusse suffi
Que tu suffises	Que tu aies suffi	Que tu suffisses	Que tu eusses suffi
Qu'il/elle suffise	Qu'il/elle ait suffi	Qu'il/elle suffît	Qu'il/elle eût suffi
Que nous suffisions	Que nous ayons suffi	Que nous suffissions	Que nous eussions suffi
Que vous suffisiez	Que vous ayez suffi	Que vous suffissiez	Que vous eussiez suffi
Qu'ils/elles suffisent	Qu'ils/elles aient suffi	Qu'ils/elles suffissent	Qu'ils/elles eussent suffi

CONDITIONNEL

Présent		Passé	
Je suffirais	Nous suffirions	J'aurais suffi	Nous aurions suffi
Tu suffirais	Vous suffiriez	Tu aurais suffi	Vous auriez suffi
Il/elle suffirait	Ils/elles suffiraient	Il/elle aurait suffi	Ils/elles auraient suffi

INFINITIF présent	PARTICIPE présent	IMPÉRATIF
Suffire	Suffisant	Suffis, suffisons, suffisez

INFINITIF passé	PARTICIPE passé	
Avoir suffi	Suffi (invariable), ayant suffi	

Remarques

Notez le participe passé : **suffi.**

Je suffis, tu suffis, il/elle suffit sont des formes communes à l'indicatif présent et au passé simple.

VERBES DU 3ᵉ GROUPE EN -RE : verbes du type CONDUIRE

INDICATIF

Présent	Futur	Imparfait	Passé simple
Je conduis	Je conduirai	Je conduisais	Je conduisis
Tu conduis	Tu conduiras	Tu conduisais	Tu conduisis
Il/elle conduit	Il/elle conduira	Il/elle conduisait	Il/elle conduisit
Nous conduisons	Nous conduirons	Nous conduisions	Nous conduisîmes
Vous conduisez	Vous conduirez	Vous conduisiez	Vous conduisîtes
Ils/elles conduisent	Ils/elles conduiront	Ils/elles conduisaient	Ils/elles conduisirent

Passé composé	Futur antérieur	Plus-que-parfait	Passé antérieur
J'ai conduit	J'aurai conduit	J'avais conduit	J'eus conduit

SUBJONCTIF

Présent	Passé	Imparfait	Plus-que-parfait
Que je conduise	Que j'aie conduit	Que je conduisisse	Que j'eusse conduit
Que tu conduises	Que tu aies conduit	Que tu conduisisses	Que tu eusses conduit
Qu'il/elle conduise	Qu'il/elle ait conduit	Qu'il/elle conduisît	Qu'il/elle eût conduit
Que nous conduisions	Que nous ayons conduit	Que nous conduisissions	Que nous eussions conduit
Que vous conduisiez	Que vous ayez conduit	Que vous conduisissiez	Que vous eussiez conduit
Qu'ils/elles conduisent	Qu'ils/elles aient conduit	Qu'ils/elles conduisissent	Qu'ils/elles eussent conduit

CONDITIONNEL

Présent		Imparfait	
Je conduirais	Nous conduirions	J'aurais conduit	Nous aurions conduit
Tu conduirais	Vous conduiriez	Tu aurais conduit	Vous auriez conduit
Il/elle conduirait	Ils/elles conduiraient	Il/elle aurait conduit	Ils/elles auraient conduit

INFINITIF présent	PARTICIPE présent	IMPÉRATIF
Conduire	Conduisant	Conduis, conduisons, conduisez
INFINITIF passé	**PARTICIPE passé**	
Avoir conduit	Conduit, ayant conduit	

Remarques

Se conjuguent comme *conduire* : *construire, cuire, déduire, détruire, enduire, induire, instruire, introduire, produire, réduire, séduire, traduire.*
Luire et *nuire* ont les mêmes formes, excepté au participe passé : **lui, nui.**
Attention à la forme du passé simple : **je conduisis**…

VERBES DU 3ᵉ GROUPE EN -RE : verbes du type ÉCRIRE

INDICATIF

Présent	Futur	Imparfait	Passé simple
J'écris	J'écrirai	J'écrivais	J'écrivis
Tu écris	Tu écriras	Tu écrivais	Tu écrivis
Il/elle écrit	Il/elle écrira	Il/elle écrivait	Il/elle écrivit
Nous écrivons	Nous écrirons	Nous écrivions	Nous écrivîmes
Vous écrivez	Vous écrirez	Vous écriviez	Vous écrivîtes
Ils/elles écrivent	Ils/elles écriront	Ils/elles écrivaient	Ils/elles écrivirent

Passé composé	Futur antérieur	Plus-que-parfait	Passé antérieur
J'ai écrit	J'aurai écrit	J'avais écrit	J'eus écrit

SUBJONCTIF

Présent	Passé	Imparfait	Plus-que-parfait
Que j'écrive	Que j'aie écrit	Que j'écrivisse	Que j'eusse écrit
Que tu écrives	Que tu aies écrit	Que tu écrivisses	Que tu eusses écrit
Qu'il/elle écrive	Qu'il/elle ait écrit	Qu'il/elle écrivît	Qu'il/elle eût écrit
Que nous écrivions	Que nous ayons écrit	Que nous écrivissions	Que nous eussions écrit
Que vous écriviez	Que vous ayez écrit	Que vous écrivissiez	Que vous eussiez écrit
Qu'ils/elles écrivent	Qu'ils/elles aient écrit	Qu'ils/elles écrivissent	Qu'ils/elles eussent écrit

CONDITIONNEL

Présent		Passé	
J'écrirais	Nous écririons	J'aurais écrit	Nous aurions écrit
Tu écrirais	Vous écririez	Tu aurais écrit	Vous auriez écrit
Il/elle écrirait	Ils/elles écriraient	Il/elle aurait écrit	Ils/elles auraient écrit

INFINITIF présent	PARTICIPE présent	IMPÉRATIF
Écrire	Écrivant	Écris, écrivons, écrivez
INFINITIF passé	**PARTICIPE passé**	
Avoir écrit	Écrit, ayant écrit	

Remarques

Se conjuguent comme *écrire* : *décrire, inscrire, prescrire, proscrire, souscrire, transcrire*.
Attention : le participe passé est **écrit**, mais le passé simple est **j'écrivis**…

VERBES DU 3ᵉ GROUPE EN -RE : verbes du type SUIVRE

INDICATIF

Présent	Futur	Imparfait	Passé simple
Je suis	Je suivrai	Je suivais	Je suivis
Tu suis	Tu suivras	Tu suivais	Tu suivis
Il/elle suit	Il/elle suivra	Il/elle suivait	Il/elle suivit
Nous suivons	Nous suivrons	Nous suivions	Nous suivîmes
Vous suivez	Vous suivrez	Vous suiviez	Vous suivîtes
Ils/elles suivent	Ils/elles suivront	Ils/elles suivaient	Ils/elles suivirent

Passé composé	Futur antérieur	Plus-que-parfait	Passé antérieur
J'ai suivi	J'aurai suivi	J'avais suivi	J'eus suivi

SUBJONCTIF

Présent	Passé	Imparfait	Plus-que-parfait
Que je suive	Que j'aie suivi	Que je suivisse	Que j'eusse suivi
Que tu suives	Que tu aies suivi	Que tu suivisses	Que tu eusses suivi
Qu'il/elle suive	Qu'il/elle ait suivi	Qu'il/elle suivît	Qu'il/elle eût suivi
Que nous suivions	Que nous ayons suivi	Que nous suivissions	Que nous eussions suivi
Que vous suiviez	Que vous ayez suivi	Que vous suivissiez	Que vous eussiez suivi
Qu'ils/elles suivent	Qu'ils/elles aient suivi	Qu'ils/elles suivissent	Qu'ils/elles eussent suivi

CONDITIONNEL

Présent		Passé	
Je suivrais	Nous suivrions	J'aurais suivi	Nous aurions suivi
Tu suivrais	Vous suivriez	Tu aurais suivi	Vous auriez suivi
Il/elle suivrait	Ils/elles suivraient	Il/elle aurait suivi	Ils/elles auraient suivi

INFINITIF présent	PARTICIPE présent	IMPÉRATIF
Suivre	Suivant	Suis, suivons, suivez
INFINITIF passé	**PARTICIPE passé**	
Avoir suivi	Suivi, ayant suivi	

Remarques

Se conjuguent comme *suivre* : *s'ensuivre, poursuivre*.

Ne confondez pas **je suis**, indicatif présent de *suivre* mais aussi de *être*.

Le participe passé est **suivi**, et le passé simple se forme sur la voyelle du participe passé : **je suivis**…

VERBES DU 3e GROUPE EN -RE : verbes du type VIVRE

INDICATIF

Présent	Futur	Imparfait	Passé simple
Je vis	Je vivrai	Je vivais	Je vécus
Tu vis	Tu vivras	Tu vivais	Tu vécus
Il vit	Il/elle vivra	Il/elle vivait	Il/elle vécut
Vous vivons	Nous vivrons	Nous vivions	Nous vécûmes
Vous vivez	Vous vivrez	Vous viviez	Vous vécûtes
Ils/elles vivent	Ils/elles vivront	Ils/elles vivaient	Ils/elles vécurent

Passé composé	Futur antérieur	Plus-que-parfait	Passé antérieur
J'ai vécu	J'aurai vécu	J'avais vécu	J'eus vécu

SUBJONCTIF

Présent	Passé	Imparfait	Plus-que-parfait
Que je vive	Que j'aie vécu	Que je vécusse	Que j'eusse vécu
Que tu vives	Que tu aies vécu	Que tu vécusses	Que tu eusses vécu
Qu'il/elle vive	Qu'il/elle ait vécu	Qu'il/elle vécût	Qu'il/elle eût vécu
Que nous vivions	Que nous ayons vécu	Que nous vécussions	Que nous eussions vécu
Que vous viviez	Que vous ayez vécu	Que vous vécussiez	Que vous eussiez vécu
Qu'ils/elles vivent	Qu'ils/elles aient vécu	Qu'ils/elles vécussent	Qu'ils/elles eussent vécu

CONDITIONNEL

Présent		Passé	
Je vivrais	Nous vivrions	J'aurais vécu	Nous aurions vécu
Tu vivrais	Vous vivriez	Tu aurais vécu	Vous auriez vécu
Il/elle vivrait	Ils/elles vivraient	Il/elle aurait vécu	Ils/elles auraient vécu

INFINITIF présent	PARTICIPE présent	IMPÉRATIF
Vivre	Vivant	Vis, vivons, vivez
INFINITIF passé	**PARTICIPE passé**	
Avoir vécu	Vécu, ayant vécu	

Remarques

Se conjugue comme *vivre* : *survivre*.

Notez le participe passé : **vécu**, sur lequel se forment le passé simple **je vécus** et le subjonctif imparfait **que je vécusse**...

VERBES DU 3e GROUPE EN -RE : verbe du type CROIRE

INDICATIF

Présent	Futur	Imparfait	Passé simple
Je crois	Je croirai	Je croyais	Je crus
Tu crois	Tu croiras	Tu croyais	Tu crus
Il/elle croit	Il/elle croira	Il/elle croyait	Il/elle crut
Nous croyons	Nous croirons	Nous croyions	Nous crûmes
Vous croyez	Vous croirez	Vous croyiez	Vous crûtes
Ils/elles croient	Ils/elles croiront	Ils/elles croyaient	Ils/elles crurent

Passé composé	Futur antérieur	Plus-que-parfait	Passé antérieur
J'ai cru	J'aurai cru	J'avais cru	J'eus cru

SUBJONCTIF

Présent	Passé	Imparfait	Plus-que-parfait
Que je croie	Que j'aie cru	Que je crusse	Que j'eusse cru
Que tu croies	Que tu aies cru	Que tu crusses	Que tu eusses cru
Qu'il/elle croie	Qu'il/elle ait cru	Qu'il/elle crût	Qu'il/elle eût cru
Que nous croyions	Que nous ayons cru	Que nous crussions	Que nous eussions cru
Que vous croyiez	Que vous ayez cru	Que vous crussiez	Que vous eussiez cru
Qu'ils/elles croient	Qu'ils/elles aient cru	Qu'ils/elles crussent	Qu'ils/elles eussent cru

CONDITIONNEL

Présent		Passé	
Je croirais	Nous croirions	J'aurais cru	Nous aurions cru
Tu croirais	Vous croiriez	Tu aurais cru	Vous auriez cru
Il/elle croirait	Ils/elles croiraient	Il/elle aurait cru	Ils/elles auraient cru

INFINITIF présent	PARTICIPE présent	IMPÉRATIF
Croire	Croyant	Crois, croyons, croyez
INFINITIF passé	**PARTICIPE passé**	
Avoir cru	Cru, ayant cru	

Remarques

Attention, dans ce verbe, le **-i-** du radical placé entre deux syllabes vocaliques non muettes ➔ **y** : nous **croyons**, vous **croyez**. Notez bien les formes **croyions, croyiez** à l'imparfait et au subj. présent.
Le futur se forme sur le radical d'infinitif : **croi-** + **r** (marque du futur) + **ai, as**…
Le passé simple se forme sur la voyelle du participe passé : « **u** » **(cru)** : **je crus**.

VERBES DU 3ᵉ GROUPE EN -RE : verbes du type BOIRE

INDICATIF

Présent	Futur	Imparfait	Passé simple
Je bois	Je boirai	Je buvais	Je bus
Tu bois	Tu boiras	Tu buvais	Tu bus
Il/elle boit	Il/elle boira	Il/elle buvait	Il/elle but
Nous buvons	Nous boirons	Nous buvions	Nous bûmes
Vous buvez	Vous boirez	Vous buviez	Vous bûtes
Ils/elles boivent	Ils/elles boiront	Ils/elles buvaient	Ils/elles burent
Passé composé	**Futur antérieur**	**Plus-que-parfait**	**Passé antérieur**
J'ai bu	J'aurai bu	J'avais bu	J'eus bu

SUBJONCTIF

Présent	Passé	Imparfait	Plus-que-parfait
Que je boive	Que j'aie bu	Que je busse	Que j'eusse bu
Que tu boives	Que tu aies bu	Que tu busses	Que tu eusses bu
Qu'il/elle boive	Qu'il/elle ait bu	Qu'il/elle bût	Qu'il/elle eût bu
Que nous buvions	Que nous ayons bu	Que nous bussions	Que nous eussions bu
Que vous buviez	Que vous ayez bu	Que vous bussiez	Que vous eussiez bu
Qu'ils/elles boivent	Qu'ils/elles aient bu	Qu'ils/elles bussent	Qu'ils/elles eussent bu

CONDITIONNEL

Présent		Passé	
Je boirais	Nous boirions	J'aurais bu	Nous aurions bu
Tu boirais	Vous boiriez	Tu aurais bu	Vous auriez bu
Il/elle boirait	Ils/elles boiraient	Il/elle aurait bu	Ils/elles auraient bu

INFINITIF présent	PARTICIPE présent	IMPÉRATIF
Boire	Buvant	Bois, buvons, buvez
INFINITIF passé	**PARTICIPE passé**	
Avoir bu	Bu, ayant bu	

Attention. Ce verbe se construit sur quatre radicaux différents : **boi-, buv-, bu-, boiv-**

VERBES DU 3e GROUPE EN -RE : verbes du type PLAIRE

INDICATIF

Présent	Futur	Imparfait	Passé simple
Je plais	Je plairai	Je plaisais	Je plus
Tu plais	Tu plairas	Tu plaisais	Tu plus
Il/elle plaît	Il/elle plaira	Il/elle plaisait	Il/elle plut
Nous plaisons	Nous plairons	Nous plaisions	Nous plûmes
Vous plaisez	Vous plairez	Vous plaisiez	Vous plûtes
Ils/elles plaisent	Ils/elles plairont	Ils/elles plaisaient	Ils/elles plurent

Passé composé	Futur antérieur	Plus-que-parfait	Passé antérieur
J'ai plu	J'aurai plu	J'avais plu	J'eus plu

SUBJONCTIF

Présent	Passé	Imparfait	Plus-que-parfait
Que je plaise	Que j'aie plu	Que je plusse	Que j'eusse plu
Que tu plaises	Que tu aies plu	Que tu plusses	Que tu eusses plu
Qu'il/elle plaise	Qu'il/elle ait plu	Qu'il/elle plût	Qu'il/elle eût plu
Que nous plaisions	Que nous ayons plu	Que nous plussions	Que nous eussions plu
Que vous plaisiez	Que vous ayez plu	Que vous plussiez	Que vous eussiez plu
Qu'ils/elles plaisent	Qu'ils/elles aient plu	Qu'ils/elles plussent	Qu'ils/elle eussent plu

CONDITIONNEL

Présent		Passé	
Je plairais	Nous plairions	J'aurais plu	Nous aurions plu
Tu plairais	Vous plairiez	Tu aurais plu	Vous auriez plu
Il/elle plairait	Ils/elles plairaient	Il/elle aurait plu	Ils/elles auraient plu

INFINITIF présent	PARTICIPE présent	IMPÉRATIF
Plaire	Plaisant	Plais, plaisons, plaisez
INFINITIF passé	**PARTICIPE passé**	
Avoir plu	Plu (invariable), ayant plu	

Remarques

Se conjuguent comme *plaire* : *se complaire, déplaire*. *Taire* suit cette conjugaison, mais au présent de l'indicatif on a : *il tait* sans accent circonflexe à la 3e personne.
Et le participe passé de *taire* est variable.

VERBES DU 3ᵉ GROUPE EN -RE : verbes du type EXTRAIRE

INDICATIF

Présent	Futur	Imparfait	Passé simple
J'extrais	J'extrairai	J'extrayais	inusité
Tu extrais	Tu extrairas	Tu extrayais	
Il/elle extrait	Il/elle extraira	Il/elle extrayait	
Nous extrayons	Nous extrairons	Nous extrayions	
Vous extrayez	Vous extrairez	Vous extrayiez	
Ils/elles extraient	Ils/elles extrairont	Ils/elles extrayaient	
Passé composé	**Futur antérieur**	**Plus-que-parfait**	**Passé antérieur**
J'ai extrait	J'aurai extrait	J'avais extrait	J'eus extrait

SUBJONCTIF

Présent	Passé	Imparfait	Plus-que-parfait
Que j'extraie	Que j'aie extrait	inusité	Que j'eusse extrait
Que tu extraies	Que tu aies extrait		Que tu eusses extrait
Qu'il/elle extraie	Qu'il/elle ait extrait		Qu'il/elle eût extrait
Que nous extrayions	Que nous ayons extrait		Que nous eussions extrait
Que vous extrayiez	Que vous ayez extrait		Que vous eussiez extrait
Qu'ils/elles extraient	Qu'ils/elles aient extrait		Qu'ils/elles eussent extrait

CONDITIONNEL

Présent		Passé	
J'extrairais	Nous extrairions	J'aurais extrait	Nous aurions extrait
Tu extrairais	Vous extrairiez	Tu aurais extrait	Vous auriez extrait
Il/elle extrairait	Ils/elles extrairaient	Il/elle aurait extrait	Ils/elles auraient extrait

INFINITIF présent	PARTICIPE présent	IMPÉRATIF
Extraire	Extrayant	Extrais, extrayons, extrayez
INFINITIF passé	**PARTICIPE passé**	
Avoir extrait	Extrait, ayant extrait	

Remarques

Se conjuguent comme *extraire* : *distraire, soustraire, traire*.

Notez que dans ce verbe, **-i-** entre deux syllabes vocaliques non muettes → **y** : nous extr**ay**ons, vous extr**ay**ez.

Attention aux formes : nous extra**yi**ons, vous extra**yi**ez (imparfait et subjonctif présent).

VERBES DU 3ᵉ GROUPE EN -RE : verbes du type CONCLURE

INDICATIF

Présent	Futur	Imparfait	Passé simple
Je conclus	Je conclurai	Je concluais	Je conclus
Tu conclus	Tu concluras	Tu concluais	Tu conclus
Il/elle conclut	Il/elle conclura	Il/elle concluait	Il/elle conclut
Nous concluons	Nous conclurons	Nous concluions	Nous conclûmes
Vous concluez	Vous conclurez	Vous concluiez	Vous conclûtes
Ils/elles concluent	Ils/elles concluront	Ils/elles concluaient	Ils/elles conclurent

Passé composé	Futur antérieur	Plus-que-parfait	Passé antérieur
J'ai conclu	J'aurai conclu	J'avais conclu	J'eus conclu

SUBJONCTIF

Présent	Passé	Imparfait	Plus-que-parfait
Que je conclue	Que j'aie conclu	Que je conclusse	Que j'eusse conclu
Que tu conclues	Que tu aies conclu	Que tu conclusses	Que tu eusses conclu
Qu'il/elle conclue	Qu'il/elle ait conclu	Qu'il/elle conclût	Qu'il/elle eût conclu
Que nous concluions	Que nous ayons conclu	Que nous conclussions	Que nous eussions conclu
Que vous concluiez	Que vous ayez conclu	Que vous conclussiez	Que vous eussiez conclu
Qu'ils/elles concluent	Qu'ils/elles aient conclu	Qu'ils/elles conclussent	Qu'ils/elles eussent conclu

CONDITIONNEL

Présent		Passé	
Je conclurais	Nous conclurions	J'aurais conclu	Nous aurions conclu
Tu conclurais	Vous concluriez	Tu aurais conclu	Vous auriez conclu
Il/elle conclurait	Ils/elles concluraient	Il/elle aurait conclu	Ils/elles auraient conclu

INFINITIF présent	PARTICIPE présent	IMPÉRATIF
Conclure	Concluant	Conclus, concluons, concluez
INFINITIF passé	**PARTICIPE passé**	
Avoir conclu	Conclu, ayant conclu	

Remarques

Se conjuguent comme *conclure* : *exclure, inclure*.

Mais attention, *inclure* a un participe passé différent : ***inclus(e)***.

VERBES DU 3ᵉ GROUPE EN -RE : verbes du type VAINCRE

INDICATIF

Présent	Futur	Imparfait	Passé simple
Je vaincs	Je vaincrai	Je vainquais	Je vainquis
Tu vaincs	Tu vaincras	Tu vainquais	Tu vainquis
Il/elle vainc	Il/elle vaincra	Il/elle vainquait	Il/elle vainquit
Nous vainquons	Nous vaincrons	Nous vainquions	Nous vainquîmes
Vous vainquez	Vous vaincrez	Vous vainquiez	Vous vainquîtes
Ils/elles vainquent	Ils/elles vaincront	Ils/elles vainquaient	Ils/elles vainquirent
Passé composé	**Futur antérieur**	**Plus-que-parfait**	**Passé antérieur**
J'ai vaincu	J'aurai vaincu	J'avais vaincu	J'eus vaincu

SUBJONCTIF

Présent	Passé	Imparfait	Plus-que-parfait
Que je vainque	Que j'aie vaincu	Que je vainquisse	Que j'eusse vaincu
Que tu vainques	Que tu aies vaincu	Que tu vainquisses	Que tu eusses vaincu
Qu'il vainque	Qu'il/elle ait vaincu	Qu'il vainquît	Qu'il eût vaincu
Que nous vainquions	Que nous ayons vaincu	Que nous vainquissions	Que nous eussions vaincu
Que vous vainquiez	Que vous ayez vaincu	Que vous vainquissiez	Que vous eussiez vaincu
Qu'ils/elles vainquent	Qu'ils/elles aient vaincu	Qu'ils/elles vainquissent	Qu'ils/elles eussent vaincu

CONDITIONNEL

Présent		Passé	
Je vaincrais	Nous vaincrions	J'aurais vaincu	Nous aurions vaincu
Tu vaincrais	Vous vaincriez	Tu aurais vaincu	Vous auriez vaincu
Il/elle vaincrait	Ils/elles vaincraient	Il/elle aurait vaincu	Ils/elles auraient vaincu

INFINITIF présent	PARTICIPE présent	IMPÉRATIF
Vaincre	Vainquant	Vaincs, vainquons, vainquez
INFINITIF passé	**PARTICIPE passé**	
Avoir vaincu	Vaincu, ayant vaincu	

Remarques

Se conjugue comme *vaincre* : *convaincre*.
Notez bien la forme : ***il vainc*** [vɛ̃] (indicatif présent)

VERBES DU 3ᵉ GROUPE EN -OIR : verbes du type APERCEVOIR

INDICATIF

Présent	Futur	Imparfait	Passé simple
J'aperçois	J'apercevrai	J'apercevais	J'aperçus
Tu aperçois	Tu apercevras	Il apercevais	Tu aperçus
Il/elle aperçoit	Il/elle apercevra	Il/elle apercevait	Il/elle aperçut
Nous apercevons	Nous apercevrons	Nous apercevions	Nous aperçûmes
Vous apercevez	Vous apercevrez	Vous aperceviez	Vous aperçûtes
Ils/elles aperçoivent	Ils/elles apercevront	Ils/elles apercevaient	Ils/elles aperçurent

Passé composé	Futur antérieur	Plus-que-parfait	Passé antérieur
J'ai aperçu	J'aurai aperçu	J'avais aperçu	J'eus aperçu

SUBJONCTIF

Présent	Passé	Imparfait	Plus-que-parfait
Que j'aperçoive	Que j'aie aperçu	Que j'aperçusse	Que j'eusse aperçu
Que tu aperçoives	Que tu aies aperçu	Que tu aperçusses	Que tu eusses aperçu
Qu'il/elle aperçoive	Qu'il/elle ait aperçu	Qu'il/elle aperçût	Qu'il/elle eût aperçu
Que nous apercevions	Que nous ayons aperçu	Que nous aperçussions	Que nous eussions aperçu
Que vous aperceviez	Que vous ayez aperçu	Que vous aperçussiez	Que vous eussiez aperçu
Qu'ils aperçoivent	Qu'ils/elles aient aperçu	Qu'ils/elles aperçussent	Qu'ils/elles eussent aperçu

CONDITIONNEL

Présent		Passé	
J'apercevrais	Nous apercevrions	J'aurais aperçu	Nous aurions aperçu
Tu apercevrais	Vous apercevriez	Tu aurais aperçu	Vous auriez aperçu
Il/elle apercevrait	Ils/elles apercevraient	Il/elle aurait aperçu	Ils/elles auraient aperçu

INFINITIF présent	PARTICIPE présent	IMPÉRATIF
Apercevoir	Apercevant	Aperçois, apercevons, apercevez
INFINITIF passé	**PARTICIPE passé**	
Avoir aperçu	Aperçu, ayant aperçu	

Remarques

Se conjuguent comme *apercevoir* : *concevoir, décevoir, percevoir, recevoir*.

Attention : *apercevoir* ne se conjugue pas comme *voir*.

Notez la transformation de **-c- + o, u en -ç-** : *j'aperçois, aperçu*.

Le futur se forme sur le radical d'infinitif : **apercev- + r** (marque du futur) **+ ai, as, a**...

L'imparfait se forme sur **nous apercevons**.

Le subjonctif présent se forme sur le radical de **ils aperçoiv-ent** et comme pour tous les verbes du 3ᵉ groupe les 1ʳᵉ et 2ᵉ personnes du pluriel sont identiques à celles de l'imparfait : **nous apercevions** et **vous aperceviez** ; que **nous apercevions** et que **vous aperceviez**.

VERBES DU 3ᵉ GROUPE EN -OIR : verbes du type VOIR

INDICATIF

Présent	Futur	Imparfait	Passé simple
Je vois	Je verrai	Je voyais	Je vis
Tu vois	Tu verras	Tu voyais	Tu vis
Il/elle voit	Il/elle verra	Il/elle voyait	Il/elle vit
Nous voyons	Nous verrons	Nous voyions	Nous vîmes
Vous voyez	Vous verrez	Vous voyiez	Vous vîtes
Ils/elles voient	Ils/elles verront	Ils/elles voyaient	Ils/elles virent

Passé composé	Futur antérieur	Plus-que-parfait	Passé antérieur
J'ai vu	J'aurai vu	J'avais vu	J'eus vu

SUBJONCTIF

Présent	Passé	Imparfait	Plus-que-parfait
Que je voie	Que j'aie vu	Que je visse	Que j'eusse vu
Que tu voies	Que tu aies vu	Que tu visses	Que tu eusses vu
Qu'il/elle voie	Qu'il/elle ait vu	Qu'il vît	Qu'il/elle eût vu
Que nous voyions	Que nous ayons vu	Que nous vissions	Que nous eussions vu
Que vous voyiez	Que vous ayez vu	Que vous vissiez	Que vous eussiez vu
Qu'ils/elles voient	Qu'ils/elles aient vu	Qu'ils/elles vissent	Qu'ils/elles eussent vu

CONDITIONNEL

Présent		Passé	
Je verrais	Nous verrions	J'aurais vu	Nous aurions vu
Tu verrais	Vous verriez	Tu aurais vu	Vous auriez vu
Il/elle verrait	Ils/elles verraient	Il/elle aurait vu	Ils/elles auraient vu

INFINITIF présent	PARTICIPE présent	IMPÉRATIF
Voir	Voyant	Vois, voyons, voyez

INFINITIF passé	PARTICIPE passé	
Avoir vu	Vu, ayant vu	

Remarques

Se conjuguent comme *voir* : *entrevoir, pourvoir* et *prévoir*.

Soyez attentifs à la forme de futur : **je verrai, tu verras**...

Mais *pourvoir* et *prévoir* forment le futur différemment (sur l'infinitif : **pourvoir, prévoir**) : **je pourvoirai, je prévoirai**.

Et le passé simple de *pourvoir* est : **je pourvus, tu pourvus**...

Ne confondez pas le passé simple du verbe *voir* : **je vis, tu vis, il vit** et le présent de l'indicatif du verbe *vivre* : **je vis, tu vis, il vit**.

VERBES DU 3ᵉ GROUPE EN -OIR : verbes du type DEVOIR

INDICATIF

Présent	Futur	Imparfait	Passé simple
Je dois	Je devrai	Je devais	Je dus
Tu dois	Tu devras	Tu devais	Tu dus
Il/elle doit	Il/elle devra	Il/elle devait	Il/elle dut
Nous devons	Nous devrons	Nous devions	Nous dûmes
Vous devez	Vous devrez	Vous deviez	Vous dûtes
Ils/elles doivent	Ils/elles devront	Ils/elles devaient	Ils/elles durent

Passé composé	Futur antérieur	Plus-que-parfait	Passé antérieur
J'ai dû	J'aurai dû	J'avais dû	J'eus dû

SUBJONCTIF

Présent	Passé	Imparfait	Plus-que-parfait
Que je doive	Que j'aie dû	Que je dusse	Que j'eusse dû
Que tu doives	Que tu aies dû	Que tu dusses	Que tu eusses dû
Qu'il/elle doive	Qu'il/elle ait dû	Qu'il dût	Qu'il/elle eût dû
Que nous devions	Que nous ayons dû	Que nous dussions	Que nous eussions dû
Que vous deviez	Que vous ayez dû	Que vous dussiez	Que vous eussiez dû
Qu'ils/elles doivent	Qu'ils/elles aient dû	Qu'ils/elles dussent	Qu'ils/elles eussent dû

CONDITIONNEL

Présent		Passé	
Je devrais	Nous devrions	J'aurais dû	Nous aurions dû
Tu devrais	Vous devriez	Tu aurais dû	Vous auriez dû
Il/elle devrait	Ils/elles devraient	Il/elle aurait dû	Ils/elles auraient dû

INFINITIF présent	PARTICIPE présent	IMPÉRATIF
Devoir	Devant	Dois, devons, devez
INFINITIF passé	**PARTICIPE passé**	
Avoir dû	Dû, ayant dû	

Remarques

Verbe à plusieurs radicaux : dev- ; doiv- ; du.

Notez le participe passé : **dû** avec un accent circonflexe sans doute pour éviter la confusion avec l'article « du ». Au féminin, **due** ne prend pas d'accent.

VERBES DU 3ᵉ GROUPE EN -OIR : verbes du type POUVOIR

INDICATIF

Présent	Futur	Imparfait	Passé simple
Je peux	Je pourrai	Je pouvais	Je pus
Tu peux	Tu pourras	Tu pouvais	Tu pus
Il/elle peut	Il/elle pourra	Il/elle pouvait	Il/elle put
Nous pouvons	Nous pourrons	Nous pouvions	Nous pûmes
Vous pouvez	Vous pourrez	Vous pouviez	Vous pûtes
Ils/elles peuvent	Ils/elles pourront	Ils/elles pouvaient	Ils/elles purent
Passé composé	**Futur antérieur**	**Plus-que-parfait**	**Passé antérieur**
J'ai pu	J'aurai pu	J'avais pu	J'eus pu

SUBJONCTIF

Présent	Passé	Imparfait	Plus-que-parfait
Que je puisse	Que j'aie pu	Que je pusse	Que j'eusse pu
Que tu puisses	Que tu aies pu	Que tu pusses	Que tu eusses pu
Qu'il/elle puisse	Qu'il/elle ait pu	Qu'il/elle pût	Qu'il/elle eût pu
Que nous puissions	Que nous ayons pu	Que nous pussions	Que nous eussions pu
Que vous puissiez	Que vous ayez pu	Que vous pussiez	Que vous eussiez pu
Qu'ils/elles puissent	Qu'ils/elles aient pu	Qu'ils/elles puissent	Qu'ils/elles eussent pu

CONDITIONNEL

Présent		Passé	
Je pourrais	Nous pourrions	J'aurais pu	Nous aurions pu
Tu pourrais	Vous pourriez	Tu aurais pu	Vous auriez pu
Il/elle pourrait	Ils/elles pourraient	Il/elle aurait pu	Ils/elles auraient pu

INFINITIF présent	PARTICIPE présent	IMPÉRATIF
Pouvoir	Pouvant	Inusité
INFINITIF passé	**PARTICIPE passé**	
Avoir pu	Pu (invariable), ayant pu	

Remarques

Notez l'indicatif présent en **-x, -x, t** (au lieu de **-s, -s, -t**) pour *pouvoir, vouloir* et *valoir*.

Il existe une forme **puis-je ?** de présent qui est la seule utilisée à la forme interrogative mais qui peut apparaître à la forme affirmative et négative dans un style soutenu.

Attention aux formes particulières de futur et de conditionnel : **je pourrai...**, **je pourrais...** (sans doute **-v-** du radical + **-r-** de futur ➜ **-rr-**.)

Notez aussi le subjonctif présent irrégulier : **que je puisse**...

L'impératif n'existe pas, il est remplacé par un subjonctif de souhait : **puisses-tu, puissions-nous, puissiez-vous**.

VERBES DU 3ᵉ GROUPE EN -OIR : verbes du type VOULOIR

INDICATIF

Présent	Futur	Imparfait	Passé simple
Je veux	Je voudrai	Je voulais	Je voulus
Tu veux	Tu voudras	Tu voulais	Tu voulus
Il/elle veut	Il/elle voudra	Il/elle voulait	Il/elle voulut
Nous voulons	Nous voudrons	Nous voulions	Nous voulûmes
Vous voulez	Vous voudrez	Vous vouliez	Vous voulûtes
Ils/elles veulent	Ils/elles voudront	Ils/elles voulaient	Ils/elles voulurent
Passé composé	**Futur antérieur**	**Plus-que-parfait**	**Passé antérieur**
J'ai voulu	J'aurai voulu	J'avais voulu	J'eus voulu

SUBJONCTIF

Présent	Passé	Imparfait	Plus-que-parfait
Que je veuille	Que j'aie voulu	Que je voulusse	Que j'eusse voulu
Que tu veuilles	Que tu aies voulu	Que tu voulusses	Que tu eusses voulu
Qu'il/elle veuille	Qu'il/elle ait voulu	Qu'il/elle voulût	Qu'il/elle eût voulu
Que nous voulions	Que nous ayons voulu	Que nous voulussions	Que nous eussions voulu
Que vous vouliez	Que vous ayez voulu	Que vous voulussiez	Que vous eussiez voulu
Qu'ils/elles veuillent	Qu'ils/elles aient voulu	Qu'ils/elles voulussent	Qu'ils/elles eussent voulu

CONDITIONNEL

Présent		Passé	
Je voudrais	Nous voudrions	J'aurais voulu	Nous aurions voulu
Tu voudrais	Vous voudriez	Tu aurais voulu	Vous auriez voulu
Il/elle voudrait	Ils/elles voudraient	Il/elle aurait voulu	Ils/elles auraient voulu

INFINITIF présent	PARTICIPE présent	IMPÉRATIF
Vouloir	Voulant	Veuille, veuillons, veuillez
INFINITIF passé	**PARTICIPE passé**	
Avoir voulu	Voulu, ayant voulu	

Remarques

Attention aux formes de futur et de conditionnel : *je voudrai…, je voudrais…* (avec un **-d-** intercalé).

Le subjonctif est irrégulier : *que je veuille, que tu veuilles…* mais attention : *que nous voulions, que vous vouliez* (comme l'imparfait).

L'impératif est rare : *veuille, veuillons, veuillez*. Il s'utilise plus particulièrement dans les formules de politesse : *veuillez recevoir l'expression de mes sentiments…*
Attention à l'expression « en vouloir à » (= garder rancune à quelqu'un).
L'impératif est utilisé seulement à la forme négative et il a deux formes : *ne m'en veuille pas/ne m'en veux pas ; ne m'en veuillez pas/ne m'en voulez pas*.

VERBES DU 3ᵉ GROUPE EN -OIR : verbes du type VALOIR

INDICATIF

Présent	Futur	Imparfait	Passé simple
Je vaux	Je vaudrai	Je valais	Je valus
Tu vaux	Tu vaudras	Tu valais	Tu valus
Il/elle vaut	Il/elle vaudra	Il/elle valait	Il/elle valut
Nous valons	Nous vaudrons	Nous valions	Nous valûmes
Vous valez	Vous vaudrez	Vous valiez	Vous valûtes
Ils/elles valent	Ils/elles vaudront	Ils/elles valaient	Ils/elles valurent

Passé composé	Futur antérieur	Plus-que-parfait	Passé antérieur
J'ai valu	J'aurai valu	J'avais valu	J'eus valu

SUBJONCTIF

Présent	Passé	Imparfait	Plus-que-parfait
Que je vaille	Que j'aie valu	Que je valusse	Que j'eusse valu
Que tu vailles	Que tu aies valu	Que tu valusses	Que tu eusses valu
Qu'il/elle vaille	Qu'il/elle ait valu	Qu'il/elle valût	Qu'il/elle eût valu
Que nous valions	Que nous ayons valu	Que nous valussions	Que nous eussions valu
Que vous valiez	Que vous ayez valu	Que vous valussiez	Que vous eussiez valu
Qu'ils/elles vaillent	Qu'ils/elles aient valu	Qu'ils/elles valussent	Qu'ils/elles eussent valu

CONDITIONNEL

Présent		Passé	
Je vaudrais	Nous vaudrions	J'aurais valu	Nous aurions valu
Tu vaudrais	Vous vaudriez	Tu aurais valu	Vous auriez valu
Il/elle vaudrait	Ils/elles vaudraient	Il/elle aurait valu	Ils/elles auraient valu

INFINITIF présent	PARTICIPE présent	IMPÉRATIF
Valoir	Valant	Vaux, valons, valez *(rare)*

INFINITIF passé	PARTICIPE passé	
Avoir valu	Valu, ayant valu	

Remarques

Attention au futur : *je vaudrai*…(avec un **-d-** intercalé).

Attention au subjonctif : *que je vaille, que tu vailles*… mais *que nous valions, que vous valiez*…

Se conjugue comme *valoir* : *prévaloir*. Mais au subjonctif : *que je prévale*…

VERBES DU 3ᵉ GROUPE EN -OIR : verbes du type SAVOIR

INDICATIF

Présent	Futur	Imparfait	Passé simple
Je sais	Je saurai	Je savais	Je sus
Tu sais	Tu sauras	Tu savais	Tu sus
Il/elle sait	Il/elle saura	Il/elle savait	Il/elle sut
Nous savons	Nous saurons	Nous savions	Nous sûmes
Vous savez	Vous saurez	Vous saviez	Vous sûtes
Ils/elles savent	Ils/elles sauront	Ils/elles savaient	Ils/elles surent

Passé composé	Futur antérieur	Plus-que-parfait	Passé antérieur
J'ai su	J'aurai su	J'avais su	J'eus su

SUBJONCTIF

Présent	Passé	Imparfait	Plus-que-parfait
Que je sache	Que j'aie su	Que je susse	Que j'eusse su
Que tu saches	Que tu aies su	Que tu susses	Que tu eusses su
Qu'il/elle sache	Qu'il/elle ait su	Qu'il/elle sût	Qu'il/elle eût su
Que nous sachions	Que nous ayons su	Que nous sussions	Que nous eussions su
Que vous sachiez	Que vous ayez su	Que vous sussiez	Que vous eussiez su
Qu'ils/elles sachent	Qu'ils/elles aient su	Qu'ils/elles sussent	Qu'ils/elles eussent su

CONDITIONNEL

Présent		Passé	
Je saurais	Nous saurions	J'aurais su	Nous aurions su
Tu saurais	Vous sauriez	Tu aurais su	Vous auriez su
Il/elle saurait	Ils/elles sauraient	Il/elle aurait su	Ils/elles auraient su

INFINITIF présent	PARTICIPE présent	IMPÉRATIF
Savoir	Sachant	Sache, sachons, sachez

INFINITIF passé	PARTICIPE passé	
Avoir su	Su, ayant su	

Remarques

Ce verbe a un radical variable : **sai-, sav-, sau-, sach-, s-**.

Notez le subjonctif et l'impératif irréguliers : *que je sache…, sache…*

Mais attention aux formes *que nous sachions*, *que vous sachiez* au subjonctif mais *sachons*, *sachez* à l'impératif.

VERBES DU 3ᵉ GROUPE EN -OIR : verbes du type ÉMOUVOIR

INDICATIF

Présent	Futur	Imparfait	Passé simple
J'émeus	J'émouvrai	J'émouvais	J'émus
Tu émeus	Tu émouvras	Tu émouvais	Tu émus
Il/elle émeut	Il/elle émouvra	Il/elle émouvait	Il/elle émut
Nous émouvons	Nous émouvrons	Nous émouvions	Nous émûmes
Vous émouvez	Vous émouvrez	Vous émouviez	Vous émûtes
Ils/elles émeuvent	Ils/elles émouvront	Ils/elles émouvaient	Ils/elles émurent

Passé composé	Futur antérieur	Plus-que-parfait	Passé antérieur
J'ai ému	J'aurai ému	J'avais ému	J'eus ému

SUBJONCTIF

Présent	Passé	Imparfait	Plus-que-parfait
Que j'émeuve	Que j'aie ému	Que j'émusse	Que j'eusse ému
Que tu émeuves	Que tu aies ému	Que tu émusses	Que tu eusses ému
Qu'il/elle émeuve	Qu'il/elle ait ému	Qu'il/elle émût	Qu'il/elle eût ému
Que nous émouvions	Que nous ayons ému	Que nous émussions	Que nous eussions ému
Que vous émouviez	Que vous ayez ému	Que vous émussiez	Que vous eussiez ému
Qu'ils/elles émeuvent	Qu'ils/elles aient ému	Qu'ils/elles émussent	Qu'ils/elles eussent ému

CONDITIONNEL

Présent		Passé	
J'émouvrais	Nous émouvrions	J'aurais ému	Nous aurions ému
Tu émouvrais	Vous émouvriez	Tu aurais ému	Vous auriez ému
Il/elle émouvrait	Ils/elles émouvraient	Il/elle aurait ému	Ils/elles auraient ému

INFINITIF présent	PARTICIPE présent	IMPÉRATIF
Émouvoir	Émouvant	Émeus, émouvons, émouvez
INFINITIF passé	**PARTICIPE passé**	
Avoir ému	Ému, ayant ému	

Remarques

Se conjuguent comme *émouvoir* : *mouvoir* (mais participe passé **mû**, masculin singulier) et *promouvoir*.

VERBES DU 3ᵉ GROUPE EN -OIR : verbes du type ASSEOIR

INDICATIF

Présent	Futur	Imparfait	Passé simple
J'assieds, assois,	J'assiérai, assoirai	J'asseyais, assoyais	J'assis
Tu assieds, assois	Tu assiéras, assoiras	Tu asseyais, assoyais	Tu assis
Il/elle assied, assoit	Il/elle assiéra, assoira	Il/elle asseyait, assoyait	Il/elle assit
Nous asseyez, assoyons	Nous assiérons, assoirons	Nous asseyions, assoyions	Nous assîmes
Vous asseyez, assoyez	Vous assiérez, assoirez	Vous asseyiez, assoyiez	Vous assîtes
Ils/elles asseyent, assoient	Ils/elles assiéront, assoiront	Ils/elles asseyaient, assoyaient	Ils/elles assirent

Passé composé	Futur antérieur	Plus-que-parfait	Passé antérieur
J'ai assis	J'aurai assis	J'avais assis	J'eus assis

SUBJONCTIF

Présent	Passé	Imparfait	Plus-que-parfait
Que j'asseye, assoie	Que j'aie assis	Que j'assisse	Que j'eusse assis
Que tu asseyes, assoies	Que tu aies assis	Que tu assisses	Que tu eusses assis
Qu'il/elle asseye, assoie	Qu'il/elle ait assis	Qu'il/elle assît	Qu'il/elle eût assis
Que nous asseyions, assoyions	Que nous ayons assis	Que nous assissions	Que nous eussions assis
Que vous asseyiez, assoyiez	Que vous ayez assis	Que vous assissiez	Que vous eussiez assis
Qu'ils/elles asseyent, assoient	Qu'ils/elles aient assis	Qu'ils/elles assissent	Qu'ils/elles eussent assis

CONDITIONNEL

Présent	Passé
J'assiérais, assoirais	J'aurais assis
Tu assiérais, assoirais	Tu aurais assis
Il/elle assiérait, assoirait	Il/elle aurait assis
Nous assiérions, assoirions	Nous aurions assis
Vous assiériez, assoiriez	Vous auriez assis
Ils/elles assiéraient, assoiraient	Ils/elles auraient assis

INFINITIF présent	PARTICIPE présent	IMPÉRATIF
Asseoir	Asseyant	Assieds/assois, asseyons/assoyons, asseyez/assoyez

INFINITIF passé	PARTICIPE passé	
Avoir assis	Assis, ayant assis	

Remarques

Ce verbe s'emploie surtout à la forme pronominale : *je m'assieds*…

Il y a deux formes pour certains temps.

Les formes en **-ié-, -ied-, -ey-**, sont les plus courantes.

VERBES DU 3ᵉ GROUPE EN -OIR : verbes impersonnels du type FALLOIR, PLEUVOIR

FALLOIR/*INDICATIF*

Présent	*Futur*	*Imparfait*	*Passé simple*
Il faut	Il faudra	Il fallait	Il fallut
Passé composé	*Futur antérieur*	*Plus-que-parfait*	*Passé antérieur*
Il a fallu	Il aura fallu	Il avait fallu	Il eut fallu

SUBJONCTIF

Présent	*Passé*	*Imparfait*	*Plus-que-parfait*
Qu'il faille	Qu'il ait fallu	Qu'il fallût	Qu'il eût fallu

CONDITIONNEL

Présent	*Passé*
Il faudrait	Il aurait fallu

INFINITIF présent	*PARTICIPE présent*	*IMPÉRATIF*
Falloir	*n'existe pas*	*n'existe pas*
INFINITIF passé	*PARTICIPE passé*	
Avoir fallu	fallu *(invariable)*	

PLEUVOIR/*INDICATIF*

Présent	*Futur*	*Imparfait*	*Passé simple*
Il pleut	Il pleuvra	Il pleuvait	Il plut

SUBJONCTIF

Présent	*Passé*	*Imparfait*	*Plus-que-parfait*
Qu'il pleuve	Qu'il ait plu	Qu'il plût	Qu'il eût plu

CONDITIONNEL

Présent	*Passé*
Il pleuvrait	Il aurait plu

INFINITIF présent	*PARTICIPE présent*	*IMPÉRATIF*
Pleuvoir	Pleuvant	*n'existe pas*
INFINITIF passé	*PARTICIPE passé*	
Avoir plu	Plu *(invariable)*, ayant plu	

VERBES DU 3e GROUPE EN -IR : verbes du type DORMIR

INDICATIF

Présent	Futur	Imparfait	Passé simple
Je dors	Je dormirai	Je dormais	Je dormis
Tu dors	Tu dormiras	Tu dormais	Tu dormis
Il/elle dort	Il/elle dormira	Il/elle dormait	Il/elle dormit
Nous dormons	Nous dormirons	Nous dormions	Nous dormîmes
Vous dormez	Vous dormirez	Vous dormiez	Vous dormîtes
Ils/elles dorment	Ils/elles dormiront	Ils/elles dormaient	Ils/elles dormirent

Passé composé	Futur antérieur	Plus-que-parfait	Passé antérieur
J'ai dormi	J'aurai dormi	J'avais dormi	J'eus dormi

SUBJONCTIF

Présent	Passé	Imparfait	Plus-que-parfait
Que je dorme	Que j'aie dormi	Que je dormisse	Que j'eusse dormi
Que tu dormes	Que tu aies dormi	Que tu dormisses	Que tu eusses dormi
Qu'il/elle dorme	Qu'il/elle ait dormi	Qu'il/elle dormît	Qu'il/elle eût dormi
Que nous dormions	Que nous ayons dormi	Que nous dormissions	Que nous eussions dormi
Que vous dormiez	Que vous ayez dormi	Que vous dormissiez	Que vous eussiez dormi
Qu'ils/elles dorment	Qu'ils/elles aient dormi	Qu'ils/elles dormissent	Qu'ils/elles eussent dormi

CONDITIONNEL

Présent		Passé	
Je dormirais	Nous dormirions	J'aurais dormi	Nous aurions dormi
Tu dormirais	Vous dormiriez	Tu aurais dormi	Vous auriez dormi
Il/elle dormirait	Ils/elles dormiraient	Il/elle aurait dormi	Ils/elles auraient dormi

INFINITIF présent	PARTICIPE présent	IMPÉRATIF
Dormir	Dormant	Dors, dormons, dormez

INFINITIF passé	PARTICIPE passé	
Avoir dormi	Dormi (invariable), ayant dormi	

Remarques

Se conjuguent comme *dormir* : *consentir, démentir, endormir, mentir, pressentir, se repentir, ressentir, sentir.*

Ces verbes ont un radical qui se terminent par deux consonnes : do rm -ir, me nt -ir, se nt -ir…

Ils perdent, tous, la deuxième consonne **(m ou t)** au singulier présent de l'indicatif :

je dors, tu dors, il dort, je mens, tu mens, il ment, je sens, tu sens, il sent…

mais ils retrouvent cette deuxième consonne au présent pluriel et aux autres temps :

nous dorm-ons, nous ment-ons, vous sent-ez…

À la différence de la plupart des verbes du 3e groupe qui le forment sur le radical d'infinitif, le futur se forme sur l'infinitif complet **dormir + r** (marque du futur) **+ ai, as, a**…

Le participe passé est en « **-i** », **dormi**, et le passé simple se forme sur cette voyelle : **je dormis**…

VERBES DU 3ᵉ GROUPE EN -IR : verbes du type PARTIR

INDICATIF

Présent	Futur	Imparfait	Passé simple
Je pars	Je partirai	Je partais	Je partis
Tu pars	Tu partiras	Tu partais	Tu partis
Il/elle part	Il/elle partira	Il/elle partait	Il/elle partit
Nous partons	Nous partirons	Nous partions	Nous partîmes
Vous partez	Vous partirez	Vous partiez	Vous partîtes
Ils/elles partent	Ils/elles partiront	Ils/elles partaient	Ils/elles partirent

Passé composé	Futur antérieur	Plus-que-parfait	Passé antérieur
Je suis parti(e)	Je serai parti(e)	J'étais parti(e)	Je fus parti(e)

SUBJONCTIF

Présent	Passé	Imparfait	Plus-que-parfait
Que je parte	Que je sois parti(e)	Que je partisse	Que je fusse parti(e)
Que tu partes	Que tu sois parti(e)	Que tu partisses	Que tu fusses parti(e)
Qu'il/elle parte	Qu'il/elle soit parti(e)	Qu'il/elle partît	Qu'il/elle fût parti(e)
Que nous partions	Que nous soyons parti(e)s	Que nous partissions	Que nous fussions parti(e)s
Que vous partiez	Que vous soyez parti(e)(s)	Que vous partissiez	Que vous fussiez parti(e)(s)
Qu'ils/elles partent	Qu'ils/elles soient parti(e)s	Qu'ils/elles partissent	Qu'ils/elles fussent parti(e)s

CONDITIONNEL

Présent		Passé	
Je partirais	Nous partirions	Je serais parti(e)	Nous serions parti(e)s
Tu partirais	Vous partiriez	Tu serais parti(e)	Vous seriez parti(e)(s)
Il/elle partirait	Ils/elles partiraient	Il/elle serait parti(e)	Ils/elles seraient parti(e)s

INFINITIF présent	PARTICIPE présent	IMPÉRATIF
Partir	Partant	Pars, partons, partez
INFINITIF passé	**PARTICIPE passé**	
Être parti(e)(s)	Parti(e)(s), étant parti(e)(s)	

Remarques

Comme *dormir*, *part-ir* perd sa deuxième consonne au présent singulier : **je pars, tu pars, il part**.
Se conjuguent de même : *repartir, ressortir, sortir*.

Verbe de mouvement (déplacement du corps d'un point à un autre), *partir* (comme *sortir*) prend l'auxiliaire **être** aux formes composées.

Il forme le futur sur tout l'infinitif : **partir + ai, as, a**...

Le passé simple se forme sur la voyelle de participe passé « *i* » *(parti)* : *je partis*.

VERBES DU 3ᵉ GROUPE EN -IR : verbes du type SERVIR

INDICATIF

Présent	Futur	Imparfait	Passé simple
Je sers	Je servirai	Je servais	Je servis
Tu sers	Tu serviras	Tu servais	Tu servis
Il/elle sert	Il/elle servira	Il/elle servait	Il/elle servit
Nous servons	Nous servirons	Nous servions	Nous servîmes
Vous servez	Vous servirez	Vous serviez	Vous servîtes
Ils/elles servent	Ils/elles serviront	Ils/elles servaient	Ils/elles servirent
Passé composé	**Futur antérieur**	**Plus-que-parfait**	**Passé simple**
J'ai servi	J'aurai servi	J'avais servi	J'eus servi

SUBJONCTIF

Présent	Passé	Imparfait	Plus-que-parfait
Que je serve	Que j'aie servi	Que je servisse	Que j'eusse servi
Que tu serves	Que tu aies servi	Que tu servisses	Que tu eusses servi
Qu'il/elle serve	Qu'il/elle ait servi	Qu'il/elle servît	Qu'il/elle eût servi
Que nous servions	Que nous ayons servi	Que nous servissions	Que nous eussions servi
Que vous serviez	Que vous ayez servi	Que vous servissiez	Que vous eussiez servi
Qu'ils/elles servent	Qu'ils/elles aient servi	Qu'ils/elles servissent	Qu'ils/elles eussent servi

CONDITIONNEL

Présent		Passé	
Je servirais	Nous servirions	J'aurais servi	Nous aurions servi
Tu servirais	Vous serviriez	Tu aurais servi	Vous auriez servi
Il/elle servirait	Ils/elles serviraient	Il/elle aurait servi	Ils/elles auraient servi

INFINITIF présent	PARTICIPE présent	IMPÉRATIF
Servir	Servant	Sers, servons, servez
INFINITIF passé	**PARTICIPE passé**	
Avoir servi	Servi, ayant servi	

Remarques

Se conjuguent comme *servir* : *desservir, resservir*.

Comme *dormir* et *partir*, **serv-ir** perd la deuxième consonne de son radical au singulier de l'indicatif présent : **je sers, tu sers, il sert**...

Comme les autres verbes de ce type, *servir*, forme le futur sur tout l'infinitif : **servir + ai, as, as**...

Il forme son passé simple sur la voyelle de participe passé « *i* » (*servi*) : **je servis, tu servis**...

VERBES DU 3ᵉ GROUPE EN -IR : verbes du type VENIR

INDICATIF

Présent	Futur	Imparfait	Passé simple
Je viens	Je viendrai	Je venais	Je vins
Tu viens	Tu viendras	Tu venais	Tu vins
Il/elle vient	Il/elle viendra	Il/elle venait	Il/elle vint
Nous venons	Nous viendrons	Nous venions	Nous vînmes
Vous venez	Vous viendrons	Vous veniez	Vous vîntes
Ils/elles viennent	Ils/elles viendront	Ils/elles venaient	Ils/elles vinrent
Passé composé	**Futur antérieur**	**Plus-que-parfait**	**Passé antérieur**
Je suis venu(e)	Je serai venu(e)	J'étais venu(e)	Je fus venu(e)

SUBJONCTIF

Présent	Passé	Imparfait	Plus-que-parfait
Que je vienne	Que je sois venu(e)	Que je vinsse	Que je fusse venu(e)
Que tu viennes	Que tu sois venu(e)	Que tu vinsses	Que tu fusses venu(e)
Qu'il/elle vienne	Qu'il/elle soit venu(e)	Qu'il/elle vînt	Qu'il/elle fût venu(e)
Que nous venions	Que nous soyons venu(e)s	Que nous vinssions	Que nous fussions venu(e)s
Que vous veniez	Que vous soyez venu(e)(s)	Que vous vinssions	Que vous fussiez venu(e)(s)
Qu'ils/elles viennent	Qu'ils/elles soient venu(e)s	Qu'ils/elles vinssent	Qu'ils/elles fussent venu(e)s

CONDITIONNEL

Présent		Passé	
Je viendrais	Nous viendrions	Je serais venu(e)	Nous serions venu(e)s
Tu viendrais	Vous viendriez	Tu serais venu (e)	Vous seriez venu(e)(s)
Il/elle viendrait	Ils/elles viendraient	Il/elle serait venu(e)	Ils/elles seraient venu(e)s

INFINITIF présent	PARTICIPE passé	IMPÉRATIF
Venir	Venant	Viens, venons, venez
INFINITIF passé	**PARTICIPE présent**	
Être venu(e)(s)	Venu(e)(s), étant venu(e)(s)	

Remarques

Se conjuguent comme *venir* : *advenir, contrevenir, convenir, devenir, disconvenir, intervenir, parvenir, prévenir, provenir, revenir, se souvenir, subvenir, survenir.*

Ces verbes prennent tous l'auxiliaire **être** aux formes composées, sauf *contrevenir, prévenir, subvenir.* *Convenir* peut utiliser les deux auxiliaires. (Dans ce cas, le verbe change de sens.)

Se conjuguent également comme *venir*, *tenir* et ses composés : *s'abstenir, appartenir, contenir, détenir, entretenir, maintenir, obtenir, retenir, soutenir.*

Notez les différents radicaux : **ven-, vien-, vin-**.

Le futur : **viend-r-ai**…

Le passé simple : **je vins**…

VERBES DU 3ᵉ GROUPE EN -IR : verbes du type COURIR

INDICATIF

Présent	Futur	Imparfait	Passé simple
Je cours	Je courrai	Je courais	Je courus
Tu cours	Tu courras	Tu courais	Tu courus
Il/elle court	Il/elle courra	Il/elle courait	Il/elle courut
Nous courons	Nous courrons	Nous courions	Nous courûmes
Vous courez	Vous courrez	Vous couriez	Vous courûtes
Ils/elles courent	Ils/elles courront	Ils/elles couraient	Ils/elles coururent
Passé composé	**Futur antérieur**	**Plus-que-parfait**	**Passé antérieur**
J'ai couru	J'aurai couru	J'avais couru	J'eus couru

SUBJONCTIF

Présent	Passé	Imparfait	Plus-que-parfait
Que je coure	Que j'aie couru	Que je courusse	Que j'eusse couru
Que tu coures	Que tu aies couru	Que tu courusses	Que tu eusses couru
Qu'il/elle coure	Qu'il/elle ait couru	Qu'il/elle courût	Qu'il/elle eût couru
Que nous courions	Que nous ayons couru	Que nous courussions	Que nous eussions couru
Que vous couriez	Que vous ayez couru	Que vous courussiez	Que vous eussiez couru
Qu'ils/elles courent	Qu'ils/elles aient couru	Qu'ils/elles courussent	Qu'ils/elles eussent couru

CONDITIONNEL

Présent		Passé	
Je courrais	Nous courrions	J'aurais couru	Nous aurions couru
Tu courrais	Vous courriez	Tu aurais couru	Vous auriez couru
Il/elle courrait	Ils/elles courraient	Il/elle aurait couru	Ils/elles auraient couru

INFINITIF présent	PARTICIPE présent	IMPÉRATIF
Courir	Courant	Cours, courons, courez
INFINITIF passé	**PARTICIPE passé**	
Avoir couru	Couru, ayant couru	

Remarques

Se conjuguent comme *courir* : *accourir, concourir, discourir, parcourir, recourir, secourir.*
Notez les formes du futur et du conditionnel présent : ***cour-r-ai, cour-r-ais***...

VERBES DU 3ᵉ GROUPE EN -IR : verbes du type MOURIR

INDICATIF

Présent	Futur	Imparfait	Passé simple
Je meurs	Je mourrai	Je mourais	Je mourus
Tu meurs	Tu mourras	Tu mourais	Tu mourus
Il/elle meurt	Il/elle mourra	Il/elle mourait	Il/elle mourut
Nous mourons	Nous mourrons	Nous mourions	Nous mourûmes
Vous mourez	Vous mourrez	Vous mouriez	Vous mourûtes
Ils/elles meurent	Il/elles mourront	Ils/elles mouraient	Ils/elles moururent
Passé composé	**Futur antérieur**	**Plus-que-parfait**	**Passé antérieur**
Je suis mort(e)	Je serai mort(e)	J'étais mort(e)	Je fus mort(e)

SUBJONCTIF

Présent	Passé	Imparfait	Plus-que-parfait
Que je meure	Que je sois mort(e)	Que je mourusse	Que je fusse mort(e)
Que tu meures	Que tu sois mort(e)	Que tu mourusses	Que tu fusses mort(e)
Qu'il/elle meure	Qu'il/elle soit mort(e)	Qu'il/elle mourût	Qu'il/elle fût mort(e)
Que nous mourions	Que nous soyons mort(e)s	Que nous mourussions	Que nous fussions mort(e)s
Que vous mouriez	Que vous soyez mort(e)(s)	Que vous mourussiez	Que vous fussiez mort(e)(s)
Qu'ils/elles meurent	Qu'ils/elles soient mort(e)s	Qu'ils/elles mourussent	Qu'ils/elles fussent mort(e)s

CONDITIONNEL

Présent		Passé	
Je mourrais	Nous mourrions	Je serais mort(e)	Nous serions mort(e)s
Tu mourrais	Vous mourriez	Tu serais mort(e)	Vous seriez mort(e)(s)
Il/elle mourrait	Ils/elles mourraient	Il/elle serait mort(e)	Ils/elles seraient mort(e)s

INFINITIF présent	PARTICIPE présent	IMPÉRATIF
Mourir	Mourant	Meurs, mourons, mourez
INFINITIF passé	**PARTICIPE passé**	
Être mort(e)(s)	Mort(e)(s), étant mort(e)(s)	

Remarques

Notez l'alternance du radical : **meur-, mour-**, du présent de l'indicatif et du subjonctif.

Notez l'auxiliaire de ce verbe. Il se construit avec *être* aux formes composées.

Le futur et le conditionnel présent se forment sur le radical d'infinitif : **mour-** + **r** (lettre caractéristique du futur) + *-ai, as, a* ➜ *je mourrai*/+ *-ais, ais, ait* ➜ *je mourrais*.

VERBES DU 3e GROUPE EN -IR: verbes du type ACQUÉRIR

INDICATIF

Présent	Futur	Imparfait	Passé simple
J'acquiers	J'acquerrai	J'acquérais	J'acquis
Tu acquiers	Tu acquerras	Tu acquérais	Tu acquis
Il/elle acquiert	Il/elle acquerra	Il/elle acquérait	Il/elle acquit
Nous acquérons	Nous acquerrons	Nous acquérions	Nous acquîmes
Vous acquérez	Vous acquerrez	Vous acquériez	Vous acquîtes
Ils/elles acquièrent	Ils/elles acquerront	Ils/elles acquéraient	Ils/elles acquirent

Passé composé	Futur antérieur	Plus-que-parfait	Passé antérieur
J'ai acquis	J'aurai acquis	J'avais acquis	J'eus acquis

SUBJONCTIF

Présent	Passé	Imparfait	Plus-que-parfait
Que j'acquière	Que j'aie acquis	Que j'acquisse	Que j'eusse acquis
Que tu acquières	Que tu aies acquis	Que tu acquisses	Que tu eusses acquis
Qu'il/elle acquière	Qu'il/elle ait acquis	Qu'il/elle acquît	Qu'il/elle eût acquis
Que nous acquérions	Que nous ayons acquis	Que nous acquissions	Que nous eussions acquis
Que vous acquériez	Que vous ayez acquis	Que vous acquissiez	Que vous eussiez acquis
Qu'ils/elles acquièrent	Qu'ils/elles aient acquis	Qu'ils/elles acquissent	Qu'ils/elles eussent acquis

CONDITIONNEL

Présent		Passé	
J'acquerrais	Nous acquerrions	J'aurais acquis	Nous aurions acquis
Tu acquerrais	Vous acquerriez	Tu aurais acquis	Vous auriez acquis
Il/elle acquerrait	Ils/elles acquerraient	Il/elle aurait acquis	Ils/elles auraient acquis

INFINITIF présent	PARTICIPE présent	IMPÉRATIF
Acquérir	Acquérant	Acquiers, acquérons, acquérez

INFINITIF passé	PARTICIPE passé	
Avoir acquis	Acquis, ayant acquis	

Remarques

Se conjuguent comme *acquérir* : *conquérir, s'enquérir*.

Notez l'alternance **-quier-, quér-**, du radical.

Notez également les deux **-rr-** du futur et du conditionnel : ***j'acquerrai(s)***.

VERBES DU 3ᵉ GROUPE EN -IR : verbes du type OUVRIR

INDICATIF

Présent	Futur	Imparfait	Passé simple
J'ouvre	J'ouvrirai	J'ouvrais	J'ouvris
Tu ouvres	Tu ouvriras	Tu ouvrais	Tu ouvris
Il/elle ouvre	Il/elle ouvrira	Il/elle ouvrait	Il/elle ouvrit
Nous ouvrons	Nous ouvrirons	Nous ouvrions	Nous ouvrîmes
Vous ouvrez	Vous ouvrirez	Vous ouvriez	Vous ouvrîtes
Ils/elles ouvrent	Ils/elles ouvriront	Ils/elles ouvraient	Ils/elles ouvrirent
Passé composé	**Futur antérieur**	**Plus-que-parfait**	**Passé antérieur**
J'ai ouvert	J'aurai ouvert	J'avais ouvert	J'eus ouvert

SUBJONCTIF

Présent	Passé	Imparfait	Plus-que parfait
Que j'ouvre	Que j'aie ouvert	Que j'ouvrisse	Que j'eusse ouvert
Que tu ouvres	Que tu aies ouvert	Que tu ouvrisses	Que tu eusses ouvert
Qu'il/elle ouvre	Qu'il/elle ait ouvert	Qu'il/elle ouvrît	Qu'il/elle eût ouvert
Que vous ouvrions	Que nous ayons ouvert	Que nous ouvrissions	Que nous eussions ouvert
Que vous ouvriez	Que vous ayez ouvert	Que vous ouvrissiez	Que vous eussiez ouvert
Qu'ils/elles ouvrent	Qu'ils/elles aient ouvert	Qu'ils/elles ouvrissent	Qu'ils/elles eussent ouvert

CONDITIONNEL

Présent		Passé	
J'ouvrirais	Nous ouvririons	J'aurais ouvert	Nous aurions ouvert
Tu ouvrirais	Vous ouvririez	Tu aurais ouvert	Vous auriez ouvert
Il/elle ouvrirait	Ils/elles ouvriraient	Il/elle aurait ouvert	Ils/elles auraient ouvert

INFINITIF présent	PARTICIPE présent	IMPÉRATIF
Ouvrir	Ouvrant	Ouvre, ouvrons, ouvrez
INFINITIF passé	**PARTICIPE passé**	
Avoir ouvert	Ouvert, ayant ouvert	

Remarques

Se conjuguent comme *ouvrir* : *couvrir, découvrir, offrir, recouvrir, souffrir.*

Notez les terminaisons identiques à celles du 1ᵉʳ groupe à l'indicatif présent, au subjonctif présent et à l'impératif.

Le futur se forme sur l'infinitif : ***j'ouvrir-ai, as, a, ons…***

Attention au participe passé : ***ouvert(e)(s).***

VERBES DU 3e GROUPE EN -IR : verbes du type CUEILLIR

INDICATIF

Présent	Futur	Imparfait	Passé simple
Je cueille	Je cueillerai	Je cueillais	Je cueillis
Tu cueilles	Tu cueilleras	Tu cueillais	Tu cueillis
Il/elle cueille	Il/elle cueillera	Il/elle cueillait	Il/elle cueillit
Nous cueillons	Nous cueillerons	Nous cueillions	Nous cueillîmes
Vous cueillez	Vous cueillerez	Vous cueilliez	Vous cueillîtes
Ils/elles cueillent	Ils/elles cueilleront	Ils/elles cueillaient	Ils/elles cueillirent
Passé composé	Futur antérieur	Plus-que-parfait	Passé antérieur
J'ai cueilli	J'aurai cueilli	J'avais cueilli	J'eus cueilli

SUBJONCTIF

Présent	Passé	Imparfait	Plus-que-parfait
Que je cueille	Que j'aie cueilli	Que je cueillisse	Que j'eusse cueilli
Que tu cueilles	Que tu aies cueilli	Que tu cueillisses	Que tu eusses cueilli
Qu'il/elle cueille	Qu'il/elle ait cueilli	Qu'il/elle cueillît	Qu'il/elle eût cueilli
Que nous cueillions	Que nous ayons cueilli	Que nous cueillissions	Que nous eussions cueilli
Que vous cueilliez	Que vous ayez cueilli	Que vous cueillissiez	Que vous eussiez cueilli
Qu'ils/elles cueillent	Qu'ils/elles aient cueilli	Qu'ils/elles cueillissent	Qu'ils/elles eussent cueilli

CONDITIONNEL

Présent		Passé	
Je cueillerais	Nous cueillerions	J'aurais cueilli	Nous aurions cueilli
Tu cueillerais	Vous cueilleriez	Tu aurais cueilli	Vous auriez cueilli
Il/elle cueillerait	Ils/elles cueilleraient	Il/elle aurait cueilli	Ils/elles auraient cueilli

INFINITIF présent	PARTICIPE présent	IMPÉRATIF
Cueillir	Cueillant	Cueille, cueillons, cueillez
INFINITIF passé	PARTICIPE passé	
Avoir cueilli	Cueilli, ayant cueilli	

Remarques

Se conjuguent comme *cueillir* : *accueillir, recueillir*.

Notez que ce verbe a les terminaisons des verbes du 1er groupe à l'indicatif présent, au subjonctif présent, au futur, au conditionnel, à l'impératif.

Les formes différentes sont celles du participe passé *(cueilli)* et du passé simple *(je cueillis…)*.

VERBES DU 3ᵉ GROUPE EN -IR : verbes du type TRESSAILLIR

INDICATIF

Présent	Futur	Imparfait	Passé simple
Je tressaille	Je tressaillirai	Je tressaillais	Je tressaillis
Tu tressailles	Tu tressailliras	Tu tressaillais	Tu tressaillis
Il/elle tressaille	Il/elle tressaillira	Il/elle tressaillait	Il/elle tressaillit
Nous tressaillons	Nous tressaillirons	Nous tressaillions	Nous tressaillîmes
Vous tressaillons	Vous tressaillirez	Vous tressailliez	Vous tressaillîtes
Ils/elles tressaillent	Ils/elles tressailliront	Ils/elles tressaillaient	Ils/elles tressaillirent

Passé composé	Futur antérieur	Plus-que-parfait	Passé antérieur
J'ai tressailli	J'aurai tressailli	J'avais tressailli	J'eus tressailli

SUBJONCTIF

Présent	Passé	Imparfait	Plus-que-parfait
Que je tressaille	Que j'aie tressailli	Que je tressaillisse	Que j'eusse tressailli
Que tu tressailles	Que tu aies tressailli	Que tu tressaillisses	Que tu eusses tressailli
Qu'il/elle tressaille	Qu'il/elle ait tressailli	Qu'il/elle tressaillît	Qu'il/elle eût tressailli
Que nous tressaillions	Que nous ayons tressailli	Que nous tressaillissions	Que nous eussions tressailli
Que vous tressailliez	Que vous ayez tressailli	Que vous tressaillissiez	Que vous eussiez tressailli
Qu'ils/elles tressaillent	Qu'ils/elles aient tressailli	Qu'ils/elles tressaillissent	Qu'ils/elles eussent tressailli

CONDITIONNEL

Présent		Passé	
Je tressaillirais	Nous tressaillirions	J'aurais tressailli	Nous aurions tressailli
Tu tressaillirais	Vous tressailliriez	Tu aurais tressailli	Vous auriez tressailli
Il/elle tressaillirait	Ils/elles tressailliraient	Il/elle aurait tressailli	Ils/elles auraient tressailli

INFINITIF présent	PARTICIPE présent	IMPÉRATIF
Tressaillir	Tressaillant	Tressaille, tressaillons, tressaillez
INFINITIF passé	**PARTICIPE passé**	
Avoir tressailli	Tressailli (*invariable*), ayant tressailli	

Remarques

Se conjuguent comme *tressaillir* : *assaillir, défaillir*.

Ces verbes ont des terminaisons de 1ᵉʳ groupe au présent (indicatif, subjonctif) et à l'impératif.

Le futur se forme sur l'infinitif : *je tressaillir-ai, as*…

Le verbe *faillir* s'utilise principalement comme semi-auxiliaire : ***j'ai failli tomber*** (= j'ai été sur le point de tomber, mais je ne suis pas tombé(e)). C'est un verbe défectif. Il ne possède qu'un futur : ***je faillirai***, un passé composé, ***j'ai failli***, et un passé simple, ***je faillis***.

VERBES DU 3ᵉ GROUPE EN -IR : verbes du type FUIR

INDICATIF

Présent	Futur	Imparfait	Passé simple
Je fuis	Je fuirai	Je fuyais	Je fuis
Tu fuis	Tu fuiras	Tu fuyais	Tu fuis
Il/elle fuit	Il/elle fuira	Il/elle fuyait	Il/elle fuit
Nous fuyons	Nous fuirons	Nous fuyions	Nous fuîmes
Vous fuyez	Vous fuirez	Vous fuyiez	Vous fuîtes
Ils/elles fuient	Ils/elles fuiront	Ils/elles fuyaient	Ils/elles fuirent

Passé composé	Futur antérieur	Plus-que-parfait	Passé antérieur
J'ai fui	J'aurai fui	J'avais fui	J'eus fui

SUBJONCTIF

Présent	Passé	Imparfait	Plus-que-parfait
Que je fuie	Que j'aie fui	Que je fuisse	Que j'eusse fui
Que tu fuies	Que tu aies fui	Que tu fuisses	Que tu eusses fui
Qu'il/elle fuie	Qu'il/elle ait fui	Qu'il/elle fuît	Qu'il eût fui
Que nous fuyions	Que nous ayons fui	Que nous fuissions	Que nous eussions fui
Que vous fuyiez	Que vous ayez fui	Que vous fuissiez	Que vous eussiez fui
Qu'ils/elles fuient	Qu'ils/elles aient fui	Qu'ils/elles fuissent	Qu'ils/elles eussent fui

CONDITIONNEL

Présent		Passé	
Je fuirais	Nous fuirions	J'aurais fui	Nous aurions fui
Tu fuirais	Vous fuiriez	Tu aurais fui	Vous auriez fui
Il/elle fuirait	Ils/elles fuiraient	Il/elle aurait fui	Ils/elles auraient fui

INFINITIF présent	PARTICIPE présent	IMPÉRATIF
Fuir	Fuyant	Fuis, fuyons, fuyez
INFINITIF passé	**PARTICIPE passé**	
Avoir fui	Fui (invariable), ayant fui	

Remarque

Se conjugue de même : s'enfuir.

VERBES DU 3ᵉ GROUPE EN -IR : verbes du type BOUILLIR

INDICATIF

Présent	Futur	Imparfait	Passé simple
Je bous	Je bouillirai	Je bouillais	Je bouillis
Tu bous	Tu bouilliras	Tu bouillais	Tu bouillis
Il/elle bout	Il/elle bouillira	Il/elle bouillait	Il/elle bouillit
Nous bouillons	Nous bouillirons	Nous bouillions	Nous bouillîmes
Vous bouillez	Vous bouillirez	Vous bouilliez	Vous bouillîtes
Ils/elles bouillent	Ils/elles bouilliront	Ils/elles bouillaient	Ils/elles bouillirent
Passé composé	**Futur antérieur**	**Plus-que-parfait**	**Passé antérieur**
J'ai bouilli	J'aurai bouilli	J'avais bouilli	J'eus bouilli

SUBJONCTIF

Présent	Passé	Imparfait	Plus-que-parfait
Que je bouille	Que j'aie bouilli	Que je bouillisse	Que j'eusse bouilli
Que tu bouilles	Que tu aies bouilli	Que tu bouillisses	Que tu eusses bouilli
Qu'il/elle bouille	Qu'il/elle ait bouilli	Qu'il/elle bouillît	Qu'il/elle eût bouilli
Que nous bouillions	Que nous ayons bouilli	Que nous bouillissions	Que nous eussions bouilli
Que vous bouilliez	Que vous ayez bouilli	Que vous bouillissiez	Que vous eussiez bouilli
Qu'ils/elles bouillent	Qu'ils/elles aient bouilli	Qu'ils/elles bouillissent	Qu'ils/elles eussent bouilli

CONDITIONNEL

Présent		Passé	
Je bouillirais	Nous bouillirions	J'aurais bouilli	Nous aurions bouillir
Tu bouillirais	Vous bouilliriez	Tu aurais bouilli	Vous auriez bouilli
Il/elle bouillirait	Ils/elles bouilliraient	Il/elle aurait bouilli	Ils/elles auraient bouilli

INFINITIF présent	PARTICIPE présent	IMPÉRATIF
Bouillir	Bouillant	Bous, bouillons, bouillez
INFINITIF passé	**PARTICIPE passé**	
Avoir bouilli	Bouilli, ayant bouilli	

VERBES DU 3e GROUPE EN -IR : verbes du type VÊTIR

INDICATIF

Présent	Futur	Imparfait	Passé simple
Je vêts	Je vêtirai	Je vêtais	Je vêtis
Tu vêts	Tu vêtiras	Tu vêtais	Tu vêtis
Il/elle vêt	Il/elle vêtira	Il/elle vêtait	Il/elle vêtit
Nous vêtons	Nous vêtirons	Nous vêtions	Nous vêtîmes
Vous vêtez	Vous vêtirez	Vous vêtiez	Vous vêtîtes
Ils/elles vêtent	Ils/elles vêtiront	Ils/elles vêtaient	Ils/elles vêtirent

Passé composé	Futur antérieur	Plus-que-parfait	Passé antérieur
J'ai vêtu	J'aurai vêtu	J'avais vêtu	J'eus vêtu

SUBJONCTIF

Présent	Passé	Imparfait	Plus-que-parfait
Que je vête	Que j'aie vêtu	Que je vêtisse	Que j'eusse vêtu
Que tu vêtes	Que tu aies vêtu	Que tu vêtisses	Que tu eusses vêtu
Qu'il/elle vête	Qu'il/elle ait vêtu	Qu'il/elle vêtît	Qu'il/elle eût vêtu
Que nous vêtions	Que nous ayons vêtu	Que nous vêtissions	Que nous eussions vêtu
Que vous vêtiez	Que vous ayez vêtu	Que vous vêtissiez	Que vous eussiez vêtu
Qu'ils/elles vêtent	Qu'ils/elles aient vêtu	Qu'ils/elles vêtissent	Qu'ils/elles eussent vêtu

CONDITIONNEL

Présent		Passé	
Je vêtirais	Nous vêtirions	J'aurais vêtu	Nous aurions vêtu
Tu vêtirais	Vous vêtiriez	Tu aurais vêtu	Vous auriez vêtu
Il/elle vêtirait	Ils/elles vêtiraient	Il/elle aurait vêtu	Ils/elles auraient vêtu

INFINITIF présent	PARTICIPE présent	IMPÉRATIF
Vêtir	Vêtant	Vêts, vêtons, vêtez
INFINITIF passé	**PARTICIPE passé**	
Avoir vêtu	Vêtu, ayant vêtu	

Remarque

Se conjuguent de même : *dévêtir, revêtir*.

Index de la conjugaison

A

abattre p. 352
aboyer p. 340
accourir p. 381
accroître p. 350
accueillir p. 385
acheter p. 341
achever p. 341
acquérir p. 383
adjoindre p. 346
admettre p. 351
adoucir p. 343
advenir p. 380
affaiblir p. 343
affermir p. 343
agir p. 343
agrandir p. 343
aller p. 337
alourdir p. 343
aménager p. 340
amener p. 341
amonceler p. 341
apercevoir p. 367
aplanir p. 343
aplatir p. 343
apparaître p. 350
appartenir p. 380
appauvrir p. 343
appeler p. 341
applaudir p. 343
apprécier p. 341
apprendre p. 344
approfondir p. 343
appuyer p. 340
arranger p. 340
arrondir p. 343
assaillir p. 386
assainir p. 343
asseoir p. 375
assombrir p. 343
assourdir p. 343

astreindre p. 346
atteindre p. 346
attendre p. 345
attendrir p. 343
avancer p. 340
avertir p. 343
avoir p. 336

B

bâtir p. 342
battre p. 352
bégayer p. 340
blanchir p. 343
blêmir p. 343
boire p. 362
bondir p. 343
bouger p. 340
bouillir p. 388
brunir p. 343

C

ceindre p. 346
choisir p. 343
combattre p. 352
commencer p. 340
commettre p. 351
comparaître p. 350
compléter p. 341
comprendre p. 344
compromettre p. 351
concevoir p. 367
conclure p. 365
concourir p. 381
conduire p. 357
confondre p. 345
congeler p. 341
connaître p. 350
conquérir p. 383
consentir p. 377

construire p. 357
contenir p. 380
contraindre p. 346
contredire p. 354
contrevenir p. 380
convaincre p. 366
convenir p. 380
correspondre p. 345
corrompre p. 345
coudre p. 348
courir p. 381
couvrir p. 384
craindre p. 346
créer p. 341
croire p. 361
croître p. 350
cueillir p. 385
cuire p. 357

D

déceler p. 341
décevoir p. 367
découvrir p. 384
décrire p. 358
décroître p. 350
déduire p. 357
défaillir p. 386
défaire p. 338
défendre p. 345
définir p. 343
dégeler p. 341
démanteler p. 341
déménager p. 340
démentir p. 377
démolir p. 343
dépendre p. 345
déplaire p. 363
déranger p. 340
descendre p. 345
désobéir p. 343

desservir p. 379
déteindre p. 346
détendre p. 345
détenir p. 380
détruire p. 357
devenir p. 380
dévêtir p. 389
devoir p. 369
dire p. 354
disconvenir p. 380
discourir p. 381
disjoindre p. 346
disparaître p. 350
dissoudre p. 347
distendre p. 345
distinguer p. 341
distraire p. 364
dormir p. 377
durcir p. 343

E

éblouir p. 343
éclaircir p. 343
écrire p. 358
effacer p. 340
effrayer p. 340
élargir p. 343
élire p. 355
embellir p. 343
émettre p. 351
émouvoir p. 374
employer p. 340
endormir p. 377
enduire p. 357
endurcir p. 343
enfouir p. 343
enfreindre p. 346
engager p. 340
engourdir p. 343
enlaidir p. 343

ennuyer p. 340
enrichir p. 343
entendre p. 345
entreprendre p. 344
entretenir p. 380
entrevoir p. 368
envahir p. 343
envoyer p. 340
épaissir p. 343
épanouir p. 343
épeler p. 341
épousseter p. 341
espérer p. 341
essayer p. 340
essuyer p. 340
établir p. 343
éteindre p. 346
étendre p. 345
étinceler p. 341
étiqueter p. 341
être p. 335
étreindre p. 346
étudier p. 341
exclure p. 365
extraire p. 364

F

faiblir p. 343
faillir p. 386
faire p. 338
falloir p. 376
fatiguer p. 341
feindre p. 346
fendre p. 345
feuilleter p. 341
ficeler p. 341
finir p. 343
fleurir p. 343
fondre p. 345
fournir p. 343
fraîchir p. 343
franchir p. 343
frémir p. 343
fuir p. 387

G

garantir p. 343
garnir p. 343
geindre p. 346
geler p. 341
gémir p. 343
grandir p. 343
grossir p. 343
guérir p. 343

H

haleter p. 341
harceler p. 341

I

inclure p. 365
induire p. 357
inscrire p. 358
instruire p. 357
interdire p. 354
interrompre p. 345
intervenir p. 380
introduire p. 357

J

jaillir p. 343
jaunir p. 343
jeter p. 341
joindre p. 346

L

lever p. 341
lire p. 355
luire p. 357

M

maigrir p. 343
maintenir p. 380
manger p. 340
marteler p. 341
maudire p. 354
médire p. 354
menacer p. 340
mener p. 341
mentir p. 377
mettre p. 351
mincir p. 343
modeler p. 341
mordre p. 345
moudre p. 349
mourir p. 382
mouvoir p. 374
mûrir p. 343

N

nager p. 340
naître p. 350
naviguer p. 341
nettoyer p. 340
noircir p. 343
nourrir p. 343
noyer p. 340
nuire p. 357

O

obéir p. 343
obscurcir p. 343
obtenir p. 380
offrir p. 384
omettre p. 351
oublier p. 341
ouvrir p. 384

P

pâlir p. 343
paraître p. 350
parcourir p. 381
parler p. 339
partir p. 378

parvenir p. 380
payer p. 340
peindre p. 346
peler p. 341
pendre p. 345
percevoir p. 367
perdre p. 345
permettre p. 351
peser p. 341
placer p. 340
plaindre p. 346
plaire p. 363
pleuvoir p. 376
pondre p. 345
poursuivre p. 359
pourvoir p. 368
pouvoir p. 370
prédire p. 354
préférer p. 341
prendre p. 344
prescrire p. 358
pressentir p. 377
prétendre p. 345
prévaloir p. 372
prévenir p. 380
prévoir p. 368
prier p. 341
produire p. 357
promettre p. 351
promouvoir p. 374
proscrire p. 358
provenir p. 380
punir p. 343

R

raccourcir p. 343
racheter p. 341
rafraîchir p. 343
raidir p. 343
rajeunir p. 343
ralentir p. 343
ramener p. 341
ranger p. 340
rayer p. 340

receler p. 341
recevoir p. 367
reconnaître p. 350
recourir p. 381
recouvrir p. 384
recueillir p. 385
réduire p. 357
refaire p. 338
réfléchir p. 343
refroidir p. 343
rejoindre p. 346
réjouir p. 343
relever p. 341
relire p. 355
remercier p. 341
remettre p. 351
remplir p. 343
rendre p. 345
renouveler p. 341
répandre p. 345
repartir p. 378
répéter p. 341
répondre p. 345
reprendre p. 344
résoudre p. 347
resplendir p. 343
ressemeler p. 341
ressentir p. 377
resservir p. 379
ressortir p. 378
restreindre p. 346

rétablir p. 343
retenir p. 380
retentir p. 343
rétrécir p. 343
réunir p. 343
réussir p. 343
revenir p. 380
revêtir p. 389
rire p. 353
rompre p. 345
rougir p. 343
roussir p. 343
ruisseler p. 341

S

saisir p. 343
salir p. 343
satisfaire p. 338
savoir p. 373
se complaire p. 363
se démener p. 341
se méprendre p. 344
se repentir p. 377
se souvenir p. 380
s'abstenir p. 380
s'enfuir p. 387
s'enquérir p. 383
s'ensuivre p. 359
s'éprendre p. 344

s'évanouir p.343
secourir p. 381
séduire p. 357
semer p. 341
sentir p. 377
servir p. 379
sortir p. 378
souffrir p. 384
soulever p. 341
soumettre p. 351
sourire p. 353
souscrire p. 358
sous-entendre p. 345
soustraire p. 364
soutenir p. 380
subir p. 343
subvenir p. 380
suffire p. 356
suivre p. 359
surgir p. 343
surprendre p. 344
survenir p. 380
survivre p. 360
suspendre p. 345

T

taire p. 363
teindre p. 346
tendre p. 345

tenir p. 380
tordre p. 345
tournoyer p. 340
tracer p. 340
traduire p. 357
trahir p. 343
traire p. 364
transcrire p. 358
transmettre p. 351
tressaillir p. 386
tutoyer p. 340

U

unir p. 343

V

vaincre p. 366
valoir p. 372
vendre p. 345
venir p. 380
verdir p. 343
vernir p. 343
vêtir p. 389
vivre p. 360
voir p. 368
vomir p. 343
vouloir p. 371
vouvoyer p. 340

Les verbes (les plus fréquents) et leurs constructions

A

ACCEPTER	qqch	▌ *Acceptez toutes mes excuses pour ce retard.*
	de + inf.	▌ *Il a accepté de changer de place avec moi.*
	que + subj.	▌ *Je n'accepte pas que tu sortes toute seule le soir.*
ACCUSER	qqn de faire qqch	▌ *Il a accusé son voisin d'avoir maltraité son chien.*
	qqn de qqch	▌ *Il l'a accusé de mauvais traitements.*
ACHETER	qqch	▌ *Elle a acheté un manteau ravissant pour 50 euros.*
ADMETTRE	qqch	▌ *Tu dois admettre ton erreur.*
	de + inf.	▌ *Il n'admet pas de se tromper, il déteste avoir tort.*
	que + ind.	▌ *J'admets (= je reconnais) qu'il est beau mais ce n'est pas mon genre d'homme.*
	que + subj.	▌ *Je n'admets pas (= je n'accepte pas) que tu dises des mensonges.*
ADORER	qqn	▌ *J'adore mon cousin François, il est fantastique.*
	qqch	▌ *J'adore les pizzas aux champignons.*
	+ inf.	▌ *Ma fille adore manger au MacDo.*
	que + subj.	▌ *Elle adore qu'on aille camper tous les étés.*
ADRESSER	qqch à qqn	▌ *Adressez cette lettre au directeur commercial.*
S'ADRESSER	à qqn (ou qqch « personnalisé »)	▌ *Pour tout renseignement, adressez-vous au monsieur en face.* ▌ *Adressez-vous au guichet n° 4 ; au garage Renault.*
AFFIRMER	qqch	▌ *L'accusé affirma son innocence.*
	+ inf.	▌ *Il m'a affirmé avoir posté ma lettre mais j'ai des doutes !*
	que + ind.	▌ *Elle a affirmé qu'hier, elle était au lit avec la grippe.*
AGIR		▌ *On ne doit pas se laisser faire : il faut agir !*
IL S'AGIT	de + nom	▌ *Dans ce roman, il s'agit d'une femme un peu étrange qui voyage...*
	de + inf.	▌ *Si tu veux passer ce concours, il s'agit de travailler un peu plus.*
AIDER	qqn à faire qqch	▌ *Je vais vous aider à repeindre la cuisine si vous voulez.*
AIMER	qqch	▌ *J'aime beaucoup la peinture moderne.*
	qqn	▌ *Tu aimes Guillaume ou tu préfères Romain ?*
	+ inf.	▌ *J'aimerais avoir un petit renseignement, s'il vous plaît.*
	que + subj.	▌ *J'aimerais bien que tu viennes avec nous au ski.*
	mieux qqch que qqch	▌ *J'aime mieux les pois de senteur que les roses.*
ALLER	à, en, au... + lieu	▌ *Va à l'épicerie et rapporte-moi un litre d'huile d'olive. Vas-y vite !*
	chez + personne	▌ *Tu as les cheveux trop longs, va chez le coiffeur.*
S'EN ALLER		▌ *Ce soir, je m'en irai un peu plus tôt, j'ai rendez-vous chez le dentiste.* ▌ *Tu me fatigues ! Allez, va-t'en !*

AMENER	qqn	■ *Qui amène la petite à l'école ce matin ? Toi ou moi ?*
AMUSER	qqn	■ *Cette pièce est très drôle, elle nous a beaucoup amusés.*
S'AMUSER		■ *Vous êtes contents de votre soirée ? Vous vous êtes bien amusés ?*
	de qqch	■ *Elle est gaie, elle s'amuse d'un rien.*
ANNONCER	qqch à qqn	■ *Tu as annoncé cette bonne nouvelle à tes parents ?*
	que + ind.	■ *Comme il ne nous avait pas annoncé qu'il s'en allait, nous avon* *été très surpris.*
APERCEVOIR	qqch	■ *Si vous regardez bien, vous pouvez apercevoir un petit bout de la* *tour Eiffel, là, au fond à gauche.*
	qqn	■ *Hier, j'ai aperçu Ingrid dans la rue mais elle ne m'a pas vu(e).*
S'APERCEVOIR	de qqch	■ *Je me suis aperçu(e) de mon erreur mais trop tard.*
	que + ind.	■ *Quand s'est-elle aperçue que sa bague avait disparu ?*
APPARTENIR	à qqn	■ *Ce manteau n'est pas à moi, il appartient à mon frère.*
APPELER	qqn	■ *Appelle le médecin, j'ai très mal au ventre.*
		■ *On s'appelle ce soir, d'accord ?*
	qqch	■ *Pour tout renseignement, appelez le 01 55 64 76 87*
S'APPELER	+ nom propre	■ *Ce beau jeune homme s'appelle Bruno Lombardini.*
APPORTER	qqch à qqn	■ *Elle m'a apporté un cadeau de Suède, j'étais très ému(e).*
APPRENDRE	qqch	■ *J'apprends le grec moderne.*
	qqch à qqn	■ *Il nous a appris la nouvelle par téléphone.*
	à faire qqch à qqn	■ *J'ai appris à lire à mes deux petites sœurs.*
	à + inf.	■ *Où as-tu appris à parler français ?*
	que + ind.	■ *Vous avez appris qu'ils vivaient en Écosse maintenant ?*
ARRÊTER		■ *Arrête un peu, tu nous casses la tête avec ta musique !*
	qqn	■ *La police a arrêté deux suspects.*
	qqch	■ *Arrêtez ce bruit, les enfants ; ça me fatigue.*
	de + inf.	■ *Et arrêtez aussi de vous disputer sans arrêt.*
S'ARRÊTER		■ *La voiture ne s'est pas arrêtée au feu rouge.*
	de + inf.	■ *Il est terrible, il ne peut pas s'arrêter de boire quand il commence.*
ARRIVER		■ *Vous arriverez à quelle heure ?*
	à qqch	■ *Ça y est, nous voilà enfin arrivés au but !*
	à + inf.	■ *Personne n'arrive à comprendre cet exercice.*
IL ARRIVE	qqch à qqn	■ *Il m'est arrivé une drôle d'histoire hier matin.*
	à qqn de + inf.	■ *Il peut arriver à tout le monde de se tromper.*
	que + ind.	■ *Il arriva qu'un jour, la princesse rencontra un charmant valet.*
	que + subj.	■ *Il arrive parfois que l'on soit de mauvaise humeur sans raison.*
ASSISTER	à qqch	■ *Vous allez assister à la réunion jusqu'à la fin ?*
ASSURER	qqch	■ *Tu as pensé à assurer la voiture ?*
	qqn de qqch	■ *Il nous a assurés de son aide en cas de difficulté.*
	que + ind. ou condit.	■ *Il nous a assurés qu'il nous aiderait en cas de besoin.*

S'ASSURER	de qqch	▌ *Assurez-vous des dates exactes des examens.*
	de + inf.	▌ *Avant de descendre du train, assurez-vous de n'avoir rien oublié.*
	que + ind.	▌ *Le soir, il s'assure toujours que tout est bien fermé.*
ATTACHER	qqch	▌ *Attachez votre ceinture et redressez votre siège.*
	qqn	▌ *Attache bien le bébé, sinon il va tomber de sa poussette.*
S'ATTACHER	à qqch	▌ *Ils vivent à Marseille et ils se sont beaucoup attachés à cette ville.*
	à qqn	▌ *Ils se sont aussi attachés aux Marseillais.*
ATTEINDRE	qqch	▌ *Il a atteint la ligne d'arrivée en moins de dix secondes.*
	qqn	▌ *Ces scandales ont atteint plusieurs hommes politiques* (= touché)
ATTENDRE	qqch	▌ *J'attends les résultats de l'examen.*
	qqch pour + inf.	▌ *Qu'est-ce que tu attends pour te décider ?*
	qqn	▌ *Tu attends Marianne ? Elle est déjà partie.*
	de + inf.	▌ *J'attends d'être à la maison pour lui téléphoner.*
	que + subj.	▌ *Elle attend toujours qu'on fasse les choses à sa place.*
S'ATTENDRE	à qqch	▌ *Personne ne s'attendait à ce changement politique : quelle surprise !*
	à + inf.	▌ *Il s'attend à être récompensé au Festival de Cannes.*
	à ce que + subj.	▌ *On s'attend à ce que les hostilités reprennent entre les deux pays.*
AUGMENTER		▌ *Le coût de la vie a beaucoup augmenté cette année.*
	de + quantité	▌ *Le coût de la vie a augmenté de 2,3 % en six mois.*
	qqch	▌ *La pollution augmente les risques de maladies respiratoires.*
AUTORISER	qqch	▌ *Pour cet examen, on autorise les dictionnaires.*
	qqn à + inf.	▌ *J'autorise mon fils Jonathan à quitter le lycée à 16 h.*
AVERTIR	qqn de qqch	▌ *Il avait averti les élèves de son absence.*
	qqn de + inf.	▌ *Je t'ai cent fois averti de bien faire attention, mais tu n'écoutes rien !*
	qqn que + ind.	▌ *Qui t'a averti que la réunion avait été annulée ?*
AVOIR	qqch	▌ *Il a un appartement dans l'île Saint-Louis.*
		▌ *J'ai beaucoup de travail cette semaine.*
	+ âge	▌ *Elle a une trentaine d'années.*
	qqch à + inf.	▌ *Tu n'as rien à faire ? Alors, viens m'aider.*
LOCUTIONS AVEC LE VERBE AVOIR		▌ *avoir faim, avoir soif, avoir peur (de), avoir mal (à), avoir froid, avoir chaud, avoir envie de, avoir besoin de, avoir beau (+ inf.)…*
N'AVOIR QU'À	+ inf.	▌ *Si tu n'es pas content, tu n'as qu'à le dire !*
		▌ *Si on s'est trompé, il n'y a qu'à recommencer.*
AVOUER		▌ *La règle d'or des coupables : n'avouez jamais !*
	qqch à qqn	▌ *Il n'aime pas avouer ses erreurs à ses amis.*
	+ inf.	▌ *Il a avoué avoir volé des livres quand il était étudiant.*
	que + ind.	▌ *Il a fini par avouer qu'il avait joué aux courses et perdu.*

B

BAISSER		▌ *Le prix de l'essence va baisser.*
	de (+ chiffre)	▌ *Il paraît que le prix de l'essence va baisser de plusieurs euros.*
	qqch	▌ *Baisse la tête, tu vas te cogner !*

BLÂMER	qqn ou qqch	▌*J'avais mal agi : on m'a blâmé. On a blâmé ma conduite.*
	qqn de + inf.	▌*On m'a blâmé d'avoir mal agi.*
BOUGER		▌*Tiens-toi tranquille une minute, ne bouge pas tout le temps !*
	qqch	▌*J'ai un torticolis, je ne peux plus bouger la tête.*
BRÛLER		▌*Le bois brûlait dans la cheminée.*
	qqch	▌*J'aime brûler de l'encens pour parfumer la maison.*
SE BRÛLER		▌*Chaque fois que j'utilise le four, je me brûle.*

C

CACHER	qqn	▌*Mes grands-parents ont caché de nombreux réfugiés pendant la guerre.*
	qqch	▌*Elle cache ses billets de banque entre les pages d'un dictionnaire…*
	qqch à qqn	▌*Elle a caché ses projets de voyage à ses amis.*
	à qqn que + ind.	▌*Elle a caché à ses parents qu'elle avait participé à une rave party.*
SE CACHER		▌*Quand nous étions petits, nous jouions souvent à cache-cache dans la maison ; nous nous cachions sous les lits, derrière des fauteuils, dans la penderie.*
	de qqn	▌*Les lycéens fumaient en se cachant de leurs professeurs.*
	de + inf.	▌*Elle ne se cache pas d'avoir eu dans sa jeunesse certaines sympathies pour ce mouvement politique.*
		▌*Elle déteste ses voisins et elle ne s'en cache pas.*
CASSER	qqch	▌*Mon mari est très maladroit ; il casse tout ce qu'il touche.*
SE CASSER	qqch	▌*Je me suis cassé la jambe en faisant du ski.*
CAUSER	qqch	▌*L'imprudence du conducteur a causé cet accident.*
	qqch à qqn	▌*La naissance de leur premier petit-fils a causé une grande joie à mes amis.*
CAUSER		▌*Dans le petit square, les mamans causaient en surveillant leurs enfants.*
	avec qqn	▌*Il est rare que l'on ait l'occasion de causer avec ses voisins dans le métro.*
CHANGER		▌*Après toutes ces années, tu n'as pas changé. Tu es toujours la même.*
		▌*Le temps change, il va pleuvoir.*
	qqch	▌*Le TGV va changer la vie de plusieurs régions*
	de qqch	▌*Elle est très coquette ; elle change de tenue plusieurs fois par jour.*
		▌*Change de place avec moi, je ne vois rien.*
	qqch contre qqch	▌*J'ai changé mon vieil appareil photo Nikon contre un appareil numérique.*
SE CHANGER		▌*En rentrant du bureau, ce cadre supérieur se change ; il enfile une tenue de sport avant d'aller courir dans son quartier.*
CHARGER	qqch	▌*Il est imprudent de trop charger une voiture quand on part en vacances.*
	qqn de qqch	▌*Le président a chargé son ministre des Affaires étrangères d'une mission délicate.*
	qqn de + inf.	▌*Nous l'avons chargé de transmettre nos vœux aux jeunes mariés.*

SE CHARGER	de qqn	▌ *Les hôtesses de l'air se chargent des enfants qui voyagent seuls.*
	de qqch	▌ *Ne vous inquiétez pas ! Notre entreprise de déménagement se charge de tout !*
	de + inf.	▌ *Je me chargerai de nourrir le chat et d'arroser les plantes pendant votre absence.*

CHERCHER		▌ *Cherchez et vous trouverez.*
	qqch	▌ *Elle passe son temps à chercher ses lunettes.*
	qqn	▌ *C'est la baby-sitter qui va chercher les enfants à l'école.*
	à + inf.	▌ *Il cherche toujours à faire pour le mieux.*

CHOISIR		▌ *Voici le menu. Vous avez choisi, madame ?*
	qqch	▌ *Ils ont choisi des prénoms bizarres pour leurs enfants.*
	qqn	▌ *Le directeur a choisi son adjoint parmi plusieurs candidats.*
	de + inf.	▌ *La jeune bachelière a choisi de passer un an à l'étranger avant de commencer ses études.*

COMMENCER		▌ *Chut, le concert va commencer !*
	qqch	▌ *Quand je commence un livre, je ne m'arrête que lorsque je l'ai terminé.*
	à / (de) + inf.	▌ *Ah, enfin ! tu commences à comprendre !*
		▌ *Taisez-vous, vous commencez à m'agacer !*
	par qqch	▌ *Je repeins mon appartement. J'ai commencé par la chambre.*
	par + inf.	▌ *Tu commenceras par ranger ta chambre et ensuite tu feras tes devoirs.*

COMPARER	qqch et qqch	▌ *On compare souvent l'Espagne et l'Italie.*
	qqn et qqn	▌ *On compare souvent les Espagnols et les Italiens.*
	qqch ou qqn à qqch	▌ *Dans la poésie de la Renaissance, les poètes comparent la femme à une rose.*
	ou à qqn	▌ *Il n'aime pas qu'on le compare à son frère aîné.*
	qqch ou qqn avec qqch ou qqn	▌ *Les Français comparent souvent Sartre avec Camus.*

COMPRENDRE		▌ *Je ne répète pas mes explications, je crois que vous avez compris.*
	qqch	▌ *Je n'ai pas compris le théorème que le professeur nous a expliqué pendant le cours de mathématiques.*
	qqn	▌ *Les parents essayent de comprendre leurs enfants et leurs difficultés.*

NE RIEN COMPRENDRE	à qqch	▌ *Je ne comprends rien à ce que tu dis.*
	comment	▌ *Il a enfin compris comment fonctionne un ordinateur.*
	que + ind.	▌ *Il sautait de joie : j'ai compris qu'il avait réussi.*
	que + subj.	▌ *Je comprends qu'il soit déçu par son échec : il avait tellement travaillé.*

| **COMPRIS (ÊTRE)** | | ▌ *Le service n'est pas compris dans l'addition (= inclus).* |

COMPTER		▌ *Ce petit garçon de trois ans a déjà appris à compter. Il compte jusqu'à vingt.*
	qqch	▌ *Pourriez-vous vérifier ? Vous avez compté un article que je n'ai pas pris.*
	qqn	▌ *Mettez-vous en rang par deux, les enfants. Nous allons vous compter.*
	sur qqn	▌ *Je compte sur vous pour le dîner de samedi soir, n'est-ce pas ? N'oubliez pas !*

	sur qqch	*Je comptais sur ces cours particuliers pour lui faire faire des progrès en maths.*
	+ inf.	*Il compte déménager en automne.* (= il a l'intention de)
	pour qqn	*J'ai besoin de toi, je t'aime beaucoup, tu comptes énormément pour moi*
CONDUIRE		*Mon frère sait conduire depuis l'âge de douze ans*
	qqch	*Aujourd'hui, de plus en plus de femmes conduisent des bus et des métros.*
	qqn à, dans…	*Ce voyage les a conduits dans des régions peu visitées par les touristes*
	à qqch	*Ces études conduisent tout droit à des postes administratifs.*
SE CONDUIRE		*Elle s'est mal conduite en mentant à ses amis.*
	comme	*Il s'est conduit comme un imbécile.* (= se comporter)
CONFIER	qqn à qqn	*Les parents confient leur bébé à une jeune voisine quand ils sortent le soir.*
	qqch à qqn	*Je confie toujours mes secrets à ma sœur : elle est très discrète.*
	à qqn que + ind.	*L'écrivain a confié à un journaliste qu'il allait publier son journal intime et que cela causerait peut-être un scandale.*
SE CONFIER	à qqn	*On ne se confie qu'à ses amis intimes ; en effet, seuls les vrais amis savent garder des secrets.*
CONFONDRE	qqch, qqn	*Elle n'a pas une très bonne mémoire et elle confond toujours les dates ; elle confond aussi les noms et même les gens.*
	qqn ou qqch avec qqn ou qqch	*Ces deux frères jumeaux se ressemblent tant qu'on les confond souvent l'un avec l'autre.*
CONFUS(E) (ÊTRE)		*Je suis vraiment désolé(e), je suis confus(e), je suis très en retard.*
	de qqch	*Je suis confus(e) de mon retard.*
	de + inf.	*Je suis confus(e) de vous déranger à cette heure, mais j'ai besoin d'un tire-bouchon.*
CONNAÎTRE	qqn	*Je connais très bien cet acteur, c'est un ami d'enfance.*
	qqch	*Je connais la Grèce ; je l'ai parcourue dans tous les sens.*
S'Y CONNAÎTRE	en	*Elle s'y connaît très bien en porcelaine chinoise.* (= elle est experte en…)
CONSACRER	qqch à qqn	*Elle consacre tout son temps libre à ses vieux parents.*
	ou à qqch ou à + inf.	*Elle consacre ses loisirs à restaurer un vieux château.*
SE CONSACRER	à qqn ou à qqch	*Cet illustre savant s'est consacré exclusivement à la recherche.*
CONSEILLER	qqn	*Les enfants refusent souvent que leurs parents les conseillent.*
	qqch à qqn	*Pour accompagner le poisson, je vous conseille un pouilly fumé.*
	à qqn de + inf.	*Je vous conseille d'aller voir cette exposition ; elle est magnifique.*
CONSIDÉRER	qqch	*Quand on considère les conséquences de la pollution, on se dit que l'homme est imprévoyant.* (= on examine)
	que + ind.	*Je considère que tu m'as donné ton accord puisque tu n'as pas dit « non ».* (= je pense)
	+ inf.	*Le travail est fait, bien ou mal. Je considère avoir rempli mon contrat*
	qqch ou qqn comme	*Elle a toujours considéré cet ami de la famille comme un parent, comme un oncle.* (= elle a toujours pris pour…)

CONTENT (ÊTRE)	de qqn ou de qqch	❚ *Je suis content de votre succès.*
	de + inf.	❚ *Elle est contente de partir.*
	que + subj.	❚ *Nous sommes contents que vous ayez gagné votre procès.*
CONTINUER		❚ *Le spectacle continue tout l'été.*
	qqch	❚ *Je suis désolé, mais je dois partir. Nous continuerons cette conversation un autre jour.*
	à (de) + inf.	❚ *Nous continuerons à lutter, même si c'est en vain.*
CONVAINCRE	qqn	❚ *La plaidoirie de l'avocat a convaincu le jury.*
	qqn de qqch	❚ *Il nous a convaincus de l'efficacité de son invention.*
	qqn de + inf.	❚ *Je l'ai convaincu(e) de poursuivre ses études.*
CONVAINCU(E) (ÊTRE)	de qqch	❚ *Je suis convaincu(e) de sa culpabilité.*
	de + inf.	❚ *Elle était convaincue d'avoir vu juste.*
	que + ind.	❚ *Au début du procès, tout le monde était convaincu que l'accusé était coupable.*
COURIR		❚ *Tous les matins, il court dans le parc.*
	qqch (une distance)	❚ *Elle courra le cent mètres et le quatre cents mètres aux prochains Jeux olympiques.*
	un danger, un risque	❚ *Les journalistes correspondants de guerre courent souvent de grands dangers.*
CRAINDRE	qqch	❚ *Elle craint le soleil. Elle est rousse.*
	qqn	❚ *Ils craignent leur père qui est un homme très sévère et rigoureux.*
	de + inf.	❚ *Je crains d'avoir dit une bêtise.*
	que + (ne) subj.	❚ *Je crains que tu (ne) m'aies mal compris.*
	pour qqn ou qqch	❚ *Les balles sifflaient autour d'eux. C'est avec raison qu'ils craignaient pour leur vie.*
CROIRE	qqch	❚ *Les soucoupes volantes, les petits hommes verts ! tu crois toutes ces histoires ?*
	qqn	❚ *Ne dis plus rien, je te crois.*
	en qqn ou qqch	❚ *Beaucoup d'hommes croient en Dieu.*
	à qqch	❚ *Croyez-vous à l'astrologie ?*
		❚ *« Je vous prie de croire, Monsieur, à l'assurance de mes sentiments les meilleurs. »*
	+ inf.	❚ *Elle croit pouvoir faire et dire tout ce qu'elle veut.*
	que + ind.	❚ *Je crois que tout est fini entre eux.*
	qqch ou qqn + adj.	❚ *On le croyait très riche.*
SE CROIRE	+ adj.	❚ *Elle se croit très intelligente.*
	+ adj. + de + inf.	❚ *Il se croit capable d'affronter toutes les épreuves de ce rallye automobile.*

D

DÉBARRASSER	qqch	❚ *Je reçois des amis à déjeuner, il faut que je débarrasse le salon.*
	qqn de qqch	❚ *Attends, je vais te débarrasser de ton manteau.*
SE DÉBARRASSER	de qqch	❚ *Elle se débarrasse de ses vieux vêtements en les donnant à des œuvres de charité.*

DÉCIDER	de + inf.	▮ *J'ai décidé de partir.*
	que + indicatif	▮ *J'ai décidé que nous devions partir.*
	de qqch	▮ *Il est très autoritaire. Il veut décider de tout.*
	qqn à + inf.	▮ *J'ai décidé mes amis à partir.*
SE DÉCIDER	à + inf	▮ *Après bien des hésitations, elle s'est enfin décidée à déménager.*
DÉCLARER	qqch	▮ *Je déclare la séance ouverte, a dit le président.*
	qqch à qqn	▮ *Le jeune homme a déclaré son amour à la jeune fille.*
	que + ind.	▮ *Le ministre a déclaré qu'il se présenterait aux prochaines élections présidentielles.*
	à qqn que + ind.	▮ *Le chanteur a déclaré à ses admirateurs qu'il renonçait à chanter sur scène.*
DÉCONSEILLER	qqch à qqn	▮ *Je te déconseille le saumon. Il n'a pas l'air frais.*
	à qqn de + inf.	▮ *Tout le monde nous déconseillait de prendre cet itinéraire trop fréquenté pendant les vacances.*
DÉCOURAGER	qqn	▮ *Cet échec l'a découragé.*
	qqn de + inf.	▮ *Ses amis l'ont découragé de poursuivre ses études de chant.*
SE DÉCOURAGER		▮ *Il se décourage très vite et abandonne ce qu'il a commencé.*
DÉFENDRE	qqch ou qqn	▮ *Cette femme courageuse défend la cause des femmes battues.*
	qqn ou qqch contre qqn	▮ *Il convient parfois de se battre pour défendre la nature contre les pollueurs.*
	à qqn de + inf.	▮ *Je te défends de sortir ce soir.*
SE DÉFENDRE		▮ *Ne t'inquiète pas. Il sait se défendre.*
DEMANDER	qqn	▮ *« On demande M. X. à l'accueil ! »*
	qqch à qqn	▮ *J'ai demandé mon chemin à un passant.*
	que + subj.	▮ *Je demande que vous fassiez attention.*
	à qqn de + inf.	▮ *Les syndicalistes ont demandé au ministre de les recevoir.*
	à + inf.	▮ *Ils ont demandé à être reçus par le ministre.*
SE DEMANDER	si, où, quand... + ind.	▮ *Je me demande si j'ai bien fait d'agir ainsi.*
SE DÉPÊCHER		▮ *Dépêche-toi, nous sommes en retard !*
	de + inf.	▮ *Dépêchez-vous de vous mettre à table, le dîner est prêt.*
DÉPENDRE		▮ *Gentil, lui ? Oh, ça dépend ! Pas toujours !*
	de qqn	▮ *Ta réussite dépend uniquement de toi.*
	de qqch	▮ *Notre randonnée à cheval dépendra du temps qu'il fera.*
DÉSAPPROUVER	qqn	▮ *Le ministre a pris une décision impopulaire. Même son parti l'a désapprouvé.*
	qqch	▮ *Non, je ne suis pas d'accord avec vous, et je désapprouve votre attitude.*
	qqn de + inf.	▮ *Je désapprouve les journalistes d'avoir tant parlé de cette émission stupide.*
DESCENDRE		▮ *J'étais pressé(e), je suis descendu(e) à toute vitesse.*
	qqch	▮ *Il a descendu l'escalier quatre à quatre.*
	de + art./du	▮ *L'homme, disait-on autrefois, descend du singe.*
	de + lieu	▮ *Elle est descendue du grenier, toute couverte de poussière.*

	à, sur, dans + lieu	▌ *J'aime descendre sur les berges de la Seine pour regarder de près le passage des péniches.*
		▌ *Descends à la cave chercher une bonne bouteille pour le dîner, s'il te plaît !*
		▌ *Nous sommes descendus dans un hôtel réputé, nous sommes descendus à l'hôtel Excelsior.*
DÉSIRER	qqch	▌ *Les enfants désirent tout ce qu'ils voient.*
	+ inf.	▌ *Les automobilistes désirent avoir la chaussée pour eux tout seuls et les piétons désirent que les automobiles soient moins présentes dans les villes.*
	que + subj.	
DÉSOLÉ(E) (ÊTRE)	de qqch	▌ *Je suis désolé(e) de ce malentendu. Je croyais que le rendez-vous était pour demain et non pour aujourd'hui.*
	de + inf.	▌ *Je suis désolé de vous avoir fait attendre.*
	que + subj.	▌ *Je suis désolé que vous vous soyez dérangé pour rien.*
DÉTESTER	qqn ou qqch	▌ *Je déteste les adieux.*
	+ inf.	▌ *Je déteste faire des adieux.*
	que + subj.	▌ *La plupart des gens détestent qu'on fasse du mal aux animaux.*
DEVENIR	+ adj.	▌ *Il est devenu tout pâle en apprenant la nouvelle.*
	+ nom	▌ *Après de longues études, il est devenu médecin, et même un médecin réputé.*
DEVINER	qqch	▌ *Elle a deviné le secret qui tourmentait son ami.*
	+ qui	▌ *Devine qui vient dîner ce soir !*
	+ que + ind.	▌ *J'ai deviné qu'il voulait quitter son entreprise.*
DEVOIR	qqch à qqn	▌ *Je te dois 10 euros, je crois ? Je te les rembourserai demain.*
	+ inf.	▌ *Tu dois te préparer, nous partons bientôt.*
DIFFICILE (ÊTRE)		▌ *Cette question de mathématiques est difficile.*
	à + inf.	▌ *Elle est difficile à résoudre.*
IL EST DIFFICILE DE	+ inf.	▌ *Il est difficile de croire à l'innocence de cet homme.*
	à qqn de + inf.	▌ *Il nous sera difficile de le convaincre.*
DIRE	qqch (à qqn)	▌ *J'ai dit la vérité.*
	qqch de qqn/qqch	▌ *On dit beaucoup de bien de cette nouvelle pièce de théâtre.*
	+ inf.	▌ *Il a dit avoir tout compris.*
	que + ind.	▌ *Elle a dit que tout était arrangé.*
	que + subj.	▌ *Ils ont dit que nous ne nous inquiétions pas.*
	à qqn de + inf.	▌ *Elle nous a dit de faire attention.*
	à qqn que + ind.	▌ *Je lui ai dit que je ne le comprenais pas.*
	de qqn que + ind.	▌ *On a dit de Victor Hugo qu'il était le plus grand poète de son temps.*
DISCUTER		▌ *Les étudiants discutaient avec animation après le cours.*
	qqch	▌ *Elle discute sans cesse les décisions de ses parents. (= contester)*
	de qqch	▌ *Nous avons discuté d'art et de littérature toute la soirée.*
	avec qqn	▌ *J'aime bien discuter avec mes amies.*
DONNER	qqch à qqn	▌ *Elle a tout donné à ses enfants.*
	qqch à + inf.	▌ *J'ai donné ma moto à réparer.*
	à qqn qqch à + inf.	▌ *J'ai donné à l'employé du consulat des documents à traduire.*
	sur qqch	▌ *La fenêtre de ma chambre donne sur la rue.*

DOUTER	de qqch	On peut douter de la réalité de certains faits.
	de qqn	Elle commence à douter de son ami. Il lui a déjà menti.
	de + inf.	Je doute d'avoir fini à temps, cela me semble impossible.
	que + subj.	Je doute que tu puisses finir à temps ce travail.
SE DOUTER	de qqch	Je ne lui ai rien dit ; mais il se doute de quelque chose.
	que + indic.	Je me doute bien que tu garderas le secret, je connais ta discrétion.

E

ÉCHANGER	qqch	Après le spectacle, nous avons échangé nos impressions.
	qqch avec qqn	Le chef d'État a échangé quelques mots avec des gens dans la foule.
	qqch contre qqch	L'enfant a échangé son jeu vidéo contre celui de son copain.
ÉCHAPPER	à qqch	Nous avons échappé à un grave danger.
	à qqn	Il a échappé à tous les gendarmes lancés à sa poursuite.
S'ÉCHAPPER	de (+ espace fermé)	Un lion s'est échappé de sa cage.
ÉCHOUER		Les négociations ont échoué.
	à qqch	Il est rare que de bons étudiants échouent à leurs examens.
ÉCRIRE		J'ai toujours écrit.
	qqch	Balzac a écrit plus de 90 romans.
	à qqn	Chaque jour elle écrit à son fiancé.
	qqch à qqn	J'ai écrit quelques lettres à mes amis.
	à qqn de + inf.	Je leur ai écrit de venir me rejoindre.
	à qqn que + ind.	J'ai écrit à mes parents que je resterais plus longtemps à l'étranger.
	à qqn que + subj.	J'ai écrit à mon amie qu'elle vienne me rejoindre.
EFFRAYER	qqn	Elle est très nerveuse ; le moindre bruit l'effraye (ou l'effraie).
S'EFFRAYER	de qqch	Elle est très craintive ; elle s'effraye (ou s'effraie) d'un rien.
EMPÊCHER	qqch	Qui pourrait empêcher ce mariage ?
	qqn de + inf.	Tais-toi, tu m'empêches d'écouter les informations.
	que + subj.	Désormais, des barrières empêchent que la foule (ne) pénètre sur le terrain au cours des matchs de football.
S'EMPÊCHER (NE PAS POUVOIR)	de + inf.	Je n'ai pas pu m'empêcher de rire pendant la cérémonie.
EMPLOYER	qqch ou qqn	Avec les enfants il vaut mieux employer la douceur.
		L'usine emploie une centaine de personnes.
	qqch à + inf.	Elles emploie ses loisirs à étudier la musique.
EMPRUNTER	qqch	J'ai emprunté une voiture pour faire ce voyage.
	qqch à qqn	Pourrais-je vous emprunter votre dictionnaire ?
ENCOURAGER	qqn	La foule encourageait le coureur en hurlant son nom.
	qqn à + inf.	Je vous encourage à poursuivre vos efforts.
ENLEVER	qqch	Enlève ta veste, il fait trop chaud.
	qqch à qqn	Il nous a enlevé toutes nos illusions en nous montrant les difficultés de l'entreprise.

ENNUYER	qqn	▮ *Ce discours interminable ennuyait l'auditoire. Tout le monde bâillait.*
	qqn de + inf.	▮ *Cela m'ennuie de vous dire que vous avez tort.*
	qqn que + subj.	▮ *Ça m'ennuie que tu ne viennes pas avec nous.*
S'ENNUYER		▮ *Cela peut sembler étonnant, mais il arrive qu'on s'ennuie pendant les vacances.*
ENSEIGNER	qqch	▮ *Elle enseigne la littérature française.*
	qqch à qqn	▮ *Nos parents nous ont enseigné la politesse.*
	à qqn à + inf.	▮ *Elle nous a enseigné à affronter les difficultés de la vie.*
	à qqn que + ind.	▮ *On nous enseigne qu'il faut dire « bonjour », « merci », « s'il vous plaît ».*
ENTENDRE	qqch ou qqn	▮ *Avez-vous entendu cette nouvelle ?*
		▮ *Je suis allé entendre un chanteur célèbre.*
	qqch ou qqn + inf.	▮ *J'ai entendu le tonnerre gronder cette nuit.*
	que + ind.	▮ *J'ai entendu que l'autoroute A 25 serait fermée ce week-end.*
	que + subj.	▮ *J'entends que tu obéisses ! (= j'exige...)*
ENTRAÎNER	qqch ou qqn dans qqch	▮ *Elle a trébuché et nous a entraînés dans sa chute. (= emportés)*
	qqn à + inf.	▮ *Nous l'avons entraînée à sauter des obstacles. (= poussée)*
	qqn à qqch	▮ *C'est une ancienne championne de ski qui entraîne l'équipe de France. (= préparer à une compétition sportive)*
ENTREPRENDRE	qqch	▮ *Il a entrepris un long voyage en Amérique du Sud.*
	de + inf.	▮ *Elle a entrepris de repeindre seule tout son appartement.*
ENTRER		▮ *Entrez, je vous prie !*
	dans + lieu	▮ *Nous sommes entrés dans la salle de cinéma.*
	à + lieu	▮ *Il est entré à l'université à l'âge de 16 ans.*
	dans + nom	▮ *Il est entré dans une colère incontrôlable.*
		▮ *Elle est entrée dans sa vingtième année.*
ENTRETENIR	qqch	▮ *Le jardin est laissé à l'abandon ; personne ne l'entretient.*
	qqn	▮ *Aujourd'hui, les parents entretiennent leurs enfants jusqu'à la fin de leurs études.*
S'ENTRETENIR	avec qqn	▮ *Le chef de l'État s'est entretenu avec son homologue belge.*
	de qqch	▮ *Ils se sont entretenus de la situation politique de l'Europe.*
ENVISAGER	qqch	▮ *Avez-vous envisagé toutes les solutions ?*
	de + inf.	▮ *J'envisage d'organiser un voyage avec des amis.*
ENVOYER	qqch à qqn	▮ *Il a envoyé sa démission à son patron.*
	qqn à + lieu	▮ *J'ai envoyé mes enfants à la montagne.*
	qqn + inf.	▮ *J'ai envoyé mon fils chercher le pain.*
ESPÉRER	qqch	▮ *Tout le monde espère la fin des hostilités.*
	+ inf.	▮ *J'espère partir bientôt.*
	que + ind.	▮ *J'espère que vous allez bien.*
ESSAYER	qqch	▮ *Elle a essayé quatre ou cinq robes avant de se décider.*
	de + inf.	▮ *Nous avons essayé de vous joindre mais en vain.*
ESTIMER	qqch	▮ *Les experts ont estimé la collection de tableaux de ce riche industriel. (= ont évalué)*

	qqn	▮ *J'estime les gens qui ne renoncent pas.* (= j'ai de l'estime pour)
	qqch + adj.	▮ *J'estime cette décision inacceptable.* (= je trouve)
	+ inf.	▮ *Nous estimons avoir rempli notre contrat.* (= nous pensons)
	que + ind.	▮ *Elle estime que tu as eu raison d'agir comme tu l'as fait.*
	+ adj. + de + inf.	▮ *J'estime indispensable de réorganiser notre service.*
	+ adj. + que + subj.	▮ *Ils ont estimé utile que vous reveniez sur la question.*
S'ESTIMER	+ adj.	▮ *Nous nous estimons satisfaits de l'évolution des événements.*
ÉTONNER	qqn	▮ *« Étonne-moi ! » a dit un écrivain à un de ses amis.*
S'ÉTONNER	de qqch	▮ *Je m'étonne de ton attitude désagréable.*
	de + inf.	▮ *Je m'étonne de vous voir si triste alors que vous avez ce que vous désiriez.*
	que + subj.	▮ *Nous nous étonnons que vous soyez partis sans nous prévenir.*
ÊTRE	+ adj.	▮ *Elle est heureuse.*
	+ nom	▮ *Vous êtes la mère ou la tante de l'enfant ?*
	à qqn	▮ *À qui est ce sac ?*
	+ lieu	▮ *Ils sont à Tokyo.*
	+ temps	▮ *Il est minuit.*
	de + nom propre	▮ *Cette œuvre est de Picasso.*
	en + qqch	▮ *Ta bague est en argent ou en platine ?*
	de + lieu	▮ *Elle est de Bogota.*
C'EST À…	de + inf.	▮ *C'est à moi de jouer !*
Y ÊTRE		▮ *Ah j'y suis ! Je comprends ce que tu veux dire !*
		▮ *Ouvrez vos livres à la page 92. Vous y êtes ?*
ÉVITER	qqch ou qqn	▮ *Évitez l'autoroute les jours de grands départs en vacances.*
		▮ *J'évite ma voisine qui est très bavarde.*
	qqch à qqn	▮ *Évitez ce chagrin à votre famille.*
	de + inf.	▮ *Évitez de faire cette erreur !*
	que + subj.	▮ *Nous éviterons que vous (ne) soyez perdants dans cette affaire.*
EXCUSER	qqn ou qqch	▮ *Excusez mon ami, il ne vous a pas salué parce qu'il est distrait.*
		▮ *On ne peut pas excuser une pareille conduite.*
S'EXCUSER		▮ *On ne dit pas « je m'excuse », mais « je vous prie de m'excuser ! ».*
	de qqch	▮ *Excusez-moi de ce retard !*
	de + inf.	▮ *Excusez-moi de revenir sur ce sujet, mais l'affaire est importante.*
EXIGER	qqch	▮ *J'exige des excuses.*
	qqch de qqn	▮ *Il exige trop des autres.*
	de + inf.	▮ *J'exige de recevoir des excuses.*
	que + subj.	▮ *J'exige que vous vous excusiez.*
EXPLIQUER		▮ *Ce journaliste explique bien.*
	qqch à qqn	▮ *Il nous a expliqué la théorie de la relativité.*
	à qqn comment + inf.	▮ *Il m'a expliqué comment m'y prendre pour démonter une roue.*
	à qqn comment + ind.	▮ *Il m'a expliqué comment je devais m'y prendre pour démonter une roue.*
	à qqn que + ind.	▮ *Je lui ai expliqué qu'il avait eu tort.*

FÂCHER	qqn	▌ *Ne fais pas ça, tu sais bien que ça va fâcher tes parents.*
SE FÂCHER	contre qqn	▌ *Ne vous fâchez pas contre elle : elle est petite, elle ne comprend pas.*
	avec qqn	▌ *Ils sont fâchés avec tout le monde : leurs frères et sœurs, leurs voisins, leurs collègues…*
FACILE (ÊTRE)		▌ *Cet exercice est vraiment très facile.*
	à + inf.	▌ *La paella, c'est facile à faire ?*
FACILE	(il est facile de…, c'est facile de… + inf.)	▌ *Il est toujours facile de critiquer les autres !*
FAIRE	qqch	▌ *Qu'est-ce que vous faites pour les vacances ?*
	qqch à qqn	▌ *Ce médicament a fait beaucoup de bien à mon ami.*
FAIRE BIEN, FAIRE MIEUX		▌ *Si tu es fatigué, tu ferais mieux d'aller te coucher.*
SE FAIRE	qqch	▌ *Elle se fait du souci pour son travail.*
	+ inf.	▌ *Elle s'est fait teindre en blonde.*
IL FAUT	+ qqch ou qqn	▌ *Pour faire ce métier, il faut de la patience, du courage et une bonne santé.*
	+ inf.	▌ *Au lit, les enfants ! Demain, il faut se lever tôt.*
	que + subj.	▌ *Il faut absolument que vous alliez voir cette exposition, elle est géniale !*
FÉLICITER	qqn	▌ *Elsa a été reçue à son examen ? Bravo, vous la féliciterez de ma part.*
	qqn pour qqch	▌ *Le président de la République a félicité les joueurs de l'équipe de France pour leur superbe victoire.*
	qqn + de + inf.	▌ *Je vous félicite d'avoir obtenu un si beau résultat.*
SE FIER	à qqch ou à qqn	▌ *Vous pouvez vous fier à lui, il est parfaitement honnête.*
FIER (ÊTRE)	de qqn ou de qqch	▌ *Il est très fier de sa nouvelle voiture, il en parle à tout le monde.*
	de + inf.	▌ *Elle est fière d'avoir réussi cet exercice difficile toute seule.*
	que + subj.	▌ *Les parents sont fiers que leur bébé sache marcher à neuf mois.*
FINIR	qqch	▌ *Allez, dépêche-toi, finis ta soupe !*
	de + inf.	▌ *Tu as fini de travailler ? Alors, tu peux aller jouer.*
	par + nom	▌ *Le dîner a commencé par du melon et a fini par un gâteau au chocolat.*
	par + inf.	▌ *Ne sois pas si impatient : il finira bien par venir, ton copain !*
FORCER	qqn à faire qqch	▌ *Je ne te force pas à aller voir la tante Germaine. Fais comme tu veux.*
FORCÉ (ÊTRE)	de + inf.	▌ *Tu n'es pas forcé de venir avec nous si tu n'en as pas envie.*
SE FORCER	à faire qqch	▌ *Si tu n'as plus faim, ne te force pas à finir ton assiette. Laisse !*
FRAPPER	qqch ou qqn	▌ *Je te défends de frapper ta sœur !*
	à qqch, sur qqch	▌ *Chut, écoutez ! On frappe à la porte.*
ÊTRE FRAPPÉ	de qqch	▌ *Son histoire était vraiment étrange : j'en ai été très frappé, je n'arrive pas à l'oublier.*

G

GAGNER	qqch	∎ *Tu as gagné la course ou tu as été battu ?*
GÊNER	qqch ou qqn	∎ *Excusez-moi, la fumée me gêne. Vous pouvez éteindre votre cigarette*
SE GÊNER		∎ *Vas-y, ne te gêne pas, fais comme chez toi.*
GRANDIR		∎ *Votre enfant a grandi.*
	de	∎ *Depuis un an, il a grandi de dix centimètres. Maintenant, il mesur* *1,45 m.*
GROSSIR	de	∎ *C'est terrible, j'ai grossi de deux kilos en une semaine. C'est l* *chocolat !*
GUÉRIR		∎ *Votre voisin guérira avec du repos.*
	qqn (de qqch)	∎ *Le médecin l'a guéri de son ulcère à l'estomac mais pas de sa mau* *vaise humeur !*

H

HABILLER	qqn	∎ *C'est Christian Lacroix qui a habillé Isabelle Adjani pour cette céré* *monie.* (= conçu, créé les vêtements)
S'HABILLER		∎ *Allez, habille-toi vite, tu vas être en retard !*
HABITER		∎ *Il habite dans le Sud, en Provence. / Il habite Marseille. / Il habit* *à Marseille.*
		∎ *Il habite rue des Minimes. / Il habite un grand loft rue des Minimes*
		∎ *Son amie habite dans la banlieue de Marseille. / Elle habite e* *banlieue.*
HABITUER	qqn à qqch qqn à + inf.	∎ *Il faut habituer les petits chats à la propreté.* ∎ *Il faut habituer les enfants à manger de tout dès leur plus jeune âge.*
S'HABITUER	à qqch à + inf.	∎ *Je ne peux pas m'habituer à cet appartement.* ∎ *Mon mari non plus, il ne peut pas s'habituer à vivre ici.*
HÉSITER		∎ *Je dois accepter ce travail ou non ? Je ne sais pas, j'hésite encore.*
	à + inf.	∎ *Elle hésite à prendre ce travail, elle doit pourtant se décider vite.*
HEUREUX (ÊTRE)		∎ *En ce moment, tout va bien pour elle : elle est très heureuse.*
	de + inf.	∎ *Elle est heureuse d'avoir trouvé le studio de ses rêves.*
	que + subj.	∎ *Et elle est heureuse que sa sœur vienne habiter juste à côté de chez elle*

I

IGNORER	qqch que + ind. si, où, pourquoi, quand, comment, chez qui… + ind.	∎ *J'ignore sa nouvelle adresse. Il ne me l'a pas donnée.* ∎ *Moi, j'ignorais même qu'il avait déménagé.* ∎ *Tout le monde ignore pourquoi il a déménagé, il n'a rien dit* *à personne.*

IMAGINER	qqch	▌ *Quand je ne l'ai pas vu arriver, j'ai imaginé le pire.*
	que + ind.	▌ *J'ai imaginé qu'il avait eu de graves ennuis. En réalité, il avait oublié notre rendez-vous.*
S'IMAGINER	que + ind.	▌ *Elle s'est imaginé qu'elle allait gagner ce concours, devenir riche et célèbre.*
IMPOSER	qqch (à qqn)	▌ *Elle impose deux heures de piano par jour à son fils. Et pourtant, il déteste ça.*
	à qqn de + inf.	▌ *Elle lui impose aussi de faire du judo, du tennis et du tir à l'arc. Il est mort de fatigue.*
IMPOSSIBLE (ÊTRE)		▌ *Ce garçon est vraiment impossible ! Quel mauvais caractère !*
	à + inf.	▌ *Cette réparation est impossible à faire sans outils.*
IMPOSSIBLE (IL EST, C'EST)		
	de + inf.	▌ *Il est impossible de faire cette réparation sans outils.*
	que + subj.	▌ *Il est impossible qu'il réussisse à réparer cette machine sans outils.*
INCITER	qqn à qqch	▌ *Comment inciter mon fils aîné au travail ?*
	qqn à + inf.	▌ *Il faut inciter les enfants à prendre des initiatives très jeunes.*
INDIGNER	qqn	▌ *Les déclarations scandaleuses de ce haut fonctionnaire ont indigné tout le monde.*
S'INDIGNER	de qqch	▌ *Pourquoi s'indigner de telles bêtises ? N'y faisons pas attention !*
	de + inf.	▌ *Moi, je m'indigne plutôt de voir les journalistes rapporter ce genre de choses.*
INDIQUER	qqch à qqn	▌ *Il indique le chemin à la jeune touriste.*
INFORMER	qqn (de qqch)	▌ *On nous a informés d'un changement de politique dans l'entreprise.*
	qqn que + ind.	▌ *Le patron a informé les salariés qu'ils allaient passer aux 35 heures dès la semaine suivante.*
INQUIET (ÊTRE)		▌ *Il est toujours inquiet, c'est sa nature.*
	de qqch	▌ *Il est inquiet de son avenir.*
	pour qqn	▌ *Il est inquiet pour sa famille, pour ses amis.*
	de + inf.	▌ *Il est inquiet de ne pas avoir assez d'argent pour payer son loyer.*
	que + subj.	▌ *Il est inquiet que ses enfants ne lui écrivent pas.*
INQUIÉTER	qqn	▌ *Son imprudence nous inquiète un peu.*
S'INQUIÉTER	de qqch	▌ *On s'inquiète un peu de son imprudence.*
	de + inf.	▌ *Je m'inquiète de ne pas recevoir de nouvelles. Elle est tellement imprudente !*
	que + sub.	▌ *Je m'inquiète qu'elle n'écrive pas.*
INSCRIRE	qqn ou qqch	▌ *Vous devez inscrire votre nom et votre numéro d'étudiant sur cette fiche.*
S'INSCRIRE		▌ *Alors, ça y est ? Tu t'es inscrit au cours de violon ?*
INSISTER		▌ *N'insiste pas. Quand je dis non, c'est non !*
	sur qqch	▌ *Pendant le cours, on a beaucoup insisté sur ce point de grammaire.*
	pour + inf.	▌ *Docteur, cette dame insiste pour vous voir. Je la laisse entrer ?*
	pour que + subj.	▌ *Elle insiste pour que vous la receviez même sans rendez-vous. Elle dit que c'est urgent.*

INTERDIRE	qqch (à qqn)	▌ *On interdit l'entrée dans les cafés aux moins de seize ans.*
	à qqn de + inf.	▌ *On envisage une loi qui interdirait aux mineurs d'acheter des cigarettes*
INTÉRESSER	qqn	▌ *Une place à l'Opéra Bastille, ça intéresse quelqu'un ? J'en ai une à vendre.*
S'INTÉRESSER	à qqch ou à qqn	▌ *Il ne s'intéresse à rien ni à personne.*
INTERROGER	qqn	▌ *Ce matin, le prof n'a interrogé personne.*
S'INTERROGER	sur qqch	▌ *Tout le monde s'interroge sur les motifs de son acte.*
INVITER	qqn	▌ *Je vous invite tous dimanche. C'est mon anniversaire.*
	qqn à + inf.	▌ *Elle a invité tous ses amis à dîner.*
	qqn à + nom	▌ *Elle ne nous a pas invités à son mariage.*

J

JETER	qqch	▌ *Ne jetez rien par terre. Utilisez les poubelles.*
SE JETER	sur qqch ou qqn	▌ *Les journalistes se sont jetés sur l'actrice pour avoir ses première impressions.*
JOUER		▌ *Maman, je peux aller jouer dehors ?*
	un rôle	▌ *Il a joué le rôle de Néron dans* Britannicus.
	à qqch	▌ *Il joue au tennis, au foot et au golf.*
	de qqch	▌ *Son fils joue de la guitare, sa fille du violon et elle du piano.*
JUGER	qqn	▌ *On a enfin jugé cet homme après deux ans de détention préventive.*
	que + ind.	▌ *Tout le monde a jugé qu'il avait eu raison de refuser ce travail.*
	adj. + de + inf.	▌ *J'ai jugé préférable de te prévenir de ma décision.*
	qqn + adj.	▌ *Je la juge capable de tout !*
JURER	de + inf.	▌ *Vous jurez de dire la vérité, toute la vérité, rien que la vérité ?*
	que + ind.	▌ *Je vous jure que je n'étais pas à Lyon ce soir-là.*

L

LAISSER	qqch	▌ *On laisse un pourboire dans les cafés, en France ?*
	qqn + adj.	▌ *On peut laisser Sonia toute seule ?*
	qqch à qqn	▌ *Je te laisserai mes clés à la concierge.*
	qqch pour qqn	▌ *J'ai laissé sur la table un cadeau pour Barnabé. Prends-le.*
	qqn + inf.	▌ *Laisse-moi faire ça, toi tu ne sais pas !*
SE LAISSER	+ inf.	▌ *Ne te laisse pas faire. À ta place, je dirais non.*
LAVER	qqch ou qqn	▌ *Toi, tu laves la vaisselle et moi, je l'essuie. D'accord ?*
SE LAVER		▌ *Lavez-vous soigneusement avant d'entrer dans la piscine.*
	qqch	▌ *N'oubliez pas de vous laver les dents avant d'aller au lit.*
LEVER	qqch	▌ *Pour poser une question, levez la main.*

SE LEVER | | ▌*Je me lève à huit heures demain. Et toi ?*

LIRE | | ▌*Elle adore lire.*
 | qqch | ▌*Tu veux que je te lise quelque chose de drôle ?*
 | que + ind. | ▌*J'ai lu que le salaire minimum allait être augmenté.*

M

MANQUER | | ▌*Deux cents euros manquent dans la caisse. Où sont-ils passés ?*
 | qqch ou qqn | ▌*Excusez-moi, j'ai manqué le bus, j'ai dû venir à pied.*
 | | ▌*Je suis allé la voir mais je l'ai manquée, elle venait de sortir.*
 | de qqch | ▌*J'ai manqué de temps pour finir ce travail.*
 | à qqn | ▌*Notre fille est en colonie de vacances et elle nous manque beaucoup.*

IL MANQUE | qqch ou qqn | ▌*Ce matin, il manque cinq étudiants. Ils sont malades ?*

SE MARIER | | ▌*Ils se sont mariés en Corse l'été dernier.*
 | avec qqn | ▌*On ne peut pas se marier avec un cousin germain.*

MENACER | qqn | ▌*Les pouvoirs publics ont menacé les fraudeurs : les contrôles dans le métro et dans les bus seront renforcés.*
 | qqn de + inf. | ▌*Le professeur a menacé les élèves de les punir tous s'ils ne se calmaient pas.*

MÉRITER | qqch | ▌*Il a été insupportable, il a bien mérité cette punition.*
 | de + inf. | ▌*Il a mérité d'être puni. Il l'a bien cherché.*
 | que + subj. | ▌*Il aurait mérité qu'on le punisse. Il a eu de la chance d'y échapper.*

MESURER | + quantité | ▌*La pièce mesure quatre mètres sur trois. Elle mesure donc 12 m^2.*

METTRE | un vêtement | ▌*Mets ton pull, il fait froid.*
 | qqch + lieu | ▌*Mets tes affaires dans ton sac, sinon tu vas les oublier.*
 | | ▌*Ne mets pas tes coudes sur la table !*
 | du temps à + inf. | ▌*Tu as mis du temps à venir.*
 | du temps pour + inf. | ▌*Avec les embouteillages, j'ai mis deux heures pour faire trente kilomètres.*

SE METTRE | à qqch | ▌*Alors, quand est-ce que tu te mets à l'italien ? C'est une langue superbe !*
 | à + inf. | ▌*Il s'est mis à travailler dès qu'il est rentré.*
 | en colère | ▌*Ne te mets pas en colère pour un rien.*

MONTER | | ▌*Allô, tu es chez toi ? Je peux monter te dire un petit bonjour. Je suis en bas de l'immeuble.*
 | + lieu | ▌*D'accord, tu montes au 6e. Désolée, l'ascenseur est en panne.*
 | qqch | ▌*La concierge n'a pas monté le courrier. Tu me le montes, s'il te plaît ?*

MONTRER | qqch à qqn | ▌*Montre-moi tes photos.*
 | à qqn comment, où + ind. | ▌*Tu peux me montrer comment marche cet ordinateur, je n'y comprends rien.*
 | (à qqn) que + ind. | ▌*Il aime bien montrer qu'il s'y connaît en informatique.*

SE MONTRER | + adj. | ▌*Le directeur de la banque s'est montré favorable à son projet.*

SE MOQUER	de qqch ou qqn	*Elle adore se moquer de tout le monde. Mais elle ne supporte pas qu'on se moque d'elle.*
MOURIR		*Le petit chat est mort.*
	de qqch	*Ce film est vraiment à mourir d'ennui. J'ai failli m'endormir.*

N

NÉCESSAIRE (ÊTRE)		*L'inscription au cours est nécessaire.*
NÉCESSAIRE	de + inf.	*Il est nécessaire de vous inscrire avant le 12 septembre.*
(IL EST, C'EST)	que + subj.	*Il est nécessaire que vous vous présentiez avant 18 heures salle 212.*
NIER	qqch	*Il a nié toute participation au crime.*
	+ inf.	*Il a nié avoir commis ce crime.*
	que + ind. ou subj.	*Il n'a pas nié que la victime le connaissait bien.*
		Il a nié qu'elle lui ait refusé de l'argent.
NOMMER	qqn ou qqch	*Il a été nommé préfet à 35 ans.*
NUIRE	à qqch ou à qqn	*Fumer nuit gravement à la santé.*

O

OBÉIR		*J'aimerais bien que tu obéisses quand on te demande de faire quelque chose.*
	à qqn ou à qqch	*On dit souvent que les Français n'aiment pas obéir aux lois.*
OBLIGER	qqn à + inf.	*Il ne voulait pas, mais on l'a obligé à changer de travail.*
OBLIGÉ(E) (ÊTRE)	de + inf.	*Désolé, je ne peux pas rester, je suis vraiment obligé de partir.*
OBTENIR	qqch	*Il a obtenu le grand prix des lecteurs de France-Inter.*
	de + inf.	*Malgré mon insistance, je n'ai pas pu obtenir de partir en vacances un peu plus tôt.*
	que + subj.	*Pourquoi je ne peux jamais obtenir que tu te tiennes tranquille ?*
OCCUPER	qqch	*Il occupe un poste très important dans cette entreprise.*
	qqn	*Prête-moi un livre, ça m'occupera pendant que je t'attends.*
S'OCCUPER	de qqch	*Elle s'occupe des cas difficiles. Avant, c'est Pierre Vallet qui s'en occupait.*
	de qqn	*Si tu ne peux pas t'occuper de cet enfant, moi, je m'occuperai de lui.*
OFFRIR	qqch à qqn	*Regarde, on m'a offert cette bague pour mon anniversaire.*
	à qqn de + inf.	*Je vous ai offert de venir avec nous mais vous avez refusé !*
S'OPPOSER	à qqch	*Je m'oppose à ton projet : il est absolument stupide !*
	à ce que + subj.	*Je m'oppose à ce que tu t'en ailles si loin, c'est trop dangereux.*
ORDONNER	qqch à qqn	*Le général en chef a ordonné le départ des troupes à 6 h.*
	à qqn de + inf.	*Le général en chef a ordonné aux troupes d'être prêtes à partir à 6 h.*
	que + subj.	*Il a ordonné qu'elles soient prêtes à partir sur-le-champ.*

OUBLIER	qqch	▮ *Elle a une mémoire d'éléphant : elle n'oublie jamais rien.*
	qqn	▮ *Tu ne m'oublieras pas, dis ? Tu m'écriras ?*
	de + inf.	▮ *Zut, j'ai oublié de fermer le gaz !*
	que + ind.	▮ *N'oublie pas que j'arriverai lundi soir.*

OUVRIR		▮ *Le secrétariat ouvre de 9 h à midi, aujourd'hui. Il est fermé l'après-midi.*
	qqch	▮ *On sonne. Je suis occupé, tu peux ouvrir la porte ?*
	qqch à qqn	▮ *Tu veux bien ouvrir la porte au chat, je l'entends qui miaule dehors.*

P

PARAÎTRE		▮ *Le journal Le Monde paraît (= sort) en début d'après-midi, vers 13 h.*
	+ adj.	▮ *Tu parais (= sembles) inquiète. Qu'est-ce qui se passe ?*
	+ inf.	▮ *Ma sœur paraît avoir des difficultés avec son fils. Ça m'inquiète un peu.*

IL PARAÎT	que + ind.	▮ *Il paraît que vous allez déménager. C'est vrai ? Vous nous quittez ?*

PARDONNER	qqch à qqn	▮ *Il faut pardonner leurs bêtises aux petits enfants.*
	à qqn de + inf.	▮ *Je ne peux pas lui pardonner d'avoir oublié que c'était mon anniversaire.*

PARLER		▮ *Il parle tout seul.*
	une langue	▮ *Il parle hongrois, bulgare et roumain.*
	à qqn/avec qqn	▮ *J'aime bien parler avec mes voisins.*
	de qqch à qqn/ avec qqn	▮ *Ce matin, j'ai parlé de mes projets avec mon collègue Martinet.*
	de + inf.	▮ *Les syndicats parlent de reprendre les négociations avec la direction de l'entreprise.*

PARTAGER	qqch	▮ *On (se) partage le travail ? J'en fais une moitié et toi l'autre.*
	qqch avec qqn	▮ *Il est enfant unique, il n'aime pas partager ses jouets avec les autres enfants.*
	qqch entre…	▮ *Les pirates ont partagé le trésor entre eux tous.*

PARTICIPER	à qqch	▮ *Je ne pourrai pas participer à la prochaine réunion. Je serai en mission.*

PARTIR		▮ *Vous partez déjà ? Vous êtes si pressé ?*
	pour + lieu	▮ *Oui, je pars pour Venise. J'ai un avion à six heures.*
	de + lieu	▮ *Et après, je pars de Venise en bateau et je vais en Grèce.*

PARVENIR	à qqch	▮ *Nous sommes finalement parvenus à un accord.*
	à + inf.	▮ *Elle est parvenue à faire l'exercice toute seule.*

PASSER		▮ *Allez, ne pleure pas, le chagrin, ça passe ! (= ça cesse)*
	qqch à qqn	▮ *Tu peux me passer le sel, s'il te plaît ? (= donner)*
	qqch à qqn	▮ *Elle passe tous ses caprices à son fils. (= elle tolère)*
	à + lieu	▮ *Tu passes à l'université aujourd'hui ?*
	chez + personne	▮ *En rentrant, passe chez le teinturier chercher ton pantalon.*
	par + lieu	▮ *Pour aller à Rome, on passera par Lyon, Marseille et Gênes.*
	+ inf.	▮ *Je passerai vous voir ce soir, en sortant du bureau.*
	à qqch	▮ *Si vous avez fini l'exercice, nous allons passer à l'exercice suivant.*

	pour + adj.	▌*Il passe pour stupide (= on le considère comme) mais je ne crois pas qu'il le soit vraiment.*
	pour + nom	▌*Il la fait passer pour sa sœur mais en réalité, c'est sa petite amie.*
	pour + inf.	▌*Elle passe pour être un peu folle.*
SE PASSER	de qqch ou de qqn	▌*Elle est très amoureuse de Lucas, elle ne peut pas se passer de lui.*
	de + inf.	▌*Je peux me passer de boire, de manger mais pas de dormir.*
PASSIONNER	qqn	▌*C'est un livre extraordinaire, qui m'a vraiment passionné(e).*
SE PASSIONNER	pour qqch	▌*Depuis son enfance, il se passionne pour les avions. C'est sa folie !*
PAYER		▌*Laissez, laissez, c'est moi qui paie. Je vous invite.*
	qqch ou qqn	▌*Tu as pensé à payer l'électricien ? – Oui, oui, j'ai payé la facture hier*
	+ prix	▌*Je n'ai pas payé ce livre très cher, je l'ai payé dix euros.*
PENSER	à qqch	▌*Tu penseras à mes livres ? J'en ai besoin.*
	à qqn	▌*Le jour de mon examen, j'espère que vous penserez à moi.*
	qqch de qqch	▌*Qu'est-ce que vous pensez de ce film ? Il vous a plu ?*
	qqch de qqn	▌*Qu'est-ce que tu penses de Marianne ? Elle est sympa, non ?*
	à + inf.	▌*Tu as pensé à poster ma lettre ?*
	+ inf.	▌*Nous pensons nous installer à la campagne dès l'année prochaine.*
	que + ind.	▌*Je pense que vous avez bien raison.*
PERDRE	qqch	▌*J'ai perdu mes clés. Tu ne les as pas vues, par hasard ?*
	+ espoir, confiance, courage, patience etc.	▌*Allez, ne perds pas courage. Tout va s'arranger !*
SE PERDRE		▌*L'an dernier, en cherchant des champignons, il s'est perdu dans la forêt.*
PERMETTRE	qqch à qqn	▌*Elle permet tout à son fils et elle ne passe rien à ses filles. C'est injuste !*
	à qqn de + inf.	▌*Par exemple, elle lui permet, à lui, de sortir le soir mais elle l'interdi aux filles.*
PERSUADER	qqn de qqch	▌*Je voudrais vous persuader de mon innocence.*
	qqn de + inf.	▌*Il a réussi à nous persuader de retarder notre départ.*
PERSUADÉ (ÊTRE)	de qqch	▌*Je suis persuadé(e) de son honnêteté.*
	de + inf.	▌*Elle est toujours persuadée d'avoir raison.*
	que + ind.	▌*Je suis persuadé que vous comprendrez mes raisons.*
PESER	+ poids	▌*À sa naissance, il pesait plus de quatre kilos.*
	qqch ou qqn	▌*Vous pouvez me peser ce poisson, là, à gauche ? Je voudrais savoir s'i fait plus de deux kilos.*
PLAINDRE	qqn	▌*Il a eu une vie difficile. Je le plains de tout mon cœur.*
SE PLAINDRE	de qqch	▌*Il n'est jamais content, il se plaint toujours de tout.*
	de + inf.	▌*Il se plaint d'être exploité, d'être mal payé, d'avoir trop de travail…*
	que + ind. ou subj.	▌*Il se plaint aussi que ses collègues ne soient pas sympathiques, qu'on le méprise.*
	de qqn (ou de qqch) à qqn	▌*S'il continue, c'est nous qui allons nous plaindre de lui au directeur.*

PLAISANTER		▌ *Elle est un peu moqueuse, elle adore plaisanter.*
PLONGER		▌ *Tu sais nager ? – Nager, oui, mais je ne sais pas plonger. J'ai peur.*
PLONGÉ (ÊTRE)	dans qqch	▌ *Je ne peux pas la déranger, elle est plongée dans son travail.* (= absorbée)
PORTER	qqch ou qqn	▌ *Tu peux m'aider à porter ces paquets, ils sont trop lourds pour moi.*
	chance, bonheur, malheur	▌ *Le chiffre 13 porte bonheur ou malheur ?*
	atteinte à…	▌ *Son attitude va porter atteinte (= nuire) à sa réputation.*
SE PORTER	(bien, mal)	▌ *Comment ça va ? Vous vous portez un peu mieux ?*
	+ adj.	▌ *Il s'est porté volontaire pour effectuer cette mission.*
POSER	qqch	▌ *Tu peux poser ton sac dans l'entrée.*
	une question	▌ *Je voudrais vous poser deux questions.*
	un problème, une devinette	▌ *Elle adore poser des devinettes et on ne trouve jamais la solution.*
SE POSER		▌ *L'avion se posera dans vingt-cinq minutes.*
		▌ *Une grave question se pose : qu'est-ce qu'on va manger à midi ?*
		▌ *Chaque été, la question se pose de savoir si nous irons à la mer ou à la montagne.*
POURSUIVRE	qqn	▌ *Le chien a poursuivi le chat dans toute la maison mais il ne l'a pas attrapé.*
	qqch	▌ *Il est tard, nous poursuivrons cette conversation demain.*
POUSSER		▌ *Ses cheveux ont poussé de vingt centimètres en un an.*
	qqch ou qqn	▌ *Arrêtez de me pousser comme ça. Je ne peux pas avancer plus vite !*
SE POUSSER	(dans le bus)	▌ *Poussez-vous dans le fond. Laissez monter les voyageurs.*
POUVOIR	+ inf.	▌ *Tu peux venir une minute, j'ai besoin de toi.*
IL SE PEUT QUE	+ subj.	▌ *Regarde le ciel, il se pourrait bien qu'il pleuve ce soir.*
PRÉFÉRER	qqch ou qqn	▌ *Qu'est-ce que tu préfères comme dessert ? un fruit ou une crème ?*
	qqch à qqch	▌ *Je préfère le salé au sucré.*
	qqn à qqn	▌ *Tout le monde préfère Marianne à sa sœur Florence.*
	+ inf.	▌ *Tu préfères aller à pied ou prendre le bus ?*
	vb que vb	▌ *Elle préfère rêver (plutôt) que (de) travailler.*
	que + subj.	▌ *Je préfère qu'on prenne un taxi.*
PRENDRE	qqch	▌ *Qui a pris mon livre ? Impossible de le trouver !*
	qqch à qqn	▌ *Tu m'as pris le journal ? Tu peux me le rendre, s'il te plaît ?*
	+ moyen de transport	▌ *Pour aller de Paris à Marseille, je ne prends pas l'avion.*
	+ idée de temps	▌ *Avec le TGV, ça prend trois heures. (= on met)*
	qqn pour qqn (ou qqch)	▌ *Il m'a pris pour mon frère (= confondu avec) ; c'est vrai qu'on se ressemble comme deux gouttes d'eau.*
SE PRENDRE	pour qqn/qqch	▌ *Elle se prend pour le centre du monde. (= elle se considère comme)*
S'EN PRENDRE	à qqn	▌ *Il était en colère ; il s'en est pris à tout le monde. (= il a rendu les autres responsables.)*

S'Y PRENDRE	(bien, mal)	▌ *Arrête, tu t'y prends mal, je vais te montrer comment faire.*
PRÉPARER	qqch	▌ *Tu prépares le dîner ? Je peux t'aider ?*
	qqn à qqch	▌ *Vous les avez préparés à cette nouvelle ?*
SE PRÉPARER	à qqch	▌ *On se prépare à l'examen depuis deux mois.*
	à + inf.	▌ *Allez, préparez-vous à partir. On s'en va dans dix minutes.*
PRÉSENTER	qqch	▌ *Il a présenté deux fois le concours de l'École normale supérieure.*
	qqn à qqn	▌ *Je vous présente Dominique, un ami suisse.*
SE PRÉSENTER		▌ *Vous êtes prié de vous présenter le 8 juin à 16 h au bureau 113.*
PRESSÉ (ÊTRE)		▌ *– Vous êtes pressé ? Vous n'avez pas le temps de venir prendre un verre ?*
	de + inf.	▌ *– Oui, excusez-moi, je suis pressé de rentrer, ma femme m'attend.*
PRÊTER	qqch à qqn	▌ *Tu me prêtes ta voiture ? La mienne est en panne.*
PRÊT (ÊTRE)	à qqch	▌ *Il est prêt à tout pour réussir.*
	à + inf.	▌ *Vous êtes prêts à commencer l'exercice ? Alors, on y va !*
PRÉVENIR	qqn de qqch	▌ *J'ai un problème. Vous pouvez prévenir les étudiants de mon retard ?*
	qqn que + ind.	▌ *Vous pouvez prévenir les étudiants que j'arriverai un peu en retard ?*
PRÉVOIR	qqch	▌ *La météo prévoit un orage en fin de journée.*
	de + inf.	▌ *– Qu'est-ce que vous avez prévu de faire ? On sort ou on dîne ici ?*
	que + ind.	▌ *– J'avais prévu que vous dîneriez ici mais si vous préférez sortir…*
PRODUIRE		▌ *Ce pays produit du blé en quantité.*
SE PRODUIRE	qqch	▌ *Un incident s'est produit à la frontière algéro-tunisienne.*
PROFITER	de qqch	▌ *On pourrait profiter de ce beau temps pour aller à la plage.*
PROMETTRE	qqch à qqn	▌ *Il m'a promis son aide.*
	de + inf.	▌ *Il (m')a promis de m'aider*
	que + ind.	▌ *Il (m')a promis qu'il m'aiderait.*
PROPOSER	qqch à qqn	▌ *Je te propose une balade à bicyclette.*
	à qqn de + inf.	▌ *Je te propose d'aller faire une balade à bicyclette.*
	à qqn que + subj.	▌ *Je te propose qu'on aille toutes les deux faire une balade à bicyclette.*
PROTESTER		▌ *Allez, ne proteste pas et viens !*
	contre qqn ou qqch	▌ *Les manifestants écologistes ont protesté contre le tout nucléaire.*
PROUVER	qqch à qqn	▌ *Comment lui prouver mon amour ?*
	à qqn que + ind.	▌ *Comment lui prouver que je l'aime ?*
PUNIR	qqn	▌ *La maîtresse l'a puni parce qu'il n'avait pas fait son travail.*

Q

QUITTER	un lieu	▌ *Si tu quittes la maison avant moi, n'oublie pas tes clés.*
	qqn	▌ *Elle a quitté son mari il y a deux ans. Maintenant, elle vit seule.*

R

RACONTER	qqch	▮ *Raconte-moi une histoire.*
	que + ind.	▮ *Je vous ai raconté que j'avais vu Carla à Venise l'été dernier ?*
RAPPELER	qqch	▮ *Cette histoire me rappelle quelque chose. Mais quoi ? Je ne m'en souviens pas.*
	qqn	▮ *Ta mère a appelé ce matin. Elle voudrait que tu la rappelles vers cinq heures.*
SE RAPPELER	qqn	▮ *Tu te rappelles ce vieux monsieur ?*
	qqch	▮ *Tu te rappelles ces vacances à Ibiza ?*
	que + ind.	▮ *Je me rappelle seulement qu'il faisait très chaud.*
RAPPORTER	qqch à qqn	▮ *Tu pourras me rapporter mon livre, s'il te plaît ? J'en ai besoin.*
RATER	qqch	▮ *Je suis arrivé trop tard à la gare : j'ai raté mon train.*
	qqn (fam.)	▮ *J'avais rendez-vous avec elle à la Coupole. Je ne sais pas ce qui s'est passé, mais on s'est ratés, je l'ai attendue une heure en vain.*
RAVI (ÊTRE)	de qqch	▮ *Ils ont été ravis de leur soirée à l'Opéra, ils ont adoré !*
	de + inf.	▮ *Je suis ravi d'avoir rencontré vos amis Pierron. Ils sont charmants.*
	que + subj.	▮ *On est ravis que tu puisses venir chez nous cet été.*
RECEVOIR	qqch	▮ *Hier, j'ai reçu une lettre de mon frère qui est en Australie.*
	qqn	▮ *Ce soir, je reçois à dîner les collègues de mon mari et ça ne m'amuse pas !*
REÇU (ÊTRE)		▮ *On est toujours très bien reçu dans ce restaurant. L'accueil est très sympathique.*
	à qqch	▮ *Alors, ça y est, tu as été reçu à l'examen ? Champagne pour tout le monde !*
RÉCLAMER	qqch	▮ *Elle n'est jamais contente, elle a toujours quelque chose à réclamer.*
	qqch à qqn	▮ *Le service des impôts me réclame un supplément de mille euros.*
RECOMMENCER		▮ *Le cours de judo recommencera le 4 septembre.*
	qqch	▮ *Si tu n'as pas compris, tu dois recommencer cet exercice.*
	à + inf.	▮ *Depuis son accident, elle n'a pas encore recommencé à conduire.*
RECONNAÎTRE	qqn	▮ *Elle est devenue si grande que je ne l'ai même pas reconnue.*
	qqch	▮ *Avec toutes ces transformations, on ne reconnaît pas la maison.*
	qqch	▮ *Il a reconnu sa culpabilité (= admettre, avouer)*
	+ inf.	▮ *Je reconnais avoir agi très légèrement. Je le regrette profondément.*
	que + ind.	▮ *L'entreprise a reconnu que les travaux n'avaient pas été faits très correctement.*
RÉFLÉCHIR		▮ *Je ne peux pas me décider comme ça, j'ai besoin de réfléchir.*
	à qqch	▮ *À quoi tu penses ? – Je réfléchis à ce que tu m'as dit hier, ce n'est pas très clair pour moi.*
REFUSER		▮ *Il voulait se marier mais elle a refusé.*
	qqch	▮ *Les syndicats ont refusé les propositions du gouvernement.*
	qqch à qqn	▮ *Vous ne pouvez pas lui refuser ce petit plaisir !*

	de + inf.	▌ *Je lui ai dit d'aller se coucher mais il refuse d'obéir.*
	que + subj.	▌ *Tu ne peux quand même pas refuser qu'il vienne avec nous ! Il en meurt d'envie.*
REGARDER	qqch ou qqn	▌ *Regarde ce tableau, il est vraiment superbe.*
	qqch ou qqn + inf.	▌ *Ne me regarde pas manger, ça me gêne.*
+ ÇA ME REGARDE		▌ *Je fais ce que je veux chez moi, ça ne regarde pas les voisins.* (= ce n'est pas leur affaire)
REGRETTER		▌ *Christophe Billard est là s'il vous plaît ? – Non, je regrette, il est absent aujourd'hui.*
	qqch ou qqn	▌ *Quand ce prof est parti, personne ne l'a regretté. Il n'était pas très aimé.*
	de + inf.	▌ *Il n'a pas regretté de partir, lui non plus.*
	que + subj.	▌ *J'ai quand même un peu regretté qu'on n'ait organisé aucune fête pour son départ.*
RÉJOUIR	qqn	▌ *Cette bonne nouvelle a réjoui toute la famille.*
SE RÉJOUIR	de qqch	▌ *Je me réjouis de son arrivée prochaine.*
	de + inf.	▌ *Je me réjouis de la voir bientôt.*
	que + subj.	▌ *On se réjouit qu'elle vienne nous voir bientôt.*
REMARQUER	qqch ou qqn	▌ *Est-ce que vous avez remarqué quelque chose d'anormal dans le quartier ce matin ? – Non. Ah si ! J'ai remarqué deux hommes bizarres qui passaient et repassaient.*
	que + ind.	▌ *J'ai aussi remarqué qu'ils observaient la maison avec insistance.*
REMERCIER	qqn	▌ *Je te remercie beaucoup.*
	qqn de/pour qqch	▌ *Je te remercie beaucoup de ton aide.*
	qqn de + inf.	▌ *Je te remercie de m'avoir aidé si gentiment.*
REMPLACER	qqch par qqch	▌ *Tu as vu, j'ai remplacé le piano par une commode. C'est mieux, non ?*
	qqn par qqn	▌ *Madame Gilbert est malade. Elle sera remplacée par un collègue dès lundi.*
RENCONTRER	qqch ou qqn	▌ *Ce roman a rencontré un certain succès.*
		▌ *Tu as déjà rencontré l'auteur ? Moi, je ne l'ai jamais vu.*
RENDRE	qqch à qqn	▌ *Je dois rendre mes livres à la bibliothèque avant la semaine prochaine.*
	qqn + adj.	▌ *Il a mangé tant de chocolat que ça l'a rendu malade.*
SE RENDRE		▌ *Haut les mains ! Police ! Rendez-vous !*
	à qqn	▌ *On ne se rendra jamais à la police ! Venez nous chercher !*
	à + un lieu	▌ *Nous nous sommes rendus en délégation à la direction.*
	+ adj.	▌ *Être ensemble, ça nous a rendus plus forts.*
SE RENDRE COMPTE	de qqch	▌ *Elle ne s'est pas rendu compte tout de suite de la disparition de sa bague.*
	que + ind.	▌ *Quand vous êtes-vous rendu compte que votre bague avait disparu ?*
RENSEIGNER	qqn	▌ *Vous pourriez renseigner cette dame ? Elle est étrangère et cherche une poste.*
	qqn sur qqch	▌ *Vous pouvez me renseigner sur les formalités d'inscription, s'il vous plaît ?*

SE RENSEIGNER		▌ *Une minute, je vais me renseigner et je vous expliquerai.*
	sur qqch ou qqn	▌ *Tu t'es renseigné sur les dates des soldes d'été ?*
RENTRER	à, dans + lieu	▌ *Allez, on rentre à la maison. Je suis fatiguée.*
	qqch	▌ *Tu as rentré les fauteuils de jardin ? Il va pleuvoir.*
RENVOYER	qqch	▌ *J'ai envoyé mon ballon chez vous. Vous voulez bien me le renvoyer, s'il vous plaît ?*
	qqn	▌ *Trois élèves de 5ᵉ B ont été renvoyés cette semaine pour indiscipline.*
	qqch à qqn	▌ *Puisque c'est fini entre nous, renvoie-moi toutes mes lettres.*
SE REPENTIR		▌ *Repentez-vous, la fin du monde est arrivée !*
	de qqch	▌ *Il s'est repenti de sa mauvaise conduite.*
	de + inf.	▌ *Il s'est repenti d'avoir mal agi avec ses parents.*
RÉPÉTER		▌ *– Je n'ai pas compris ce que tu as dit. Tu peux répéter ?*
	qqch à qqn	▌ *– Je suis très discret. Je ne répète jamais rien à personne.*
	que + ind.	▌ *– Hum… Tu as quand même répété à tout le monde que j'allais me marier.*
RÉPONDRE		▌ *Alors, la question est facile. Qui veut répondre ?*
	à qqch ou à qqn	▌ *Je lui a écrit trois fois mais il ne m'a pas répondu.*
	de + inf.	▌ *Je lui ai demandé de l'aide mais il m'a répondu de faire ce travail moi-même.*
	que + ind.	▌ *Je lui ai répondu que je n'y arriverais jamais tout seul.*
REPROCHER	qqch à qqn	▌ *Je ne te reproche pas ton attitude mais…*
	à qqn de + inf.	▌ *Je te reproche seulement de ne pas toujours dire la vérité.*
SE REPROCHER	qqch	▌ *Il se reproche sa colère, il déteste perdre son calme.*
	de + inf.	▌ *Il se reproche d'avoir grondé son fils pour presque rien.*
RESTER		▌ *– Finalement, vous partez ou vous restez ?*
	à + lieu	▌ *– Je reste à Bordeaux jusqu'au 15 et après, je vais à Lille.*
	+ adj.	▌ *Reste un peu tranquille, tu me fatigues !*
IL RESTE	qqch ou qqn	▌ *Il reste deux gâteaux. Qui en veut ?*
	qqch à qqn	▌ *J'ai presque fini ! Il me reste deux exercices.*
	à + inf.	▌ *Le colloque est maintenant terminé. Il nous reste à vous remercier de votre présence et de votre excellente participation.*
RETENIR	qqch	▌ *Je n'arrive pas à retenir ce mot, il m'échappe toujours.*
	qqn	▌ *Sur les 400 candidats, on en a retenu seulement cinq.*
RETOURNER	+ lieu	▌ *Tu retournes chez toi pour les vacances de Noël ?*
SE RETOURNER		▌ *Ne te retourne pas. On nous suit.*
RETROUVER	qqch ou qqn	▌ *Tu as retrouvé ton ancien copain Pierre ? – Lui, non, mais j'ai enfin retrouvé son numéro de téléphone. Je vais l'appeler.*
SE RETROUVER	+ lieu ou temps	▌ *On se retrouve à six heures devant le cinéma. D'accord ?*
RÉUSSIR		▌ *– Et cet examen ? Tu as réussi ?*
	qqch	▌ *– J'ai réussi l'épreuve écrite mais j'ai raté l'oral.*
	à + inf.	▌ *Il a réussi à persuader ses parents de lui offrir une voiture.*

RÉVÉLER	qqch	▮ *Qui a révélé ce secret ?*
	à qqn que/ qui/ où	
	comment/ pourquoi...	▮ *Il ne nous a jamais révélé comment il avait fait fortune, et qui l'avai*
	+ ind.	*aidé.*
REVENIR		▮ *Quand reviendras-tu nous voir ?*
	+ provenance	▮ *Je suis revenu(e) de vacances la semaine dernière.*
RÊVER		▮ *Mais tu rêves ! Ce projet est irréalisable !*
	à qqch	▮ *À quoi tu rêves ?*
	de qqch ou de qqn	▮ *Je rêve souvent de mon frère qui vit aux États-Unis.*
	de + inf.	▮ *Je rêve d'aller passer quelques jours avec lui. (= je désire)*
	que + ind.	▮ *Je rêve qu'il est à l'aéroport et qu'on va se balader ensemble*
	que + subj.	▮ *Je rêve qu'il vienne à Paris ! (= je désire, je souhaite)*
RIRE		▮ *J'adore te voir rire.*
	de qqch	▮ *Elle est si gaie qu'elle rit de tout.*
RISQUER	qqch	▮ *Il n'a peur de rien, il a plusieurs fois risqué sa vie.*
	de + inf.	▮ *Attention, tu risques de te perdre, prends un plan de la ville.*

S

SAUVER	qqch ou qqn	▮ *Le bateau a fait naufrage mais tous les marins ont pu être sauvés.*
SE SAUVER		▮ *Allez, sauve-toi vite, tu vas être en retard !*
	de + lieu	▮ *Quand il était adolescent, une fois, il a fait une fugue : il s'est sauvé*
		de chez lui en pleine nuit et n'est rentré que deux jours plus tard.
SAVOIR	qqch	▮ *Alors, cette leçon, tu la sais ?*
	+ infinitif	▮ *Tu sais conduire*
	que + ind.	▮ *Je sais bien que tu l'as apprise, mais est-ce que tu la sais vraiment ?*
	si, pourquoi, comment,	▮ *Est-ce que tu sais si le professeur va interroger tous les élèves ?*
	où, quand... + ind.	
SEMBLER	+ adj.	▮ *Tu sembles ravi(e). Qu'est-ce qui t'est arrivé de si agréable ?*
	+ inf.	▮ *Tu sembles avoir une bonne surprise à nous annoncer. Dis-la vite !*
IL SEMBLE	que + subj.	▮ *Il semble que les pourparlers entre les deux camps n'aient guère avancé*
		depuis trois ou quatre jours.
IL ME SEMBLE	que + ind.	▮ *Il me semble qu'il y a une drôle d'odeur ici.*
SENTIR	qqch	▮ *Hum... ça sent le parfum ici, ça sent le N° 5 de Chanel.*
	bon, mauvais	▮ *Oui, ça sent bon ! Vraiment, ça embaume !*
	qqn + adj.	▮ *Je la sens fatiguée et énervée en ce moment, elle a trop travaillé ce*
		trimestre.
	que + ind.	▮ *Je sens que, peu à peu, elle perd son énergie et son tonus.*
	nom + inf.	▮ *Elle sent l'examen approcher et ça l'angoisse.*
SERVIR	qqch ou qqn	▮ *Cette mesure ne sert pas vraiment les ouvriers, elle sert plutôt les inté-*
		rêts des actionnaires.
	à qqch, à qqn	▮ *À mon avis, cette décision est inutile, elle ne sert à rien ni à personne.*
	à + inf.	▮ *Cet outil sert à couper le bois.*

	qqch à qqn	▮ *Tu peux servir son dîner à ton père, s'il te plaît ? Il est pressé.*
	de qqch à qqn	▮ *Cette voiture est géniale, elle est si grande qu'elle peut nous servir d'auto et de maison à la fois*
SE SERVIR		▮ *Servez-vous vite, sinon ça va refroidir.*
	de qqch	▮ *On se sert de moins en moins de mouchoirs et de plus en plus de Kleenex.*
SORTIR		▮ *– J'ai envie de sortir ce soir. On va au ciné ?*
	qqch	▮ *– D'accord. Sors la voiture, j'arrive tout de suite.*
	de + lieu	▮ *Le lundi, il sort du lycée à cinq heures.*
SOUFFRIR		▮ *– Tu souffres ? Tu as très mal ?*
	de qqch	▮ *– Non, je souffre un peu du genou mais pas trop.*
	de + inf.	▮ *Je souffre d'être obligée de rester comme ça sans bouger.*
SOUHAITER	qqch	▮ *Que souhaitez-vous comme dessert ? De la mousse au chocolat ? Une île flottante ?*
	qqch à qqn	▮ *Je vous souhaite un très bon anniversaire.*
	à qqn de + inf.	▮ *Il a souhaité à son confrère de bien profiter de sa retraite.*
	que + subj.	▮ *Nous souhaitons que tu viennes comme prévu.*
SOUPÇONNER	qqch	▮ *Cette affaire n'est pas très claire. Je soupçonne des irrégularités dans les comptes.*
	qqn	▮ *Je ne soupçonne pas directement le comptable qui semble honnête.*
	qqn de qqch	▮ *Mais je le soupçonne quand même de légèreté.*
	qqn de + inf.	▮ *Je le soupçonne d'avoir été un peu négligent.*
SOUTENIR	qqn	▮ *J'ai longtemps soutenu ce candidat mais cette fois, j'arrête !*
	que + ind.	▮ *Contre toute évidence, il soutient (= il prétend) que ce n'est pas lui qui a brisé ce miroir. Mais trois personnes l'ont vu.*
SE SOUVENIR	de qqn	▮ *– Tu te souviens de ta grand-mère Sabine ?*
	de qqch	▮ *– D'elle, je ne me souviens pas très bien mais je me souviens bien de sa maison.*
	de + inf.	▮ *Je me souviens d'y avoir passé un été entier. Oui, la maison, le jardin, la terrasse, tout ça, je m'en souviens.*
	que + ind.	▮ *Et je me souviens que cet été-là, grand-mère ne quittait presque pas sa chambre.*
SUCCÉDER	à qqn	▮ *Louis XV a succédé à son arrière-grand-père, Louis XIV.*
SE SUCCÉDER		▮ *L'an dernier, les orages se sont succédé pendant tout le mois d'août.*
SUFFIRE		▮ *– Encore un peu de café ?*
		▮ *– Non merci, ça suffit comme ça. Merci.*
	à qqn	▮ *– Vous êtes sûr qu'une tasse, ça vous suffit ?*
IL SUFFIT	de qqch	▮ *– Moi, il me suffit d'une tasse pour m'empêcher de m'endormir. Et c'est dommage, j'adore le café.*
	que + subj.	▮ *– La solution est simple : il suffit que vous achetiez du décaféiné. Le goût est le même mais ça n'empêche pas de dormir.*
SUGGÉRER	qqch à qqn	▮ *Je vais vous suggérer une idée pour sortir de vos difficultés.*
	à qqn de + inf.	▮ *Je vous suggère de reprendre le problème à la base.*

	que + subj.	■ *Puis je suggère que, chacun à son tour, on donne son avis. Après, o[...]* *décidera.*
SUIVRE	qqch qqn	■ *— Suivons la proposition de Vavin. Qu'est-ce que vous en dites ?* ■ *— Ah non, moi, je ne veux pas suivre n'importe qui.*
SE SUIVRE		■ *Elle a six enfants qui se suivent tous à un an d'intervalle.*
SUPPLIER	qqn de + inf.	■ *Je te supplie d'être prudent. Tu sais comme je m'inquiète facilement[...]*
SUPPORTER	qqch qqn de + inf. que + subj.	■ *Je ne supporte pas le bruit, j'ai horreur de ça.* ■ *Je ne supporte pas les gens qui parlent fort dans les lieux publics.* ■ *C'est pour ça que je ne supporterais pas de vivre en appartement.* ■ *Je ne supporterais pas que mes voisins fassent du bruit juste au-dessu[...]* *ou au-dessous de chez moi.*
SUPPOSER	qqch que + ind.	■ *Quand je ne l'ai pas vu à la descente du train, j'ai supposé le pire[...]* ■ *J'ai supposé qu'il s'était trompé, qu'il avait raté le train, qu'il étai[...]* *resté à Marseille…*
(SUPPOSONS)	que + subj.	■ *Supposons qu'il soit reçu au baccalauréat. Qu'est-ce qu'il fera ensuite[...]*
SÛR(E) (ÊTRE)	de qqch de + inf. que + ind.	■ *— Tu es sûr(e) de ta décision ?* ■ *— Et toi, tu es sûr(e) de ne pas regretter ton choix ?* ■ *Je suis sûr(e) que, sans voiture, il serait très malheureux.*
SURPRENDRE	qqn	■ *L'orage a surpris les promeneurs en pleine forêt.*
SURPRIS(E) (ÊTRE)	de qqch de + inf. que + subj.	■ *Je suis très surpris(e) de la défaite des Brésiliens : ils ont la meilleur[...]* *équipe du monde.* ■ *Les Français ont été surpris et un peu déçus d'apprendre que l[...]* *candidature de Paris n'avait pas été retenue pour les jeux Olym-* *piques de 2008.* ■ *Je ne serais pas surpris qu'un beau jour mon frère parte vivre en Australie[...]*

T

TARDER	à + inf.	■ *Il est neuf heures, vous avez tardé. J'étais inquiet.* ■ *Les enfants tardent à rentrer. Va voir où ils sont.*
IL ME TARDE DE	+ inf.	■ *Je suis fatigué(e), il me tarde d'être en vacances. (= je suis préssé(e) de[...]*
IL ME TARDE QUE	+ subj.	■ *Je m'ennuie de toi, il me tarde que tu viennes.*
TÉLÉPHONER	à qqn	■ *N'oubliez pas de téléphoner au secrétariat.*
TENIR	qqch qqn à qqch à qqn à + inf. à ce que + subj.	■ *Tiens bien la rampe, sinon tu vas tomber.* ■ *Il tient son fils par la main pour traverser la rue.* ■ *Je tiens beaucoup à cette bague, c'est ma grand-mère qui me l'a donnée.[...]* ■ *Elle tient à lui, elle a peur de le perdre.* ■ *J'insiste, je tiens vraiment à payer mon repas.* ■ *Je tiens beaucoup à ce que tu répondes à cette lettre aujourd'hu[...]* *même.*
SE TENIR	debout, mal, droit	■ *Tiens-toi bien droit !*

S'EN TENIR À QQCH		▮ *Nous nous en tiendrons au premier chapitre. (= nous nous limiterons)*
TERMINER	qqch	▮ *Je n'arriverai pas à terminer ce travail pour demain.*
TIRER	qqch	▮ *Aide-moi à tirer ce seau du puits, il est très lourd.*
	avec une arme	▮ *Elle a tiré trois coups de feu sur sa voisine.*
TIRER PARTI	de qqch	▮ *C'est un opportuniste : il sait tirer parti (= profiter) de tout.*
TOMBER		▮ *Attention, tu vas tomber !*
	sur qqn	▮ *Hier, en sortant du bureau, je suis tombé sur un ami que je n'avais pas vu depuis trente ans. (= je l'ai rencontré par hasard)*
TOUCHER	qqch	▮ *Ne touche pas la prise électrique : c'est très dangereux.*
	qqn	▮ *Votre lettre m'a beaucoup touché(e), j'étais très ému(e) en la lisant.*
	à qqch	▮ *Cet enfant touche à tout, il faut le surveiller.*
TOURNER		▮ *Tourne-toi, s'il te plaît.*
	qqch	▮ *Ce metteur en scène ne tourne qu'un film tous les dix ans.*
	préposition + direction	▮ *Pour aller à la gare du Nord, tournez à droite.*
	+ partie du corps	▮ *Ne tourne pas la tête quand je te parle.*
TRADUIRE	qqch	▮ *C'est Baudelaire qui a traduit les Contes d'Edgar Poe.*
TRAÎNER		▮ *Personne ne range ici, tout traîne !*
	qqch	▮ *Ne laisse pas traîner tes lettres sur la table, range-les !*
	qqn quelque part	▮ *Son mari n'aime pas la musique mais elle arrive parfois à le traîner au concert. (= à le forcer à aller)*
TRAITER	qqn	▮ *On nous a très bien traités dans cet hôtel, nous reviendrons.*
	qqn de qqch	▮ *Elle l'a traité de menteur.*
	qqch	▮ *Ils ont réussi à traiter cette affaire très rapidement.*
TRAVAILLER		▮ *Elle travaille depuis l'âge de dix-huit ans.*
	qqch	▮ *L'agriculteur travaille la terre.*
	à qqch	▮ *Flaubert a travaillé cinq ans à son roman Madame Bovary.*
TREMBLER		▮ *Elle tremble. Elle a peut-être de la fièvre.*
	de qqch	▮ *Devant le danger, il se mit à trembler de peur.*
	pour qqn	▮ *Elle est très anxieuse, elle tremble toujours pour ses enfants.*
TROMPER	qqn	▮ *Vous nous avez trompés, nous ne pouvons plus vous faire confiance.*
SE TROMPER		▮ *Je me suis trompé(e) dans mes calculs, je dois tout recommencer.*
	de qqch	▮ *On se trompe souvent de parapluie quand on est pressé.*
	sur qqn	▮ *Je me suis trompé sur elle. Sa timidité cache un cœur d'or.*
TROUVER	qqch	▮ *Alors, ça y est ? Tu as trouvé la solution ?*
	qqn	▮ *Il a trouvé l'acteur idéal pour ce rôle.*
	qqch à + inf.	▮ *Ne reste pas là sans rien faire : trouve un livre à lire !*
	que + ind. ou cond.	▮ *Je trouve que vous devriez aller voir un autre médecin.*
SE TROUVER		▮ *Où se trouve le cinéma Champollion, s'il vous plaît ? – Il se trouve à cinq minutes d'ici, rue des Écoles.*
	+ adj.	▮ *Je me suis trouvé(e) bien embarrassé(e) : je ne savais pas quoi dire.*

U

UTILE (ÊTRE)		▌ *Une voiture, c'est utile quand on vit à la campagne.*
IL EST UTILE DE	+ inf.	▌ *Il est utile d'avoir une voiture quand on vit à la campagne.*
IL EST UTILE QUE	+ subj.	▌ *Il serait peut-être utile que vous achetiez une voiture. À la campagne, c'est presque indispensable.*
UTILISER	qqch	▌ *Je peux utiliser ton ordinateur ? Le mien est en panne.*

V

VALOIR		▌ *Ce miroir vaut combien, s'il vous plaît ? – Oh, il vaut assez cher. Il est ancien.*
IL VAUT MIEUX	+ inf.	▌ *Pour éviter les coups de soleil, il vaut mieux rester à l'ombre entre midi et quatre heures.*
IL VAUT MIEUX QUE	+ subj.	▌ *Il vaut mieux que tu mettes une crème solaire. Attention aux coups de soleil !*
VENIR		▌ *On va faire un pique-nique. Tu viens avec nous ?*
	à /en + lieu	▌ *Tu viens en vacances ici depuis longtemps ?*
	de + lieu	▌ *Ce superbe tapis vient de Turquie.*
	chez + personne	▌ *Tu viens chez moi ce soir ? J'ai invité quelques amis à dîner.*
	de chez + personne	▌ *Elle vient de chez le dentiste.*
	+ inf.	▌ *Je viens voir si vous pouvez m'aider à finir ce travail.*
EN VENIR À	+ nom	▌ *J'en viens maintenant à ma conclusion. (= j'arrive à…)*
	+ inf.	▌ *J'en viens à douter de tout. (= je finis par…)*
VÉRIFIER	qqch	▌ *Vérifiez bien l'orthographe avant de rendre votre devoir.*
	que + ind.	▌ *Avant de descendre du train, vérifiez bien que vous n'avez rien oublié.*
VIVRE		▌ *Jusqu'à cent ans, elle a vécu seule et sans aide.*
	de qqch	▌ *Elle vit d'amour et d'eau fraîche.*
VOIR	qqch ou qqn	▌ *Je n'ai pas vu mon frère mais il est rentré. Je viens de voir sa voiture devant chez lui.*
VOLER	qqch à qqn	▌ *Pauvre Jane ! Hier, on lui a volé son portefeuille dans le métro et avant-hier son portable.*
VOTER		▌ *En France, on n'est pas obligé de voter comme dans certains pays.*
	pour + nom	▌ *Je ne voterai certainement pas pour ce candidat.*
	+ adjectif ou nom	▌ *Lui, il vote écologiste, sa femme vote communiste et leur fils vote blanc ou nul.*
	à droite, à gauche	▌ *En France, bien souvent, la moitié des Français votent à droite et l'autre moitié à gauche. C'est la « bipolarisation ».*
VOULOIR	qqch	▌ *Qu'est-ce que vous voulez ? Des pommes ? Des poires ? Un ananas ?*
	+ inf.	▌ *Je voudrais vous demander une minute d'attention.*
	que + subj.	▌ *Tu veux que je fasse la vaisselle à ta place ? Si tu es fatigué(e)…*
EN VOULOIR	à qqn	▌ *– Tu es fâché(e), tu m'en veux encore pour ma sottise d'hier ? (= tu me gardes encore de la rancune) – Mais non, c'est fini, je ne t'en veux pas, j'ai déjà oublié !*

Index

A

À préposition 171, 287, 297, 314, 315, 323
à + nom de lieu 171, 175, 201
à + expression de la temporalité 205, 209, 287
à + infinitif 60, 100, 171, 324
à cause de 182, 297
à condition que, à condition de 321, 323
à force de 182, 295, 298
à la suite de 298
à mesure que 280
à moins que, à moins de 321, 323, 324
à partir de 182, 212
à peine (+ inversion du sujet) 195, 283
à supposer que 322
ACCENTS (orthographe) 26
ACCORD sujet-verbe 18
    adjectif-nom 95
    des noms composés 33
    des adjectifs de couleur 95
    du participe passé 118, 126
ACTIVE **(forme ou voix)** 120
ADJECTIF *voir* démonstratif, exclamatif, indéfini, interrogatif, ordinal, possessif
ADJECTIF QUALIFICATIF 94
    genre de l'adjectif qualificatif (masculin, féminin) 94
    nombre de l'adjectif (singulier, pluriel) 95
    degré de l'adjectif qualificatif 100
    place de l'adjectif qualificatif épithète 98
ADJECTIF VERBAL 102
ADVERBE 184
    formation des adverbes 184
    adverbe d'affirmation 195
    adverbe d'interrogation 194
    adverbe de lieu 188
    adverbe de manière 189
    adverbe de négation 195
    adverbe de quantité 190
    adverbe de temps 187
    adverbe en *-ment* 184
    place de l'adverbe 196
afin que, afin de 304, 308
AGENT (complément d') 122
ainsi 195, 276, 311
ainsi que 329
aller + infinitif 106, 109, 134, 136
alors 187, 310

alors que (opposition) 313
    (temps) 280
ALTERNANCE INDICATIF/SUBJONCTIF 255
an et **année** 213
ANTÉRIORITÉ/SIMULTANÉITÉ/POSTÉRIORITÉ 277, 284, 285, 286, 288
APOSTROPHE 24
après 288, 289
après que, après + infinitif passé 283, 285
ARTICLE 36
    article contracté 39
    article indéfini, article défini 36, 38
    article partitif 41
    absence d'article (article zéro) 43
    article dans la phrase négative 37, 42, 226
ASPECT 108
assez 190, 326
assez... pour que, assez pour 307, 309
ATTRIBUT 98, 113
au, aux (article contracté) 39, 175
au bout de 213
au cas où 321
au fait 300
au fur et à mesure que, au fur et à mesure de 280, 287
au lieu de 182, 314, 315
au moment de 285, 287
au moment où 280
au point que, au point de 306, 308
aucun, aucune 66, 69, 228
auquel, à laquelle, auxquels, auxquelles 80
aussi (addition) 193, 225, 310
aussi (conséquence) 276, 310
aussi... que, aussi bien que (égalité) 190, 193, 196, 326
aussi... que + subjonctif (concession) 313
aussi longtemps que 280
aussitôt + participe passé 287
aussitôt que 279
autant 190, 193, 327
autant de... que (égalité) 327
autant..., autant... 329
autre 38, 73
autrement 190, 324
autrui 73
AUXILIAIRE **(avoir, être)** 106, 116, 118, 121, 125
AUXILIAIRE **(semi-)** 106
avant 181, 288, 289
avant que, avant de 284, 286
avoir beau + infinitif 316
avoir l'air + adjectif 98, 113

B

beau (avoir -) 316
beaucoup 90, 190
beaucoup de 90, 191
bien 189
bien + article + nom 90, 191
bien que 304, 313
BUT (expression du -) 303

C

c' (c'est) 58, 59, 60
ça 57, 59, 239
ça fait... que (temps) 209
car 299
CAUSE (expression de la -) 290
ce (pronom) 57, 59
ce qui, ce que, ce dont... 58, 59, 77, 78, 81, 245, 269
ce, cet, cette, ces 56
ce n'est pas que... 294
celui, celle, ceux, celles 57
cent (orthographe) 84
cependant 275, 316
certain 65, 66, 69, 71
c'est... qui, c'est... que (*voir* MISE EN RELIEF)
c'est/il est 59, 114, 255
chacun, chacune 69, 72, 89
chaque 65, 67, 89
chez 171, 200, 201
combien (exclamation) 236
　　　　(interrogation) 194, 220, 221, 270
comme (cause) 292
　　　　(comparaison) 292, 329, 330
　　　　(exclamation) 195, 236
　　　　(temps) 282, 292
comme si 320, 329, 330
comment (interrogation) 194, 220, 221, 222, 223, 270
COMPARAISON (expression de la -) 326
COMPARATIF ET SUPERLATIF 101, 191, 193, 326, 328
COMPLÉMENT D'AGENT 122
COMPLÉMENT D'OBJET DIRECT (COD) 34, 48, 110, 111, 112, 122
COMPLÉMENT D'OBJET INDIRECT (COI) 34, 50, 110, 112
COMPLÉMENT D'OBJET SECOND (COS) 51, 110, 112
COMPLÉMENT DE NOM 78, 93
COMPLÉMENT CIRCONSTANCIEL 34
COMPLÉTIVE (subordonnée introduite par *que*) 251
　　　　à l'indicatif 252
　　　　au subjonctif 254
　　　　ordre des mots 252
　　　　place 251
　　　　transformations 258, 259
COMPOSÉS (temps) 129, 132, 136, 140, 141, 151, 152, 153, 154
COMPTABLE (nom comptable/nom non comptable ou massif) 30
CONCESSION/OPPOSITION (expression de la -) 312
CONCORDANCE DES TEMPS
　　　　à l'indicatif 146-147
　　　　au subjonctif 153
CONDITION (expression de la) 319
à condition que, à condition de 321, 323
CONDITIONNEL
　　　　temps (= futur dans le passé) 136
　　　　mode 154
CONJONCTION DE COORDINATION 244, 275, 299, 310, 316, 324
CONJUGAISON (tableaux) 333
CONJUGAISON (index des verbes)
CONNECTEUR 273, 275
CONSÉQUENCE (expression de la -) 303
CONSTRUCTION DE L'ADJECTIF 100
CONSTRUCTION DE L'ADVERBE 198
CONSTRUCTION DU VERBE 393
CONVERSES (verbes) 115

D

d'ailleurs 276
dans (lieu) 176, 200, 201
dans (temps) 176, 207, 209
dans/en 176, 208, 209
DATE (expression de la -) 207
d'autant plus que/d'autant moins que 293, 329
DE (préposition) 172, 175, 287, 295, 298
de... à... 173, 209
de + complément d'agent 122, 123, 172
de + nom sans article 37, 42, 43, 173
de crainte que, de crainte que + subjonctif 305, 308, 309
d'entre 48, 181
de façon que, de façon à 304, 308
DÉFINI → *voir* ARTICLE
de manière que, de manière à 304, 308
de même que 329
demi (accord) 86
de moins en moins 329
DÉMONSTRATIF 56, 57
de peur que, de peur de 234, 305, 308, 309
de plus en plus 329
depuis 181, 209, 287, 288
depuis que 281
dernièrement 275

des (article contracté : de + les) 39, 175
des (article indéfini, pluriel de un) 36, 42
dès 181, 212, 213, 287, 288
dès l'instant que 293
dès lors que 293
de sorte que 304
dès que 279
DÉTERMINANT 35
devant 299
devoir + infinitif 107, 158
d'ici (à ce) que 284
différents, différentes - divers, diverses 65, 67, 91, 99
DIRE (verbes du) 262, 263, 265
DISCOURS DIRECT 261
DISCOURS INDIRECT LIÉ 262
DISCOURS INDIRECT LIBRE 268
DISCOURS RAPPORTÉ AU PASSÉ 261, 263, 265, 266
donc 276, 310
dont 78
d'où (relatif) 79
d'où (expression de la conséquence) 309
douter/se douter 126, 255
du (article contracté = de + le) 39, 175
du (article partitif) 41
du fait que 292
du moins 275
du moment que 293
duquel, de laquelle, desquels, desquelles 80
DURÉE (expression de la -) 208

E

ÉLISION 24
elle(s), pronom personnel sujet 46, 47
en préposition 173, 175, 201
en pronom 49, 51, 55
en (locutions figées avec -) 52, 174
en + participe présent (voir gérondif)
en admettant que 322
en attendant 288
en attendant que, en attendant de 284, 285
en dépit de 315
en effet 195, 276, 299, 300
en fait 300
en raison de 182, 297
en revanche 195, 316
en supposant que 322
en tout cas 316
en vue de 309
encore 188, 231, 276

encore que 313
enfin 275
entre 181
envers 180
ÉPITHÈTE (adjectif -) 98
et 244, 315
… et que 295, 321
étant donné que 292
eux 47, 50
excepté si 321
EXCLAMATIVE (la phrase) 236
EXPLÉTIF (le ne -) 235

F

faire (verbe de substitution ou anaphorique) 275
faire (il fait, verbe impersonnel) 127
faire (accords du participe passé avec le verbe -) 120
faire faire 107
se faire + infinitif (= sens passif) 107, 124
faute de + nom ou + infinitif 234, 296, 299
FÉMININ des noms 31
          des adjectifs 94
fois (une fois + participe passé) 287
fois (une fois que) 282
FORME (ACTIVE, PASSIVE) 120, 124
fort 186, 198
FUTUR   simple 134
        antérieur 136
        dans le passé (voir CONDITIONNEL)
        proche 106, 109, 134, 136

G

GENRE des noms 30
GÉRONDIF 166, 286, 296, 315, 323
grâce à 182, 297
GROUPE NOMINAL 35, 315

H

H muet, H aspiré 23, 24
HYPOTHÈSE (expression de l'-) 319

I

ici 188, 200

il(s), pronom personnel sujet 46

il impersonnel 46

il faut + infinitif 127

il faut que + subjonctif 127

il s'agit de 127

il y a (temps) 127, 205, 209, 212

il n'y a qu'à + infinitif 232

IMPARFAIT

       de l'indicatif 138

       du subjonctif 152, 153

       et passé composé 144

IMPÉRATIF (mode) 155

IMPERSONNELLE (forme) 127, 128

INCISE (proposition) 244

INDÉFINI article 36

       adjectif 65

       pronom 69

INDICATIF 129

       concordance à l'indicatif 146

INFINITIF présent 160

       passé 160

INTENSITÉ (degré d'-) 100, 196, 305, 325

INTERJECTION 237

INTERROGATION

       la phrase interrogative 216

       l'adjectif interrogatif 74, 220

       le pronom interrogatif 75, 220, 223

       l'interrogation indirecte 269, 270

INTRANSITIFS (verbes) 110

INTRODUCTEURS (verbes introducteurs du discours) 262, 265

INVARIABLES (les mots) 168, 169, 221, 246

INVERSION du sujet 46, 195, 217

J

jamais 230

je (j'), pronom personnel sujet 46

jusqu'à : expression de lieu 200

jusqu'à : expression de temps 209, 288

jusqu'à ce que + subjonctif 284

JUXTAPOSITION 243

L

l', la, le, les : article 38

l', la, le, les : pronom complément direct 48, 54

là, là-bas 188, 200

la plupart de… (accord) 91

laisser + infinitif 107

le (neutre) 53

lequel, laquelle, lesquels, lesquelles interrogatif 76, 220, 222

lequel, laquelle, lesquels, lesquelles relatif 80

leur (pluriel de lui), pronom complément indirect 50

leur, leurs, adjectif possessif

le leur, la leur, les leurs, pronom possessif 61, 63

LOCALISATION (expression de la -) 188

loin de 200, 314

lors de 287

lorsque 278, 279

lui, elle, pronom tonique 47

lui, pronom complément indirect 50

lui/y (*je pense à lui/j'y pense*) 50, 51

l'un l'autre 69, 73

M

ma, ta, sa, adjectif possessif 61

mais 244, 275, 316

malgré 315

MASCULIN

       des noms 31

       des adjectifs 94

MASSIF/NOMBRABLE (*voir* ARTICLES)

me (m'), pronom complément direct ou indirect 48, 50

meilleur que, comparatif irrégulier 101, 327

le meilleur, superlatif irrégulier 101, 328

même 48, 68

même si 313

le même, la même, les mêmes 68, 330

mes, adjectif possessif 61

se mettre à + infinitif 107

le mien, la mienne, les miens, les miennes, pronom possessif 63

mieux (que) 189, 195, 327

le mieux, superlatif irrégulier 196

mille (orthographe) 84

MISE EN RELIEF 59, 238, 255

MODALES (valeurs)

       du présent 131

       de l'imparfait 139

       du plus-que-parfait 141

       du futur simple 13

       du futur antérieur 13

MODAUX (auxiliaires) 158

MODE

       personnel 107

       – indicatif 129

– conditionnel 154

– impératif 155

– subjonctif 148

impersonnel 160

– infinitif 160

– participe 164

moi 47

moindre, le moindre, comparatif et superlatif irréguliers 101, 327

moins 90, 190

moins… que 191, 326

moins de, moins que 191, 326, 327, 328

le moins, la moins, les moins 191, 328

moins…, moins 329

moment 57, 188, 204, 293

mon, ton, son adjectif possessif 61

mon, ton, son + nom féminin commençant par une voyelle 61

N

n'avoir qu'à 232

n'empêche que 317

néanmoins 275, 316

ne explétif 235, 286

ne avec un sens négatif employé seul 235

ne (disparition à l'oral) 231

ne… aucun 228

ne… guère 231

ne… jamais 230

ne… nulle part 229

ne… pas 225

ne… pas encore 230

ne… pas toujours 230

ne… personne 228

ne… plus 231

ne… que 232

ne… rien 227

NÉGATION TOTALE 224

NÉGATION PARTIELLE **ou** RELATIVE 227

NÉGATIONS (combinaison de) 232

NÉGATIVES (phrases) 224

ne pas + infinitif 225

ni… ni 226

n'importe + mots interrogatifs 69

nombre/numéro 92

NOMBRE (*voir* QUANTIFICATION)

NOM COMMUN

      genre (masculin, féminin) 30

      nombre (singulier, pluriel) 32

      collectifs 87, 92

      composés 33

NOM PROPRE 33

non 224

non plus 225

non que (ou : **non pas que**) + subjonctif… 294

notre, nos, adjectif possessif 61

le nôtre, la nôtre, les nôtres, pronom possessif 63

nous, pronom personnel sujet 46

nous/on 47

nous, pronom personnel complément direct ou indirect 48, 50

nul, nulle 65, 66, 69, 88, 228, 229

nulle part 188, 229

O

OBJET DIRECT (complément d'-) 34, 110, 111

on 46, 47

on (accord du verbe) 47

or 316

OPPOSITION/CONCESSION 312

ORDINAL (adjectif) 85

ORDRE DES MOTS DANS LA PHRASE 242

ou, ou bien 243

où (adverbe interrogatif) 195, 220, 270

où (pronom relatif, expression du lieu) 79

où (pronom relatif, expression du temps) 79

où que + subjonctif (expression de la concession) 313

oui 195, 216

P

par, préposition 177, 287, 299

par ou **de** devant le complément d'agent ? 122, 123

parce que 290, 299

par conséquent 195, 310

par contre 316

par suite de 298

parmi 181

PARTICIPE

      présent 164, 286, 296

      passé 166, 287, 296

      accords du participe passé 118

PARTICIPE ABSOLU 287, 297

PARTITIF (*voir* ARTICLE)

pas négation 225

pas (suppression de -) 235

pas mal 326

PASSÉ

      composé 140

      surcomposé 141

simple 142
    antérieur 143
    récent 106, 109, 146, 149
PASSIVE (forme ou voix) 120, 124
    passif impersonnel 128
    se faire, se laisser, se voir, s'entendre + infinitif 120, 124
pendant 208, 287
pendant que 281, 313
peu, peu de 90, 191
peu/un peu 90,191
peut-être 195
PHRASE SIMPLE 242
PHRASE COMPLEXE 243
PHRASE/PROPOSITION 243
pire que, comparatif irrégulier 101, 327
le pire, la pire, les pires, superlatif irrégulier 328
PLURIEL
    des noms communs 32
    des adjectifs 95
plus 191
plus de... que 327
plus que 327
plus... que 101, 326
plus..., plus... ; moins..., moins... 329
le plus..., la plus..., les plus... 101, 328
PLUS-QUE-PARFAIT 141
plusieurs 65, 66, 69, 71, 91
plutôt... que 326
plus tôt/plutôt 194
PONCTUATION (signes de -) 25
POSSESSIF 61, 63
possible (il est possible que + subjonctif) 255
pour préposition 178
pour/par 179, 295
pour + infinitif passé (cause) 298
pour que, pour (but) 309
pour... que (concession) 313
pour peu que 322
pourquoi 220, 270
pourquoi (c'est -) 310
pourtant 275, 316
pourvu que + subjonctif 321
pouvoir + infinitif 107, 159
pouvoir/savoir 159
PRÉFIXE 97, 325
PRÉPOSITION 171
PRÉPOSITION
    et noms de lieux 201
PRÉPOSITION
    répétée ou non 183
près, près de, près de/prêt à 134, 182, 200

PRÉSENT
    de l'indicatif 130
    du conditionnel 136
    de l'impératif 155
    du subjonctif 151
PROBABILITÉ (expression de la-) 195
PRONOM 57
PRONOM PERSONNELS 45
    omission du pronom personnel 55
    place du pronom personnel 54
    le double pronom 54
PRONOMINALE (forme)
    à sens passif 124, 126
    réellement pronominale 125
    réfléchie 126
    réciproque 126
    et accords du participe passé 119
PROPOSITION 16
    principale/subordonnée 244
    complétive 251
    coordonnée 244
    en incise 244, 314
    infinitive 160
    interrogative 216, 269
    juxtaposée 243
    participe 287, 297
    relative 245
    subordonnée
        de cause 290
        de comparaison 326
        de condition/hypothèse 319, 321
        de conséquence/but 303
        d'opposition 312
        de temps 277
puis 316
puisque 291,299

Q

QUALIFICATIF (*voir* ADJECTIF)
QUALIFICATION DU NOM 93
quand interrogatif 195, 220, 270
quand (temps) 278
quand (bien même) 313
quand même 275, 316
quant à 317
QUANTIFICATION 83
QUANTITÉ (expression de la) 88
que (exclamatif) 195, 236
que (conjonction) 251

que (interrogatif) 75, 220
que (relatif) 78
que (+ subjonctif) à valeur de but 304
que dans les subordonnées de comparaison 326
que... et que... 252
que... ou que... 322
quel, quelle, quels, quelles, adjectif exclamatif, interrogatif 74, 220, 236
quelconque 65, 68
quel qu'il soit 314
quelque, adverbe 66, 198
quelque(s), adjectif indéfini 63, 66
quelque chose (de/à) 70, 227
quelque... que 317
quelqu'un, quelques-uns 70, 228
quelqu'un de.../à 228
qu'est-ce que... ? qu'est-ce qui... ? 75, 221
qui, pronom interrogatif 75, 220
qui est-ce ? 221
qui est-ce que... ? qui est-ce qui... ? 75
qui, pronom relatif 77
qui, que 313
quitte à 315
ce que, ce qui 77, 81
quoi, pronom interrogatif 76
quoi, pronom relatif 80, 81
quoique/quoi que 313
quoi qu'il en soit 317

R

RADICAL 333
RELATIF
pronom relatif simple 77
pronom relatif composé 80
RELATIVE (proposition) 245
mode dans la proposition relative 248
RELIEF (voir MISE EN RELIEF)
rentrer, retourner, revenir 202
REPRISE 238, 273
rien 227

S

sans 179, 234, 314, 323
sans doute 195
sans que 234, 313
savoir 158, 159
savoir/connaître 257

sauf 234, 324
sauf si 234, 321
selon que... ou que 322
SEMI-AUXILIAIRE (verbe -) 106, 133
ses, adjectif possessif 61
si affirmatif (oui/si) 195, 219
si exclamatif 193, 236
si, interrogation indirecte 111, 251, 269
si, aussi, expression de la comparaison 195
si, expression de la condition et de l'hypothèse 319
LE MODE ET LE TEMPS DANS LES PHRASES EN « SI » 139, 141, 319
si, expression de la conséquence 305
si, expression de l'intensité 190, 195, 305
si + plus-que-parfait, expression du regret 320
si + imparfait, expression du souhait 319
si, expression du temps 279
si + adjectif + que + subjonctif, expression de la concession 313
si (voir même si, sauf si) 304
si... et que 321
si bien que, expression de la conséquence 304
si jamais 230
si tant est que 322
le sien, la sienne, les siens, les siennes, pronom possessif 63
SIMULTANÉITÉ 277, 285, 287
sinon 195, 234, 324
sitôt, aussitôt 287
soi 50
soit que..., soit que... 294
SONS (éléments de phonétique) 20
sous 299
sous prétexte que, sous prétexte de 296, 298
STYLE DIRECT, STYLE INDIRECT (voir DISCOURS)
SUBJONCTIF
généralités 107, 148
concordance des temps 153
SUBORDONNÉE (voir PROPOSITION)
SUFFIXE 31, 97
SUPERLATIF 328
SUPPORT (verbe -) 114
sur 176
SURCOMPOSÉ (temps -) (voir PASSÉ)
SYMÉTRIQUE (verbe -) 115
SYNTAXE DU VERBE 110
construction des verbes 393

T

tandis que (opposition) 313
(temps) 280
tant (exclamatif) 236

tant de… que (intensité + conséquence) 190, 306
tant et si bien que 306
tant et tant que 306
tant que (conséquence) 305
tant que (temps) 280
tel, telle, tels, telles, adjectif 65, 68
tel que 306, 329
tel… que (conséquence) 306
tellement (exclamatif) 236
tellement/tant 301
tellement… que (intensité + conséquence) 306
tellement de… que (intensité + conséquence) 306
TEMPS (expression du -) 204, 277
TEMPS (emplois et valeurs) 129
TEMPS SIMPLES ET TEMPS COMPOSÉS 129
TEMPS (concordance des-) 146, 153
tes, adjectif possessif 61
le tien, la tienne, les tiens, les tiennes, pronom possessif 63
toi 50
toujours 188, 230
tout, toute, tous, toutes, adjectif indéfini 67, 68, 89
tous les deux ans/chaque année 67, 89
tout, toute, tous, toutes, pronom indéfini 71, 72
tout adverbe 72, 192
tout + en + participe présent (voir GÉRONDIF)
tout + adjectif + nom + que (concession) 192
tout de même 275, 316
toutefois 275, 316
train (être en train de) 133
TRANSITIF (verbe -) 111, 112
très 90, 190, 194
trop 90, 190, 194, 307, 325
trop de 90
tu (tutoyer, vouvoyer) 47

U

un, adjectif numéral 38
un, une, article et pronom indéfini 36
un peu de/peu de 90, 191

V

venir de + infinitif (passé récent) 106, 109
VERBE (conjugaison) 333
VERBE (constructions) 393
VERBE
    accord du verbe avec le sujet 18, 106
    auxiliaire 106, 116
    semi-auxiliaire 106, 107, 133
    converse 115
    impersonnel 127
    introducteur de discours 262, 265
    modal 158
    pronominal 125
    support 114
    symétrique 115
    transitif, intransitif 110, 111, 112
VERBE suivi de l'indicatif 252, 253
VERBE suivi du subjonctif 254, 255
vers (lieu) 180, 200
vers (temps) 180
voici, voilà 49
VOIX ACTIVE, VOIX PASSIVE (voir FORME)
votre, vos, adjectif possessif 60
le vôtre, les vôtres, pronom possessif 63
vous (tu/vous) 46, 47
vu que 292

Y

y (pronom) 50, 52
y (locutions figées avec -) 53

Imprimé en France par Pollina à Luçon - L64540
N° d'éditeur 10196751 - CGI - Avril 2013